Buch

Hitler hat eine stolze Reihe von Biographen gefunden. Einige Epochen seines Lebens sind hervorragend recherchiert worden. Dunkel geblieben ist dabei allerdings Hitlers Charakter, insbesondere seine Motivation für den Genozid. Hier setzt, aufbauend auf den wichtigen Arbeiten der Zeithistoriker, das Psychogramm, die Analyse des Psychologen, ein, das drei Punkte hervorhebt.
Hitler verbarg ein schweres Nervenleiden. Die Parkinson-Krankheit, unter der er in seinen letzten Lebensjahren litt, veränderte schon vor dem massiven Auftreten neurologischer Symptome seine psychologischen Reaktionen. Entscheidungsfähigkeit und Flexibilität verminderten sich von Jahr zu Jahr, schließlich reduzierte sich seine militärische und seine Lebensstrategie auf die Perspektive des Sichfestklammerns.
Von früher Jugend an war Hitler Eidetiker. Sein photographisches Gedächtnis speicherte alles auch nur einmal Gesehene oder Gelesene bis ins kleinste Detail. So war er in der Lage, Beamte und Generäle zu beeindrucken (und zu blamieren) und den Nimbus vom übermenschlichen Wissen aufzubauen. Das ungewöhnliche Gedächtnis ging mit einer archaischen Charakterstruktur einher, die eine geheimnisvolle Wirkung ausübte, Hitler aber behinderte, weil er Phantasie und Realität kaum unterscheiden konnte.
Schließlich werden die Hinweise auf die verdrängte Homosexualität gesammelt, die das Verhältnis des rätselhaften Menschen zu Männern wie Frauen auf bisher kaum diskutierte Weise beeinflußte.
In vielen konkreten Episoden entfaltet sich die bizarre Persönlichkeit des Diktators. Seine Politik erscheint in einem neuen Licht.

Autor

Prof. (em.) Dr. Manfred Koch-Hillebrecht (Uni Koblenz), Jahrgang 1928, studierte Psychologie, Philosophie und Psychopathologie in Tübingen (Promotion 1953) und Zürich, habilitierte sich für Psychologie in Bonn, war Medienforscher in München, veröffentlichte 1952 die erste empirische Untersuchung über Fernsehwirkungen in Deutschland, untersuchte Vorurteile (»Der Stoff, aus dem die Dummheit ist«, Beck 1978), vor allem das »Deutschenbild im Ausland« (Inter Nationes 1975, Beck 1977), und politische Witze über die Bundeskanzler. Drei Jahre war Koch Berater Ludwig Erhards (»Formierte Gesellschaft«), dann sechs Jahre Referent im Bundespresseamt. Seine akademischen Studien über die menschliche Persönlichkeit (»Kleine Persönlichkeitspsychologie«, Huber, Taschenbuch Heyne 1992) konnte er somit durch eine teilnehmende Beobachtung des homo politicus aus nächster Nähe vertiefen.

Manfred Koch-Hillebrecht

Homo Hitler

Psychogramm
des deutschen Diktators

Siedler

Umwelthinweis:
Alle bedruckten Materialien dieses Taschenbuches sind
chlorfrei und umweltschonend.

Siedler Taschenbücher erscheinen im Goldmann Verlag,
einem Unternehmen der Verlagsgruppe Bertelsmann.

2. Auflage
Copyright © 1999 Wilhelm Goldmann Verlag
in der Verlagsgruppe Bertelsmann GmbH, München
Redaktion: Wolf Jobst Siedler
Satz: Uhl + Massopust, Aalen
Umschlaggestaltung: Design Team München
Umschlagabbildung: Archiv für Kunst und Geschichte, Berlin
Druck und Bindung: Graphischer Großbetrieb Pößneck
Made in Germany 1999
ISBN 3-442-75603-0

Der Bursche ist eine Katastrophe;
das ist kein Grund, ihn als Charakter
und Schicksal nicht interessant zu finden.

THOMAS MANN

In ruhigen Zeiten begutachten wir sie,
in unruhigen tyrannisieren sie uns.

ERNST KRETSCHMER

INHALT

DIE ABBILDUNGEN

1. EINLEITUNG

1.1. Schuldzuweisung

Am 4. April 1945 stieß die Vierte U.S. Panzerdivision in der Nähe des thüringischen Ortes Ohrdruf auf ein Lager. Die Wachen und die Verwaltung waren geflohen und hatten fast 10 000 Zwangsarbeiter zurückgelassen. Drei amerikanische Generäle, die den Ort des Grauens betraten, traf der Schock. »Mehr als 3200 nackte, ausgemergelte Körper waren in flach ausgehobene Gräber geworfen worden. Andere lagen auf den Straßen, so wie sie gefallen waren. Ungeziefer kroch über die gelbliche Haut, die ihre spitzknochigen Gerippe umspannte.« Panzergeneral Patton, als Draufgänger bekannt, dem der Anblick von Gefallenen vertraut war, mußte sich übergeben. »Eisenhower erteilte nachher den Befehl, daß alle in der Nähe stehenden Einheiten das Lager anzusehen hätten.«

So begann die amerikanische Entdeckung der nationalsozialistischen Greuel, von denen die Weltöffentlichkeit auch noch nach der Befreiung des Konzentrationslagers Auschwitz durch die Rote Armee im Januar 1945 nur vage Vorstellungen besaß. Andere Lager boten ein ähnliches Bild. In Bergen-Belsen mußten Bagger eingesetzt werden, um die Leichen zu vergraben.

Der Hauptverantwortliche für diese Verbrechen ungeheuren Ausmaßes nahm sich wenige Monate nach den ersten grausigen Entdeckungen am 30. April 1945 in Berlin das Leben.

Kaum ein anderer Erdenbürger hat seinen Mitmenschen so viel Leid zugefügt. Trotzdem ist heutzutage weniger von ihm die Rede, dafür um so lauter von der Schuld, die seine willigen Helfer auf sich geladen haben. Sie ist in den Akten besser nachzuweisen. »Man kann den Berg der schriftlichen Dokumente mit einer Pyramide vergleichen. Während an der Spitze fast keine vorhanden sind, gibt es nach unten hin immer mehr.« (Eberhard Jäckel)

So zeigt man auf die Wehrmacht, die sich in den Rassenkrieg verstrickte. Man beklagt, daß sich ganz normale Männer, Familienväter, als Angehörige der Reserve-Polizei-Bataillone ohne Murren am Judenmord beteiligten. Man beschuldigt die deutschen Eisenbahner, die die Züge fahrplanmäßig nach Auschwitz rollen ließen – und unbeladen zurück. Die Assekuranz bleibt nicht ohne Tadel, da sie die Gebäude der Konzentrationslager gegen Feuer versicherte. Außerdem waren die Chemiker schuld, die das Giftgas Zyklon B produzieren halfen, die Firmen, die KZ-Baracken planten, vor allem aber die Frauen, die in den Lagern ihren während der Dienstzeit mordenden Männern den Haushalt führten. Sie sorgten nicht nur dafür, daß am nächsten Morgen die Uniform frisch gebügelt und von Blutflecken gereinigt war, sondern gaben ihren Gatten auch jene eheliche Geborgenheit, die es diesen erlaubte, das Todeshandwerk ohne seelische Zusammenbrüche auszuüben.

Die Finanzbeamten waren betroffen, die jüdisches Eigentum bedenkenlos konfiszierten, die Verwaltungsjuristen, die ihre Mitbürger, bevor diese in die Vernichtungslager abtransportiert wurden, mit bösartigen Verordnungen schikanierten und ihnen untersagten, mit der Straßenbahn zu fahren, Kuchen zu kaufen, Nähmaschinen zu besitzen oder von öffentlichen Fernsprechzellen zu telefonieren. Die privaten Anschlüsse waren schon vorher abgeschaltet worden.

Die Eliten hatten sich bereitwillig in die Verbrechen einbinden lassen. Das Auswärtige Amt mischte bei den Judendeportationen mit. Ohne die tatkräftige Vorarbeit von Anthropologen und Medizinern war das Euthanasie-Programm nicht umzusetzen.

Die Deutschen, so Jürgen Habermas, seien in einer Lebensform aufgewachsen, in der Auschwitz erst möglich wurde. Nicht nur die Zeitgenossen Hitlers seien belastet, sondern auch alle Nachgeborenen, es sei denn, sie würden sich von ihren Traditionen entschieden lösen. Wer als Deutscher auf die »Gnade der späten Geburt« hinweise, benutze eine faule Ausrede.

14

Aber auch gegen die Kriegsgegner werden Vorwürfe erhoben. Die französische Regierung versäumte es, bei Hitlers Rheinlandbesetzung dem Diktator das Handwerk zu legen. Der britische Premier Neville Chamberlain stärkte angeblich auf unverantwortliche Weise den noch verhältnismäßig schwachen Hitler durch seine Appeasement-Politik. Winston Churchill und Franklin Roosevelt ließen es nicht an Entschlossenheit zum Kampf gegen Hitler fehlen, taten aber nicht alles in ihrer Macht Liegende, den Holocaust zu behindern, über den sie, weit genauer als die Deutschen, bis in Einzelheiten informiert waren. Der britische Geheimdienst hörte seit Beginn des Rußlandfeldzugs den Funk der deutschen Ordnungspolizei mit, dessen Code geknackt worden war. So waren die täglichen Meldungen über die Mordopfer genau bekannt. Trotzdem wurde eine Warnung an Juden über den Rundfunk, eine Bombardierung der zuführenden Eisenbahnstrecken oder der Todesfabrik Auschwitz selbst als nicht unbedingt kriegswichtig nie in Betracht gezogen.

Die meisten Bewohner der Sowjetunion verharrten angesichts der Judenmorde »in maliziöser Betrachtung«, bei ihnen hinterließ »das Los, das die Deutschen den Juden bereiteten, Häme und Respekt.« (Jörg Friedrich)

Auch die Neutralen kamen nicht ungeschoren davon. Die Schweiz hatte das von den Opfern der Konzentrationslager stammende Raubgold in Zahlung genommen. Der Chef der eidgenössischen Fremdenpolizei, Heinrich Rothemund, oder die schwedischen Behörden hatten 1938 den roten Stempel »J« gefordert, mit dem die Pässe der deutschen und österreichischen Juden gekennzeichnet wurden.

Die gesamte Staatengemeinschaft, die sich im Juli 1938 auf Initiative des Präsidenten Roosevelt im französischen Kurort Evian am Genfer See zu einer Konferenz traf, um den in Hitlers Machtbereich lebenden gefährdeten Juden zur Auswanderung zu verhelfen, habe kläglich versagt. Die amerikanische Einwanderungsbehörde hat es abgelehnt, die 140 000 ursprünglich für Engländer vorgesehenen und nicht in Anspruch genommenen Visen den Juden zuzuteilen. Kanada weigerte sich kategorisch, jüdische Flüchtlinge in größerer Zahl aufzunehmen, und das riesige Australien, an sich ein Einwanderungsland, wollte keine Juden, da es »Rassenprobleme« fürchtete.

Ist es angesichts dieser unübersichtlichen Verflechtungen überhaupt sinnvoll, sich der Person Hitlers zuzuwenden? Blickt man auf die Historie, kommen zudem ernsthafte Zweifel, ob man gerade seine Grausamkeit als Ausgangspunkt einer Betrachtung nehmen soll. Denn an den Händen fast aller historischen Größen klebte Blut. »Schlachtbank der Weltgeschichte« (Hegel): In den fränkischen und englischen Königshäusern, bei der Französischen und Russischen Revolution wurde eifrig skalpiert, erdolcht, guillotiniert und erschossen. Revolutionäre, die Aristokraten an den Laternen aufhängten, konnten ebenso mit Beifall rechnen wie General Westermann, der 1793 dem Wohlfahrtsausschuß meldete: »Es gibt keine Vendée mehr... Ich habe alles ausgelöscht, die Landstraßen sind mit Leichen übersät. An manchen Stellen sind sie so zahlreich, daß sie Pyramiden bilden.«

Verglichen mit der Französischen und vor allem auch mit der Russischen Revolution sei die ihre, das hielten sich die Nationalsozialisten zugute, sozusagen unblutig verlaufen. Hitler hatte möglicherweise das Gefühl, daß er sein Konto mit gutem Gewissen noch durch zahlreiche Opfer belasten könne, um damit gewissermaßen historischen Standard zu erreichen.

Unter dem Baldachin der Münchner Feldherrnhalle, auf die Hitler am 9. November 1923 mit seinen Putschgenossen marschierte, steht die eindrucksvolle Statue des hochangesehenen Grafen Tilly, dessen kaiserlich-katholische Truppen im Dreißigjährigen Krieg am 20. Mai 1631 Magdeburg eroberten und dabei, so Friedrich Schiller, eine »Würgeszene« veranstalteten, »für welche die Geschichte keine Sprache und die Dichtkunst keinen Pinsel hat«. 53 Frauenspersonen fand man in einer Kirche enthauptet. Kroaten vergnügten sich, Kinder in die Flammen zu werfen. »Schauderhaft, gräßlich, empörend war die Szene, welche sich jetzt der Menschlichkeit darstellte. Lebende, die unter den Leichen hervorkrochen... Säuglinge, die an den Brüsten ihrer toten Mütter säugten. Mehr als 6000 Leichen mußte man in die Elbe werfen, um die Gassen zu räumen.«

General Sherman, nach dem die US-Army einen Panzertyp benannte, der gegen Hitlers Wehrmacht eingesetzt wurde, verwüstete systematisch die Südstaaten im Sezessionskrieg 1861 bis 1865. Seinen Offizieren schärfte er ein, der Krieg müsse »Zerstörung und Elend bringen, die Unschuldigen sowie die Schuldigen leiden lassen; er muß das Plündern und Töten mit sich bringen. Sonst taugt er nicht mehr als ein Mummenschanz«.

Hitler war also in bester Gesellschaft: Über die Grausamkeit in der Geschichte machte er sich durchaus seine Gedanken. Am 22. August 1942 erstaunte er seine Zuhörer mit einschlägigen historischen Kenntnissen. »Als die ersten Weißen nach Vorderindien gekommen sind, fanden sie eine Stadtmauer, aufgebaut aus lauter Schädeln. Auch den Mexikanern hat nicht Cortez die Grausamkeit gebracht, sondern sie war dort: Bis zu 20 000 Opfern wurden ab und an die Herzen herausgenommen.«

Geschichtliche Gestalten könne man nicht an bürgerlichen Moralvorstellungen messen, heißt es manchmal. Die Strafgesetze seien auf Ladendiebe, Heiratsschwindler und Scheckbetrüger zugeschnitten, nicht auf historische Personen.

Der Florentiner Renaissance-Philosoph Niccolò Machiavelli riet seinem Fürsten, kleinliche Skrupel zu vergessen. Die ethische Sphäre des Staatsmannes liege »neben der gewöhnlichen moralischen Sphäre wie eine Welt für sich«. Hegel schwärmte von »der Wahrheit, die in der Macht liegt« und stellte ohne übertriebene Sentimentalität fest: »Eine große Gestalt, die da einherschreitet, zertritt manche unschuldige Blume, muß auf ihrem Wege manches zertrümmern« (Vorlesungen über die Philosophie der Weltgeschichte).

So sah das auch Hitler. Stalin sei eine Bestie, erklärte er am Abend des 24. August 1942, »aber immerhin von Format«. Wenn jemand Stalin einen »ehemaligen Bankräuber« nannte, verteidigte er ihn »sofort mit der Erklärung, Stalin habe seine Bankeinbrüche nicht als Privatmann und nicht zugunsten seiner eigenen Tasche verübt, sondern als Revolutionär und zur Finanzierung seiner kommunistischen Bewegung«. Morde seien um eines höheren Zieles willen zulässig, keineswegs aber für einen Unbefugten. Folgerichtig waren im Dritten Reich Judenerschießungen aus eigenmächtigen oder sadistischen Motiven streng verboten. Wenn sich

SS-Männer auch nur eine Mark vom konfiszierten Judenvermögen aneigneten, so sollten sie »des Todes« sein, dekretierte Himmler.

Es bedurfte allerdings schon größerer Unterschlagungen von 200 000 Mark und der Ermordung von drei Häftlingen, die als Belastungszeugen hätten gefährlich werden können, ehe Obersturmbannführer Karl Koch, Kommandant von Buchenwald, in seinem eigenen Lager am 5. April 1945 schließlich exekutiert wurde. Auch in einem zweiten Korruptionsfall war Himmlers faschistische Rhetorik nicht wörtlich zu nehmen. Der Kommandant des niederländischen Lagers Herzogenbusch, Karl Chmielewski, kam mit dem Leben davon. Er wurde wegen Diamantendiebstahls nach Dachau eingeliefert.

Der Staat hingegen hatte selbstverständlich freie Hand. Das sei schon immer so gewesen. Hitler verbot, Karl den Großen als »Sachsenschlächter« zu bezeichnen. Karl habe »Härte anwenden« müssen, um die deutschen Stämme mit blutigen Kämpfen zusammenzuführen. Im Recht waren nach seiner Überzeugung eher die Zwingherren. Hitler bezeichnete Wilhelm Tell als »Schweizer Heckenschützen« und untersagte während des Krieges die Aufführung von Schillers Drama, das die Rebellion verklärte. Napoleon dürfte ähnlich gedacht haben: Wenn man ein Omelett backen wolle, so müsse man ein Ei zerschlagen. Weit zynischer drückte sich Eichmann aus: Hundert tote Juden seien ein Unglück, Millionen toter Juden seien Statistik.

Der Mensch, so philosophierte Hitler am 29. August 1942, sei »von Natur kein Herdentier, nur durch brutalste Gesetze bringt man ihn dahin, sich zu fügen... Der Menschenstaat ist nur durch eiserne Brutalität aufrechtzuerhalten«.

Hitlers illusions- und mitleidloses Menschenbild besaß Tradition, und auch die Unmoral und Mutwilligkeit der Herrschenden wurde schon lange vor ihm als Staatsraison legitimiert. Nicht nur die Zaren beriefen sich auf das Gottesgnadentum, wenn sie ihre Untertanen die Knute spüren ließen; auch in anderen Monarchien galten viele Brutalitäten als gerechtfertigt, wenn sie im Namen der Krone begangen wurden. »Das Schwert der Machtpolitik, das England immer führte«, wurde umgedeutet in das »Schwert des Richters«. (Friedrich Meinecke)

In der Demozid-Statistik des 20. Jahrhunderts nimmt Hitler mit 20 946 000 Opfern nur den dritten Platz nach Joseph Stalin (42 672 000) und Mao Zedong (37 828 000) ein, liegt aber deutlich vor Chiang Kaishek (10 214 000). Da er aber nicht nur alle Juden und Mißgebildeten, sondern auch einen Großteil der Slawen umbringen lassen wollte, steht er immerhin in der Rangordnung der Mordvorsätze unangefochten auf dem makabren Siegespodest der Weltgeschichte.

Auch vom moralischen Standpunkt aus sind wohl seine Untaten noch verwerflicher. Er besaß den »stringenten Willen zum Töten«, der im sowjetischen System seltener zum Vorschein kam, etwa bei der Ermordung der Zarenfamilie in den Morgenstunden des 17. Juli 1918 in Jekaterinburg, als der Leibarzt, der Lakai, zwei Köche und eine Hofdame gleich mit erschossen wurden.

Welches Kind ist böser, fragten Entwicklungspsychologen ihre kleinen Versuchspersonen, dasjenige, das fünf Marmeladegläser versehentlich auf den Boden wirft, oder vielmehr das Kind, das nur eines, aber dieses absichtlich, zerteppert? Die jüngeren Kinder orientieren sich oft an der schieren Zahl, die älteren sehen aber in der bösen Absicht das eigentliche Verwerfliche. Die Kommunisten wären, so gesehen, von einem ethisch primitiven Standpunkt die schlimmeren Verbrecher, eben wegen der höheren Opferzahlen, von einem entwickelteren aber doch Hitler, wegen seines gezielten erbarmungslosen Wütens.

Doch ist die schreckliche Diskussion darüber, wer mehr Opfer ermorden ließ, Hitler oder Stalin, abwegig. Nichts zeigt das Elend der Statistik in den Humanwissenschaften deutlicher als die Totenlisten der politischen Massenmorde unseres Jahrhunderts. Die in die Millionen gehenden direkten Mordopfer verschwinden ins Undefinierbare, wenn man sie durch die indirekt verursachten Todesfälle erhöht. So gesehen fiel Hitler eine ganz Epoche zum Opfer.

Auch die alte jüdische Dame hat er auf dem Gewissen, die sich in die ungewohnte Verhältnisse der Emigration nicht einleben konnte und vor Sehnsucht nach ihrer deutschen Heimat, nach der Muttersprache und nach dem seit der Jugend vertrauten Schwarzbrot, in Shanghai oder einem Vorort von Mexico-City an gebro-

chenem Herzen starb. Selbst der Tod Egon Friedells geht auf seine
Kappe. Der Verzweifelte sprang aus dem Fenster, als er einen
Trupp SA-Männer an der Haustür auftauchen sah. Er hatte sich
tragischerweise geirrt, der ungebetene Besuch galt jemand anderem.

In den ersten Monaten nach der Machtergreifung im Januar
1933 wurden KPD-Mitglieder in der Hamburger Strafanstalt
Fuhlsbüttel beim Verhör schwer mißhandelt. Die Wärter legten
den Gefolterten anschließend ostentativ einen Strick in die Zelle,
den einige tatsächlich zum Erhängen benutzten.

Und wer wollte dem vielgescholtenen amerikanischen Präsidenten Ronald Reagan ernstlich widersprechen, der 1985 anläßlich des 40. Jahrestages der deutschen Kapitulation den Soldaten-
friedhof Bitburg in der Eifel zusammen mit Bundeskanzler
Helmut Kohl besuchte und feststellte, daß selbst die hier liegenden jungen Soldaten der Waffen-SS »ebenso Opfer des Nationalsozialismus« seien »wie die Opfer der Konzentrationslager«?

Verbrechen besitzen neben ihrem mehr objektiv-statistischen
Aspekt eine subjektive Seite. Man fragt sich, ob sich Hitler seiner
Schuld, der Größe seiner Untaten bewußt war? Es scheint so.
Jedenfalls gestand er seinem Propagandaminister Goebbels kurz
vor dem Angriff auf die Sowjetunion am 16. Juni 1941 unter vier
Augen, er sei schon zu weit in Verbrechen verstrickt, als daß er
noch zurückkönne. »Wir haben sowieso so viel auf dem Kerbholz,
daß wir siegen müssen, weil sonst unser ganzes Volk, wir an der
Spitze, mit allem, was uns lieb ist, ausradiert werden.«

Untaten gehörten zu seinem Selbstbild als Retter des Vater-
lands. Wer seine Hände in Unschuld waschen wolle, der sei nicht
zum Führer berufen. »Der vorübergehende Schmerz eines Jahrhunderts kann und wird Jahrtausende von Leid erlösen«, hatte er
schon in »Mein Kampf« im Hinblick auf die »brutalen Maßnahmen« der »unbarmherzigen Absonderung unheilbar Erkrankter«
angekündigt.

Er sah sich als Arzt des Jahrhunderts, als der Chirurg, der als
einziger imstande war, den gefährlichen Schnitt ohne Zittern anzusetzen. Manchmal verglich er das staatsmännische Eingreifen
auch mit dem Vorgehen des Zahnarztes und erklärte dem an-

dächtig lauschenden Himmler in seiner Herrenrunde im Führerhauptquartier am 25. Januar 1942: »Man muß es schnell machen, es ist nicht besser, wenn ich einen Zahn alle drei Minuten um ein paar Zentimeter herausziehen lasse – wenn er heraußen ist, ist der Schmerz vorbei. Der Jude muß aus Europa heraus.«

Unter amerikanischem und marxistischem Einfluß hat der Zeitgeist die Dominanz von Gesellschaft, Umwelt, Klassenzugehörigkeit auf das Verhalten des einzelnen und den Lauf der Geschichte hervorgehoben. Hatte es im 19. Jahrhundert noch geheißen: »Männer machen die Geschichte« (Heinrich von Treitschke), so betont man heute die gesellschaftlichen Zwänge: »Gesellschaftsgeschichte« (Ulrich Wehler). Der einzelne gleicht einer Biene im Schwarm, einem Lemming im Todeszug, einem Wolf, der mit dem Rudel heult, er taucht in der fremdgesteuerten Masse unter und kann sich ihrem Sog nicht entziehen. »Die menschliche Spezies ist als einzige eine Spezies von Massenmördern, und der Mensch ist das einzige Wesen, das seiner eigenen Gesellschaft nicht angepaßt ist«, stellte der Biologe Nico Tinbergen (1968) fest. »Leben und Morden sind eins«, formulierte schon Friedrich Nietzsche 1872 lapidar. Der Verhaltensforscher Konrad Lorenz (1963) sah im mörderischen Aggressionstrieb sogar die Vorbedingung für alle menschlichen Kulturleistungen. Der einzelne mit seinen mörderischen Impulsen, mit seiner Angst oder auch mit seinem Mitleid, seiner Heldenhaftigkeit interessierte nicht mehr, er wurde zur Quantité négligeable. Die Forschung widmete sich »vorrangig der Rekonstruktion und Analyse institutioneller und sozialer Strukturen des Dritten Reiches« und glich so ein wenig einer Aufführung von Mozarts »Don Giovanni«, in der der Titelheld nicht auftrat.

Die Beschwörung des bösen Kapitalismus, der Armut der Eltern, des Fehlens von Kindergärten und von Freizeitangeboten für Heranwachsende mag ja manche Verbrechen notdürftig erklären. Doch von allen Versuchen der Beschönigung, Vertuschung, gegenseitigen Aufrechnung, von allen Verwässerungstendenzen und auch allen Theorien der Kollektivschuld wollen wir uns distanzieren. Niemand hat diese überzeugender zurückgewiesen als Hannah Arendt: »Wenn alle schuldig sind, ist es keiner.« Von Kollektivschuld zu reden, ist dem Psychologen zuwider. (Schon beim Individuum ist der Begriff Schuld ihm eher fremd, er überläßt ihn lieber den Theologen oder Strafrechtlern.)

»Doch wer geschichtliche Abläufe, zumal so verhängnisvolle wie den Weg in den Zweiten Weltkrieg oder in die Gasöfen der Vernichtungslager, auf ›soziale Eigendynamik‹ oder gar ›blinde Mechanismen‹ reduziert, ... trägt lediglich dazu bei, ... die ... kriminelle Dimension des Nationalsozialismus derart zusammenschrumpfen zu lassen, ›daß die Barbarei von 1933 bis 1945 als moralisches Phänomen verschwindet‹.« (Karl Dietrich Bracher)

Es soll also nicht darüber spekuliert werden, ob wir letzten Endes alle potentielle Mörder sind. Vielmehr geht es hier um den Menschen Hitler, von dem sicher ist, daß er einer der fürchterlichsten Mörder war. Seinen erschreckenden Charakter wollen wir analysieren.

Weder einer Relativierung noch einem Reduktionismus soll das Wort geredet werden. Wer könnte auch auf die Idee kommen, das Dritte Reich mit seinen weitverzweigten Aktivitäten auf die Auswirkungen eines einzigen Mannes reduzieren zu wollen? Dennoch ist im Falle Hitlers ein Psychogramm von größerem historischen Interesse als bei anderen geschichtlichen Personen. Aus einer Reihe von Gründen ist Hitler nämlich vermutlich die historische Gestalt, der es am nachhaltigsten gelungen ist, ihrer Zeit den Stempel der eigenen Persönlichkeit aufzudrücken. Seine Omnipräsenz geht schon dadurch hervor, daß sein Name im Register bei vielen historischen Werken über das Dritte Reich und den Zweiten Weltkrieg fehlt. Er wurde nicht aufgeführt, weil von ihm fast auf jeder Seite die Rede war. Das Nazi-System »stand und fiel« mit Hitler. (K. D. Bracher) Die Tyrannen der früheren Epochen besaßen noch nicht in gleichem Maße die technischen Möglichkeiten, um anderen den eigenen Willen aufzuzwingen. Napoleon hätte mit dem ihm zur Verfügung stehenden Mitteln kaum die Chance gehabt, seine Truppen in dem eingeschlossenen Stalingrad in ähnlicher Form bis zur letzten Patrone an der Kandare zu halten. Karl der Große, Barbarossa oder Djingis Khan konnten nur so weit, so schnell und nachhaltig regieren, wie ihre Boten reiten konnten. Die Premierminister und Präsidenten der westlichen

Welt besitzen zwar die effektivsten elektronischen Vorkehrungen, um ihre Befehle auf jeden Platz der Erde in Sekunden zu übermitteln, doch sie sind durch Verfassungen und Parlamente gebunden. Die russischen Autokraten brauchten ihren Herrscherwillen vor niemandem zu rechtfertigen, aber das Volk wußte, daß Rußland groß und der Zar weit weg war.

Die durch keinerlei Traditionen oder Institutionen eingeschränkte Macht konnte Hitler erst in Etappen erringen. Innerhalb seiner eigenen Partei gelang ihm dies schon vor der Machtübernahme. So gesehen hat Bormann einen wesentlichen Punkt getroffen, als er seinem Sohn erklären wollte, was denn der Nationalsozialismus sei, und schlicht definierte: »Nationalsozialismus ist der Wille des Führers.«

Im Staat und bei der Wehrmacht vermochte Hitler allmählich immer mehr Kompetenzen an sich zu ziehen, und in den vier Jahren von 1940 bis 1944 genoß er schließlich auch hier eine Machtfülle, die in der Weltgeschichte bis dahin fast einzigartig war. Zum Wesen und zur Beschaffenheit Hitler-Deutschlands gehörte nach Ansicht Albert Speers, daß es »nichts, absolut nichts von Wichtigkeit gab, das er nicht veranlaßte oder lenkte«.

Dieser Befund paßte kaum in die vorherrschenden wissenschaftlichen Denkmuster. »Es hat mir jahrelang auch die größten Schwierigkeiten gemacht, daß ich, wenn ich versuchte, eine Entscheidung im Dritten Reich auf den letzten Punkt zurückzuführen, immer wieder bei diesem Menschen endete«, gab Eberhard Jäckel zu. Mit den Begriffen »Caesarismus«, »bonapartistische Diktatur«, »Alleinherrschaft«, »Monokratie« versuchte man Hitlers besondere Position zu umschreiben.

Ein »schwacher Diktator« (Hans Mommsen) war Hitler nur insofern, als er seine fast unbegrenzten Möglichkeiten ineffizient, unklug und oft auf kontraproduktive Weise nützte. Martin Broszat, eher ein Vertreter des funktionalistischen, keineswegs hitlerzentrierten Ansatzes, gab zu: Zur Auslösung des Holocausts »genügte sozusagen ein Kopfnicken Hitlers«.

Tatsächlich tat er mehr. Hitler setzte höchstpersönlich die letzte grausamste Phase seiner Vernichtungspolitik zu Beginn des Jahres 1942 nach der Kriegserklärung an die USA in Gang. In seinem

Neujahrsaufruf bestätigte er ausdrücklich seine zum Kriegsausbruch ausgesprochene Prophezeihung, der Jude werde nicht die europäischen Völker ausrotten, sondern das Opfer des eigenen Anschlages sein. Seine Entschlossenheit bekräftigte er in einer Sportpalastrede am 30. Januar 1942 und am 24. Februar im Münchner Hofbräuhaus und zeigte damit allen, die es hören wollten, wo es langging. Da er die deutschen Juden nicht mehr als Faustpfand und Druckmittel gegenüber der amerikanischen Öffentlichkeit einsetzen konnte, stimmte er ihrer Deportation zu, die Goebbels und andere Gauleiter gefordert hatten, und genehmigte Himmler eine schnelle Beseitigung der unschuldigen Opfer.

Wäre ihm der Einzug in die Reichskanzlei verwehrt geblieben, den er mit unglaublichem Glück und durch das Versagen einer Handvoll Verblendeter schaffte, hätten »Eichmann und Konsorten... ihre Tage als bösartige und verbitterte, letztlich aber bedeutungslose Individuen beschlossen«. (Henry A. Turner)

»No Hitler, no Holocaust«, stellte Milton Himmelfarb 1984 lakonisch fest. Dies war auch deutschen Autoren klar. »Der Krieg, der am 1. September 1939 begann, wäre ohne ihn nicht über Europa hereingebrochen«, meinte Manfred Messerschmidt. Golo Mann formulierte: »... ein einziger konnte befehlen, was er wollte. Fünfundsiebzig Millionen folgten nach.« »Kein anderer hat, in einem nur wenige Jahre dauernden Alleingang, dem Zeitlauf so unglaubliche Beschleunigungen gegeben und den Weltzustand verändert wie er«, erkannte Joachim Fest.

Mildernde Umstände

Bei aller mentalen Distanz zu Hitler billigte die Zeitgeschichtsforschung ihm jedoch auffallend häufig mildernde Umstände zu.

Gern wurde er als janusköpfig angesehen: auf der einen Seite die unfaßbaren Grausamkeiten, auf der anderen sogar sympathische Züge. Joachim Fest unterschied frühere gute von späteren schlechten Seiten. Wäre er im Frühjahr 1938 durch einen Unfall ums Leben gekommen, hätte man Hitler als einen großen Staatsmann in Erinnerung behalten.

Man kann geradezu von einer Suche nach dem anderen, dem humaneren Hitler sprechen. Sebastian Haffner behandelte Hitlers Verdienste, um dann die Verwerflichkeit seiner Verbrechen um so überzeugender tadeln zu können. Die zeitliche Gliederung nach einem frühen guten und einem späten bösen Hitler ließ Alan Bullock zugunsten einer anderen Zweiteilung fallen: Moralisch sei Hitler ein abscheulicher Mensch gewesen, dies dürfe aber nicht dazu verleiten, seine intellektuellen Fähigkeiten gering zu schätzen. »Um zu vollbringen, was er vollbracht hat, brauchte Hitler – und die besaß er auch – ungewöhnliche Gaben, die in ihrer Gesamtheit ein politisches Genie ergaben, mochten die Früchte auch noch so böse sein.«

Werner Maser folgte den spärlichen Quellen wörtlich und zeichnete einen im familiären Umgang menschlichen Hitler, der seine krebskranke Mutter in rührender Weise pflegte und seiner kleinen Schwester den ihm zustehenden Teil seiner Waisenrente überließ.

Eine ähnliche Zweiteilung sah einen gegenüber dem wirklichen (oder eingebildeten) Feind grausamen, gegenüber dem eigenen Volk aber wohlwollenden, ja fürsorglichen Hitler, dessen vornehmliches Ziel war, »daß es den Deutschen künftig gut ginge und daß sie es schön hätten«. Im Bombenkrieg nahm Hitlers Volksfürsorge groteske Formen an. Nach besonders verheerenden Luftangriffen bekamen die Bewohner der am schwersten getroffenen Orte, die nach den verkohlten und verstümmelten Angehörigen in den rauchenden Trümmern ihrer Häuser herumsuchten und ihre ohnmächtige Wut gegen die Angreifer und die eigene Führung richteten, die ihnen großsprecherisch Schutz vor allen feindlichen Bomben versprochen hatte, eine Sonderzuteilung Bohnenkaffee.

Die ABC-Schützen ließ der gutmeinende Diktator bei ihren schweren Mühen, die komplizierte deutsche Orthographie zu erlernen, nicht im Stich. Er befahl, daß im Deutschen Reich nicht mehr »Ski« geschrieben werden durfte, sondern stets, wie man spreche, »Schi«.

Rainer Zitelmann würdigte Hitlers soziales Engagement und den von ihm herbeigeführten Modernisierungsschub. Unter seiner Herrschaft wurden der Achtstundentag und das Recht auf bezahlten Mindesturlaub eingeführt. Hitler habe gezeigt, meinte Max Domarus, daß er »Begabung zum Wirtschaftspolitiker hatte. Als solcher wäre er nicht nur vom deutschen Volk anerkannt, sondern auch für die Welt erträglich gewesen«.

Apologetische Autoren behaupteten, Hitler habe den Holocaust nicht befohlen, er habe sogar von der konkreten Ausrottung nichts gewußt. Dem in seinem Inneren zutiefst friedliebenden Kunstfreund sei der Krieg gewissermaßen aufgezwungen worden. Sein Ausbruch beruhe auf einem bösen Mißverständnis. Hitler sei »nur durch politisch-diplomatische ›Schnitzer‹ aller Beteiligten, sozusagen durch einen ›Unfall‹, in einen der üblichen europäischen Kriege« geraten.

Hitlers Rolle wurde im Gegensatz zu seiner scheinbaren Allmacht heruntergespielt. Er sei ein »Gefangener von Kräften geworden, die er nicht geschaffen hatte und deren Eigendynamik ihn mitriß« (Kershaw). Imanuel Geiss zeichnete ein einprägsames Bild: »Hitler glich... einem ungeübten Skiläufer, der sich vom sanften Idiotenhügel sehr rasch auf schwierige Pisten wagt, nach ersten Bravourstücken in immer rasendere Schußfahrt gerät und schließlich in der Tiefe zerschellt.« »Hitler, der Nebbich«, so persiflierte Ron Rosenbaum diese Einschätzung.

In ehrenhafter britischer Tradition bemühte sich H. R. Trevor-Roper, den geschlagenen Kriegsgegner fair zu behandeln. Dabei verstieg er sich dazu, diesem Menschen, der seit seinem Auftreten auf der Münchner Lokalbühne die verschlagenen Charakterzüge des Kleinkriminellen nie ganz abgelegt hatte, zu attestieren, er sei »furchterregend aufrichtig« gewesen und »überzeugt von seiner Rechtschaffenheit«.

Ein weitergehender Versuch, Hitler zu entlasten, ist die These, der Rußlandfeldzug sei ein Präventivkrieg gewesen. Hitler hat die Sowjetunion im Sommer 1940 aber nicht überfallen, weil er angesichts der grenznahen feindlichen »sprungbereiten« Truppenkonzentrationen fürchtete, seinerseits in den nächsten Wochen überrollt zu werden. Einen Angriff zu einer späteren Zeit hielt er jedoch durchaus für möglich. »Rußland würde uns angreifen, wenn wir schwach werden«, erklärte er im Gespräch mit Goebbels am 16. Juni 1941. »Wir müssen handeln. Moskau will sich aus dem Krieg heraushalten, bis Europa ermüdet und ausgeblutet ist. Dann möchte Stalin handeln, Europa bolschewisieren und sein Regiment antreten. Durch diese Rechnung wird ihm ein Strich gemacht.« Die Behauptung vom Präventivkrieg gehörte zur Propaganda des Dritten Reiches. Hitler verkaufte seine aggressive Politik gern als Notwehr. Das Motiv der Vergeltung machte sich in seinem Denken und Handeln selbständig und nahm überhand. Schließlich war alles für ihn Vergeltung, selbst der Judenmord. Seine Raketen, mit denen er versuchte, London zu zerbomben, nannte er Vergeltungswaffen, abgekürzt als V1 und V2.

Verstellungskünstler

Hitlers Amtsantritt begann mit einem Meineid. »Gegen halb zwölf Uhr am Montag, dem 30. Januar 1933, nahm Reichspräsident Paul von Hindenburg Adolf Hitler den Amtseid auf die Weimarer Verfassung ab und machte ihn damit zum Reichskanzler. Der Naziführer schwor mit Worten, die nach allen objektiven Gesichtspunkten den Tatbestand des Meineides erfüllten, die Verfassung und die Gesetze der Republik – die er jahrelang als ›undeutsch‹ verspottet hatte – zu verteidigen und zu bewahren.«
    Es war schon der zweite folgenschwere gewissenlose Betrug an diesem historischen Vormittag. Der widerstrebende Reichspräsident hatte sich nämlich nur unter der Bedingung bereitgefunden, Hitler zu ernennen, wenn der vertrauenswürdigere Deutschnationale Alfred Hugenberg als starker Mann und Sicherheitsgarantie ins neue Kabinett Hitler eintrat. Hugenberg stellte seine Bedenken gegenüber dem unzuverlässigen Hitler nur deswegen zurück, weil ihm dieser, buchstäblich fünf Minuten vor der Vereidigung, sein feierliches Ehrenwort gegeben hatte, den Parteienproporz in der Regierung, in der die Nazis nur zwei Sitze hatten, selbst dann zu wahren, wenn die Deutschnationalen bei den von Hitler angestrebten baldigen Neuwahlen Stimmen verlieren würden. Schon zwei Monate später, nachdem der einmal Ernannte im Wahlkampf seine neue Macht in die Waagschale werfen und zudem Hinden-

burgs Vertrauen erschleichen konnte, pfiff er auf sein Ehrenwort und ernannte kurzerhand weitere Nazis zu Ministern.

Bei seinem Einstieg in die große Politik Mitte Mai 1933 zeigte sich seine Verschlagenheit. Seine Vorgänger im Amt des Reichskanzlers hatten (teilweise erfolgreich) versucht, durch eine Konfrontationspolitik die Lage Deutschlands auf den internationalen Konferenzen zu verbessern. Hitler hingegen »wählte nicht den Weg der direkten Konfrontation, sondern eine Politik der Täuschung, die mit der sogenannten Friedensrede vom 17. Mai 1933 ihren ersten Höhepunkt erreichte«.

Hitler schloß eine Reihe spektakulärer Verträge: mit dem Vatikan, mit Polen, mit Großbritannien. Dabei machte er seinen außenpolitischen Partnern Zugeständnisse, zu denen seine Vorgänger in der Weimarer Republik nicht bereit waren. Dies ist ihm deshalb ganz leicht gefallen, weil er gar nicht im Sinn hatte, sich an die Abmachungen zu halten. Mit einem besonders erfolgreichen Täuschungsmanöver, einer »Strategie grandioser Selbstverharmlosung« (Jacobsen) spannte Hitler die konservativen Kreise Deutschlands für sich ein und täuschte damit auch die anderen Nationen. Hitler tarnte sein mörderisches Lebensraumkonzept, indem er es in die vertraute Forderung nach der Revision der Versailler Verträge einpaßte und so tat, als wollte er es damit bewenden lassen, wenn diese gerechte Forderung erfüllt wäre.

In einer Rede, die Hitler am 10. November 1938 vor Verlegern und Journalisten im Braunen Haus in München hielt, legte er dann »unverhüllt... die rein taktische Bedeutung seiner Friedenspropaganda seit 1933 dar«: »Nur durch die fortgesetzte Betonung des deutschen Friedenswillens und der Friedensabsichten sei es möglich gewesen, dem deutschen Volk Stück für Stück die Freiheit zu erringen und ihm die Richtung zu geben, die immer wieder für den nächsten Schritt als Voraussetzung notwendig war.« Nunmehr aber sei »die pazifistische Platte« in Deutschland »abgespielt«. Schon am 24. Februar 1937 gestand Hitler vor seinen alten Kämpfern im Münchner Hofbräuhaus ganz fröhlich ein, daß er alle belogen hatte: »So haben wir damals 1933 vorsorglicherweise, um unsere Umwelt nicht zu erschrecken, nur wenig von dem gesagt, was wir vorhatten.«

Hitler setzte seine Verstellungskünste mit kühler Berechnung ein. »In einem unbewachten Augenblick hat er sich selbst einmal den größten Schauspieler Europas genannt.«

Bei den Übergriffen und Ausschreitungen der SA im Frühjahr 1933 hat Hitler »nach außen hin so getan, als habe er mit den ›einzelnen Entgleisungen‹ seiner Schlägertruppen nicht das geringste zu tun«. »Wenn das der Führer wüßte!« hieß es, wobei man unterstellte, daß er dann den Mißstand schnellstens abstellen würde. Die »Meldungen aus dem Reich«, vom Sicherheitsdienst der SS regelmäßig zusammengestellte Stimmungsberichte aus der Bevölkerung, zeigten, daß es Hitler mit seiner Verstellungstaktik gelang, bis kurz vor Kriegsende weitgehend von der Kritik seiner Volksgenossen verschont zu bleiben.

In den Köpfen vieler Militärs spukte das Klischee vom guten Hitler und von der schlechten NSDAP. Wie erfolgreich er von Hitler getäuscht wurde, zeigte der Fliegergeneral Hugo Sperrle mit dem schwäbisch groben Satz: »Hitler ist dort oben von lauter Scheißkerlen umgeben.« Seine Landser führte Hitler bis zum bitteren Ende hinters Licht. Die in den letzten Kriegsmonaten in Gefangenschaft geratenen Soldaten beschwerten sich in den Verhören durch die amerikanische Armee über den mangelnden Nachschub, die falsche Strategie, die höheren Offiziere, nahmen aber die in der Kompanie Mitkämpfenden und Hitler von der Kritik aus.

Seine Kirchenfeindlichkeit verbarg Hitler lange Zeit so gut, daß beim »Anschluß« der »Ostmark« die österreichischen Bischöfe eine Begrüßungsdelegation unter dem Kardinal Innitzer in Hitlers Wiener Hotel Imperial schickten und die Kirchenglocken läuten ließen.

Seine Abneigung gegen den Adel verhehlte Hitler fast noch perfekter. Im November 1923 gelang es ihm, den Generalstaatskommissar von Kahr dazu zu überreden, sich an dem geplanten »Marsch auf Berlin« zu beteiligen, indem er ihm die Illusion vermittelte, dieser Marsch könne ein Vorspiel für die Wiedereinsetzung der Wittelsbacher werden, von der Kahr träumte. Später glaubten einige Monarchisten ernsthaft, Hitler könne dafür gewonnen werden, die Hohenzollern-Dynastie nach dem Tode Hindenburgs wieder auf den Thron zu heben.

Hitler schreckte auch nicht davor zurück, sogar Mitgefühl mit den Juden zu heucheln, die er verfolgen, boykottieren und verprügeln ließ. Am 5. April 1933 schrieb er Hindenburg, der sich wegen des Eindrucks, den die Judenhetze nach der Machtergreifung auf das Ausland gemacht hatte, besorgt gezeigt und sich für jüdische Kriegsteilnehmer eingesetzt hatte: »Ich verstehe Ihre inneren Beweggründe und leide im übrigen selbst unter der Härte eines Schicksals, das einen zu Entscheidungen zwingt, die man menschlich tausendmal vermeiden möchte.« »Sollte Hitler überhaupt je gelitten haben – darunter gewiß nicht«, kommentierte Helmut Heiber dieses verlogene Schreiben.

Den alten Feldmarschall führte Hitler immer wieder virtuos hinters Licht. Nach der kaltblütigen Ermordung Röhms und weiterer SA-Führer, der Generäle von Schleicher und von Bredow und anderer ihm unliebsamer Personen besuchte Hitler am 3. Juli Neudeck und erstattete über die angebliche Revolte Bericht. Er heuchelte die Rolle des ehrlich Betroffenen so überzeugend, daß der alte Feldherr ihn wegen des vergossenen Blutes verständnisvoll tröstete.

Dem amerikanischen Journalisten Baillie versuchte er in einem Interview weiszumachen, die Nürnberger Gesetze dienten vor allem auch zum Schutze der Juden selbst, »und ein Beweis hierfür sei, daß seit den einschränkenden Maßnahmen die antijüdische Stimmung im Lande sich sehr gemildert habe«.

Der Holocaust war nicht nur eines der brutalsten Verbrechen Hitlers, es war auch eines der hinterhältigsten. Durch taktische Pausen vernebelte er die Ziele seiner grausamen Judenpolitik. Als er 1934 das Ende seiner Revolution verkündete, als er 1936 wegen der Olympischen Spiele die Weltmeinung nicht reizen wollte und als er 1938 wegen des Anschlusses Österreichs und der Sudetenkrise Ruhe brauchte, vermittelte er vielen Juden die trügerische Hoffnung, daß sie in seinem Reich eine zwar entrechtete, aber doch einigermaßen gesicherte Existenz finden würden. Nicht nur mit roher Gewalt, sondern vor allem mit Lug und Trug gelang es, Millionen von Juden in Gaskammern zu ermorden. Das Stammpersonal der Aktion Reinhardt, das unmittelbar mit der Vernichtung in den Todeslagern Belzec, Treblinka und Sobibor zu tun hatte, der mindestens eineinhalb Millionen Menschen zum Opfer fielen, betrug nur 92 Mann. Weil glaubhaft versichert wurde, der Transport gehe in Arbeitslager im Osten, bemühten sich die Judenräte um eine reibungslose Organisation. Hitler nützte die deutsche Glaubhaftigkeit schamlos aus. Den Todgeweihten wurde bei ihrer Ankunft in den Lagern erklärt, zunächst sei eine gründliche Reinigung und Entlausung vorgesehen. Ohne Arg zogen sie sich aus und gaben ihre Kleider ab. Einige erkundigten sich, ehe sie in die »Duschen« gingen, ob denn das Wasser warm sei.

Der schwedische Kaufmann Birger Dahlerus unternahm kurz vor dem Überfall auf Polen einen letzten Versuch, den Krieg zu verhindern, und besuchte Hitler in Begleitung Görings am 26. August 1939. Hitler stand aus dem Bett auf, empfing die beiden späten Gäste und bekam auf seine Frage, warum ihm die Engländer mit einer Kriegserklärung drohten, die Antwort, sie trauten ihm eben nicht. Darauf brach es aus ihm heraus: »Idioten, habe ich jemals in meinem Leben gelogen?«

Dieser selbst bei einem Ehrenmann nicht ganz glaubwürdige Ausspruch war der Gipfel der Heuchelei. Hitler mußte sich darüber im klaren sein, daß er unendlich oft gelogen hatte und daß England mit ihm, wenn der Krieg einmal ausgebrochen war, kaum Frieden schließen würde, da er als Vertragspartner wertlos geworden war. Dabei wußten die Engländer zum damaligen Zeitpunkt noch nicht, daß er sie selbst bei seinem großen »Versöhnungsversuch«, dem Flottenabkommen von 1935, betrogen hatte. Er hatte sich verpflichtet, in seiner Seerüstung hinter Großbritannien zurückzubleiben und Schlachtschiffe nur bis zu 40 000 Tonnen zu bauen, ließ aber im selben Jahr Schiffe über 56 000 Tonnen auf Kiel legen.

Im Rußlandfeldzug sprach Hitler dann im kleinen Kreis (bei einer Besprechung mit OKW-Chef Keitel und Generalstabsschef Zeitzler) offen von der Zulässigkeit der Lüge in der propandistischen Kriegsführung: »Ich würde ja wer weiß wie weit gehen; wenn nicht die psychologische Wirkung wäre, würde ich sagen: Wir machen eine vollkommen unabhängige Ukraine – das würde ich eiskalt sagen und dann doch nicht tun.«

So überrascht es nicht, daß Hitler auch mit einer handfesten

Lüge von der politischen Bühne abtrat, als er in seinem politischen Testament am 29. April 1945 behauptete: »Es ist unwahr, daß ich oder irgend jemand in Deutschland den Krieg im Jahre 1939 gewollt hat.« Diese Behauptung zeigt dieselbe Dreistigkeit, die Hitlers Verhalten stets auszeichnete, seine Selbstgerechtigkeit und möglicherweise seine Fähigkeit, an die eigenen Lügen tatsächlich zu glauben.

Es lügt aus ihm

Bisher haben wir das Verhalten eines besonders durchtriebenen Politikers betrachtet, dessen Vorgehen aber vielleicht nicht allzusehr von der nationalen Norm seiner Zeit abwich, in der es geradezu ein Gesellschaftsspiel deutscher Regierungsstellen war, den Versailler Vertrag in irgendeiner Form zu unterlaufen und somit in patriotischer Absicht zu lügen, zu betrügen, Geheimfonds anzulegen und die Aufrüstung zu tarnen. Nach 1919 sei der Eidbruch unter den Offizieren des Heeres und der Marine zur Mode geworden, meinte Gerhard Weinberg. »Die meisten leisteten einen Eid auf die Verfassung von Weimar, haben diesen aber in vielen Fällen einfach vergessen.« Doch Hitler log nicht nur in der Politik, er log auch im täglichen Leben, er log und verstellte sich fast immer, selbst wenn er enge Bekannte scheinbar ins Vertrauen zog. Es gab keinen einzigen Menschen, dem sich Hitler rückhaltlos öffnete. Er ließ sich grundsätzlich nicht in die Karten schauen und rühmte sich, anderen Menschen nicht zu vertrauen, sie anzulügen und später zu überraschen.

Wie wichtig ihm das Prinzip des Betrugs war, zeigt seine kuriose Betrachtung in »Mein Kampf« über die Entwicklung der Menschheit. »Gewisse Schliche und schlaue Maßregeln« seien der »erste Schritt, der den Menschen äußerlich sichtbar vom Tiere entfernte«. Am Anfang stand »das Finden von Listen und Finten, deren Anwendung den Kampf um das Leben mit anderen Wesen erleichtert...«

Besser als andere hat Carl J. Burckardt, der Hohe Kommissar des Völkerbunds in Danzig, Hitler durchschaut. »Bei genauerem

Hinsehen aber möchte es scheinen, daß solch landläufige und gesunde Begriffe wie ›Lügner‹ das Phänomen Hitler nicht völlig zu decken vermögen … ›Wenn ich mein Wort gebe, so halte ich es‹, so erklärt er; ganz kurze Zeit darauf, bisweilen fast am selben Tag, bricht er es bedenkenlos, als ob es sich bei seiner Beteuerung nur um eine konventionelle Floskel gehandelt habe. Beinah möchte man versuchen, anstatt ›er lügt‹ zu sagen ›es lügt aus ihm‹.« So sah dies auch Hermann Rauschning, der ehemalische Senatspräsident von Danzig:»Alles ist ›Krampf‹ an ihm, um sein Lieblingswort zu gebrauchen. Nichts ist natürlich; auch seine Liebe zu Kindern und Tieren: alles ist Pose.«

Die gutgläubigen Opfer seiner Theatervorstellungen waren Legion. Besonders erfolgreich täuschte er den jüdischen Arzt Dr. Bloch, der seine Mutter bis zu deren Krebstod behandelt hatte und dem er den tieferschütterten Sohn vorspielte. Der alte Mediziner, der 1938 nach dem Anschluß Österreichs einigermaßen unbehelligt ausreisen durfte, stellte Hitler noch im amerikanischen Exil ein überraschend positives Zeugnis aus. Nie habe er in seiner langen Praxis einen derartig von Trauer gebeugten Sohn erlebt.

Hitler nutzte 1938 die Blomberg-Fritsch-Affäre eiskalt, um die personellen Voraussetzungen für seine Kriegspläne zu schaffen. Dabei überging er Göring, den er, als »zu träge«, nicht als Nachfolger Blombergs haben wollte, und suchte Goebbels wieder enger ins Vertrauen zu ziehen. Tatsächlich gelang es ihm nach kurzer Vorstellung, den begeisterungsfähigen Intellektuellen zu rühren, indem er ihm wegen der moralischen Verfehlungen seines Kriegsministers Krokodilstränen vorweinte. Goebbels schrieb in sein Tagebuch:»Der Führer ganz erschüttert. Die Tränen stehen ihm in den Augen. Eine sehr ernste Stunde.« Dabei war der Propagandaminister nur Zuschauer der Privatvorstellung einer Schmierenkomödie in der Reichskanzlei geworden.

Auch seinen Luftwaffenadjutanten von Below beeindruckte Hitler mit seiner Show. Er berichtete in seinen Memoiren:»Mit dieser Affäre brach für Hitler eine Welt zusammen. Bis zu diesem Vorfall war Hitlers Hochachtung für Generale – und den Adel – nicht zu erschüttern gewesen.«

Von Hochachtung vor dem Adel war bei Hitler nie die Rede. Doch er wollte sich bei seinem Adjutanten einschmeicheln, dessen Umgang ihm angenehm war und auf dessen Diskretion er bauen konnte. Zu diesem Zweck hatte er auch von Belows Ehefrau Maria mit in das Freundschaftsverhältnis einbezogen. Sie berichtete nach dem Krieg, daß sie sich mit ihrem Mann auf dem Berghof sehr wohl gefühlt habe, daß nach ihrer Einschätzung dort eine angenehme, vertrauensvolle Atmosphäre geherrscht habe und daß es undenkbar gewesen wäre, durchs Schlüsselloch zu spionieren. Hitler habe sich während des Krieges sogar um die Lebensmittelversorgung ihrer Eltern gekümmert.

Ein ähnliches Theater führte Hitler vor der Reichskristallnacht am 9. November 1938 auf. Das Attentat auf den deutschen Diplomaten vom Rath war für die Vorgeschichte des Pogroms »ohne kausale Bedeutung« (Peter Longerich). Es lieferte das Stichwort für Hitlers Lieblingsrolle. Er konnte wieder den zu Unrecht gekränkten und zutiefst Betroffenen mimen.

Er war ein begabter Schauspieler und spielte seinem ganzen Hofstaat den treusorgenden Hausvater und moralischen Normalbürger vor, der auch mit seinen sexuellen Bedürfnissen nicht aus dem Rahmen fiel.

Eine seiner Sekretärinnen verglich die Arbeitsatmosphäre in der Reichskanzlei mit der in der freien Wirtschaft, die sie nach dem Krieg kennenlernte. Die Zeit unter Hitler schnitt dabei gar nicht schlecht ab. Österreichischen Charme attestierten Hitler viele (was allerdings nicht unbedingt als Kompliment angesehen werden muß).

Verschlagenheit, Kälte und die Unfähigkeit zu Mitleid zeichneten den Mann aber von Anfang an aus, der an einem Punkt seines Lebens imstande war, Menschen zu Millionen umbringen zu lassen. Mitgefühl, das hat die Lebenslaufforschung gezeigt, ist keine Eigenschaft, die biographisch punktuell auftritt.

Die »nackte Häßlichkeit« (Bullock) kam erst nach genauerem Hinsehen zutage. Brigitte Hamann zerstörte die Legende von der seiner kleinen Schwester freiwillig abgetretenen Waisenrente. Der gesetzliche Vormund traf die entsprechende Regelung. Um seine sterbende Mutter kümmerte sich der junge Hitler erst drei

34

Wochen vor ihrem Tod. Vorher hat er es nicht über sich gebracht, von Wien an ihr Krankenbett nach Linz zu reisen.

Hitler wurde auch bei weiteren Schummeleien ertappt. Anhand des Melderegisters war es nicht schwer, zu ermitteln, daß er den Zeitpunkt seiner Ankunft in München vordatiert hatte. Er kam am 25. Mai 1913 an und nicht, wie er selbst immer wieder behauptete, im Frühjahr 1912. Außerdem verschwieg er, daß er nicht allein gekommen war, sondern in Begleitung Rudolf Häuslers, der mit ihm zunächst das Zimmer teilte. (Brigitte Hamann)

Hitler verfaßte nur »wenige persönliche Aufzeichnungen« und schrieb »nur relativ selten Briefe«. Er wollte sich inhaltlich nicht festlegen und verhinderte ausdrücklich, daß längere Schriftproben in die Hände von Graphologen fielen.

»Das persönlichste Schreiben, das er hinterlassen hat, ist paradoxerweise ein Behördenbrief, die Einlassung des vierundzwanzigjährigen Wehrflüchtigen gegenüber dem Magistrat der Stadt Linz.« (Joachim Fest) Es sei besonders wichtig, äußerte Hitler gelegentlich, und »eine alte Lebenserfahrung eines politischen Führers: Alles das, was man besprechen kann, soll man niemals schreiben, nie!« Und an anderer Stelle: »Es wird viel zuviel geschrieben; das beginnt bei Liebesbriefen und endet bei politischen Briefen. Es ist immer irgend etwas Belastendes bei der Sache dabei.«

Strikte Verschwiegenheit wollte er allen Deutschen von Anfang an anerziehen lassen. Man habe bisher versäumt, sie als männlich wertvolle Tugend hinzustellen. Im Krieg könne Schwatzsucht zum Verlust von Schlachten führen. Mit der Parole »Feind hört mit« sollten die Volksgenossen abgeschreckt werden, Geheimnisse auszuplaudern.

Tagebuch führte Hitler nie, wie alle Welt inzwischen weiß. Photographieren ließ er sich nur von zugelassenen Lichtbildnern. Die Abzüge wurden zensiert und, wenn sie ihm nicht zusagten, unterdrückt.

Selbst die Texte seines Buches »Mein Kampf« vernebelten in eigenartiger Geschwätzigkeit die Tatbestände. Kurt Pätzold und Manfred Weißbecker diagnostizierten auf den vielen Seiten »eine merkwürdige Unbestimmtheit: Alles versank in Anonymität und

Gegenstandslosigkeit, alles entzieht sich der Überprüfbarkeit«. Doch auch dieses Buch hätte er, da es noch zu verräterisch und zu offen sei, lieber nicht geschrieben, vertraute er 1938 seinem ehemaligen Anwalt Hans Frank an.

Die englische Übersetzung (»My Struggle«) wurde in bereinigter Form publiziert. Es »fehlten einige der schärfsten Bemerkungen Hitlers zur außenpolitischen Expansion Deutschlands und zur Bedrohung durch die Juden. Hitlers fixe Idee, daß die Juden versuchten, arische Frauen zu verführen, wurde größtenteils weggelassen. Die Bemerkung, Deutschland hätte im Ersten Weltkrieg zwölf- bis fünfzehntausend Juden vergasen sollen, fehlte völlig«.

Sein 1928 verfaßtes zweites Buch, in dem er seine außenpolitischen Überlegungen darlegte, ließ er zu seinen Lebzeiten vorsichtshalber nicht erscheinen. Hitler habe buchstäblich nie ein unbedachtes Wort gesprochen, erklärte sein Wirtschaftsminister Hjalmar Schacht. Selbst sein Lachen kontrollierte er, weil es verräterisch sein konnte. Er lachte nur, »indem er sein Gesicht hinter der schräg davorgehaltenen Hand verbarg«.

Die Akten des Dritten Reiches stellen besondere Probleme dar. »Ich habe die Sehnsucht nach Nazi-Dokumenten, die Sucht, noch mehr Dokumente aus so trüben Quellen zu finden, nie ganz begriffen und ebensowenig die Hoffnung, aus ihnen klüger und wissender zu werden«, wunderte sich Seev Goshen. Die Nazis hätten sich bekanntlich nicht gescheut, Dokumente, zum Beispiel die Totenscheine bei den Euthanasiemorden, ohne jede Bedenken zu fälschen. In der Tat hatte manche Täuschung Erfolg, das ganze Ausmaß seiner Tarnungen wurde nur schwer durchschaut. Es hätte wohl eines Grundkurses in Psychologie bedurft, um Hitlers Verhalten zu deuten und seine Angaben als ein Geflecht pathologischer Phantastereien richtig einzuordnen.

Eine ungeschiedene Mischung der Vorstellungsebenen trat beim Röhm-Putsch zutage. Ob Hitler tatsächlich an eine Verschwörung geglaubt habe, sei nicht feststellbar, urteilte Norbert Frei: »Die Hysterie, in die sich der ›Führer‹ seit Godesberg (wo er im Rheinhotel Dreesen vor seinem Flug nach München zur Verhaftung Röhms in Bad Wiessee übernachtet hatte) immer mehr hineingesteigert hat, verschafft seinen rasenden Monologen

Glaubwürdigkeit und macht vergessen, daß es sich nicht zuletzt um einen Akt der Rechtfertigung und Rückversicherung handelt.« Die in der kulturellen Entwicklung sich sondernden Erlebnisformen lagen bei Hitler noch ungeschieden beieinander. Während der Sudentenkrise zeigte Hitler eine »Mischung von Entschlossenheit, Phrase, Selbstbetrug und Blindheit, die es für uns heute so schwer macht, bei diesem Mann genau die Grenze zu ziehen zwischen rationalem Kalkül, fanatischer Autosuggestion und geschickter Schauspielerei«, meinte Bernd Jürgen Wendt.

Vor seinem Tode schickte Hitler seinen Adjutanten Schaub auf den Berghof und in seine Münchner Wohnung am Prinzregentenplatz, um seine Privatpapiere restlos zu vernichten. So ist es ihm über seinen Tod hinaus gelungen, einen Schleier um sein Privatleben zu legen, der die Triebhaftigkeit seines Verbrechertums verdeckt. Ein halbes Jahrhundert lang scheint Hitler einer Aufdeckung entgangen zu sein. Eine »in jeder Hinsicht überzeugende und quellenmäßig abgesicherte Enträtselung dieser Führungsfigur ist angesichts der dürftigen persönlichen Quellen bisher nicht gelungen«, stellte Martin Broszat fest.

Revision des Hitler-Bildes

Doch nun gerät Hitler in die Hände des Psychologen, der eine gründliche Revision des Hitler-Bildes anstrebt, nicht zum Guten, sondern zum Schlechten. Hitler war nicht nur ein furchtbarer Politiker, er war zunächst und vor allem ein furchtbarer Mensch. Seine desaströse Politik ist am besten zu erfassen, wenn man sie als unmittelbaren Ausdruck einer bösartigen, rücksichtslosen, unaufrichtigen und selbstsüchtigen Persönlichkeit ansieht. In seinem Programm mag es halbwegs brauchbare Ansätze gegeben haben; doch seine belastete Persönlichkeit wendete alles zum Schlimmen. Hitlers Charakter war noch viel abstoßender, als man bisher annahm, und diese psychologische Erkenntnis legt eine neue Bewertung des deutschen Diktators in der Zeitgeschichte nahe.

Die Analyse wird mit schonungsloser Offenheit die psychopathologischen Abgründe dieses Feindes der Menschheit bloßlegen.

Sie sieht es deshalb, wie schon Ian Kershaw, als überflüssig an, durch häufige Verwendung von Ausdrücken wie verbrecherisch oder Barbarei in jedem zweiten Satz zu betonen, wie sehr ihr diese Gesinnung fernliegt.

Die Naziwörter wie Führer, Machtübernahme, Anschluß, Marsch auf die Feldherrnhalle werden nicht immer, wie es wohl große Korrektheit fordern würde, in Anführungszeichen gesetzt. Damit soll keineswegs angedeutet werden, daß Hitler als »Führer« anerkannt oder der »Marsch auf die Feldherrnhalle« tatsächlich eine heroische Veranstaltung war. In der psychotherapeutischen Literatur folgt man ohnehin gern dem oft eigenwilligen Sprachgebrauch der Patienten, weil man auf diese Weise einen besseren Einblick in ihr verschrobenes Weltbild bekommt.

Karl Dietrich Erdmanns Feststellung, bei Hitler handele es sich um eine Person »ohne innere, einen Biographen lockende Spannweite«, schreckt den Psychologen nicht ab. Ja, er ist geradezu aufgerufen, seine Kenntnisse einzusetzen, wenn »eine ungewöhnliche Figur in den Vordergrund der deutschen Geschichte« tritt.

Während ein Biograph oft nicht umhin kann, schließlich doch einige Sympathie für das Objekt seiner jahrelangen Bemühungen aufzubringen, verhindert der sezierende Ansatz des Seelenforschers die Gegenübertragung.

»Es schickt sich nicht, die Biographie eines Massenmörders zu schreiben. Wie er seine Abende verbrachte, welche Musik er bevorzugte, ob er lieber Bordeaux oder Champagner trank, das interessiert alles nicht, das gehört da nicht her«, hielt Golo Mann den Hitler-Biographen vor. Dieser Einwand trifft den Psychologen weniger. Er beschäftigt sich ohne Scheu, aber unter Wahrung der klinischen Distanz mit scheinbar nebensächlichen Einzelheiten, die den Historiker kaum noch interessieren, und ist gewohnt, gleicherweise Verkehrssünder, Bettnässer und Raubmörder zu begutachten, ohne zu diesen Mitgliedern unserer Gesellschaft notwendigerweise Sympathie zu entwickeln.

Ziel dieses Buches ist also eine Analyse eines der schlimmen Ungeheuer der Geschichte mit den Mitteln der psychologischen Wissenschaft. Der geneigte Leser möge dann urteilen, ob es gelungen ist, ihm sein Geheimnis zu entreißen.

1.2. Strohfeuer

Kometenhafte Karriere

Ende März 1920 durchschritt ein dreißigjähriger Mann das Tor einer Münchner Kaserne. Er war gerade aus dem Heer verabschiedet worden. Das Entlassungsgeld betrug fünfzig Mark. Außerdem durfte er eine Feldmütze, einen Waffenrock, eine Tuchhose, ein Hemd, einen Mantel und ein Paar Schnürschuhe mitnehmen. Zu seinen Habseligkeiten gehörte auch das Eiserne Kreuz I. Klasse, auf das er sehr stolz war. In seinem bisherigen Leben war er durch Auszeichnungen und Anerkennungen nicht verwöhnt worden.

Auf den Dreißigjährigen wartete keine Frau. Er war unverheiratet und hatte auch keine Verlobte oder Freundin. Die Idee, durch eine Heirat seine soziale Lage zu verbessern, lag dem Einzelgänger fern, obwohl er erkannt hatte: »Das junge Mädchen zog den Soldaten dem Nichtsoldaten vor.« Er war linkisch im Umgang mit Frauen, hatte schon vor der Militärzeit nur mit Männern zusammengewohnt und hegte deutliche Vorurteile gegenüber dem weiblichen Geschlecht.

Der Entlassene mußte sich neu orientieren. Er war fast sechs Jahre beim Militär gewesen, hatte es aber nur bis zum Gefreiten gebracht. Er stammte aus bescheidenen Verhältnissen, besaß keine Ersparnisse und hatte keinen Schulabschluß. Seine Orthographiekenntnisse waren ebenso mangelhaft wie seine Tischsitten. Seine künstlerische Begabung hatte ihm vor dem Krieg eine bescheidene Existenz als Postkartenmaler ermöglicht. Ob sie zu einer weiteren Karriere reichen würde, war fraglich. Zwei schwere Verwundungen hatte er überstanden, seine Gesundheit war nicht die beste, seine Augen waren durch Giftgas geschädigt. An eine sportliche Laufbahn war kaum zu denken. Er hielt sich nicht gut, und seine Haut war etwas schlaff.

Seine Aufstiegschancen wurden auch nicht durch gutes Aussehen verbessert; wenn er den Mund aufmachte, sah man seine schlechten Zähne. Seine Figur mit den schmalen, abfallenden Schultern und den auffällig breiten Hüften entsprach nicht gerade dem männlichen Schönheitsideal. Auf den ersten Blick fiel der mittelgroße, schlanke und dunkelhaarige Mann mit seiner breiten Nase und dem zweifingerdicken Oberlippenbärtchen, den schmalen Lippen und den leicht heruntergezogenen Mundwinkeln über einem energischen Kinn kaum auf. »Er war durch und durch ein Plebejer und besaß kein einziges der körperlichen Merkmale rassischer Überlegenheit, auf die er sich immer berief.« (A. Bullock) Es war ein äußerlich unauffälliger Durchschnittstyp, der die Kaserne verließ. »... in diesen frühen Lebensjahren wies alles auf eine unbedeutende und mittelmäßige Zukunft hin, und es gab keine Anzeichen dafür, daß er einmal die Welt dazu bringen würde, den Atem anzuhalten.« (Ian Kershaw)

Vielen blieb verborgen, »wie häßlich, abstoßend, unproportioniert das Gesicht Hitlers war«. »Seinem Gesicht war allerdings eine gewisse Beweglichkeit gegeben, die Fähigkeit, die äußerst rasch wechselnden Stimmungen zum Ausdruck zu bringen. Von einem Augenblick zum anderen konnte es mal freundlich und liebenswürdig, mal kalt und herrisch, mal zynisch und sarkastisch, mal zornesbleich und wutverzerrt sein.« Seine intensiven, leicht hervorquellenden, wäßrigen Augen stachen heraus, und seine eigentümlich dialektgefärbte Stimme ließ aufhorchen, wenn sie sich zu einem bellenden Stakkato verzerrte, einen »fast krächzenden Ton annahm«, und durch seine ruckartige Gestikulation rutschte ihm häufig eine Haarsträhne in die Stirn.

Trotz seiner nach menschlichem Ermessen minimalen Aufstiegsschancen brachte es dieser Mann innerhalb von dreizehn Jahren bis zum Reichskanzler. Eineinhalb Jahre später war er auch Staatsoberhaupt und nach weiteren fünf Jahren Herrscher über einen Großteil Europas. Diese Lebensgeschichte klingt unglaublich, wie das Drehbuch zu einem schlechten Film, bei dem mit übertriebenen Effekten nicht gespart wird. Alles an dieser Vita hatte mehr den Anschein von Kintopp als von Historie. Schon allein deswegen, weil ein derart spektakulärer Aufstieg in der deutschen Gesellschaft mit ihrer geringen vertikalen Mobilität, noch dazu für einen Ausländer, unmöglich erschien.

Geblendet von Hitlers kometenhafter Karriere übersieht man leicht, daß sein ganzes Leben eigentlich eine Kette von Mißerfolgen war, die allenfalls durch einige Strohfeuer unterbrochen wurde. Der Schulversager fiel zweimal durch die Aufnahmeprüfung für die Kunstakademie. Es gelang ihm weder, eine bürgerliche Existenz aufzubauen, noch, eine Ehe zu führen. Sein Eintritt in die Politik endete nach drei Jahren in einem Fiasko. Ein völlig gescheiterter Putsch brachte ihn 1924 hinter Gitter. Seine Partei zerfiel zunächst und war, nach einem spektakulären Aufschwung in der Weltwirtschaftskrise, im Niedergang, als er Ende Januar 1933 überraschend zum Reichskanzler ernannt wurde.

Pannenserie

Aber auch dann rissen die Fehlschläge nicht ab. Die Aufmärsche und Jubelfeiern, die Reichsparteitage, die Autobahneinweihungen, die Olympiade 1936, die ihm in den Schoß gefallen war, und auch die Aggressivität gegenüber den Nachbarländern überdeckten die Mißerfolge seines Regimes.

Der Vierjahresplan von 1936, der die deutsche Wirtschaft auf die Rüstung umstellen und zugleich autark machen sollte, erwies sich schon nach einem Jahr als Fehlschlag. Während die Versorgung der Bevölkerung mit den Grundnahrungsmitteln Brot, Getreide und Kartoffeln einigermaßen gelang, wurden Fleisch, Fette und Zucker immer knapper (»Fettlücke«). Wolle für hochwertige Stoffe fehlte. Weil die Devisen für die Rüstung reserviert wurden, mußten die Volksgenossen mit noch kratzigerer Chemieware vorliebnehmen. Das deutsche Wort »Ersatz« kennzeichnete diese Periode ebenso wie die folgende das Wort »Blitzkrieg«. Der dicke Göring, der Bevollmächtigte für diesen Plan, eignete sich wegen seiner Leibesfülle kaum zum Verkünder eines Sparprogramms, versuchte aber trotzdem seine Volksgenossen mit dem kernigen Spruch »Kanonen statt Butter« aufzumuntern. Die Butterversorgung war zu Weihnachten 1939 so schlecht, daß der Zuteilung auf Bezugsscheine zwanzig Prozent Margarine beigemischt werden mußte. Da Kohlen fehlten, froren die Deutschen im ersten Kriegswinter.

Die nationalsozialistische Wohnungspolitik scheiterte. In den

Vorkriegsjahren mußte der Wohnungsbau hinter der Aufrüstung zurückstehen. Im Krieg wurde die Wohnungsnot noch drückender. Es zeigte sich wieder einmal, daß das NS-System zu konstruktiver Politik prinzipiell unfähig war. Hitlers Leistungen in der zivilen Staatsführung waren miserabel. Ihm fehlten die Fähigkeiten und Neigungen zu einer geregelten Verwaltung, die er durch persönliche Treueverhältnisse von Vasallen ersetzen wollte. Dies führte zu einer »feudalen Anarchie« (Kershaw), zu einem Kollaps der rationalen Strukturen der Regierungsgeschäfte, zu unnötigen Konflikten und Ineffizienz. Die Nazi-Diktatur habe daher eine inhärente Tendenz zur Selbstzerstörung besessen.

Hitler betrieb seine Aufrüstung mit dem Geld der kleinen Sparer, das er für seine Hirngespinste verpulverte. Noch vor der militärischen Katastrophe brach die Währung zusammen. Schon 1944 hatte es Hitler geschafft: Das Deutsche Reich war bankrott.

Hinausgeworfenes Geld: Das größte Verteidigungsbauwerk, der Westwall, der 3,5 Milliarden RM kostete und allein zwanzig Prozent der deutschen Jahresproduktion an Zement verschlang, bewährte sich beim alliierten Vormarsch 1944/45 nicht. »Die Bunker waren unzweckmäßig und zu klein, die Höckerlinie wurde durch Auffüllen mit Steinen und anderen Materialien überwunden«.

Der Atlantikwall, der mit gewaltigem Aufwand zur Verteidigung der Festung Europa auf Hitlers Geheiß errichtet worden war, erwies sich als weitgehend nutzlos. Die Alliierten taten ihm nicht den Gefallen, am Ärmelkanal zu landen, wo die Befestigungen am besten ausgebaut waren. Nach der Landung band der Wall einen Großteil der deutschen Truppen in Küstennähe, wo sich die Überlegenheit der Schiffsartillerie der Landungsflotte auswirkte. »Also war es sinnlos, den Saum der Küste befestigen zu lassen, wie es der Feldherr Hitler mit seinem Atlantikwall unternahm und dadurch nur Scheiben schuf für ein durch niemand zu störendes Scharfschießen der feindlichen Landungsflotte«, urteilte Generaloberst Halder nach dem Krieg.

Im Krieg übertönten zunächst die Fanfaren aus den Volksempfängern die Brüchigkeit der Pyrrhussiege. Der schrecklichste aller

Kriege endete nicht nur in einer vollkommenen Katastrophe, er begann auch gleich mit einem Fehlschlag. Durch einen Überfall von SS-Leuten in polnischen Uniformen auf den Sender Gleiwitz am 31. August 1939 sollte Polen vor der Weltöffentlichkeit als Aggressor hingestellt werden. Doch die Sendung des geplanten Aufrufs in polnischer Sprache verzögerte sich zunächst um dreizehn Minuten, weil das Mikrophon unzugänglich war und ein Handmikrophon angeschaltet werden mußte. Aber auch die verspätete Ausstrahlung fand unter Ausschluß der Öffentlichkeit statt, die Sendung konnte »nur im begrenzten oberschlesischen Bereich des dortigen Senders und nicht in weiteren Teilen des Reichs wahrgenommen werden«. Als photographischer »Beweis« der polnischen Aggression wurden hierfür ermordete KZ-Insassen in polnischen Uniformen, sogenannte »Konserven«, liegengelassen. Der deutsche Angriff auf Polen löste dann die Kriegserklärung von Frankreich und Großbritannien aus, die sich von den grausamen Mätzchen der SS nicht täuschen ließen.

Für diesen Krieg war die Wehrmacht schlecht gerüstet, da Großbritannien, das Hitler als Verbündeten zu gewinnen suchte, als potentieller Gegner bei den Planungen nicht einkalkuliert war, die die knappen Ressourcen auf einen kontinentalen Zweifrontenkrieg gegen benachbarte Länder des Reiches eingestellt hatten. Hitler versuchte vergebens, England aus der Luft niederzuringen, obwohl der Luftwaffe ein strategisches Bomberkommando mangels einsatzfähiger Bomber fehlte. Die hierfür vorgesehenen Typen standen noch nicht zur Verfügung, da sie mit zusätzlicher Sturzkampffähigkeit ausgelegt werden sollten. Dies führte zu einer entscheidenden Verschlechterung der Flugeigenschaften des mittleren Bombers Ju 88. Der schwere Fernbomber He 177 kam »praktisch nie zum Einsatz«.

Die U-Bootwaffe war für den Kampf auf der Weite des Atlantiks nicht gerüstet, sie mußte vom Herbst 1940 an »den Krieg mit Booten führen, denen es an Reichweite, Kampfkraft und Fürsorge für die Besatzung mangelte«. Der Einsatz in den Tropen glich einem Alptraum, weil Klimaanlagen fehlten.

Der erste Auftritt Hitlers als Feldherr erwies sich als schweres, wenn nicht sogar kriegsentscheidendes Debakel. Den Polenfeldzug hatte er noch als Zuschauer erlebt. Im Frankreichfeldzug griff Hitler, als seine Truppen Dünkirchen erreicht hatten, erstmals massiv in die Operationsführung ein. Er ließ die Panzer anhalten und erlaubte so dem britischen Expeditionskorps zu entkommen. Er überschätzte den Kampfwert der schon schwer angeschlagenen französischen Armee und setzte alles daran, dieser den Fangstoß zu geben, während er seinen eigentlichen Hauptgegner laufen ließ. Hitlers Blitzkriege waren operative Triumphe, aber strategische Tragödien, urteilte Karl-Heinz Frieser. Mit einem falsch attribuierten Erfolg stieg das Anspruchsniveau, das Eigenmachts- und Selbstwertgefühl ins Unermeßliche. Hitler und sein Stratege General Halder fühlten sich in der Lage, mit der Blitzkrieg-Strategie den Giganten Rußland zu schlagen. So etwas wie eine für einen Weltkrieg unerläßliche Kosten-Nutzen-Analyse habe es in der deutschen Kriegsführung nie gegeben, konstatierte Williamson Murray. Kontinentaleuropäische Befangenheit und strategische Froschperspektive verblendeten Hitler und seine Generäle. Als seine militärische Umgebung im Dezember 1941 einen Trinkspruch auf die Erfolge der japanischen Waffenbrüder ausbrachten, fragte Hitler die versammelten Offiziere, wo Pearl Harbor liege. Keiner wußte es.

Fixiert auf gutgedrillte Körper, persönlichen Mut und widerspruchslosen Einsatzwillen, verkannte Hitler vollständig die kriegswichtige Stellung der Wissenschaft. Die meisten jungen Forscher mußten zu Kriegsbeginn 1939 einrücken. »Wissenschaft ist Hitler grundsätzlich unsympathisch«, bedauerte der Nazi-Physiker Johannes Stark. Erst als es längst zu spät war und der Vorsprung der Alliierten in der Radarforschung immer deutlicher wurde, ordnete Ende 1943 das Oberkommando der Wehrmacht in einem Geheimerlaß die »Freigabe von etwa 5000 Wissenschaftlern für Forschungszwecke an«.

Fahrlässigkeit und Hybris führten zu Mißerfolgen, die sich dann im Ostfeldzug häuften. In seinen eigenen Überlegenheitsvorstellungen befangen, überschätzte Hitler die wirtschaftlichen und militärischen Möglichkeiten der Mittelmacht Deutschland vollkommen. Er fiel 1941 in die Sowjetunion ein und glaubte, sie in einem weiteren Blitzkrieg niederwerfen zu können. Dieses gigantische

Unternehmen war schon deswegen zum Scheitern verurteilt, weil »Hitler den Feldzug gegen die Sowjetunion materiell nicht langfristig, sondern im Gegenteil ausgesprochen kurzfristig geplant und vorbereitet hat«. Der Artillerie mangelte es an der nötigen Munition, in manchen Bereichen stand weniger Material zur Verfügung als zu Beginn des Frankreichfeldzuges. Da Reserven fehlten, hatten die Verbände den gesamten Feldzug mit der Erstausstattung zu bestreiten, im Gegensatz zur Roten Armee. Eine Chance, den 1939 entfesselten Krieg zu seinen Bedingungen zu gewinnen, hatte Hitler wohl nie. Die sich kurz auftuende Möglichkeit, den Rußlandfeldzug erfolgreich abzuschließen, verspielte er im August 1941 endgültig. Ähnlich wie er im Frankreichfeldzug die Panzer vor Dünkirchen anhalten ließ, beging er bei Smolensk, wo er sie vor ihrem Ziel Moskau in nördliche und südliche Richtung abdrehen ließ, einen ähnlichen, nunmehr kriegsentscheidenden Fehler. Schließlich kämpften die Truppen bei minus dreißig Grad Celsius mit ihrer Sommerausrüstung vor Moskau.

Die überhebliche Planung hatte für den Herbst 1941 das Ende der Operationen an der Linie Archangelsk–Astrachan vorgesehen. Zur Sicherung glaubte man, nur noch eine Reserve von fünfzig bis sechzig Divisionen zu benötigen. Nur diese wurden für den Winter ausgerüstet, für jeden weiteren Nachschub an warmer Kleidung fehlte die Transportkapazität. So rief Propagandaminister Goebbels über den Rundfunk am 21. Dezember 1941 zur Sammlung von Wintersachen für die Front auf. Die deutsche Zivilbevölkerung in der Heimat spendete eifrig warme Mäntel, Decken, Wollsachen und sogar Skiausrüstungen. Goebbels konnte sich zu einer »Festigung der Verbindung von Front und Heimat« gratulieren. Doch die Wintersachen kamen erst kurz vor dem nächsten Frühling bei der Truppe an. Die deutschen Knobelbecher mit der genagelten Sohle (»Kälteleitende Stahlnägel«) versagten als Kälteschutz total und ließen die Füße erfrieren. Deswegen versorgten sich die Soldaten, soweit dies möglich war, ohne die Hilfe der Heimat mit warmen Filzstiefeln, die gefallenen oder gefangengenommenen Russen ausgezogen wurden.

Hitlers Wunderwaffen, mit denen er glaubte, das Kriegsglück noch wenden zu können, erreichten nichts mehr. »Nach der militärischen Rationalität stellten die V-Waffen eine nutzlose Vergeudung wertvoller Mittel dar.« Speer meinte nach dem Kriege, die neuartige Raketentechnik hätte durchaus eine durchschlagende strategische Wirkung entfalten können, wenn man sie zum Bau von Luftabwehrraketen benutzt und nicht als Angriffswaffe verwendet hätte, worauf Hitler bestand. Dies sind jedoch müßige Spekulationen. Um die Rüstungsplanung und den Krieg anders ablaufen zu lassen, hätte der Herrschaftsbetrieb des Dritten Reiches anders organisiert, der Staat und die Rüstungsplanung hätten auf eine fachmännische Grundlage gestellt werden müssen, es hätte »Leute wie Hitler gar nicht geben dürfen, aber ohne Hitler hätte es auch den Krieg nicht gegeben«. (Manfred Rauh)

Je eigenmächtiger Hitler in die militärischen Operationen eingriff und je weniger er professionellem Rat zugänglich war, um so katastrophaler wirkten sich die Rückschläge aus. Die Ardennen-Offensive vom 16. Dezember 1944 war nach Planung und Durchführung ganz und gar Hitlers Idee. Er »setzte wieder einmal wie ein Glücksspieler alles auf eine Karte, mit der er nicht gewinnen konnte«. Die letzte größere Offensive der Wehrmacht im Zweiten Weltkrieg scheiterte nach kurzen Anfangserfolgen kläglich, brachte dem deutschen Heer mehr Verluste als der gesamte Polenfeldzug, verbrauchte die letzten Reserven, die an der Ostfront fehlten, und erlaubte auf diese Weise der Roten Armee nach Berlin durchzubrechen, die Stadt zu erobern und damit Hitlers Feldherrn- und Regierungskünsten ein schnelles und unrühmliches Ende zu bereiten.

Ein gewaltiges Fiasko waren auch Hitlers Umsiedlungspläne, die vorsahen, deutsche Bauern in den Weiten des Ostens anzusetzen. Die einzigen, die von Hitler tatsächlich umgesiedelt wurden, waren die Südtiroler und die Rußland-Deutschen. Sie verloren durch seine unsinnige Politik ihre Heimat.

Dem schier allmächtigen Führer gelang es nicht einmal, den Tabakkonsum zu senken, obwohl ihm das sehr am Herzen lag und er in einem Grußwort zur Gründung des Tabakwissenschaftlichen Instituts an der Universität Jena im April 1941 die besten Wünsche für die Arbeit zur Befreiung der Menschheit von einem ihrer gefährlichsten Gifte übermitteln ließ. Propagandamaßnahmen wie Plakate mit der Aufforderung »Die deutsche Frau raucht nicht« schlugen fehl. Die Frauen in den Munitionsfabriken griffen immer häufiger zur Zigarette. Auch im Heer war der schnelle Zug vor dem Angriff Gewohnheitsrecht der Landser. Nach Kriegsende avancierte dann die Zigarette, die Hitler aus der Öffentlichkeit verbannen wollte, zur unangefochtenen deutschen Währung.

Eine gewisse perverse Bewunderung zollen manche den furchtbaren Verbrechen Hitlers, indem sie im Holocaust die perfekte Planung einer fabrikhaften, rationellen Menschenvernichtung sehen. Doch selbst die Judenpolitik war bei Hitler wirr und voller Widersprüche. Erst wollte er seine Erzfeinde nach Palästina vertreiben, obwohl sich der Außenminister von Neurath am 1. Juni 1937 dagegen aussprach, dort einen Judenstaat zu errichten, da dieser nicht ausreichen würde, um alle Juden aufzunehmen, jedoch eine ähnliche Rolle spielen könnte wie der Vatikan für die katholische Kirche. Noch aussichtsloser und realitätsferner war der Plan, nach dem Sieg über Frankreich die Juden nach Madagaskar zu verschiffen. Auch der Versuch, riesige Ghettos in Polen einzurichten, in denen die Bewohner wegen schlechter Lebensverhältnisse im Laufe von wenigen Generationen umkommen sollten, scheiterte an der Wirklichkeit und am Einspruch der Wehrmacht, die im Aufmarschgebiet gegen die Sowjetunion solche Riesen-Ghettos nicht haben wollte.

Hitlers nächster Plan, den er in der siegreichen Phase des Rußlandfeldzuges ausheckte, wollte die Juden in die Pripjet-Sümpfe treiben. Er wurde aufgegeben, als die deutschen Truppen Ende 1940 vor Moskau liegenblieben.

Hitlers endliche Zustimmung zur Judenvergasung zu Beginn des Jahres 1942 war nicht nur der Ausdruck seines mörderischen Temperaments, sondern auch ein ebenso grausamer wie sinnloser Beweis einer gescheiterten Politik, die dann letzten Endes nicht zur Vernichtung der Judenheit, sondern zur Gründung des Staates Israel führte.

Für Hitler endete seine zwölfjährige Kanzlerschaft mit dem Selbstmord, dieser gelang allerdings auf Anhieb: Er schoß sich in den Gaumen und war auf der Stelle tot. Doch die von ihm angeordnete Feuerbestattung seiner in eine benzingetränkte Decke eingehüllten Leiche mißlang wiederum, wenigstens teilweise. Die Flammen wurden durch Artilleriebeschuß erstickt, und angekohlte Reste seines toten Körpers fielen gegen seinen ausdrücklichen Willen in die Hand der anrückenden sowjetischen Truppen. Die strohfeuerartigen Erfolge sind zwar die auffälligsten Besonderheiten seiner Karriere, doch von einem erfolgreichen oder gar geglückten Menschenleben kann keine Rede sein. Selbst wenn man alle moralischen Maßstäbe außer acht läßt, kann man allenfalls von der Biographie eines Spielers sprechen, der während zehn Jahren – von 1930 bis 1940 – einige Male die Bank sprengte, dann aber schnell scheiterte, weil er auch weiterhin alles auf eine Karte setzte.

1.3. Erklärungsversuche

Zufallsphänomen

Die bisherigen Diagnosen des Phänomens Hitler überzeugen nur teilweise. Albert Speer meinte Anfang Juni 1945, nachdem er in alliierte Kriegsgefangenschaft gefallen war:»Es war eines dieser unerklärlichen geschichtlichen Naturereignisse, die in der Menschheit in großen Zeitabständen auftraten.« In der Spandauer Haft hatte er dann reichlich Gelegenheit zu weiterem Nachdenken und kam zu dem Ergebnis:»Hitler war das Produkt einer geschichtlichen Situation. In normalen Zeitläufen wäre Hitler ein unglücklicher, erfolgloser Kleinbürger geblieben, ein Kleinbürger, über dessen dämonische Anwandlungen sich die Mitbürger erstaunt hätten. Ein kontaktscheuer Einzelgänger, der seine Phantasien in seinen Skizzenbüchern ausgelebt hätte.«

Nicht falsch, aber intellektuell wenig befriedigend ist die Theorie, die Hitlers Wirkung als unglückseliges Zusammentreffen mehrerer ungünstiger Umstände interpretiert. Hitler hatte ohne Zweifel unglaublich viel Glück.»Die fortgesetzte Erweiterung seiner Macht wurde nicht nur durch entgegenkommende Umstände, sondern wiederholt auch durch schiere Zufälle begünstigt, und der Historiker darf die Rolle des Zufalls in der Geschichte nicht geringschätzen.« (Eberhard Jäckel)»Der ganze Nationalsozialismus ist, genau betrachtet, ein Zufallsphänomen.« (Alfred Heuß) Aber es bedurfte dennoch auch einer besonderen Persönlichkeit, die Zufälle kalt und geschickt mit rücksichtslosem Opportunismus zu nützen.

Dabei halfen Hitler zwei wichtige Zeitumstände. Der Vertrag von Versailles wurde von der Mehrheit der Deutschen als demütigend und ungerecht empfunden und bot damit einem populistischen Redner große Chancen. 1930 überspitzte der Historiker Friedrich Meinecke diese Ansicht:»Der Versailler Friede ist die letzte und stärkste Ursache des Nationalsozialismus.« Ähnlich sah dies 1934 der Staatsrechtler Carl Schmitt: Der deutsche Zusammenbruch von 1919 sei der Ausgangspunkt der Wirkung Hitlers gewesen.»Alle sittliche Empörung über die Schande eines solchen Zusammenbruchs« habe sich in Hitler angesammelt und sei»zur treibenden Kraft einer politischen Tat« geworden. Ein mindestens ebenso wichtiger Auslöser für den Erfolg Hitlers war die Weltwirtschaftskrise. In einer verzweifelten Situation, aus der die Politiker keinen Ausweg wußten, klammerten sich viele an die Patentrezepte und Schuldzuweisungen Hitlers. Der Anstieg des Anteils der Stimmen für Hitlers NSDAP verlief einigermaßen parallel mit dem Anstieg der Arbeitslosigkeit; in dieser Fieberkurve spiegelte sich die Krise der Wirtschaft.

Reichskanzler von Papen rief am 12. Oktober 1932 in einer Rede aus:»Herr Hitler, Sie sind nur da, weil die Not da ist!«, und Hitler erwiderte in einer Versammlung:»Wenn das Glück da wäre, dann brauchte ich nicht dazusein, und dann wäre ich nicht da.«

Als ein zufälliges Produkt der Zeitumstände kann man Hitler auch insofern ansehen, als er ohne die eben eingeführte parlamentarische Demokratie, die ihn emporspülte, die er aber trotzdem energisch bekämpfte, nie in eine vergleichbar mächtige Position gekommen wäre. In der vorhergegangenen Habsburger- oder Hohenzollern-Monarchie mögen unfähige Fürsten, graue Eminenzen, unverantwortliche und ehrgeizige Militärs an den Schalthebeln der Macht ihr Unheil angerichtet haben. Eine Katastrophe wie der Ausbruch des Ersten Weltkrieges nach dem Attentat von Sarajevo war schlimm genug. Doch erst die Parteiendemokratie machte diesen Nobody, der zu des alten Kaisers Zeiten nicht einmal zur Akademie zugelassen wurde, halbwegs gesellschaftsfähig. Als der kaiserliche Feldmarschall Paul von Hindenburg den »böhmischen Gefreiten« zum ersten Mal näher kennenlernte, wollte er ihn allenfalls zum Postminister ernennen.

In der Weimarer Republik, die sich noch nicht recht in die Demokratie eingeübt hatte, bekam ein gefährlicher Unbekannter, dessen Charakter man glaubte, nicht weiter erproben zu müssen und der als Parteiführer in einer Krisensituation viele Proteststimmen gewinnen konnte, die Chance, zum Reichskanzler ernannt zu werden. So konnte er ein grenzenloses Unheil auslösen, das ein Mann mit einigermaßen überschaubarem Hintergrund wohl kaum hätte anrichten können.

Gerhard Ritter fragte sich 1945, »ob das moderne Parteiwesen überhaupt ein Segen und ob es wirklich unentbehrlich ist. Soll man die Masse überhaupt ständig in politische Bewegung bringen?« Hitler war zwar nicht die »Konsequenz der Demokratie«, wie Winfried Martini meinte. Doch die moderne Demokratie bietet in der Tat »in ihrer Kompliziertheit und Krisenanfälligkeit den Spielraum und die Mittel für den kalten Einbruch einer totalitären Diktatur...« (K. D. Bracher)

Hampelmann

Eher oberflächlich ist der Versuch, Hitlers Erfolge durch die finanzielle Unterstützung der Industrie zu erklären.

»Gerüchte und Behauptungen über Hitlers nicht wenige Geldquellen waren Legion.« Neben den hunderttausend Goldmark Fritz Thyssens habe er von älteren Damen (Gertrud von Seidlitz, Frau Bechstein, Frau Bruckmann) Geld bekommen, von baltischen und ukrainischen Antibolschewisten, aus der Tschechoslowakei, aus der Schweiz, selbst von jüdischen Bankhäusern und auch den Liebeslohn von einer Dirne. Hitler stellte es so dar, daß sein Aufstieg »durch ganz kleine Geldsammlungen im Kreise von armen Teufeln« möglich geworden war.

Unmittelbar nachdem Hitler zum Reichskanzler ernannt worden war, lud ihn der Bankier Hjalmar Schacht zu einem Vortrag am 20. Februar 1933 vor zwanzig Ruhrindustriellen und Bankiers ein, darunter Gustav Krupp von Bohlen und Halbach. Die Herren beschlossen, Hitler für den bevorstehenden Wahlkampf gegen die Linksparteien ganze drei Millionen Reichsmark zu spenden. Den Gang der Geschichte hat das kaum beeinflußt. Hitler war finanziell recht clever. Im Vordergrund seines Interesses stand das Geld kaum.

Die Hampelmann-Theorie, die Hitler »als ein Nichts darstellt, ein bedeutungsloses Sprachrohr der Reichswehr«, wurde schon von Brecht (Tagebuch 1.11.1941) angezweifelt. Doch die Tatsache, daß er unterschätzt wurde, half Hitler immer wieder. Papen und seine Barone konnten sich nicht vorstellen, von einem Plebejer ohne Regierungserfahrung ausmanövriert zu werden. Dem Herrenreiter, so Alan Bullock, der den Neuling mit der Majorität der nicht-nationalsozialistischen Kabinettsmitglieder so in die Ecke drücken wollte, »daß er quietscht«, ging es wie der Dame aus Riga, die lächelnd einen Ritt auf einem Tiger unternahm. Der Limerick verkündete das böse Ende: »They returned from the ride – with the lady inside – and the smile on the face of the tiger.«

Die ideologisch befangenen Kommunisten sahen im Kapitalismus die eigentliche Gefahr. Am Abend des 30. Januar 1933, dem Tag der Machtergreifung, gingen die Spitzen der KPD zum Kegeln. Stalin verkannte Hitler, in dem er keine eigenständige Kraft erblicken konnte, sondern nur einen Vollstrecker der Interessen des deutschen Kapitals, der Großindustrie, auf deren Kooperationswillen er vertraute. So ließ sich auch der mißtrauische Stalin trotz vieler Warnungen von Hitler überraschen.

In den Augen der DDR war Hitler der »Staragent der Monopolherren«, eine »willfährige Kreatur der Hintermänner« aus der Wirtschaft. Schon sein Buch »Mein Kampf« sei nichts anderes als ein »Empfehlungsschreiben an die Wirtschaftskapitäne« gewesen.

»Daß der faschistische Führer keine Marionette war, die vom Monopolkapital an unsichtbaren Fäden bewegt wurde«, erkannten aber die ehemaligen DDR-Autoren Pätzold und Weißbecker nach der Wende. Sie kritisierten die bei »zahlreichen Antifaschisten« auftretende »Überbetonung aller Fragen, die mit generösen Geldspenden zusammenhängen«.

Auch die Steigbügelhalter-These ist umstritten. Die rechten Politiker der Weimarer Republik sahen sicher im Nationalsozialismus das kleinere Übel. Doch Hindenburg, und auch die beiden letzten konservativen Reichskanzler vor Hitler, war trotz dessen Gewicht als Vorsitzender der stärksten Partei im Reichstag zunächst nach Kräften bemüht, ihn von der Verantwortung fernzuhalten. Sie machten ihn nicht aus Sympathie für die Nationalsozialisten zum Kanzler, sondern weil sie glaubten, daß »ohne die NSDAP oder gegen sie praktisch nicht mehr zu regieren war«. Aber auch die Kommunistische Partei war, wenn man so will, bei der Präsidentenwahl 1925 der Steigbügelhalter Hindenburgs gewesen. »Hätten sie nicht, auch noch für den zweiten Wahlgang, ihren eigenen Kandidaten aufgestellt, so wäre anstatt des Feldmarschalls der Kandidat der Mitte und gemäßigten Linken gewählt worden.« Die Kamarilla Hindenburgs, die Hitler in den Sattel hob, wäre gar nicht zum Zuge gekommen. (Golo Mann)

Die Kommunisten wollten also, wie Golo Mann festhielt, »die Wahl Hindenburgs, weil er der Republik Schaden tun und so, auf die Dauer, sie ihren eigenen Zielen näher bringen würde«.

Auch die Zentrumspolitiker waren nicht ohne Schuld. Kanzler Heinrich Brüning ersetzte Gesetze durch Notstandsverordnungen, die nur vom Reichspräsidenten gegengezeichnet werden mußten und keine parlamentarische Mehrheit brauchten. Dadurch gewöhnte er »den Deutschen den Gedanken an eine verfassungsmäßige parlamentarische Regierung allmählich ab« und machte Hitler vor, wie man auf diese Weise viel bequemer Macht ausüben konnte.

Bollwerk gegen Kommunismus und Kapitalismus

Ein weiterer Erklärungsversuch gesteht Hitler und dem Nationalsozialismus ebenfalls nur einen geringen eigenen Stellenwert zu. Man habe vor allem deswegen für ihn votiert, weil man in ihm, verglichen mit dem schrecklichen Kommunismus, vor dem man sich vor allem fürchtete, das kleinere Übel gesehen habe. Egal, wie man zu dem unklaren, möglicherweise auch etwas abstoßenden Programm der Nazis gestanden habe, Hitler sei der einzige gewesen, dem man aufgrund seiner Dynamik zutraute, den Kommunisten Paroli zu bieten. Nicht nur in der Innenpolitik seien aufgrund dieser Motivation Hitlers Erfolge zu erklären. Auch manche anderen Staaten, besonders Großbritannien und wohl auch die Vereinigten Staaten von Amerika, hätten Hitler gewähren lassen, nicht weil er ihnen sympathisch war, sondern weil sie in ihm ein Bollwerk gegen den Bolschewismus sahen. Schon immer sei es die Aufgabe der Deutschen gewesen, nicht nur dem eigenen Selbstverständnis nach, sondern auch in den Augen des übrigen Europas, einen Damm gegen die asiatischen Fluten zu bilden, die, aus den Weiten des Ostens heranbrandend, das Abendland bedrohten. So habe man auch später dem deutschen Diktator die Schmutzarbeit des Kampfes gegen die Sowjetunion überlassen. So gesehen sei das Votum für Hitler ungeachtet der abstoßenden Züge, die er schon von Anfang an zeigte, durchaus verständlich. Ernst Nolte urteilte, angesichts der keineswegs nur eingebildeten bolschewistischen Gefahren sei Hitler seinen Zeitgenossen weniger als Bösewicht erschienen, als vielmehr wie eine Figur im europäischen Bürgerkrieg, die »von genuiner Sorge, ja Angst erfüllt war«.

Selbst dem »Verband nationaldeutscher Juden«, der zur Reichstagswahl vom 31. Juli 1932 die Parole ausgegeben hatte »Wählt deutsch!«, wäre der Nationalsozialismus ohne Antisemitismus »schon recht gewesen«. Der Vorsitzende des Verbandes begrüßte die nationale Erhebung vom Januar 1933, »trotzdem sie für uns selbst Härten brachte, denn wir sahen in ihr das einzige Mittel, den in vierzehn Unglücksjahren von undeutschen Elementen angerichteten Schaden zu beseitigen«. Die verblendeten Juden wähnten sich wegen der »Frontstellung (der Nazis) gegen den Marxismus« mit jenen auf derselben Seite der Barrikade. Hauptmann a. D. Löwenstein, der Bundesvorsitzende des Reichsbundes jüdischer Frontsoldaten, betonte, »daß die jüdischen Frontkämpfer auch nach dem Krieg ihren Mann in den Kämpfen ›gegen Chaos und Bolschewismus‹ gestanden hatten…«

Auch Hitlers Ostfeldzug habe die deutsche Öffentlichkeit, bei aller Grausamkeit und allen Verbrechen, letztendlich doch unterstützt und mitgetragen. Sie habe in Hitler nicht nur einen fahrlässigen Abenteurer gesehen, sondern ihm zugebilligt, im Interesse des eigenen Volkes und in weiser Voraussicht gehandelt zu haben.

Andreas Hillgruber stellte die Frage, ob die Wehrmacht, die mit ihrem heldenhaften Widerstand gegen die Rote Armee den mörderischen Krieg verlängerte und damit den Nazis erst die Möglichkeit gab, den Holocaust durchzuführen, nicht doch guten Glaubens und mit bewundernswertem Opfermut Europa gegen den Bolschewismus verteidigte und damit verhinderte, daß er den Rest des Kontinents überrollte. Die Angst vor dem Kommunismus sei die tiefste psychologische Wurzel aller Erfolge Hitlers. Den Deutschen sei durch die Berichte der russischen Bürgerkriegsflüchtlinge das Wüten der Kommunisten durchaus vertraut gewesen.

In diesem Bürgerkrieg etablierte sich 1918 »die Grausamkeit als normale Umgangsform unter Menschen«, es wurde »gekreuzigt, gepfählt, bei lebendigem Leibe zerteilt und verbrannt«. (S. Courtois) In den an Ostpreußen angrenzenden baltischen Staaten, in denen viele Deutsche lebten und über ihre Erlebnisse berichteten, führten sich die Bolschewiken besonders brutal auf. Als man am 26. Dezember 1919 in Dorpat Geiseln fand, die in ihre Gewalt geraten waren, waren ihnen Arme und Beine gebrochen und in einigen Fällen die Augen ausgestochen worden.

Die Nazipropaganda wurde nicht müde, mit der Ausmalung der kommunistischen Verbrechen von den eigenen Untaten abzulenken. »Was es bedeuten würde, wenn sie mit ihren vertierten Horden Deutschland und den Westen dieses Erdteils überflutet hätten, das vermag sich die menschliche Phantasie nicht auszudenken«, schrieb Goebbels am 6. Juli 1942 in einem Leitartikel. Zwei Monate vorher beherbergte er in seinem Berliner Haus einen besonderen Ostergast: »Maria Schaljapin erzählt von der bolschewistischen Revolution, die sie selbst miterlebt hat: das ist die Hölle.«

Der Zustand der von den vorrückenden deutschen Truppen massakriert aufgefundenen Wehrmachtssoldaten, die in den ersten Kriegstagen des Ostfeldzuges in die Hand der Roten Armee gefallen waren, bestärkte die Truppe in ihrem Vertrauen zu Hitler.

»Die Russen begehen fürchterliche Greueltaten. Sie werden dafür büßen müssen«, schrieb Goebbels am 5. Juli 1941 in sein Tagebuch. Und ganz am Ende des Krieges griff Hitler selbst am 15. April 1945 ein letztes Mal zu diesem bewährten Thema der Greuelpropaganda. Der jüdisch-bolschewistische Todfeind suche Deutschland zu zertrümmern und das deutsche Volk auszurotten. »Während die alten Männer und Kinder ermordet werden, werden Frauen und Mädchen zu Kasernenhuren erniedrigt. Der Rest marschiert nach Sibirien.«

Manche Deutsche fürchteten sich aber trotzdem weniger vor dem Kommunismus als vor dem westlichen Kapitalismus. Auf ihn konzentrierten sich ähnliche Ängste, wie sie heute unter dem Stichwort »Globalisierung« geschürt werden. Man hatte Angst vor einer kalten, rücksichtslosen Welt der wirtschaftlichen Ausbeutung, die mit dem Schicksal des einzelnen Arbeitnehmers ohne Erbarmen umging. Hitler schien nicht wenigen vor allem ein Garant gegen diese Form der Ausbeutung zu sein. Er selbst predigte, Bolschewismus und Kapitalismus seien nur verschiedene Früchte am Baum des internationalen Judentums. Wenn vielen Deutschen diese Argumentation auch nicht ganz schlüssig zu sein schien, leuchtete ihnen doch ein, daß ihr eigenes Vaterland einen Sonderweg zwischen Bolschewismus und Kapitalismus ansteuern sollte. Und da schien Hitlers Ansatz im Grunde nicht falsch zu sein.

Hitler köderte seine Zeitgenossen mit Forderungen nach »sozialer Gerechtigkeit«. Er wollte begabte Heranwachsende unabhängig vom Geldbeutel der Eltern fördern. Er warnte vor einer »zu großen Differenzierung der Lohnverhältnisse« und versprach eine »beschränkte Staffelung der Verdienste« und eine soziale Ordnung, die auch »den letzten redlich Arbeitenden auf alle Fälle ein ehrliches, ordentliches Dasein als Volksgenosse und Mensch ermöglicht«.

Viele Deutsche, darunter auch die Verschwörer um den Grafen Stauffenberg, wollten Hitlers Tyrannei nicht durch eine Demokratie westlicher Prägung ersetzt wissen. Diese Staatsform war in den Augen der Deutschen auch deswegen diskreditiert, weil sie das Problem der Arbeitslosigkeit nicht bewältigt zu haben schien. Die Erfahrungen der Weimarer Zeit waren in dieser Hinsicht wenig ermutigend. Zudem zeigten sich während des Krieges die Westalliierten nicht von ihrer einnehmendsten Seite. Denn selbst wenn man Hitlers Haßtiraden auf Churchill nicht folgen mochte, so war doch schwer zu übersehen, daß der britische Kriegspremier alles andere als friedfertig war und den deutschen Diktator im Vandalismus des Bombenkriegs noch übertrumpfte, zusammen mit der amerikanischen Air-Force. Europas Städte wurden mit dem Ziel, den Widerstandsgeist der Deutschen zu brechen, sinnlos verwüstet. 593 000 Menschen, darunter 25 000 unschuldige Kinder unter vierzehn Jahren, fanden in diesem Inferno den Tod. Es ist ihren Müttern kaum zu verdenken, daß sie Vorbehalte gegenüber den Segnungen der westlichen Demokratien hegten – zumal die Luftstreitkräfte dieser Mächte, einmal in Fahrt, auch noch die Kulturschätze ihrer Verbündeten in Schutt und Asche legten: Europas älteste Abtei auf dem Monte Cassino ebenso wie die Fresken des Mantegna in der Augustiner-Eremitenkirche in Padua und die ganze Stadt Caen, das Juwel der Normandie.

So fanden sich die Deutschen bis zum Ende des Krieges in einem fast ausweglosen Dilemma. In einem Staatsstreich gegen Hitler sahen die meisten wenig Sinn. Im Gegenteil: Als das Attentat vom 20. Juli mißlang, stieg die Beliebtheit des Diktators noch einmal an. Das soziale Klima des Dritten Reiches stimmte in den Augen vieler bis zuletzt. Indem er die Arbeitslosigkeit beseitigte – und sei es mit wahnwitzigen Kriegsvorbereitungen –, hatte Hitler im Dritten Reich ein Grundgefühl der Sicherheit und Zufriedenheit etabliert, das ihm die Zustimmung der meisten Deutschen verschaffte. Selbst eine oberbayerische ehemalige Kommunistin bekannte: »Alle Tage muß mein Dirndl für den Führer ein Vaterunser beten, weil er uns das tägliche Brot wiedergegeben hat.«

Medienprodukt

Ohne die Hilfe der Medien hätte Hitler nur ein sehr begrenztes Publikum erreichen können. Sein Einfluß als lokaler Redner wäre vermutlich kaum über die Grenze Bayerns hinausgegangen. Er erkannte die Macht der Medien früh und setzte sich schon lange vor der Machtübernahme in den Besitz einer eigenen Zeitung, des »Völkischen Beobachters«, entwickelte ihn zu einem überregionalen Sprachrohr, in dem die journalistischen Techniken der Boulevardpresse auf das Gebiet der politischen Agitation übertragen wurden. Die Nazis bauten ihren Einfluß in der Presselandschaft systematisch aus. Spezialblätter ließen aufhorchen. Das »Schwarze Korps« vertrat die radikaleren, etwas elitäreren Ansichten der SS. Die mehr pornographischen und antisemitischen Bedürfnisse wurden durch den »Stürmer« gedeckt.

Den entscheidenden Durchbruch brachte jedoch der Rundfunk, das neue Medium, das mit Hitlers Auftreten seinen Siegeszug begann und mit dessen Hilfe er einer der ersten politischen Stars des neuen Medienzeitalters wurde. Durch den Bau eines preisgünstigen Volksempfängers gelang es, bis 1941 die Verbreitung des Rundfunks auf 65 Prozent der Haushalte auszudehnen. Zudem konnten Ansprachen Hitlers in den Betrieben gehört werden. »Der Führer spricht« hieß es, und die Nation lauschte am Radio. Im Krieg wurde das Volk durch Sondermeldungen elektrisiert, die durch populäre Kennmelodien eingeleitet wurden. Gelang es den U-Booten, größere Mengen an feindlicher Tonnage im Atlantik zu versenken, tönte das Lied »Denn wir fahren gegen Engelland« aus dem Äther. Siege an der Ostfront wurden von Liszts »Préludes« begleitet, einem Musikstück, das Hitler selbst ausgesucht hatte.

Der kanadische Jesuit Marshall McLuhan hat den historischen Epochen jeweils ein leitendes Kommunikationsmedium zugeordnet. Die starre rationale Ordnung des Buchdrucks habe die damalige Gesellschaft so diszipliniert, daß letztendlich im Exerzieren gedrillte Heere und schließlich die Ordnung der Fabrik mit fester Zeiteinteilung möglich wurden. Und welche Verführungsmöglichkeiten im Medium Radio steckten, führte Orson Welles im Jahr 1938 vor. In einer Sendung »Invasion vom Mars« gelang es ihm, Hörer in mehreren Bundesstaaten der USA davon zu überzeugen, daß grüne Männchen auf der Erde gelandet seien. Dies erweckte Hitlers Interesse, und in einer Rede im Münchner Bürgerbräukeller am 8. November 1938 wiegelte er ab: »Das deutsche Volk wird nicht in Angst, sagen wir, vor Bomben vom Mars oder Mond verfallen.«

Der Zweite Weltkrieg war die Zeit der Rundfunk-Propaganda. Das Abhören von Feindsendern wurde von den Nazis mit der Todesstrafe bedroht. Auf der deutschen Seite war der Soldatensender Belgrad besonders populär, der sein Abendprogramm mit dem Schlager »Lili Marlen« beschloß, den die Soldaten auf beiden Seiten der Front gern hörten.

Das »heiße« Medium des Rundfunks brachte einem aufgeregten Demagogen wie Hitler die angemessene Plattform, die ihm das »kalte« Medium des Fernsehens verweigert hätte. In der Tat wirkt Hitler heute am Bildschirm mit seiner übertriebenen Gestikulation alles andere als faszinierend.

Das Fernsehen bremst die Kriegsbegeisterung. Durch die realistischen Bilder, die allabendlich den amerikanischen Bürgern von den Schlachtfeldern in die Wohnung flimmerten, wurde der Vietnamkrieg zunehmend unführbar. Nicht aufgeregte Demagogen unterstützt das Fernsehzeitalter, sondern freundliche Bildschirm-Plauderer, wie etwa den amerikanischen Präsidenten Ronald Reagan, der sich geradezu als Kontrastgestalt zu Hitler stilisierte.

In seinem Propagandaminister Goebbels hatte Hitler einen Virtuosen der Demagogie gefunden, der seinen Führer multimedial präsentierte. Die Wochenschauen zeigten ihn bei seinen großen Auftritten im Kino. Die Filmemacherin Leni Riefenstahl feierte ihn in ihren abendfüllenden Streifen über die Reichsparteitage 1934 und 1935 in faszinierenden Bildern.

Begeisterung für den Feldherrn Hitler entfachten die Tonfilm-Wochenschauen, die das Bildmaterial der Propaganda-Kompanien verwendeten. »In einem 1938/39 zwischen dem Reichspropaganda-Ministerium und dem Oberkommando der Wehrmacht getroffenen ›Abkommen über die Durchführung der Propaganda im Kriege‹ hieß es: Der Propagandakrieg wird in seinen wesentlichen Punkten dem Waffenkrieg als gleichrangiges Kriegsmittel anerkannt.« Die Streifen der deutschen Kriegsberichterstatter liefen auch in den amerikanischen Kinos, so daß der Polen- und der Norwegenfeldzug ausschließlich aus deutscher Perspektive geschildert wurden.

Aber auch banalere Medien wurden nicht verschmäht. »Zigarettenpackungen etwa enthielten Bilderschecks für insgesamt zweihundert Photos für ein Album ›Adolf Hitler‹, das 1936 in einer Auflage von 100 000 Exemplaren erschien… Photos in Posen wie im scheinbar entspannten Alltag wurden mit denen jubelnder, formierter oder ergriffener Menschen konfrontiert.« (J. Dülffer)

Zur historischen Unperson wurde Hitler durch die Nürnberger Kriegsverbrecherprozesse, in denen zum ersten Mal in der Geschichte die Sieger die Besiegten mit umfangreichem grausigem Bildmaterial belasten konnten. Mehr noch als die Aussagen der Opfer vor dem Tribunal erregten die Photos von den Baggern, die in den befreiten Konzentrationslagern Berge von Leichen in Gräben verräumten, die Weltöffentlichkeit. Die Sieger waren nicht nur Herren des Gerichtsverfahrens, sie dominierten auch die globale Nachrichtenkommunikation.

Während das Ausland von den Greueln in den sowjetischen Lagern des Archipel Gulag keine Photos zu Gesicht bekam, während sich die unzähligen Morde der chinesischen Kulturrevolutionäre nur durch ein paar gefesselte Wasserleichen verrieten, die in Hongkong angeschwemmt wurden, entstand durch die Aufnahmen der amerikanischen Heeresreporter der unmittelbare Eindruck der Mordaktionen. Es war ein über Jahrzehnte nachhaltiger Eindruck, wenngleich er der Wirklichkeit nicht ganz entsprach. Denn als Hitlers SS in den Lagern mordete, gab es zwar Millionen Tote, aber keine unaufgeräumten Leichenberge. Diese waren im Durcheinander der Befreiung aufgehäuft worden, als in den ersten Tagen mehr Opfer starben als zu SS-Zeiten. Nicht nur deswegen, weil viele entkräftete Insassen die reichliche Nahrung nicht vertrugen, die ihnen die Befreier plötzlich vorsetzten, sondern vor allem, weil die Typhuskranken, die vorher rigoros in besonderen Baracken abgesondert waren, sich nun unter die entkräfteten Gesunden mischten und sie ansteckten. Hitlers SS jedenfalls hatte die Toten einzeln eingesammelt, um ihnen systematisch die Goldzähne auszuziehen, bevor sie verbrannt und ihre Aschenreste in Gräben geschüttet wurden. Die Eisenbahnwagen, mit denen die Opfer ankamen, wurden nach jeder Entladung durch eigene Kommandos von allen verdächtigen Spuren und allem Unrat gesäubert. Der Kies auf dem Platz, auf dem sich die Todeskandidaten ausziehen mußten, ehe sie in die Gaskammern gingen, wurde vor jedem neuen Transport säuberlich geharkt. Von den eigentlichen Todeslagern wie Sobibor oder Treblinka, kleinere Anlagen mit Bahnanschluß, zu denen die Opfer täglich angeliefert wurden, blieb so gut wie keine Spur, die man hätte photographieren können. Die Stätten unvorstellbaren Grauens wurden nicht nur abgebaut, das Gelände wurde darüber hinaus vor dem deutschen Abzug mit Bäumen und Sträuchern aufgeforstet.

Geltungsbedürftiger Psychopath

Es gibt Diagnosen zeitgenössischer Psychiater, die manche zutreffende Einzelbeobachtung enthalten, aber im ganzen überzeugen sie kaum. Lange-Eichbaum (1948) diagnostizierte Hitlers Augenerkrankung als eine »hysterische, psychogene Erblindung«, »deren innerste Ursache Furcht vor dem Frontkampf gewesen sein muß«. Hitlers Chirurg Karl Brandt hielt das Zittern seines linken Arms, ein klassisches Parkinson-Symptom, für psychogen, da es nach dem Stauffenberg-Attentat kurzzeitig verschwand. Bumke (1952) charakterisierte treffend Hitlers Halbbildung: Er habe »viel ungeordnetes Wissen in sich aufgehäuft, ohne große Zusammenhänge zu sehen und zu begreifen«. Ohne seinen Namen zu nennen, aber mit deutlichem Hinweis auf ihn, schilderte der Psychiater Hitler schon 1932 in einer Vorlesung als »geltungsbedürftigen Psychopathen und schizoiden Fanatiker«. Beinahe alles Auffällige erklärte er auf diese Weise, Hitlers Gemütskälte und sein Mißtrauen ebenso wie seinen Fanatismus und seine Brutalität.

Bemerkenswerter ist ein anderer psychiatrischer Ansatz, der die weite Verbreitung selbst schwerer psychischer Defekte in der Bevölkerung in Betracht zieht. Schizophrene, Manisch-Depressive, Epileptiker, Debile und Psychopathen machen fast fünf Prozent der Population in den Industrienationen aus. Wenn ihre Ideen und ihre Vertreter durch besondere Zeitläufe aus ihrer Randstellung in der Gesellschaft zur Macht kommen, ist das Unglück perfekt. »In ruhigen Zeiten begutachten wir sie, in unruhigen tyrannisieren sie uns«, bemerkte Ernst Kretschmer in seinen Vorlesungen halb warnend und halb resignierend.

In psychoanalytischer Tradition erklärte man die Charakterprägung Hitlers durch seine frühe Kindheit. Man versuchte ihn mit Hilfe von neurotischen Symptomen wie Ödipuskomplex oder Minderwertigkeitsgefühl zu verstehen. Aber alle umfassenderen Versuche, seine Besonderheit aus seiner Mutterbindung und aus der strengen Erziehung durch seinen Vater zu erklären, überzeugen nicht. Es führt kein Weg von den väterlichen Strafen zum Holocaust. Hitler war wenig neurotisch. Seine historische Wirkung ist nicht durch die Formel zu fassen: Zusammenspiel eines Neurotikers mit einem in ähnlicher Weise neurotischen Volk.

Als einer der ersten hatte Richard Langer im Auftrag des Office of Strategic Studies 1943, kurz nach dem Kriegseintritt der USA, den Charakter Hitlers im Sinne Freuds interpretiert. Sofort nach dem amerikanischen Einmarsch spürten amerikanische Heerespsychologen Paula, Hitlers kleine Schwester, in Berchtesgaden auf, um sie über ihren Bruder zu befragen. Sie waren sehr befriedigt, als die verängstigte Frau ihnen bestätigte, Hitler sei von seinem Vater verprügelt worden. Nun interpretierte man seinen Antisemitismus, seine Aggressivität als verdrängten ödipalen Vaterhaß.

Erich Fromm erregte eher Unverständnis mit seiner These, Hitler habe an Nekrophilie gelitten. »Auch zeigte Hitlers Gesicht den schnüffelnden Ausdruck, den wir in unserer Diskussion der Nekrophilie erwähnten, so als ob er ständig einen schlechten Geruch in der Nase hätte; auf vielen seiner Photographien ist dies deutlich zu erkennen.« Kennzeichnend für Hitlers nekrophile Einstellung wären auch seine oft wiederholten Scherze, die Fromm Speers Memoiren entnahm: »Wenn es Fleischbrühe gab, konnte ich mich darauf verlassen, daß er von ›Leichentee‹ sprach, bei Krebsen hatte er die Geschichte einer verstorbenen Großmutter auf Lager, die von den Hinterbliebenen in den Bach geworfen wurde, um diese Tiere anzulocken, bei Aalen, daß sie am besten mittels toter Katzen gemästet und gefangen würden.« Doch Berichte über irgendeine Freude Hitlers an Leichenteilen konnten den Akten nicht entnommen werden.

Überzeugender klingen Erklärungen, die andere tiefenpsychologische Richtungen heranziehen, etwa Alfred Adlers Lehre vom Minderwertigkeitskomplex. Alan Bullock erkannte: »In Hitlers gesamter Politik hat stets ein starkes persönliches Ressentiment eine große Rolle gespielt, er wollte seine Gegner ducken...« Dem italienischen Außenminister Ciano gab Hitler am 13. August 1939 ganz offen als Motiv für die Entfesselung des Zweiten Weltkriegs an, daß die westlichen Demokratien Deutschland und Italien nicht als ihresgleichen ansähen. »Dieses psychologische Moment der Verachtung sei vielleicht das Schlimmste an der ganzen Angelegenheit.«

Die Deutungen, die die Wirkungen des Österreichers Hitlers aus der Besonderheit des deutschen Nationalcharakters erklären wollen, überzeugen kaum. Autoren, die die deutsche Neurose bei Luther beginnen lassen, tun sich damit schwer, daß diese ausgerechnet in dem katholischen Hitler, der als bayerischer Soldat im Ersten Weltkrieg noch fleißig die Feldgottesdienste besuchte, kulminiert haben soll. Auch die angeblichen Parallelen zwischen der Grausamkeit der deutschen Märchen und der Grausamkeit der SS-Männer laden eher zum Kopfschütteln ein. Es führt kein gerader psychologischer Weg vom Backofen, in den die Hexe von Hänsel und Gretel hineingestoßen wird, zu den Gasöfen von Auschwitz. Ebensowenig darf Karl May zur Erklärung herangezogen werden. Die grausamen Szenen des Skalpierens und andere Quälereien am Marterpfahl dienten kaum als Handlungsanweisungen für KZ-Aufseher.

Der braune Messias

Ein wichtiger Schlüssel zu Hitlers Erfolgen und zu seiner Persönlichkeit liegt in seiner Privat-Religion, die in ihm fast unglaubliche Energien freisetzte. Hitler ein religiöser Mensch? Manche Zeitgenossen ahnten es. »So einen religiösen Duktus« erkannte Marion Gräfin Dönhoff bei ihm. Diesen übernahm Hitler nicht nur von den Christlich-Sozialen seiner österreichischen Heimat, sondern auch von seinem Vorbild, den Alldeutschen. Nach deren Überzeugung war der Kampf für das Deutschtum eine religiöse Aufgabe, ein Sich-Opfern für das Heilige Reich deutscher Nation ein hehres Ziel. (Friedrich Heer)

In seiner Jugend hatte Hitler mit dem Gedanken gespielt, Priester zu werden. Im Sommer 1924 gestand er seinem Getreuen Rudolf Heß in der Haftanstalt Landsberg am Lech:»Wenn er das Zeug zum Heucheln großen Stils hätte, wäre er vielleicht Geistlicher geworden, hätte gewartet, bis er entsprechend hoch und fest im Sattel sitzt und hätte dann vielleicht kirchlich reformiert und revoltiert.«

Am 9. März 1927 auf seiner ersten Massenrede nach seiner Landsberger Festungshaft identifizierte sich Hitler im Zirkus Krone in aller Öffentlichkeit mit Jesus und setzte das Ecce-Homo-Motiv in rücksichtsloser Blasphemie in der politischen Rhetorik ein, indem er sein Schicksal mit der Verbannung Jesu in die Wüste verglich. Die Deutung des Nationalsozialismus als politische Religion ist einer der ältesten Versuche, diese rätselhafte Epoche zu verstehen, die in ihrem Extremismus an die Kinderkreuzzüge oder an die Wiedertäufer erinnerte. Thomas Mann interpretierte 1930 das Phänomen als einen Rückfall in archaische Zeiten.»Von dieser Naturreligiosität, die ihrem Wesen nach zum orgiastischen, zur bacchischen Ausschweifung neigt, ist viel eingegangen in den Neo-Nationalismus unserer Tage... Wenn man aber bedenkt, was es, religionsgeschichtlich, die Menschheit gekostet hat, vom Naturkult, von einer barbarisch raffinierten Gnostik und sexualistischer Gottesausschweifung des Moloch-Baal-Astarte-Dienstes sich zu geistiger Anbetung zu erheben, so staunt man wohl über den leichten Sinn, mit dem solche Überwindungen und Befreiungen heute verleugnet werden.«

Eric Voegelin sah 1938 in der Hitler-Bewegung eine »innerweltliche Religion«, in der die Volksgemeinschaft als »partikuläre Ekklesia« aufgefaßt werde. Hitler vermittelte in seinen Reden den »Eindruck des ›heiligen Ernstes‹«. Erst »die Verbindung von volkstümlicher Demagogie, die sich auch des sarkastischen Spottes vorzüglich zu bedienen wußte, mit dem feierlichen Gestus des politischen Missionars verschaffte ihm eine Breitenwirkung (bei einfachen und anspruchsvollen Hörern), die in der Partei nicht ihresgleichen hatte«.

Hermann Hesse wunderte sich 1934 über diese Seite des Hitlerkultes. »Da gab es eine Freundin von mir, eine Dame von gutem Geschmack, Schweizerin, aus liberal denkender, guter Familie. Die hatte sich in einem Geheimkämmerchen ihrer Wohnung ein Privatheiligtum eingerichtet. Einmal, in einer Stunde besonderen Vertrauens, hat sie es mir gezeigt. Da stand allein für sich an der Wand ein Möbel, wie ein Bücherschaft, vor einem Vorhang ein halb lebensgroßes Hitler-Bild…, daneben stand ein Leuchter mit Kerzen und links lag das Neue Testament, rechts, schön gebunden, ›Mein Kampf‹.«

Im Nazi-Gruß »Heil Hitler« sah der Religionsphilosoph Romano Guardini einen Ausdruck der »Volksfrömmigkeit«. »Jene Empfindungen, die sich sonst auf den Heiland Jesus Christus gerichtet hatten«, seien auf Hitler übertragen worden. »Wenn er Kranke geheilt und Tote erweckt hätte, es hätte sich niemand gewundert«, meinte ein Zeitgenosse. Ein anderer mokierte sich über eine Hitler-Anhängerin: »Sie saß in der Küche und las die Worte des Mannes von München. Was war dagegen die Verheißung der Bibel«? Die aufrüttelnde Parole »Deutschland erwache!« auf den Standarten der SA profanierte, so Friedrich Heer, die pietistische Forderung nach dem Erweckungserlebnis und versuchte auf diese Weise, religiöse Vorstellungen in die Sphäre der Politik zu übertragen.

Auch jüdische Autoren bemerkten den religiösen Kontext: Saul Friedländer sprach von einem »bis heute einzigartigen Auftauchen eines messianischen Glaubens und einer apokalyptischen Vision der Geschichte mitten im politischen, bürokratischen und technologischen System einer hochentwickelten Industriegesellschaft«.

Max Weber, der große Soziologe, kennzeichnete die Neuzeit als eine Epoche, in der der Einfluß der Religiosität immer weiter in den Hintergrund gedrängt wurde. Durch Gebete allein kann man weder den Luftverkehr rational regeln noch ein Auto oder eine Atomkraftanlage bauen. Aber vielleicht bestimmten die Aufklärung und ihre Ideale nur einen kurzen Augenblick die Geschichte Europas. Die Zustimmung zu Hitlers dumpfen pseudoreligiösen Thesen speiste sich aus einem zeitlosen, unerschöpflichen Reservoir der Widerstände gegen die Vernunft.

Die religiösen Gemeinschaften reagierten unterschiedlich auf die Barbarei mit sakramentalem Charakter. Am entschiedensten wandten sich die Zeugen Jehovas gegen die pseudoreligiösen Anwandlungen der Nazis. Sie lehnten es ab, mit »Heil Hitler« zu grüßen, weil diese Grußformel eine Verehrung ausdrücke, die dem Göttlichen vorbehalten sei, und landeten im KZ.

Als beim Wahlkampf 1933 eine Rundfunksendung über Hitlers Auftreten in Königsberg im Hintergrund Glockengeläut ertönen ließ, beeilte sich die evangelische Kirche Ostpreußens, darauf hinzuweisen, der Glockenklang habe keineswegs Hitler gegolten, sondern einem kirchlichen Anlaß. Im Mai 1936 wurde die vorläufige Kirchenleitung deutlicher und gab der Sorge Ausdruck, daß dem Führer und Reichskanzler »vielfach Verehrung in einer Form dargebracht wird, die allein Gott zukommt«. Der Vatikan zog 1937 mit der Enzyklika »Mit brennender Sorge« einen klaren Trennungsstrich zwischen dem alleinseligmachenden Christentum und der rassischen Pseudoreligion Hitlers.

Hitler glaubte fest daran, daß er dazu ausersehen war, die »Gegenrasse«, das »böse Prinzip der Geschichte« auszutilgen. Hermann Graml bezeichnete den Antisemitismus als »Staatsreligion« des Dritten Reichs und die Judenverfolgung als »Heiligen Krieg«; er zeigte, daß alle politischen Erfolge Hitler in seiner Überzeugung bestärkten, es sei ihm auferlegt, die Juden auszumerzen.

Hitlers fixe Idee, die Weltgeschichte als Kampf zwischen arischen Lichtwesen und jüdischen Untermenschen zu deuten, die deren edles Blut durch sexuelle Vermischung verunreinigten, stamme aus der Gnosis, meint Harald Strohm. »Der Arier gab die Reinheit seines Blutes auf und verlor dafür den Aufenthalt im Paradies...«, schrieb Hitler allen Ernstes und zeigte sich als gnostischer Licht-Finsternis-Beschwörer bei seiner unsäglichen Behauptung, der schwarzhaarige Judenjunge lauere stundenlang auf das hellhäutige arische Mädchen, um ihm die Unschuld zu rauben. Seine eigentlich krankhafte seelische Verfassung, die ihn aus dem Kreis der Normalen absonderte, habe Hitler als göttliche Berufung aufgefaßt, nachdem er in den Strudel einer neugnostischen Sekte geraten sei.

Klaus Vondung (1977) leitete das Hitlersche Denkschema des

strikten Dualismus (Arier – Juden) aus dem Buch Daniel des Alten Testaments und der Offenbarung des Johannes im Neuen Testament ab, Texte, die in einer geschichtlichen Krisensituation entstanden sind, mit Problemen, die in ähnlicher Schärfe auftraten wie die nach der Niederlage Deutschlands im Ersten Weltkrieg. In den biblischen Schriften wird unterschieden zwischen dem »bösen Feind«, der alles Verderben verschuldet hat, und den Auserwählten, die jetzt noch leiden, aber bald triumphieren werden. Diese beiden Parteien treffen in einer apokalyptischen Schlacht aufeinander, dem »entscheidenen Weltkampf«, wie dies Rosenberg ausdrückte. Der Kampf ist unausweichlich. Was Wunder, daß Hitler zeit seines Lebens überzeugt war, man dürfe ihn nur zehn Minuten nach zwölf beenden. Es gewinnt die Partei, die am Schluß noch den letzten Soldaten lebend auf dem Schlachtfeld hat. Hitlers Festklammern an der Vorstellung des Endsieges gerade in den letzten Wochen seiner Herrschaft, als die Niederlage unabweisbar vor Augen stand, ist vermutlich aus seinem apokalyptischen Denken zu verstehen.

Parsifal

Joachim Köhler sah 1997 Hitler als Vollstrecker der prophetischen Ideen Richard Wagners. Wagners Opern hätten von Anfang an nicht nur ästhetischen Zielen gedient, sondern politischen: dem Kampf gegen die Juden. Der grüne Hügel in Bayreuth sei nicht nur als Tempel unschuldigen Musikgenusses geplant worden, sondern als Agitationszentrum, als »Zentralhexenküche«. Von Wagner stamme die Idee des eliminatorischen Antisemitismus. Allerdings scheiterte der Versuch, Ludwig II., der seiner Musik verfallen war, auf seinen Judenhaß einzuschwören. Wagners Schwiegersohn Houston Stewart Chamberlain habe dann seine Hoffnung in Kaiser Wilhelm II. gesetzt, einen Geistesverwandten, wie dessen antisemitische Ausfälle zeigten: »Jews and Mosquitoes are a nuisance that humanity must get rid of in some way or the other.« (15. August 1929)

Der Parsifal, der Retter aus der von den Juden verursachten Not des deutschen Volkes, mußte nach dem verlorenen Ersten Weltkrieg gefunden werden. Es konnte nur ein Mann aus dem Volke sein.

Da fiel dem Hauptmann Mayr, einem Wagnerianer, ein österreichischer Gefreiter mit besonderer Redegabe und ungewöhnlicher Kenntnis der Wagner-Opern auf. Durch Vermittlung des Wagnerianers Dietrich Eckart wurde Hitler nach Bayreuth eingeladen, wo ihn Chamberlain als Parsifal anerkannte. Weitere Wagnerianer, Bruckmanns und Bechsteins, lancierten den neuen Parsifal in der Gesellschaft, unterstützten ihn finanziell, nachdem man ihn entsprechend eingekleidet und dem tumben Tor wenigstens rudimentäre Umgangsformen beigebracht hatte. Köhlers These lautet, daß Hitler diese Rolle internalisiert habe. Vor seiner Salbung zum Parsifal habe er sich nur als »Trommler« gesehen. Hitlers Kampf gegen die Juden sei die Übernahme einer Wagnerschen Zwangsvorstellung gewesen. Hitlers Grundsatz »Die Juden müssen weg« sei zunächst einmal als eine Theateridee aufzufassen, als bühnenwirksamer Regieeinfall. Wie auf der Bühne hätte sich Hitler ja auch die Juden-Eliminierung vorgestellt. Man öffnet nur eine Luke im Boden, und der Bösewicht ist in der Versenkung verschwunden. Hitler habe die Regieanweisungen der Wagner-Opern ohne Abstriche in die Politik übertragen, wobei seine Konzeption nicht ohne Schwierigkeiten auf der Weltbühne auszuführen war.

Die Nerven der Akteure und der Zuschauer waren der Inszenierungs-Idee nicht gewachsen. Himmler, dessen SS die grausame Realisierung zugefallen war, geriet bei dem Massaker, das er sich in Minsk im August 1942 ansah, in ein weltanschauliches Dilemma. Die Bösewichter waren nun nicht mehr, wie auf der Bühne, an ihren Kostümen von den Edlen auf den ersten Blick zu unterscheiden. Unter den Zusammengetriebenen fragte er einen Zwanzigjährigen mit blondem Haar und blauen Augen:
»›Sind Sie Jude?‹ – ›Ja.‹
›Sind Ihre beiden Eltern Juden?‹ – ›Ja.‹
›Haben Sie irgendwelche Verwandte, die keine Juden waren?‹ –
›Nein.‹
Einigermaßen verstört wandte er sich bedauernd ab: ›Dann kann ich Ihnen auch nicht helfen.‹« (Richard Breitman)

Als Himmler am 4. und 6. Oktober 1943 in seiner berüchtigten Rede in Posen vor den Gruppenführern der SS und dann vor den Reichs- und Gauleitern sowie einer Reihe von Offizieren zum ersten Mal offen von der »Ausrottung des jüdischen Volkes« sprach, stöhnte er nicht ohne Selbstmitleid über die Diskrepanz zwischen der schnell ausgesprochenen furchtbaren Regieanweisung Hitlers und ihrer mühseligen, aufopferungsvollen Ausführung, die ihm aufgebürdet worden sei. Vor den SS-Offizieren wurde er deutlicher. »Es gehört zu den Dingen, die man leicht ausspricht – ›Das jüdische Volk wird ausgerottet‹, sagt jeder Parteigenosse, ›Ganz klar, steht in unserem Programm, Ausrottung, machen wir‹… Von allen, die so reden, hat keiner zugesehen, hat es durchgestanden.« Doch bei den SS-Leuten war es anders: »Von euch werden die meisten wissen, was es heißt, wenn 100 Leichen beisammen liegen, wenn 500 daliegen oder wenn 1000 daliegen…«

In die Landsberger Haft, so Köhler, habe Winifred Wagner dem designierten Parsifal Hitler Schreibmaterial, Papier und die Grundidee geliefert. »Ermuntert von der Bayreuther Mythenschmiede, verwandelt sich ein Arbeitslosenleben in die Abenteuergeschichte eines Wagnerhelden, dem in der Wirklichkeit widerfuhr, was sonst nur auf der Bühne geboten wurde.« Selbst Hitlers vielzitierter Vorsatz aus »Mein Kampf«: »Ich aber beschloß, Politiker zu werden«, sei nichts als die Abwandlung einer autobiographischen Wagner-Stelle: »Ich beschloß, Musiker zu werden.« Der religiöse Duktus in Hitlers Auftreten wäre dann Ausdruck seines Bestrebens, auf der politischen Bühne ein Weihefestspiel, eine Mischung aus den »Meistersingern« und »Parsifal« aufzuführen.

1.4. Eine belastete Persönlichkeit

Inzucht

Vater Alois war 1837 als uneheliches Kind der Bauerntochter Maria Anna, genannt Marianne, Schicklgruber im niederösterreichischen Waldviertel geboren worden. Fünf Jahre später heiratete Hitlers Großmutter den Müllergesellen Johann Georg, genannt

Hansjörg, Hiedler. Alois wuchs bei dessen Bruder Johann Nepomuk Hüttler auf. Der wohlhabende Bauer beantragte 1877, nach dem Tode seines Bruders und seiner Schwägerin, die Legitimation des inzwischen vierzigjährigen Alois Schicklgruber, der ein leiblicher Sohn seines Bruders Johann Georg sei. Der zuständige Pfarrer von Döllersheim vermerkte dies im Standesbuch, und Hitlers Vater nannte sich fortan Alois Hitler.

Adolf Hitler, der seine Abstammung kannte,»legte schon als Junge großen Wert auf die von seinem Vater festgesetzte Schreibweise seines Namens. Den Namen Schicklgruber bezeichnete er selbst als entsetzlich und komisch zugleich«. Der Namenswechsel seines Vaters erwies sich auch für ihn als karrierefördernd. Es ist in der Tat kaum vorstellbar, daß es ihm gelungen wäre,»Heil Schicklgruber« als»Deutschen Gruß« einzuführen. Mit dem Namen Hitler war er heikel.»Reichskanzler gestattet grundsätzlich nicht, den Namen Hitler als Vornamen zu wählen«, telegraphierte am 3. Juli 1933 die Reichskanzlei auf eine entsprechende Anfrage.

Hitler besaß im Sinne seiner Rassenlehre eine Bilderbuchabstammung. Alle Vorfahren waren Waldviertler Bauern, nicht einmal ein Handwerker trübte die astreine Blut-und-Boden-Kulisse. Die Namen seiner unmittelbaren Vorfahren – Schicklgruber, Pötzl, Göschl und Decker – waren weit unverwechselbarer bajuwarischen Ursprungs als der ungebräuchlichere Name Hitler, der möglicherweise aus dem tschechischen Hidlarcek stammt und selbst bei Juden auftrat, wie der Grabstein eines Adolf Hitler auf dem Budapester Judenfriedhof beweist.

Trotzdem kehrte Hitler sein Waldviertlertum eigentümlicherweise unter den Tisch. In»Mein Kampf« hob er seinen Geburtsort Braunau hervor, obwohl dieser der Versetzung seines Vaters an das dortige Zollamt zu verdanken war. Alois zog dann bald weiter, und das Städtchen spielte in Hitlers weiterem Leben keine Rolle mehr. Als seine Heimatstadt sah er Linz an, obwohl er auch dort kaum Wurzeln schlug. Jedenfalls plante er, noch in den letzten Monaten seines Lebens, die Stadt gewaltig architektonisch aufzuwerten, ihr eine prächtige Gemäldegalerie zu schenken und möglicherweise dort sein Mausoleum zu errichten. Die Waldviertler Heimatdörfer seiner Großeltern hingegen wurden so behandelt, als würden sie von slawischen oder anderen »Untermenschen« bewohnt, sie wurden ausgesiedelt und in einen Truppenübungsplatz einbezogen. Schon seinen Vater hatte es aus der dörflichen Enge in die Stadt gezogen. Auch in Hitlers Augen war die entlegene Gegend an der tschechischen Grenze, aus der seine Familie stammte, ein Ort der Rückständigkeit, mit dem er nicht identifiziert werden wollte, und wohl auch ein Ort der Inzucht.

Hitler, der freundlich zu Kindern war, lehnte es ab, selbst Kinder in die Welt zu setzen. Er begründete dies mit einer erbbiologischen Argumentation. Geniale Menschen – und er zweifelte keinen Augenblick daran, daß er dazu gehörte – hätten meistens Kretins als Nachkommen.»Als Hitler gefragt wurde, warum er nicht heiratete und Kinder habe, sagte er, ›man kann seinem Volk auch ohne Söhne dienen. Als Vater muß man sich ja immer fürchten, daß die Söhne von irgendeinem Vorfahren schlechte Eigenschaften geerbt haben‹.«

Seine eigene Vitalität schätzte Hitler als nicht sehr gut ein. In seiner Familie würden die Menschen nicht alt. Auch seine beiden Eltern seien früh gestorben. Die Schwester seiner Mutter, Johanna (die »Hanitant«) litt an einem Buckel. Diese Grundüberzeugung von gesundheitlicher Schwäche und einem frühen Tod gab Hitlers Lebensplanung einen hektischen Zug. Den Überfall auf die Sowjetunion erklärte er ausdrücklich damit, daß nur er in der Lage sei, diese schwierige Aufgabe zu lösen, und daß er nicht mehr lange zu leben habe. Und Mussolini gegenüber äußerte er, er sei »in der Situation eines Mannes, der nur noch einen Schuß in der Büchse habe, während die Nacht schon einfiel«.

»Das Tempo wurde zum Prinzip erhoben.« Schnelligkeit, nicht mehr Gründlichkeit, galt unter den Nationalsozialisten als neue nationale Tugend; Innen- und Außenpolitik wurden als Wettlauf aller gegen alle aufgefaßt.»Ich habe das Warten verlernt, ganz abgesehen davon, daß ich nicht die Zeit habe zu warten«, vertraute Hitler im Sommer 1939 seinem Luftwaffenadjutanten Nicolaus von Below an.

Viele seiner Lebensgewohnheiten richtete Hitler hypochondrisch darauf aus, seine angegriffene Gesundheit zu stärken. Er gab früh das Rauchen auf. Nach dem Krieg wollte er diese Unsitte ganz generell in der Öffentlichkeit verbieten. In sämtlichen Dienststellen der NSDAP durfte ab April 1939 nicht mehr geraucht werden. Am 4. März 1944 wies Hitler seinen Sekretär Bormann an, ein Rauchverbot in Straßenbahnen auszusprechen. Hitler trank keinen Alkohol, sondern vor allem Mineralwasser, und ernährte sich vegetarisch. Zur Stärkung seiner Vitalität ließ er sich von seinem Leibarzt Spritzen geben und machte Kuren zur Erneuerung der Darmflora.

Mit dem frühen Krebstod seiner Mutter mag Hitlers besondere Furcht vor dieser Krankheit zusammenhängen. Als er 1935 an seinen Stimmbändern ein Knötchen entdeckte, war er davon überzeugt, daß es sich um Kehlkopfkrebs handelte. Er befürchtete, das Schicksal Kaiser Friedrichs III. zu erleiden, der an dieser Krankheit gestorben war. Hitlers Stimmbandknoten erwiesen sich allerdings als harmlos.»Prof. Eicken, ein echter deutscher Arzt, hat die Stimme des Führers gerettet«, notierte Goebbels erleichtert in sein Tagebuch. Außerdem hatte Hitler große Angst vor Ansteckung. Er gab Fremden ungern die Hand und fürchtete sich immer, von Bazillen infiziert zu werden, weswegen er auch selten Geld anfaßte. Am 24. Juli 1942 schrieb sein Wehrmachtsadjutant einen Aktenvermerk:»Es wird darauf aufmerksam gemacht, daß jede Möglichkeit, den Führer durch ansteckende Krankheiten zu gefährden, ausgeschaltet werden muß. Jede Persönlichkeit, die direkt mit dem Führer in Verbindung kommt oder in seiner näheren Umgebung zu tun hat, muß sich gewissenhaft prüfen, ob sie frei von Krankheitserregern (vor allem Ungeziefer) ist.«

Als eine Reaktion auf die am eigenen Leibe vermuteten Folgen der Inzucht mag eines der großen Verbrechen Hitlers anzusehen sein: das Euthanasieprogramm. Der Zusammenhang mit der eigenen Biographie ist durch seine Furcht vor Kretins als Nachkommen belegt. Zwar begründete er diese Furcht mit der eigenen Genialität, es liegt aber nahe, daß er in Wirklichkeit erbbiologische Ängste hatte.

Diese zeigten sich auch, als ihm 1940 ein Fragebogen vorgelegt wurde, mit dessen Hilfe schwer geistig Behinderte aus den Heil-

und Pflegeanstalten ermittelt werden sollten, um sie der Euthanasie zuzuführen. Hitler stoppte die Fragebogenaktion, weil er fürchtete, daß seine verstorbene Mutter nicht in der Lage gewesen wäre, den Test zu bestehen. Er nahm keineswegs an, daß seine Mutter behindert gewesen sei; aber immerhin kam sie ihm bei dieser Problematik sofort in den Sinn.

Doch noch etwas deutet auf das Nachwirken der Inzuchtbedrohung bei Hitler hin: die Idee der Rassenhygiene, des Reinhaltens der Rasse, die sich durch die Politik Hitlers wie ein roter Faden zieht. Die Waldviertler Inzucht, die Scheu, sich mit fremdem Blut zu kreuzen, wird als eugenisches Programm verkündet. Dies zeigt, in welch pervertierter Form sich Hitlers persönliche Probleme in seiner Weltanschauung widerspiegeln.

Auch im Hinblick auf sein Judenbild läßt sich eine Verbindung zur Inzuchtproblematik herstellen. Die Juden, so meinte Hitler, seien deshalb so gefährlich, weil sie nur untereinander heirateten; dadurch seien sie stärker als andere Völker. Hitler hielt »den Juden« für das klimafesteste Wesen, das es gebe. Juden gediehten sogar in Lappland und Sibirien (Tischgespräche 4.4.1942). Dies war eine ganz eigentümliche Bewertung der Inzucht. Vielleicht wiederholte hier Hitler lediglich die Rassentheorie Houston Stewart Chamberlains, der nur zwei reine Rassen kannte, die arische und die jüdische. Wir könnten es aber auch mit einer unbewußten Identifikation mit den Juden zu tun haben. »Sein Haß war verweigerte Bewunderung.«

Diese eigenartige Identifikation mit dem imaginierten schlimmsten Feind zeigen Antisemiten ganz allgemein. Sie sehen sich bemüßigt, den Juden jede Assimilation zu verweigern. Jude sollte Jude, Arier sollte Arier bleiben. Genau diese Forderung nach Reinhaltung des eigenen Blutes und strikter Segregation kannte aber ursprünglich nicht die christliche, sondern die jüdische Religion. Wenn man so will, hat man es hier – neben der bekannten Anpassung der jüdischen Bevölkerung an die Sitten und Gebräuche der Majorität – mit einer kuriosen Assimilation der Antisemiten an jüdische Überzeugungen zu tun.

Die Inzest-Problematik

An sich sind etwaige Eigenarten der Partnerwahl bei der bäuerlichen Bevölkerung Niederösterreichs nahe der tschechischen Grenze von untergeordnetem historischen Interesse. Sie sind vermutlich nicht wesentlich verschieden von den Gepflogenheiten anderer abgelegener Gebiete in Europa. Die Frage jedoch, ob Hitlers Großmutter Marianne Schicklgruber von einem Schreinergesellen oder von dessen Bruder, einem wohlhabenden Bauern, geschwängert wurde, ist insofern nicht ganz unwichtig, weil es sich im zweiten Fall um eine Verbindung zwischen Onkel und Halbnichte gehandelt hätte. Die Inzucht rückt damit in die Nähe des Inzestes.

Mehr noch, in der Hitlerschen Familie setzte sich diese an Inzest erinnernde Tradition über drei Generationen fort. So wie die Pharaonen im alten Ägypten jeweils die eigenen Schwestern heirateten, so verbanden sich die Hitlerschen immer mit der Tochter einer Halbschwester. Wie schon Marianne Schicklgruber, so ließ sich Hitlers Mutter Klara Pölzl ohne Bedenken vom Onkel schwängern. Treuherzig nannte sie ihren späteren Ehemann, Hitlers Vater, Onkel Alois und behielt diese Anrede auch nach der Eheschließung bei. Hitler selbst erfand eine etwas andere Variante. Von einer Inzest-Barriere war auch bei ihm wenig zu spüren. Er nahm, ganz wie Vater und Großvater, die hübsche Nichte Geli Raubal selbstverständlich in seiner Junggesellenwohnung auf. Er näherte sich Geli, soweit ihm dies gegeben war. Zu einer sexuellen Beziehung kam es vor allem deswegen nicht, weil Frauen ohnehin keinen besonderen Reiz auf ihn ausübten. Er rastete aus, als er erfuhr, daß sein Chauffeur und engster Freund Maurice hinter seinem Rücken ein Verhältnis mit Geli anfing. Seine ganze Schauspielkunst aber zeigte er nach dem Selbstmord Gelis. Nun hinderte ihn nichts mehr, seine tote Nichte zu der einzigen Frau seines Lebens hochzustilisieren, der er seine Liebe schenken konnte.

Seine Umgebung ließ sich durch dieses Theater täuschen. Allgemein hieß es, Hitler würde nur durch die Erinnerung an die schöne Nichte Geli daran gehindert, sich anderen Frauen zuzuwenden. Selbst seine paradoxe Distanz zu Eva Braun wurde so erklärt. Nun rühre der Chef keine Frau mehr an, aber außerdem auch kein Fleisch mehr. Seit Gelis Tod sei Hitler Vegetarier geworden.

Erich Fromm rechnete den jungen Hitler zu den Kindern mit einer »bösartig inzestuösen Fixierung«, die er als eine der Wurzeln der Nekrophilie ansah. Derartige Kinder hätten »niemals die Schale ihres Narzißmus« durchbrechen können. »Sie erleben die Mutter nie als Liebesobjekt; sie entwickeln nie eine affektive Bindung an andere, sondern man könnte sagen, sie sehen durch sie hindurch, als ob es sich um leblose Gegenstände handele, und sie zeigen oft ein besonderes Interesse an mechanischen Dingen.«

Wie dem auch sei. Mit der Angst vor Inzucht gehen bei Antisemiten oft Inzestphantasien einher. Als »Blutschande« wird nun nicht mehr der Inzest, also die sexuelle Beziehung zu einem engen Verwandten angesehen, sondern, ganz im Gegenteil, das Sich-Einlassen mit einem rassisch Fremden. So sah dies auch Hitler. »Die Sünde wider Blut und Rasse ist die Erbsünde dieser Welt und das Ende einer sich ihr ergebenden Menschheit«, dozierte er in seinem Buch »Mein Kampf«. Inzest ist nach dieser schiefen Logik das genaue Gegenteil von Blutschande. Er gilt als besonders angemessene Form der Fortpflanzung, bei der die Reinhaltung des Blutes optimal gewahrt wird. Richard Wagner war es, der den Geschlechtsverkehr zwischen Geschwistern idealisierte. Die religiöse Dimension des Bruder-Schwester-Inzests sei bei ihm unübersehbar, meint Christina von Braun. »Wenn das Geschwisterpaar Siegmund und Sieglinde miteinander Siegfried zeugt, so soll auf diese Weise der unbefleckte Ursprung dieser deutschen Christusfigur, die Reinheit des Blutes, die Siegfried zum Auserwählten, ja Gottessohn macht, bewiesen werden.«

Die Inzestproblematik ist also eine entscheidende Triebfeder im Hauptwerk Richard Wagners, dem »Ring des Nibelungen«. Möglicherweise war die Faszination, die Wagners Opern auf Hitler ausübte, ein Hinweis auf die tiefliegenden Probleme seiner Persönlichkeit. Diese Musik zeichnet sich nach Adorno durch ein »Element des Unsublimierten«, durch regressive Ich-Schwäche aus. Für Hitler waren Wagners Opern wohl eher ein Stimulans zu dumpfer Erotik als ein kultiviertes Musikerlebnis.

74

Hitlers Eltern brauchten für ihre Eheschließung eine päpstliche Dispens. Diese brauchte auch der oberste Dienstherr des Zoll-Oberoffizials Hitler, nämlich seine Apostolische Majestät Franz Joseph I., als er die Wittelsbacherin Elisabeth (»Sisi«) heiraten wollte. So konstatieren wir eine ganz eigenartige zeitgeschichtliche Parallele zwischen dem Paarungsverhalten Waldviertler Bauern, den sexuellen Phantasien von Antisemiten und den Heiratsregeln der in Österreich herrschenden Habsburger. Franz Joseph konnten die Gefahren der aristokratischen Inzucht nicht verborgen geblieben sein. Er kam in jungen Jahren auf den Thron, weil sein Onkel, der »gütige« Kaiser Ferdinand, geistig so stark behindert war, daß seine Unfähigkeit, die Regierungsgeschäfte zu führen, offensichtlich wurde. Franz Joseph heiratete mit Elisabeth wiederum eine nahe Verwandte. Darüber hinaus widersetzte er sich vehement allen Versuchen der Einheirat fremden Blutes in die Habsburger-Dynastie. Der Thronfolger Franz Ferdinand durfte seine Braut aus böhmischem Uradel, die nur dem Grafenstand angehörte, erst heiraten, als er für seine Nachkommen auf jede Sukzession verzichtete. Ähnlich ging es der Kaiserenkelin Elisabeth (»Erzsi«). Diese heiratete zwar einen echten Prinzen, aber dessen Familie war nicht hoffähig, sie war mit den Habsburgern nicht verwandt.

Zwei andere Vorlieben Hitlers, die auf den ersten Blick völlig harmlos, wenn nicht sogar sympathisch wirken, zeigen bei näherem Hinsehen eine ebenso dumpf-erotische Komponente: seine Kinder- und seine Hundeliebe. Hitlers Kinderliebe habe eine forcierte Note besessen, die sie vom Normalen abhob, bemerkte Speer, der selber sechs Kinder hatte. »Ich habe mir oft die Frage vorgelegt, ob Hitler so etwas wie Liebe zu Kindern empfunden habe. Immerhin gab er sich Mühe, wenn er mit Kindern, fremden oder ihm bekannten, zusammenkam: Er versuchte sogar, ohne daß es ihm je überzeugend gelang, sich auf väterlich-freundliche Weise mit ihnen zu beschäftigen. Nie fand er die richtige, vorbehaltlose Art, mit ihnen zu verkehren; nach einigen huldreichen Worten wandte er sich bald anderem zu. Er beurteilte Kinder als Nachwuchs, als Repräsentanten der nächsten Generation und konnte sich daher eher an ihrem Aussehen (blond, blauäugig), ihrem

Kontakt mit der Jugend

Immer wieder drängte es Hitler, Kinder zu berühren. Manchmal suchte er ganz unverfänglichen Körperkontakt mit Knaben, indem er seine Hand fest und väterlich auf deren Schulter legte (oben rechts).

Lustvoll lächelte der Führer beim Autogramm-Schreiben. Er stützt sich auf einen Hitlerjungen und sucht dabei verstohlen mit seiner linken Hand, die das Schreibpapier festhält, Hautkontakt im Nacken des Knaben (links oben).

Auf seinen allerletzten Fotos vom 20. April 1945 tätschelt er nicht nur die Backen der zur Dekoration mit dem Eisernen Kreuz im Hof der Reichskanzlei angetretenen Hitlerjungen, sondern zwickt einem von ihnen auch noch rauh-freundlich das Ohr: Die letzte erotische Geste des körperlich schon verfallenen Diktators (links unten).

Dem Fotografen stellte er sich, indem er einem kleinen Italiener, Mitglied der faschistischen Jugend, mit beiden Händen um die Oberarme greift, und sich dicht hinter seinem Rücken aufbaut. Dabei kann Hitler seine Befriedigung mimisch kaum verbergen.

Wuchs (kräftig, gesund) oder ihrer Intelligenz (frisch, zupackend) freuen als an ihrem kindlichen Wesen. Auf meine eigenen Kinder blieb seine Persönlichkeit ohne Wirkung.«

Schon bevor er Reichskanzler war, lud er fremde Kinder ein, längere Zeit auf seinem Schoß zu sitzen. Eine Münchner Dame erzählte mir, sie sei öfter auf seinen Schoß geklettert, wenn er in der »Osteria Bavaria« in der Schellingstraße sein Mittagsmahl einnahm. Meist habe er mit dem Kind auf dem Schoß Rotkraut gegessen. Eine eigentümliche Bindung besaß Hitler auch zu der kleinen Berneli, die ihn jahrelang auf dem Obersalzberg besuchte. Als ihm Bormann eröffnete, das Kind besitze eine jüdische Großmutter, ärgerte sich Hitler, man gönne ihm keine Freude.

Bei Hunden kam es Hitler darauf an, daß sie sich vollständig seinem Willen unterwarfen. Eigentümliche Szenen von Wutausbrüchen Hitlers und lang anhaltenden Verstimmungen berichteten der Arzt Ferdinand Sauerbruch und Hitlers Pressechef Otto Dietrich: Sauerbruch wurde ins Führerhauptquartier bestellt, weil ihn Hitler sofort mit seinem Flugzeug in die Türkei schicken wollte, wo er den Außenminister operieren sollte. Der Mediziner mußte in Hitlers Vorzimmer warten, dessen Hund sich plötzlich auf ihn stürzte. Doch es gelang dem Hundefreund, das Tier so zu beruhigen, daß es die Pfote auf seinen Schoß legte und sich streicheln ließ. In diesem Augenblick trat Hitler ins Zimmer und tobte: »Dieser Hund ist das einzige Geschöpf, das mir treu ist. Was haben Sie mit ihm gemacht? Ich will ihn nicht mehr sehen. Nehmen Sie diesen Köter.«

Ein weiterer »Treuebruch« Blondis regte Hitler ungewöhnlich auf. »Als vor seinem Hause auf dem Obersalzberg angesichts einer Menge von Tausenden von Menschen seine Schäferhündin ›Blondi‹ auf der Wiese streunte und auf mehrmaligen Zuruf seinem Willen zum Trotz absolut nicht parieren wollte, sah ich, wie ihm das Blut zu Kopfe stieg, während er sich anschickte, den üblichen Vorbeimarsch der Besucher abzunehmen. Zwei Minuten später, als eine Frau eine Bittschrift überreichte, schrie er zum Erstaunen der Menge einen seiner bekanntesten Mitarbeiter, der zufällig hinter ihm stand, um sich das Schauspiel anzusehen, völlig unmotiviert auf die ausfallendste Weise an, ohne nur einen Grund oder eine Erklärung dafür abzugeben.«

Speer erinnerte sich an einen besonderen Beweis der Zuneigung Hitlers. Dieser habe darin bestanden, daß er der Fütterung seiner Lieblungshündin beiwohnen durfte, die Hitler immer eigenhändig und ohne Fremde vornahm.

Im Frühjahr 1942 nahm Hitler einen jungen Schäferhund zu sich. Dieses Tier, so Joseph Goebbels am 20. Mai 1942, »ist im Augenblick das einzige Lebewesen, das ständig um ihn ist. Es schläft nachts vor seinem Bett, es wird im Sonderzug in seine Schlafkabine hineingelassen...« Mit Erstaunen, ja beinahe mit Neid registrierte der Propagandaminister, der Hund »genießt dem Führer gegenüber eine Reihe von Vorrechten, die sich ein Mensch niemals herausnehmen dürfte und könnte«. Goebbels interessierte sich für die Herkunft dieses Lebewesens, das bei Hitler in höchster Gunst stand. »Gekauft worden ist der Hund von einem kleinen Postbeamten in Ingolstadt, der auch beim Führer Besuch machte und auf die Frage, wer dem Tier täglich Futter gebe, vom Führer die Antwort erhielt: ›Der Führer selbst‹, worauf er erstaunt mit dem Ausruf antwortete: ›Respekt, mein Führer!‹« Besonders überrascht war Goebbels, daß der notorische Langschläfer Hitler dem jungen Rüden sogar erlaubte, ihn in aller Frühe mit Pfotenschlägen auf die Brust zu wecken.

Hitler besaß einen ganzen Hundezwinger, der von einem SS-Hundeführer im Offiziersrang betreut wurde. Ende 1944 warf seine Lieblingshündin Blondi Junge. Hitler beobachtete mit größter Anteilnahme ihren Umgang mit dem Wurf und lobte ihr uneigennütziges und aufopferungsbereites mütterliches Verhalten. Der gesundheitlich deutlich verfallene, einsame und menschenverachtende Mann holte sich in seinen letzten Tagen einen gewissen Trost, indem er einen der Welpen auf seinen Schoß anhaltend streichelte. Er nannte den kleinen Hund »Wolf«, gab ihm also den Namen, den er selbst gern benutzt hatte. Nicht nur Eva Braun tötete sich bei seinem Selbstmord mit Gift, auch seine Hunde nahm Hitler mit in den Tod. Ihnen wurden vom Begleitarzt Dr. Stumpfenegger Zyankalikapseln im Maul zerdrückt.

Wir erahnen hier an unverfänglichen Beispielen das Ausmaß von Hitlers dumpfer Erotik, die jegliches nahestehende Objekt seinem unumschränkten Willen unterwerfen wollte, nicht nur Kinder und Hunde, sondern schließlich alle Menschen und letztendlich die ganze Welt. Es ist gut möglich, daß der schöne Adolf, wenn er seine Lust nicht in den Tötungsorgien des Zweiten Weltkriegs ausgelebt hätte, das Zeug zum Kinderschänder und Sodomiten in sich trug.

Die schon bei höheren Tieren auftretende Inzestschranke wird in der menschlichen Gesellschaft durch kulturelle Verbote unterstrichen. Der inzestuös Veranlagte neigt zu einer Verachtung der elementaren Gebote der Gesellschaft, er zeigt aber auch eine angeborene Verhaltensabnormität. Archaische, im Laufe der Entwicklung überwundene Verhaltensanteile drängen sich in den Vordergrund. René Girard, der französische Kulturanthropologe, sah das Inzestverbot als grundlegenden kulturstiftenden Mechanismus an. Es gehe Hand in Hand mit dem Gewaltverbot. »Die Sexualverbote sind opferkultisch wie alle anderen Verbote... Das heißt eigentlich, daß es zwischen den Gliedern der Gemeinschaft ebensowenig legitime Sexualität gibt wie legitime Gewalt.« Hitler setzte sich privat wie politisch ohne Skrupel über die humanen Urverbote hinweg. Seiner Persönlichkeit fehlten schließlich jene elementaren kulturellen Hemmungen, die in einer menschlichen Gesellschaft die tierischen Instinktschranken ersetzen.

»Der jahrhundertealte zivilisatorische Optimismus, der sich so viel auf die Bändigung der barbarischen Instinkte zugute hielt, das ganze evolutionäre Grundvertrauen in eine Welt, die trotz aller Aufhaltungen und Rückschläge zuletzt auch moralisch dem Besseren entgegengehe, ist durch Hitler ans Ende gelangt.« So faßte Fest sein Nachdenken über den rätselhaften Menschen zusammen. Die ungezähmten Triebe sind es, hatte Freud erkannt, die die Herrschaft der Vernunft und alle Kultur bedrohen. Wo anders als in einer unausgelebten Sexualität ist die Wurzel für Hitlers rätselhaften Judenhaß zu suchen, für den »erbitterten, von Stimmungen eines wüsten Urhasses erfüllten Antisemitismus Hitlers, dessen Entstehung und niemals nachlassende, sogar den eigenen Zielen abträgliche Hartnäckigkeit womöglich das am schwersten aufhellbare Problem des hitlerschen Wesens ist«?

Parkinsonsche Krankheit

Doch diese aus dem Rahmen fallende sexuelle Veranlagung war nicht die einzige Absonderlichkeit Hitlers. Er zeigte eine besondere Variante der Homoerotik, die wir im vierten Kapitel näher betrachten werden. Er war zudem, wie im zweiten Kapitel gezeigt wird, Eidetiker. Eine bei Erwachsenen selten auftretende, entwicklungsgeschichtlich frühe Form des Gedächtnisses zeichnete ihn aus.

Schließlich litt Hitler, wie Ellen Gibbels nachwies, in seinen letzten Lebensjahren an der Parkinsonschen Krankheit. Sie trägt den Namen des englischen Arztes, der sie 1817 zuerst beschrieb. Spätere Forschungen zeigten, daß es sich um eine organische Hirnerkrankung handelt. Ein frühzeitiger Untergang bestimmter Nervenzellenverbände führt zur Schädigung der substantia nigra des extrapyramidalen Systems.

Der Parkinsonismus ist eine schleichende, langsam fortschreitende, unheilbare Alterskrankheit, die meist nach dem fünfzigsten Lebensjahr auftritt. Insofern ist sie in ihren psychologischen Auswirkungen mit Krebs vergleichbar, den Hitler so fürchtete. Die äußerlichen Anzeichen bestehen aus einer erhöhten Muskelspannung (Rigor), einer Minderung der Beweglichkeit (Akinese) und einem Ruhezittern (Tremor), das sich später über den ganzen Körper ausdehnt. Nach zehn bis zwanzig Jahren sind achtzig Prozent der Erkrankten berufs- und erwerbsunfähig. Man unterscheidet von der genuinen (idiopathischen) Form, an der Hitler litt, zwei andere Formen, die durch äußerliche Einflüsse ausgelöst werden. Die verbreitetste ist die nach einer Enzephalitis auftretende Form. Da es in Hitlers Jugendzeit eine Enzephalitisepidemie gegeben hatte, vermutete Recktenwald, daß Hitler unter einem postenzephalitischen Parkinsonismus gelitten habe, was Gibbels mit überzeugenden Argumenten zurückgewiesen hat. Ebenso unwahrscheinlich ist, daß Hitlers Parkinsonismus durch einen Schlag oder eine Verletzung des Kopfes ausgelöst wurde, wie sie bei Berufsboxern vorkommt (Enzephalopathia pugilistica). Auch eine syphilitische Erkrankung, die zu ähnlichen Symptomen führt, ist bei Hitler nicht diagnostiziert worden. Deswegen überzeugt die

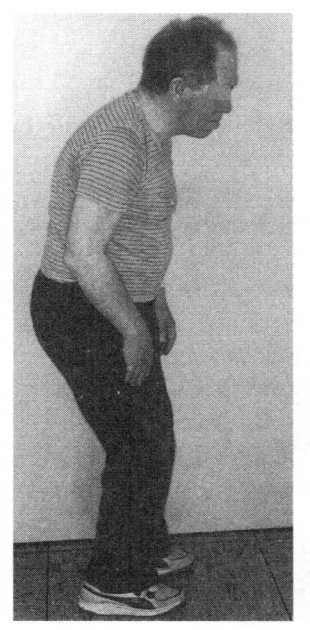

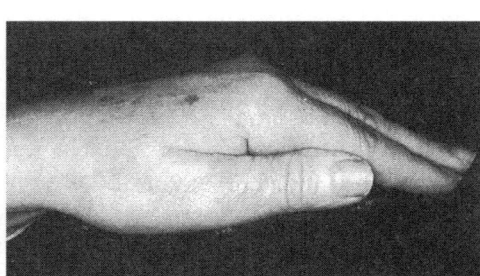

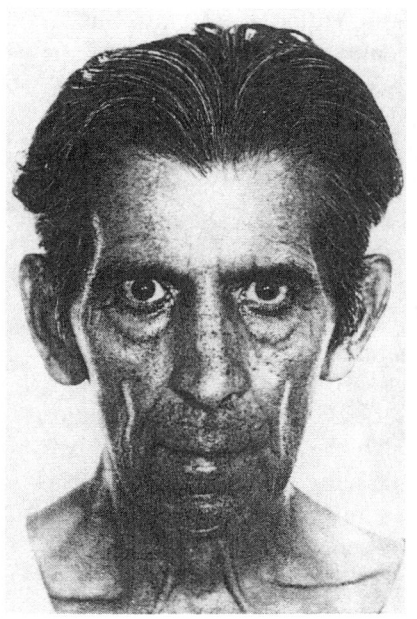

Die Parkinson-Krankheit

Hitler litt an Parkinson, der ihn in den letzten Monaten seines Lebens deutlich zeichnete. Doch nur ansatzsweise zeigt er die körperlichen Symptome des Nervenleidens aus dem Lehrbuch der Neurologie, die gekrümmte Haltung, die verkrampfte Hand (linke Seite oben), den starren Gesichtsausdruck (rechte Seite links oben). Den Verfall seiner Mimik versucht er am 20. April 1945 durch ein mühsames, maskenhaftes Lächeln zu verbergen (rechte Seite, rechts oben). Eine leichte Buckelbildung erkennt man auf einem Foto vom 12. März 1944 am Mooslahnerkopf mit Himmler (linke Seite unten).

Umso deutlicher fielen in seinen letzten Jahren die Defizite in seinem Herrschaftsverhalten auf. Er war seinen Aufgaben als Staatsoberhaupt und Feldherr in immer drastischerer Weise nicht mehr gewachsen. Extreme Entscheidungsschwäche und ein eher planloses Sich-Festklammern kennzeichneten seinen Führungsstil.

Vermutung Simon Wiesenthals kaum, Hitlers Antisemitismus sei als eine wütende Reaktion auf eine syphilitische Ansteckung durch eine jüdische Prostituierte zu erklären.

Der Parkinsonismus ist eine der häufigeren Nervenkrankheiten. Eine familiäre Belastung ist in manchen Fällen nachweisbar. Ob sie bei Hitler gegeben war, ist nicht erwiesen. Die psychischen Auswirkungen der Krankheit sind beträchtlich. »Die nicht örtlich begrenzte, sondern über den ganzen Körper ausgegossene Störung hat etwas Unheimliches an sich. Der Kranke muß mit wachsender Beklemmung beobachten, wie sich die Personen seiner Umgebung mehr und mehr von ihm zurückziehen oder ihm befremdet gegenüberstehen.« (W. Scheid)

Allerdings hatte die Krankheit bei Hitler die ersten Stadien noch nicht überschritten, als er sich das Leben nahm. Gibbels stellte etwa ab Mitte 1941 eine linksseitige Bewegungsverlangsamung fest, ab 1942 ein Zittern des linken Armes (parkinsonistischer Ruhetremor), ab 1943 eine gebeugte Körperhaltung, ab 1944 eine Ganganomalie, eine Beeinträchtigung der Mimik dagegen erst 1945. Im März/April 1945 empfand ein Generalstabsoffizier Hitler als das »Wrack eines Menschen«: »Er schleppte sich mühsam und schwerfällig, den Oberkörper vorwärts werfend, die Beine nachziehend von seinem Wohnraum in den Besprechungsraum des Bunkers. Ihm fehlte das Gleichgewichtsgefühl; wurde er auf dem kurzen Weg (zwanzig bis dreißig Meter) aufgehalten, mußte er sich auf eine der hierfür an beiden Wänden bereitstehenden Bänke setzen oder sich an seinem Gesprächspartner festhalten.«

»Seine Gestalt war jetzt stark vornübergebeugt, beide Arme zitterten ununterbrochen, und sein Blick hatte etwas gläsern Fernes«, beschrieb die Fliegerin Hanna Reitsch ihren Eindruck vom 26. April 1945. Der Reichsjugendführer Artur Axmann berichtete von den letzten Bunkertagen, daß Hitler ihm das Goldene Kreuz des Deutschen Ordens, die höchste Auszeichnung, verlieh, aber nicht in der Lage war, ihn eigenhändig zu dekorieren. »Hitler legte mir nicht selbst das Goldene Kreuz um. Seine Arme zitterten zu stark. Otto Günsche tat es für ihn.«

Gibbels betonte allerdings, daß die Krankheit bei Hitler die politischen und militärischen Entscheidungen kaum erkennbar beeinflußt habe. Neuere Untersuchungen zeigen jedoch, daß nicht selten den motorischen Symptomen der Krankheit psychische Veränderungen um Jahrzehnte vorangehen. Zwar ist in den frühen Stadien der Krankheit keine generelle Beeinträchtigung der intellektuellen Funktionen zu diagnostizieren, dennoch können aber leichtere kognitive Schwierigkeiten auftreten. Mit dem Benton-Wort-Test wurde nachgewiesen, daß Parkinsonpatienten schlechtere Leistungen beim Umstrukturieren aufweisen und mehr perseverative Fehler machen, daß sie generell zu unflexiblen emotionalen Einstellungen neigen. Genau das ist bei Hitler seit Beginn des Krieges 1939, vielleicht aber auch schon ein bis zwei Jahre vorher festzustellen.

Generalfeldmarschall von Manstein erinnert sich an die Zeit zwischen 1942 und 1944: »Bei mancherlei Auseinandersetzungen, die ich als Oberbefehlshaber der Heeresgruppe mit ihm über operative Fragen hatte, war das Eindrucksvollste die geradezu unwahrscheinliche Zähigkeit, mit der er seinen Standpunkt verfocht. Ich habe keinen Menschen kennengelernt, der in einer ähnlichen Diskussion eine auch nur annähernd gleiche Ausdauer und Zähigkeit entwickeln konnte.« Eine »störrische Art« habe Hitler zu dieser Zeit besessen, die an die Eigenschaften im Greisenalter erinnerte, urteilte Albert Speer.

»In frappierendem Gegensatz zu seiner schnellen Auffassungsgabe und der geistigen Schärfe, mit der er in taktischen Fragen aus der Unzahl der ihm vorgetragenen und bei der Verschiedenheit der Quellen oft widersprechenden Meldungen das Wesentliche erkannte, mit Spürsinn sich noch abzeichnende Gefahren witterte und auf sie reagierte, stand seine geistige Unbeweglichkeit und Sturheit im Festhalten an dem einmal gesetzten strategischen und politischen Ziel. Er wich von dem Wege, den er sich vorgezeichnet hatte, nicht einen Schritt ab; auch dann nicht, als alle Voraussetzungen, das Ziel jemals zu erreichen, verlorengegangen waren. Er ging diesen Weg, als trüge er Scheuklappen, ohne einmal nach rechts oder links zu sehen«, beschrieb ein Generalstabsoffizier Hitlers Verhalten im März/April 1945.

Möglicherweise war schon 1939 in einer besonders angespannten Situation ein Abrutschen in ein pathologisches Perseverationsverhalten feststellbar. Hitlers Denken blockierte in ähnlicher Weise wie eine Schallplatte, die durch einen Kratzer beschädigt ist. Kurz vor Beginn des Polenfeldzuges lieferte Hitler dem schwedischen Mittelsmann Dahlerus, der eine letzte Vermittlung in London versuchte, eine merkwürdige Vorstellung:»Plötzlich blieb er, vor sich hinstarrend, mitten im Zimmer stehen. Seine Stimme klang bedeutend dumpfer, und sein ganzes Verhalten machte den Eindruck eines völlig Anomalen. Die Sätze folgten einander stoßweise... ›Gibt es Krieg‹, sagte er, ›dann werde ich U-Boote bauen, U-Boote, U-Boote, U-Boote.‹ Die Stimme wurde undeutlicher, und allmählich konnte man ihn nicht mehr verstehen. Plötzlich sammelte er sich, hob die Stimme, als ob er zu einer Versammlung spräche, und schrie: ›Ich werde Flugzeuge bauen, Flugzeuge bauen, Flugzeuge, Flugzeuge, und ich werde meine Feinde vernichten.‹« Dahlerus bekannte, vor Überraschung habe er Hitler angestarrt und sich dann umgewandt, um zu sehen, wie Göring darauf reagierte; der aber ließ sich nichts anmerken.

Hitlers wenig inspirierte, grobschlächtige Kriegsführung könnte auch auf den Einfluß der Krankheit zurückzuführen sein, die seine intellektuellen Fähigkeiten partiell hemmte und somit eine psychische Verunsicherung hervorrief. Zum Beispiel rügte von Manstein, sicherlich auch in der Absicht, die eigenen Leistungen hervorzuheben, aber wahrscheinlich nicht ganz zu Unrecht, Hitlers Risikoscheu. Er sprach ihm eine»Kühnheit des Entschlusses« ab.»Hitler, der nach den Erfolgen, die er auf dem Felde der Politik bis 1938 errungen hatte, politisch zum Hasardeur geworden war, scheute auf dem militärischen Gebiet vor dem Risiko zurück.« Manstein beklagte Hitlers brutale, unkluge Strategie:»Seinem Denken entsprach mehr das Wunschbild vor unseren Linien verblutender feindlicher Massen als das Bild des eleganten Fechters, der auch einmal auszuweichen versteht, um dann um so sicherer den entscheidenden Stoß führen zu können. Dem Begriff der Kriegskunst setzte er letzten Endes den der brutalen Gewalt entgegen.«

1941, als die ersten motorischen Symptome von Parkinson auftraten, waren auch deutliche psychische Veränderungen feststellbar. Hitler, dessen Namensgedächtnis phänomenal war, fielen jetzt manchmal Namen nicht mehr ein. »Der Dings« hieß es dann in den Wortprotokollen. Schon immer kam er bei Besprechungen gern vom Hundertsten ins Tausendste. Aber am 26. Dezember 1941 verkündete er mit Emphase (Geheime Kommandosache. Nur durch Offizier) neben dem Verbot des kampflosen Aufgebens von Stellungen auch die banalsten Selbstverständlichkeiten: »Geländeverhältnisse bei einsetzendem Tau- und Regenwetter müssen besonders berücksichtigt werden. Waldungen sind auszunutzen.« Hitler wurde zu diesem Zeitpunkt von seiner militärischen Umgebung partiell nicht mehr ernst genommen.

Mitunter neigte er zur Konfusion. Aber bei seiner fatalen Entscheidung im Herbst 1941 fällt doch auf, welche gegensätzlichen Ziele er seinen erschöpften Truppen statt des naheliegenden Moskau vorgab: die Krim erobern wegen des psychologischen Eindrucks auf die Türkei, das Donezbecken einnehmen wegen der Rohstoffe, zum Kaukasus vorstoßen wegen der Ölfelder und des Eindrucks auf den Irak, Leningrad erobern wegen der psychologischen Wirkung. Das Ganze gleicht mehr der Weihnachtswunschliste eines nimmersatten Kindes als einem vernünftigen strategischen Plan.

Von seinem Leibarzt Morell ist der Charakter seiner Erkrankung spät erkannt worden. Der Mediziner sprach in seinen Notizen am 15. April 1944 erstmals von der »Abart einer Schüttellähmung« und unternahm den Versuch einer Behandlung mit den damals bekannten Antiparkinsonmitteln. Ein Neurologe wurde jedoch nicht hinzugezogen. Der Umgebung Hitlers blieb seine Erkrankung nicht verborgen. Es gibt nicht wenige Stimmen, darunter auch die von Henriette von Schirach, die eine entscheidende Wendung in Hitlers Charakter bereits in der zweiten Hälfte der dreißiger Jahre wahrzunehmen glaubten. Zu denken gibt Hitlers martialische Rede auf dem Reichsparteitag 1938, die in den Worten gipfelte: »Ich zittere nicht!« Am 8. Januar 1942 hatte sich das Problem für Hitler vollends in den Vordergrund geschoben. In einem Führerbefehl erklärte er, der Kampf gegen die Sowjetunion werde »in erster Linie durch die Nervenstärke, vor allem der Führung, entschieden«.

Botschafter Hewel, der als Vertrauensmann Ribbentrops im Führerhauptquartier ständig anwesend war und als alter Kämpfer zum engeren Kreis um Hitler gehörte, registrierte, wie sich der Führer »während des Krieges gegenüber früheren Jahren stark« veränderte. »Souveränität und Glanz seien allmählich von ihm gewichen und Böses und Wildes immer öfter offener zutage getreten.« »Hitler entwickelte sich zunehmend zu einem Sultan, an dessen Hof sich kein Mensch mehr ein Wort zu sagen traute.«

Am einschneidendsten aber dürfte Hitlers psychische Reaktion auf die Erkenntnis gewesen sein, daß er an einer unheilbaren Krankheit litt. War sein Endkampf gegen die Juden, Marxisten und Einkreiser in seiner letzten Zuspitzung ein seelisch verschobener Kampf gegen eine heimtückische Krankheit? War Hitlers Angriffswut, der in der Politik sinnwidrige, kontraproduktive Impuls, bei jeder Gelegenheit aggressiv zu reagieren, eine unbewußte Reaktion gegen eine tödliche Bedrohung, die er spürte, die er aber zunächst eher als Krebsgefahr ansah? War Hitlers eigenartige Hast, mit der er den Krieg vom Zaune brach, eine Reaktion auf die heranziehende Krankheit? An Hitlers 50. Geburtstag, am 20. April 1939, fiel sein eigentümliches Verhalten auf. Inmitten der aufwendigen Feiern rief er seine Oberbefehlshaber ausgerechnet an diesem Tag zusammen, um ihnen mitzuteilen, daß der Krieg unausweichlich und beschlossene Sache sei.

War Hitlers Schwärmen für die gigantischen Körper in den Plastiken Brekers und Thoraks nicht nur eine sublimierte optische Triebbefriedigung für einen homosexuell veranlagten Menschen, sondern auch ein kompensatorischer Traum eines neurologisch Erkrankten, der fürchten muß, in absehbarer Zeit nicht mehr Herr seiner Bewegungen zu sein? Ohnmächtige Wut dürfte den Herrscher über fast ganz Europa und die schlagkräftigste Armee Europas befallen haben, als ihm der eigene Körper den Gehorsam verweigerte. War er deswegen so grausam bei Gehorsamsverweigerungen, weil es sich um sein eigenes Problem handelte?

Wie sich Baldur von Schirach, der Gauleiter von Wien, erinnerte, sprach Hitler auf der letzten Gauleitertagung am 24. Februar 1945, die in einem noch unbeschädigten Raum der Reichskanzlei in Berlin stattfand, von seiner Krankheit: »Meine Hand zittert«, so habe Hitler begonnen, »aber mein Herz zittert nicht – wenn es das Schicksal will, daß wir untergehen, dann können wir uns doch rühmen, wir haben auf der Höhe des Lebens gelebt«. Und dann verband er in einem kuriosen Gedankensprung seine Lähmung mit dem deutschen Schicksal: »... und wäre meine ganze linke Seite gelähmt, so würde ich das deutsche Volk dennoch immer wieder dazu aufrufen, nicht zu kapitulieren, sondern bis zum Ende auszuhalten.«

Aber schon 1944 bedrängten Hitler immer häufiger Anwandlungen von Selbstmitleid. In einer Besprechung am 31. August mit den Generalleutnanten Westphal und Krebs erwähnte er seine Beschwerden und spielte auf das Attentat Stauffenbergs an: »Das Schicksal hätte auch anders laufen können; wenn mein Leben beendet worden wäre, wäre es für mich persönlich – das darf ich sagen – nur eine Befreiung von Sorgen, schlaflosen Nächten und einem schweren Nervenleiden gewesen. Es ist nur der Bruchteil einer Sekunde, dann ist man von all dem erlöst und hat seine Ruhe und seinen ewigen Frieden.«

Angesichts des Temperaments Hitlers wird vor einer eher resignativen Phase eine lang andauernde kämpferische Auseinandersetzung mit der Krankheit stattgefunden haben. »Er kämpfte gegen seine physische Beeinträchtigung mit unvorstellbarer Härte und Entschlossenheit«, schrieb sein Adjutant, Kapitän zur See Assmann, in alliierter Gefangenschaft. Pressechef Dietrich beobachtete, daß nach dem Attentat vom 20. Juli 1944 das Zittern der linken Hand und die gebückte Körperhaltung zwar zunehmend auffielen, »geistig jedoch trat die umgekehrte Reaktion ein, und zwar in Form einer starken Willenszusammenballung«.

Die Besonderheiten in Hitlers Veranlagung tragen zur Erklärung der Auffälligkeiten in seinem Benehmen und seiner geschichtlichen Wirkung bei. Schon seine Mutter sah, daß er aus der Art geschlagen war. Hitler fiel auf, sowohl bei den Insassen des Männerheims in Wien als auch bei seinen Kameraden im Ersten Weltkrieg.

Die nachgewiesenen Besonderheiten sind wohl keine zufällig nebeneinander auftretenden Abweichungen, sondern möglicherweise als Symptome einer tiefer liegenden Störung zu denken, die weitgehende persönlichkeitsformende und sozialpsychologische Auswirkungen hatte. Sie sind von der bisherigen Forschung auch deswegen vernachlässigt worden, weil der Diktator manches tat, um sie zu verbergen. Über seine verdrängte Sexualität legte er einen Schleier, der erst heute weggezogen werden kann, und zur Aufdeckung der Parkinsonschen Krankheit Hitlers bedurfte es des methodischen Geschicks der Ellen Gibbels, die mit detektivischem Scharfsinn Hitlers Krankheit diagnostizierte. Die Neurologin studierte das Zittern des linken Armes Hitlers und die anderen Symptome anhand von Wochenschauaufnahmen. Zwar waren die auffälligsten Bewegungsanomalien aus den Filmen geschnitten worden, trotzdem konnte die Ärztin die Parkinsonsche Krankheit in Hitlers letzten beiden Lebensjahren einwandfrei diagnostizieren.

Ebenso wie das Zittern seines linken Armes verbarg Hitler der Öffentlichkeit, daß er in seinen letzten Lebensjahren auf eine Brille angewiesen war. Photographien, die den Diktator als Brillenträger zeigten, durften nicht publiziert werden.

Dagegen gab sich Hitler keine Mühe, seine eidetische Veranlagung zu verdecken. Sie wurde nicht als Anomalie, sondern als besondere Begabung angesehen, auf die Hitler stolz war. Bisher wurde aber dieses Phänomen noch nicht zum Ausgangspunkt einer psychologischen Analyse genutzt.

So stellt sich heraus, daß Hitler in der bisherigen Forschung (»Inkarnation des Durchschnitts« nannte ihn Fest) für normaler gehalten wurde, als er war. Eine Tendenz, Hitler zu durchschnittlich aufzufassen, begründete die Propaganda vom »Mann aus dem Volke«. »Dieses ganze Volk hängt ihm... mit tiefer, herzlicher Liebe an«, beteuerte Goebbels, »weil es das Gefühl hat, daß es zu ihm gehört, Fleisch aus seinem Fleische und Geist aus seinem Geiste ist...«.

Ähnlich die NS-Poesie. Diese sah eine »ideelle Gleichung von Führer und Gefolgschaft, wie sie geschichtlich noch nie vorlag«. Mindestens in den psychologischen Voraussetzungen gab es aber fundamentale Differenzen. Die Deutschen waren in ihrer Mehrzahl keine Homosexuellen, die ihre Anlage verdrängten, sie waren weder Eidetiker, noch erkrankten sie an der Parkinsonschen

Krankheit. Nur wenn man mit manchen Psychiatern annimmt, daß Kranke als eine Art Leuchtturm ins Dunkle strahlen, daß sie feiner und sensibler als Normale die Probleme und Nöte der Menschen in ihrer Umgebung erfassen und auszudrücken vermögen, dann mag man in dem ganz ungewöhnlichen Hitler einen besonders typischen Deutschen erkennen. Doch auch dann zeigt die genauere psychologische Analyse, daß sich seine Persönlichkeit weit krasser von den bekannten Spielarten des Menschseins abhebt, als bisher angenommen wurde. Einer historischen Einebnung des Phänomens Hitler steht also in unserer Betrachtungsweise eine schärfere Pointierung seines Charakters gegenüber. Hitler war außergewöhnlicher, skurriler und bizarrer, als das bisher gesehen wurde. Zudem paßte er kaum in die heute gängigen Diagnoseschemata psychologischer und psychiatrischer Schulen.

2. KAPITEL

Hitler als Eidetiker

2.1. Hitlers Gedächtnis

Rohrlängen und Schußweiten

Hitlers »stupendes Gedächtnis« und seine »verblüffenden Detailkenntnisse« sind von den Zeitgeschichtlern gewürdigt worden, sollen nun aber genauer analysiert werden. Hitler hatte nämlich nicht nur ein stupendes Gedächtnis, er hatte vor allem ein von der Norm abweichendes Gedächtnis mit einer Besonderheit, die bei etwa vier Prozent der Kinder in der frühen Kindheit auftritt, sich aber in aller Regel im Laufe der Entwicklung wieder verliert. Er war eidetisch veranlagt, daß heißt, er besaß die Fähigkeit, Wahrnehmungsbilder abbildsgetreu zu speichern. Dieses Phänomen wurde in den zwanziger Jahren von den Psychologen E. R. Jaensch (1921) und Oswald Kroh (1922) näher untersucht. Eidetiker fallen bei Prüfungen auf, wenn sie ganze Seiten einer Vorlage, manchmal sogar mit den entsprechenden Druckfehlern, wie eine Kopie aus dem Gedächtnis niederschreiben. Sie werden häufig verdächtigt, vorschriftswidrig von einer eingeschmuggelten Vorlage abgeschrieben zu haben, und müssen sich dann durch ein psychologisches Gutachten ihre eidetische Veranlagung bescheinigen lassen.

Das eidetische Phänomen kann man als eine eigenartige Ausdehnung des ikonischen Gedächtnisses ansehen. Die Bilder unserer Wahrnehmungen stehen uns in diesem Speicher etwa eine Sekunde unmittelbar abfragbar vor Augen. Die visuelle Empfindung überdauert den Reiz. Wenn man so will, sind wir also alle in ge-

Frühe Prägungen

Optische Kindheitseindrücke wirkten bei Hitler ein Leben lang nach. Er sah das Haken- oder Hagnkreuz zuerst als sechsjähriger Sängerknabe im Stift Lambach, OÖ, dessen ehemaliger Abt Hagn das Zeichen im Wappen führte und es 1860 im Kreuzgang einmeißeln ließ (links). In diesem Sonnen-Zeichen sah Hitler später das Sieges-Symbol des arischen Menschen. Die von ihm selbst entworfene Hakenkreuzfahne ließ er 1920 zum Banner de NSDAP, 1935 zur alleinigen deutschen Nationalflagge erklären.

Der 16jährige Realschüler zeichnete Völkertypen, vermutlich nach Vorlagen aus einem Geschichtsbuch: hier einen finster blickenden schnurrbärtigen Krieger (rechts). Die typisierenden Merkmale sind genau wiedergegeben: die sich an den Enden nach unten senkenden Barthaare, die er später bei den Tschechen zu erkennen glaubte und sie als ein Zeichen hunnischer Abstammung interpretierte, und den Kriegshelm. Zwar zeichnete der Heranwachsende keine Juden, doch kann man, wenn man so will, in den Bleistiftskizzen den Ausdruck seines frühen Typendenkens und damit den intellektuellen Anfang des Holocausts sehen.

wisser Weise eine Sekunde lang Eidetiker. Dann aber werden Abkürzungen, Konzentrate aus dem ikonischen Gedächtnis in das Kurzzeitgedächtnis und aus diesem wieder wichtige Informationen in das Langzeitgedächtnis überführt. Beim eidetischen Phänomen hingegen bleibt das Nachbild der Wahrnehmung unbearbeitet stehen und ist in Zukunft ebenso beschreibbar wie die Wahrnehmung selbst.

Hitler besaß dieses photographische Gedächtnis. In den Akten des Bundesarchivs in Koblenz ist eine Aussage seines Banknachbarn aus seiner Leondinger Schulzeit aufbewahrt:»Einmal haben wir einen Ausflug zur Schaumburg gemacht. Am anderen Tag hat dann Hitler während des Unterrichts die Burg aus dem Gedächtnis nachgezeichnet. So schön und genau, daß ich aus dem Staunen nicht heraus kam. Der Lehrer hat ihn aber erwischt und ihm die Zeichnung weggenommen.«

Als Neunzehnjähriger verblüffte Hitler seinen Zimmergenossen Kubizek dadurch, daß er in einer Geschichte der Baukunst sämtliche abgebildeten Gebäude auf Anhieb identifizieren konnte.»Ich staunte immer, wie gut er über Seitenportale, Treppenanlagen, sogar über wenig bekannte Zugänge oder Hinterpforten orientiert war.« Kubizek bemerkte den photographischen Charakter des Gedächtnisses, das»nebensächliche Kleinarbeiten« ebenso festhielt wie längere Texte:»Es konnte geschehen, daß Adolf mir auswendig den Text eines Briefes oder einer Aufzeichnung von Richard Wagner vortrug.«

Der Parteiideologe Rosenberg berichtete, woher Hitler später seine Daten bezog:»In der Münchner Kampfzeit bestellte er sich z. B. alle nur erreichbare Literatur über das Flottenwesen aller Staaten. Diese studierte er dann wochenlang bis 4 Uhr morgens.« Studium hieß in diesem Fall, daß Hitler die langen Listen ansah und sich für den Rest des Lebens merkte.

Jaensch stellte bei seinen Versuchspersonen sogar eine weitgehende Zeitunabhängigkeit fest:»Die Güte und Vollständigkeit der Anschauungsbilder ist von der Einprägungsdauer in weiten Grenzen unabhängig.«

Zu den ersten Büchern, die sich Hitler nach seiner Ernennung zum Reichskanzler 1933 kommen ließ, gehörte das Statistische

Jahrbuch, dessen Angaben, insbesondere die Zahlen vergleichender Bevölkerungsstatistiken der verschiedenen Länder, er in seinen Reden immer wieder anführte.

Ganz überrascht zeigte sich dann Hitlers Marineadjutant Karl-Jesko von Puttkamer über dessen maritime Detailkenntnisse. »Er kannte fast jedes größere Schiff aller bedeutenden Kriegsmarinen der Welt und hatte genaue Angaben über deren Größe, Geschwindigkeit, Bewaffnung und Panzerung im Kopf. Ebenso beherrschte er die Leistungsfähigkeit der Waffen, insbes. der Geschütze, ihre Reichweite, Durchschlagskraft usw.« Bei seinem Italienbesuch im Mai 1938 sah sich Hitler eine Flottenparade vor Neapel an. Dabei glänzte er mit Daten der gezeigten Schiffe; »mit seinen Detailkenntnissen erregte er bei den italienischen Offizieren Staunen und Bewunderung«.

Hitlers einschlägige Fähigkeiten imponierten auch dem Fliegeroffizier Göring. Im Nürnberger Kriegsverbrechergefängnis erinnerte er sich: »Die Armierung, Panzerung, Geschwindigkeit und den Tiefgang fast aller bedeutender Kriegsschiffe der Welt hatte er im Kopf. Er konnte aus dem Handgelenk diese Daten z.B. für einen brasilianischen Kreuzer angeben.«

Man könnte Hitlers Kenntnisse natürlich als Ergebnis eines langen Studiums und der Mühe des Auswendiglernens ansehen. Ein Zeugnis seines Heeresadjutanten, des damaligen Majors Gerhard Engel, schloß einen normalen Lernvorgang aber mindestens in einem eklatanten Fall aus. Hitler hatte am 4. Oktober 1941 abends das neue rote Rüstungsbuch des Waffenamtes erhalten und als Bettlektüre benutzt. Am nächsten Morgen war der Adjutant vollkommen überrascht. »Unvorstellbar«, wunderte er sich, »daß der Führer sage und schreibe alle Zahlen, die in diesem grausamen Zahlenbuch drinstanden, lückenlos beherrschte und diese ihm plastisch ganz klar vor den Augen standen – das ging bis zur Produktion von Pistolenmunition.«

Auch Speer erinnerte sich: »Seine Informationen entnahm er einem großen Buch in rotem Einband mit einem breiten gelben Querstreifen. Dieser immer wieder ergänzte Katalog für etwa dreißig bis fünfzig verschiedene Munitionsarten und Waffengattungen lag stets auf seinem Nachttisch. Manchmal holte ein Diener auf Geheiß Hitlers das Buch herbei, wenn während der militärischen Besprechungen ein Mitarbeiter eine Zahl genannt hatte, die Hitler augenblicklich korrigiert hatte. Es wurde aufgeschlagen, Hitlers Angaben Mal für Mal bestätigt, die Uninformiertheit eines Generals bloßgestellt. Das Zahlengedächtnis Hitlers war der Schrecken seiner Umgebung.«

Hitler hegte einen »nie eingeschläferten Argwohn« gegen die ihm vorgelegten Unterlagen; »dank seines stupenden Gedächtnisses vermochte er in ihnen Fehler nachzuweisen, wo selbst so und so viele Sachbearbeiter keine aufgespürt hatten«. Sein photographisches Gedächtnis setzte er gezielt ein, um mit seinen Kenntnissen bei seinen Generälen Eindruck zu machen. »Offiziere, die Hitler zu melden hatten, mußten peinlich darauf bedacht sein, daß das von ihnen Vorgetragene genau mit dem übereinstimmte, was sie früher ausgeführt hatten. Entdeckte Hitler einen Widerspruch, brach sofort sein stets wacher Argwohn durch, man wolle ihn betrügen.« So wußte er noch nach Wochen, wie groß die Zahl der deutschen U-Boote im Mittelmeer war. Wehe, wenn später eine etwas andere Zahl genannt wurde.

Wenn er einen Flugzeugtyp einmal gesehen hatte, behielt er ihn genau im Gedächtnis – jedenfalls besser als ein Fachmann auf diesem Gebiet, sein Oberbefehlshaber der Luftwaffe, der ehemalige Jagdflieger Göring. Die Luftwaffe hatte »zur Besichtigung durch Hitler auf einem benachbarten Flugplatz die Vielzahl von Varianten und Typen ihres Produktionsprogrammes aufgereiht. Göring hatte sich selbst vorbehalten, Hitler die Flugzeuge zu erklären. Sein Stab verzeichnete ihm dazu auf einem Spickzettel, genau in der Reihenfolge der aufgestellten Modelle, deren jeweilige Bezeichnung, die Flugeigenschaften und andere technische Daten. Ein Typ war nicht rechtzeitig herangeschafft, Göring darüber nicht informiert worden. Gut gelaunt gab er jeweils von da an zu einem falschen Typ seine Erklärungen ab, da er sich streng an die Liste hielt. Hitler, der augenblicklich den Fehler bemerkte, ließ sich nichts anmerken«.

Auch die einzelnen Geschütztypen hatte er genau im Kopf, deren Umrisse sein ästhetisches Empfinden weckten: »Oft bedachten Hitler und ich neue Typen mit lobenden Bemerkungen, wie ›Was für ein elegantes Rohr‹, oder ›Welche schöne Form dieser Panzer hat!‹«, erinnerte sich Albert Speer. Hitlers Gedächtnis für Geschütze war besser als das des Chefs des Oberkommandos der Wehrmacht. »Bei einer solchen Besichtigung hielt Keitel ein 7,5-cm-Panzerabwehrgeschütz für eine leichte Feldhaubitze. Hitler überging zunächst den Fehltritt, aber auf unserer Rückfahrt mokierte er sich: ›Haben Sie gehört? Keitel mit der Pak. Und dabei ist er General der Artillerie!‹« Hitler erinnerte sich genauestens an Waffen, die ihm vor Jahren einmal gezeigt worden waren.

Zu Beginn seiner Kanzlerschaft schwelgte Hitler bei seinen Reden in Dutzenden von Detailangaben über die deutsche Abrüstung nach dem Ersten Weltkrieg. Das hörte sich so an: »59 897 Geschütze und Rohre, 130 558 Maschinengewehre, 31 470 Minenwerfer und Rohre, 6 007 000 Gewehre und Karabiner, 243 937 MG-Läufe, 28 001 Lafetten.« Die imposante Aufzählung landete schließlich bei 1240 Feldbäckereien, 12 Flakgeschützen und endete mit 64 000 Stahlhelmen und 174 000 Gasmasken.

Max Domarus, der Hitlers Reden systematisch sammelte, fiel auf: »Diese 59 897 Geschütze, 130 558 Maschinengewehre sollte das deutsche Volk und die Welt noch mehrfach vorgesetzt bekommen.«

Wahrscheinlich hat Hitler dieses Zahlenfeuerwerk aus dem Gedächtnis abgerufen. Er benutzte zwar Notizen, die ihn jedoch nur daran erinnerten, wie er die einzelnen, stets wiederkehrenden Redeblöcke aufeinandertürmen wollte. Die Blöcke selbst, zu denen am Anfang traditionell ein großsprecherischer geschichtlicher Exkurs über die eigenen Leistungen beim Aufbau der Partei gehörte (den Domarus die »Parteierzählung« genannt hat), zitierte er seitenweise aus dem Gedächtnis. So wohl auch die kuriose Abrüstungsaufzählung.

Diese Blockbildung, die sein eidetisches Gedächtnis erlaubte, gelang bei einer anderen Aufzählung nachweislich ohne jede Stütze. Am 30. September 1939 empfing er den italienischen Außenminister Ciano in Berlin: »In endloser Folge zählte er auswendig die deutschen Gefangenen- und Beutezahlen im Polenkrieg auf, die Toten und Verwundeten, die versenkten Schiffsraum-Tonnagen, die abgeschossenen Flugzeuge usw... Hitler sprach fast zwei Stunden lang, ohne sich auf Notizen zu stützen.« Diesen Polenblock rief er dann noch einmal am 18. März 1940 ab, als er auf dem Brenner seinen Freund Mussolini traf. Der Dolmetscher Schmidt berichtete:»Voller Selbstbewußtsein gab Hitler dem aufmerksam und fast bewundernd zuhörenden Mussolini eine genaue Darstellung seiner militärischen Erfolge im Polenfeldzug und seine Vorbereitungen für die große Auseinandersetzung mit dem Westen. Zahlen häuften sich auf Zahlen: Truppenstärken, Verlustziffern und Reservebestände hatte Hitler bei diesen Unterhaltungen ebenso erstaunlich im Kopf wie technische Einzelheiten über Geschütze, Panzer und Infanterie-Bewaffnung, während er in bezug auf die Luftwaffe und die Marine weniger interessiert zu sein schien. Er verstand es jedenfalls, Mussolini derart mit Zahlen und Tatsachen zuzudecken, daß dessen große braune Augen vor Staunen fast aus dem Gesicht zu fallen schienen, wie bei einem kleinen Kind, dem man zum erstenmal ein neues Spielzeug hinhält.«

Nicht nur in seinen Reden und politischen Unterredungen setzte Hitler seine aus der Erinnerung abgerufenen Zahlenblöcke ein, sondern auch bei militärischen Weisungen. Der »statistische Hitler trat (bei seinen am 29. November 1940 erlassenen Weisung Nr. 9 – Richtlinien für die Kriegsführung gegen die feindliche Wirtschaft) mit detaillierten Angaben über die angebliche Kapazität der britischen Häfen hervor.«

Hitler fühlte sich der Roten Armee auch deswegen überlegen, weil er sämtliche Daten ihrer Rüstungen im Kopf gespeichert hatte. Der Generalstabschef des Heeres Halder berichtete von einer Diskussion am 3. Februar 1941:»Der Hinweis auf die materielle Stärke des russischen Heeres, im besonderen auf die hohe Zahl von zehntausend Panzern, löste eine mehr als viertelstündige Gegenrede Hitlers aus, in der er jede russische Jahresproduktion seit den zwanziger Jahren aus dem Gedächtnis in Zahlen angab und erklärte, daß nur Schwachsinnige sich von diesem völlig veralteten Material imponieren lassen konnten.« Speer beschrieb dasselbe Phänomen:»Hitler kannte sämtliche Waffen- und Munitionsarten mit ihren Kalibern, Rohrlängen und Schußweiten, er hatte die Lagerbestände der wichtigsten Rüstungsgegenstände ebenso im Kopf wie deren monatliche Produktion.«

Als der Architekt, ein krasser Außenseiter, 1942 zum Rüstungsminister ernannt wurde, fühlte er sich Hitlers genauem Gedächtnis für technische Details nicht gewachsen. Um alle knifflgen Fragen über technische Einzelheiten, die Hitler immer wieder in die Besprechungen spontan einstreute, zu dessen Zufriedenheit beantworten zu können, reiste er zu den regelmäßig anberaumten stundenlangen Konferenzen mit einem Expertenteam von zehn Mann an. Auf der zweitägigen Konferenz, die am 30. September 1943 begann, gab Hitler eine Kostprobe seiner besonderen Begabung, als er aus dem Stegreif eine Anregung seines Ministers kommentierte: »Der Vorschlag, die nicht mehr ausreichende aber in rd. 5000 Stück im Einsatz befindliche 3,7 cm Pak durch Einlegen eines 7,5 cm Rohres L 21 in den Frontwerkstätten zu modernisieren, gefiel dem Führer sehr. Obwohl auf den Vorabfall und die nicht mehr so rasante Flugbahn aufmerksam gemacht worden war, betonte der Führer von sich aus, daß dadurch eine tatsächliche Leistungssteigerung im Panzerdurchschlag von 28 auf 90 mm, eine Vergrößerung von 3,7 auf 7,5 cm, eine Schußweitensteigerung von 1600 m auf 2700 m im direkten Richten und auf 4500 m im indirekten Richten gewonnen wird«, hielt das Ergebnisprotokoll fest.

Am 18. Juni 1944 schwärmte er auf dem Berghof bei einer Besprechung mit Speer und General Buhle, dem Chef des Heeresstabes beim Oberkommando der Wehrmacht, für die 15,2-cm-Kanonenrohre einer Tschechen-Haubitze, die er im Jahre 1938 gesehen hatte. Nicht ohne einen gewissen Lokalpatriotismus nahm dann der Österreicher Partei für ein weiteres Geschütz aus der böhmischen Waffenschmiede seines Geburtslandes: »Ebenso wie die 21-cm-Kanone! Die Skoda-Kanone wurde abgehalftert, weil die neue deutsche 21-cm-Kanone noch weiter schießen sollte: 33 km, und die Skoda schoß nur 30 km.«

Hitler hatte nicht nur die nackten Zahlen im Kopf, sondern auch die Gesamtsituation mit allen praktischen Einzelheiten. Er identifizierte sich motorisch mit den Kanonieren: »Ich brauche nicht mit dem Lafettenschwanz herumsausen, sondern kann die

ganze Richtung dauernd drehen. Es ist gerade für die Küstenver-
teidigung ein ausgezeichnetes Geschütz.«
Eine eidetische Glanzleistung vollbrachte Hitler im Norwegenfeldzug. Es ging darum, Geschütze in deutsche Zerstörer zu laden.
Alle gängigen Typen paßten nicht in die Ladeluken. Die versammelten Generäle erklärten ihrem Oberbefehlshaber, es sei nicht
möglich, die Gebirgsjäger in Narvik mit Geschützen zu versorgen.
Darauf meinte Hitler, in Österreich habe er bei einer Parade eine
Gebirgshaubitze gesehen – die passe hinein. Sein eidetisches Gedächtnis hatte ihn nicht betrogen; ein nur kurzer Blick hatte ihm
genügt, um das zu sehen. Die Generäle staunten nicht schlecht.

Jaensch bemerkte diese Stereoplastizität der eidetischen Bilder:
»Bei körperlichem Vorbild sind sie stets körperlich«, und beschrieb die Fähigkeiten der Personen, die wie Hitler über nach-
bildnahe Anschauungsbilder verfügen, diese in das Erleben zu in-
tegrieren: »Die Anschauungsbilder werden nun nicht als etwas
Fremdes, sich von außen Aufdringendes empfunden, sondern als
etwas Ich-Zugehöriges, nicht als Belästigung, die man gerne ab-
schütteln würde, sondern als eine Fähigkeit und ein vertrautes, oft
liebes Besitztum, das man festhalten möchte. Von der gleichen Beweglichkeit und Veränderlichkeit wie die Vorstellungen, folgen sie
willig und schmiegsam jeder Wendung des Vorstellungsverlaufs…
Fixation ist nicht erforderlich, ja störend; erforderlich ist gerade
die ungezwungene Betrachtung mit schweifendem Blick, die die
aufmerksame Erfassung aller Einzelheiten ermöglicht.« Spiele-
risch, ohne angestrengte Konzentration stellt sich die Gedächtnisleistung gleichsam automatisch ein. Es ist wenig verwunderlich, daß Hitler, wie seine Sekretärin Schroeder berichtete, über
Detailfragen gern Wetten einging, die er fast immer gewann. Die
Wetten wurden entschieden, indem er im Lexikon nachsah. Die
Mühe hätte er sich allerdings sparen können, die Lexikonseite war
ja originalgetreu in seinem Gedächtnis gespeichert.

Über Panzer und Automobile wußte er unendlich viele Einzelheiten mit ungewöhnlicher Genauigkeit.»Es gab kaum einen Autotyp, von dem er nicht Namen, Tourenzahl, Gewicht genau zitieren konnte.« Überdies hatte er jede wichtige Geschichtszahl im
Kopf.

Hitlers Fahrer Kempka beschrieb sein Einstellungsgespräch, als er sich um die Position des Chauffeurs bewarb. Er mußte sich einem Examen unterziehen, dessen Kernstück das Aufsagen sämtlicher Daten der Mercedeswagen war, die der Führer zum Erstaunen des Aspiranten ebenfalls präsent hatte. Kempka bestand dieses Examen und wurde eingestellt. Daß er vorher noch nie einen Mercedes-Kompressor gefahren hatte, war Hitler weniger wichtig. Auch an die Daten seines eigenen Lebens erinnerte sich Hitler mit auffälliger Genauigkeit. Bei einer Besprechung mit Generalmajor Thomale am 29. Dezember 1944 im Führerhauptquartier »Adlerhorst« wartete er mit einer Präzision auf, die niemand forderte. »Wir sind für die zweite Offensive im Jahre 1918 am 25. abends abmarschiert. Am 26. übernachteten wir in einem Wald und am 27. morgens traten wir an. Um 5.00 Uhr sind wir abmarschiert.«

Selbst unwichtige Ereignisse speicherte sein Gehirn genauestens. Der Bassist Hans Hotter wurde Hitler nach der Uraufführung von Richard Strauss' »Friedenstag« am 24. Juli 1938 vorgestellt. Zur »grenzenlosen Verblüffung« des Künstlers sagte Hitler ganz unvermittelt: »Am 29. Juni 1932, im Konzertsaal des Bayerischen Hofs, sind Sie in einem Opernschülerkonzert aufgetreten und haben beide Sachs-Monologe aus den ›Meistersingern‹ gesungen.«

Picker, der einen Teil der »Tischgespräche« aufgezeichnet hat, erklärte zusammenfassend: »Eine Eigenschaft Hitlers, die alle – auch die ihm nicht Verfallenen – immer aufs neue verblüfft hat, war sein stupendes Gedächtnis, das auch Unwesentliches exakt festzuhalten vermochte und alles aufspeicherte, was jemals in seinen Gesichtskreis getreten war: seine Lehrer und seine Mitschüler, die Gestalten in den Erzählungen Karl Mays, die Verfasser von Büchern, die er einmal gelesen, selbst die Marke des Fahrrads, das 1915 benutzt hatte. Er besann sich auch genau auf die Daten seiner politischen Karriere, auf die Gasthäuser, in denen er geweilt, auf die Straßen, die er befahren hatte.«

Theaterbauten, Bevölkerungsdichte

Während seiner Jugendzeit hatte Hitler die Stadtpläne von Wien und Paris studiert. Bei seinen Besprechungen über das Ziel, Berlin zur Welthauptstadt Germania auszubauen, überraschte er 1936 seinen Architekten Speer damit, daß die Pläne von Paris und Wien »seinem Gedächtnis in allen Details« zur Verfügung standen. Die Wiener Ringstraße konnte er »maßstäblich richtig auftragen«. Doch nicht nur von deutschen Städten besaß er detailgenaue Vorstellungen. Vor dem amerikanischen Journalisten Ward Price brüstete er sich, er kenne sich in jeder bedeutenden Stadt der Welt aus, obwohl er sie nicht besucht habe. Jedenfalls war der Rheinländer Joseph Goebbels am 17. Juni 1926 verblüfft, wie gut der in München ansäßige gebürtige Österreicher über die Topographie einer rheinischen Stadt Bescheid wußte, die dieser sich allenfalls flüchtig angesehen haben konnte: »Gestern mit Hitler in Cöln, Rhein, Ausstellung. Er kennt alles, ein Genie.«»Trotz aller Regierungsgeschäfte und obwohl es sich oft um zehn bis fünfzehn Großbauten in den verschiedensten Städten handelte, fand er sich bei erneuter Vorlage, oft nach Monaten, in den Zeichnungen augenblicklich zurecht, wußte sich zu erinnern, welche Änderungen er verlangt hatte, und mancher, der annahm, daß eine Anregung oder Forderung längst vergessen sei, sah sich getäuscht.«

Nach Fertigstellung der Reichskanzlei führte Hitler oft Gäste durch das Gebäude. »Seine Fähigkeit, Daten zu speichern, demonstrierte er dabei seinen staunenden Begleitern.« Er spielte seine Sonderbegabung aus, indem er Speer als Architekten fragte: »Wie groß ist dieser Saal? Wie hoch?« Speer zuckte verlegen die Achseln, und Hitler nannte die Maße. Es stimmte genau.

Fast sämtliche Außenmaße der bedeutenden Theaterbauten der Welt wußte er auswendig. Bei seinem Besuch der Pariser Oper im Jahre 1940 hatte er den Grundriß so gut im Kopf, daß er monierte, man habe die Präsidentenloge nicht gesehen, die er sich noch gerne anschauen wollte. Der Concierge, der die Führung machte, wies darauf hin, daß die Oper in letzter Zeit baulich verändert worden war und die Präsidentenloge diesem Umbau zum Opfer gefallen sei.

Albert Speer hatte sich an einem Wettbewerb um den Bau der Reichsführer-Schule der NSDAP in München-Grünwald beteiligt. Der Entwurf war durchgefallen. Nach einem Jahr konnte sich Hitler noch genau an die Pläne Speers erinnern.

Nicht nur mit genauen Zahlen der Waffenproduktion und der Architektur, sondern auch mit solchen der Bevölkerungsdichte verblüffte Hitler seine Zuhörer. Bei einer Besprechung zum Problem der Überbevölkerung des Generalgouvernements mit Schirach, dem Gauleiter von Wien, Funk, dem Generalgouverneur, und Koch, dem Gauleiter von Ostpreußen, betonte er, »es sei ganz gleichgültig, wie hoch die Bevölkerungsdichte im Gouvernement sei; die Bevölkerungsdichte in Sachsen betrüge 347 Menschen auf den qkm, in der Rheinprovinz seien 324 und im Saarland sogar 449 Menschen pro qkm...«.

»Selten ließ Hitler eine Gelegenheit aus, die Zuhörer mit seinen geopolitischen Kenntnissen zu beeindrucken, mit Flächenmaßen, Bevölkerungszahlen, Wirtschaftsstatistiken und dergleichen, zumeist in der Absicht, die angebliche Raumnot der im Vergleich zu den anderen Großmächten zu kurz gekommenen Deutschen zu beweisen«. (Lothar Kettenacker)

Schon in einer seiner ersten Reden in München am 10. Dezember 1919 im »Gasthaus zum Deutschen Reich« in der Dachauer Straße beeindruckte der in Uniform auftretende Gefreite seine vorstädtischen Zuhörer mit Zahlen: »1854 ist der chinesische Handelsvertrag mit Nordamerika erloschen, 1840 benutzte die Regierung schon die Gelegenheit, die Einfuhr von Opium zu verbieten.« Er wartete mit weiteren Zahlenangaben über die amerikanischen Einwanderungsgebühren auf. »Für die weiße Rasse verlangt der Nordamerikaner 50 bis 60 Dollar, für gelbe bis zu 2400 Dollar.« Auch die deutsche Geschichte wurde mit Zahlen belegt. »Seit Bismarck haben wir die Polen-Politik. Der sogenannte Rückversicherungsvertrag lief 1892 ab – erneuert wurde er nicht. 1893 fuhr Alexander, der russische Zar, nach Paris.« Hier mögen die eingestreuten Zahlenangaben noch der Absicht entspringen, die Belesenheit des Ungebildeten zu zeigen. Sie waren aber sicher auch die Stütze, an der sich der eidetisch veranlagte Redner festhalten konnte.

Diese Abhängigkeit von eingebauten Gedächtnisstützen gab Hitlers Auffassungen etwas Festgelegtes, Unflexibles, Sklerotisches. Überholte Zahlen schleppte er schließlich als Denkfossilien mit. Hans Mommsen fiel auf, daß er immer wieder, auch nachdem der Holocaust schon längst eingesetzt hatte, der sich doch offensichtlich entscheidend auf die Bevölkerungszahlen auswirkte, noch auf statistische Zahlen zurückgriff, »die... vor der Vernichtung des großen Teils der europäischen Juden« lagen. Hitlers Angaben stammten zwar oft nicht mit der Wirklichkeit überein, entsprachen aber genauestens der Vorlage, der er sie irgendwann einmal abgesehen hatte.

In einer Rede im März 1926 präsentierte Hitler Zahlen über die deutsche Auswanderung, die er als großes Unglück, ja als Verbrechen am deutschen Blut ansah: »Noch in den siebziger Jahren gingen jährlich 370 000 Deutsche ins Ausland. Dann ging in den achtziger und neunziger Jahren und um die Jahrhundertwende die Zahl zurück auf 40 000 und in den Jahren 1910, 11 und 12 auf kaum 25 000, obwohl sich das deutsche Volk jährlich vermehrte...« In einer Rede vom Juni 1927 bezifferte er die Zahl der jährlichen Auswanderungen für die Jahre nach 1870 mit 250 000.

Vor den Schülern der Ordensburg Sonthofen im Allgäu nannte er am 23. November 1937 aus dem Stegreif die Ausdehnung in Quadratkilometern und die Bevölkerungszahlen des englischen Empire (34 Mio. qkm mit 445 Mio. Menschen), des Russischen Reiches (22 Mio. qkm und 150 bis 175 Mio. Menschen), Frankreichs (11 Mio qkm und 95 bis 100 Mio. Menschen) und der USA (8,5 Mio. qkm und 120 Mio. Menschen). Für China, Belgien, Holland, Spanien, Portugal, Brasilien, Japan und Italien gab er als Zugabe den staunenden Zuhörern die exakten Zahlen für die Fläche an, obwohl dies für seine rhetorische Beweisführung nicht mehr notwendig war.

Hitlers stupendes Gedächtnis verließ ihn auch in seinen letzten Lebensjahren nicht, als sich die ersten neurologischen Krankheitssymptome deutlicher zeigten; es half ihm sogar, sie zu überspielen. Bei einer Besprechung im Führerhauptquartier »Wolfsschanze« am 10. Januar 1943 hielt er vor rumänischen Gästen einen Lagevortrag und beeindruckte mit Zahlenbeispielen über die Entwicklung der Elektrizitätsversorgung im ukrainischen Industriegebiet.

Seine besondere Begabung unterstützte einen Charakterzug Hitlers: seine Oberflächlichkeit und geringe Neigung, sich eingehend mit komplizierteren Problemen zu befassen. Er hatte immer das Gefühl, seiner Umgebung auch ohne Anstrengung, lästiges Nachschlagen und Studium von Unterlagen überlegen zu sein. »Seine an sich vorhandene rasche Auffassungsgabe benützte Hitler nicht dazu, sich wirklich gründlich in ein Gebiet einzuarbeiten und diejenige Art von Sachkunde zu erwerben, die imstande ist, das Wesentliche vom Unwesentlichen zu trennen.« Seine Kenntnisse waren komglomerathaft, mosaikartig. Den Akzent auf das Wichtigste setzte er selten aus sachlichen Erwägungen und versuchte, »den Fachleuten durch abgelegene Detailkenntnisse zu imponieren oder sie durch weitschweifige ideologische Auslassungen mundtot zu machen«.

Seine Veranlagung hatte nachhaltige Auswirkungen auf seinen Arbeitsstil. »Entscheidungen, auch über sehr wichtige Dinge, habe ich von ihm eingeholt, ohne daß er sich jemals von mir die Unterlagen geben ließ«, berichtete sein Mitarbeiter Wiedemann. Speer fiel auf, »daß Hitler alle Entscheidungen, ohne Fachunterlagen, selbst fällte. Er verzichtete auf Analysen der Lage, auf logistische Berechnungen seiner Ideen; es gab für ihn keine Studiengruppen, die Offensivpläne nach allen Seiten des Gelingens und die möglichen Gegenmaßnahmen des Gegners überprüften. Seine Feldmarschälle wie auch seine engsten Mitarbeiter hatten daher im eigentlichen Sinne nur beratende Funktionen, denn seine Entscheidung stand meist schon vorher fest und konnte nur um Nuancen verändert werden.« Mit dieser fahrlässigen Vorgehensweise erzielte Hitler in der Anfangsphase des Krieges allerdings einige Erfolge.

Einmal überraschte Hitler seine Tischgesellschaft mit philosophischen Reden. Seine mißtrauische Sekretärin Christa Schroeder fand heraus, daß er seitenlang Schopenhauer-Texte zitierte, die er kurz vorher angesehen hatte. »Ich nahm meinen ganzen Mut zusammen«, erinnerte sie sich, »und machte ihn auf die Übereinstimmung aufmerksam: Hitler, ein wenig überrascht, warf mir einen Blick zu und antwortete dann in väterlichen Ton: ›Vergessen Sie nicht, mein Kind, daß alles Wissen nur von anderen stammt und daß jeder Mensch nur einen winzigen Teil selber dazu beiträgt‹... In der gleichen überzeugenden Art sprach Hitler über berühmte Männer, fremde Länder, über Städte, Bauwerke, Theaterstücke, ohne sie jemals gekannt oder gesehen zu haben.«»Man mußte glauben, daß er alles, was er in seinen Erzählungen mit so erstaunlicher Genauigkeit vortrug, wirklich selbst gedacht oder erlebt hatte. ... Z. B. gab er uns eines Tages eine strenge Kritik über ein Theaterstück... Ich fragte ihn, wie er Regie und Schauspieler so verurteilen könne, ohne das Stück gesehen zu haben. Er antwortete: ›Sie haben recht, aber Fräulein Braun war im Theater und hat mir alles erzählt.‹«

Dem Adjutanten Günsche fiel auf, daß Hitler es nicht nötig hatte, sich Daten aufzuschreiben. Als Beispiel führte er die selbst noch in den letzten Kriegsmonaten bei den Lagebesprechungen durchgegebenen Zahlen über die Rüstungsproduktion an. Hitler sei noch nach Tagen stets in der Lage gewesen, die Zahlen richtig zu reproduzieren, was durch die Notizen zu überprüfen gewesen sei.

Die eidetische Begabung ermöglichte es dem Ungebildeten ohne Recherchen oder viel Mühe, ein Buch zu verfassen, über dessen Qualität man sich allerdings streiten kann. Immerhin brüstete sich Hitler später, im deutschen Sprachraum habe sein Buch nach der Bibel die höchste Auflage erreicht. Der Inhalt des Bestsellers bestand aus im Gedächtnis gespeicherten Paraphrasen seiner früheren Lektüre, die er mit einigen Wagner-Aussprüchen versah. Der britische Historiker Arnold Toynbee staunte nach einem Gespräch mit Hitler:»Ich konnte mir nicht vorstellen, daß irgendeiner der Professoren, die ich gehört habe, so lange ununterbrochen hätte sprechen können, ohne den Faden zu verlieren.«

Auch auf musikalischem Gebiet bewährte sich Hitlers besonderes Gedächtnis. Hanfstaengl spielte ihm Wagner vor und stellte fest, daß Hitler das»Meistersinger«-Vorspiel von Anfang bis Ende auswendig wußte. Er war imstande, nicht nur das Vorspiel, sondern die vollständige Oper»ganz aus dem Gedächtnis klanglich in allen Motiven summend oder pfeifend wiederzugeben«. Wie genau er den »Lohengrin« im Kopf hatte, zeigte sich bei einer Aufführung in Bayreuth 1936. Hitler habe sehr aufgeregt reagiert, so erzählte die neben ihm sitzende Winifred Wagner, als der Tenor in der Gralserzählung eine üblicherweise gestrichene Passage sang.

Schauspielkunst

Hitlers Redekunst, die entscheidend zu seinem politischen Erfolg beitrug, ist ohne seine besondere Begabung nicht denkbar. Er profitierte nicht nur davon, daß er Texte schneller und sicherer aufnehmen konnte als die meisten Menschen, sondern hatte auch die Bewegungsweisen anderer Menschen abrufbereit in seinem Gehirn gespeichert. Hanfstaengl berichtete, wie Hitler bei seinen Reden zum Amusement der Zuschauer eine Frau auf dem Viktualienmarkt ebenso imitierte wie den enttäuschten Landser, den Bürger und den Beamten.

Am 5. Mai 1942 gab er seiner Entourage im Führerhauptquartier ein geradezu surrealistisches Intermezzo. Er spielte einen bayerischen Museumsdiener, der nach Hitlers Tod eine Führung durch dessen Wohnstätten, den Berghof und die Hauptquartiere, abhält. Auch Mussolini war ein willkommenes Opfer seiner Imitationskünste. Dem britischen Faschistenführer Oswald Mosley versuchte Hitler beim Zusammentreffen im April 1935 klarzumachen, daß er kein geborener Diktator wie Mussolini sei. Wenn dieser ein Schwert von einem Araber geschenkt bekomme, so reiße er es aus der Scheide und schwenke es gen Himmel. Seine Worte unterstrich Hitler, indem er diese Szene vorspielte. Bei Mussolinis Deutschlandbesuch im Jahre 1937 bot Hitler eine weitere Mussolini-Darstellung. »Als Goebbels mit zwei, drei geschickten Bemerkungen nachstieß, begann Hitler, einzelne outriert wirkende Gesten Mussolinis zu kopieren: Das vorgereckte Kinn, die charakteristisch in die Hüfte gestemmte Rechte, den gespreizten Stand. Dazu rief er, unter dem beflissenen Gelächter der Umstehenden, einzelne italienische oder italienisch klingende Wörter wie ›Giovinezza‹, ›Patria‹, ›Victoria‹, ›Makkaroni‹, ›Bellezza‹, ›Belcanto‹ und ›Basta‹.«

Den wichtigsten parlamentarischen Erfolg verdankte Hitler seiner Fähigkeit zur exakten Imitation. Zum Ermächtungsgesetz, das seinem Kabinett erlauben sollte, ohne Zustimmung von Reichstag und Reichsrat, ja selbst ohne Gegenzeichnung des Reichspräsidenten Gesetze zu erlassen, ein Gesetz, das zur Magna Charta des Dritten Reiches wurde, brauchte Hitler in der entscheidenden Reichstagssitzung vom 24. März 1933 zu der nötigen Zweidrittelmehrheit die Zustimmung der Abgeordneten des Zentrums. In seiner entscheidenden Rede gab Hitler »unter teilweiser wörtlicher Übernahme der am Vortage vom Zentrum formulierten Wünsche alle geforderten Garantien bedenkenlos...«. Hitler konnte nicht nur Mussolini hinreißend imitieren, er spielte auch einen katholischen Prälaten überzeugend und fehlerfrei. Hitler tat nichts anderes, als die Argumente, die ihm die Zentrumspolitiker Kaas, Stegerwald und Hackelsberger am 20. und 21. März vorgetragen hatten, aus dem Gedächtnis und mit glänzendem imitatorischen Geschick wiederzugeben. Er wirkte absolut überzeugend. »Bei der abschließenden namentlichen Abstimmung votierten die 72 anwesenden Zentrumsabgeordneten ohne Ausnahme mit Ja.« Man braucht kaum hinzuzufügen, daß Hitler nicht im Traum daran dachte, die Versprechen seines rhetorischen Auftrittes einzuhalten.

Auch eigene Weltkriegserlebnisse stellte Hitler dar. Helene Hanfstaengl, die Frau seines Auslandspressechefs, berichtete, daß er Situationen auf dem Schlachtfeld nachspielte: »Und mit seinem meisterhaften Talent für Situationen ahmte er die unverwechselbaren Detonationen der britischen, französischen oder deutschen Artillerie nach.«

Wie umfangreich Hitlers Repertoire war, erzählte Egon Hanfstaengl, der Sohn Ernst Hanfstaengls: »Er konnte auch wunderbar die Laute von Gänsen und Enten nachahmen, ganz zu schweigen von dem Muhen von Kühen, dem Wiehern von Pferden, dem Blöken der Schafe und dem Meckern der Ziegen... Hitler stieg eines Tages auf einen Stuhl, hängte sich ein Tischtuch um und machte meiner Mutter vor, wie er als Bub römischer Senator gespielt habe.«»Theater blieb immer Leitlinie seines Lebens und begleitete ihn bis zum Schlußeffekt der Vernichtung des eigenen Volkes«, urteilte Albert Speer.

»Soll ich mal meine eigenen Schreibkünste zeigen?« fragte Hitler eines Tages seine Sekretärin Christa Schroeder. »Und dann tat er so, als ob eine Schreibmaschine vor ihm stünde, auf der er schreiben wollte. Er spannte einen Bogen Papier ein, zupfte ihn gerade, drehte an der Walze und begann dann abwechselnd unter dem Beifall spendenden Gelächter der Gäste mit dem rechten und linken Zeigefinger zu tippen, vergaß dabei auch nicht, den Transporthebel zu betätigen bzw. die Umschalt- und Leertaste zu drücken. Er führte die Bewegungen so plastisch aus, wie es kein Pantomime von Beruf hätte besser machen können.«

Eine weitere Probe seines schauspielerischen Talents lieferte Hitler dem Briten Mosley, indem er ihm vormachte, wie sich ein Raucher benehme. Er rollte völlig überzeugend eine imaginäre Zigarette, leckte an dem nicht existenten Zigarettenpapier und zündete sich das Phantasieprodukt vor dem verdutzten Zuschauer an.

Am 27. August 1939, bei den hektischen Verhandlungen in den letzten Tagen vor dem Zweiten Weltkrieg, überreichte der britische Botschafter Henderson Hitler eine Botschaft seiner Regierung. Als dieser den Raum verlassen hatte, äffte Hitler dessen affektierten englischen Akzent nach, obwohl er des Englischen gar nicht mächtig war.

Auch Untergebene äffte Hitler nach. Der Minister für die Ostgebiete, Reichsleiter Rosenberg, und der Reichskommissar für die Ukraine, Gauleiter Koch, stritten sich über die Behandlung der Ostvölker. Kaum waren die beiden Streithähne aus dem Raum, imitierte Hitler sie zum Ergötzen Keitels, des Chefs des Oberkommandos der Wehrmacht, und Zeitzlers, seines neuen Generalstabschefs. Er übertrieb Rosenbergs humanere Forderungen ins Groteske: »... ich kann die von Ihnen vertretene Politik nur durchführen, wenn ich diesem Volk ein Betätigungsfeld gebe – Universitäten errichte, Nationalkomitees.«

Hitlers Meisterstück im Nachäffen von Staatsmännern war die Imitation des italienischen Königs Umberto, der ein Sitzriese war und beim Aufstehen kaum größer wurde. Offenbar hatte Hitler ihn in präzisen, mimischen Einzelheiten vor Augen. Immer wieder erinnerte er sich an das »Nußknackergesicht« des Königs. Aber auch der britische Premierminister wurde Zielscheibe seiner Parodien. Im Januar 1940 hielt Hitler eine Rede und »persiflierte Chamberlain mimisch als Heuchler mit der Bibel unter dem Arm«.

Alles andere als komisch war es, als General von Fritsch Ende Januar 1938 einem unglaubwürdigen Belastungszeugen, der ihn der Homosexualität verdächtigte, in Hitlers Gegenwart gegenübergestellt wurde. Nach dieser beschämenden Szene imitierte Hitler immer wieder »ein bei Fritsch vorhandenes, ihm eigentümliches Schulterzucken, an dem angeblich der Belastungszeuge ihn sofort erkannt habe«. Hitler maß diesem Detail so viel Bedeutung zu, daß er dazu tendierte, nicht seinem General, sondern dem obskuren Zeugen zu glauben.

Physiognomisches Gedächtnis

Das eidetische Gedächtnis gleicht einem gewaltigen Speicher, in dem Wichtiges und Unwichtiges in unüberschaubarer Menge aufbewahrt wird. Hitler bediente sich dieses Gedächtnisses nicht nur in den exakten numerischen Erinnerungen, ihm prägten sich vor allem physiognomische Bilder ein, die sein Denken und Handeln leiteten.

Im Führerhauptquartier entsann er sich am 12. August 1942 daran, daß Admiral Schröder bei einer Gesellschaft, die zehn Jahre zurücklag, den besten Eindruck auf ihn gemacht habe: »So ein energiegeladener Bulle… einer der tatkräftigsten Männer, ein Fanatiker, kompromißlos.« Schröder ging sofort auf Hitlers Ideen ein. »Er war bei der Marine das, was beim Heer der Lützow war… Wenn ich so einen Mann wie Schröder irgendwo erwische, den ziehe ich augenblicklich heraus«, war Hitler fest entschlossen.

»Unter den Generalen des Heeres hatte er für Rundstedt, in dem er, beeindruckt durch die äußere Erscheinung, den Typ des hohen Offiziers verkörpert sah, eine Schwäche. Das Merkwürdige bei solchen Urteilen war, daß Hitler sie abgab, ohne den Beurteilten näher zu kennen. Er sah Rundstedt hin und wieder, aber er sprach ihn nicht an.« Hitler übertrug Rundstedt die wichtigsten Kommandos, die er zu vergeben hatte. Dieser befehligte im Frankreichfeldzug die Heeresgruppe, die den »Sichelschnitt« durchführte; im Ostfeldzug sollte seine Heeresgruppe die Ukraine erobern.

Auch bei zwei Krisen seines Lebens suchte Hitler die Hilfe Rundstedts. Auf dem Höhepunkt der Blomberg-Fritsch-Affäre »rief Hitler Ende Januar 1938 Rundstedt als Doyen des Offizierskorps zu sich« und brachte »den General von Reichenau als möglichen Nachfolger Fritschs ins Gespräch... Das lehnte Rundstedt ab.« Schließlich »einigten sich Hitler und Rundstedt auf General von Brauchitsch«. Rundstedt schlichtete den Konflikt im Sinne Hitlers: »... dem schriftlichen Ersuchen von Fritsch, Himmler eine Duellforderung zu überbringen, versagte sich Rundstedt. Er überredete Fritsch vielmehr, den Antrag zurückzunehmen.«

Schließlich bediente sich Hitler Rundstedts Hilfe in einer noch heikleren Angelegenheit. »Nach dem gescheiterten Anschlag Stauffenbergs vom 20. Juli 1944 ließ sich Rundstedt sogar zum Vorsitzenden eines sogenannten ›Ehrenhofs‹ ernennen. Von diesem wurden Offiziere, die sich an dem Putsch beteiligt hatten, aus der Armee ausgestoßen und dann dem berüchtigten zivilen ›Volksgerichtshof‹ überanwortet.«

Über einen seiner SS-Generäle äußerte Hitler in der Mittagslage in Berlin am 22. Januar 1945: »Der Hausser ist ein Pfiffikus. Er hat den Eindruck einer Spitzmaus.« Hausser war als Reichswehr-General a. D. in die SS eingetreten und hatte geholfen, die Waffen-SS aufzubauen. Wie Rundstedt sah man ihm den Soldaten auf den ersten Blick an. »Der Zögling des preußischen Kadettenkorps, Sohn eines Offiziers und gelernter Generalstäbler, Jahrgang 1880, verriet in jedem Zoll seiner äußeren Erscheinung den preußischen Offizier, er war elegant, gebildet und mit jenem Sarkasmus begabt, der Hausser unter der Hierarchie der Reichswehr manchen Gegner geschaffen hatte.« Auch ihm verschaffte der besondere physiognomische Eindruck, den Hitler von ihm gewonnen hatte, entscheidende Privilegien. Als Kommandeur des zweiten SS-Panzerkorps widersetzte er sich im Februar 1943 im Raum Charkow dem Befehl Hitlers und rettete durch einen schnellen Rückzug zur rechten Zeit sein Korps vor der Umzingelung und Vernichtung. Hitler, den Befehlsverweigerungen sonst bis zur Raserei trieben, zeigte in diesem Fall ein überraschendes Verhalten. Er »murrte über den ungehorsamen SS-General, aber er ließ ihn unangetastet«.

Der kurze Eindruck, der sich in Hitlers Gedächtnis verfestigte, entschied über manche militärische Karriere im Dritten Reich. Ebenso häufig wie günstige beeinflußten Hitler auch negative Impressionen. Im Polenfeldzug beschwerte sich Generaloberst Johannes Blaskowitz in einem Lagebericht vom 27. November 1939, die Truppe lehne es ab, »mit den Greueltaten der Sicherheitspolizei identifiziert zu werden... Der Blutrausch der Polizei stelle für die Wehrmacht eine unerträgliche Belastung dar, da dies ja alles im feldgrauen Rock geschehe«. Als Hitler dieser Bericht auf Brauchitschs Weisung vorgelegt wurde, nahm er ihn zunächst »ruhig zur Kenntnis, begann dann aber mit schweren Vorwürfen gegen die kindlichen Vorstellungen in der Führung des Heeres. Mit Heilsarmee-Methoden führe man keinen Krieg. Auch bestätige sich eine lang gehegte Aversion. Er habe General Blaskowitz niemals das Vertrauen geschenkt«.

Der britische Premierminister Chamberlain machte trotz seiner entschiedenen, klaren Worte auf Hitler keinen Eindruck, was ihn zu einer katastrophalen Fehleinschätzung der gesamten britischen Haltung verleitete. Worte zählten in Hitlers psychischem System nicht viel, der typenhafte optische Eindruck überwog. Weil der Engländer bei seinen Deutschlandbesuchen 1938 mit Stehkragen und Regenschirm auftrat, hielt Hitler ihn für ein »kleines Würstchen« und glaubte wirklich, »er habe einen deutschnationalen Geheimrat vor sich«, der ebenso gekleidet auftrat. Er war deswegen tatsächlich davon überzeugt, die Engländer, die er »meine Hugenberger« nannte, würden sich wie Deutschnationale verhalten und den Kampf mit ihm nicht wagen, so daß die außenpolitische Auseinandersetzung genauso ausgehen würde wie die innenpolitische, nämlich mit einem leicht errungenen Sieg.

Hätte Hitler den Zweiten Weltkrieg nicht entfesselt, wenn ihm statt eines »Regenschirmtyps« die bullige Figur Churchills entgegengetreten wäre? Die britische Regierung, der die Wirkung martialischen Auftretens auf primitivere Geister aus der Kolonialgeschichte durchaus vertraut war, plante, einen warnenden Brief des Premierministers Chamberlain durch eine optische Drohkulisse zu unterstützen und ihn durch den General Ironside, den Chef des Generalstabs der britischen Überseestreitkräfte, in voller Uniform überreichen zu lassen. Der Brief, der Hitler vom Überfall auf Polen abhalten sollte, wurde dann aber doch am 23. August 1939 vom Botschafter Henderson ausgehändigt und machte wenig Eindruck.

Hitler selbst suchte jedenfalls mit martialischen Auftritten Gesprächspartnern, denen er zum ersten Mal begegnete, den Schneid abzukaufen. Den österreichischen Bundeskanzler Kurt von Schuschnigg lud er am 5. Februar 1938 auf den Berghof in Berchtesgaden ein, um ihn dazu zu bewegen, österreichische Nationalsozialisten an der Regierung zu beteiligen, um so den Anschluß vorzubereiten. Vor allem aber wollte er Schuschnigg zunächst einschüchtern. Zu diesem Zwecke bestellte er »eine Reihe von Generälen auf den Obersalzberg als Statisten, hauptsächlich solche, die besonders martialisch aussahen«. »Ich habe bei dem Besuch Schuschniggs meine beiden am brutalsten aussehenden Generale (gemeint waren die späteren Feldmarschälle Sperrle und von Reichenau) im Vorzimmer paradieren lassen«, freute sich Hitler später.

Über plötzliche, gänzlich unvorhersehbare Wendungen der Weltgeschichte haben sich Historiker und Philosophen viele Gedanken gemacht. Eine derartige Wendung, die das 20. Jahrhundert erschüttert und geprägt hat, der Hitler-Stalin-Pakt, der es Hitler ermöglichte, Polen zu überfallen und damit den Zweiten Weltkrieg zu entfesseln, wurde durch einen knappen physiognomischen Eindruck ausgelöst. Eidetik als weltgeschichtlicher Faktor: Im März 1940 beobachtete Goebbels seinen Führer beim Betrachten eines Films, der dessen ideologischen Hauptfeind zeigte, den Bolschewisten Stalin. Aber Hitler zeigte überraschenderweise keinen Abscheu gegen den Kollegen Diktator, den er bisher nur vom Hörensagen kannte, ohne ein optisch genaues Bild von ihm zu besitzen. Unvorhersehbarkeit des physiognomischen Eindrucks: Stalin gefiel ihm ausnehmend. Goebbels notierte in sein Tagebuch:»Der Führer hat Stalin in einem Film gesehen, und der war ihm gleich sympathisch. Da hat eigentlich die deutsch-russische Koalition begonnen.«

Dem Leser stockt der Atem. Ein knappes Filmerlebnis drängte alle politische Programmatik in den Hintergrund. Hitlers günstige Meinung von Stalin war kaum zu erschüttern. Zeitweise überlegte er, ob er sich mit ihm treffen sollte, und erklärte Mussolini in einem langen Brief, unter Stalin entwickle sich die Sowjetunion zu einer normalen Militärdiktatur, die durchaus bündnisfähig sei. In seinen Tischgesprächen nannte er Stalin ein Genie. Am 11. April 1942 verglich er den Georgier sogar mit Karl dem Großen.»Und wenn Stalin beim russischen Volk in den vergangenen Jahren Methoden angewandt habe, wie sie damals Karl der Große beim deutschen Volk angewandt hätte, so dürfte man mit Rücksicht auf den derzeitigen kulturellen Stand der Russen nicht den Stab über ihn brechen.« Hitler identifizierte sich sogar mit Stalin.»Auch Stalin habe aus der Erkenntnis heraus gehandelt, daß man die Russen zu einer straffen staatlichen Organisation zusammenfassen müsse…«

Ein einmaliger physiognomischer Eindruck prägte sich Hitler also so unauslöschlich ein, daß er ihn zum Kristallisationspunkt einer ganzen Interpretation machte. Coup de foudre heißt dieser besondere Sinnesreiz in der französischen Oper. Der Held sieht ein einziges Mal seine spätere Geliebte und ändert daraufhin sein ganzes Leben. Der Schlüsselreiz kann sogar von einem gemalten Bild ausgelöst werden, wie wir aus Mozarts »Zauberflöte« wissen.»Dies Bildnis ist bezaubernd schön«, singt Tamino, nachdem ihn der Schlüsselreiz getroffen hatte und er sich auf Anhieb mit allen dramatischen Folgen nach einmaligem Hinsehen verliebt hatte.

In einer Rede im März 1927 erinnerte sich Hitler an eine Szene, die bei ihm einen starken Eindruck hinterließ:»Als ich im Jahre 1919 Gelegenheit hatte, bei einem Gefangenentransport diese (amerikanischen) Burschen zu sehen, da wurde es mir weh ums Herz. Diese großen Burschen, blond und blauäugig, waren lauter deutsche Bauernsöhne von einst. Jetzt waren sie unsere Feinde.«

Ausgehend von dem Anblick einiger amerikanischer Kriegsgefangener entwickelte Hitler eine grundsätzliche Einschätzung Amerikas. Es sei ein »Eckpfeiler der weißen Rasse«; die Einwanderungspolitik sei vorbildlich, dort werde eine nordische Kernrasse »unvergleichlichen Niveaus... herausgekocht«. In einer Rede vom 30. November 1929 kam er darauf zurück: »Wenn Sie heute in die amerikanische Union kommen, können Sie weite Gebiete mit Menschen, großgewachsenen Menschen besten Blutes sehen. Wir haben jahrhundertelang unser bestes Menschenmaterial fortgeschickt. Heute erleben wir, daß die amerikanische Union zu einer Weltgefahr wird, nicht deshalb, weil sie hundert Millionen Einwohner hat, sondern wegen des Wertes dieser hundert Millionen Einwohner.«

Das Erscheinungsbild ganzer Nationen erfaßte Hitler physiognomisch. »Die Tschechen könne man nicht als Slawen bezeichnen. Man brauche einem Tschechen nur den Schnurrbart nicht zu scheren, um an dem Herunterwachsen zu erkennen, daß es sich bei ihm um einen Abkömmling mongolischer Stämme handele.«

In seinen Tischgesprächen charakterisierte Hitler die Baronin von Abegg, wobei er Vergleiche aus dem Tierreich heranzog. »Ein Skorpion war das: flachsblondes Haar, blaue Augen, Eckzähne mindestens einenhalb mal so lang wie normale Zähne, ein englischer Typ! Allein wäre ich vermutlich auf den Jenner nicht hinaufgekommen, aber wie eine Bergziege ist die Baronin hinaufgesaust. Ich gebe zu, sie war sehr gescheit: eine Frau von der Bildung der Frau Bruckmann! Sie hatte die ganze Welt bereist. Sie kannte nur zwei Stadien: Den Zustand totaler Aufgelöstheit: wie eine Kreuzspinne lag sie oben auf der Veranda, und alles eilte, sie zu bedienen; dann plötzlich saust dasselbe Wesen, das hier den Eindruck der Gebrechlichkeit machte, herauf und herunter mit beängstigender Schnelligkeit!... Ihr Mann ist in den Königssee gesprungen, das ist nicht verwunderlich.«

Die Schärfe seines physiognomischen Gedächtnisses zeigte eine Beobachtung während seines Staatsbesuchs in Italien. »Bei Tisch aber wieder nur lauter Hofschranzen, während ich doch gern die Marschälle kennengelernt hätte. Auch bei der Parade in Rom: Vorn eine Flucht von lauter grauen, ganz alten Wachteln – hinten standen die Generäle! – vertrocknet, verdörrt, jede tief dekolletiert und ein Kruzifix zwischen den welken Brüsten.« Bestimmte Menschentypen waren Hitler zuwider. In seinen Tischgesprächen am 31. Januar 1942 beschrieb er den »widerwärtigen italienischen Typ«. Krebs sprach von einer »tierhaft scharfen Witterung«, mit der Hitler Menschen unterschied und sie in zwei Kategorien einordnete, solchen, denen er mißtraute, und solchen, denen er Vertrauen schenkte. Sofort nach einem ersten intuitiven Eindruck habe Hitler gesagt: »Den Kerl mag ich nicht.« Begründungen habe er dafür nicht gegeben. »Er pflegte auf Menschen zu ›springen‹, d. h. sie nach dem ersten Eindruck zu beurteilen: Sympathie oder Antipathie des ersten Eindrucks blieben«, beobachtete Finanzminister Schwerin von Krosigk.

Hitler war sich seiner außergewöhnlichen Fähigkeiten bewußt und setzte sie gezielt ein. Professor von Hasselbach, ein Arzt Hitlers, berichtete: »Hitler behauptete wiederholt, eine seiner wesentlichen Fähigkeiten sei eine gute Menschenkenntnis, auf die er sich unbedingt verlassen könne. Ein kurzer Eindruck sei bereits ausreichend, um ihm sagen zu können, wes Geistes Kind ein Mensch sei und wie er ihn am besten verwenden könne.«

Diese primitive Form der Wahrnehmung dürfte auch ein Radikal seines Antisemitismus gewesen sein. In seinem Buch »Mein Kampf« schrieb Hitler: »Linz besaß nur sehr wenige Juden«; erst in Wien habe ihn der optische Schock von Erscheinungen »im langen Kaftan mit schwarzen Locken getroffen«. »Offenkundig ekelte Hitler der Anblick von Juden. Für ihn repräsentierten sie Häßlichkeit, Entartung, Schmutz und Syphilis. Das war Pestilenz, geistige Pestilenz, schlimmer als der schwarze Tod von einst, mit dem man das Volk infizierte.«

Arnold Zweig führte die visuelle Abneigung Hitlers auf eine Vermischung (Idiosynkrasie) des Judenbildes mit dem Teufelsschema zurück. »Seine katholische Kleinkindererziehung hat ihm Teufelsbilder mit krummer Nase, schwarzen Haaren und Bockfuß vermittelt. Die aus Galizien in die anderen Provinzen der Monarchie einreisenden Juden zeigen die gleiche fremdartige Physiognomie.«

Hitler war überzeugt davon, das Jüdische unmittelbar erkennen zu können. In seinen Tischgesprächen erzählte er, daß ihm ein Freiherr von Liebig wegen seiner Nase unsympathisch gewesen sei. Schließlich habe sich herausgestellt, daß es in der Familie vor Jahrhunderten jüdisches Blut gegeben habe. Nun meinte Hitler zu wissen, worauf seine Abneigung beruhte.

Wiener Melange und Schwabinger Einflüsse

Die Lektüre sektiererischer deutschnationaler Schriften während seiner Wiener Zeit vor dem Ersten Weltkrieg hatte für immer großen Einfluß auf Hitlers Einstellungen. Brigitte Hamann wies nach, daß noch Jahrzehnte später wörtliche Zitate aus den Broschüren von List, Lanz und Schönerer (oder aus Zeitungsberichten über diese Autoren) in Hitlers Äußerungen vorkamen. »Viele spätere Hitler-Zitate sind den kulturfeindlichen Äußerungen aus dieser Wiener Zeit zum Verwechseln ähnlich…« Stereotype Wiener Floskeln vom Jahrhundertbeginn haben bis zu seinem Ende zum Argumentationsrepertoire Hitlers gehört. »Ich las damals unendlich viel, und zwar gründlich. In wenigen Jahren schuf ich mir damit die Grundlagen meines Wissens, von denen ich auch heute noch zehre«, bekannte Hitler in »Mein Kampf«.

Die ewigfrischen Daten der Erinnerung waren in Hitlers Erleben das eigentlich Reale und Gewisse. Sie waren in seinem Seelenleben so dominant, daß vor ihnen aktuelle Erlebnisformen verblaßten. Seine Vorstellungswelt wurde durch das bestimmt, was das Gedächtnis in der Jugend gespeichert hatte.

In »Mein Kampf« (2. Kapitel) reflektierte er kurz seine Veranlagung. Die Jugendeindrücke, die ihn in ihrer Unverrückbarkeit bedrängten, verstand er als »schöpferische Gedanken«: »Ich glaube heute fest daran, daß im allgemeinen alle schöpferischen Gedanken schon in der Jugendzeit grundsätzlich erscheinen, sofern solche überhaupt vorhanden sind.« Dann deutete er die belastende Menge der genauen Erinnerungen an. Die »Genialität der Jugend«, die »in unerschöpflicher Fruchtbarkeit Gedanken und Ideen« ausschütte, könne sie »zunächst« nicht verarbeiten, »infolge der Fülle ihrer Zahl«. Diese überwertigen Gedanken und

Ideen der Jugend waren als unerschütterliche Erkenntnisse, als letzte Wahrheiten in seinem Gedächtnis präsent; sie bildeten die Doktrin, der er sein Leben widmete.

Schon in Wien hätten sich sein Weltbild und seine Weltanschauung ausgebildet, schrieb er stolz in »Mein Kampf« (2. Kapitel), »die zum granitenen Fundament meines derzeitigen Handelns wurden. Ich habe zu dem, was ich einst mir so schuf, nur weniges hinzulernen müssen, zu ändern brauchte ich nichts.« Selbst seine Niederlage am Ende seines Lebens ließen in ihm keinen Zweifel entstehen.

Religiöse und moralische Grundsätze werden bei den meisten Menschen in der Jugend geprägt, Modifikationen nur vorsichtig und widerstrebend zugelassen. Mit zunehmendem Alter entsteht ein Übergewicht der alten Gedächtnisbestände über die rezenten. Bei Hitler wurden diese Tendenzen durch seine eidetische Veranlagung – und möglicherweise durch seine Nervenkrankheit – noch verschärft, was das Gleichgewicht von Denken und Handeln immer deutlicher störte.

Das Festgefahrene, Vorurteilsbelastete, Verbohrte seiner Politik, das sich durch neue Erfahrungen nur ungern korrigieren ließ, hat wohl hier seine psychologische Wurzel. In einer Zeit, in der schon der Aufkleber »Neu« einer Ware größere Absatzchancen zusichert, ist man geneigt, auf die alte Weisheit hinzuweisen, daß ein Verändern nicht in jedem Fall ein Verbessern sein muß. Doch Hitlers Politik zeichnete sich bei allem vorgeblichem revolutionärem Elan durch eigenartige feste Dogmen aus, die wie unbehauene Steine in der Landschaft standen.

So hegte Hitler denn auch eine eigenartige Scheu, das nationalsozialistische Parteiprogramm, das in vielen Punkten längst obsolet geworden war, auch nur im geringsten zu ändern. Auch dieses wenig anspruchsvolle Elaborat, dessen Irrungen er längst wenigstens teilweise erkannt hatte, wollte er nicht antasten. Jedenfalls salbaderte er in seinen Tischgesprächen am 18.1.1942 nachts, der Nationalsozialismus sei »keine medizinische Wochenschrift«, die »jeweils den neuesten Stand der Erkenntnis darzustellen hat«.

Das »Wissen« setzte sich in Wien noch nicht in antisemitisches Verhalten um. Hitler pflegte damals noch einen zivilisierten Umgang mit Juden. Doch in sein Gedächtnis brannten sich zwei Thesen aus der medizinisch-hygienischen Literatur Wiens aus der Jahrhundertwende ein: die enge Beziehung der Juden zur Syphilis und die Überzeugung, daß sie besonders klimafest seien.

Nicht nur die Lektüre wurde von Hitler im Handumdrehen wörtlich einverleibt, er ahmte auch auf das behendeste Vorbilder nach, die ihm imponierten. Als trefflich kopiertes Vorbild für Hitlers wirksamen politischen Antisemitismus diente der populäre Wiener Bürgermeister Lueger.

Auch nach seinem Umzug nach München blieb Hitler gesellschaftlich unbedeutend, er wohnte in einem kleinen Zimmer am Rande Schwabings, dort, wo die Laternen spärlicher wurden und die Gendarmen zu zweien gingen. Da er keine der Schwabinger Größen persönlich kennenlernte, bezog er seine Anschauungen wieder aus der Zeitung und dem, was man auf der Straße sehen konnte. Er kopierte hier vor allem die geistigen Attitüden der lokalen Geisteshelden, die revolutionäre Pathosformeln verkündeten und sich so aufführten, als hätten sie den Stein der Weisen gefunden. Hitler verband hinfort in seinem Auftreten einen gewaltigen theoretischen Anspruch mit einer philiströsen Bierhallenmentalität, auch mit einem skurrilen Humor, wie er uns in dem Münchner Volkskomiker Karl Valentin begegnet. Auf Norddeutsche wirkte diese Münchner Mischung, auch die braunen Uniformen, die an die bäuerlichen Freikorpskämpfer Oberbayerns erinnerten, ausgesprochen folkloristisch. Gottfried Benn mokierte sich 1934 in einem Brief an Ina Seidel: »Das Ganze kommt mir allmählich vor wie eine Schmiere, die fortwährend ›Faust‹ ankündigt, aber die Besetzung reicht nur für ›Husarenfieber‹.«

Wie ein Schwamm sog Hitlers Erinnerungsvermögen Informationen auf, nicht nur visuelle Eindrücke, sondern auch Gehörtes, Redeteile, Gesprächsfetzen, Argumentationen, Schlagwörter. Dieses Mixtum compositum verarbeitete Hitler zu einer eigenen Vorstellungswelt. An diesem Punkt gleiten seine eidetischen Bilder ins Pathologische ab. Sie erinnern an die Halluzinationen der Psychotiker, die sich unabweisbar vor die grauen Bilder der Wahrnehmung schieben.

Hitlers Sekretär Bormann verstand es wie kein zweiter, seinen

Führer zu manipulieren. Als Gründe für seinen erstaunlichen Erfolg bei Hitler werden seine unbändige Arbeitskraft, seine Rücksichtslosigkeit und seine blinde Ergebenheit angeführt. Er benutzte jedoch auch virtuos Hitlers eidetische Fähigkeit, kurze Sätze auf das genaueste zu speichern, um sich selbst ins rechte Licht zu setzen und anderen zu schaden. Diese kurzen Bemerkungen wirkten in Hitler Seelenhaushalt auf das nachhaltigste. Speer charakterisierte nach dem Krieg die Taktik des cleveren Sekretärs, eines der meistgehaßten Männer in Hitlers Umgebung: »Bormann arbeitete nie im direkten Angriff, sondern mit vorsichtigen Einflechtungen kleiner Begebenheiten, die erst in ihrer Summe wirksam waren.«

2.2. Zur Persönlichkeit des Eidetikers

Die eidetische Veranlagung beschränkt sich nicht auf das Kernphänomen des photographischen Gedächtnisses, sondern drückt sich vielmehr in einem vollständigen Menschentyp aus, der noch durch weitere Besonderheiten auffällt, die sich in unterschiedlicher Ausprägung ziemlich vollständig bei Hitler nachweisen lassen.

Poltern, Schwitzen, Drohstarren

Jaensch sah einen Zusammenhang zwischen Eidetik und einer erhöhten Erregbarkeit des vegetativen Nervensystems, die sich in respiratorischer Arrhythmie, d. h. Änderung der Pulsfrequenz beim Atmen, und einer verstärkten Neigung zum Schwitzen ausdrücke. Beide Symptome traten bei Hitler auf. Sein arrhythmischer, oft bellender Sprachduktus ist in Tonfilmen und auf Schallplatten erkennbar. Die besondere Neigung zum Schwitzen hat er selbst oft festgestellt. Beim Reden, so erzählte er, hätte er immer sein Hemd so durchgeschwitzt, daß es von seinem Anzug ganz blau gefärbt worden sei.

Kennzeichnend für den Eidetiker ist auch das »feucht-glänzende Auge«, das Jaensch mit basedowiden Zustandsbildern verglich. Er sprach von dem »großen, glänzenden, lebhaft beseelten Auge«, dem »großen Kinderauge«, dem »blitzenden, leuchtenden oder traumhaft umschleierten Auge« des Eidetikers. Hitlers leicht vorquellende Augen sind auf vielen Photographien erkennbar. H. R. Trevor-Roper ist überzeugt, daß Hitlers große Wirkung auf seine Augen zurückzuführen ist. Er beschreibt die »Faszination, die von seinen Augen ausging und die so viele scheinbar nüchterne Männer behext hatte...«.»Hitler hatte Hypnotiseuraugen, die die Vernunft und Gefühle aller, die sich ihrer Macht ergaben, in ihren Bann zog...« Dieses physiologische Merkmal scheint bei einem für ihn typischen Drohverhalten, dem Anstarren, auf viele Menschen stark gewirkt zu haben.

Speer überlieferte seine erste persönliche Erfahrung mit Hitler. »Es war im Frühjahr 1931, im Zusammenhang mit dem sogenannten Stennesputsch, einer Art Revolte der Berliner SA. Nachdem Hitler Stennes abgesetzt hatte, befahl er alle Mitglieder der SA und der angeschlossenen Verbände zum Appell in den Sportpalast.« Überraschenderweise hielt Hitler keine Rede, sondern vollzog ein eindrucksvolles Ritual. Er trat »in die Reihen der Uniformierten, es wurde atemlos still. Dann begann er, die Kolonnen abzuschreiten. Im riesigen Rund waren nur die Schritte zu hören. Es dauerte Stunden. Endlich kam er in meine Reihe. Seine Augen waren starr auf die Angetretenen gerichtet, er schien jeden durch seinen Blick verpflichten zu wollen. Als er zu mir kam, hatte ich den Eindruck, daß mich ein paar weit geöffnete Augen für eine unermeßliche Zeit in Besitz nahmen. Später erzählte ich ihm von dieser ersten, für ihn unbewußten Begegnung. Aber er entgegnete: ›Ich weiß. Ich kann mich genau an Sie erinnern!‹«

Dieses bizarre Ritual verwendete Hitler auch vor einer entscheidenen Abstimmung im Reichstag, als eine Palastrevolution Strassers verhindert worden war. Der anstelle Hitlers in einem Kabinett Schleicher als Vizekanzler Vorgesehene war am 8. Dezember 1932 von seinem Ämtern zurückgetreten. Am 9. Dezember mußte jeder einzelne Abgeordnete der NSDAP Hitler »unwandelbare Treue« in die Hand geloben.

Kalter Fisch

Eine genauere Analyse der Persönlichkeit des Eidetikers verdanken wir dem russischen Forscher Alexander Lurija (1902–1977), der nicht nur das »unerbittliche Gedächtnis« seines Patienten Schereschewskij psychologisch untersuchte, sondern in einer dreißig Jahre dauernden Längsschnittstudie dessen Persönlichkeit analysierte. »Wie wirkt sich«, fragte Lurija, »ein hervorragendes Gedächtnis auf andere Aspekte der Persönlichkeit eines Menschen aus? Welche Veränderungen finden in der inneren Welt, in seinem Umgang mit anderen, seinem Lebensstil statt, wenn sich ein Element seiner Psyche, sein Gedächtnis in solch ungewöhnlichem Maße entwickelt, daß es sich auf seine anderen Lebensaktivitäten auszuwirken beginnt?«

Der Journalist Schereschewskij war seinem Vorgesetzten aufgefallen, weil er sich bei Redaktionskonferenzen nie Notizen machte und trotzdem alles behielt. Das Phänomen war so ausgeprägt, daß er schließlich zum Neurologen geschickt wurde. Seine Technik bestand darin, daß er die Elemente aus der Realität, die er behalten wollte, in eine Phantasiewelt übertrug, wo er sie zu optischen Symbolen in einer fortlaufenden Geschichte umformte. Diese zweite optische Vorstellungswelt wurde zu seiner eigentlichen Realität. »Jedes Geräusch, jeder Blick, jeder Geruch, jede Empfindung, jedes Wort und manchmal sogar jede Silbe von jedem Wort, jede Idee, jedes Bild, jeder Gedanke führte in S.s Kopf sofort zu einem Ausbruch synästhetischer Assoziationen, die alles, das Visuelle, Akustische und Taktile miteinander verbanden.« So sehr diese Disposition Gedächtnisleistungen begünstigte, so schwer war es auf der anderen Seite, mit ihr zu leben. »So war der außerordentliche Reichtum seines Geistes zugleich eine Quelle der Verwirrungen. S. besaß die Fähigkeit, die Realität über seiner Phantasiewelt völlig zu vergessen. Es dürfte schwerfallen zu sagen, was für S. realer war, die Phantasiewelt, in der er lebte, oder die Wirklichkeit, in der er nur vorübergehend zu Gast war.« Schereschewskij erkannte an den Reaktionen seiner Mitmenschen sein Außenseitertum: »»Man hat mich immer kalten Nefesch (jiddisch: kalter Fisch) genannt. Da ist zum Beispiel ein Brand, aber ich verstehe nicht, was

Das Drohstarren

Bei seinen Machtspielen bediente sich Hitler einer eigenartigen Technik, die sonst eher unter Heranwachsenden üblich ist. Er sah seinem Gegenüber minutenlang starr in die Augen. Oft so lange, bis der andere den Blick senkte. Die archaische Verhaltensweise kommt auch bei den Männchen höherer Säugetiere zur Erringung der Dominanz vor. Links fixiert

Hitler den SA-Führer Pfeffer von Salomon während der »Kampfzeit« und läßt dabei die Reitpeitsche von seinem linken Handgelenk hinunterbaumeln, rechts mit verschränkten Armen während des Rußlandkrieges den Feldmarschall von Küchler, der unter den Augen Keitels um Verstärkungen an der Front von Leningrad bittet, offensichtlich vergebens.

das ist.‹ Der Eidetiker blieb von dem Geschehen um ihn herum völlig unberührt, auch wenn es sich dabei um eine menschliche Tragödie handelte (Juni 1934).« Lurija nannte diese Abwehr »Selbstabtrennung« und hielt sie für deutlich unterscheidbar von der Persönlichkeitsspaltung, die in der Schizophrenie auftrete.

Entsprechend reagierte Hitler auf die Schrecken des Kriegs und auch auf die Vorgänge in den Ausrottungslagern. »Kalt wie ein Gletscher« sei Hitler, konstatierte schon vor dem Krieg General von Fritsch. Das Schreckliche, das er selbst anrichtete, empfand er als etwas völlig Fremdes, es zog an ihm vorbei und ließ ihn ganz unbeteiligt. Stalin hingegen, sonst seinem Tyrannenkollegen oft ähnlich, interessierte sich eingehend für den Terror und die Repressionen des NKWD, mit denen das Volk unterdrückt wurde. »Er zeichnet persönlich Listen mit Tausenden Namen zu Erschießender ab und zwingt die Mitglieder des Politbüros, dies ebenfalls zu tun.« Hitler jedoch nahm den Vollzug des Holocausts allenfalls mit einem kurzen Blick auf die monatliche Opferstatistik zur Kenntnis. Die Mühe des Abzeichnens schenkte er sich. »Führer hat Kenntnis genommen«, notierte Himmler.

Von allen Einzelheiten der Verfolgung der Attentäter vom 20. Juli 1944 detachierte sich Hitler. Es kam ihm nicht in den Sinn, sich beim Prozeß vor dem Volksgerichtshof seinen Wischinsky, den furchtbaren Freisler, einmal anzuhören, so wie dies Stalin bei den Säuberungsprozessen getan hatte. Die Hinrichtungsphotos der grausam Erhängten, die man diensteifrig auf seinen Tisch gelegt hatte, wischte er ohne jede Betroffenheit mit einer Handbewegung zur Seite.

Nie betrat er ein Konzentrationslager. Der Architekturliebhaber interessierte sich überhaupt nicht für die Gestaltung von Todeslagern, den Technikbegeisterten ließ die Konstruktion von Gasöfen kalt. Die Totenkopfverbände, die die KZs bewachten, bekam er nur anläßlich einer Parade 1939 zu Gesicht. Auf die Idee, den übereifrigen Judenreferenten im Reichssicherheitshauptamt, Adolf Eichmann, persönlich zu empfangen und mit ihm über seine wichtigen Aufgaben zu sprechen, kam er nie im Leben. Diesen Namen, der heute der ganzen Welt zum Symbol geworden ist, kannte der Auftraggeber Hitler nicht.

Ein einziges Mal, am 7. Oktober 1942, durfte Odilo Globocnik, der Leiter der Aktion Reinhardt, Himmler zu einer Audienz in die Reichskanzlei begleiten. In seinem Kalender notierte dieser im Telegrammstil:»Verhältnisse im Gen.(eral) Gouv.(ernement) Globus« (dies war Globocniks Spitzname).

Hitler ging jedes Mitgefühl ab. Seine Charakterdarstellungen blieben in Äußerlichkeiten stecken. Wie schon beim Zeichnen fehlte ihm jede Fähigkeit zum seelischen Mitschwingen. Die Passagen in»Mein Kampf«, in denen er die Sympathien des Lesers erregen will, klingen leer und nichtssagend. Zum Tod der Mutter schrieb er:»Ich hatte den Vater verehrt, die Mutter jedoch geliebt.«Von dieser Frau und ihrem Leben erfährt man nichts. Über den Heldentod der Kameraden hören wir vor allem, daß sie zu Beginn des Krieges mit dem Deutschlandlied auf den Lippen fielen, zum Ende mit marxistischen Parolen im Kopf. Kein einziger Kriegskamerad tritt uns plastisch vor Augen. Von seinem verstorbenen Mentor Dietrich Eckart heißt es nur phrasenhaft, daß er »als der Besten einer sein Leben dem Erwachen seines, unseres Volkes gewidmet hat«. Alan Bullock fiel Hitlers mangelnde seelische Anteilnahme am Schicksal der Arbeiter auf, deren Sache ihm nach eigener Beteuerung doch so sehr am Herzen lag.»Obwohl Hitler in ›Mein Kampf‹ das Elend beschreibt, in dem damals die Wiener Arbeiterklasse lebte, ist doch aus jeder Zeile seiner Darstellung herauszuspüren, daß diese Zustände keinerlei Mitleid in ihm erweckten.« Beim Novemberputsch wurde Hitlers Mitkämpfer Scheubner-Richter erschossen, der neben ihm eingehakt marschierte. Sein Name steht zwar auf der Widmungstafel des Buches, sonst kommt er aber nicht vor. Auch über den Hutmacher Bauriedl, dessen Blut an der Fahne klebte, die er vorangetragen hatte, erfährt der Leser nichts. In Hitlers Buch ist nichts von der hinreißenden Sentimentalität eingeflossen, die er in seiner Wiener Studienzeit statt der dürren großdeutschen Parolen hätte lernen können.

In seinem Rechenschaftsbericht über den Polenfeldzug, den er am 6. Oktober 1939 dem Reichstag gab, diente die schwere Verwundung eines Offiziers lediglich als rhetorisches Beispiel für Heldenmut, aber kaum als Anlaß zum Mitleid:»Und während der feindliche Rundfunk bereits triumphierend die Nachricht vom Durchbruch auf Lodz verbreitete, meldete mir ein Divisionsgeneral, den zerschossenen Arm geschient, den Verlauf des Angriffs, die Verhinderung des Durchbruchs, das tapfere Verhalten seiner Soldaten.« Tote und Verwundete waren für Hitler vornehmlich Statistik. Lakonisch bemerkte er: »Hier waren die Verluste freilich groß.«

Zur Erweiterung eines Truppenübungsplatzes sollten die Herkunftsdörfer der Familie Hitlers, Döllersheim und Strones in Niederösterreich, eingeebnet werden. Auch die Gräber seiner Großeltern fielen diesem Vorhaben zum Opfer. Joachim Fest nahm an, Hitler sei das deshalb nicht unangenehm gewesen, weil er dadurch unliebsame Spuren der Vergangenheit tilgen konnte. Es ist aber auch ein anderes Motiv für diese Entscheidung denkbar. Sie könnte nämlich auch Ausdruck Hitlers eidetischer Gefühlskälte gewesen sein, die er gerne als soldatische Härte verstanden wissen wollte.

Mit brutalen Worten wies Hitler seinen ersten Gestapo-Chef Rudolf Diels ab, der ihn 1933 kurz nach der Machtübernahme darauf hinwies, daß die SA wiederholt Morde an politischen Gegnern beging. Doch eine Meldung, daß da und dort ein Staatsfeind von der SA auf der Flucht erschossen worden sei, konnte Hitler nicht beeindrucken: »Sie dürfen nicht über jeden Toten stolpern«, beschied er Diels.

Todesurteile bestätigte Hitler ohne Skrupel. Auch seinen Duzfreund Röhm ließ er erbarmungslos umbringen. Eiskalt müsse man sein, war einer seiner Lieblingssätze. Dem Kommandanten von Hitlers Leibstandarte Sepp Dietrich fiel nach dem Röhm-Putsch die Aufgabe zu, sechs »Putschisten« in der Münchner Strafanstalt Stadelheim erschießen zu lassen. »Am 1. Juli 1934 fuhr ich mit dem Kraftwagen nach Berlin. Ich habe Hitler gemeldet, daß die sechs Erschießungen in Stadelheim durchgeführt worden seien. Hitler sprach kein Wort. Er interessierte sich lediglich, ob meine Kompanie schon wieder zurück wäre«, erinnerte sich der SS-Offizier bei seinem Prozeß nach dem Krieg.

Bei den Morden anläßlich des Röhm-Putsches verlor auch der ehemalige Ordensgeistliche Dr. Stempfle sein Leben. Er wurde auf dem Weg ins Konzentrationslager Dachau erschossen. Der Pater hatte Hitler bei der Redaktion seines Buchs »Mein Kampf« geholfen. »Stempfle war Verbindungsmann zwischen Bund Oberland und dem Polizeipräsidium und besorgte Femetätern Pässe.« Hitlers knapper Kommentar zur Ermordung: »Diese Schweine haben mir meinen guten Pater Stempfle auch umgebracht.«

Als sich Hitler am 25. Juli 1934 die »Rheingold«-Premiere in Bayreuth anhörte, erfuhr er von der Ermordung des österreichischen Bundeskanzlers Dollfuß durch Nationalsozialisten. Er zeigte keine Spur von Betroffenheit und ließ sich, »als wäre nichts geschehen, im Restaurant einen Teller Leberknödel reichen«. Als er am 24. April 1943 die Nachricht vom Abfall Italiens, seines wichtigsten Bündnispartners, erfuhr, hat er »seine nebensächliche Besprechung über Waffen fortgesetzt, in beherrschter Ruhe«. »Diese Selbstbeherrschung war ein wesentliches Moment seines Einflusses«, urteilte Albert Speer.

Bei einer Besprechung mit allen Oberbefehlshabern und kommandierenden Generälen in der Reichskanzlei am 23. November 1939 wurde über die Erfahrungen des Polenfeldzugs diskutiert. »Die Generale wiesen darauf hin, daß bei dem ungenügenden Ausbildungsstand der deutschen Truppen die Offiziere bei Angriffen vorauslaufen müßten. Das habe unverhältnismäßig hohe Offiziersverluste zur Folge. Diesen Einwand tat Hitler mit der Erklärung ab: ›Dazu sind die Leute auch da.‹«

Der Staatssekretär von Weizsäcker vom Auswärtigen Amt überliefert einen Ausspruch vor dem Frankreichfeldzug: »Dieser dürfte mich eine Million Mann kosten, aber den Feind ebenfalls eine Million – und der Feind kann das nicht aushalten.«

Hitlers Haltung zum Tod erklärt sich aus dem Kriegserlebnis eines Eidetikers. Er war abgebrüht; er empfand beim Tod eines Kameraden nichts. Seine SS, so stellte er mit Befriedigung fest, ginge auch ohne den christlichen Glauben an ein Jenseits tapfer in den Tod. »Ich habe sechs SS-Divisonen, die vollständig kirchenlos sind und doch mit der größten Seelenruhe sterben.«

Am 20. Dezember 1941 wies General Guderian Hitler im Führerhauptquartier auf die schrecklichen Verluste bei den deutschen Soldaten im russischen Winter hin: »Schon in diesem Winter werden wir durch eine solche Taktik die Blüte unseres Offiziers- und Unteroffizierskorps und den für beide geeigneten Ersatz opfern, und dieses Opfer wird ohne Nutzen sein.« Hitler antwortete: »Glauben Sie, die Grenadiere Friedrichs des Großen wären gerne gestorben?« Er hielt sich wie Friedrich für berechtigt, »von jedem deutschen Soldaten das Opfer seines Lebens zu fordern«. Und er ermahnte Guderian: »Sie lassen sich zu sehr von den Leiden der Soldaten beeindrucken. Sie haben zuviel Mitleid mit den Soldaten. Sie sollten sich mehr absetzen. Glauben Sie mir, aus der Entfernung sieht man die Dinge schärfer.«

Auch die unbeschreibbaren Leiden der Truppe während der Katastrophe von Stalingrad beeindruckten ihn wenig. Am 23. Januar 1943 hatte Oberstleutnant i. G. Coelestin von Zitzewitz (der als einer der letzten aus dem Kessel ausgeflogen worden war) im Hauptquartier vor Hitler und dessen Stab über die Lage in der eingeschlossenen Stadt Stalingrad ausführlichst berichtet. Hitler reagierte mit seinen stereotypen Durchhalteparolen (»bis zur letzten Patrone«) und kündigte Entsatz an. Zitzewitz hielt ihm entgegen: »Mein Führer, ich darf melden, dem Menschen von Stalingrad kann man das Kämpfen bis zur letzten Patrone nicht mehr befehlen, erstens weil er physisch dazu nicht mehr in der Lage ist, zweitens weil er diese letzte Patrone nicht mehr hat.« Was Hitler lediglich die Bemerkung entlockte: »Der Mensch regeneriert sich schnell.«

Als Hitler erfuhr, daß der Generalfeldmarschall Paulus nach der Kapitulation Stalingrads in Gefangenschaft gegangen sei, schimpfte er, es sei dessen Pflicht gewesen, sich das Leben zu nehmen. »Was ist schon das Leben? Das Leben ist das Volk, der Einzelne muß ja sterben. Was über des Einzelnen Leben hinaus existieren bleibt, ist das Volk, in das er hineingeboren ist. Der Mann hatte sich totzuschießen, so wie sich früher die Feldherren in das Schwert stürzten, wenn sie sahen, daß die Sache verloren war.« Die Weltgeschichte hatte in seiner herzlosen Auffassung nach einem Drehbuch abzulaufen, das aus einer Mischung von Karl May, Richard Wagner und den Schlachtberichten aus dem Lesebuch zusammengesetzt war.

Stahlberg, der Adjutant des Generalfeldmarschalls von Man-

stein, erinnerte sich an eine Lagebesprechung 1944 im Führerhauptquartier, »bei der General Zeitzler mit den Worten begann,
er müsse, bevor er mit der Lage des Tages beginne, melden, daß
während der letzten 24 Stunden nicht weniger als 3 Generale des
Heeres an der Front gefallen seien. Hitler, dessen Blick wie üblich
auf die Karte gerichtet war, reagierte nicht. In dem kurzen Augenblick der Stille, die dieser erschütternden Meldung folgte, hörte
ich nur seine Worte: ›und weiter?‹«. Auch die Leiden der einfachen Soldaten konnten sein Mitgefühl nicht erregen. Albert Speer
berichtet von einer Eisenbahnfahrt am 7. November 1941. »Als
wir am späten Abend mit Hitler in seinem palisanderverkleideten
Speisesalon an reich gedeckter Tafel saßen, bemerkte zunächst
keiner von uns, daß auf dem Nebengeleise ein Güterzug hielt: Aus
den Viehwagen starrten heruntergekommene, ausgehungerte und
zum Teil verwundete deutsche Soldaten, gerade aus dem Osten
kommend, auf die Tafelrunde. Auffahrend gewahrte Hitler die dü-
stere Szenerie zwei Meter vor seinem Fenster. Ohne Gruß, ohne
überhaupt eine Reaktion zu zeigen, ließ er seinen Diener eiligst die
Rollos herunterziehen. So endete in der zweiten Hälfte des Krieges eine der seltenen Begegnungen Hitlers mit einfachen Frontsoldaten, wie er selber einer gewesen war.«
    Auch die vielen Toten des Bombenkrieges schienen Hitler nicht
zu erschüttern. Er vermied es allerdings, wann immer es ging, die
Zerstörungen der Städte anzusehen. Albert Speer versuchte des
öfteren, Hitler die Eindrücke nach den Bombenangriffen zu schildern. »Er unterbrach mich jedesmal, kaum daß ich begonnen
hatte: ›Übrigens, Speer, wieviel Panzer können Sie nächsten
Monat liefern?‹«
    Wenn er nicht umhinkonnte, die schrecklichen Verwüstungen
wahrzunehmen, so ließen sie ihn kalt. »Bei seinen Fahrten vom
Stettiner Bahnhof zur Reichskanzlei oder in München zu seiner
Wohnung in der Prinzregentenstraße ordnete er nun den kürze-
sten Weg an, während er es früher geliebt hatte, Umwege zu
machen. Da ich ihn einige Male bei solchen Fahrten begleitete,
sah ich, wie abgestumpft und unbeteiligt er die zufälligen Bilder
eines riesigen Trümmerfeldes registrierte, an dem ihn die Fahrt
vorbeiführte«, erinnerte sich Speer. »Er besuchte keine einzige

zerbombte Stadt, und die Zerstörung öffentlicher Gebäude schockierte ihn mehr als Berichte über menschliches Leid.« Gegenüber Goebbels äußerte er sich am 14. März 1944 besonders herzlos. Der feindliche Luftterror habe auch »sein Gutes«, als er die mittelalterlichen Städte für den modernen Verkehr aufschließe. »Es ist beglückend, einige solcher Städte erhalten zu können, aber in ihrer Vielzahl würden sie einer gesunden Entwicklung unseres modernen Verkehrs- und Wirtschaftslebens immer wieder hindernd in den Weg treten.«

Bei den russischen Städten dachte er allenfalls kurz an die Vernichtung der Architektur, Menschenopfer ließen ihn kalt. Hitler kannte seine seelische Verfassung und teilte Speer das Ergebnis seiner Introspektion mit: »Ich empfinde nichts, wenn ich Kiew, Moskau und Petersburg dem Erdboden gleichmache.«

Und natürlich verursachten ihm auch die Massenmorde an Juden keinerlei Gewissensbisse. Als ihm Henriette von Schirach vorhielt, sie habe selber gesehen, wie in Holland Jüdinnen abtransportiert wurden, sie habe Schreckliches gesehen, blickte er sie nur an und sagte: »Es ist Krieg.«

Im Herbst 1941 wies Geheimdienstchef Admiral Canaris Hitler auf die Greuel der Einsatztruppen hin, die deportierte deutsche Juden, darunter Kriegsteilnehmer, erschossen hatten, welche eigentlich in das Vorzeigeghetto nach Theresienstadt gebracht werden sollten. Hitlers Antwort lautete angeblich: »Sie wollen wohl weich werden, mein Herr! Ich muß das tun, denn nach mir wird es doch kein anderer mehr tun!«

Am 10. Mai 1941 flog Hitlers Stellvertreter Rudolf Heß mit einer Messerschmidt 110 von Augsburg nach Schottland. Hitler wurde von dem Flug am frühen Morgen des 11. Mai informiert. In seiner ersten Reaktion wünschte er seinem langjährigen treuen Mitarbeiter den Tod: »Hoffentlich stürzt er ins Meer.« Seinem Attentäter, Graf Stauffenberg, erschien Hitler als ein Mensch »wie hinter Schleiern«.

»Während er sich um die Fußverstauchung einer Sekretärin wie ein Vater um sein Kind sorgte, zeigte er keine Regung, wenn er Einsätze befahl, die tausende Tote zur Folge haben mußten«, bemerkte sein Heeresadjutant Engel.

Vermutlich war es allerdings auch mit Hitlers innerer Beteiligung bei der Umsorgung seiner Sekretärin nicht weit her. Hitler war ein geborener Schauspieler, der sich weder von Gefühlen noch anderem irritieren ließ. Sein Detachement kam der Filmemacherin Leni Riefenstahl zugute. Zu ihren Filmaufnahmen auf dem Reichsparteitag 1934 hatte sie für ihre Kameraleute spezielle Kräne und Hebebühnen konstruieren lassen, um das Geschehen aus ungewöhnlichen Perspektiven einfangen zu können. Ihre Befürchtung, der Redner Hitler werde durch die Geräusche unmittelbar in seiner Nähe gestört, erwies sich als unnötig. Im Gegenteil, Hitler blieb völlig unbeeindruckt, was ihre professionelle Bewunderung hervorrief.

Auch in seinem späteren Leben wurde Hitler unentwegt photographiert, ohne sich daran zu stören. Er hatte auch nichts dagegen, daß seine Monologe im Führerhauptquartier von Stenographen festgehalten wurden, und ließ sich durch die Mitschreiber überhaupt nicht irritieren.

Seine Gleichgültigkeit setzte Hitler auch als Verhandlungstaktik ein. Oft verunsicherte er seine Gesprächspartner, indem er überhaupt nicht auf ihre Vorschläge, Einwände oder Beschwerden reagierte. »Wenn er einen Fremden empfing, ging seine Taktik darauf hinaus, diesen über seinen Willen zu informieren. Was der Fremde meinte oder dachte, interessierte ihn nicht im geringsten«, registrierte der Schwede Sven Hedin.

Tatsächlich konnte Hitler vollkommen abwesend erscheinen. So nahm er im späteren Verlauf des Kriegs keine Ratschläge des Generalstabschefs Jodl mehr an: »An ihm prallte alles, was Jodl sagte, reaktionslos ab.«

Hitlers Kälte, »seine Unbezogenheit, sein absoluter Mangel an Liebe, Wärme und Mitgefühl« wurde von Erich Fromm als »Narzißmus« gedeutet: »Alle Berichte stimmen darin überein, daß Hitler kalte Augen hatte, daß sein gesamter Gesichtsausdruck kalt war, ihm jede Wärme und jedes Mitgefühl abging… Die Welt interessiert ihn nur, soweit sie Gegenstand seiner Pläne und Begierden ist, andere Menschen spielen für ihn nur eine Rolle, soweit sie seinen Zwecken dienen oder dafür benutzt werden können.«

Unnahbarkeit

Von Hitlers Unnahbarkeit waren besonders die Menschen betroffen, die sich einbildeten, sein Vertrauen zu haben. Speer schrieb: »Niemandem konnte es gelingen, seinem Wesen näherzukommen, weil es tot, weil es leer war.« Seine Mitarbeiter »behandelte er mehr oder weniger wesenlos«. »Er war trotz aller Freundlichkeit unnahbar und unberechenbar.« Eva Braun hielt am 1. April 1935 eine Szene in ihrem Tagebuch fest: »Gestern waren wir zum Abendessen in die Vier Jahreszeiten eingeladen. Ich mußte drei Stunden neben ihm sitzen und konnte kein einziges Wort mit ihm sprechen. Zum Abschied reichte er mir, wie schon einmal, einen Umschlag mit Geld. Wie schön wäre es gewesen, wenn er mir einen Gruß oder ein liebes Wort dazu geschrieben hätte, ich hätte mich so gefreut. Aber an so was denkt er nicht.«

Hitlers mangelnde soziale Fähigkeit zeigte sich auch darin, daß er keinen Freund besaß. »Soweit ich zu sehen vermochte, stand er niemandem nahe. Einsam ging er durch die Welt, erfüllt von seinen gigantischen Plänen«, meinte General Guderian, der ihn über ein Jahr lang täglich bei der Lagebesprechung sah.

Hitler vermied es auch, wichtige Entscheidungen mit Vertrauten zu besprechen. Konsultationsabkommen, die er mit anderen Staaten abgeschlossen hatte, ignorierte er schlicht. Er »pflegte vor seinen Aktionen grundsätzlich niemand zu konsultieren, nicht einmal seine engsten Mitarbeiter oder seinen Freund Mussolini...«. In einer Parteitagsrede am 14. September 1936 brüstete er sich, er habe seine Erfolge nur erzielt, »weil ich mich niemals durch Schwächlinge von einer mir einmal gewordenen Erkenntnis wegschwätzen oder wegbringen ließ«.

Ribbentrop notierte 1945 vor seiner Hinrichtung: »Die Tatsache ist, daß ich, obgleich ich soviel mit ihm zusammen durchlebt habe, ihm trotz der langjährigen Zusammenarbeit nie näher gekommen bin, weder persönlich noch sonstwie, als am Tage unseres Kennenlernens.« Hitlers Adjutant Hoßbach schrieb, daß Hitlers Verhältnis zu ihm trotz fast täglicher Begegnungen keine »Züge menschlichen Näherkommens« aufwies. Generaloberst Jodl fragte sich am 10. November 1946 in seiner Zelle, was er von dem Mann halten solle,»an dessen Seite ich lange Jahre ein so dornen- und entsagungsvolles Dasein geführt habe... So weiß ich heute nicht einmal, was er gedacht, gewußt und gewollt hat«. Und Generalfeldmarschall von Manstein schrieb im Rückblick:»Irgendein inneres Verhältnis zwischen dem Diktator, dem Fanatiker, der nur an seine Ziele dachte und in dem Glauben an seine ›Sendung‹ lebte, und den militärischen Führern konnte sich naturgemäß nicht einstellen. Persönliches interessierte Hitler überhaupt nicht.« Julius Streicher sagte am 24. April 1946 vor dem Internationalen Militärgerichtshof in Nürnberg aus:»Adolf Hitler war nun einmal etwas Absonderliches in jeder Beziehung, und ich glaube sagen zu können, eine Freundschaft zwischen ihm und anderen Männern gab es nicht, eine Freundschaft, von der man hätte sagen können, das ist nun wirklich eine Herzensfreundschaft. Adolf Hitler, es war schwer, sich ihm zu nahen.«

Leuten gegenüber,»die ihm fremd waren, konnte er eine bis zur Gleichgültigkeit gehende Zurückhaltung an den Tag legen, wenn sie nicht aus besonderem Grunde sein Interesse hervorriefen«. Auch bei offiziellen Einladungen tat sich Hitler schwer.»Die Rolle des Hausherrn lag ihm nicht, ja er enttäuschte nicht selten seine Gäste, auch die Damen, dadurch, daß er sie gar nicht oder kaum ins Gespräch zog«, notierte Hoßbach.

Der Trauer-Profi

Innere Anteilnahme ist bei Menschen, die mit Toten umgehen müssen, kaum gefragt. Im Gegenteil, die Unfähigkeit zu trauern ist geradezu eine Voraussetzung für die Ausübung des Berufs. Ein Totengräber, der bei jedem Grab, das er ausheben muß, in Tränen ausbricht, ist fehl am Platze. Das hat Tradition. In Shakespeares »Hamlet« ist der Totengräber eher ein skurriler Philosoph als eine schöne Seele oder gar eine Heulsuse. In Kriminalfilmen haben die Gerichtsmediziner ein besonders dickes Fell. Nicht ohne Betroffenheit sehen wir am Bildschirm, daß die Pathologen seelenruhig neben den halbsezierten Leichen ihren Hamburger mit ganz ungestörtem Appetit verzehren.

Hitler spielte die Rolle des obersten Staatstrauernden besonders professionell. Auffällig war seine Neigung, an Totenfeiern teilzunehmen, die über seine protokollarischen Verpflichtungen als Staatsoberhaupt weit hinausging. Hier mischten sich wohl die Erinnerungen an die vielen Todesfälle in seiner engeren Familie mit einer bäuerlichen Freude an einer »schönen Leich«, die österreichische Lust am pompe funèbre mit seiner eidetischen Veranlagung. Die theatralische Wirkung des zur Schau gestellten Trauerns entdeckte er in Bayreuth. Bei seinem Besuch in der Villa Wahnfried im Jahre 1931 ließ er es sich nicht nehmen, ganz allein Richard Wagners Grab aufzusuchen und dort minutenlang wie in Andacht zu verharren.

Hitlers große Propaganda-Schau, der »Tag von Potsdam« am 21. März 1933, begann mit einem Gottesdienst für die Protestanten in der Garnisonskirche, für den katholischen Reichskanzler war in der katholischen Pfarrkirche ein Sessel vor dem Altar bereitgestellt, der aber leer blieb. Hitler setzte auf die größere propagandistische Wirkung des Grabbesuchs. »Der Kanzler hat während der Zeit des offiziellen Gottesdienstes… die Gräber seiner ermordeten SA-Kameraden auf dem Luisenstädtischen Friedhof in Berlin besucht. Er legte dort einen Kranz nieder mit der Inschrift ›Meinen toten Kameraden‹«, hieß es in der amtlichen Verlautbarung.

Am 30. Juli 1933 legte Hitler zum Abschluß der Bayreuther Festspiele an den Gräbern Richard, Cosima und Siegfried Wagners Kränze mit schwarz-weiß-roter Schleife nieder. Im November 1933 folgte ein Staatsakt als politische Demonstration, nachdem bei einem Zwischenfall an der deutsch-österreichischen Grenze ein Reichswehrsoldat erschossen worden war. Im Juni 1935 nahm er an der Beisetzung Carin Görings teil, am 11. November an einer Trauerfeier in Weimar für die im Alter von neunzig Jahren verstorbene Frau Förster-Nietzsche, die Schwester des Philosophen. 1935 ging er im Mai zum Requiem für den polnischen Marschall Pilsudski in der Berliner Hedwig-Kathedrale und im Oktober zur endgültigen Beisetzung Hindenburgs in der neuerrichteten Gruft des Tannenberg-Denkmals.

Der Trauer-Profi

Das Foto zeigt Hitler am Ziel seiner Wünsche. Bei seinem letzten Besuch am 1. August 1934 konnte er sich am Krankenlager in Neudeck davon überzeugen, daß es mit dem schon geistig verwirrten Reichspräsidenten Hindenburg, der Hitler zuletzt mit »Majestät« anredete, endgültig zu Ende ging. Der Weg zum höchsten Staatsamt, das er anstrebte, lag frei vor ihm. Doch dem Polit-Schauspieler gelingt es fabelhaft, den Triumph zu unterdrücken. Mit einer Leichenbittermiene wirkt er weit betroffener als der neben ihm gehende Sohn Hindenburgs, Oscar, und dessen rechts außen die Treppe herabsteigende StS. Meißner. Hitler war von Heldengedenk- und Totenfeiern fasziniert und hatte während seiner Herrschaft ausgiebig Gelegenheit, sich als Trauer-Profi zu gerieren.

Den Gipfel seines zur Schau gestellten Trauerns erreichte er bei den jährlichen Feierlichkeiten zum Gedenken an seinen Novemberputsch: »Gespenstischer Höhepunkt des Totenkultes war des ›Führers‹ einsamer Gang zu einem der offenen Tempel und sein Verweilen vor den Sarkophagen der 16 ›Blutzeugen der Bewegung‹.«

Am 8. November 1935 wurden die Gebeine der »Blutzeugen« exhumiert und die sechzehn Särge in einem feierlichen nächtlichen Zug auf Lafetten der Wehrmacht vorbei an brennenden Pylonen vom Münchner Nordfriedhof zur Feldherrnhalle gebracht. Dort schritt Hitler ganz allein die Stufen hinauf, »um bei den mit Hakenkreuzfahnen bedeckten Särgen zu verweilen. Erst nach einiger Zeit folgten ihm andere alte Kämpfer, um unter dem Lied vom toten Kameraden die Toten zu grüßen«.

1936 erwies er im Januar dem englischen König Georg V. in der englischen St.-Georgs-Kirche in Berlin die letzte Ehre. Auch zur Beisetzung seines Chauffeurs Schreck erschien er. Am 12. Februar nahm er an der Beerdigung des in der Schweiz ermordeten Landesgruppenführers Wilhelm Gustloff teil, am 30. Dezember an der Bestattung des Generaloberst von Seeckt. 1937 ehrte er am 17. Juni die Toten des Panzerschiffs »Deutschland«, die im spanischen Bürgerkrieg gefallen waren, und am 22. Dezember General Ludendorff.

Der Verstorbene war zwar zusammen mit Hitler auf die Feldherrnhalle marschiert, hatte sich aber dann von ihm abgewandt und Hindenburg mit den schärfsten und eindringlichsten Worten davor gewarnt, Hitler zum Reichskanzler zu ernennen. Mit diesem wollte er später aus dem eigenartigen Grund nichts mehr zu tun haben, weil er ihn als ein jüdisches Werkzeug ansah. So hatte er den Wunsch, in seinem Wohnort Tutzing bestattet zu werden. »Hitler setzte jedoch durch, daß vorher, am 22. Dezember, ein großer Staatsakt vor der Feldherrnhalle in München stattfand.« Er trat »an den aufgebahrten Sarg, nahm Haltung an und rief mit lauter Stimme: ›General Ludendorff! Im Namen des gesamten deutschen Volkes lege ich in tiefer Dankbarkeit diesen Kranz vor Dir nieder‹.«

1938 beehrte er die Totenfeier Emil Kirdorfs, eines Ruhrbarons, der ihn in seiner Kampfzeit unterstützt hatte. Am 17. November 1938 besuchte er die Feier für den deutschen Diplomaten Ernst vom Rath in der Rheinhalle zu Düsseldorf. 1939 legte er am 13. Februar einen Lorbeerkranz am Grab Bismarcks in Friedrichsruh nieder und nahm am 2. Juli am Staatsakt für General Knochenhauer, dem Kommandeur des zehnten Armeekorps in Hamburg, teil.

Das mißglückte Attentat des Schreiners Elser gab Hitler am 11. November 1939 die Gelegenheit zu einem publikumswirksamen Auftritt anläßlich des Staatsaktes für die Explosionsopfer vor der Feldherrnhalle in München. Hitler,»der einen schwarzen Trauerflor am linken Rockärmel seines Mantels trug, ... legte vor den aufgebahrten Särgen Kränze nieder und drückte dann den Hinterbliebenen die Hand. Danach trat er noch mal zu einer »kurzen stummen Zwiesprache« an die Särge.

Der Krieg brachte ab 1941 reichlich Gelegenheit, Heldenehrungen zu zelebrieren, so die Staatsakte für die gefallenen Fliegerhelden Ernst Udet und Werner Mölders. Am 12. Februar 1942 fand im Mosaiksaal der Berliner Reichskanzlei der Staatsakt für den tödlich verunglückten Reichsminister Todt statt. Hitler hielt selbst die Gedenkrede und mußte»vor Ergriffenheit mehrfach unterbrechen«. 1942 nahm Hitler am 21. Mai in Berlin am Staatsakt für den verstorbenen Gauleiter Carl Röver teil. Wieder ein Anlaß zur Begräbnis-Theatralik:»Hitler schritt durch den Mittelgang, grüßte mit erhobenem Arm den Sarg und reichte den Angehörigen teilnahmsvoll die Hand.« Am 9. Juni erwies er wieder einmal einem ermordeten Mitstreiter die Ehre: Im Mosaiksaal der Reichskanzlei fand der Staatsakt für Reinhard Heydrich statt. Am 7. Mai 1943 wurde Victor Lutze geehrt. Am 17. April 1944 besuchte Hitler den Staatsakt für den verstorbenen Gauleiter Wagner in München. Der letzte Staatsakt, an dem Hitler teilnahm und eine Rede hielt, ehrte den Generaloberst Dietl am 1. Juli 1944.

Für seinen letzten Traurerauftritt im Führerbunker der Reichskanzlei wählte Hitler ein neues Publikum: den zu diesem Zweck extra eingeflogenen Generaloberst von Greim und dessen Pilotin Hanna Reitsch. Den beiden spielte er seine »Betroffenheit« über Görings»Verrat« vor, der per Kabel angefragt hatte, ob er angesichts der Tatsache, daß Hitler in seinem engen Kessel kaum noch handlungsfähig war, die Abwicklung der Niederlage übernehmen solle. Hitlers erste Reaktion war kühl. »Meinetwegen soll er die Kapitulationsverhandlungen führen. Es ist sowieso egal, wer das tut.« Dann aber erkannte er die Chance, das »Ultimatum« Görings als Stichwort für einen letzten großen Auftritt zu nutzen.

Bei ihrer Vernehmung durch alliierte Offiziere schilderte Hanna Reitsch die Szene: »Sein Kopf hing herab, sein Gesicht war totenbleich, und das unwillkürliche Zittern seiner Hände ließ das Telegramm wild flattern, als er es Greim überreichte. Das Gesicht des Führers blieb todernst, als Greim las. Dann begann jeder Muskel seines Gesichts zu zucken, und sein Atem ging in schweren Stößen; nur mühsam beherrschte er sich und schrie: ›Ein Ultimatum! Ein krasses Ultimatum! Jetzt bleibt nichts mehr. Nichts bleibt mir erspart. Keine Treue, keine Ehre mehr; keine Enttäuschung, kein Verrat ist mir erspart geblieben – und nun auch noch das. Alles ist aus. Es gibt kein Unrecht, das man mir nicht zugefügt hätte!‹« Er imitierte die Klage Kaiser Franz Josephs nach der Ermordung der Kaiserin Elisabeth: »Mir bleibt nichts erspart.«

Die letzte, die noch an Hitlers Gefühle glaubte, war Eva Braun. Ihrem eigenen Schicksal blickte sie »mit Gleichmut entgegen«, aber sie gewährte Hitler bis zum bitteren Ende die Befriedigung, daß seine Auftritte wenigstens auf sie noch wirkten. Ihre ständige Klage in den letzten Tagen war: »Armer, armer Adolf, alle haben dich verlassen, alle haben dich verraten.«

Lähmung des Antriebs, Auserwähltheitsglauben

Die Loslösung der übermächtigen Phantasiewelt von der Realität hatte bei Schereschewskij, dem Patienten Lurijas, noch zwei weitere Folgen: eine Lähmung des Antriebs und einen diffusen Wunderglauben. »Noch mit achtzehn war es mir unbegreiflich, wie sich ein Kamerad darauf vorbereiten konnte, Buchhalter oder Handlungsreisender zu werden. Das wichtigste im Leben ist nicht der Beruf, die Hauptsache ist, daß irgend etwas Angenehmes, Großes mit mir geschehen wird.« Ganz ähnlich bewahrte Hitler den Glauben an seine historische Berufung, an das große Wunder, die Wunderwaffen, die große Wendung bis kurz vor seinem Selbstmord. Aber antriebsarme Phasen traten bei ihm, besonders in seiner Jugend und auch später, immer wieder auf. Seine Jugend- und frühen Männerjahre waren ganz allein von dem Gefühl einer großen Ohnmacht gekennzeichnet.

»In seinen Ansprachen... kam er immer wieder darauf zurück, wie traurig und armselig seine Jugend gewesen sei, weil er nichts Großes habe erleben dürfen, und wie glücklich sich die Jugend schätzen müsse, nunmehr von ihm solche großen Zeiten beschert zu erhalten.« Er konnte weder die Lehrer in der Realschule noch die Professoren der Kunstakademie von seiner Genialität überzeugen. Auf seine Mitbewohner im Obdachlosenheim und seine Kameraden an der Front machten seine Reden keinen großen Eindruck.

Er sei ein ganz kleiner Soldat gewesen, mit einer ganz kleinen Zinnmarke auf der Brust, ein »einsamer Wanderer aus dem Nichts«, der es bis an die Spitze der deutschen Nation geschafft habe, klopfte er sich selbst anerkennend in seiner Parteitagsrede an die Hitlerjugend am 11. September 1935 in Nürnberg auf die Schulter.

Phasen der Ratlosigkeit, gerade in Entscheidungssituationen, befielen ihn immer wieder. Das ging so weit, daß er öfter an Selbstmord dachte, so bei seinem mißglückten Putsch im November 1923. Schon als dieser nicht so glatt und widerstandslos verlief, wie Hitler sich das vorgestellt hatte, war er ratlos. Es war die starke Persönlichkeit Ludendorffs, die das Heft in die Hand nahm.

Bisweilen mag Hitlers Zögern taktischer Natur gewesen sein, oft war es aber doch wohl der Ausdruck seiner Veranlagung. Jedenfalls sah Goebbels am 20. Februar 1930 »Richtungs- und Führungslosigkeit« in München, und schon am 16. Februar notierte er: »Anarchie in der Partei. Hitler allein trägt die Schuld, da er nicht entscheidet und seine Autorität in Anspruch nimmt.« Am 27. Mai war die Situation in Goebbels' Augen nicht besser geworden: »Hitler muß was tuen! Diese ewige Zauderei ist zum Kotzen!« Am 29. Juni beklagte er sich. (Hitler)»drückt sich vor der Entscheidung«.»Ich bin überzeugt, er wird am Montag nicht kommen. Um sich vor Entschlüssen zu drücken. Das ist der alte Hitler. Der Zauderer! Der ewige Hinhalter!«

Mit Selbstmord drohte Hitler seiner Partei, als Gregor Strasser 1932 hinter seinem Rücken mit der Regierung verhandelte. Bedenken bei der Rheinlandbesetzung und bei der fast aussichtslosen Verteidigung Narviks im Norwegenfeldzug lähmten ihn für Stunden. Die Rückschläge im Rußlandfeldzug blockierten ihn dann vollends, und er erkrankte schwer. Sebastian Haffner wies darauf hin, daß er von 1941 an bis zu seinem Tod in eine »politische Lethargie« verfiel. In diesen Phasen versiegte auch seine rhetorische Suggestivkraft. Er verlor das Bedürfnis, zum Volk zu sprechen. Schon 1927, als seine Reden im Zirkus Krone nicht mehr ausverkauft waren, setzte ihm dies hart zu.

Lurijas eidetischer Patient zweifelte nicht an seiner Auserwähltheit. Sein Glauben kulminierte in der Überzeugung, einmal eine Prinzessin zu heiraten, obgleich dies angesichts seiner Lebensumstände in hohem Grade unwahrscheinlich war. Hitlers Auserwähltheitsideen waren noch absonderlicher und mit ebenso starker subjektiver Gewißheit verbunden. Der aus dem bayerischen Heer entlassene Gefreite war davon überzeugt, daß er dazu ausersehen war, das deutsche Volk aus den Fesseln des Vertrags von Versailles zu befreien. Als es ihm 1938 anläßlich der Sudetenkrise nicht gelang, einen Krieg vom Zaune zu brechen, war er enttäuscht und hoffte 1939, daß ihm bei seinem Überfall auf Polen nicht wieder in letzter Minute ein Schweinehund in den Arm fallen werde. Er war sicher, daß nur er imstande sei, den erfolgreichen Krieg führen zu können. Nicht nur bei seinen spektakulären Siegen, sondern vor allem auch bei seinen vernichtenden Niederlagen zeigte er einen »unerschütterlichen Glauben an seinen guten Stern«. »Durch unzählige Einzelheiten hatte er sich die Überzeugung zusammengebaut, daß sein ganzer Lebensweg mit den vielen ungünstigen Ereignissen und Rückschlägen, die er überbrücken konnte, ihn zu der... gedachten Aufgabe von einer höheren Vorsehung bestimmt hatte.«

Störanfälligkeit

Außerdem zeigte sich bei Lurijas Versuchsperson Schereschewskij eine besondere Störanfälligkeit der Wahrnehmung. Wenn ihm eine Stimme, die ihm mißfiel, die Daten vorsagte, die er behalten sollte, so versagte manchmal sein Gedächtnis. Auch bei Hitler ist eine solche Störanfälligkeit belegt. Ein neues modisches Kleid oder eine neue Frisur bei seinen Sekretärinnen irritierten ihn. Vielleicht ist die Neigung, seine ganze Umgebung zu uniformieren, zum Teil auf diese visuelle Störanfälligkeit zurückzuführen. Daß Hitler durch plötzliche Wahrnehmungsstimuli in außergewöhnlicher Weise aus dem Gleichgewicht gebracht werden konnte, zeigte sich bei Reden, die er unvermittelt abbrach, oder durch plötzliche Antipathien gegenüber bestimmten Menschen.

Am 27. Januar 1944 hatte Hitler die Generalfeldmarschälle und Oberbefehlshaber in sein Hauptquartier »Wolfsschanze« bestellt, um sich ihrer Treue und Ergebenheit zu versichern. Er hielt dabei eine Rede, die in den Worten gipfelte: »Meine Herren, wenn es jemals eine letzte Stunde gibt, dann hoffe ich, daß Sie, meine Herren Generale, zusammen auf den Barrikaden stehen, und daß Sie, meine Feldmarschälle, mit gezogenem Degen bei mir sind.« Generalfeldmarschall von Manstein fiel darauf Hitler mit einem Zwischenruf in die Rede. »Das wird auch der Fall sein, mein Führer!« Hitler war so irritiert, daß er die Rede ziemlich abrupt beendete.

Goebbels, kein besonderer Freund Mansteins, den er als »Marschall Rückwärts« verspottete, wunderte sich am 6. Februar 1944 über Hitlers Verhalten. »Der Zwischenruf des Generalfeldmarschalls von Manstein ergibt sich aus dem Wortlaut als nicht so dramatisch, wie wir zunächst angenommen hatten. Der Führer erklärt, daß, wenn es einmal ganz hart auf hart ginge und er von allen verlassen sein könnte, am Ende noch seine Offiziere mit gezogenem Degen vor ihm stehen müßten, worauf Generalfeldmarschall von Manstein den Zwischenruf macht: ›Das wird auch so sein, mein Führer!‹ Dagegen ist eigentlich nichts Besonderes einzuwenden…«

Bei den Massenauftritten zeigte sich deutlich Hitlers »Abhängigkeit von der Disposition des Publikums… Namentlich in den politisch ruhigeren (und deshalb für ihn schwierigeren) Jahren zwischen 1925 und 1928 lehnte Hitler es auch gelegentlich ab oder zögerte lange, eine Rede zu halten, wenn er einer durchschlagenden Wirkung nicht sicher war«.

Schon in seiner Wiener Zeit plante der junge Phantast den Neubau der Hofburg, weil deren Ziegeldach ihm nicht gefiel, und als der inzwischen auf einen Höhepunkt seiner Macht gelangte Diktator im August 1938 in München die Prinzregentenstraße entlangfuhr, störte ihn die Farbe des Gitters an einem Neubau gegenüber dem Luftkreiskommando. Die Führeradjutantur schrieb daraufhin an Professor Gablonski im bayrischen Innenministerium: »Der Führer bemerkte gelegentlich einer Fahrt vom Haus der Kunst zur Wohnung, daß es besser aussehen würde, wenn die Gitter an den Fenster des obengenannten Neubaus nicht schwarz, sondern goldbronziert wären. Es wird daher gebeten, das Notwendige zu veranlassen.« Als Hitler das Erscheinungsbild seiner Leibstandarte mißfiel, beschwerte sich am 18. Januar 1939 die Führeradjutantur: »Die Männer der letzten Wache trugen durchweg sehr schlecht geputzte Stiefel und alles andere als einen erfreulichen Haarschnitt. Der Führer hat sich auch in dieser Hinsicht nicht erfreulich geäußert.« Veränderungen des Gewohnten konnten ihn ungewöhnlich erregen. Heß erzählte Speer im Spandauer Gefängnis, daß Hitler einmal »außer sich vor Wut geraten sei, als er bei einer Fahrt durch München entdeckte, daß sein altes Lieblingskino, das ›Fern Andra‹, den Namen gewechselt habe«. Aus ähnlichen Gründen verhinderte Hitler, daß der ihm vertraute Münchner Odeonsplatz, auf dem er in einer begeisterten Menge den Kriegsausbruch 1914 erlebt hatte, von eifrigen Anhängern in Adolf-Hitler-Platz umbenannt wurde.

Grüner Hund

Baldur von Schirach versuchte als Gauleiter von Wien, in einer Ausstellung Anfang Februar 1942 auch die Exponate gemäßigter Expressionisten zuzulassen. Ende 1942 wurde er auf den Berghof zitiert, und Hitler hielt ihm eine farbige Abbildung aus einem Heft der HJ-Zeitschrift »Wille und Macht« unter die Nase:»Ein grüner Hund! Das ist nicht Jugenderziehung, das ist Opposition! Das ist Sabotage!« Hitlers Unerbittlichkeit bei Fragen, die seine perzeptive Organisation betrafen, ist auffällig. Andere Staatsmänner hätten nicht die geringsten Schwierigkeiten, wenn ein Minister einen abweichenden Kunstgeschmack zeigte. Doch Hitler zeigte in diesem Punkt äußerste Konsequenz. Auf seiner Grundsatzrede am 18. Juli 1937 zur Eröffnung des »Hauses der Deutschen Kunst« ereiferte er sich über die modernen Künstler,»die grundsätzlich Wiesen blau, Himmel grün, Wolken schwefelgelb« malten, und sagte ihnen in gleicher Weise den Kampf an wie seinen politischen Feinden:»Ich will in dieser Stunde bekennen, daß es mein unabänderlicher Entschluß ist, genau wie auf dem Gebiete der politischen Verwirrung nunmehr auch hier mit den Phrasen im deutschen Kunstleben aufzuräumen.«

Ernst Nolte hat darauf aufmerksam gemacht, daß Hitler, anders als die meisten politischen Ideologen – seien es nun Marxisten, Liberale oder die Zentrumspartei –, nicht von abstrakten Prinzipien geleitet wurde, sondern von einem »monomanischen Drang nach Anschaulichkeit«. Er habe »Deutschland in einen Krieg« geführt, »welcher durch altertümliche Vorstellungen von der Bildung politischer Weltreiche und der Herrschaft einer anschaubaren Gruppe von Menschen der ›Germanen‹ oder auch der ›Arier‹ geprägt war«. Wenn man so will, hat der Nationalsozialismus einen Kampf des für den Eidetiker charakteristischen archaischen Prinzips der Anschauung gegen das entwickeltere Prinzip der Abstraktion geführt, einen nutzlosen und grausamen Widerstand einer früheren Entwicklungsstufe gegen eine spätere geleistet. Das Prinzip der Anschauung wurde bis zur letzten Perversion in den Einteilungskategorien getrieben, nach denen polnische Kinder aufgrund ihres »arischen« Aussehens als eindeutschungsfähig eingestuft wurden; Deutschtum als rein okulare Bestimmung.

Hitler selbst behielt sich vor, anhand von Photographien zu entscheiden, ob »halbjüdische« Soldaten als wehrunwürdig entlassen werden mußten, in der Wehrmacht bleiben durften oder sogar zu Offizieren befördert werden konnten. Wie willkürlich er dabei vorging, zeigt ein Fall, in dem von zwei Brüdern der eine Hitlers Gnade fand, der andere nicht. Hitler nahm sich selbst mitten im Rußlandfeldzug zu dieser Prozedur Zeit. Der detachierte Mann dürfte an diesem Zeremoniell, in dem er über das Schicksal eines jungen Menschen nur aufgrund des Umstandes, ob ihm das Gesicht zusagte oder nicht, ein perverses Vergnügen gefunden haben, das Aufschluß über seine eigentümlichen Neigungen gibt. Wie schon bei seiner Verdammung der »jüdischen« Kunst vermischte er seine erotischen und ästhetischen Auffassungen.

Der verbrecherische Kommissarbefehl Hitlers sollte die deutsche Wehrmacht vor der »bolschewistischen Zersetzung« schützen. Deswegen mußten die Kommissare sofort nach der Gefangennahme liquidiert werden. »Kenntlich sind sie dadurch, daß sie auf den Ärmeln einen roten Stern mit goldenem eingewebten Hammer und Sichel tragen.« Besondere Gefahr ging angeblich von mongolisch aussehenden Gefangenen aus. Sie wurden ebenfalls sofort ermordet. Anschauungsprinzip: Das Aussehen verrate das Wesen. Die »asiatischen Soldaten der Roten Armee sind undurchsichtig, unberechenbar, hinterhältig und gefühllos«.

Jedenfalls zeigte sich Hitlers Anschaulichkeit mit ihrer beflissenen Genauigkeit auch in seinem graphischen Ausdruck. Am 23. Oktober 1940 schickte der Leiter des NSDAP-Hauptarchivs an den Minister Ley Bauskizzen des Führers. Euphemistisch wird auf die »architektonisch schöne Auffassung des Führers« hingewiesen.

Hitlergruß, Schmerzunempfindlichkeit und Krokodilstränen

Lurijas Patient Schereschewskij hatte die Fähigkeit ideomotorischer Akte deutlich entwickelt. »Wenn ich irgend etwas will, meinte S., brauche ich keine Anstrengungen zu unternehmen – das geschieht ganz von allein.« Hitler besaß die Fähigkeit, seine rechte Hand stundenlang zum Gruß hochzuhalten. Die Vorbeimärsche auf den Reichsparteitagen in Nürnberg dauerten bis zu fünf Stunden. Während des Krieges überlegte Hitler, die Tortur abzukürzen. Wenn die Kolonnen statt wie bisher in Zwölfer-

Der Deutsche Gruß

Auch der Hitler-Gruß entsprach einem frühen optischen Eindruck, den Hitler perfekt pantomimisch umsetzen konnte und sein ganzes Leben lang behielt. Der triumphierende römische Feldherr aus einem österreichischen Schulbuch, den Hitler in seiner Jugend zeichnete, diente als Vorlage für späteres Nazi-Brauchtum. Auch das Heil-Rienzi, das der begeisterte Jüngling in der Wagner-Oper hörte, mag prägend gewirkt haben. Immer wurden die Nürnberger Parteitage mit der Rienzi-Ouvertüre eröffnet.

Der Gruß, der sich auch am Faschistengruß, möglicherweise sogar an der Kommunistenfaust orientierte, wurde später ideologisch als frühe germanische Gruß-form gedeutet.

Vier Stunden lang konnte Hitler seinen Arm zum Gruß strecken, eine ganz ungewöhnliche Leistung für einen unsportlichen Menschen. Er brauchte weder mit einem Expander zu trainieren noch sich eine Stütze in die Uniform einnähen zu lassen. Eidetiker sind in der Lage, sich gedanklich von ihrem Körper zu dissoziieren. Im Arm wird die Empfindung abgeschaltet, so kann er stundenlang in ungewohnter Stellung verharren.

Reihen in Sechzehner-Reihen kämen, würde es statt fünf nur vier Stunden dauern, und das wäre schon etwas.

Andere, die es ihm gleichtun wollten, versagten kläglich. Sie halfen sich dadurch, daß sie zwischendurch die Linke hochhielten, um den rechten Arm ein wenig zu entlasten. Hitler dagegen hielt unentwegt seinen rechten Arm gestreckt. Es gab das Gerücht, er benutze eine verborgene Stütze, die geschickt in seiner Uniform eingenäht sei. Auch daß er seine Armmuskeln mit einem Expander trainierte, wurde berichtet. Wahrscheinlich handelte es sich aber um ein ideomotorisches Phänomen.

Möglicherweise ist auch Hitlers Schmerzunempfindlichkeit mit dem eidetischen Syndrom erklärbar. Sein Zahnarzt Blaschke berichtete dem Nürnberger Ankläger Kempner, während Göring sich bei den Behandlungen besonders unangenehm aufgeführt habe, sei Hitler trotz seines schlechten Gebisses ein sehr disziplinierter Patient gewesen. Spritzen habe er abgelehnt. Es ist möglich, daß Hitler die Schmerzempfindung ausschalten konnte, ähnlich wie der Patient Schereschewskij, der sich vorstellte, die Schmerzen seien gar nicht an seinem Körper. Wenn er sie noch als glühenden Strich fühlte, konnte er diesen in seiner Vorstellung so verkleinern, daß er schließlich nicht mehr zu sehen war, und damit war der Schmerz verschwunden.

Zweifellos war Hitler in der Lage, zeitweise einen autosuggestiven Einfluß auf sein vegetatives Nervensystem ausüben. Er besaß auch die Fähigkeit der willkürlichen Tränenproduktion, die nur wenigen Schauspielern zur Verfügung steht, und nutzte sie weidlich. Während der »Kampfzeit« setzte Göring die Begabung seines Führers bewußt ein. In kritischen Situationen forderte er: »Der Hitler muß her und muß weinen!«

Tränen vergoß Hitler gern. Rosenberg berichtete von dem Mann, der Millionen von Soldaten in den Tod schickte, ohne mit der Wimper zu zucken: »Als wir ein anderes Mal über Straßburg sprachen und ich für das Münster als Nationalheiligtum plädierte, sagte der Führer mit Tränen in den Augen: ›Es soll auch ein Denkmal zur Erinnerung werden an den unbekannten Soldaten. Was hat der schlichte Mann? Er hat seinen Leib und den setzt er ein.‹«

Otto Strasser glaubte, Hitler hätte vollkommene Gewalt über

seine Tränendrüsen:»Hitler heulte vorsätzlich und mit Übermaß.«
Schacht erinnerte sich, bei seiner Bitte um Entlassung habe Hitler
Tränen in den Augen gehabt. Speer berichtet von einer rührseli-
gen Reaktion Hitlers anläßlich einer Totenfeier für Dr. Todt im Februar 1942 und schreibt dann über einen seiner letzten Besuche
im Führerbunker:»... seine Augen füllten sich, wie so oft jetzt, mit
Wasser.« In den späteren Jahren waren die Tränen dann wahrscheinlich auch ein Symptom seiner Nervenkrankheit.

Außergewöhnliche Willensleistung zeigte Hitler auch auf anderen Gebieten. In seiner Jugend und auch noch in seiner Soldaten-
zeit aß er gern Fleisch. Seit 1931 lebte er als strikter Vegetarier.
Auch seine Süchte überwand Hitler in spektakulärer Weise. Der
starke Raucher wandelte sich zum entschiedenen Nichtraucher.
Besonders schwer fiel ihm nach eigenem Bekunden der Verzicht
auf Kaffeetrinken. Aber auch dieses Laster unterdrückte Hitler radikal. Er trank während seiner Kanzlerschaft nur noch Fachinger
Wasser, Fruchtsäfte und Kräutertee.

Magische Wirkung

Bis zu einem gewissen Grade wirkt die ideomotorische Kraft offenbar auch auf andere Menschen. Schereschewskij berichtete Lurija:
»Wenn ich mir etwas vorstelle, geschieht es auch so! Da habe ich
mit einem Kameraden gewettet, daß die Kassiererin im Laden mir
zuviel Wechselgeld herausgeben würde. Das habe ich mir dann
auch deutlich vorgestellt, und sie hat mir tatsächlich nicht das
Wechselgeld auf zehn, sondern auf zwanzig Rubel gegeben.«
   Auch Hitler wird eine magische Wirkung auf andere nachgesagt.»Die Fähigkeit Hitlers, auch erfahrene Politiker und selbstsi-
chere Militärs umzustimmen und an sich zu binden, ist zu häufig
bezeugt, als daß sie als unglaubwürdige Schutzbehauptung abgetan werden könnte.« (H.-U. Thamer) Es gab sogar Menschen, die
ihm verfallen waren, deren Willen so ausgelöscht war, daß sie alles
taten, was er wollte.»Sein gesamtes politisches Leben trieb ihn die
unerschütterliche Überzeugung voran, daß sich die Wirklichkeit
seinem Willen schließlich beugen würde.«

Erst in seinen Reden vor dem Münchner Vorstadtpublikum in der Nachkriegszeit kam seine ideomotorische Begabung zum Zuge. Der Höhepunkt dieser Fähigkeit lag in der Zeit von 1923 bis 1935, danach wurde sie schwächer, wirkte aber immer noch auf diejenigen, die ihm bereits verfallen waren. Lüdecke, ein früher Anhänger Hitlers, der sich jedoch bald von ihm abwandte, berichtete, er habe so etwas wie ein »religiöses Konversionserlebnis« gehabt, als er Hitler zum ersten Mal begegnet sei. Bella Fromm notierte die sonderbare Geschichte, die ihr der Kommandeur der Schutztruppe, Heimannsberg, über Hitlers Rede im Berliner Sportpalast im November 1931 erzählt hatte. Die Veranstaltung war von besonders zuverlässigen und vertrauenswürdigen Schutzleuten überwacht worden. Am nächsten Tag kam ein hochaufgeschossener, republikanischer Polizeioffizier ins Präsidium und berichtete, der aus dem Wagen gestiegene Hitler hätte ihn offenbar für einen Mann seiner Leibgarde gehalten. »Er sei feierlich auf ihn zugeschritten, hätte seine Hand ergriffen und ihm mit unheilvollem hypnotisierendem Blick in die Augen gestiert.« Heimannsberg über die Reaktion des Betroffenen: »Die Hacken zusammenschlagend gestand er mir am nächsten Morgen: ›Seit gestern abend bin ich Nationalsozialist. Heil Hitler!‹«

Joseph Goebbels wurde vom Redner Hitler gefangen, er horchte auf: »Ich gehe, nein, ich werde getrieben bis an die Tribüne. Da stehe ich lange und schaue dem Einen ins Gesicht. Das ist kein Redner. Das ist ein Prophet… Ich weiß, wohin mein Weg geht… Nun höre ich nichts mehr. Ich bin wie berauscht… Ich weiß nur noch, ich lege meine Hand in eine klopfende Männerhand. Das war ein Gelöbnis fürs Leben. Und meine Augen versanken in zwei großen, blauen Sternen.«

Besonders nachhaltig erfaßte den späteren Reichsjugendführer Baldur von Schirach der verderbliche Zauber der eigenartigen Persönlichkeit Hitlers. Der Achtzehnjährige gehörte im März 1925 in Weimar zu einem völkischen Wehrverband, der »Knappenschaft«, die bei einer Hitlerrede zum Saalschutz abkommandiert worden war. Schon die Stimme des Hinterzimmerdemagogen zog ihn in seinen Bann. »Sie war tief und rauh, resonant wie ein Cello. Ihr Akzent wirkte fremdartig und zwang gerade dadurch zum

Zuhören«, erinnerte sich Schirach später. Zuhause in der Dachkammer faßte der Verehrer seine Huldigung in pathetische Reime:

>»Du gabst uns Deine Hand und einen Blick,
von dem noch jetzt die jungen Herzen beben:
Es wird uns dieser Stunde mächtig Leben
begleiten stets als wunderbares Glück.«

Baldur widmete dann in der Tat sein Leben Hitler und zog von Weimar nach München. Als ihm 1928 in Amerika eine Karriere als Bankier an der Wallstreet angeboten wurde, lehnte er ab:»Ich wollte zurück nach Deutschland, zurück zu Hitler.«

Auch bei Ernst Hanfstaengl könnte man von einem Konversionserlebnis sprechen. Als er Hitler zum ersten Mal sah, kannte er kaum dessen Namen; nachdem er Hitler aber hatte sprechen hören, war er für den Rest seines Lebens ein veränderter Mann.

Besonders eindringlich schildert Wagener, der von 1929 bis 1933 zu Hitlers engsten Vertrauten gehörte, wie ihn Hitler in seinen Bann zog:»Hitler saß nicht mehr, und er stand nicht, sondern er war nur noch ›Wort‹ und sprach mit leuchtenden Augen und strahlendem Blick, und ich nahm nur das Auge und jenen Logos in mir auf, der aus ihm sprach.«

Die beiden wichtigsten Generäle, die Hitler bei der Aufrüstung halfen, Kriegsminister von Blomberg und Heeresoberbefehlshaber von Fritsch, waren kaum weniger beeindruckt.»Solang ich in seiner Nähe weilte«, schrieb Blomberg,»also bis zum Januar 1938, hat seine subjektive Kraft auf mich eingewirkt, indem sie mich aufrief, meine Zweifel und Einwände ausschaltete und es dabei verstand, meine völlig loyale Haltung trotz Anfechtungen lebendig zu erhalten.« Blomberg sah Hitler sogar als eine Art Wunderheiler an,»als einen ganz großen Arzt, der ihn von Erkältungen kuriert habe, wenn er ihm herzlich die Hand gedrückt habe«. Lähmung und Resignation rief Hitlers Eindruck bei von Fritsch hervor:»Dieser Mann ist Deutschlands Schicksal im Guten und im Bösen. Geht es in den Abgrund, so reißt er uns alle mit. Zu machen ist nichts.«

Rudolf Diels, der erste Chef der Gestapo, attestierte Hitler einen »Röntgenblick, der ihn befähigte, seinem Partner tief ins Herz zu sehen. Wie ein Arzt bei der Durchleuchtung vor dem Röntgenschirm die Schattierungen, Verhärtungen und Verkapselungen wahrnimmt, so erkannte er die Eignung für Unterwerfung und letzte Ergebenheit; auch keine diplomatische und Schauspielkunst konnte ihn über verborgenen Widerstand hinwegtäuschen«.

Beim Nürnberger Kriegsverbrecherprozeß sagte Staatssekretär von Steengracht, der Nachfolger Ernst von Weizsäckers im Auswärtigen Amt, Ribbentrop habe unter der Hypnose Hitlers gestanden. Admiral Dönitz, der nach Hitlers Tod kurze Zeit Staatsoberhaupt wurde, erklärte vor demselben Gericht: »Ich habe bewußt selten meinen Weg ins Hauptquartier genommen, weil ich das Gefühl hatte, daß ich so am besten meine Stoßkraft behalte, und weil ich nach zwei oder drei Tagen Aufenthalt im Hauptquartier das Bedürfnis hatte, mich von der suggestiven Kraft wieder abzusetzen.« Bekannt »sind seine Äußerungen über die ungeheure Ausstrahlung des ›Führers‹. Im Vergleich zu diesem seien alle anderen nur sehr arme Würstchen«. »Sein Stab benötigte stets mehrere Tage, um ihn nach einem Besuch bei Hitler in die ›reale‹ Welt zurückzuholen.«

Schacht berichtete, daß Göring immer wieder versuchte, Hitler zu wirtschaftlicher Mäßigung zu überreden, ohne daß ihm das gelang. Göring habe gestanden: »Ich nehme mir oft vor, ihm etwas zu sagen, aber jedesmal, wenn ich ihm gegenüberstehe, fällt mir das Herz in die Hose.« Walter Kempowski befragte die Nachkriegsdeutschen nach ihrem Eindruck von Hitler. Ein Professor antwortete: »Das Merkwürdige bei Hitler, wissen Sie, ich bin oft intelligenten, selbständig denkenden Menschen begegnet. Einer sagte mir: ›Ich bin hingegangen und habe mir fest vorgenommen: Der kriegt mich nicht! Und dann war ich da, und da war der Einfluß, da war nichts mehr zu machen.‹«

Die starken Wirkungen Hitlers erlebte Golo Mann im Jahre 1928: »Gegen die Energie, die Überzeugungskraft des Redners mußte ich mich wehren; was einem Freund, den ich mitgebracht hatte, rein jüdischer Abstammung, nicht gelang. ›Er hat ja recht‹, flüsterte er mir zu. Dieses ›Er hat ja recht‹ – wie oft habe ich es später hören müssen, von Mit-Zuhörern, von denen ich es nie erwartet hätte, Schweizer Freunden zum Beispiel.« Selbst Golo Manns jüdische Großmutter Hedwig Pringsheim, »eine alte Verehrerin Napoleons – im Haus gab es ein Napoleon-Zimmer, mit Bildern und Büchern ganz dem Kaiser gewidmet –, konnte sich einer zarten Bewunderung Hitlers nicht erwehren, worüber es zwischen den Greisen (Alfred und Hedwig Pringsheim) zu heftigen Streitereien kam«.

»Dem Banne seines Geistes und Willens verfielen auch geistvolle und starke Persönlichkeiten«, erklärte der Arbeitsdienstführer Konstantin Hierl und beschreibt Hitlers suggestive Gesprächstechnik: Ihm »kam es bei solchen Zwiesprachen weniger auf einen Gedankenaustausch mit dem Gesprächspartner als darauf an, dem anderen die eigenen Gedanken einzuflößen«.

Besonders erfolgreich war Hitler bei Mussolini. Noch nach der Niederlage von Stalingrad Mitte April 1943 brachte er den Italiener, der gekommen war, um einen Friedensschluß mit Rußland und die Rücknahme der italienischen Armee durchzusetzen, von seinem Vorhaben ab. Goebbels notierte in seinem Tagebuch: »Der Führer hat sich alle Mühe gegeben, und unter Aufbietung seiner ganzen Nervenkraft ist es ihm gelungen, Mussolini wieder in die Reihe zu bringen. Er hat in diesen vier Tagen eine vollkommene Verwandlung durchgemacht. Als er den Zug verließ, so meinte der Führer, sah er aus wie ein gebrochener Greis; als er wieder zurückfuhr, war er ein gehobener, tatenfreudiger Mensch.«

Elektrisierende Wirkungen gingen nach Goebbels' fester Überzeugung von Hitler aus. Am 20. März 1942 notierte er: »Wenn man einen Nachmittag mit ihm verbracht hat, so fühlt man sich wie ein neu aufgeladener Akkumulator.« In der Endphase des Krieges rühmte Goebbels bei Hitler die »Standhaftigkeit des Herzens«. Man müsse immer wieder aufs neue seine Nervenkraft bewundern. »Er ist in der Tat der ruhende Pol in den unglücklichen Erscheinungen.« »Er ist auch durch die furchtbaren Schläge, die wir jetzt wieder empfangen, völlig unerschüttert geblieben.«

»Der Danziger Gauleiter Albert Forster erschien im März 1945 sehr verzweifelt im Reichskanzlerbunker und erklärte, 4000 russische Panzer seien im Anmarsch auf Danzig. Es stünden ihnen nur eine ganz geringe Zahl von deutschen gegenüber. Er begab sich zu Hitler und kam in völlig verwandelter Stimmung zurück. ›Er hat mir erklärt‹, rief er aus, ›daß er Danzig retten wird, und da gibt's nichts mehr zu zweifeln.‹«

Der Fliegergeneral Ritter von Greim war in einem todesmutigen Flug in einem Fieseler Storch, der von der Pilotin Hanna Reitsch gesteuert wurde, zu Beginn des Jahres 1945 in das belagerte Berlin eingeschwebt. In der schon geschilderten Szene empfing der körperlich gebrochene Hitler Greim in der Enge seines Bunkers, um ihn an Stelle des abtrünnigen Görings zum Oberbefehlshaber der Luftwaffe zu ernennen. War es der Einfluß Hanna Reitschs, die fest an Hitler glaubte, war es die unvermutete Beförderung, oder spielte die Verwundung mit, die Greim beim Beschuß des Flugzeugs erlitten hatte? Jedenfalls verfing Hitlers Magie noch ein letztes Mal; der General glaubte wieder an den Endsieg, obwohl die totale Niederlage ihm deutlich vor Augen stand.

Hitlers Suggestivkraft wirkte auch auf den Generalfeldmarschall Günther von Kluge in solchem Maße, daß er davon überzeugt war, dem doch so völlig verschiedenen Menschen Hitler innerlich nahe zu stehen. Hitler zweifelte an seiner Treue, sah ihn als Mitwisser der Attentatsabsichten und ließ ihn als Oberbefehlshaber West am 17. August 1944 überraschend durch Feldmarschall Model ablösen. Auf der Rückfahrt nach Deutschland nahm Kluge am 19. August 1944 Zyankali. In seinem Abschiedsbrief beschwor er Hitler, den aussichtslos gewordenen Krieg zu beenden, und schloß mit den Worten: »Ich scheide von Ihnen, mein Führer, der ich Ihnen innerlich näher stand, als Sie vielleicht geahnt, mit dem Bewußtsein, meine Pflicht bis zum äußersten getan zu haben. Heil mein Führer!«

Aber nicht immer waren Hitlers aufdringliche Versuche der persönlichen Beeinflussung erfolgreich. Am 13. Juli 1943 bestellte Hitler die Feldmarschälle Rommel, Kluge und von Manstein in sein Führerhauptquartier nach Ostpreußen. Manstein, der Rommel bei dieser Gelegenheit zum ersten Mal begegnete, fragte nach dem Grund für Rommels Anwesenheit im Hauptquartier. Ob er ein neues Kommando erhalten habe? Rommel erwiderte wörtlich: »Ich befinde mich hier zu einer Höhensonnen-Kur.« Manstein verstand nicht recht. Rommel wurde nun deutlicher:»Ich werde hier mit Höhensonne und Glauben bestrahlt.«

Hitler konnte jedoch seine Wirkung meist durchaus richtig einschätzen. Eine gewisse Selbstironie zeigte er, als er auf einer Lagebesprechung am 24. Januar 1945 stöhnte:»Ich habe heute noch eine unangenehme Arbeit. Ich muß den Quisling heute noch hypnotisieren.« Er spürte instinktiv, wie weit er gehen durfte. Sein Dolmetscher Dollmann erinnerte sich:»Er starrte mich an, als wollte er mich hypnotisieren. Nach einem Moment gab er auf. Es war seine ›Masche‹. Immerhin war er gescheit genug, die Sache aufzugeben, sobald er merkte, daß er keinen Erfolg damit hatte.«

Eher einfühlsam ging Hitler auch bei einer Audienz vor, die er dem preußischen Prinzen Louis Ferdinand im Sommer 1933 in der Reichskanzlei gab.»Anfangs war er bescheiden«, so der Prinz. »Eine richtige Unterhaltung kam nicht zustande. Nachdem ich ihm erzählt hatte, daß ich nach Detroit (wo Louis Ferdinand für den Autofabrikanten Ford arbeitete) zurückginge, holte er zu einem gewaltigen Monolog (über das Thema Auto und Gesellschaft) aus, der fast vierzig Minuten währte. ... Es wäre nicht aufrichtig, wollte ich nicht zugeben, daß ich von dieser ersten und einzigen, wenn auch recht einseitigen ›Unterredung‹ keinen ganz ungünstigen Eindruck mitnahm. Ich verstehe durchaus, daß so viele Leute und sogar Ausländer ihm verfielen, und daß eine gewisse magnetische Wirkung von ihm auf sie ausging...«

Der britische Faschistenführer Oswald Mosley erzählte über seine erste Begegnung mit Hitler im April 1935:»Das hypnotische Benehmen fehlte total. Er war einfach und behandelte mich während der ganzen Unterredung mit einem sanften, fast femininen Charme.«

Schamanismus, Präkognition

Zwar sah Hitler seinen Gesprächspartnern gern lange und intensiv in die Augen, um regelrechte Hypnosen handelte es sich jedoch bei diesen Unterredungen kaum. Die Behauptung, Hitler habe 1919 bei seinem Lazarettaufenthalt in Pasewalk durch den Neurologen der Universität Greifswald, Professor Forster, die Hypnose kennengelernt, ist schlecht belegt. Auch Devrients Beobachtung, er habe Hitler in seinem Hotelzimmer bei einer Übung des autogenen Trainings überrascht, ist wenig glaubwürdig. Hitler hielt sich mit den Spritzen des Dr. Morell fit und nicht durch die Meditationsmethoden des I. H. Schultz.

Selbst mit Schamanismus wurde Hitlers Wirkung erklärt. Darunter wird eine archaische Form der Religiosität verstanden, die einige sibirische Völker und nordamerikanische Indianer praktizieren. Der Schamane beschwört die Geister, wird von einem Geist besessen und ist somit in der Lage, auf einer Seelenreise die in Unordnung geratene Welt wieder ins Lot zu bringen und Kranke zu heilen. Die Fähigkeiten der Geisterbeschwörung und des Heilens sind in bestimmten Familien konzentriert. Außerhalb der Beschwörung fällt ein Schamane nicht weiter auf. Im Gegenteil, er wirkt besonders farblos und durchschnittlich, so wie auch Hitler auf Menschen, die ihm nicht verfallen waren, wenig Ausstrahlung hatte. »Für diejenigen, die gegen sein Charisma gefeit waren, sah Hitler aus wie ein typischer Frisör oder Kellner.«

Der französische Botschafter André François-Poncet sah als auffälligstes Merkmal in Hitlers Benehmen drei völlig verschiedene Verhaltensebenen, die dieser wie auf einen Knopfdruck beliebig einschalten konnte. So bot er bisweilen das Gesicht eines Rasenden, dann aber übergangslos das eines »Mediums oder Schlafwandlers« und schließlich das eines »alltäglichen Menschen«, ein Gesicht, dem man häufig begegne, naiv, bäuerlich, plump, leicht zu ergötzen. Wenn man so will, kann man Hitlers rituelle Auftritte bei seinen Reden, insbesondere auf den Reichsparteitagen, mit einer Geisterbeschwörung vergleichen, bei der der Redner besessen wurde und die Teilnehmer durchaus so etwas wie eine Seelenreise oder ein Einswerden mit einem Geistwesen erlebten.

Die Fähigkeit zur außersinnlichen Wahrnehmung, zu Präkognition, meinte Ulrich Timm vom Freiburger Institut für Grenzgebiete der Psychologie bei Hitler feststellen zu können. Hitler sei bei auffällig vielen Anlässen Gefahren ausgewichen, als habe er sie erahnt. Im Ersten Weltkrieg habe ihn eine innere Stimme gewarnt:

»Los, stehe auf und verschwinde hier! ...Ich stand auf und ging im Graben zwanzig Meter weg; mein Mittagessen im Kochgeschirr nahm ich mit. Dann setzte ich mich hin und war beruhigt«, erinnerte sich Hitler nach dem Krieg. »Ich hatte kaum angefangen zu essen, als aus dem Teil des Grabens, den ich eben verlassen hatte, eine ohrenbetäubende Detonation zu hören war. Eine verirrte Granate war genau dort eingeschlagen, wo ich mit den anderen Kameraden gegessen hatte. Sie waren alle tot.«

Beim Attentat des Kunsttischlers Elser am 8. November 1939 im Münchner Bürgerbräukeller verließ Hitler überraschend früh die Veranstaltung und entging so dem Tod. Zu Heinrich Hoffmann sagte er: »Ich hatte so ein eigenartiges Gefühl, ich wußte selbst nicht, warum es mich wegtrieb aus dem Bürgerbräukeller!« Zwei weitere Attentaten entging Hitler: am 20. März 1943, weil er wieder hastig aufbrach, und im Dezember desselben Jahres, weil er nach Berchtesgaden abreiste.

Auch vom Attentat am 20. Juli 1944 hatte er wohl eine Vorahnung, die er Eva Braun einige Wochen vorher anvertraute. Nachdem die Bombe detoniert und er einigermaßen glimpflich davongekommen war, fühlte er sich erleichtert und von einer geheimen Spannung erlöst.

2.3. Eidetische Einebnung

Eine wissenschaftliche Kontroverse

E. R. Jaensch behauptete, beim echten Eidetiker falle eine Unterscheidung zwischen Wahrnehmung und Erinnerung vollständig weg. Die Erinnerungen würden als tatsächliche Wahrnehmungen erlebt, als »Sehen im buchstäblichen Sinn« (Kroh) und nicht nur als ein »Sehen vor dem geistigen Auge«.

Diese totale Einebnung wurde von der Schule Heinrich Dükers wohl mit Recht bestritten. Düker hatte nach dem Zweiten Weltkrieg im Marburger Institut den nazibelasteten Jaensch abgelöst und betrachtete nicht nur dessen politisches Engagement, sondern auch seine wissenschaftlichen Ergebnisse besonders kritisch. Er wollte nicht bestreiten, daß es Personen mit besonderen Gedächtnisfähigkeiten gab, die zu eigentümlichen Ausprägungen der Persönlichkeit führten, woraus pädagogische Konsequenzen zu ziehen seien; doch er wollte der eidetischen Erinnerung nicht den Status eines eigenständigen Phänomens zuschreiben. Es handele sich nicht um eine Erlebnisart sui generis. Nickel forderte, den Begriff Eidetik aufzugeben, der »ein artifizielles Konglomerat von Extremvarianten sehr unterschiedlicher Leistungen« sei.

Aber beim deutschen Diktator handelte es sich mindestens um eine eigenartige Extremvariante menschlicher Begabung, die weitreichende Einflüsse auf seine soziale Wirkung und auch die von ihm betriebende Politik hatte.

Realität und Propaganda

Hitlers Erleben war anders strukturiert als das des Durchschnittsbürgers eines modernen Industriestaates. Dieser unterscheidet zwischen Realität und Fiktion, zwischen beweisbarer Tatsache und bloßem Wunsch, zwischen Wahrheit und Lüge. Diese Unterscheidungsfähigkeit war bei Hitler deutlich gemindert.

Ob es nun die Lügengeschichte der Protokolle der Weisen von Zion oder die Lügengeschichten des Grafen Luckner waren, Hitler nahm alles als bare Münze. »Luckner sei übrigens ein so hervorragender Erzähler, daß auch er ihm einmal ganz ergriffen zugehört habe«, bekannte Hitler am 19. Juli 1942. »Als ihm dann eines Tages irgend jemand erzählt habe, daß die Behauptungen Luckners nicht der Wahrheit entsprächen, sei er über den Betreffenden genauso verärgert gewesen, als wenn einem Kinde von irgend jemand der Christbaum abgeräumt werde.«

Von der fehlenden Authentizität der Protokolle ließ er sich überhaupt nicht überzeugen. »Sie sollen auf einer Fälschung beruhen, stöhnt immer wieder die ›Frankfurter Zeitung‹ in die Welt hinaus«, gab er in seinem Buch »Mein Kampf« zu, dies sei allerdings »der beste Beweis dafür, daß sie echt sind«. Im übrigen sei es unerheblich, ob sie echt seien oder nicht. »Was viele Juden unbewußt tun mögen, ist hier bewußt klargelegt.« Da das ganze Dasein dieses Volkes aus einer fortlaufenden Lüge bestehe, sei es »ganz gleich, aus wessen Judenkopf diese Enthüllungen stammten«, maßgebend sei, »daß sie mit geradezu grauenerregender Sicherheit das Wesen und die Tätigkeit des Judenvolkes aufdecken und in ihren inneren Zusammenhängen sowie den letzten Schlußzielen darlegen«. Die Einwände gegen Karl May, dieser habe dem Leser nur vorgespiegelt, die Länder, über die er fabulierte, tatsächlich bereist zu haben, ließ Hitler nicht gelten. Bei Diskussionen in seinem Wiener Männerheim vertrat er den Standpunkt, es spreche geradezu für die Genialität Mays, daß er die Schauplätze seiner Reiseberichte nicht gesehen habe, »weil seine Schilderungen trotzdem naturgetreu sind und noch viel realistischer als die von anderen Reisenden«.

Eine klare Grenze zwischen Realität und Darstellung bestand in Hitlers Denksystem eigentlich nicht, aber er hatte ein um so feineres Gespür für propagandistische Wirkung. Das machte einen Großteil seines Einflusses aus. »Der NSDAP eignete von Anfang an eine weitgehende Ineinssetzung von Weltanschauung und Propaganda, von Glauben und Aktion, die in Hitler ihre mediale Drehscheibe hatte.«»Die symbolische Führerautorität sei wichtiger gewesen als der direkte Regierungswille der Person Hitlers.« (I. Kershaw)

Die Fähigkeit, eine einigermaßen verläßliche Grenze zwischen Möglichem und Unmöglichem zu ziehen, ist eine entscheidende Errungenschaft der menschlichen intellektuellen Entwicklung. Beim Eidetiker Hitler blieben diese Konturen verwischt. Wie ein Kind hielt er das Wunder jederzeit für möglich, wie ein Spieler nahm er an, der Millionengewinn warte jeden Augenblick auf ihn.

Sein vornehmlich propagandistisches Verständnis von Politik verleitete ihn zu dem Glauben, fast alle Sachprobleme könnten durch Propaganda gelöst werden. Der Erfolg seiner Blitzkriegstaktik, mit der er Polen und Frankreich überrannte, hing in der Tat auch von einem Propaganda-Effekt ab. Diese Taktik demoralisierte den Gegner. »Das Bild eines schnellen, tödlichen, fast klinischen deutschen Blitzkriegs, diese Kombination donnernder Panzer, heulender Stukas, brillanter Generalstabsoffiziere und gesunder, braungebrannter, lächelnder Soldaten, die singend zu ihren Siegen marschierten, wurde sowohl bei der deutschen Öffentlichkeit wie bei den Nachbarn des Reiches zu Beginn des Krieges verbreitet.« (O. Bartov)

Der Blitzkrieg sollte den »Eindruck einer unbesiegbaren Armee beim Feind wie bei den eigenen Soldaten erwecken«. Doch wurde diese Blitzkriegstaktik, die zwar gegen die unmittelbaren Nachbarn des Reiches erfolgversprechend war, auf Gegner angewendet, die mit ihr nicht bezwungen werden konnten: Großbritannien, das vom Ozean geschützt war, die Sowjetunion, in deren Weiten die Panzer schließlich zum Stehen kamen, und die völlig unerreichbaren USA. Fasziniert vom herrlichen Bild der heulenden Stukas und durchbrechenden Panzer zettelte Hitler einen Krieg an, den er nicht gewinnen konnte.

Die Verquickung von Realität und Propaganda wurde nicht nur von Hitler benützt, um seine Gegner zu beeindrucken. Auch Hitler selbst fiel auf seine Untergebenen herein, die sich erfolgreich seiner Propagandatechniken bedienten und mit »Zaubervorstellungen« ihr Prestige beim Diktator kurzfristig mehrten.

Hitler überschätzte die Möglichkeiten und die Verwendungsfähigkeit der Luftwaffe maßlos. Er war davon überzeugt, Görings Flieger seien ihren Gegnern nicht nur deswegen überlegen, weil sie bessere Soldaten, sondern auch, weil ihre Maschinen um Klassen besser seien. So glaubte er, die Luftwaffe könne England ohne Unterstützung der anderen Wehrmachtsteile allein niederringen.

»Bei dieser Überschätzung spielte eine Luftwaffendemonstration auf der Erprobungsstelle Rechlin am 3. Juli 1939 eine wesentliche Rolle.« Hitler war fasziniert, übersah in seiner Begeisterung jedoch, »daß es sich hierbei um Versuchsmodelle handelte, die teilweise mehr als fünf Jahre benötigten, um in Serienproduktion zu gehen«. Göring schimpfte im März 1942: »Eigentlich habe ich die E-Stelle Rechlin nicht mehr betreten wollen, nachdem die Ingenieure den Führer und mich so furchtbar bei der Besichtung im Sommer 1939 belogen und uns einen solchen Türken vorgemacht haben. Der Führer hat aufgrund dieser Besichtigung schwerste Entscheidungen gefaßt.«

So wie seine kurzlebigen Erfolge vornehmlich auf dem Propaganda-Effekt beruhten, so leitete Hitler auch seinen endgültigen

Untergang dadurch ein, daß er das Prestige höher bewertete als die Realität. Obwohl seine Generäle darauf hinwiesen, daß »Stalingrad mittlerweile in eine Ruinenlandschaft verwandelt, als Verkehrs- und Rüstungszentrum für die gegnerische Kriegsführung ohnehin keine nennenswerte Bedeutung mehr besaß... erklärte er am 6. Oktober 1942, unmittelbar nachdem Paulus (der Oberbefehlshaber der angreifenden 6. Armee) unter Berufung auf den Kräftemangel und die Übermüdung seiner Truppen eine vorübergehende Einstellung des Angriffs im Stadtgebiet gemeldet hatte, die völlige Inbesitznahme Stalingrads zur wichtigsten Aufgabe der Heeresgruppe, hinter der alle anderen Belange zurückzutreten hätten«.

Es waren »primär Prestigeerwägungen, die Hitler trotz aller ihm sehr wohl bewußten Gefährdungen an der restlosen Einnahme Stalingrads festhalten ließen. Vor allem die seit September zu beobachtende propagandistische Vorwegnahme des deutschen Sieges an der Wolga machte es dem Führer in den folgenden Tagen und Wochen praktisch unmöglich, den Kampf um Stalingrad abzubrechen, ohne sich damit dem Odium des Verlierers auszusetzen«.

Hildegard von Kotze und Helmut Krausnick fanden in ihrer Analyse der Reden Hitlers heraus, daß eines seiner Lieblingszitate, das er immer wieder variierte, aus dem zweiten Teil von Goethes »Faust« stammt: »Den lieb ich, der Unmögliches begehrt.« Am 24. Februar 1937 rief er seinen alten Kämpfern zu, die Götter ließen den gewähren, »der Unmögliches von ihnen fordert«. An dieser Forderung hätten sich die Geister geschieden. »Was wir forderten... war so ungewöhnlich und so gewaltig, daß überhaupt nur fanatische Naturen, fanatische Seelen sich zu einer solchen Bewegung hingezogen fühlen konnten. Alles, was durchschnittlich, bürgerlich, klein war, das konnte den Weg zu einer solchen Bewegung gar nicht finden.«

Der Hitlerschen Veranlagung entsprechend, wurde die Realisierung des Unwahrscheinlichen von der SS als normale Leistung gefordert. Diese Elitetruppe war »stolz und ›geeicht‹ darauf, ... gerade schwere und für unmöglich gehaltene Aufgaben ohne Widerspruch durchzuführen«.

Menschen leben in mehreren Welten, in der Realität und in einer Traumwelt. Im Zeitalter der Medien hat sich unsere Auffassung mehr zum Pol der Fiktion geneigt. Zuschauer eines politischen oder sportlichen Ereignisses sind oft enttäuscht, im Fernsehen wirke alles schöner und authentischer. Fernsehsprecher berichten, daß Unbekannte, die sie im täglichen Leben trafen, meinen, in Wirklichkeit – und das heißt in diesem Falle selbstverständlich auf dem Bildschirm – sähen sie ganz anders aus. Hitler, der sich bis zum Rußlandfeldzug abends gerne ein bis zwei Spielfilme ansah und einen guten Teil seiner Zeit in Architekturateliers vor Modellen zubrachte – später traten anstelle der Architekturmodelle die Aufmarschpläne auf der Generalstabskarte und die Symbole für die Divisionen auf den Modellen der Schaulage –, lebte vor allem in einer fiktiven Welt; insofern war er ein Mensch des Medienzeitalters. Nolte erkannte vollkommen zu Recht: »Der Nationalsozialismus kämpfte mehr gegen einen eingebildeten als gegen einen wirklichen Feind.« Er nannte Hitler einen »detachierten Menschen«, der sich von der Wirklichkeit entfernt hat. Auch Speer nahm diese Verschiebung bei Hitler wahr. »Nachträglich gesehen, kommt es mir so vor, als ob er die Wirkung wichtiger nahm als die Realität, daß ihn Zeitungsmeldungen mehr interessierten als die Geschehnisse selbst.« »Als während der schweren Kriegsjahre das Leben des von ihm besonders geschätzten Opernsängers Monowarda nach dessen Hinscheiden nicht mit Balkenüberschriften in den Zeitungen auf der ersten Seite gewürdigt worden war, wütete er gegen die Presse in stundenlanger Ekstase, die ihn den ganzen Tag arbeitsunfähig machte.«

Zeitschriftenlektüre konnte sich unmittelbar auf Hitlers Regierungsgeschäfte auswirken. In der »Berliner Illustrirten« las er über den »Fall Luftgas«. Ein vierundsiebzigjähriger Jude in Oberschlesien war zu zweieinhalb Jahren Gefängnis verurteilt worden. Er hatte 6500 Eier in einer Kalkgrube gehortet. Hitler unterrichtete seinen Justizminister Schlegelberger, er wünsche den Tod des Täters. Dieser wurde dann tatsächlich zu seiner Hinrichtung der Gestapo übergeben.

Was die Zusammenhänge zwischen Ölvorkommen und Städtebau betrifft, gewann Hitler seine Erkenntnisse durch den Film

»Stadt Anataol«. Dieser habe »das Milieu dieser balkanischen Petroleum-Entwicklung« wirklich gut geschildert. »Leute, die bloß, weil unter ihrem Boden zufällig eine Ölader läuft, in den Besitz einer fließenden Goldquelle kommen, ohne daß sie eine Arbeit leisten, das ist ganz gegen jede natürliche Ordnung! Nun baut eine Stadt wie Bukarest nur auf Grundstücksspekulationen auf.«

Die Inhalte fesselnder Filme prägten sich in sein Bewußtsein als eine Art höhere Wahrheit ein. Sein Englandbild bezog er vornehmlich aus dem Hollywoodstreifen »Bengali« nach dem Roman von Yeats Brown »The lives of a Bengali lancer«. Perfekter Kintopp als Grundlage politischer Überzeugungen: Hitler sah den indischen Subkontinent als die Geburtsstätte des britischen Selbstbewußtseins an und träumte davon, daß der von den Deutschen zu kolonisierende Ostraum eine ähnliche Wirkung auf ihr Selbstbewußtsein ausüben würde. Was die Menschen für wirklich halten, hatte der polnisch-amerikanische Soziologe W. I. Thomas erkannt, das ist für sie auch wirklich in allen realen Konsequenzen.

Kellermanns Tunnel

Möglicherweise entsprang Hitlers Erfolg als Redner der Nachahmung von Filmfiguren. Reinhold Hanisch, ein Bekannter aus der Wiener Zeit, berichtete: »Eines Abends ging Hitler ins Kino, um ›Kellermanns Tunnel‹ zu sehen. In diesem Film tritt ein Volksredner auf, der die arbeitenden Menschen durch seine Reden in Aufruhr versetzt.« Der Eindruck sei so stark gewesen, daß er von nichts anderem mehr gesprochen habe als von der Macht der Rede.

Am 18. November 1933, als Hitlers politisches Schicksal nach Gesprächen mit Hugenberg und Papen in der Schwebe hing, sah er sich abends den Film »Der Rebell« an. Die melodramatische Handlung, in der ein Student gegen die napoleonische Besatzung Tirols heldenhaft Widerstand leistet, bot sich ihm zur Identifikation an. Der Held, der durch seinen glühenden Patriotismus und seine mitreißende Rhetorik über seine bescheidene Herkunft hinauswuchs und zum Anführer seines Volkes wurde, lehnte jeden Kompromiß ab und siegte am Ende. »Mit seiner fanatischen Überzeugung übt der fiktive Tiroler Student auf andere den gleichen Einfluß aus wie Hitler mit seinem unerschütterlichen Glauben an das eigene Schicksal«, schrieb Henry Ashly Turner.

Djingis Khan

Doch nicht nur mit einem fiktiven Tiroler konnte sich Hitler in eigentümlicher Weise identifizieren, sondern auch mit einem fiktiven Mongolen. Neben Protagonisten aus der Filmwelt waren es vor allem literarische Helden, die Hitler beeinflußten. Otto Abetz, Hitlers Botschafter im besetzten Paris, erinnerte sich nach dem Krieg: »Personen der unmittelbaren Umgebung Hitlers erzählten mir, daß er oft ganze Nächte über Büchern verbringe, die er mit einer unglaublichen Schnelligkeit lese, ohne daß ihm auch nur ein Detail des Inhalts entginge. Während des Polenfeldzugs lag in seinem Schlafabteil die zweibändige Apologie Djingis Khans und seines eurasischen Weltreiches, die kurz zuvor ein englischer Autor veröffentlicht hatte.« Himmler hatte Hitler auf das Buch aufmerksam gemacht. Es handelte sich um den zweibändigen historischen Roman des russischen Emigranten Michael Prawdin (Pseudonym Michael Charols): »Djingis Khan, der Sturm aus Asien« und »Das Erbe Djingis Khans«. Wiewohl nicht von arischem Geblüt, hatte es der Romanheld den beiden Nazis angetan, er imponierte ihnen mindestens ebenso wie ein Germanenanführer. Unmittelbar bevor Hitler den Krieg gegen Polen begann, verglich er sich am 22. August 1939 mit dem Mongolenfürsten. »Unsere Stärke ist unsere Schnelligkeit und unsere Brutalität. Djingis Khan hat Millionen Frauen und Kinder in den Tod gejagt, bewußt und fröhlichen Herzens. Die Geschichte sieht ihn nur als großen Staatengründer... So habe ich, einstweilen nur im Osten, meine Totenkopfverbände bereitgestellt mit dem Befehl, unbarmherzig und mitleidslos, Mann, Weib und Kind polnischer Abstammung und Sprache in den Tod zu schicken. Nur so gewinnen wir den Lebensraum, den wir brauchen.«

Seiner Lektüre hatte Hitler die Idee entnommen, daß »Blutvergießen Krieger zusammenschweiße und sie auf die Dauer an ihre

Führer binde«. Für diese Vorstellung prägte er das Wort »Blutkitt«. Ebenso diente ihm Djingis Khan bei seinen rassischen Überlegungen als Vorbild: »Djingis Khan glaubte, seine Rasse sei allen anderen überlegen, und er förderte dieses Bewußtsein bei seinen Untertanen. Und weil die tapfersten und besten Krieger die schönsten Frauen erhielten, verbesserte sich im Laufe der Generationen das Erscheinungsbild der Mongolen ständig.«

»Auch hatte die ganze mongolische Bevölkerung sich auf den Krieg eingestellt, und eine Friedensperiode war für sie nur eine Periode der Vorbereitung auf den Krieg.« Djingis Khan »behielt persönlich den einfachen Lebensstil eines Nomaden bei und widerstand den verweichlichenden Auswirkungen der städtischen Kultur. All das paßte zu dem Bild, das Hitler für sich selbst konstruiert hatte«.

Old Shatterhand

Das vielbändige Werk Karl Mays nahm in Hitlers Bibliothek auf dem Berghof einen prominenten Platz ein. Hitler lag die schlichte Moral dieser Romane: Die Guten siegten über die Bösen, und die Identifikationsfigur war ein blonder Deutscher, der sich im Orient Kara Ben Nemsi, im Wilden Westen aber Old Shatterhand nannte und mit dem edlen Wilden Winnetou Untermenschen bekämpfte, die ihre Gegner skalpierten. Die hinterhältigen Böslinge, die grausamen Komantschen, banden ihre unschuldigen Opfer an den Marterpfahl und quälten sie dort bestialisch. Vermutlich sah Hitler in seinem eigenartigen Weltbild Parallelen zwischen diesen bösen Rothäuten und den bösen Juden.

Hitler wollte seinen Generälen vor dem Rußlandfeldzug die Bücher Karl Mays als Pflichtlektüre verordnen. Er glaubte, die imaginären indianischen Kampftechniken, die dort geschildert waren, könnten helfen, den sowjetischen Kriegslisten besser zu begegnen. Der Lektürevorschlag fand jedoch wenig Anklang.

In seinen Tischgesprächen prahlte Hitler auch allen Ernstes, seine Geographiekenntnisse habe er aus der Lektüre der Bücher Karl Mays bezogen.

Karl May, der sonst vor allem Jugendliche begeisterte, hatte es Hitler noch in seinem späteren Leben angetan. »Es gibt, worauf bereits ein ›Mein Kampf‹-Rezensent in der ›Weltbühne‹ aufmerksam machte, bestimmte stilistische Parallelen (die ›orientalische Metaphorik‹), und man geht auch wohl nicht zu weit, Hitlers äußere Erscheinung zu Beginn der zwanziger Jahre als bewußte oder unbewußte Stilisierung im Westman-Look anzusehen...« Scholdt sah noch weitere Einflüsse dieser Lektüre auf Hitlers Verhalten: »Ein geradezu pathologischer Hang zur Rechthaberei und zur geistigen Dominanz, wie er in jedem Old-Shatterhand-Dialog aufscheint, könnte auch auf Hitlers spezifische Vorstellung vom Führer-Gefolgschaft-Verhältnis abgefärbt haben. Beider Vorliebe galt Geheim- und Spezialwaffen, Kriegslisten und herrischen Attitüden.« Dem Wildwest-Tick des Führers entsprach schließlich die Art und Weise, wie er sich wie ein Indianer-Häuptling an der Spitze des SS-Trupps setzte, der den angeblichen Verräter Röhm in seinem bayerischen Feriendomizil verhaftete. Reck-Malleczewen sprach von einem »Apachen-Vorstoß auf Wiessee«.

Siegfried

Noch deutlicher war Hitlers kuriose Vermischung von Realität und Fiktion bei seiner Leidenschaft für Wagner-Opern spürbar. Schon als Jüngling identifizierte er sich so sehr mit Rienzi, daß er es dem Römer gleichtun wollte und schwor, seine Heimat zu befreien. Die Verbindung des Heilsgrußes mit dem Namen des Gegrüßten hörte er in Wagners Oper: »Heil Rienzi.«

In seinem Buch »Mein Kampf« stilisierte sich der Landsberger Gefangene vollends zu einer Wagnerschen Kunstfigur. »Wer Hitler lediglich als bürgerliches Subjekt oder historische Persönlichkeit betrachtet, darf das Entscheidende nicht übersehen – seine Theateridentität. Das Stück aber, in dem Hitler seine Bombenrolle spielte, war Wagners ›Ring‹. Als großer Vereinfacher gliederte er die Welt nach dessen Kategorien und schuf sich eine Gesellschaftsordnung, in der das Kostüm für die Funktion, die Schminke für den Charakter standen. Nicht von Menschen handelte sein Lied, sondern von den Masken aus Wagners ›Ring‹-Fundus.« Insbesondere habe Hitler, meinte Köhler, sein Judenbild aus der Figur des Mime bezogen. Sein Judenhaß sei einem Theatererlebnis entsprungen.

Schon dem Biographen Heiden fiel die Realitätsferne bei Hitlers Antisemitismus auf. »Niemals spricht er von einer konkreten schlechten Erfahrung«, er nenne keine Namen und beschuldige keine Personen. »Seine Wirklichkeit bestand in der Aufgabe, die Welt in ein Wagner-Theater zu verwandeln, und dazu gehörte der Haß auf die Juden.« »Dieser Kern von Hitlers Existenz war Wagnersches Erbe. Und auch das Selbstbewußtsein, mit dem Hitler die Welt verblüffte, einschüchterte, terrorisierte, folgte dem vom Großdramatiker übernommenen majestätischen Anspruch, besser zu sein als die Wirklichkeit.« Hitlers kategorisches Entweder-Oder, nach dem er sein Leben ausrichtete, sei nichts anderes als ein mißverstandenes Bühnenrezept Wagners gewesen, das der begeisterte Opernbesucher unglückseligerweise für bare Münze genommen hatte. Der Gegensatz zwischen lichten, edlen Göttern und schmierigen, glitschigen Unterweltwesen sei als theatralisches Konzept äußerst wirksam, als reales politisches und historisches Gliederungsprinzip (Arier–Juden) irreführend, dumm und schrecklich.

Bevor der Rußlandfeldzug noch begonnen hatte, faßte Hitler schon weitere Ziele für seine Truppen ins Auge. In seiner Weisung vom 11. Juni 1941 sah er deutsche Angriffe auf die Türkei, den Iran und den Irak vor. Er stellte sich das so leicht vor wie auf der Bühne. Eine Woche wird »Boris Gudunow« gegeben mit russischen Kulissen, in der nächsten »Aida« mit Palmen und Nil. Jedenfalls fiel Albert Speer Hitlers »Unbekümmertheit in der Handhabung des Staatsapparates« auf.

Sehr publikumswirksam war dann Hitlers Umwandlung der deutschen Landschaft zur Opernbühne und die Inszenierung des Dritten Reiches als »Meistersinger-Staat«. »Der unaufhaltsame Aufstieg des Adolf Hitler glich einer Theaterkarriere: Hatte er als Wagner-Held begonnen und, dank überzeugender Darstellung und tatkräftiger Nachhilfe, die Nation zu seinem neuen Publikum gewonnen, beeilte er sich, sobald ihm die Regie zugefallen war, das Reich in die passende Bühne zu verwandeln... Deutschland wurde zur Wagner-Oper. Den Rahmen würden, nach dem Plan des Bühnenbildners Hitler, die Städte bieten, die einem gigantischen Umbauprogramm unterzogen werden sollten.« Ungetrübte Wagner-Herrlichkeit boten dann Hitlers Parteitage, seine »Nürnberger Gesamtkunstwerke«. Bei der Inszenierung der Totenfeiern zur Erinnerung an den »Marsch auf die Feldherrnhalle« am 9. November stand wohl Wagners »Parsifal« Pate. Als Vorlage für Hitlers Entwurf des größten Kuppelbaus der Welt, der im Zentrum seiner Welthauptstadt Germania geplant war, habe Hitler eine Lithographie Steinles verwendet, die einen Gralstempel auf einem Bühnenbild für Wagners »Parsifal« wiedergab. Zu Recht bezeichnete Köhler die »Hitler-Dekade« als eine Periode der »Theaterseligkeit«.

Film-Raketen

Photos wirkten auf Hitler wie die Realität oder noch intensiver. In diesem Sinne wußte Hitler über die USA bestens Bescheid: »Die Farmer sind so verelendet. Ich habe Photographien gesehen. Es ist so etwas Jämmerliches und Verkrüppeltes, was sie an Farmen haben, ein völlig entwurzeltes Zeug, das herumwandert«, erklärte er in seiner Lagebesprechung am Mittwoch des 5. März 1942.

Seinem Berater Wagener erklärte er noch vor seiner Kanzlerschaft und dem Besuch des Landes, in dem die Zitronen blühen: »Ich kenne Italien nicht persönlich. Aber was ich von dort höre und was ich in Bildern sehe, ist für die Volkswerdung Italiens groß und bedeutend! Wie hat sich Italien doch bereits unter Mussolini geändert.«

Aber in Literatur und Film fand Hitler nicht nur Vorbilder für seine Person, er bezog auch viele kriegswichtige Informationen daher, etwa seine Einschätzung der Kampfkraft der amerikanischen Armee: »Eine neulich gezeigte Wochenschau, die über Südamerika zu uns gekommen war, zeigte Bilder von Manövern der beiden vollmotorisierten Divisionen, die an Lächerlichkeit allerdings nichts zu wünschen übrig ließen.« Auch zu Hitlers fataler Unterschätzung der Kampfkraft der Roten Armee trug ein Filmerlebnis bei. Generalfeldmarschall Ritter von Leeb notierte Ausführungen Hitlers am 14. August 1940 vor seinen neuernannten Feldmarschällen. »Deutschland ist aber Rußland weit überlegen. Film über russische Kriegsführung gegen Finnland zeigt lächerliche Bilder.«

Von der Raketenrüstung hielt Hitler zunächst wenig. Daß er durch eine Verbindung der Atombombe mit Langstreckenraketen den Schlüssel zur Weltherrschaft fast in die Hand bekommen hätte, war ihm nicht klar. Er sprach von der »Bastelstube von Peenemünde« und von »Spielerei«. »Hundert Jagdflugzeuge und fünfhundert Panzer seien ihm wichtiger als eine in die Luft gefeuerte Rakete, die meistens da runter kommt, wo man sie nicht haben wolle.« Erst die beeindruckenden Filmaufnahmen eines Raketenstarts, die ihm im Oktober 1942 Wernher von Braun vorführen ließ, überzeugten Hitler. »Nach einer kurzen Einführung wurde der Raum verdunkelt, und ein Farbfilm lief ab, in dem Hitler zum erstenmal das majestätische Schauspiel einer sich abhebenden und in die Stratosphäre verschwindenen Großrakete sah.« Er war davon so beeindruckt, daß er von Braun zum Professor ernennen ließ, den weiteren Bau der Rakete förderte und die neuen Raketen seinem Volk als kriegsentscheidende Wunderwaffen anpries.

Eine seiner Fehlentscheidungen, die Serienproduktion des Düsenjägers Me 262 nicht anzuordnen, revidierte er erst nach der Zeitungslektüre. Dieses Flugzeug hätte mit seiner Höchstgeschwindigkeit von achthundert Kilometer pro Stunde eine Bedrohung der alliierten Bomber werden können. Erst nachdem Hitler in einer Zeitung von feindlichen Düsenflugzeugexperimenten las, befahl er den Bau des Flugzeuges.

»Als am 12. Juni 1944, auf Hitlers voreiligen Befehl, überhastet die ersten V1-Raketen katapultiert wurden, gelangten wegen organisatorischer Fehler nur zehn Flugkörper zum Einsatz, und nur fünf davon erreichten London. Hitler wollte bereits beschließen, daß die Produktion dieser, wie er nun meinte, völlig verfehlten Flugbombe eingestellt werden solle. Als ihm jedoch vom Reichspressechef sensationell aufgemachte, übertriebene Berichte der

Londoner Presse über die Wirkungen der V1 vorgelegt wurden, schlug Hitlers Stimmung um. Nun forderte er eine überhöhte Produktion.«

Realisierung des Utopischen

Gedanken zeichnen sich durch ihre Reversibilität aus. Wir können sie, im Gegensatz zu den grundsätzlich irreversiblen Handlungen, ganz oder teilweise zurücknehmen, vergessen oder weiterentwickeln. Hitlers »ideologischen Metaphern« (Broszat) dagegen fehlte die Unverbindlichkeit, das Gedankenspielerische und vor allem die Reversibilität. Er nahm seine eidetischen Engramme bitterernst, sie waren für ihn bindend und unumstößlich.

Die eidetische Einebnung der Grenze zwischen Realität und Irrealität erklärt bis zu einem gewissen Grade den Holocaust. In ihm wurden antisemitische Phrasen auf eine für den zivilisierten Verstand unfaßbare Weise beim Wort genommen.

Die Bücherverbrennung durch nationalsozialistische Studenten am 10. Mai 1933 war zunächst einmal der übliche Ausdruck einer jugendlich-revolutionären Geisteshaltung, also an sich noch kein Vorgang, der auf den späteren Holocaust schließen ließe. In der Vorstellungswelt Hitlers jedoch, in der zwischen Symbol und Handlung die entscheidenden zivilisatorischen Bremsen, Hemmungen, ja alle Unterscheidung fehlten, war die Bücherverbrennung schon eine Vernichtung en miniature, die die eigentliche symbolisierte. Vondung sprach in diesem Zusammenhang von einer »Engführung von Symbol und Handlung«.

In seiner von der Eidetik geprägten Auffassungsweise sah Hitler zwischen dem Plan im Kopf und seiner Realisierung keinen wesentlichen Unterschied, wie dies für andere Menschen selbstverständlich ist. Die Realisierung des Utopischen stand für ihn nicht in den Sternen, sondern greifbar vor Augen. »Denn auch das«, erkannte Joachim Fest, »zeichnet Hitlers eigentümliche intellektuelle Verfassung aus, daß er vor nichts einmal Gedachtem zurückschreckte und die Grenze zwischen Denken und Tun, die nicht zuletzt das zivilisierte Wesen ausmacht, aufgehoben war.«

Gerade weil den Gebildeteren, Vernünftigeren unter Hitlers Zuhörern die Unterscheidung zwischen Fiktion und Realität, zwischen Wunsch und schwieriger Ausführung selbstverständlich war, nahm man seine Reden lange nicht ernst. Seine Argumentationen wurden als eine Façon de parler abgetan. Kurz nachdem Hitler Kanzler geworden war, hielt er am 3. Februar 1933 im Hause des Generals Kurt Freiherr von Hammerstein-Equord eine kurze Ansprache an die Befehlshaber des Heeres und der Marine, in der von der »Eroberung neuen Lebensraums und dessen rücksichtsloser Germanisierung« die Rede war (Liebmann-Protokoll). Die Zuhörer waren keineswegs so entsetzt, wie man dies heute annehmen möchte. »Von Bekundungen der Opposition gegen Hitlers kriegerische und brutale Ausführungen ist nichts bekannt. Einige verließen die Runde sichtlich beeindruckt von dem ›starken Willen und idealen Schwung des Kanzlers‹. Andere wie der Oberstleutnant Fromm beschwichtigten aufkommende Sorgen mit der Bemerkung, ›daß die maßlosen Vorhaben an der Härte der Tatsachen scheitern und auf ein nüchternes Maß zurückgeführt‹ werden würden. Einigen fiel auch das Schiller-Wort ein: ›Stets war die Rede kecker als die Tat.‹«

Der Wiener Zimmergenosse Kubizek berichtete, wie Hitler als Sechzehnjähriger auf den gemeinsamen Spaziergängen in seinen Gedanken unentwegt dabei war, seine Heimatstadt Linz umzubauen. »Dieses Haus steht am falschen Platz«, erklärte der junge Phantast, und sein Begleiter erinnerte sich, »ich war manchmal ganz verwirrt und konnte nicht mehr unterscheiden, ob er über ein wirkliches Haus sprach oder über eins, das errichtet werden sollte. Für ihn bestand da kein Unterschied, das tatsächliche Haus hatte nur sekundäre Bedeutung«.

Während vernünftige Zeitgenossen den Phantasten Hitler belächelten, beeindruckte er mit seinen als real aufgefaßten Utopien einen so enthusiasmierten Anhänger wie den späteren Reichsjugendführer Baldur von Schirach, der sich nach dem Krieg erinnerte: »Das war eben das, was mich an Hitler so faszinierte, daß er, damals überhaupt nicht zur Macht berufen, bereits in seiner Konzeption diese Vormachtstellung Deutschlands hatte und sich durchaus als Partner der großen Weltmächte sah und gewissermaßen als Übung, als Sandkastenspiel diese ganzen Fragen der Regierung der Welt durchspielte.« Auch in seinen Befehlen vermischten sich bei Hitler zwanghafte Vorstellungen mit der Realität. Insbesondere, wenn er in Wut geriet, stieß er wilde Drohungen, Verwünschungen, ja selbst Vernichtungsanweisungen aus. Diese Befehle tragen Züge pubertärer Kraftmeierei. Vielleicht aber glaubte er aufgrund seiner Veranlagung, schon seine Verwünschung würde das Schicksal des Verfluchten besiegeln. Im Sommer 1933 gab es noch wilde Konzentrationslager der regionalen SA, die von Preußens Gestapo-Chef Rudolf Diels inspiziert werden sollten. Die SA verweigerte den Zutritt. Hitler sollte den Streit schlichten, und sein Befehl lautete: »Bei der Reichswehr Artillerie anfordern und das Lager erbarmungslos zusammenschießen.« Man fragte sich, »wie weit solch wütende Emotionen bei Hitler ernst zu nehmen waren«.

Weitere Befehle oder Mischformen zwischen rhetorischen Fragen, Verwünschungen und Befehlen überlieferte Diels aus dem ersten Jahr der Kanzlerschaft Hitlers: »Warum lebt eigentlich dieser Gregor Strasser noch?... Muß man einem Verbrecher wie Thälmann den Prozeß machen?« Oder: »Ich verstehe nicht, daß man den Stennes entkommen ließ!« Diels meinte, hinter der unklaren sprachlichen Form hätten sich schon damals »klare Mordbefehle« verborgen. Es gehört zur Tragik des Dritten Reiches, daß die Ausbrüche Hitlers, in denen er Völker verwünschte, Städte dem Erdboden gleichmachte oder ganze Volksgruppen in Gedanken umsiedelte, die zu Beginn seiner Herrschaft als Ausrutscher weitgehend übersehen oder allenfalls nur zögerlich und halbherzig wahrgenommen wurden, schließlich in der Endphase des Krieges als »Führerwillen« wörtlich ausgeführt wurden.

Die »früh fixierten Elemente seiner Weltanschauung, seine Ansichten über Rasse und über den Zusammenhang von Rassenreinheit, Lebenskraft und Kultur« seien nicht nur »allgemeine, vielleicht bloß abstrakte Anschauungen« gewesen, erkannte Messerschmidt. Hitler habe dazu geneigt, »Hypothesen als politische Realitäten in seine Rechnung einzubeziehen«.

Die an klare Weisungen gewöhnten Beamten taten sich schwer mit Hitlers einigermaßen rätselhaften Äußerungen. Staatssekretär

Ernst von Weizsäcker beschrieb die neuen Fähigkeiten, die Hitlers Mitarbeiter entwickeln mußten:»Die Kunst der Ministerien bestand nun darin, die gute Stunde oder Minute zu benutzen, wo Hitler, manchmal durch ein hingeworfenes Wort, eine Entscheidung traf, die dann als ›Führerbefehl‹ ihren Weg nahm.« Hitlers eidetisch geprägte Überzeugungen besaßen nicht nur »axiomatische Konstanz«, sie waren charakteristischerweise bis ins Detail fixiert. Dadurch fehlte ihnen jeglicher experimenteller Charakter; mit Gedankenspielen hatten sie nichts gemeinsam. Hitler gab konkrete Ansatzpunkte und einfache Lösungen. Seine Ideen leuchteten den Massen ein. Die gedankliche Basis seiner Taten blieb immer archaisch. Stets wurde der gleiche primitive Mechanismus zur Problemlösung aufgerufen, ob es sich um innen- oder außenpolitische Fragen handelte. Hitler war ohnehin davon überzeugt, daß er immer den gleichen Gegner vor sich hätte.

Hitlers Einheitsansatz bemächtigte sich des Problems nicht nur ohne moralische Skrupel und mit der Überzeugung, daß sich alles dem eigenen Willen zu beugen habe, sondern schon in den ersten Stadien der Überlegung mit der eidetischen Fixierung auf die Einzelheit. Dies war bei seinen Bauplänen besonders deutlich, bei denen er seine Detailvorstellungen auf Skizzenzetteln festhielt, traf aber auch auf alle anderen politischen Vorstellungen zu, bei denen er nicht in der Lage war, den geplanten Ablauf graphisch festzuhalten.

»Die Baupläne von Berlin, München, Nürnberg und anderer Städte hatte Hitler bis in alle Einzelheiten entworfen, bevor er an die Macht kam. Die Realisierung war für ihn eine indiskutable Selbstverständlichkeit. Sie war nur die Sache eines kurzen Befehls.« Wann es zu diesem Befehl kam, für den es dann keine Phase der Überlegung mehr brauchte, hing allerdings von gewissen Umständen ab. Hitler vertraute dabei auf sein »genialisches Improvisationstalent«.

Henriette von Schirach nannte Details über die Planungen Hitlers zur Umgestaltung Deutschlands nach einem gewonnenen Krieg.»Weimar und Nürnberg werden mit Mammutbauten ausgestattet, eine Parteiuniversität kommt an die Ufer des Chiemsees, und Braunschweig erhält eine Akademie für Jugendführung (die meterhohen metallgetriebenen Figuren lagen schon bereit, sie sollten auf das Dach des Gebäudes montiert werden). Der Richard-Wagner-Brunnen, den er der Stadt Leipzig schenken wollte, stand als Gipsmodell schon in einer Werkstatt in Kiefersfelden und wartete darauf, von Professor Hipp in Marmor ausgehauen zu werden... All diese Pläne waren nicht nur im Gehirn erdacht, meist lagen sie, fix und fertig bis zur Türklinke ausgearbeitet, in den Schubladen von Hitlers Architekten.«

Auch der Holocaust entsprang – wie die Hauptstadt Germania – einer derartigen, jederzeit abrufbaren eidetischen Ur-Vorstellung, die von Anfang an mit konkreten Details durchsetzt war. Schon in »Mein Kampf« tauchte die Idee auf, Gas als Mordwaffe einzusetzen. In der erschreckenden Reichstagsrede vom 30. Januar 1939 trat als neue Vorstellung hinzu, nicht nur eine unbestimmte Menge von Juden umzubringen, sondern die jüdische Rasse in ganz Europa zu vernichten. Die genaue Ausführung überließ Hitler auch hier den Architekten – denen des Grauens. Noch weniger als bei Bauvorhaben war er in der Politik imstande, vollständige, realisierbare Pläne zu entwerfen.

Aber Hitler war auch hier über manches Detail unterrichtet. So kam ihm die Idee, die Judentransporte über die Donau, das Schwarze Meer und den Dnjepr per Schiff in die Pripjet-Sümpfe vorzunehmen, um Kapazität auf der Schiene einzusparen.

Hitlers Detailbesessenheit fiel dem Juristen Rudolf Diels auf. Der Reichskanzler habe ihm 1933 »mit minutiöser und phantasievoller Exaktheit« ausgemalt, wie sich ein Attentäter verhalten würde, der es auf ihn abgesehen hätte: »Da wird sich eines Tages ein ganz harmloser Mann in einer Dachwohnung irgendwo in der Wilhelmstraße etablieren. Man wird ihn für einen pensionierten Oberlehrer halten. Ein biederer Volksgenosse, mit einer Hornbrille, schlecht rasiert und bärtig. Er wird niemand sein armseliges Zimmer betreten lassen. Dort wird er in aller Ruhe eine Waffe einbauen, und er wird mit unheimlicher Geduld Stunde für Stunde und Tag für Tag den Balkon vor der Reichskanzlei durch ein Zielfernrohr anvisieren. Und dann – fuhr er mit starren Augen fort – dann, eines Tages drückt er ab.« Seinen eigenen Selbstmord spielte er mit allen genauen Details einige Wochen vorher gedanklich durch.»Hitler redete nur davon, wie man sich am besten das Leben nehme. Hierbei malte er in furchtbaren Farben aus, was ihnen alles angetan würde, wenn sie den Russen in die Hände gerieten. In allen Einzelheiten besprach Hitler, was besser sei: sich zu erschießen, Gift zu nehmen oder sich die Venen zu öffnen.«»Das Gerede machte die Sekretärinnen immer hysterischer.«

Schon Gustl Kubizek war Hitlers Eigenart aufgefallen, das Unrealistische und Eingebildete eigentümlich realistisch und detailgenau zu schildern und als Wahrgenommenes zu behandeln, nicht etwa als nur Vorgestelltes und Erwünschtes. Manche Durchschnittsbürger gaukeln sich durchaus in ihrer Phantasie vor, was sie mit einem Lottogewinn anstellen würden, wie sie endlich einmal ihrem Chef markig die Meinung sagen und anschließend an einem tropischen Strand lässig im Liegestuhl liegend Champagner schlürfen würden, wobei sie sich das Glas von einer dunkelhäutigen Schönheit laufend nachschenken lassen.

Hitler aber rechnete nicht nur fest damit, daß er gewinnen würde – und er bekam einen Wutanfall, als sich sein Los als Niete erwies. Er sah sich darüber hinaus nicht als Opfer der Wahrscheinlichkeitsrechnung, sondern vielmehr eines ungerechten, bedrohlichen und korrupten Systems, das man unbedingt reformieren und bekämpfen müsse. Zudem hegte der Einzelgänger keine altersgemäßen heterosexuellen Wunschvorstellung von attraktiven Dirndln, sondern phantasierte von einem »ausgesuchten Freundeskreis«. Schon der Kauf eines Lotterieloses setzte ihn »in einen Zustand vorgetäuschter Wirklichkeit«. Wochen vor der entscheidenden Ziehung sprach er von der großzügigen Wohnung, die er am Donauufer im zweiten Stock eines herrschaftlichen Hauses beziehen wolle, wählte Möbel, Stoffe und Dekorationen aus und schwärmte dem staunenden Gustl von einem Leben ganz für die Kunst in einem Haushalt vor, der, von einer »älteren, schon etwas grauhaarigen, aber unerhört vornehmen Dame« geführt, Ort festlicher Empfänge für einen »ausgewählten frohgestimmten Freundeskreis sein werde«.

Auch bei seinen Plänen für die Weltherrschaft leistete sich Hitler keineswegs den Luxus einer völlig neuen Vorstellungsform. Hierzu war er nicht fähig. Von einem ernstzunehmenden »Griff nach der Weltmacht« könne man nicht sprechen, meinte Wendt, dazu seien die verstreuten Bemerkungen Hitlers über Langstreckenbomber und Westafrika zu nebulös und utopisch. Messerschmidt sprach von einer »mythischen Gruppe von Bildern und Visionen«. Hitlers Pläne waren für andere Menschen nicht nur schwer verständlich, sondern vor allem auch schwer einzuordnen. Alle seine Vorstellungen waren unzusammenhängend, nebulös und utopisch.

Doch auch hier wieder plastische Einzelheiten auf Schulatlas-Niveau. Die USA sollten mit Bombern von den Azoren aus angegriffen werden. Hitler sah zwar selbst seine ganze Politik als die »Durchführung eines an sich vorhandenen Planes« an, wie er am 10. Februar 1940 vor den Truppenkommandeuren der Wehrmacht erklärte, doch waren die Programme in der rudimentären Form, in der sie ihm vorschwebten, nie wirklich durchführbar. Er war immer auf willige Vollstrecker angewiesen, die seine Utopien mit Leben füllten. Dabei konnten sie bestens an die plastischen Details seiner eigentümlichen Visionen anknüpfen.

Deshalb ist es unmöglich festzustellen, wann der Holocaust nun eigentlich geplant wurde. Hitler stand am 30. Januar 1939 sicherlich so etwas wie die Endlösung vor Augen. Aber auch Adam ist recht zu geben, der es für kaum denkbar hält, »daß man zu diesem Zeitpunkt in der SS bereits an die Einsatzgruppen und an Auschwitz dachte. Über den Umfang, den Weg und die Mittel der so bedenkenlos propagierten Vernichtung bestanden wohl in der SS und selbst bei Hitler noch keine Vorstellungen«.

2.4. Der doppelte Hitler

Der Eidetiker Hitler lebte nicht nur in zwei Welten, ihm standen auch zwei Verhaltensweisen zur Verfügung, eine alltägliche, normal angepaßte und eine andere, in der er unmittelbarer als andere Menschen Zugriff zu den Quellen des Unbewußten hatte. Er konnte Zustände des Außersichseins, Wut und Aufregung gezielt einsetzen, um seine Gesprächspartner (Schuschnigg, Hacha, seine Generäle) zu beeindrucken. »Geriet Hitler in Wut, so schien er alle Selbstbeherrschung zu verlieren. Sein Gesicht wurde fleckig und schwoll vor Zorn an; er schrie aus voller Kehle, stieß eine Flut von Beschimpfungen aus, schwenkte wild die Arme und trommelte mit den Fäusten auf den Tisch oder gegen die Wand. Und so plötzlich, wie er begonnen hatte, brach er ab; er glättete dann sein Haar, rückte seinen Kragen zurecht und sprach wieder mit normaler Stimme.«

Am 25. März 1935 dolmetschte Paul Schmidt vom Auswärtigen Amt zum ersten Mal für Hitler. Die beiden Gesprächspartner Hitlers bei dieser Unterredung waren der englische Außenminister Sir John Simon und Anthony Eden. »Bei der Nennung Litauens fuhr Hitler zum ersten Male während der Besprechung wütend auf; ›mit Litauen wollen wir überhaupt nichts zu tun haben‹, rief er mit zornig funkelnden Augen. Er schien plötzlich ein anderer geworden zu sein... seine Stimme nahm einen heiseren Klang an, die R's rollten und die Faust ballte sich, während seine Augen Blitze zu schleudern schienen. ›Wir werden unter keinen Umständen mit einem Staat, der die deutsche Minderheit mit Füßen tritt, an einem Pakt teilnehmen.‹ Ebenso überraschend, wie der Sturm gekommen war, verschwand er wieder.«

Über ein ähnliches Verhalten Hitlers berichtete der ehemalige Gauleiter von Niederbayern, Otto Erbersdobler, vom März 1929: »Ich begrüßte zunächst Hitler und sagte ihm, daß ich eine Besprechung mit Himmler habe. Darauf sagte er: ›Sie können ruhig dableiben und Platz nehmen, ich bin gleich fertig.‹ – Dann pflanzte er sich vor Pfeffer (dem damaligen SA-Führer) auf, der militärische Haltung angenommen hatte, und schrie ihn buchstäblich gute zehn Minuten zusammen, seine ohnehin sehr deutlichen Ausführungen mit Peitschenschlägen auf den Tisch bekräftigend. – Er verbitte sich, seine persönlichen Anordnungen eigenmächtig irgendwie abzuändern. Das wisse er selber, daß eine Eisenbahnfahrt billiger komme. Aber hier habe in erster Linie das propagandistische Moment im Vordergrund gestanden – und die SA-Männer hätten bestimmt auf ihrer Lastwagenfahrt für die Bevölkerung der durchfahrenden Orte eine ganz andere Wirkung ausgeübt als ein verlorenes Häuflein in der Steinwüste Münchens... Pfeffer hat sich, ohne die Miene zu verziehen (er wurde nur abwechselnd rot und blaß), alles angehört. Am Schluß: ›Haben wir uns verstanden, Pg. (Parteigenosse) v. Pfeffer?‹ Dieser nahm Haltung an, und Hitler reichte ihm die Hand. Dann wandte er sich lächelnd ganz ruhig zu uns. Er wollte mit uns am Abend ins Theater gehen und beauftragte Himmler, Karten für ›Charley's Tante‹ zu besorgen.«

Sefton Delmer, ein britischer Journalist, sprach Hitler die Fähigkeit einer »vollständigen Selbstbeherrschung« zu, mit der er seine magnetische Wirkung auf andere Menschen ein- und ausschalten könne. Bei keinem anderen Staatsmann habe er einen solchen Kontrast zwischen der öffentlichen und der privaten Persönlichkeit beobachtet wie bei Hitler. Delmer berichtete, wie Hitler auf dem Deutschlandflug 1932 ganz bewußt und absichtlich seinen »ideomotorischen Gang« eingeschaltet habe. Im Flugzeug mit seinen Kumpanen sei er ein durchschnittlicher Kleinbürger gewesen. Doch im Augenblick, da das Flugzeug den Boden berührte, sei der andere Hitler wieder zum Vorschein gekommen: »Seine Augen weiteten sich, so daß man das Weiße sehen konnte, und ein ›Licht‹ kam herein... Das Licht in den Augen eines Messias, der berufen war, Deutschland zu einem Platz an der Sonne zu führen.«

Der Historiker Karl Alexander von Müller beschrieb eine Rede Hitlers im Löwenbräukeller am Münchner Stiglmaierplatz: »Das war ein anderer Mensch als der, dem ich da und dort in Privathäusern begegnet war. Die schmalen bleichen Züge wie von einem besessenen Ingrimm zusammengeballt, kalte Flammen ausschleudernd aus den vorgewölbten Augen, die rechts und links nach Feinden auszuspähen schienen, um sie niederzuwerfen. War es die Masse, die ihm die rätselhafte Kraft gab? Strömte sie von ihm aus zu ihr?«

In Hitlers schriftlichen Äußerungen, vor allem in »Mein Kampf«, lassen sich zwei unterschiedliche Stile feststellen. Auf der einen Ebene wiederholt er sich, verfängt sich in Schimpfereien, verliert den Faden, springt von Thema zu Thema – so bleibt etwa die Darstellung seiner Wiener Zeit vage; etwas deutlicher sind die Militärzeit in München, die Fahrt den Rhein entlang und die Situationen in den Schützengräben bei Ypern. Aber die Beschreibung der beiden Lazarettaufenthalte wird wieder diffus. Der genaue Weg des Marsches zur Feldherrnhalle geht aus Hitlers Memoiren nicht hervor.

Joachim Fest sah in Hitlers Stil eine »metaphorische Vieldeutigkeit«. Dieser sei im eher Unbestimmten stehengeblieben. »Mein Kampf« sei keineswegs, »wie der Vorwitz mancher Historiker im nachhinein behauptete, das enthüllende Bekenntnis zu Krieg, Massenvernichtung und dem bedingungslosen Spiel um Weltherrschaft oder Untergang«. Jedenfalls hätte es genauerer Lektüre und schärferer Voraussicht bedurft, als je eine »Öffentlichkeit für dergleichen aufgebracht hat, um hinter den überladenen, mit dem ganzen Aufwand des Autodidaktikers errichteten Wortfassaden solche Vorhaben zu erkennen«.

Es hätte wohl auch spezieller psychologischer Kenntnisse bedurft, um Hitlers eidetische Obsessionen richtig einzuordnen, die er zwar nicht gerade verheimlicht, aber in seiner verschlagenen Art doch nur »in Andeutungen bekanntgemacht und nie in ihrer eigentlichen Radikalität enthüllt hat«.

Hitler wollte nicht nur seine Absichten tarnen, er wollte auch verbergen, wo und wie sich die zur Selbststilisierung weniger geeigneten Lebensabschnitte abgespielt hatten, obwohl er alle Einzelheiten genau im Kopf hatte. Aber auch ein Mangel an Disziplin wird eine Rolle gespielt haben; ihm fehlte die Geduld zum gegliederten Schreiben.

Aus der langatmigen Suada der Hitlerschen Texte heben sich klare, wie gemeißelte Sätze ab. Man hat den Eindruck, es spräche plötzlich eine andere Stimme, ein anderer Mensch. Oder der konfuse Schreiber diene unversehens der Vorsehung als Sprachrohr, dem Orakel als Mundstück. Auch typographisch werden solche Sätze oft hervorgehoben, die dann tatsächlich im Dritten Reich zu geflügelten Worten avancierten: »Ich aber beschloß, Politiker zu werden.« »Deutschland wird Großmacht sein, oder es wird überhaupt nicht sein.« »Gebt mir vier Jahre Zeit, und ihr werdet Deutschland nicht wiedererkennen.« Begründet wurden diese Aussagen nicht. »Es ist mein unabänderlicher Entschluß, die Tschechoslowakei in absehbarer Zeit durch eine militärische Aktion zu zerschlagen«, begann er seine berüchtigte Weisung vom 30. Mai 1938. »Wir wollen wieder Waffen!« »Die Welt ist nicht da für feige Völker.«»Staatsgrenzen werden durch Menschen geschaffen und durch Menschen geändert.«»Bündnisse ohne Gedanken an einen Krieg gibt es nicht.« In solchen Sätzen erreichte Hitler den Gipfel seiner Rhetorik, obwohl oder vielleicht gerade weil er es unterließ, sie zu begründen.

Zwei getrennte Verhaltensweisen zeigte Hitler auch beim Grüßen. Den vollen Hitler-Gruß mit vorgestrecktem waagrechten Arm entbot er nur bei offiziellen Anlässen. Im weniger feierlichen Umgang grüßte er durch kurzes Hochreißen des rechten Arms.

Hitlers in seiner eidetischen Veranlagung begründete doppelte Natur machte es schwer, ihn zu durchschauen. Speer, der ihn lange begleitet hatte, notierte im Spandauer Gefängnis am 4. Mai 1965: »Letzthin, in diesen Tagen voller Erinnerung, habe ich überlegt, wie ich Hitler wohl heute, nach zwanzig Jahren, charakterisieren würde. Ich glaube, ich weiß es weniger denn je. Nur zwei Begriffe fallen mir ein, die alle seine Charaktereigenschaften decken und der gemeinsame Nenner für viele dieser Gegensätze sind: Undurchschaubar und unaufrichtig.«

Hitlers Aufstieg war die Geschichte seiner Unterschätzung. Man sah nicht den anderen, den verborgenen, unerbittlich auf sein Ziel ausgerichteten Hitler, der es mit eiserner Energie fertigbrachte, die Welt in einen Krieg zu stürzen, den er in seiner Verblendung für notwenig und unausweichlich hielt. Tatsächlich zeigte sein ganzes politisches Leben – und nicht nur dessen letzter Teil, als er sich mit Spritzen fit hielt und rund um die Uhr seinen Vernichtungskrieg führte – hinter einer unordentlichen Fassade eine ganz ungewöhnliche Zielstrebigkeit. Einer der wenigen, dem Hitlers zweite Natur auffiel, war der Heeresadjutant Hoßbach, der registrierte, daß der notorisch unpünktliche Hitler bei allen wichtigen offiziellen Anlässen tadellos, ja überpünktlich erschien. Im Gegensatz zu den vielen unwichtigen sah er in diesen Terminen wohl notwendige Etappen, um sein Lebensziel zu erreichen.

2.5. Soziale Konsequenzen

Die Nazis als Imitatoren

Die Prägung von Hitlers Verhalten und Weltbild durch seine eidetische Veranlagung hatte historische Konsequenzen. Zunächst zwang er seine persönliche Ideologie seiner Partei auf, später dem ganzen Volk. Besonders bei der Außenpolitik müsse man eigentlich von Hitlers Politik und nicht von der nationalsozialistischen Politik sprechen, schlug Messerschmidt vor.

Wie Hitler das von ihm Kopierte völlig als Eigenes ausgab und keinen Unterschied mehr zwischen Aufgenommenem und Eigenem zu erkennen vermochte, ja, die Imitation als schöpferisch ansah, so kopierten die Nazis ihre Vorbilder so überzeugend, daß man sie für die eigentlichen Erfinder hielt. Es gab zwischen den Nazis und den italienischen Faschisten, die vor ihnen an die Macht gekommen waren, einen »halb versteckt geführten Kampf um das Erstgeburtsrecht«.

Die erste große Kopie mißlang Hitler, der sich damals noch gern als der »deutsche Mussolini« bezeichnen ließ, jedoch gründlich. Der »Marsch auf Berlin«, mit dem er nach dem Vorbild des »Marsches auf Rom« im November 1923 die Macht an sich reißen wollte, schrumpfte zu einem »Marsch auf die Feldherrnhalle«, wo er dann unter den Kugeln der bayerischen Polizei ein unrühmliches Ende fand.

Ein Fallbeispiel, wie Hitler einmal wahrgenommene Einzelheiten genauestens behielt und diese dann politisch sehr erfolgreich einsetzte: Für seine HJ propagierte er das Prinzip »Jugend führt Jugend«, das bei den Heranwachsenden großen Anklang fand. Gewohnt, Lehrer oder Eltern als Autoritäten zu akzeptieren und zu fürchten, bewunderten und respektierten sie die Führer, die nur wenige Jahre älter waren als sie selbst.

Hitler hatte dieses Erziehungsprinzip von seinem Reichsjugendführer Baldur von Schirach übernommen, der es seinerseits aus dem Waldpädagogium in Bad Berka kannte. Hier wurde nach den Ideen des Reformpädagogen Hermann Lietz erzogen, und eine der neuen Ideen lautete: Jugend wird durch Jugend geführt.

Überhaupt waren viele Erfolgsrezepte der HJ Nachahmungen. »Schirach hatte für seine Hitlerjugend viele Symbole der bündischen Jugendbewegung imitiert, von denen er wußte, daß sie die Kinder begeisterten: Fahnen, Abzeichen und Fahrtenmesser, aber auch Fahrten, Zeltlager, Spielmanns- und Fanfarenzüge.« Auch andere Gliederungen der Partei zeichneten sich durch Imitation aus. Selbst die SS, von vielen in ihrer Disziplin und Grausamkeit als einmalig und typisch nazistisch angesehen, folgte manchen Vorbildern. Der Kadavergehorsam war eine Form der Disziplin, die zuerst den Jesuiten nachgesagt wurde, deren Organisation der »Orden« unter dem Totenkopf bewunderte. Der Treueschwur der SS: »Meine Ehre heißt Treue«, war dem Kernspruch der französischen Fremdenlegion »Honneur et fidélité« nachempfunden. Dieses Vorbild aus dem 19. Jahrhundert forderte von seinen Legionären das Opfer um des Opfers willen und eine gegen den Feind und das eigene Leben gleichermaßen rücksichtslose Kampfesweise.

Broszat sprach geradezu von einem »parasitären Charakter« der nationalsozialistischen Weltanschauung, die romantisierte Bilder der Vergangenheit entlehnte: »Aus dem Elitebegriff des aristokratischen Herrentums wurde der völkische ›Blutadel‹ der ›Herrenrasse‹, aus fürstlichem Gottesgnadentum der plebiszitäre Volksführer, aus subalterner Untertänigkeit die aktive nationale Gefolgschaft.« Der Kern der Nazi-Ideologie, die Rassenlehre, stammte aus der »bürgerlichen Vulgärphilosophie«. Es handelte sich nicht um »bewußt übernommene Lehren und Theorien«, diese waren vielmehr zu einem Konglomerat abgesunken, »anonym geworden« und »zu einem gewissen Verwesungsgrad übergegangen«. Aus diesem »Komposthaufen bürgerlichen Denkens« übernahm Hitler seine Grundüberzeugungen. Doch munter breitete der Eidetiker Hitler seine übernommenen Gedankengänge ganz so aus, als seien sie das Produkt eigener Erfahrungen und Überlegungen. Schon die oberflächliche Betrachtung zeige, so der Möchtegern-Naturforscher, als »nahezu ehernes Grundgesetz der unzähligen Ausdrucksformen des Lebenswillens der Natur ihre in sich begrenzte Form der Fortpflanzung und Vermehrung. Jedes Tier paart sich mit einem Genossen der gleichen Art. Meise geht zur Meise, Fink zu Fink, der Storch zur Störchin, Feldmaus zu Feldmaus, Hausmaus zu Hausmaus, der Wolf zur Wölfin«.

Hitlers psychologische Auffassungen wurden ganz einseitig von einem Buch Gustave LeBons geprägt. Der Autodidakt hatte die »Psychologie der Massen« Seite für Seite gelesen und im wesentlichen auch richtig verstanden. Auch hier glaubte er allerdings, mit dem einzigen Ansatz, den er blitzschnell aufgeschnappt hatte, den Stein der Weisen gefunden zu haben. Er gab LeBons Idee als sein eigenes probates Polit-Rezept aus. Man brauche nur der als verführbar und weiblich aufgefaßten ungegliederten Menge als geschickter Redner den Willen aufzuzwingen, und der Weg zur Macht war frei.

Auch die Wirtschaftsideologie war das Produkt schnellen Lesens und schnellen Auffassens, das dann als eigene Denkleistung, ja als nationalsozialistisches Dogma verkündet wurde. In »Mein Kampf« dozierte Hitler seitenlang, daß nur eine Reagrarisierung des durch den Versailler Vertrag verkleinerten Deutschlands die Bürger würde ernähren können und nicht etwa verstärkte Exportbemühungen. Diese These war so originell wieder nicht, sie entsprach durchaus damals vorherrschenden volkswirtschaftlichen Lehrmeinungen, die Hitler nachplapperte.

Hitler tat gerne so, als habe er seine wirtschaftspolitischen Doktrinen selbst aus dem praktischen Leben gewonnen. »Das geht so weit, daß Hitler die money doesn't matter-Doktrin, die für die Schachtsche Notenbankpolitik der dreißiger Jahre kennzeichnend war, ... allen Ernstes als seine eigene, im Widerspruch zur wissenschaftlichen Ökonomie stehende Erfahrungserkenntnis ausgab.«

Hitler speiste seine Überzeugungen nicht nur aus seriösen, wenn auch anfechtbaren wissenschaftlichen Lehrmeinungen, sondern griff auch auf höchst fragwürdige Quellen zurück. Die Überzeugung, daß die Rassenmischung notwendigerweise zum Weltuntergang führe, stammte vermutlich aus populären utopischen Romanen. »Während in den USA der halunkenhafte Mischling Tom-Tom mit Unterstützung der Sozialisten und Anarchisten eine Herrschaft des Pöbels einführt«, heißt es dort, »setzt sich in Deutschland nicht nur ein Wille zum Leben, sondern auch ein Wille zur Macht durch.«

Von ländlichen Zuchtkolonien war in dieser niederen Literatur-Kategorie die Rede, vom Zeugungsvorrecht, das den Helden zustehe, vom Massensterben als Reinigung. Ein Held wie der »junge Arbrand« rettet das Volk, »indem er einen Geheimorden der Hermann-Söhne gründet, dessen höchstes Ziel die Herrschaft der germanischen Nordländer über alle anderen Völker der Erde ist«. Aus diesen Quellen speiste sich »Mein Kampf«. »Dieses Werk kompilierte lediglich viele der seit langem debattierten deutschnationalen und deutschsozialen Vorstellungen, trug sie jedoch in Form eines kämpferischen Erlebnisberichts vor, wodurch die bisher weitgehend theoretisch und romanhaft vorgestellten völkischen Ideale erstmals einen aus dem Leben gegriffenen Echtheitscharakter erhielten.«

»Die Idee der Volksgemeinschaft war, wie fast alle Bestandteile des Ideologiekonglomerats der Hitler-Bewegung, nichts originär Nationalsozialistisches. Der Begriff wurde von der Jugendbewegung und vom Neokonservativismus der frühen zwanziger Jahre in den politischen Sprachgebrauch eingeführt und, wie so viele andere konservative und nationalistische Schlagworte, von der NS-Propaganda aufgenommen.«

Auffällig ist, wie ungeniert die Nazis die Konzepte ihrer politischen Gegner kopierten. Zwei ihrer spektakulärsten Erfolge erzielten sie, weil sie Programme ihrer Vorgänger, die sie vehement bekämpft hatten, ohne wesentliche Änderungen übernahmen: Die Pläne für den Autobahnbau lagen schon, bis in die Einzelheiten ausgearbeitet, in den Schubladen. Die Arbeitsbeschaffungsmaßnahmen unter Hitler beschränkten sich im »wesentlichen auf eine Fortschreibung der bereits vom Kabinett Schleicher beschlossenen Programme«.

Auch die Erzfeinde, die Kommunisten, wurden schamlos imitiert. Vom marxistischen Gegner stammten wesentliche Stilelemente in der Parteiorganisation: »Man übernahm die rote Farbe für Fahnen, Hakenkreuzbinden, Werbeplakate, unterlegte sozialistischen Kampfliedern nationalsozialistische Texte und kopierte später (vor allem unter Goebbels' Leitung in Berlin) kommunistische Organisationsschemata (Straßen- und Betriebszellen u. ä.).«

»Das Konglomerathafte und geistig Wirre der ›Bewegung‹«, beklagte Thomas Mann in seinem Tagebuch am 1. Oktober 1933, »die überall Anleihen macht, ganz gleich, ob sie sich selbst damit ins Gesicht schlägt. Die statuarisch unbeweglichen SA-Wachen vor der Feldherrnhalle, direkt und ungeniert nachgeahmt den russischen Wachen am Mausoleum Lenins.«

Auch bei der Organisation der Konzentrationslager scheuten sich die Nazis nicht, sowjetische Vorbilder zu studieren und zu kopieren. Rudolf Höß, der erste Kommandant von Auschwitz, berichtete in seinen Aufzeichnungen, die er vor seiner Hinrichtung abfaßte: »Vom Reichssicherheitshauptamt wurde dem Kommandanten eine umfangreiche Berichtzusammenstellung über die russischen Konzentrationslager überreicht. Von Entkommenen wurde darin über die Zustände und Einrichtungen bis ins Einzelne berichtet.«

Der amerikanische Botschafter Dodd erklärte im Oktober 1933: »Die Nazis sind grausam, aber nicht schöpferisch.« Die meisten guten Ideen hätten sie gestohlen: die Wirtschaftspolitik bei Walter Rathenau, den 1. Mai bei den Gewerkschaften, das Erntedankfest von den Vereinigten Staaten von Amerika, die Gemeinschaft »Kraft durch Freude« von den Russen, die Arbeitsfront von den Italienern, den Ausdruck »Parteigenosse« von den Sozialdemokraten. »Sie haben selbst den Antisemitismus nicht erfunden. Sie waren nur die ersten, die ihn so organisierten, daß er als eine wirkende Waffe des Staates verwendet werden kann.« Das Epigonenhafte der Bauten hob Speer immer wieder hervor. Im Grunde habe Hitler den Wiener Ringstraßen-Stil kopieren wollen.

»Dieses Urbild eines parasitischen Nachahmens« hat das »von Frankreich erfundene Auto zu mörderischen Massentanks in geschwollenster Zahl verwertet; das von Amerikanern erfundene Flugzeug zu zahlenmäßig übertriebenen Massenbombern ausgebeutet; den von den Russen erfundenen Fallschirmtrick vertausendfach kopiert; den von Mussolini erfundenen Ausdruck ›Duce‹ gepumpt zu dem Papageientitel ›Führer‹« (Emil Ludwig).

Die Prinzipien der Arbeitsgestaltung, die die nationalsozialistische Arbeitsfront propagierte, wurden von der tschechischen Schuhfabrik Bata abgeschaut.

Hitlers Anleihen jenseits des Atlantischen Ozeans sind weniger

Polit-Märtyrer

Bevor der große Jacques-Louis David (1748–1825) sein Genie zur Ver-
herrlichung Napoleons einsetzte, popularisierte er die Revolution von
1789. Im »Tod des Marat« übertrug er die Ikonographie des christlichen
Märtyrer-Bildes in die Politik (links).

Wie auf einer Pietà des gekreuzigten Christus der leblose rechte Arm her-
unterhängt, so auch beim revolutionären Märtyrer, der sich ebenfalls für
seine Mitmenschen geopfert hat. Noch im Bad, das er zur Linderung eines
schmerzhaften Hautleidens nahm, verfaßte er wichtige Gesetze. In der
Linken hält er das Billet seiner Mörderin, die ihn um die Audienz bittet,
bei der sie ihn erdolchte.

Das Mitleid des Betrachters wird durch die schutzlose Nacktheit des Op-
fers verstärkt. Diese mitleidserregende Nacktheit war dem Österreicher
Hitler durch die vielen Kruzifixe seiner Heimat vertraut. Gern identifi-
zierte er sich mit diesen sado-masochistischen Heilands. Er kopierte
immer wieder die Pathosformeln der christlichen Kirche und der franzö-
sischen Revolution.

Gemessenen Schrittes und mit finsterer Miene läßt er die Blutfahne hinter sich hertragen, während er die Front der S.A.-Einheit abschreitet, deren Fahne er weihen wird, indem er sie mit der Blutfahne berührt, an der das Blut des Hutmachers Andreas Bauriedl klebte, des Fahnenträgers des Marsches auf die Feldherrnhalle (rechts).

offensichtlich. Die USA waren gleichwohl ein oft beschimpftes, aber trotzdem mit Vorliebe kopiertes Beispiel. Putzi Hanfstaengl berichtete von einer besonderen Nachahmung: Für das rhythmische Beifallsklatschen bei den Nazi-Versammlungen habe das »Harvard-Rah-Rah-Rah« als Vorlage gedient, mit der an der amerikanischen Universität die Sport-Mannschaften angefeuert würden, ein Brauch, von dem Putzi seinem Chef begeistert erzählt hatte.

»Die Entwicklung des ›Völkischen Beobachters‹ (Zentralorgan der NSDAP) wurde von Hitler, der bereits vor seinem Aufstieg zum Parteivorsitzenden die Übernahme einer parteieigenen Zeitung angestrebt hatte, stark geprägt.« Er war auch »um Details im Layout bemüht. So erhielt der VB Ende August 1923 das übergroße Format – die plakative Wirkung von amerikanischen Zeitungen diente als Vorbild«. Victor Klemperer (1960) fielen die nazifizierten Amerikanismen in der Sprache des Dritten Reiches auf.

Selbst die Stukas (Sturzkampfbomber), Symbole des Hitlerschen Blitzkrieges, hatten amerikanische Ahnen. Dieser Flugzeugtyp wurde von dem Kunstflieger Ernst Udet, dem Vorbild für Zuckmayers »Des Teufels General«, in die deutsche Luftrüstung eingeführt. »1931 sah Udet in den USA Schauflüge mit einem für Flugzeugträger entwickelten Sturzbomber der Firma Curtiss... Als Göring Reichskommissar für die Luftfahrt wurde, beschaffte er die Mittel, mit denen Udet zwei Hawks ankaufen konnte.« Gegen starke Widerstände des Technischen Amtes setzte Udet die Entwicklung des Junkers-Sturzbombers Ju 87 durch, der zum Schrecken der Gegner im Polen- und Frankreichfeldzug wurde.

Die Produktionsmethoden des amerikanischen Automobilkönigs Henry Ford imponierten Hitler besonders. Er wollte sie in Deutschland kopieren lassen. Amerikanische Rationalisierungstechniken wurden schon während der Weimarer Zeit mit beträchtlichem Erfolg von großen deutschen Firmen übernommen. Die Nazis schlossen sich auch hier einem erfolgreichen Trend einfach an.

Doch Hitlers Fähigkeit zur karikierenden Imitation wurde auf diesem Gebiet ins Perverse übersteigert. Wenn man so will, waren nämlich die Praktiken des nazistischen Rassenwahns ein auf die

Spitze getriebenes nationales Rationalisierungs-Programm. Überflüssige Arbeitskräfte werden in den westlichen Demokratien »wegrationalisiert«, d. h. in die Arbeitslosigkeit entlassen, wo sie der Allgemeinheit auf der Tasche liegen, den Sozialetats zur Last fallen. Die Nazi-Lösung war radikaler, aber durchaus im Geist einer systematischen Rationalisierung. Die zur Leistung Unfähigen, Behinderten, Arbeitsscheuen, Nichtseßhaften, Asozialen, immer wieder Straffälligen, Unerwünschten wurden entweder sterilisiert, in Konzentrationslagern ausgebeutet oder, folgerichtig, in einem Programm mit möglichst geringem Aufwand vernichtet, das alle Merkmale der rationellen Produktion auf den Genozid übertrug. Rassismus und Rationalisation waren ununterscheidbar miteinander verwoben, konstatierte Mary Nolan.

Die volkswirtschaftliche Verwendung der Haare, die den Opfern abgeschnitten worden waren, und des ausgeschlagenen Zahngoldes paßt in dieses Bild. Allerdings gingen die Nazis nicht so weit, Seife aus Judenfett zu gewinnen, wie dies der russische Anklagevertreter im Nürnberger Kriegsverbrecherprozeß behauptete. »Die auf den während des Krieges ausgegebenen Stücken der Einheitsseife eingeprägten Buchstaben RIF oder RJF bedeuteten nicht, wie manchmal behauptet wurde, ›Reines Judenfett‹, sondern standen für ›Reichsstelle für Industrielle Fette und Waschmittel‹.«

Auch der Hollywood-Kult des Filmstars wurde von Hitler erfolgreich übernommen. Joachim Fest sah einen Grund für Hitlers außergewöhnliche Wirkung darin, daß er die Sozialpsychologie des Starkults verstanden habe. Indem er den Star selbst spielte, sei er »gewiß die modernste Erscheinung der deutschen Politik seiner Zeit« gewesen. Daneben fielen aber immer wieder Imitationen aus der österreichischen Vergangenheit auf. Am 11. Juni 1939 besuchte er in Wien das Burgtheater und sah sich Nestroys »Einen Jux will er sich machen« an. Dabei zeigte er sich zur Überraschung der Zuschauer im weißen Waffenrock und nicht im Nazi-Braun. Friedrich Heer vermutete, er habe dabei den Kaiser Franz Joseph imitiert. Der weiße Waffenrock erinnere an die Tradition der k.u.k. Armee: »...so wird Altösterreich im Gedächtnis späterer Geschlechter als unvergängliches Bild fortleben.«

Verdeckte Identifikation mit dem alten Kaiser steckte womöglich auch in Hitlers mehr scherzhafter Bemerkung gegenüber Goebbels vor seiner Ernennung zum Reichskanzler:»Aber ich bitte mir aus, daß ihr mich dann nicht zum Kaiser oder König macht.« Aus Hitlers Jugendzeit stammte wohl die stille Bewunderung der Hierarchie der katholischen Kirche. Während seiner Lambacher Chorknabenzeit war der Benediktiner-Abt sein Vorbild. Als er 1933 den Osnabrücker Bischof Berning und den Berliner Generalvikar Seinmann empfing, rühmte er sich, bei seiner Judenverfolgung kopiere er nur das Christentum.»Ich gehe zurück auf die Zeit, was man 1500 Jahre lang getan hat.« Der Marsch auf die Feldherrnhalle hatte eine Fronleichnamsprozession als Vorbild, in seinen rituellen Auftritten kopierte Hitler einen Bischof oder den Papst, sogar der selbstgewählte Zölibat bekam durch das katholische Muster eine gewisse Weihe.

In seinen Reden imitierte er nicht selten den Predigtstil der katholischen Pfarrer. Oft begann er mit der»Parteierzählung«.»Hitler fing sozusagen bei Adam und Eva an, d. h. bei der Parteigründung im Jahre 1919, um dann weitschweifig seinen bisherigen Kampf, die einzelnen Erfolge für die Partei, später für Deutschland, aufzuzählen.«»Er folgte bei dieser Methode, wie des öfteren, den Gepflogenheiten der katholischen Kirche, die vor dem Beginn der eigentlichen Predigt eine längere Lesung aus der hl. Schrift, das ›Evangelium‹ setzt.«

Die psychologisch angeblich so aufschlußreiche Stelle in seiner Parteitagsrede vom 12. September 1936:»Das ist das Wunder, daß Ihr mich gefunden habt unter so vielen Millionen! Und daß ich Euch gefunden habe, das ist Deutschlands Glück!« entlarvt Domarus als eine Paraphrase auf das Johannes-Evangelium.

Hitler liebte auch Schlüsse im Stil katholischer Kirchengebete. Seine Rede auf dem Bückeberg bei Hameln zum Erntedankfest am 6. Oktober 1935 endete:»Es möge aber unser Volk besonders die richtige Einsicht bewahren, möge ihm den inneren Frieden sichern und uns alle gemeinsam erfüllen mit der Weisheit und der Klugheit, das Rechte zu tun, auf daß unser Volk lebe und Deutschland nie vergehe.« In seinem privaten Testament gab Hitler seine letzte Selbstdarstellung und stellte fest, er werde,»nunmehr vor Beendigung meiner irdischen Laufbahn« jenes Mädchen heiraten, das ihm so lange die Treue gehalten habe. Diese Formulierung, meinte Friedrich Heer, habe Hitler aus katholischen Todesanzeigen und Grabpredigten wortwörtlich übernommen.

Die Wahl von Hitlers Nachfolger sollte, unmittelbar nach seinem Tod, die Aufgabe des »Senats« sein, eines Gremiums, für das in der Reichskanzlei zwar ein eigener Senatssaal gebaut wurde, das sich aber nie konstituierte. Wie dieses Gremium, das nur in Hitlers Phantasie bestand, bei der Wahl vorzugehen habe, wußte der Diktator genau: Es sollte ein Konklave kopieren. Am 31. März 1942 bestimmte Hitler, »die Durchführung der Führerwahl habe nicht vor den Augen des Volkes, sondern hinter verschlossenen Türen zu geschehen. Auch bei der Papstwahl wisse das Volk ja nicht, was hinter den Kulissen vorgehe. Bei den Kardinälen sei es einmal so weit gekommen, daß sie sich gegenseitig geprügelt hätten. Man habe sie daraufhin für die Zeit der Wahlhandlung einfach eingemauert«.

Mumifizierte Vergangenheit

Die weitreichendsten Folgen aber hatte die Beständigkeit von Hitlers Gedächtnis. Hitler war außerstande zu vergessen. Erkennt man diese Grundkomponente seines Wesens, dann erschließen sich einem auch eine Reihe weiterer charakterlicher Besonderheiten.

Jäckel wies auf Hitlers »geradezu panische Angst« hin, seine Meinung zu ändern. Ein Führer, der solches tat, war nach Hitlers Ansicht unglaubwürdig geworden. Er müsse dann »die letzte Folgerung« zu ziehen bereit sein. »Er muß in einem solchen Falle mindestens der öffentlichen Ausübung einer weiteren politischen Betätigung entsagen. Denn da er schon einmal in grundlegenden Erkenntnissen einem Irrtum verfiel, ist die Möglichkeit ein zweites Mal gegeben.«

Hitlers Starrheit und die »Autosuggestivität seines Denkens und Wollens« fielen vielen auf, die ihn kannten. Broszat meinte, Hitlers »fixe Ideen« hätten nicht nur seiner Bewegung »Festigkeit und Zielsicherheit« gegeben, sondern auch seine Weltanschauung bestimmt. »Die autosuggestive Fähigkeit Hitlers, politisch gewollte ›großartige‹ Zielsetzungen und Feindbilder in eins zu setzen mit dem fanatischen Glauben an die weltanschauliche Vision, die diese Ziele zu legitimieren vermochte, kam ihm dabei zu Hilfe, raubte ihm aber später auch gar die politische Wirklichkeitskontrolle, als er – nach Beginn des Zweiten Weltkriegs – ungerührt daranging, diese transpolitischen Weltanschauungsvisionen in die Tat umzusetzen.«

Mit der Beständigkeit und Genauigkeit eines eidetischen Gedächtnisses sind auch die Rituale zum Andenken an den Novemberputsch im Jahre 1923 zu erklären. Es waren keine Erinnerungsfeiern, wie man sie in vielen Gesellschaften finden kann. Hier rekonstruierte ein photographisches Gedächtnis die Historie. Die Ereignisse wurden Jahr für Jahr buchstabengetreu wiederholt. Selbst die Toten bekundeten mit geliehenen Stimmen ihre Anwesenheit.

Durch sein ungewöhnliches Gedächtnis gelang es Hitler, die Kränkung von Versailles immer wieder zu beschwören und so zu neuer Wirksamkeit zu konservieren.

Schließlich war Hitlers Elefantengedächtnis ein wichtiges Agens bei seinen Verbrechen. Ebensowenig wie er die Verdienste vergaß, die Mitstreiter erworben hatten, vergaß er wirkliche oder eingebildete Verletzungen.

Eidetik und Geschichtsbild

Einiger Nutzen und schreckliche Nachteile erwuchsen Hitler und seinen Zeitgenossen aus den Fragmenten historischer Eindrücke, die sich in Hitlers Gedächtnis eingeschrieben hatten. Das Konglomerat wurde von ihm als Generalplan und Orientierungshilfe für seine Politik angesehen.

In seiner Vorstellungswelt wurde er begleitet und legitimiert von historischen Figuren. Für ihn spielte es keine Rolle, daß sich vergangenes Geschehen unter den Gesetzen anderer Epochen und einer anderen Logik abgespielt hatte. Wie ihm die Grenze zwischen Realität und Fiktion, zwischen dem Inhalt der Massenmedien und der Wirklichkeit fehlte, so verschmolz in seiner Vorstellung die Geschichte mit der Gegenwart. Wie er den Stil der Wiener Ringstraße bewunderte, so fügte er in seine Weltanschauung die unterschiedlichsten historischen Bestandteile nahtlos aneinander. Er bezog seine Ideen »aus dem geistigen Schutt von Jahrhunderten« (Hugh Trevor Roper), den er als »Steinbruch beliebig verwertbarer Geschichtsspolien« verwendete.

Für Hitler standen keine geringeren als die deutschen Kaiser zur Verfügung. Dies gab seiner Rede am 23. November 1937 vor jungen Ordensschülern einen grotesken Zug: »Und wenn wir dann in größter Toleranz alle unsere großen deutschen Heroen aufmarschieren lassen, alle unsere großen Führer der Vergangenheit, alle unsere großen germanischen und deutschen Kaiser – ausnahmslos, wie sie auch waren –, dann muß England vor uns versinken.«

Hitler wollte in seinem Reich aber auch die griechische Antike wiederbeleben. »Niemals war die Menschheit in Aussehen und in ihrer Empfindung der Antike näher als heute«, schwärmte er 1937 in seiner Rede zur Eröffnung des Hauses der Kunst. »Ungeheure Anstrengungen werden auf unzähligen Gebieten des Lebens vollbracht, um das Volk zu heben, um unsere Männer, Knaben und Jünglinge, die Mädchen und Frauen gesünder und damit kraftvoller und schöner zu gestalten.«

Feldzeichen der römischen Legionen waren die Vorbilder für die von ihm entworfenen Standarten der SA, die bei großen Aufmärschen aus dem Gesamtbild herausstachen. Vermutlich griff Hitler hierbei auf die Illustrationen seiner Schulfibel zurück. Auch die Grußgeste der römischen Imperatoren mit der gehobenen Rechten machte in seinem visuellen Gedächtnis Epoche. Er kopierte sie mit seinem Führer-Gruß. Mitten im 20. Jahrhundert – man hatte sich an zivilisierte Grußformen wie Good morning, Bonjour, Guten Tag, Servus, Grüezi, Grüß Gott gewöhnt – sollte sich ein ganzes Volk mit einer mittelalterlichen Formel »Heil Hitler« grüßen. Ebenso beschwor Hitlers »Reiseleben von Gau zu Gau in der Tradition der Kaiser des Heiligen Römischen Reiches Deutscher Nation« längst vergangene Zeiten.

Aus dem Mittelalter stammte der Begriff des »Reichs«, »dem

Mythos stets verwandter als dem Rechtsbegriff«. Es war ihm ein Bollwerk gegen den Bolschewismus, ein Gegenentwurf zum Parlamentarismus, ein Objekt seiner Liebe und tiefen Zuneigung.

Aus der Stauferzeit des Mittelalters wurde der Begriff der »Blutfahne« wiederbelebt. »Als Blutfahne wurde die (meist) bildlose rote Fahne bezeichnet, mit der bis 1806 die mit dem Blutbann (der Blutgerichtsbarkeit) verbundene Belehnung mit Reichslehen symbolisch besiegelt wurde.« Aus der Landsknechtszeit stammte der Name für die Bewährungskompanien der Waffen-SS, sie hießen der »Verlorene Haufe«. Hitler benutzte diesen Namen auch, um Truppenteile zu kennzeichnen, denen er zumutete, sich vom Gegner einschließen zu lassen – wie bei der sechsten Armee in Stalingrad.

So überrascht es nicht, daß Hitler alle historischen Verluste Deutschlands aus dem Westfälischen Frieden zurückholen und die Grenzen von 1500 wiederherstellen wollte. Später sprach er davon, das Reich Karls des Großen wiederzuerrichten.

Wenn man so will, war seine Herrschaft eine Art Historienspiel auf offener Weltbühne. Kettenacker sieht in dem Tag von Potsdam eine Wiederbelebung eines bedeutungsträchtigen mittelalterlichen Brauches. »Das Geschehen in der Potsdamer Garnisonskirche, die sichtbare, der mittelalterlichen Lehensübergabe vergleichbare Übertragung der Macht des Reiches an den Volkstribun österreichischer und damit großdeutscher Herkunft durch den in seiner Person die Kontinuität des kleindeutschen Bismarckreiches symbolisierenden Reichspräsidenten von Hindenburg, hat auf die Zeitgenossen, auch solche, die der Hitler-Bewegung bisher fern standen, tiefen Eindruck gemacht.«

»What Germany wants at the moment, said Hitler with emphasis, is a Cromwell«, berichtete der »Daily Sketch« nach einem Interview mit dem Kanzler am 29. Mai 1933. Später erläuterte Hitler dem Schweizer Diplomaten C. J. Burckhardt den Grund für seine Identifikation mit dem eisernen Revolutionär. In seine diktatorischen Hände habe das englische Parlament in einer Notsituation die Macht gelegt und der Demokratie abgeschworen.

Wenn immer eine historische Persönlichkeit in seinen Gesichtskreis trat, die ihm imponierte, identifizierte Hitler sich mit ihr. 1932 vertraute er Paul Devrient, seinem Stimmbildner, an: »Meine lieben Kommunisten fürchten in mir einen deutschen Stolypin, der ihre Machtergreifung verhindert.« Als ihn die englischen Politiker Sir John Simon und Anthony Eden im März 1935 besuchten und ihm vorwarfen, die deutsche Aufrüstung stelle einen Vertragsbruch dar, überraschte sie Hitler mit der Frage: »Hat sich vielleicht Wellington, als ihm Blücher zur Hilfe kam, zunächst im englischen Auswärtigen Amt bei den Juristen erkundigt, ob die preußische Mannschaftsstärke auch im Einklang mit den geltenden Verträgen stand?«

Dreizehn Elefanten

Mit fast allen Größen aus dem Geschichtsunterricht seiner Schulzeit verglich sich Hitler. Die Idee, einen Krieg »vom Standpunkt der Ernährung« zu führen, bezeichnete er als »Wallenstein-Taktik«. »Der Lebensraum ist wichtig für die Nachschubversorgung. Man kann nicht im luftleeren Raum Krieg führen, und wenn nicht Deutschland seinen Lebensraum erweitert hätte... hätte es keine Chance.«

Auch am 10. Januar 1943, bei einer Unterredung mit dem rumänischen Marschall Antonescu im Führerhauptquartier »Wolfsschanze«, fand Hitler für seine Weigerung, den inzwischen aussichtslosen, nur von der Weltanschauung geforderten Krieg zu beenden, historische Vorbilder. »Wenn man ihm nun die Frage vorlege, wie und wann das Ende des Krieges herbeigeführt werden könne, so antworte er darauf, daß dies die einzige Frage sei, die in der ganzen Geschichte nie ein Staatsmann oder Feldherr genau beantworten konnte. Der Führer führt in diesem Zusammenhange die Punischen Kriege, den Dreißigjährigen Krieg und den Siebenjährigen Krieg als Beispiel an. In keinem Falle hätten die leitenden Staatsmänner oder militärischen Führer zu irgendeinem Zeitpunkt etwas Genaues über das Ende dieser Kriege sagen können und hätten doch schließlich den Sieg davongetragen.«

Bei der Lagebesprechung am 10. Januar 1944 im Hauptquartier »Adlerhorst« bei Ziegenberg verglich Hitler seine taktischen Probleme mit denen Hannibals. Dessen Fall zeige,»mit wie wenig überlegenen technischen Waffen oft Kriege entschieden worden sind, mit ganz wenigen. Hätte der Hannibal, wie gesagt, statt seinen sieben oder dreizehn Elefanten, die er insgesamt noch gehabt hat, als er über die Alpen herüberging, oder statt der elf – (an Jodl gewandt:) das müßten Sie eigentlich wissen – 56 gehabt oder 250, so hätte das letzten Endes genügt, um ihn Italien erobern zu lassen.«

Als Hitlers militärisches Hasardspiel zu Ende ging, als die Niederlagen sich häuften, hoffte er noch auf ein Wunder der Vorsehung, wie es Friedrich den Großen gerettet habe: den Tod seines größten Widersachers und ein Zusammenbrechen der feindlichen Koalition. Als Goebbels diese Hirngespinste Offizieren der Wehrmacht in Zossen vortrug, fragte ein Teilnehmer der Veranstaltung:»Welche Zarin soll denn jetzt sterben?« Tatsächlich gab es ein letztes Aufflackern von Hoffnung beim Tod Roosevelts. Goebbels notierte in sein Tagebuch,»dies sei die Zarin, die gestorben sei«.

Erich Kästner erfaßte Hitlers seelische Besonderheit in sarkastischer Schärfe:»Hitler befindet sich in der Reichskanzlei, er hat den Oberbefehl übernommen. Er repetiert an der Spree die Belagerung Wiens. 1945 ist 1683, die Russen sind die Türken, er selber spielt den Starhemberg, und das einzige, was ihm zum Gelingen der Inszenierung fehlt, ist der Polenkönig Johann Sobieski mit dem Ersatzheer. An solchen Kleinigkeiten kann eine Aufführung scheitern. Vor allem bei klassischen Stücken mit glücklichem Ausgang. Sie sind besonders schwer nachzuspielen.«

Nachtwandlerische Sicherheit

Die eidetischen Fähigkeiten, die Naturvölkern und Kindern oft zur Verfügung stehen, gehen im Prozeß der Zivilisation verloren. Die archaischen Formen des Seelenlebens haben in unserer Gesellschaft kaum einen Platz:»In einer sachlich ausgerichteten, skeptischen, nüchternen Kultur wie der unseren, wo das Paranormale lächerlich gemacht wird und Mythen und Religion im Verschwinden sind, hat die Befähigung zur lebendigen Vorstellung wenig Überlebenswert und ist noch weniger sozial erwünscht.« In der Tat nützte Hitler seine besondere Veranlagung zunächst wenig.

Es gibt aber mindestens ein Beispiel, das zeigt, wie archaische Fähigkeiten in einer hochzivilisierten Umgebung plötzlich Konjunktur bekommen können. Ein Indianerstamm an der Ostküste der USA, die Mohawk, besitzt eine geradezu nachtwandlerische Sicherheit, ohne jedes Schwindelgefühl auf schmalen Stiegen sicher einen Fuß vor den anderen zu setzen. Diese Indianer sind es, die in schwindelerregender Höhe die Montagearbeiten an den Stahlgerüsten der Wolkenkratzer durchführen. Den gutbezahlten Job kann ihnen kein normaler Bürger einer Hochkultur streitig machen.

Hitler setzte seine archaischen Fähigkeiten hauptsächlich bei seinen Reden und bei der Beeinflussung von Gesprächspartnern ein. Auf die verunsicherten Massen mag die Sicherheit, die sich in seinen Reden ausdrückte, besonders gewirkt haben.

Den nachhaltigsten Eindruck auf seine Zeitgenossen machte dabei sein Sendungsbewußtsein.»Sein Dogmatismus half ihm instinktiv, viele der Menschen zu dominieren, die ihm begegneten. Durch sein detailliertes Erinnerungsvermögen beeindruckte er seine Umgebung und nahm gleichzeitig denjenigen, die ihn vielleicht gern herausgefordert oder auf die Probe gestellt hätten, den Wind aus den Segeln.«

In einer Rede in München am 15. März 1936, kurz nach der erfolgreichen Wiederbesetzung des Rheinlandes, die er gegen den Rat der Fachleute unternehmen ließ, sagte er:»Ich gehe den mir von der Vorsehung vorgeschriebenen Weg mit nachtwandlerischer Sicherheit.«

Ein Jahr vor seiner Ernennung zum Reichskanzler steckte die NSDAP in einer Krise: Sie hatte in der Wählergunst schon den Höhepunkt überschritten. Hitler war immer noch nicht deutscher Staatsbürger, und Goebbels wunderte sich in seinem Tagebuch am 4. Februar 1932, wie leibhaftig Hitler schon seine Kanzlerschaft vor Augen stehe, an die zu diesem Zeitpunkt kaum zu denken war: »Es ist wunderbar zu beobachten, wie sicher und unbeirrt der Führer sich auf die kommende Übernahme der Macht einstellt.

Das wird bei ihm auch nicht mit einem leisen Gedanken in Zweifel gezogen. Er redet, handelt und empfindet so, als wenn wir die Macht schon hätten.«

Für dieses Sendungsbewußtsein gibt es viele Beispiele: Gegenüber dem Danziger Senatspräsidenten Rauschning soll Hitler geäußert haben:»Wenn ich nicht die innere, unbestechliche Gewißheit habe, das ist die Lösung, so muß sie aussehen, mache ich nichts. Und wenn die ganze Partei mir in den Ohren liegt: Handle!« Er habe nur Erfolge, meinte Hitler am 10. November 1938, und am 8. November 1938: Er könne nicht irren. Otto Strasser bezeugte Hitlers Ausspruch:»Ich kann mich nicht täuschen, was ich sage und tue, ist historisch.« Schon Ende 1930 erhob er in einer Rede vor Parteiführern im Braunen Haus in München den Anspruch auf Unfehlbarkeit:»Ich hoffe, daß sich die Welt daran so schnell und widerspruchslos gewöhnt, wie sie sich an den Anspruch des Heiligen Vaters gewöhnt hat.« Domarus kennzeichnete Hitlers Gedankenwelt, wie sie sich in seinen Reden offenbarte, wie folgt:»Seine außenpolitischen und militärischen Ideen waren aufgebaut... auf seinem Gottesmenschentum, das keinen Irrtum, keinen Fehler, keine menschliche Schwäche zuließ.«

Selbst der skeptische Schacht war beeindruckt. Er sprach von der »absoluten Überzeugung dieses Mannes von der Richtigkeit seiner Auffassungen« und von der »Entschlossenheit, diesen Auffassungen praktische Geltung zu verschaffen«.

Nerven wie Batzenstricke

Hitler hatte Nerven, oft hatte er sogar »Nerven wie Batzenstricke«. Schon der Rekrut zeigte 1914 in den flandrischen Schlachten eine bemerkenswerte Abgebrühtheit. In einem Feldpostbrief an den Assessor Hepp machte er sich Gedanken über ein Zeitthema, über die Nervosität, die ihn aber nicht davon abhielt, seine grausige Umgebung genau zu beobachten und seelenruhig zu beschreiben. »Ich bin jetzt sehr nervös. Tag für Tag liegen wir von 8 Uhr früh bis 5 Uhr nachmittags in schwerstem Artilleriefeuer... das macht mit der Zeit auch die stärksten Nerven kaputt. Ich kann leider nicht schlafen, vier Schritte von meinem Strohbündel liegt ein toter Gaul, dem Äußeren nach zu schließen mindestens schon zwei Wochen. Das Vieh ist schon in halber Verwesung. Endlich liegt knapp hinter uns eine deutsche Haubitzenbatterie und jagt alle fünfzehn Minuten zwei Granaten über unsere Köpfe hinweg in die schwarze Nacht hinaus. Mit ehrerbietigem Handkuß an die geehrte Frau Mutter…«

Gute Nerven, das erkannte er später, waren die Grundlage zum Erfolg in der Weltgeschichte. Er wünsche ein »nervenstarkes Volk«, verkündete er 1938, »denn allein mit einem Volk, das seine Nerven behält, kann man wahrhaft große Politik machen«.

Eine kaltblütige Veranlagung wurde in der preußischen Generalität rückhaltlos bewundert. Denn immer wieder waren Monarchen und Kanzler im Laufe der Geschichte in den Ruf mangelnder Festigkeit geraten. Die Nerven waren ein preußisches Problem. Friedrich der Große hatte mit ihnen zu kämpfen. »Berühmt wurde (Bismarcks) Weinkrampf in Nikolsburg 1866, als er den sofortigen Friedensschluß mit Österreich forderte, darüber mit seinem König so heftig zusammenprallte wie noch nie und danach monatelang krank war…«»Bismarck hatte selber erzählt, wie Sultan, der ›Reichshund‹, ihm bei seinen Weinkrämpfen die Pfote auf die Brust legte und ihn durch sein Mitgefühl beruhigte.« Mit dem Nervenkostüm Wilhelms II. stand es nicht zum besten. In der Marokkokrise nannte ihn die französische Presse einen »tapferen Feigling«. (Joachim Radkau)

Vom Reichskanzler Bethmann-Hollweg hieß es, daß er, »sobald es nach Pulver roch, die Nerven verloren habe«. »Ob Bethmann, Wilhelm II., Friedrich Naumann, Walther Rathenau, Max Weber; alle trugen in sich das Bewußtsein einer Schwäche, die es – persönlich und politisch – zu überwinden galt; und in der Regel erfolgte diese Überwindung nach einem Verhaltensmuster, das unter den Bedingungen der Julikrise (1914) auf den Krieg hinauslief.« In diesem wurde es dann zur »ständigen Manier, auf die kriegsentscheidende Bedeutung der starken Nerven herumzureiten«. Man sprach vom heilenden »Stahlbad des Krieges«.

Voller Bewunderung erzählte man sich die Anekdote von Moltke, der sich in der Schlacht von Königgrätz in aller Ruhe die beste Zigarre aus dem Etui heraussuchte, das ihm der König anbot. »Holstein konnte sich als graue Eminenz des Auswärtigen Amtes jahrelang halten und, ungestraft sogar, gegen Wilhelm II. intrigieren und kaiserliche Einladungen ablehnen, weil er als eisenköpfiger Willensmensch galt.« Der Nimbus des Staatssekretärs des Äußeren, Kiderlen, »ist ein besonders eklatantes Beispiel eines bloßen Energie- und Nervenruhms, der fast unabhängig von politischen Leistungen gedieh«.

Nicht so sehr durch seine tollkühnen Pläne wurde Hitler in den Augen seiner Generäle diskreditiert. Zwar plante Generalstabschef Ludwig Beck, ihn im Falle eines Angriffs auf die Tschechoslowakei seines Amtes zu entheben und auf seinen Geisteszustand untersuchen zu lassen. Doch dem entschlossen Handelnden, der mit nachtwandlerischer Sicherheit agierte, fiel niemand in den Arm.

Viel kritischer erwiesen sich die wenigen Situationen, in denen Hitler zögerte und ansatzweise Vernunft oder Skepsis zeigte. Man kreidete ihm lange an, während der Rheinlandbesetzung Nerven gezeigt zu haben, auch während des Norwegenfeldzugs und schließlich bei Dünkirchen, als er die Panzer zurückhalten ließ.

Halder, der Nachfolger Becks, entwarf die Operationspläne für seine Angriffe und belauerte zugleich den Diktator in der Hoffnung, daß dieser sich eine Blöße geben würde. Er sah nur dann die Möglichkeit eines erfolgreichen Putsches, wenn Hitlers Renommee bei Volk und Heer angekratzt sein würde. Halder wartete vergeblich. Hitlers Nerven hielten, trotz seiner Krankheit, bis zum bitteren Ende.

In der Krise vor Moskau im Winter 1941/42 und auch nach der Katastrophe von Stalingrad stand Hitler wie ein Turm in der Schlacht. Wie er seinen schwankenden Anhängern vor der Machtergreifung in schwierigen Situationen Halt gegeben hatte, so stabilisierte er jetzt die Moral seiner Generäle. Selbst als er durch die Bombe Stauffenbergs schwerer verletzt wurde, verlor er nicht die Contenance und überzeugte zunächst den Major Remer am Telefon mit fester Stimme und dann die ganze Nation über den Rundfunk. »Er war ein Kerl, kein Herr – wie Oberst Graf von Seherr-Thoß die Auffassung (vieler Offiziere) kundtat.«

Immelmann

In der Eidetik sah Jaensch eine Art universaler Frühform der Welt-
auffassung. Er sprach von einer »eidetischen Struktur des primitiven Bewußtseins«. Die bei Hitler auftretenden Gedächtnisphä-
nomene und Anschauungsbilder seien bei Naturvölkern das
Normale gewesen. Jaensch zitierte Untersuchungen, die von den
Steinen über das Ortsgedächtnis südamerikanischer Stämme gemacht hatte: »Wenn ich es nicht durch häufige Fragen selbst festgestellt hätte, ich würde kaum geglaubt haben, daß irgend jemand
ohne schriftliche Notizen sich nach einmaliger Fahrt auf einem
gleichförmigen Fluß eine sichere Anschauung über die Einzelheiten des Verlaufs hätte erwerben können... (der Eingeborene)
hatte die Karte im Kopf oder vielmehr, er hatte zahlreiche und unbedeutend erscheinende Ereignisse in ihrer Reihenfolge behalten... Und Livingstone rühmt das anschauliche Gedächtnis der
Primitiven, denen es genüge, ›ein einziges Mal in einer Gegend gewesen zu sein, um von ihr eine unauslöschliche, richtige Vorstellung zu erhalten‹.«

Auch Kinder überraschen die Erwachsenen mit erstaunlichen
Gedächtnisleistungen. Sie erinnern sich an alle Einzelheiten der
Märchen, die ihnen einmal erzählt worden sind. Sie »pflegen
kleine Änderungen ihnen bekannter Erzählungen übel zu vermer-
ken«.

Die Gesänge Homers, die Wort für Wort rezitiert wurden, geben uns noch eine Vorstellung von der Gedächtniskapazität frühe-
rer Generationen. Die Rhapsoden der oralen Gesellschaft brachten zum Entzücken der Zuhörer die bewegenden Momente der
Stammesgeschichte in allen Einzelheiten immer von neuem zum
Leben. Mit der Entwicklung der Hochkulturen und der Möglichkeit, das lebendige Gedächtnis durch schriftliche Aufzeichnungen
zu entlasten, verloren sich die archaischen Fähigkeiten. Schon bei
Platon findet sich dieser Gedanke.

Die archaisch-dörfliche Mediensituation war in der städtischen
Kultur Athens in der vorklassischen Zeit verlorengegangen.
Jedenfalls fiel der Politiker und Feldherr Themistokles (ca. 524 bis
459 v. Chr.) auf, »weil ihm im Gedächtnis alles haftete, was er je

gehört oder gesehen hatte«, »weil aus dem Geist dieses Mannes alles das, was je in ihn eingegossen wurde, nie wieder herausgeflossen ist« (Cicero). Er habe jeden einzelnen Bürger Athens beim Namen zu nennen gewußt (Plutarch). Als man Themistokles anbot, die Kunst des Erinnerns zu lernen, antwortete er, er sei viel mehr an der Kunst des Vergessens interessiert.

Diese wurde im Laufe der Kulturentwicklung immer besser gelernt. So sah dies auch Kant: »Einer der Alten sagte, die Kunst zu schreiben hat das Gedächtnis zu Grunde gerichtet.« »Die Schrift«, so Weinrich, sei »eher eine Verbündete des Vergessens als des Erinnerns zu nennen… Die skripturale Revolution… hat dieses natürliche Gedächtnis träge gemacht.« Bernardin de Saint-Pierre erklärte: »Was ich zu Papier bringe, nehme ich aus meinem Gedächtnis heraus, und folglich vergesse ich es.«

Die nächste Revolution, die dem individuellen Gedächtnis schwer zusetzte, war die Erfindung des Buchdrucks. Mit der Verbreitung der Bücher kam das Gedächtnis in Verruf. Vom 17. bis zum 19. Jahrhundert haben sich Autoren in verschiedenster Form gegen das Gedächtnis geäußert – von Descartes, der erklärte, daß für Wissenschaften insgesamt überhaupt kein Gedächtnis nötig sei, bis Nietzsche, der sich für das Vergessen aussprach. Doch richteten sich diese negativen Beurteilungen vornehmlich gegen das schulmäßige Memorieren, das Eintrichtern von Wissensstoff, nicht gegen urmenschliche Fähigkeiten, die nicht mehr zur Debatte standen.

Kurz vor der dritten, der kybernetischen Revolution, die die Stellung des individuellen Gedächtnisses wiederum veränderte, wehte noch einmal ein Hauch von Vorzeit durch die moderne Geschichte. In der ersten Hälfte des 20. Jahrhunderts hatte das Primitive, das Frühe und Unzivilisierte wieder einmal Konjunktur. Tarzan imponierte den Kinozuschauern, wenn er sich, Urschreie ausstoßend, von Baum zu Baum schwang. Picasso bewunderte und imitierte die Negerplastik im Musée de l'homme und kaufte sich Bilder des naiven Malers Rousseau, des Zöllners. Nolde schloß sich einer Expedition nach Neuguinea an, um inspirierende Eindrücke zu empfangen, Malinowski erregte mit seinen Berichten über die Sitten der Trobriander Aufsehen, und Margaret Mead studierte das Heranwachsen junger Damen in Neuguinea, das als Vorbild dienen sollte. Zu den unverfälschten, vorzivilisatorischen Wurzeln der Völker zog es auch die Nazis, die für Germanen mit groben Sitten und Ariern mit unvermischten Blut schwärmten.

Hitler traf also mit seiner Veranlagung einen Nerv der Zeit: Er beeindruckte in einer technischen Umgebung mit archaischen Fähigkeiten. Am 6. November 1933 verlor »bei einem Flug von Danzig nach Kiel Hans Baur, Hitlers Pilot, in dem dreimotorigen Junkers-Flugzeug D 2600 (›Immelmann‹) die Orientierung. Hitler erkannte die Stadt Wismar unter sich und erleichterte so eine Landung in Travemünde. Eine Legendenbildung über Hitlers übernatürliche Kräfte nimmt ihren Anfang«.

Wie nahe die beim eidetischen Phänomen auftretenden Fähigkeiten des Gedächtnisses nicht nur dem Archaischen, sondern auch dem Krankhaften verwandt sind, zeigte ein zweiter – schon vor dem Fall Schereschewskij bekanntgewordener – Fall von anormal gesteigerter Merkfähigkeit. Jorge Luis Borges beschrieb 1942 die Geschichte des »Funes mit dem großen Gedächtnis«. Der ungebildete Bauernjunge fiel vom Pferd und verletzte sich am Kopf. »Im Handumdrehen lernt der Gelähmte Latein, Englisch, Französisch, Portugiesisch, speichert ohne Mühe endlose Vokabel- und Zahlenreihen und erinnert sich nicht nur an jeden Wald, den er einmal gesehen hat, sondern auch an jedes Blatt, jeden Baum jenes Waldes und sogar ›an jedes einzelne Mal, da er es gesehen oder sich vorgestellt hat‹.« (H. Weinrich)

»Doch bereitet diese Begabung (auf der anderen Seite) die größten Schwierigkeiten, allgemeine Begriffe zu bilden: allzu viele Einzelheiten hatte er in seinem untrüglichen Gedächtnis gespeichert. Und natürlich kann er nicht schlafen.« Mindestens hierin glich er Hitler.

Die primitiven Anteile am Verhaltensrepertoire des modernen Menschen gaben vielen Theoretikern von Sigmund Freud bis Arnold Gehlen, von Jean Piaget bis Konrad Lorenz zu denken. Mit Recht hoben sie die Nachteile hervor, die uns die im Vergleich zur modernen Entwicklung unendlich lange Steinzeitperiode vererbt hat. Das Aggressive, das mythische Denken, der Wunderglaube, das paranoide Verknüpfen wirken in unserer Epoche eher kontraproduktiv.

Das primitive Denken bleibt meist dem fortgeschrittenen unterlegen, was sich aber manchmal erst in der zeitlichen Distanz zeigt. Zehn Jahre waren nötig, um Hitlers Wahnsinn zu erkennen. Immer wieder blendete er mit kurzschlüssigen Patentlösungen, immer wieder baute er stupende Gedankengebäude auf völlig unhaltbaren Prämissen auf. Primitives Denken gibt sich mit schnellere Scheinlösungen zufrieden, die imponieren. So auch bei Hitler: »Im Detail oft treffsicher, zupackend und erfolgreich, ließ die Gesamtlage seiner Politik Vorsicht, Geduld und Klarsicht vermissen.«

»Die uns bei Hitler entgegentretende Mischung von partieller Begabung und extremem Dilettantismus, die neurotisch anmutende Tendenz, die propagandistische Spiegelung des Regimes für die Wirklichkeit zu halten, Fanatismus und Effizienz zu verwechseln, und die sich verstärkende Abneigung, abweichende Auffassungen zur Kenntnis zu nehmen, ist von klügeren Anhängern schon früh konstatiert worden. Diese Haltung vermittelte Dritten den Eindruck innerer Geschlossenheit und Gradlinigkeit; dies vermag Hitlers demagogische Ausstrahlungskraft mit zu erklären.«

Sekundäre Tugenden

Hitlers Gedächtnisleistungen, die an sich keine Manifestationen hoher Intelligenz sind, wurden in einer Gesellschaft in ungewöhnlicher Weise bewundert, die auch die sekundären Tugenden besonders hochhielt.

Die deutschen Beamten seiner Zeit konnten offenbar der Faszination einer eidetischen Begabung nicht widerstehen: Staatssekretär Meißner, der vor Hitler schon den Reichspräsidenten Ebert und Hindenburg gedient hatte, bemerkte, daß sein neuer Vorgesetzter gegen die Vorgänger nicht schlecht abschnitt. Ihm gefielen seine schlichte, »fast asketische« Lebensweise und seine großen Kenntnisse auf dem Gebiet der Rüstung.

Auch andere Mitglieder der alten Beamtenelite waren beeindruckt. Finanzminister Schwerin von Krosigk rühmte noch nach dem Krieg: »In den Kabinettssitzungen mußte die Souveränität (imponieren), mit der er die zur Debatte stehenden Materien beherrschte, die Unfehlbarkeit seines Gedächtnisses, mit der er Fragen aus den entferntesten Wissensgebieten, die zufällig zur Erörterung kamen, mit nie versagender Genauigkeit beantwortete.« Hitler habe keine Kleinigkeiten aus den Vorträgen seiner Stäbe vergessen, lobte auch Rudolf Diels, der erste Chef der Gestapo, der als Verwaltungsjurist aus der Weimarer Zeit übernommen worden war und Hitler mit einiger Skepsis gegenübertrat.

Ebenso voller Anerkennung äußerte sich Generalfeldmarschall Keitel über seinen obersten Kriegsherrn vor dem Nürnberger Tribunal: »Hitler studierte in nahezu unvorstellbarer Form Generalstabswerke, Militärliteratur, taktische und operative und strategische Studien. Sein Wissen auf militärischem Gebiet war staunenswert. Er war über Organisation, Bewaffnung, Führung und Ausrüstung sämtlicher Armeen und aller Flotten der Erde so unterrichtet, daß es unmöglich war, ihm auch nur einen Irrtum nachzuweisen.«

Auch der Panzergeneral Guderian, der es gewagt hatte, offen gegen Hitlers Entscheidungen zu protestieren, pries dessen Fähigkeiten. Hitler sei ein »überragend kluger Kopf« gewesen. Als hauptsächlichen Grund für diese Beurteilung gab Guderian dessen »ungewöhnliches Gedächtnis« an, »besonders für geschichtliche Daten, technische Zahlen, volkswirtschaftliche Statistiken«.

Hitlers besondere Begabung traf auf eine fragwürdige deutsche Tradition. Sein Geist sei leider in der deutschen Generalität einer starken Affinität begegnet, bedauerte Peter Rassow 1945. »Militärtechnische statt politische Erwägungen« hätten schon beim Ausbruch des Ersten Weltkrieges verhängnisvoll mitgewirkt, erkannten 1947 Gerhard Ritter, Hans Herzfeld, Clemens Bauer, Gerd Tellenbach und Joseph Vogt. Die Vorformen dieses »modernen technisch utilitaristischen Geistes« sah Friedrich Meinecke 1945 schon im preußischen Militarismus eines Friedrich Wilhelm I. angelegt. »Er verfolgte diesen Gedanken kritisch weiter bis in die Geschichte der Reichswehr im Weimarer Staat …«

Der fern von militärischer Tradition in einer wohlhabenden

Mannheimer Architektenfamilie aufgewachsene Albert Speer war einer der wenigen, der diese Leistung Hitlers nicht bewunderte, sondern erkannte, daß sie nur eine Manifestation einer speziellen Begabung war, die tieferes Erfassen verhinderte:»Hitlers naiv wirkende Freude, jetzt auf dem Gebiet der Rüstung wie früher im Automobilbau oder in der Architektur mit abgelegenen Zahlen zu glänzen, machte deutlich, daß er auch hier als Dilettant arbeitete; unablässig schien er bemüht, sich den Fachleuten ebenbürtig oder gar überlegen zu zeigen. Der wirkliche Fachmann wird vernünftigerweise seinen Kopf nicht mit Details überlasten, die er nachschlagen oder sich von einem Adjutanten nachtragen lassen kann.«

Vor-Computer-Zeitalter

Die besondere gesellschaftliche Wertschätzung des eidetischen Phänomens im Vor-Computer-Zeitalter führte nicht nur zu Hitlers überraschendem Aufstieg. Ein Parallelfall ist der Berufsweg des Chefredakteurs der»Berliner Illustrirten«, Kurt Korff.»Er hatte seine Karriere als Botenjunge begonnen und verdankte seine Beförderung seinem untrüglichen Gedächtnis und seinem journalistischen Instinkt. Eines Tages beauftragte ihn einer der Brüder Ullstein, ihm schnellstens die Fakten über ein Schiffsunglück zu beschaffen, doch Korff konnte ihm auf der Stelle alle Einzelheiten mit Zahlen angeben, mit den genauen Maßen des Schiffes, welches untergegangen war. Ullstein war davon so beeindruckt, daß er für seinen schnellen Aufstieg sorgte.«

Auch ein anderer berühmter und erfolgreicher Mann dieser Epoche hatte eidetische Begabungen: Erich Ludendorff, der deutsche Generalstabschef des Ersten Weltkrieges. Die zeitbedingte Betonung des vordergründig Genauen kommt gut dadurch zum Ausdruck, daß er im Schulunterricht der Nazizeit mit einem Detail rühmend erwähnt wurde. Er habe den gesamten Mobilmachungsplan der deutschen Armee im Kopf gehabt einschließlich aller genauen Abfahrtszeiten der Eisenbahnzüge, in die Truppen verladen wurden.

Bis zu einem gewissen Grad wird die epochale Wichtigkeit der eidetischen Veranlagung durch den Erfolg Thomas Manns belegt. Er war der bedeutendste Schriftsteller seiner Zeit. Während des Zweiten Weltkriegs sah er sich im amerikanischen Exil sogar als großen Gegenspieler Hitlers, den er politisch durch Radiovorträge bekämpfte, die nach Deutschland gesendet wurden.

Wie sehr er Hitler als »Bruder« und damit als existentiellen Rivalen empfand, verraten seine Tagebücher. Jede Ehrung Hitlers schmerzte ihn nicht nur, sie beleidigte ihn persönlich. »Was mir Sorge macht, ist die Inthronisierung jenes ekelhaften Menschen als Reichspräsident, nach der er offenbar strebt.« – »Die Erhöhung des Geschöpfes auf das monumentalisierende Piedestal des Staatsoberhauptes ist die Gefahr.« – »Mich grämt der neue Nimbus, der den Elenden umgeben wird.« (1., 2. August 1934)

Golo Mann hielt es für heikel, eine integre Persönlichkeit mit dem Verbrecher Hitler zu vergleichen. Aber für die Klugen, so meinte er, für die jeder Autor bekanntlich schreibe, gelte, daß sich auch, wenn beide Gestalten der Zeitgeschichte im Moralischen, im schieren Menschlichen, unendlich weit voneinander entfernt stünden, »interessante, zeitgeschichtliche Vergleichbarkeiten« ermöglichten.

So verschieden die Gegenspieler in intellektueller und vor allem in moralischer Hinsicht waren, in den Eigenarten ihrer eidetischen Begabung läßt sich eine Parallele feststellen. Es zeigt sich, daß diese Veranlagung in ihrer Epoche auf ganz verschiedenen Ebenen und in ganz verschiedenen Bereichen gefragt war.

Hitlers physiognomisches Gedächtnis war Thomas Mann früh aufgefallen, was daran gelegen haben mag, daß dieser Wesenszug auch ein Fundament seiner schriftstellerischen Erfolge war. »Aber das war das Merkwürdigste bei ihm; er erfaßte jeden Menschen sofort. Er beobachtete die Leute nicht, um sie nachher zu schildern. Hatte er jemanden einmal gesehen, hatte er ihn auch aufgenommen, und kam eine Figur, zu der dieser Jemand paßte, war er wieder da, aber nicht mit Absicht, davon kann keine Rede sein«, erinnerte sich Katia Mann, die ihren Gatten fünfzig Jahre lang fast täglich genau beobachten konnte. Arthur Holitscher, der als Modell für die Figur des Detlev Spinell im »Tristan« diente, konnte

Thomas Manns Begabung nicht richtig einordnen. Er verbreitete das Gerücht, der Dichter habe ihn nur deshalb so präzise schildern können, weil er ihn vom Balkon aus mit dem Opernglas beobachtet habe. Thomas Mann, der derartige optische Lauschangriffe aufgrund seiner besonderen Begabung gar nicht nötig hatte, war wegen der üblen Nachrede verärgert.

Es scheint ganz abwegig zu sein, Thomas Manns ersten großen Erfolgsroman, die »Buddenbrooks«, mit Hitlers Machwerk »Mein Kampf« zu vergleichen. Doch beide gleichen sich, bei allen fundamentalen Qualitätsunterschieden, darin, daß sie Produktionen eines eidetischen Gedächtnisses sind. Thomas Mann schilderte die Charaktere seiner eigenen Familie und die Lübecker Verhältnisse so photografisch genau, daß die Lübecker das Buch »enorm« übelnahmen: »Ein Vogel, der sein eigenes Nest beschmutzt.«

Gleich am Anfang des Buches beschrieb der Autor die mühelose Gedächtnisleistung der kleinen Antonie Buddenbrook. Die achtjährige Tony soll im Familienkreis den Katechismus aufsagen und rezitiert mit wachsender Sicherheit: »Ich glaube, daß mich Gott geschaffen hat samt allen Kreaturen...« Und dann zeigte Thomas Mann, sich mit Tony identifizierend, wie es einem Eidetiker zumute ist, wenn sein Gedächtnis seine erstaunliche Leistung fast von selbst vollbringt. »Wenn man im Gange ist, dachte sie, war es ein Gefühl, wie wenn man im Winter auf dem kleinen Handschlitten mit den Brüdern den Jerusalemberg hinunterfuhr; es vergingen einem geradezu die Gedanken dabei, und man konnte nicht einhalten, wenn man auch wollte.«

Die Schnelligkeit und den Umfang der eidetischen Auffassung belegt die Antwort Thomas Manns auf Katia Manns Frage nach dem Vorbild für die Familie des alten Krull. »Ach, die habe ich einmal eine halbe Stunde auf dem Rheindampfer beobachtet.«

Die genaueste photographische Beschreibung gipfelt in einer detaillierten, aber manchmal persiflierenden, ironisch lieblosen Auffassung. Bei der »Betrogenen« empfinden viele die gynäkologischen Details als etwas unappetitlich und bemängeln die völlig fehlende Empathie mit der Heldin, die der Kältepanzer des Eidetikers verhinderte.

Die eigentümliche Vermischung von Realität und Fiktion, die

beim Politiker Hitler zu desaströsen Folgen führte, wurde beim Dichter Thomas Mann zum interessanten Stilmittel. Golo Mann bemerkte:»In einem Schriftstellerhaus wie dem meines Vaters schwankte die Realität gewissermaßen, und das Künstlerische und das Wirkliche oder sogenannte Wirkliche vermischten sich in sonderbarer Weise.«»Ich habe als junger Mensch einmal das Grab meines Großvaters in Lübeck besucht, also des Senators in ›Buddenbrooks‹. Und als ich da vor diesem sehr stattlichen Grabstein stand mit dem Wappen und ›Senator Heinrich Mann‹ usw., war es doch mein Gefühl, ›eigentlich‹ vor dem Grabstein von Thomas Buddenbrook zu stehen.«

Thomas Mann zeigte auch das charakteristische Erwähltheitsbewußtsein, die frühe Überzeugung, von allen anderen Menschen abgehoben zu sein. Schließlich glich seine Sexualkonstitution in auffälliger Weise derjenigen seines teuflischen Gegenspielers. Der Dichter gab uns Einblick in seine Furcht vor den unterdrückten Triebregungen, in denen sich Homosexualität, ja auch Inzest und selbst eine exzessive, körperliche Liebkosungen nicht verschmähende Hundeliebe mischten.

Doch seine Ehe, die er vor allem auch deswegen schloß, um seine Homosexualität zu zähmen, half ihm seine Triebe in vorbildlicher Weise zu sozialisieren und zu sublimieren.

»Thomas Manns Tagebuchaufzeichnungen zwischen 1918 und 1921 ist zu entnehmen, welche Probleme er hatte, seine auf Männer gerichteten sexuellen Gefühle zu überwinden. Katia scheint ihm großes Verständnis entgegengebracht zu haben, wofür er sehr dankbar war.«

Auf den ersten Blick scheint es absurd, den sechsfachen Vater Thomas Mann ebenso wie Hitler als einen »unsippisch veranlagten Menschen« zu bezeichnen. Im Gegensatz zum »verbrecherischen Mann des Schicksals« überwand Thomas Mann seine Veranlagung durch mustergültige Zucht und Disziplin. Doch die Kälte ist immer wieder zu spüren. Als sein erster Enkel geboren wurde, notierte er am 31. Juli 1940 in sein Tagebuch:»Die Großvaterschaft kommt spät und macht mir geringen Eindruck.« Schon bei der Geburt seines ersten Kindes, der Tochter Erika, schrieb er in einem Brief an seinen Bruder Heinrich:»Es ist also ein Mädchen, eine Enttäuschung für mich... Ich empfinde einen Sohn als poesievoller, mehr als Fortsetzung und Wiederbeginn meiner selbst unter neuen Bedingungen.«

Den tragischen Tod seines Schwiegersohnes, des Ehemanns seiner zweiten Tochter Monika, erwähnte Thomas Mann am 24. September 1940 mit einem einzigen Satz.»Morgens Kabel von Erika, daß Moni und Lanyi auf dem torpedierten Schiff waren, der Mann tot ist und Moni sich in einem Hospital in Schottland befindet (in welchem Zustande?!), von wo Erika sie abholt. Sie scheint also transportfähig – Grauen und Abscheu. Erbarmen mit dem gebrechlichen Kind.« Aber gegen Mittag geht das Leben weiter.»Zum Lunch Frau Reinhart. Zum Tee Mr. Young von der Film-Branche, netter junger Mann, Liebhaber des Magic Mountain, dessen Verfilmung er anstrebt.«

Als der Kulturphilosph Theodor Lessing, den er aus Münchner Tagen näher kannte, aber wenig schätzte, von Nazi-Schergen ermordet wurde, schrieb er an seinen Sohn Klaus:»War immer schon ein falscher Märtyrer.«

Im August 1943 erschreckte er Bert Brecht mit der Forderung nach drakonischer Bestrafung der Deutschen:»Die Hände im dürren Schoß / verlangt der Geflüchtete den Tod einer halben Million Menschen.«

Im Selbstmord seiner Schwägerin, der Frau seines Bruders Heinrich, die ihm stets auf die Nerven gegangen war, sah er ein »fast nicht beklagenswertes Ereignis«.

Zwar äußerte sich Thomas Manns Veranlagung nicht wie bei Hitler in dumpfer Brutalität, aber selbst ein so kultivierter Mensch wie er war zu erschreckenden Ausbrüchen fähig. In seinem kalifornischen Exil erfuhr er am 16. August 1940 die Nachricht von einem Fliegerangriff auf München, die Stadt, in der er jahrzehntelang gelebt und ein großes Haus geführt hatte, in der er geheiratet hatte, in der seine Kinder geboren wurden, in der er viele seiner Werke geschrieben hatte. Seine Reaktion auf den grausamen Angriff:»Die R.A.F. (Royal Air Force) findet Zeit und Kraft zum Bombardement Münchens, was ich diesem dummen Nest gönne.«

3. KAPITEL

Hitlers Leidenschaften: Der Futterneid

3.1. Gewehre, Peitschen, Fäuste und die Haltung von Kanarienvögeln

Ausgangspunkt der Nazi-Herrschaft war keine Theorie, kein Parteiprogramm, sondern Hitlers starke Leidenschaften. Er war ein von Haß, Minderwertigkeitsgefühlen und Ressentiments getriebener Mensch, und seine Begabungen waren archaischer Natur. Hitler war ein Volksredner und ein Gedächtniskünstler. Solche Leute zeigen sich sonst eher im Varieté oder im Zirkus, ähnlich wie Hypnotiseure, Zauberkünstler oder Wahrsager. In dieses Bild paßten die ersten größeren Auftritte Hitlers. Für ihre Kundgebungen hatten die Nationalsozialisten den Zirkus Krone angemietet. Das Münchner Publikum sah das ganze als Spektakel an und bestaunte den gestikulierenden Hitler als eine Art von rhetorischem Urwesen.

Die Vorstellung faszinierte. Seine Reden hoben sich durch die leidenschaftliche Vortragsweise von den Parolen anderer Rechtsparteien ab. Den ersten Aufruf Hitlers nach seiner Machtergreifung charakterisierte Carl von Ossietzky in der »Weltbühne« vom 7. Februar 1933: »Er ist als Plattform dürftig, als agitatorische Leistung dagegen beträchtlich.« Hitler war ein Virtuose des Stammhirns. Der logische Aufbau ließ zu wünschen übrig, die Argumentation blieb unbefriedigend. Der begnadete Redner hatte ein ganz eigenartiges Verhältnis zum Wort, das ihn nur als rhetorisches Mittel, als Medium für lakonisch-abfällige Bemerkungen und als Ausdrucksform eines unaufhörlichen Selbstgesprächs interessierte. Von Texten, und seien es feierlich abgegebene Versprechungen oder Verträge, ließ er sich nie festnageln.

211

»Wert und Bedeutung des Buches für die Formung von Geist und Weltanschauung waren ihm fremd.« (Max Domarus) Der Nationalsozialismus war eine quasi-religiöse Bewegung ohne heiliges Buch. Denn Hitler glaubte nicht an das »Heil aus deutsch-evangelischer Buch-Bildung«, war kein Anhänger der »monologischen Buchkultur der Deutschen«. Vielmehr folgte er, so Friedrich Heer, in seiner Propaganda den barocken Rezepten der Gegenreformation, die ihm aus seiner Heimat von Jugend an vertraut waren. Die Habsburger setzten gegen die protestantische Buchkultur der Luther-Bibel und der erbaulichen Traktate auf das jesuitische Theaterwesen, auf prächtige Prozessionen, beeindruckende barocke Bauten, berauschende Fassaden, Kirchen und Klöster, Mariensäulen und Brückenheilige, Marterl an jeder Wegkreuzung, mitreißende Messen mit jubelnder Musik und Predigten in bunten Gewändern. Nicht dem kritischen Leser galt Hitlers Propaganda, sondern dem begeisterungsfähigen Bewunderer, der sich von dem schieren Aufwand der Kundgebungen, von der schmissigen Marschmusik und auch von der brutalen Gewalt der Uniformierten hinreißen lassen wollte.

Hitler bewunderte die Demagogen und verachtete die Theoretiker. »Man glaube nicht, daß die Französische Revolution je durch philosophische Theorien zustande gekommen wäre«, dozierte er. Bei der Oktoberrevolution sei dies nicht anders gewesen; nicht die Lektüre eines Karl Marx habe die Russen begeistert, sondern Tausende von Agitatoren, »die haßaufwühlende Betätigung zahlloser größter und kleinster Hetzapostel«.

Hitler war ein merkwürdiger Theoretiker. Er mißachtete die Theorie, und doch war seine Politik in gewisser Weise der Vollzug einer Weltanschauung. Diese jedoch war oft von der Realität, von der Logik und von aller Vernunft abgekoppelt. Sein fanatischer Kampf gegen die angebliche Verschwörung des Weltjudentums galt einem ideologischen Konstrukt, dem die Blutzufuhr durch konkrete historische Geschehnisse fehlte. Doch war der Realitätsverlust nie so stark wie bei einem Psychotiker. Und wie bei diesem wurde sein Handeln unentwegt von seinen elementaren Trieben aufgeladen, von dieser Blutzufuhr war seine ganze Politik abhängig.

Hinter Hitlers Verbrechen standen kaum hohe Ideale, sondern die Leidenschaften eines blanken Egoismus. Die gewaltigen Schübe, die er in der kurzen Zeit seines unseligen Wirkens auslöste, erzielte er durch die »psychologische Ausbeutung von Angst, Selbstsucht, Dünkel, dem Ködern des Fremdenhasses, der Menschenquälerei, der Raublust, kurz der politischen Zuspitzung von Destruktionsenergie«. (Jörg Friedrich) Habgierige und bösartige Impulse wurden durch einen dürftigen Überbau von krausen Ideen mühsam zusammengehalten. Diese hatte sein Gedächtnis gleich einem Schwamm aus allen möglichen Quellen aufgesogen. Woher die einzelnen Inhalte stammen, ist eigentlich von untergeordneter Bedeutung. Vieles steuerte die katholische Erziehung in einem österreichischen Beamtenhaushalt bei, anderes stammte aus dem Schulunterricht, der Zeitung, aus Traktaten, Broschüren, den gefälschten Protokollen der Weisen von Zion oder aus den Beobachtungen der eigenen engen Umwelt. Die Ideen für seine Wirtschaftspolitik bezog er aus einem einzigen Vortrag Gottfried Feders über die Abschaffung der Zinsknechtschaft, zu dem er vom bayerischen Militär abkommandiert worden war. »Nachdem ich den ersten Vortrag Feders angehört hatte, zuckte mir sofort der Gedanke durch den Kopf, nun den Weg zu einer der wesentlichen Voraussetzungen zur Gründung einer neuen Partei gefunden zu haben«, erinnerte er sich in »Mein Kampf«.

Sein Weltbild glich einem Flickenteppich. Unkritisch nahm Hitler alles mögliche in seine wirre Weltanschauung auf, was seinen Neigungen und Trieben augenblicklich entsprach. Wenn er auftrat, hatten ruhige abgewogene Überlegungen keine Chance mehr. Alles in seinem Denken und Handeln steuerte auf rohe Gewalt zu. Hitler lieferte seinem Publikum nicht nur die gezähmten Reize des Archaischen, sondern auch immer plumpen Atavismus. Er zeigte und predigte das ungezügelte, unzivilisierte Ausleben von Leidenschaften.

In Hitlers Inszenierungen gab es ein gerüttelt Maß von Prügelszenen, Straßenkämpfen und jede Menge Anpöbeleien und Beschimpfungen. Faszination des Bösen: brutale Unterdrückung, Folterungen in Gestapo-Kellern und brennende Synagogen waren nicht nur Nebeneffekte der braunen Diktatur, sie gehörten zum

Grundbestand. Jedermann wußte, daß es Konzentrationslager gab, in der Presse wurde darüber mit Schadenfreude berichtet. Es konnte keine Zweifel darüber geben, wie die Gegner, die in die Hände der Nazis gefallen waren, dort behandelt wurden. Es konnte auch keine Zweifel darüber geben, daß mit Hitler die Hefe des Volkes an die Macht strebte. Beim Marsch auf die Feldherrnhalle zeigte sich hinter der brüchigen Fassade des Heroismus die Habgier des Pöbels. Die Marschierer ließen zunächst einmal beim Abmarsch aus dem Bürgerbräukeller 134 Bestecke mitgehen.

Wes Geistes Kind die braunen Herren waren, die die Macht ergriffen hatten, mußte eigentlich jedem klar sein. Doch auch die eindringlichsten Warnungen vor Hitler wurden nicht gehört. Kurt Schumacher traf im Herbst 1932 den Nagel auf den Kopf: »Der Nationalsozialismus ist der Appell an den Schweinehund im Menschen.« Selbst eine fast prophetische Warnung aus dem rechten Lager verhallte. Kurz bevor Reichspräsident von Hindenburg Hitler zum Reichskanzler ernannte, bekam er einen Brief von einem Kriegskameraden. Erich Ludendorff, der mit ihm die Schlacht von Tannenberg geschlagen und das Kaiserreich vor der russischen Dampfwalze gerettet hatte, beschwor ihn geradezu: »Ich prophezeie Ihnen feierlich, daß dieser unselige Mann unser Reich in den Abgrund stürzen und unsere Nation in unfaßbares Elend bringen wird. Kommende Geschlechter werden Sie wegen dieser Handlung in Ihrem Grabe verfluchen.« Allerdings warnte der krankhaft antisemitische Ludendorff in erster Linie vor Hitler, weil er ihn paradoxerweise für einen Judenknecht hielt.

Die Alltagsforschung fand heraus, wie scheinbar normal, friedlich und von der Nazi-Ideologie weitgehend unbehelligt viele Durchschnittsfamilien während des Dritten Reiches ihr Leben führten. Wen die Brutalität nicht reizte, der stumpfte wenigstens ab. Hitler rühmte sich der Ermordung Röhms, seines ehemaligen Spießgesellen, und der angeblichen Mitverschwörer ganz offen im Reichstag. Der Protest hielt sich im Rahmen.

Zweifellos war Hitler ein Triebtäter, und das Dritte Reich war alles andere als eine vernünftige oder auch nur zweckrationale Veranstaltung. So sahen es auch – im Gegenteil zu späteren Forschern – viele zeitgenössische Beobachter. Alan Bullock urteilte, Hitler sei es nur um die Macht gegangen, seine Rassendoktrin sei nur ein fadenscheiniges Mäntelchen gewesen, mit der er seine Machtgier notdürftig zu bedecken versucht habe. Ein »schlecht getarnter Bandit« sei Hitler gewesen, so faßte Hans Mommsen Sebastian Haffners frühe Hitler-Studien aus dem Jahre 1940 zusammen.

Für die meisten Naziführer war der Nationalsozialismus »vor allem ein Instrument zur Eroberung und Sicherung von Macht«, was darüber hinausging, nannte Göring vor den Nürnberger Richtern »ideologischen Krams«.

Aber auch ideologisch Interessierte wie Rosenberg und Goebbels mußten bald erkennen, daß sie sich einer Bewegung angeschlossen hatten, deren Ziel es war, zu kämpfen und zu marschieren und nicht, theoretische Diskussionen über das Parteiprogramm zu führen. Die Jugenderziehung wies ganz in diese Richtung. »Die von der HJ inszenierte Jugendkultur förderte anstelle der intellektuellen Disziplin und moralischen Sensibilität nicht nur Gemeinschaftserlebnisse, jugendliche Natürlichkeit und sportlich ›wehrhafte‹ Stählung des Körpers und der Gesinnung, sondern auch frühreifes, forsches Großsprechertum und Brutalität.« (Martin Broszat)

Das nationalsozialistische Führerprinzip räumte jedem, der ein Kommando übernahm, großen Handlungsspielraum ein. Ellenbogenprinzip: Führungspositionen wurden darwinistisch besetzt, die Eignung zum Führer maß sich an der Durchsetzungsfähigkeit. Diese Eliteauslese »vermochte nicht nur unerhörte Energie zu entfesseln, sondern auch eine zunehmende Brutalisierung der Machtdurchsetzung…«. Die Forschung über Hitler, die über das Studium von Akten die Herrschaftsstrukturen durchleuchten will, fängt seine elementare Triebhaftigkeit aber nur in besonderen Fällen ein. Akten lassen die Verhältnisse oft normaler, vernünftiger, rationaler und weniger aberwitzig erscheinen, als sie tatsächlich waren.

Doch gibt es Dokumente dieser schrecklichen Zeit, die ihren ganzen Ungeist verraten. Ziemlich ungetarnt nahm die Judenverfolgung ihren Lauf, wenn man davon absieht, daß nur wenigen klar war, daß die Reise letzten Endes in die Gasöfen ging. Die Tatsache der Deportation lag hingegen offen zutage. In der vorbereitenden Gesetzgebung tobten sich dann die bösartigen Leidenschaften in unvorstellbarer Weise aus. Auf jedem erdenklichen Gebiet wurden die Opfer amtlich schikaniert. Ganz schamlos hängten die Schreibtischtäter ihren Verbrechen ein gesetzliches Mäntelchen um und »verpackten ihre Missetaten in die Form von Verordnungen, Erlassen, Verfügungen«. Diese legten fest, den Juden ihre Berufe zu nehmen und das Besitztum zu stehlen. »Sie durften nicht mehr erben oder vererben, sie durften nicht auf Parkbänken sitzen oder einen Kanarienvogel halten, keine öffentlichen Verkehrsmittel benutzen, keine Restaurants, keine Konzerte, Theater oder Kinos besuchen... Ihre Menschenrechte und ihre Menschenwürde wurden in den Staub getreten, bis sie in Konzentrationslager deportiert wurden und in die Gaskammern kamen... Es waren Raubmorde, die das nationalsozialistische Regime an ihnen verübte, nur ein Teil (der Juden) konnte entkommen.« (Robert Kempner)

Es scheint sogar, daß in Hitlers Judenpolitik das Motiv des Raubes früher und nachhaltiger war als das Motiv der Vernichtung. Schon die ersten Boykotthetzen Anfang 1933 richteten sich neidvoll gegen die Geschäfte wohlhabender Juden. Der Vierjahresplan von 1936 hatte den Zugriff auf jüdisches Vermögen zum Ziel. 1938 erkannte Eichmann, der als Judenreferent des Sicherheitsdienstes die jüdische Auswanderung aus Wien organisierte, daß man zwischen einer totalen Ausplünderung und der Auswanderung wählen müsse, da mittellose Juden von keinem Land der Erde aufgenommen wurden. Hitler setzte weiterhin auf Ausplünderung.

Bevor Hitler das Schicksal der Opfer in die blutigen Hände Himmlers und seiner SS legte, betraute er ausgerechnet Göring, seinen Beauftragten für den Vierjahresplan, mit der Federführung in der Judenpolitik und bekundete damit sein vordringlich ausbeuterisches ökonomisches Interesse. Göring stoppte am 11. November 1938, unmittelbar nach der »Reichskristallnacht«, alle bis dahin immer wieder in kleinerem oder größerem Umfang angeordneten Pogrome mit den Worten: »Meine Herren, diese Demonstrationen habe ich satt«, da sie die deutsche Wirtschaft nur schädigten, und setzte eine kalte, systematische und technokratische Ausplünderung in Gang. Doch auch dann, als mit der Wannseekonferenz am 20. Januar 1942 die Initiative endgültig an Heydrich und die SS übertragen wurde, traten die begehrlichen räuberischen Intentionen hinter den eliminatorischen nicht zurück.

Die SS nannte den Holocaust zunächt Aktion Reinhardt. Dem Eingeweihten deutete die Namensgebung an, worum es ging, nämlich nicht nur darum, die Juden auf eine unauffälligere, schnellere und praktischere Weise umzubringen als mittels der bis dahin praktizierten Massenerschießungen, die die Nerven strapazierten. Die vom Herbst 1941 bis zum Sommer 1942 errichteten Vernichtungslager Belzec, Sobibor und Treblinka waren nicht nur Gas-Tötungsanlagen, sie waren auch Orte, die dazu dienten, den Opfern die Wertsachen, Edelsteine, Gold und Devisen zu rauben, die sie in den Ghettos versteckt hatten, zudem kam man so an ihre Uhren, Brillen und an das Zahngold auf das geschickteste heran, im ganzen an Raubgüter im Werte von 180 Millionen Reichsmark. Der Code-Name Reinhardt stand nicht, wie manche vermuteten, für den Vornamen Heydrichs, des Planers des Judenmordes. Vielmehr wurde die Aktion nach Fritz Reinhardt benannt, dem Staatssekretär im Reichsfinanzministerium, über den die von der SS an die Reichsbank abzuliefernden Wertgegenstände abgerechnet wurden.

Mehr noch als die Übergriffe der meist jungen, unerfahrenen SS-Leute der Totenkopfbrigaden, die selbst unter strengem Drill zu leiden hatten, mehr noch als das oft unmenschliche Verhalten der KZ-Wächterinnen – oft ungebildete Hilfsarbeiterinnen, die sich zu ihrem Dienst gemeldet hatten, um der Rüstungsfabrik zu entkommen, und denen die plötzliche Macht über Leben und Tod zu Kopf stieg – empört die rücksichtslose Kälte der Schreibtisch-Sadisten, die genau wußten, was sie taten.

Der Holocaust hebt sich nach allgemeiner Ansicht von den alltäglichen Massakern, die in aller Welt zu allen Zeiten begangen worden sind, gerade durch seine kalte Rationaliät, seine fabrikmäßige Perfektion ab. Er war tatsächlich einerseits Angelegenheit der Gesetze, Entscheidungen und exakten Weisungen der hierarchisch gegliederten Verwaltungen mit ihrem »bürokratischen Pulsschlag«. So stellte die Reichsbahn dem Reichssicherheitshauptamt für Opfer, die in Todeslager deportiert wurden, den Tarif für Gruppenreisen in Rechnung, vier Pfennig pro Person und Kilometer. »Für Kinder unter zehn Jahren wurde der halbe Preis berechnet.« Kleinkinder unter vier Jahren fuhren gratis in den Tod. Die Niedertracht verhüllte sich aber nicht nur im Amtsdeutsch, sie legte auch kräftig Hand an. Der Judenmord war vor allem auch eine Affäre der »Gewehre, Peitschen und Fäuste«. Genau in diesem Licht müssen wir Hitler sehen.

Daniel J. Goldhagen erkannte im Holocaust einen Tummelplatz ungezügelter Leidenschaften. Er malte sich aus, was Reservepolizisten empfanden, als sie jüdischen Frauen ihre Säuglinge entrissen, diese mit roher Faust an einem Bein hochhielten und dann erschossen, ehe sie als nächstes die Mütter umbrachten. Goldhagen schrieb diese Enthemmung der Polizisten dem deutschen Antisemitismus zu, der über Generationen die deutsche Kultur vergiftet und schließlich die Menschen dazu gebracht habe, sich im Judenmord auszutoben. Doch die Argumentation überzeugte nur wenige. Die Brutalität der Nazis saß tiefer und richtete sich nicht nur gegen die Juden. Die Schergen Hitlers zertrampelten Kommunisten, folterten in ihren Kellern Sozialdemokraten, sie trieben Sowjetgefangene in die Steinbrüche von Mauthausen und eröffneten auf wenige, denen die Flucht gelang, eine »Hasenjagd«. Ganz unabhängig vom Antisemitismus wurden Tausende von Polen und Ukrainern umgebracht.

Der Holocaust war zudem ein übles europäisches Gemeinschaftsunternehmen unter deutscher Führung. Doch nur derjenige, der in Klischees denkt, will nicht wahrhaben, daß es auch Deutsche gab, die sich ganz und gar von jedweden Scheußlichkeiten gegenüber Juden fernhielten. Als sich Victor Klemperer zum ersten Mal mit seinem Judenstern am Mantel in die Öffentlichkeit begab, traf ihn nicht, wie befürchtet, der Volkszorn; ganz im Gegenteil behandelten manche Dresdner den stigmatisierten Mitbürger besonders rücksichtsvoll. Viele Deutsche riskierten Kopf und Kragen, indem sie Juden versteckten. Nicht zuletzt dank

Steven Spielberg kennt alle Welt den Unternehmer Oskar Schindler, der etwa neunhundert Häftlinge aus dem KZ Krakau-Plaszow in seinen Industriebetrieb aufnahm und so ihr Leben rettete. Goldhagen konnte über die seelischen Befindlichkeiten der Täter eigentlich nur spekulieren. Die Gerichtsakten, die er auswertete, sind nun einmal als Ausgangspunkt für Psychogramme wenig geeignet. Hitlers Leidenschaften und Intentionen sind dagegen der Analyse besser zugänglich. So können wir nachweisen, welchen Stellenwert Brutalitäten in seinem Seelenhaushalt hatten. Sie entsprachen von Anfang an seinem Temperament. Er hieß sie nicht nur gut, er ermunterte auch die Verbrecher.

In der Nacht zum 10. August 1932 traten fünf SA-Männer einen kommunistischen Bergmann zu Tode. Die Täter wurden am 22. August vom Sondergericht in Beuthen zum Tode verurteilt. Hitler schickte ihnen ein Solidaritätstelegramm, bezeichnete ihre Freilassung als »eine Frage der Ehre« und ließ die Verbrecher, deren Todesurteil von seinem Vorgänger von Papen auf sein Drängen in lebenslange Haft umgewandelt war, kurz nach der Machtübernahme im März 1933 auf freien Fuß setzen.

Am 8. November 1938 überbrachte Goebbels Hitler die Nachricht, daß der von einem jüdischen Attentäter in Paris angeschossene deutsche Botschaftsattaché vom Rath seinen Verletzungen erlegen war, und fragte scheinheilig, ob spontane Äußerungen des Volkszorns zugelassen werden könnten. Die beiden Männer kannten sich lange genug, daß beide wußten, welche Brutalitäten sich hinter diesen glatten Formulierungen verbergen würden. In der Tat setzte Goebbels einen fürchterlichen Pogrom in Gang. SA-Verbände und NSDAP-Mitglieder verbrannten Synagogen und zerstörten jüdische Einzelhandelsgeschäfte. Nach offiziellen Angaben töteten sie insgesamt 91 Personen. Den anschließenden Plünderungen wurde tatenlos zugesehen.

Schlecht getarnte Ausbrüche von Haß und Gewalt kennzeichneten Hitlers Regierungsstil während seiner gesamten Herrschaftszeit. Sein ungeschminktes Gesicht zeigte er im Erlaß vom 13. Mai 1941 über die Ausübung der Kriegsgerichtsbarkeit für Straftaten der Wehrmachtsangehörigen und ihres Gefolges gegen Landeseinwohner. Welche Untaten von Soldaten der Wehrmacht auch immer verübt wurden, der Verfolgungszwang war aufgehoben. »Nur in Ausnahmefällen, z. B. bei geschlechtlicher Hemmungslosigkeit oder verbrecherischer Veranlagung, war gerichtliches Einschreiten möglich.«

3.2. Das Gespenst des Hungers

Wenn aber nicht die Lektüre antisemitischer oder sozialdarwinistischer Traktate in dem jungen Phantasten jene Kräfte anstachelte, die Europa erschütterten, wenn es keine »Weltanschauung« war, die ihn umtrieb, woher kam die gewaltige Energie, die Hitler an die Macht brachte und seine Armeen bis vor Kairo und bis Stalingrad führte? Welch mächtige Urtriebe zwangen Hitler zu seinen unsäglichen Verbrechen?

Die menschlichen Motivationen sind bis zu einem gewissen Grad hierarchisch gegliedert. Sie überlagern sich in einer Weise, daß die höheren erst dann auftreten, wenn die Grundbedürfnisse befriedigt sind. Die vitalen Motivationen drängen sich imperativ in den Vordergrund. Erst kommt das Fressen und dann die Moral, übertrieb Bertolt Brecht in materialistischer Betrachtungsweise diese grundlegende Einsicht.

Hitlers aggressives und unvernünftiges Streben nach Lebensraum war nach psychoanalytischer Interpretation von seiner Urangst getrieben, die germanische Mutter könne ihre Kinder nicht ausreichend ernähren. Hitlers »Stillkomplex« habe sich mit dem »Nährboden-Komplex« als »Schlachtruf zur Eroberung des Ostens« vereint. (H.-U. Thamer)

Selbst nach Jahrzehnten werden länger anhaltende Hungersituationen nicht vergessen. Das kollektive deutsche Gedächtnis erinnerte sich noch lange an den Steckrübenwinter 1917/18 des Ersten Weltkrieges. Hierdurch dürfte die Anfälligkeit der Deutschen für Hitlers absonderliche Hunger-Phobien, die er in konkrete Politik umsetzte, zu erklären sein.

Lagerinsassen erzählten in ihren Leidensberichten, daß der Hunger jede andere Motivation in den Hintergrund gedrängt habe. Hierin waren sich die Häftlinge der deutschen Konzentra-

tionslager, der sowjetischen Arbeitslager und der alliierten Kriegs-
gefangenenlager auf den Rheinwiesen 1945 einig. Die menschliche Existenz reduziert und konzentriert sich. Die Gedanken kreisen nur noch um Eßbares. Die Reize der Natur, des anderen
Geschlechts, der Kunst, des Sports verblassen.
Hitlers Haupttriebe waren Hunger und Futterneid. Der abge-
magerte junge Arbeitslose irrte durch die unwirtliche Hauptstadt
der k.u.k. Monarchie.»Mir ist es doch so schlecht gegangen lange
Zeit in Wien«, bedauerte er sich selbst in der Nacht vom 11. auf
den 12. März 1942.»Durch Monate habe ich kein warmes Essen
gehabt. Ich habe von Milch und trockenem Brot gelebt.« Das Winterhilfswerk verteidigte er am 8. Oktober 1935 in einer Rede in
der Berliner Kroll-Oper.»Sage mir nicht, ja es ist aber lästig, diese
Sammlerei… Du hast es nicht erlebt, was es heißt, nichts zu essen
zu haben, aber noch viel weniger, was es heißt, seinen Liebsten
nichts zu essen geben zu können.« Als abgemagert und herunter-
gekommen beschrieb ein Leidensgenosse den Zustand Hitlers im
Obdachlosenasyl in Meidling. In»Mein Kampf« berichtete Hitler
sogar von Hungerphantasien.»Der Hunger gaukelt den von ihm
Gequälten in einer dauernden Fata Morgana… die Bilder eines
satten Wohlstandes vor.« Ähnlich schilderte der große Norweger
Hamsun in seinem unsterblichen Roman das Elend des Hunger-
erlebnisses um die Jahrhundertwende in der abweisenden, mit-
leidlosen Stadt Kristiania.
Zunächst reagierte Hitler auf seine Hungerjahre wie die meisten
Deutschen, die sich einer Freßwelle hingaben. Der spätere Vegetarier verschlang Fleisch mit Heißhunger. In seiner Münchner Periode vor dem Ersten Weltkrieg imponierten ihm die guten Würste, die er sofort kaufte, wenn es ihm gelang, eine seiner
selbstgemalten Ansichtspostkarten an den Mann zu bringen. Als
er sich bei Kriegsausbruch 1914 zum bayerischen Militär meldete,
gab es bei der Vereidigung gleich den doppelten Verpflegungssatz
Schweinebraten. Das gefiel dem Kriegsfreiwilligen ungemein.
Noch nach Jahren erinnerte er sich daran. An der Front setzte er
seinen geringen Sold sofort in Nahrungsmittel um, besonders gern
in Marmelade.
Noch in seinen letzten Jahren äußerte er sich fachmännisch über

die Militärverpflegung und stellte fest, sie sei überall dort besser gewesen, wo die Mannschaften mit den Offizieren gemeinsam aus der Gulaschkanone verköstigt worden seien – ein Privileg, das Hitler als Meldegänger genossen hatte.

Ein Heimaturlaub nach einer Verwundung zeigte ihm zu seinem Entsetzen, wie eine schlechte Lebensmittelversorgung die Kriegsbegeisterung der Bevölkerung vertrieb. In der Weltwirtschaftskrise erlebte er, wie sich die hungrigen Massen der Arbeitslosen bei öffentlichen Speisungen in Schlangen anstellten. Er erkannte wieder, daß Hunger einer der mächtigsten politischen Faktoren war.

Auch in einer zweiten Periode seines Lebens profitierte er von der amtlichen bayerischen Verpflegung. Seine Landsberger Festungszeit vom November 1923 bis zum Dezember 1924 begann er zwar mit einem Hungerstreik, wurde aber bald dazu überredet, sich das Beamtenessen schmecken zu lassen, das ihm als politischem Häftling zustand. Außerdem ließen ihn seine Anhänger nicht im Stich. Seine Stube sah aus wie ein Delikatessenladen: Schinken, Speck, Würste, Pralinen und Kuchen stapelten sich. Die Festungszeit war die einzige Periode in seinem Leben, in der er Übergewicht ansetzte.

Als er nach dem Ersten Weltkrieg in München zu Geld gekommen war, besuchte er besonders gern das Hofgartencafé Heck, das wegen seines guten Kuchens berühmt war. Mehlspeisen schätzte Hitler schon in seiner Wiener Zeit. Soweit es ihm seine finanzielle Situation erlaubte, war er ein begeisterter Kaffeehausbesucher, später erfreute er sich an den Backkünsten seiner Halbschwester und anderer Köchinnen.

Mit dem Sattessen war es jedoch nicht getan. Wie viele andere Deutsche seiner Generation hatte er ein entspanntes Verhältnis zu Speis und Trank verloren.»In Erinnerung an seine Hungerjahre als Kunstmaler in Wien und als Soldat des Ersten Weltkrieges in Flandern und Frankreich konnte Hitler es nicht sehen, wenn Nahrungsmittel übrigblieben. Seine Ordonnanzen durften daher an seiner Tafel den Gästen die Teller erst abservieren, wenn diese alles, was sie sich hatten aufgeben lassen, auch aufgegessen hatten.« (H. Picker)

Wenn Hitler von Frauen sprach, dachte er mehr an den Tisch als an das Bett. »Die kleinste deutsche Frau, deren Wohnung er einen Besuch abstatte, setze ihren ganzen Ehrgeiz drein, ihm nicht nur das schönste Essen, sondern auch richtig temperiertes Essen vorzusetzen.« Liebe ging durch den Magen. Nach Jahren hatte Hitler weibliche Reize längst vergessen, wenn er sie denn je wahrgenommen hatte, doch orale Versagungen blieben ihm genau im Gedächtnis. Am 8. Mai 1942 erzählte er in seinem Führerhauptquartier von einer Dame, »bei der er zu Leberknödeln nach bayerischer Hausmannskost (seiner Lieblingsspeise) eingeladen war und eine restlos verunglückte Leber-Eier-Flammeri-Geschichte kriegte«.

Die Hunger- und Ernährungsthematik zieht sich wie ein roter Faden durch das gesamte Leben Hitlers. Sie nahm verschiedene Formen an, vom akuten Hunger seiner Wiener Zeit bis zum Vegetarismus seiner späteren Jahre, den andauernden Verdauungsstörungen, Magenkrämpfen, peinigenden Blähungen, Mangelerscheinungen, der eigenen Diätassistentin.

Die Nahrungsautarkie, die er für die Deutschen durch seinen wahnwitzigen Krieg zu erreichen suchte, hatte er für seine Person verwirklicht. Er ernährte sich mitsamt seiner Entourage von den Kartoffeln, dem frischen Gemüse und den Kräutern, die in großen Treibhäusern auf dem Obersalzberg angebaut wurden.

Als er sich in seiner zweiten Lebenshälfte zum Vegetarismus bekannte, verbrämte er diese Lebensweise mit einer eigenen Ideologie, indem er dozierte, der Genuß von Fleisch mache den Menschen kraftlos. »Als Beispiel führte er das Pferd, den Stier und den Elefant an, alle drei Pflanzenfresser, die mit großer Kraft und Ausdauer ausgestattet sind. ›Hingegen die Hunde‹, so sagte Hitler, ›als ausgesprochene Fleischfresser, lassen schon nach geringer Anstrengung die Zunge hängen‹«. (Christa Schroeder)

In seiner boshaften Art versuchte er seinen Gästen den Fleischgenuß zu verleiden, indem er »von Zeit zu Zeit während des Essens die brutale Art des Schlachtens« erwähnte. Seine tiefe Fixierung auf den Nahrungstrieb verriet sein »fast dichterisches Schwelgen, wenn er beschrieb, auf welche Weise seine Nahrung, also die vegetarische, entsteht. Da sah man direkt den Landmann auf dem Felde, wie er gemächlich langen Schrittes und mit weit ausschwingenden Armen den Samen ausstreute. Wenn dieser dann in der Erde aufgeht, sprießt und zu einem grünen Meer wogender Halme heranwächst, das sich langsam in der Sonne goldgelb färbt.«

Hitler habe nicht nur zwanzig Jahre lang unter Verdauungsbeschwerden gelitten, die Sorge um seine Verdauung habe ihn sogar so sehr beschäftigt, daß sie das Thema langer Unterhaltungen gewesen sei, berichtete sein Begleitarzt Prof. Dr. Karl Brandt nach dem Kriege. Mit Verdauungsproblemen im weiteren Sinn mußten sich auch Konferenzteilnehmer befassen, die darauf am wenigsten vorbereitet waren. Auf einer der Rüstungskonferenzen Hitlers mit seinem Minister Speer im Jahre 1943 stand die Konstruktion einer neuen Kriegslokomotive auf der Tagesordnung. Zur Verwunderung aller Beteiligten verlangte Hitler aus heiterem Himmel den sofortigen Einbau eines primitiven Klosettrohres in den Führerstand der Lok.

Groteske Züge nahm die Sorge um seine Nahrung im Jahre 1932 an. Damals rührte er die Speisen seines Berliner Hotels, des Kaiserhofs, nicht mehr an, weil er glaubte, das Küchenpersonal, das er für kommunistisch hielt, wollte ihn vergiften. Er ließ sich von Magda Goebbels ein eigenhändig zubereitetes Menü in einem Henkelmann auf seine Hotelsuite bringen.

So weit, so gut: dies waren generationstypische Verarbeitungsformen. Außerdem reagierte er aber auf seine outrierte und überaggressive Weise auf die Mängelsituationen seiner Jugend. Er konzentrierte seine Existenz auf das Ziel, alles in seiner Macht Liegende zu tun, um ein für alle Mal der Bedrohung des Hungers zu entkommen. Wenn man so will, wiederholte Hitler in einem eigenartigen Zwang die Motivationslage des Hungernden zu einer Zeit, als die Gefahr längst gebannt war. Es war eine aus der Angst geborene Kurzschlußreaktion, den einzigen Ausweg darin zu sehen, den Nachbarn die Lebensmittel wegzunehmen und ihnen das Land zu rauben, auf dem sie Getreide anbauen konnten. Wie der Hungernde nur an Eßbares denkt und in seiner Phantasie Vorräte anlegt, so dachte Hitler in erster Linie an Lebensraum. Hier dürfte seine eidetische Veranlagung, die die Unterschiede zwischen wirklichem und eingebildetem Hunger, zwischen Realität und Utopie einebnete, den Schlüssel zur Erklärung seiner absonderlichen Motivationen liefern.

Seinen atavistischen Futterneid verbrämte Hitler mit aufgesetzten sozialdarwinistischen Thesen. Im 14. Kapitel des 2. Buches von »Mein Kampf« dozierte er: »Vor Gott, insofern wir auf diese Erde gesetzt sind mit der Bestimmung des ewigen Kampfes um das tägliche Brot, als Wesen, denen nichts geschenkt wird und die ihre Stellung als Herren der Erde nur der Genialität und dem Mute verdanken, mit der sie sich diese zu erkämpfen und zu wahren wissen...«

Hitler war bereit, jeden, der ihm bei der Verfolgung dieses Ziels im Weg stand, beiseite zu räumen, und er schreckte dabei vor Mord so wenig zurück wie der Halbverhungerte, der mit einem Widersacher um den letzten Kanten Brot kämpft. Bei der Politik ging es Hitler, als er nicht mehr auf die Gulaschkanone rechnen konnte, um den Kampf ums tägliche Brot, ganz wörtlich für ihn selbst, aber dann, in weiterem Sinne, um die Ernährung des ganzen Volkes.

Das Gesetz vom Kampf um das tägliche Brot galt nämlich nicht nur für den einzelnen, es galt vor allem für die Völker. Der einzelne war nur dann in der Lage, diesen Kampf zu gewinnen, wenn es ihm gelang, sein ganzes Volk zu mobilisieren. Deshalb war Hitler Politiker geworden. Es brauchte die gesamte Kraft eines Volkes, um die Faust des Weltjuden von seiner Gurgel zu entfernen. Diesem »unerbitterlichen Weltjuden« galt sein ganzer Haß und sein ganzer Neid. Denn er war es in seinen Augen, dem es gelungen war, durch den Versailler Vertrag die Deutschen zu knebeln und auszuhungern. Eine Befreiung von der Gefahr des Verhungerns und Erdrosseltwerdens war in seinen Augen nur »durch das Schwert« möglich. »Nur die gesammelte konzentrierte Stärke einer kraftvoll sich aufbäumenden nationalen Leidenschaft vermag der internationalen Völkerversklavung zu trotzen. Ein solcher Vorgang ist und bleibt aber ein blutiger.«

Der »archaische Kampf ums tägliche Brot war die Hauptmotivation Hitlers«. Verknüpfung von Ideologie und Ernährung – die Ernährungspolitik ist der Schlüssel von Hitlers Außenpolitik.

In seinen ersten Reden in Münchner Vorstadt-Gasthäusern schnitt Hitler immer wieder die Nahrungsthematik an. Den Juden und Ausbeutern warf er vor, in feinen Lokalen zu schlemmen, während das Volk hungere. Wäre sein Putsch im Jahre 1923 geglückt, so hätte er eine schnell erarbeitete Verfassung in Kraft setzen lassen, die die Entlassung aller jüdischen Beamten und die Einweisung aller »sicherheitsgefährlichen Personen und unnützen Esser« in Sammellager vorsah. »Bereits 1922 war er davon überzeugt gewesen, daß es im nächsten Krieg die wichtigste Aufgabe sein werde, sich der Getreidegebiete Polens und der Ukraine zu bemächtigen. Kernaussage seiner programmatischen Schrift ›Mein Kampf‹ wurde die Behauptung, daß zur Existenzsicherung des Reiches und zur Durchsetzung seiner Weltmachtsansprüche die Eroberung agrarischer Siedlungs- und Produktionsräume, vorzugsweise in Osteuropa notwendig sei.« (Rolf-Dieter Müller)

»Deutschland hat eine jährliche Bevölkerungszunahme von nahezu neunhunderttausend Seelen«, argumentierte Hitler in seiner »Betrachtung der Voraussetzungen für die außenpolitische Betätigung der deutschen Staatskunst«. »Die Schwierigkeit der Ernährung dieser Armee von neuen Staatsbürgern muß von Jahr zu Jahr größer werden und einmal bei einer Katastrophe enden, falls eben nicht Mittel und Wege gefunden werden, noch rechtzeitig der Gefahr dieser Hungerverelendung vorzubeugen.«

Es waren die Hungerphobien, die Hitler zu diesem abwegigen Schluß führten. »Für Deutschland lag demnach die einzige Möglichkeit zur Durchführung einer gesunden Bodenpolitik nur in der Eroberung von neuem Land in Europa selber.« Er fühlte sich ohne jeden Ausweg zu einer Kriegspolitik gezwungen: »Man hatte sich Klarheit zu verschaffen, daß dieses Ziel nur unter Kampf zu erreichen war, und mußte dem Waffengang dann aber ruhig und gefaßt ins Auge sehen.« So blieb dieser Zwangsvorstellung zufolge nichts anderes übrig, als Rußland anzugreifen. Das »neue Reich« mußte sich wieder »auf der Straße der Ordensritter in Marsch setzen, um mit dem deutschen Schwert dem deutschen Pflug die deutsche Scholle, der Nation aber das tägliche Brot zu geben«.

Der Krieg, so erklärte Hitler in seinen Tischgesprächen am 10. Oktober 1941, sei »die letzte Waffe«, »mit der ein Volk um das tägliche Brot ficht«. Schon den Ersten Weltkrieg interpretierte er als Ernährungskampf. Die Engländer hätten versucht, Deutschland durch ihre Blockade auszuhungern, und er seinerseits werde mit dem U-Bootkrieg ihnen das den Deutschen zugedachte Schicksal bereiten. Die Angst vor dem Hunger hinderte ihn, eine offensichtliche Lektion der Geschichte zu lernen. Deutschland mußte nämlich 1918 kapitulieren, »obwohl es die Ukraine besetzt hielt«. Auch deren zeitweise Besetzung im Zweiten Weltkrieg führte nicht zum Endsieg.

In seinem »Zweiten Buch« betonte Hitler noch mal ganz unmißverständlich: »Ja, man kann füglich sagen, daß der ganze Lebenskampf eines Volkes in Wahrheit überhaupt nur darin besteht,… für die steigende Volkszahl den notwendigen Grund und Boden als allgemeine Ernährungsvoraussetzung zu sichern…«

Lebensraum und Bauern, die im Osten siedeln und Brotgetreide anbauen, forderte Hitler schon am 8. Februar 1933 auf dem ersten Treffen nach seiner Amtsübernahme.

Dem Streben nach Raumerwerb gab Hitler also »die Qualität eines weltgeschichtlichen Prinzips«. Lebensraum war für ihn zunächst eine Garantie gegen den Hunger, eine »bäuerlich-agrarisch geprägte Rohstoff-, Ernährungs- und Siedlungsbasis«, hatte dann aber auch »die Funktion eines Absatzmarktes und Mittels zur Sicherung ökonomischer Ressourcen« und war schließlich vor allem auch unter »strategischem und militärgeographischem Gesichtspunkt« wichtig.

In einer langen Reichstagsrede am 7. März 1936, in der den Einmarsch der Wehrmacht in die entmilitarisierte Zone des Rheinlands rechtfertigte, dozierte Hitler, die deutsche Frage bestehe in einem »Schrei nach Brot bei einem 40-, 50- oder 60-Millionen-Volk«, dieser sei »eine natürliche Äußerung des Drangs nach Lebensbehauptung«. »Auf den deutschen Menschen trifft pro Kopf der Bevölkerung achtzehnmal weniger Grund als z. B. auf einen Russen. Es ist verständlich, wie schwer allein dadurch der Lebenskampf um das tägliche Brot sein muß und auch ist.«

Ähnlich begründete Hitler im Hoßbach-Protokoll den Zwang zur Aufrüstung und zum Krieg. Das deutsche Volk müsse verhungern, wenn es sich nicht seinen Lebensraum auf Kosten der

Nachbarn im Osten erkämpfe. Die Tschechen und Österreicher müßten dem Reich einverleibt werden wegen des »Gewinns von Lebensmitteln für fünf bis sechs Millionen Menschen«. Deutlich wurde Hitler auch im größeren Kreis in einer Ansprache vor den Truppenkommandeuren am 10. Februar 1939 in Berlin: »Es ist ganz gleichgültig, wer in Deutschland regieren würde, jedes Regime hat zur Kenntnis zu nehmen, daß hier einhundertvierzig Menschen auf dem Quadratkilometer leben, die von diesem Boden nicht ernährt werden können... Nehmen Sie zur Kenntnis, daß, solange ich lebe, daß dieser Gedanke mein ganzes Dasein beherrschen wird.«

Hitlers Wirtschaftsdenken war von der Doktrin der »Unvermeidlichkeit des Kampfes um den besten Futterplatz« geprägt. »Wir kommen ohne Plan nicht aus«, war er am 6. Oktober 1935 überzeugt. »Wenn wir die Dinge laufen lassen nach dem Grundsatz, ein jeder tue, was er will, dann würde diese Freiheit in kurzer Zeit in einer Hungersnot ihr Ende finden.«

Seinem Wehrmachtsadjutanten Schmundt bedeutete Hitler, die wirtschaftlichen Probleme müßten gelöst werden. »Ohne Einbruch in fremde Staaten oder Angreifen fremden Eigentums ist dies nicht möglich.« Mit dem Kriegsbeginn genehmigte Hitler den ersten systematischen Massenmord, die Euthanasie-Aktion, mit der ausdrücklichen Begründung, hierdurch unnütze Esser (»Ballastexistenzen«) loszuwerden.

Der Nahrungsneid war immer ein Hauptmotiv auch für den Antisemitismus und schließlich für den Holocaust selbst. Noch vor der Wannsee-Konferenz, auf der sich am 20. Januar 1942 die obersten Behörden auf eine gemeinsame Marschroute einigten, verriet Generalgouverneur Hans Frank auf einer Sitzung in Krakau am 16. Dezember 1941, was geplant war: »Meine Herren, ich muß Sie bitten, sich gegen alle Mitleidserwägungen zu wappnen. Wir müssen die Juden vernichten, wo immer wir sie treffen... Die Juden sind auch für uns außergewöhnlich schädliche Fresser.«

Der Massenmord an den Juden begann zu Beginn des Rußlandfeldzuges mit dem Erschießen von Männern durch die Einsatztruppen. Bei diesen Opfern gab es noch eine dürftige Bemäntelung der Verbrechen. Die waffenfähigen jüdischen Männer wurden als potentielle Bedrohung, als mögliche Partisanen angesehen. Bei der späteren Ermordung jüdischer Frauen, Kinder und Greise in den Gasöfen, also dem eigentlichen Holocaust, fielen andere Motive weg. Nun trat das Motiv der Vernichtung unnötiger Esser stärker in den Vordergrund. Noch deutlicher trat die Hungermotivation beim Überfall auf die Sowjetunion zutage. In der Ukraine sollten deutsche Bauern für alle Zeiten angesiedelt werden, womit in Hitlers verblendeten Augen die deutsche Hungerproblematik ein Ende hatte. Er war fest davon überzeugt, daß dies die einzige mögliche dauerhafte Lösung war. Nur»durch den Zugriff auf das Nahrungsreservoir der UdSSR« könnte»eine bereits für den Herbst 1941 zu erwartende Versorgungskrise im Reich abgewendet werden«.

Die Nazis konnten es gar nicht abwarten. Schon eine Woche vor Angriffsbeginn des Ostfeldzugs, am 16. Juli 1941, notierte Goebbels in sein Tagebuch:»Gut, daß das Wetter etwas schlecht war und die Ernte in der Ukraine noch nicht reif ist. So können wir hoffen, sie noch zum größten Teil zu erhalten.« Und in der Zeitung»Das Reich« schrieb er am 31. Mai 1942:»Wir wollen nun endlich einkassieren. Auf den unübersehbaren Feldern des Ostens wogt das gelbe Getreide, genug und übergenug, unser Volk und ganz Europa zu ernähren. Das ist unser Kriegsziel.«

Sich-Vollfressen, Schlemmen, Völlerei als Ziel eines Rassenkrieges? Siegreiche Soldaten durften sich jedenfalls nicht nur an Delikatessen gütlich tun, die Propaganda-Kompanien sollten nach Hitlers Meinung diese Völlerei auch aller Welt zur Kenntnis bringen. Auf seiner Konferenz mit dem Diktator vom 26. Juni 1943 notierte Rüstungsminister Speer in sein Protokoll:»Führer wünscht, daß Berichte über den guten Zustand der Truppe am Kuban gebracht werden. Es könnte durchaus in humorvoller Weise der Überfluß an Kaviar oder die Verteilung von Münchner Bier u. dergl. gebracht werden.«

Die Ernährung der Soldaten lag Hitler am Herzen. Am 25. April notierte Speer:»Der Führer klagt über Mangel an Feldküchen bei den neuen Divisionen.«

Während des ganzen Krieges sah Hitler peinlich darauf, daß die deutsche Bevölkerung angemessen versorgt wurde.»Ich werde aus der Ukraine die letzte Kuh holen, bevor ich die Heimat hungern lasse«, verkündete er am 10. Mai 1942 in seinem Hauptquartier. Er mutete seinen Volksgenossen weniger Härte zu als seine Kriegsgegner ihren Völkern. Seine Hungerideologie verquickte sich mit der Revolutionsfurcht. Der Wahlkämpfer Hitler sah schon 1925 den Hunger als natürlichen Verbündeten des Bolschewismus. In seinem Buch »Mein Kampf« argumentierte er: »Es ist kein Zufall, daß die bolschewistische Welle nirgends besseren Boden fand als dort, wo eine durch Hunger und dauernde Unterernährung degenerierte Bevölkerung haust: in Mitteldeutschland, Sachsen und im Ruhrgebiet.« Er etablierte eine Parallelität zwischen guter Rasse und guter Ernährung.

Die Verpflegung der Lagerkasinos wurde gelobt. Ein Euthanasie-Gutachter, der 1940 unerwünschte Häftlinge zur Vergasung selektierte, berichtete in einem Brief an seine Frau voller Anerkennung vom Abendessen im KZ Sachsenhausen. Es gab Butter, Brot, Bier und »drei Sorten von Wurst«. »Verpflegung im Führerheim ausgezeichnet. Heute abend gab's z. B. saure Entenleber für 0.40 RM, dazu gefüllte Tomaten...«, schrieb der nach Auschwitz abkommandierte SS-Arzt Dr. Kremer am 31. August 1942 in sein Tagebuch. »Die Nahrungsverteilung wurde nicht nach den Bedürfnissen der Menschen geregelt, sondern nach ihrer angeblichen rassischen Wertigkeit, sowie ihrem Nutzen für die Gemeinschaft der Herrenmenschen«. (R.-D. Müller)

Auf der Erntedankkundgebung am 4. Oktober 1942 verkündete Göring die Verteilung von Führerpaketen an Fronturlauber: »Von jetzt ab bekommt jeder deutsche Soldat, der Urlaub hat – vom einfachen Mann bis zum Feldmarschall – bei Überschreitung der Grenze im Auftrag des Führers ein Paket geschenkt, in dem sich 1 kg Mehl, 1 kg Erbsen oder Bohnen, 1 kg Zucker, 1 Pfund Butter und eine große Dauerwurst befinden. Dabei ist es völlig gleichgültig, ob nun der betreffende Urlauber oben von Kirkenes oder unten von Stalingrad kommt.«

Die Wehrmacht und die Schwerarbeiter wurden bevorzugt, die Volksgenossen brauchten nicht zu verhungern, Kriegsgefangene, insbesonders die sowjetischen, und KZ-Insassen bekamen so wenig, daß sie kaum überleben konnten.

»›Verpflegt‹ werden sollten die sowjetischen Gefangenen mit möglichst geringwertigen Lebensmitteln. Ein speziell hergestelltes ›Russenbrot‹ bestand aus 50 Prozent Roggenschrot, je 20 Prozent Zuckerrübenschnitzel und Zellmehl sowie zehn Prozent Strohmehl oder Laub.«

Die Lebensmittel wurden in den besetzten Gebieten im Sinne einer »rassistischen Ernährungshierarchie« verteilt, an deren unterem Ende die jüdische Bevölkerung stand. Am 5. August 1941 ordnete die Zivilverwaltung in Litauen an: »An Juden dürfen Waren nur ausgehändigt werden, wenn genügend Vorräte zur Befriedigung der Bedürfnisse der anderen Bewohnerschaft vorhanden sind.«

In den Konferenzen, die Hitler mit seinem Rüstungsminister Speer regelmäßig abhielt, ging es nicht nur um die Waffenproduktion und damit um das Überleben des Dritten Reichs, genauso wichtig war in diesen Chefbesprechungen die Verpflegung der Rüstungsarbeiter. Am 26. Juni 1943 wurde die Schwerstarbeiter-Zulage den Entwicklungs- und Forschungskonstrukteuren zugestanden. Selbst Kommunisten sollten anständig zu essen bekommen, wenn sie für den Endsieg arbeiteten. Zwischen dem 19. und 22. August 1942 ordnete Hitler »beste Behandlung und Verpflegung der Rotspanier« an. Und schon am 4. April 1942 hatte er dekretiert, daß die in der Rüstungsindustrie arbeitenden Russen »eine absolut ausreichende Ernährung« erhalten müßten. Womit klar war, daß die übrigen dem Verhungern preisgegeben wurden.

In diesen Tiefen des Atavismus trafen sich Nationalsozialismus und Kommunismus, der den Hunger systematisch als Waffe des Klassenkampfes einsetzte. »Das Regime kontrolliert in der Regel alle verfügbaren Nahrungsmittelvorräte, teilt sie aber, manchmal nach einem ausgeklügelten Rationierungssystem, nur nach ›Verdienst‹ beziehungsweise ›Verschulden‹ des jeweiligen Menschen ein.«

Stalin ließ 1922 die Kulaken (Großbauern) in der Ukraine absichtlich verhungern, seiner Politik fielen damals fünf Millionen Menschen zum Opfer. Auch Hitler hatte wohl ursprünglich vor, eine gleichgroße Zahl von Juden in den Weiten des eroberten Ostens durch Hunger und Zwangsarbeit zugrunde gehen zu lassen. Es waren mehr unvorhersehbare Sachzwänge, wie das Stocken des deutschen Vormarsches, die den Übergang von einem gemächlicheren Hungertod zu einem schnelleren und besser kontrollierbaren Abschlachten in Gasöfen forderten.

Hitler überlegte, die Frage der Verpflegung auch außenpolitisch als Propaganda-Instrument zu nutzen:»Man könne die Tschechen schon jetzt zu fanatischen Anhängern des Reichs machen, wenn man ihnen als Feinschmecker doppelte Rationen gebe«, spielte er sich am 20. Mai 1942 als Völkerpsychologe auf.

Nach seinem großen Sieg über Frankreich hätte Hitler erkennen können, daß für die deutsche Ernährungslage Frankreich, die Niederlande und Dänemark wichtiger waren als die Ukraine und daß die Gefahr einer Aushungerung Deutschlands 1940 kaum noch bestand. Die deutsche Botschaft in Moskau sah in einer Eroberung der Ukraine überhaupt keinen Sinn. Botschaftsrat von Walther wies am 10. Oktober 1940 darauf hin,»daß die Westgebiete der Sowjetunion für den deutschen Eroberer nur belastend seien, da die gesamte Landwirtschaft mechanisiert, der benötigte Treibstoff aber nur aus sowjetisch beherrschtem Gebiet zu beschaffen sei«. Mit anderen Worten, die Ukraine konnte man nur nutzen, wenn man auch die kaukasischen Erdölgebiete eroberte.

3.3. Unnütze Esser

In der Tat verbesserte Hitler mit seinem Überfall auf die Sowjetunion die Ernährungssituation kaum, insbesondere an den nördlichen Frontteilen verschlechterte er sie sogar entscheidend. Die Operationspläne des Heeres sahen vor, daß sich die deutschen Truppen weitgehend aus dem eroberten Land ernähren sollten, weil über die wenigen und schlechten Straßen und die wenigen Eisenbahnstrecken mit nur beschränkter Anzahl von Zügen mit Mühe und Not gerade einmal der nötige Nachschub an Munition und Geräten bewältigt werden konnte. Der Feldzug erwies sich nicht zuletzt als Transportproblem.»Der Zusammenbruch im Nachschub- und Transportwesen war der militärisch entscheidende Faktor für das Scheitern des Ostfeldzuges.« Im hereinbrechenden Winter spitzte sich die Lage zu, es war nicht einmal mehr möglich, die Truppe mit warmen Wintersachen angemessen auszustatten.

Die Versorgung aus dem überfallenen Land hielt Hitler für eine hervorragende Idee, die er in seinen Tischgesprächen als »Wallenstein-Taktik« rühmte. Sie hatte allerdings den Nachteil, daß sie nicht funktionierte, da sie nämlich voraussetzte, daß in dem eroberten Land Vorräte vorhanden waren, die nicht vorher vernichtet wurden. Dies war allenfalls zu erwarten, wenn es gelang, weite Landstriche im Handstreich zu erobern. Als im Sommer 1941 der Vormarsch stockte, versagte der Plan. Die schlecht versorgten Truppen fingen an, auf eigene Faust Vieh zusammenzutreiben und abzuschlachten. Dies machte eine einigermaßen systematische Erfassung der vorhandenen Lebensmittel unmöglich. Die schlechte Ernährungslage wurde als Bedrohung angesehen, da man Seuchen und Unruhe unter der Bevölkerung fürchtete.

Es war schon in den ersten Berechnungen klargeworden, daß die Nahrungsmittel, selbst wenn alles nach Plan ablaufen würde, nicht ausreichten, um neben der Wehrmacht auch die einheimische Bevölkerung zu ernähren und womöglich noch Überschüsse ins Reich zu liefern. Deswegen wurde von Anfang an eine »Hungerpolitik unglaublichen Ausmaßes gegen die sowjetische Bevölkerung geplant«. Millionen sollten nach Plan verhungern. Dem gleichen Schicksal wurden die sowjetischen Kriegsgefangenen überantwortet, die sich in den gewaltigen Kesselschlachten des Kriegsbeginns ergeben hatten. Die Millionenstädte Leningrad und Moskau sollten nicht erobert, sondern ausgehungert werden, damit die Wehrmacht nichts von ihren knappen Lebensmitteln abgeben mußte.

Generalquartiermeister Eduard Wagner, der den Nachschub der Wehrmacht organisierte, betonte in einer Besprechung der Stabschefs des Ostheeres am 13. November 1941: »Es kann keinem Zweifel unterliegen, daß insbesondere Leningrad verhungern muß.« Außerdem stellte er unzweideutig fest: »Nichtarbeitende Kriegsgefangene in den Gefangenenlagern haben zu verhungern.«

Die Operationsplanung sah zwei Stoßkeile vor, nördlich und südlich der schwer passierbaren Pripjet-Sümpfe. Der nördliche sollte auf direktem Wege Moskau einnehmen, das Nervenzentrum des Sowjetreiches. Der südliche zielte auf die Ukraine. Hitler aber sah wenig Sinn darin, Moskau zu erobern, wollte sich aber unbedingt in den Besitz der Ukraine setzen. Hatte er diese Kornkammer, dieses Dorado, »sah er das Reich als blockadefest an und zum Kampf selbst gegen Kontinente gewappnet«. Doch nicht nur bei ihm gab es diese »gedankliche Bindung an den Blockadekomplex des Ersten Weltkrieges«, sondern auch bei seinen Generälen. Jedenfalls gelang es ihm, seinen von Phobien getriebenen Kriegsplan letzten Endes durchzusetzen.

Das Gespenst des Hungers stand somit auch hinter der endgültigen Idee des Holocausts, der systematischen, fabrikmäßigen Vernichtung der jüdischen Bevölkerung, mindestens in den baltischen Staaten und in Weißrußland. Die Juden taten nämlich den Okkupanten nicht den Gefallen, ohne viel Aufsehen an Hunger wegzusterben und somit gänzlich von der Bildfläche zu verschwinden. Sie beteiligten sich am Schwarzhandel und belasteten die Ernährungslage als »unnütze Esser«, obwohl ein Teil von ihnen, insbesondere die als gefährlich angesehenen Männer, schon bald nach dem deutschen Einmarsch ermordet worden war. Wo die Überlebenden, vor allem Frauen und Kinder, in Lagern oder Ghettos zusammengepfercht wurden, bestand angesichts der Unterernährung die Gefahr von Seuchen, deren Ausbreitung man fürchtete.

So führte die durch Hitlers Überfall auf die Sowjetunion selbst herbeigeführte und als untragbar empfundene Situation in den Köpfen der verrohten Technokraten zu dem Schluß, ein gut funktionierendes Mordprogramm könne hier ein für alle Mal Abhilfe schaffen. Auch der Holocaust ist somit auf ernährungswirtschaftlichen Druck ausgelöst worden. »Zwar waren Antisemitismus und Antibolschewismus notwendige Bedingungen für diese Morde, dafür, daß man überhaupt auf die Idee dazu kommen konnte – aber erst wirtschaftlicher Druck führte zu den großen Tötungskampagnen, zu der furchtbaren Dynamik der Massenmorde.«

Es waren Hitlers Hungerphobien, die maßgeblich seinen Entschluß zum Holocaust auslösten. Im Dezember 1941 ordnete er an, daß an Stelle der bisher geplanten »Territoriallösung«, also einer Judenvertreibung in fernabgelegene unwirtliche Gebiete, nunmehr eine schnelle fabrikmäßige Ermordung in geeigneten Installationen zu treten habe. Im Herbst 1941 erkannte er nämlich, daß durch die Verlängerung des Krieges die Ernährungsplanung umgestellt werden müsse. Er fürchtete eine Hungersnot im Reich, die durch die Nahrungsbeute aus dem Osten nicht abgewendet werden konnte. Der verhaßte Schnee und die Kälte des grausamen Kriegswinters ließen die Urängste, seine Erinnerungen an seine Hungerjahre wieder aufsteigen. Jetzt reifte in ihm der Entschluß zur sofortigen Beseitigung der verhaßten Futter-Konkurrenten, die zudem durch die Kriegserklärung an die USA am 11. Dezember 1941 als Geiseln nutzlos geworden waren.

Auschwitz hat sich in das Weltbewußtsein durch seine Gasöfen eingebrannt. Es war aber genauso ein Aushungerungs- wie ein Vergasungslager. Die Selektion an der Rampe trennte nicht etwa die Opfer von potentiellen Überlebenden, sondern sonderte nur die sofort Umzubringenden von denen ab, die nach wenigen Wochen oder Monaten den Weg in den Hungertod gehen würden: Vernichtung durch Arbeit, d. h. durch körperliche Anstrengung und schieres Verhungern. Die verhungerten Häftlinge waren die photographischen Belege des KZ-Systems, die die Weltöffentlichkeit aufrüttelten. Für die zu Tode Ausgehungerten gab es einen eigenen Ausdruck: »Muselmänner«. In den Augen der Opfer machte es kaum einen Unterschied, ob sie durch Gas umkamen oder verhungerten. Ein soeben für den Gasofen Ausgemusterter schilderte seinem Kameraden, der die Selektion überstanden hatte, seinen Seelenzustand: »Ich möchte auch noch eine Freude haben, bevor ich sterbe. Das einzige, was mir bleibt, ist Essen! Essen! Satt sterben! Ich habe so an Hunger gelitten!«

Die Vernichtung durch Arbeit und Hunger bildete, so Peter Longerich, eine »Säule der Vernichtungspolitik«. Auch die Euthanasie wurde nicht nur durch die spektakulären Vergasungen gefördert, sondern auch durch das Hungersterben, das in der deutschen Psychiatrie schon im Ersten Weltkrieg begann.

4. KAPITEL

Hitlers Leidenschaften: Die Sexualität

4.1. Gebote für die Gattenwahl

Auch auf sexuellem Gebiet fiel der deutsche Diktator sehr deutlich aus dem Rahmen; ist ganz ohne historisches Vorbild. Ein Junggeselle geht eine nur wenige Stunden dauernde Ehe ein, die nicht vollzogen wird, vor allem, weil sich der frisch Getraute nicht um seine Braut kümmert, sondern um das Diktat seines politischen Testaments; eine Ehe, die mit dem Doppelselbstmord der Jungvermählten endet, die ihre Leichen in Decken einhüllen, mit Benzin übergießen und verbrennen lassen. Selbst wenn man zugesteht, daß das Verhältnis von Mann und Frau in der Kulturgeschichte die mannigfachsten Ausprägungen gefunden hat, muß man die Hitlersche Variante, bei der nicht nur das makabre Ende auffällig ist, als ganz außergewöhnlich ansehen.

Die Ansichten darüber, wie das Geschlechterverhältnis auf angemessene Weise einzurichten sei, schwankten im Laufe der abendländischen Geschichte und waren auch bei anderen Völkern und Kulturen ganz verschieden. Margaret Mead und andere (wohl kompetentere) Anthropologen zeigten ihren Zeitgenossen, deren Vorstellungen von »Boy meets Girl« manchmal recht naiv waren, daß die Rolle von Mann und Frau auch bei Naturvölkern durchaus unterschiedlich definiert wurde.

Von Frankreich ausgehend, wo sich bei den intelligenteren Schichten eine funktionierende Empfängnisverhütung allmählich durchsetzte, trat im Abendland seit dem 18. Jahrhundert eine revolutionäre Idee in den Vordergrund, die als Voraussetzung für die Eheschließung die gegenseitige Liebe, eine besondere, allerdings nicht leicht definierbare seelische Zuneigung forderte. Diese Idee spukte bald in allen Köpfen. Die großen Opern des 19. Jahrhunderts propagierten das schaurig-schöne Gefühl mit dem eindringlichsten musikalischen Nachdruck. Lieber wählten die Protagonistinnen den Tod als sich einem ungeliebten Partner hinzugeben. Die berühmtesten Romane dieses Jahrhunderts schildern die Gefühle der Ehebrecherin.

Madame Bovary, Anna Karenina und Effi Briest waren Frauen, die in der Ehe die Liebe nicht fanden und nun ihr elementares Recht auf diese neue Form der Empfindung in einer menschlichen Beziehung außerhalb der gesellschaftlichen Schranken einforderten.

Die katholische Kirche verhielt sich allerdings skeptisch gegenüber der anspruchsvollen modischen Figur der Partnerschaft. Die Aufzucht anständiger Kinder sei, wie schon seit römischen und mittelalterlichen Zeiten, nach wie vor der legitime Ehezweck. Wenn dann die Liebe dazukomme, die durchaus nicht auf den ersten Blick zünden müsse, so sei daran nichts auszusetzen, unbedingt nötig sei dies nicht.

Hitler hatte zu dieser Frage eine sehr dezidierte Meinung, die er in seinem Buch »Mein Kampf« programmatisch darlegte: »Auch die Ehe kann nicht Selbstzweck sein, sondern muß dem einen größeren Ziele, der Vermehrung und Erhaltung der Art und Rasse, dienen. Nur das ist ihr Sinn und ihre Aufgabe.« (8. Kapitel)

Damit waren die Grundsätze vorgegeben, nach denen sich die Menschen im Dritten Reich zu verhalten hatten. Der »Reichsausschuß für Volksgesundheit« hielt im November 1934 jungen Frauen zehn Gebote für die Gattenwahl vor. Ein kurzer Sinnesrausch sei »keine echte Liebe« und: »Die Ehe ist kein vorübergehendes Spiel zwischen zwei Menschen, sondern eine dauernde Bindung, die für das Leben des einzelnen und für das ganze Volk von tiefer Bedeutung ist. Der Sinn der Ehe ist das Kind und die Aufzucht der Nachkommenschaft.«

Die Antike fand die Liebe, diese gefühlsbetonte, ästhetisch motivierte Form des Schwärmens für einen anderen Menschen, eher in der gleichgeschlechtlichen Beziehung. Die Dichter besangen das Entflammen des älteren Liebhabers für einen schönen Knaben. Sapphos Verse beschreiben die leidenschaftliche Sehnsucht einer Frau nach ihrer fernen Geliebten. Abaelard und Heloise waren eines der ersten Liebespaare moderner Prägung. Der in neue Gefühlsbereiche vorstoßende mittelalterliche Mönch, an dem sich die Verwandten seiner Angebetenen so grausam rächten, begründete die damals ungewöhnliche Liebe eines Mannes zu einer Frau ausdrücklich damit, daß Heloise durch ihre klassische Bildung, die bisher Frauen verwehrt war, einem jungen Mann sehr ähnlich geworden sei.

Krisen der sexuellen Identifikation

Entscheidende Perioden der europäischen Entwicklung gehen mit Krisen der sexuellen Identifikation einher. Die Epoche der Renaissance in Florenz zeichnete sich durch eine schwärmerische Homosexualität aus. Das von Botticelli gestaltete Frauenbild war ätherisch, zart und fast ohne Brüste. Der besondere erotische Geschmack der Florentiner war nördlich der Alpen so gut bekannt, daß man damals in Deutschland von »florenzen« sprach und einen »Sodomiten« als »Florenzer« bezeichnete. Die Vorliebe war zeitweilig so verbreitet, daß im späten 15. Jahrhundert über die Hälfte der in der Stadt lebenden männlichen Bevölkerung mindestens einmal während ihrer Lebenszeit öffentlich einer homosexuellen Beziehung verdächtigt wurde.

Allerdings handelte es sich dabei fast ausschließlich um sexuelle Kontakte zwischen Männern über zwanzig Jahren mit jungen Burschen zwischen zwölf und achtzehn, die nur für diese Burschen als verwerflich galten, weil sie den passiven, den weiblichen Teil der Affäre zu spielen hatten. Homosexualität als eigenständige Form der sexuellen Identifikation, als eine Beziehung zwischen Gleichberechtigten und in etwa Gleichalten, als Gegenentwurf zu einem heterosexuellen Lebensstil, der sich zu einer Subkultur erhob, entstand erst in Paris im 18. Jahrhundert und entwickelte sich in den folgenden Jahrhunderten vor allem in nordeuropäischen Ländern, während die uralte Form der mediterranen Päderastie in Südeuropa länger erhalten blieb.

Die europäischen Vorlieben wechselten in Wellenbewegungen.

Im Barock war das etwas knabenhafte, blasse, blutleere Frauenbild passé. Nun ergötzte man sich an den prallen Schenkeln und schwer zu bändigen Brüsten der Rubensfiguren mit ihrem prächtigen Inkarnat.

Die Epoche der Französischen Revolution und der auf sie folgenden Wirren, eine Achsenzeit der europäischen Kultur mit eruptiver Kraft und Energieleistungen enthüllte gerade in Deutschland eine Krise der sexuellen Identifikation. Während Friedrich Schiller in seinem »Lied von der Glocke« (1799) die herkömmliche Rolle der Frau besang: »Und drinnen waltet die züchtige Hausfrau...«, entwarfen die Romantiker schon neue Perspektiven der Geschlechterbeziehungen. Friedrich Schlegels Roman »Lucinde« ließ durch die Direktheit, mit der er die intimen Beziehungen erörterte, aufhorchen. Eine Männergesellschaft mit patriarchalischen Ansichten wurde langsam umgekrempelt. »Talented and formidable women« begannen in der intellektuellen Szene ihren Platz einzufordern. (Gordon Craig)

»Die ›romantische‹ Freundschaft ist eine leidenschaftliche Liebesbeziehung, sie verwüstet junge Herzen.« (Tieck, Wackenroder) In der Zeitschrift »Atheneum«, dem Sprachrohr der jungen Romantiker, verteidigte dann Friedrich Schlegel die Homosexualität. »Homoerotik – es muß nicht praktizierte Homosexualität sein – beseelt, begeistert die jungen Freiheitskämpfer, die nun ausziehen, 1812/1813, um ein Neues Deutschland auf den Schlachtfeldern zu erkämpfen.«

Bei der preußisch-deutschen Nationsbildung, so Ute Frevert, sah man im Militär den eigentlichen Nationsstifter; das nationale Selbstbewußtsein der Deutschen etablierte sich erst richtig mit der Erfindung und Einführung der allgemeinen Wehrpflicht. Militärische Männerbünde setzten sich allgemein im deutschen Selbstverständnis durch. Durch das Militär wurde der Heranwachsende erst zum Mann.

Die militärische Körpervorstellung »stand im krassen Gegensatz zu dem Bild, das man sich im 19. Jahrhundert vom weiblichen Körper machte. Die Frau, hieß es immer wieder, sei ihrem Körper ausgeliefert, bleibe ihm zeitlebens unterworfen und könne sich nicht aus seiner Gewalt befreien. Der Mann hingegen, vor allem der militärisch erzogene Mann, machte sich seinen Körper untertan. Die militärische ›Dressur‹ schrieb sich ihm so ein, daß sie ihm auch im zivilen Leben nicht mehr abhanden kam. Man erkannte den ›Gedienten‹ an seinem Körper, an seinem Schritt, seiner Haltung, an seinen Bewegungen.« Dies war auch Hitlers Überzeugung:»Das Heer hielt gegenüber dem jüdisch-demokratischen Gedanken einer blinden Anbetung der Zahl den Glauben an die Persönlichkeit hoch. So erzog es dann auch das, was die neuere Zeit am nötigsten brauchte: Männer. Im Sumpfe einer allgemein um sich greifenden Verweichlichung und Verweibung schossen aus den Reihen des Heeres alljährlich dreihundertfünfzigtausend kraftstrotzende Männer heraus, die in zweijähriger Ausbildung die Weichheit der Jugend verloren und stahlharte Körper gewonnen hatten.« (Mein Kampf)

Ein männerbündlerischer Patriotismus regte sich schon vor dem Ausbruch der Französischen Revolution von 1789. Klopstock verband Männlichkeit mit Deutschtum. In einem Trauerspiel»Herrmann« unterschied Johann Elias Schlegel 1740 eine spezifisch deutsche Liebe von der römischen, die sexuell begehre und dadurch lähme und verwirre. Nicht so die deutsche Liebe,

Die der Geliebten nie ein Herz zu Füßen legt.
Die mich mir selber läßt, nicht meinen Mut vermindert.
Nicht meine Werke stört, nicht meine Pflichten hindert;...

Friedrich Leopold Graf zu Stolberg schwärmte 1774 von einer eher homoerotisch gefärbten Paarbeziehung in seinem Vaterland.

In deiner Hütte sichert die Zucht
Den Bund der Ehe! Rein ist das Bett
Zärtlicher Gatten, und fruchtbar
Ihre keuschen Umarmungen!

Neue Reflexionen über die Erotik setzten ein. Wilhelm von Humboldt bekannte in einem Brief vom Juli 1789, daß seine sexuellen Gefühle besonders dann erregt würden, wenn er ein eher häßliches, aber maskulines Mädchen bei schwerer, sklavenartiger Handarbeit beobachten könne. Sein Bruder Alexander, der

Hermaphroditisches Opfer

In einem zweiten spektakulären Fall imitierten die Nazis die Pathosformeln der Französischen Revolution. Ebenso berühmt wie der »Tod des Marat« war Davids Bild des sterbenden Bara. Der Junge hatte sich geweigert, von den Revolutionären requirierte Pferde den Konterrevolutionären herauszugeben und war bei dem folgenden Handgemenge erstochen worden. David stellt Bara als Hermaphroditen dar, der Schoß des sterbenden Jungen sieht wie der eines Mädchens aus.

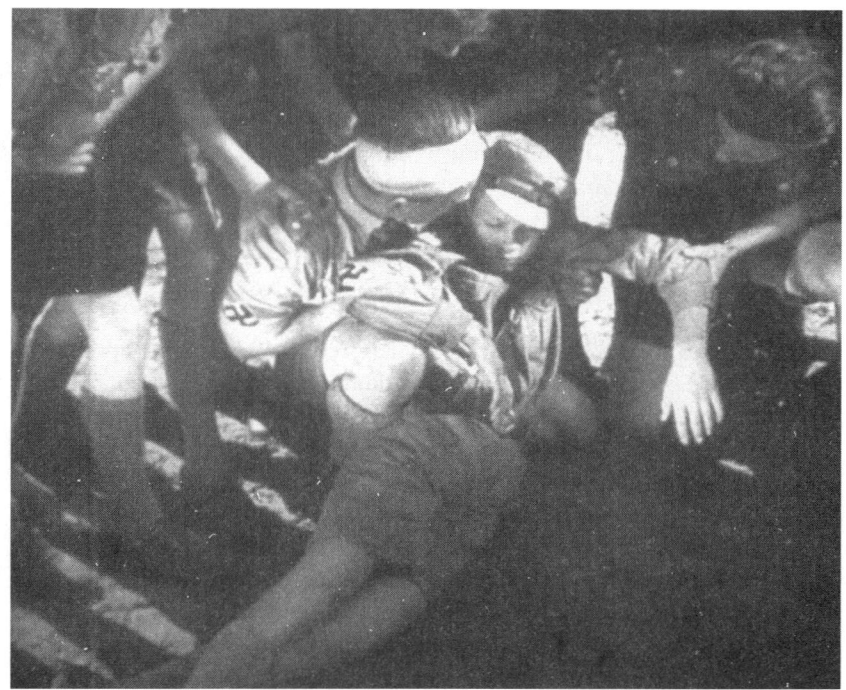

Hitlerjunge Quex

Auch der Hitlerjunge Quex, der Held des Kultfilms der Nazis, trug im Sterben hermaphroditische Züge. Der knabenhaft unschuldige Pimpf verkörperte eine männerbündlerische Gegenwelt, die sich von der verdorbenen heterosexuellen Szene der Linken abhob.

berühmte Geograph, der die Palme als Modebaum in Europa einführte, machte sich nichts aus Frauen. Das Zeitalter zeigte wieder
einen deutlichen Ruck in jene Bereiche, die wir heute als homoerotisch verdächtigen. Die Wahlverwandtschaft zum Nationalsozialismus drückt sich nicht nur in der Militarisierung aus und dem
Erreichen Moskaus durch Truppen, die alles für einen bewunderten Diktator hingaben; Baldur von Schirach, Hitlers Reichsjugendführer, sah auch andere Zusammenhänge. Er formulierte ein
homoerotisches Credo: »Faust, die Neunte Symphonie und der
Wille Adolf Hitlers sind ewige Jugend.«

In der Tat sind die homoerotischen Tendenzen in der napoleonischen Zeit und ihrer Kunst sehr deutlich. Ingres gewann 1801
den Rom-Preis mit einer homoerotischen Darstellung bärtiger
muskulöser Krieger, den Abgesandten Agamemnons, die mit den
jungenhaften, graziösen und hellhäutigen Figuren des Achill und
des Patroklos kontrastiert wurden. »Patroklos extrem ausgestellte
Hüfte und sein glatter, nackter, auf den Betrachter ausgerichteter
Körper« veranschaulichen eine Pose, die im 19. Jahrhundert durch
weibliche Akte wiedergegeben wurde.

Der große David feminisierte den Revolutionshelden Joseph
Bara (Avignon). »David zeigt den sterbenden Bara als nackten
Jüngling mit lockigem langen Haar, geschlossenen Augen und
leicht geöffnetem Mund. Zwar ist der glatte, schmale Körper dem
Betrachter zugewandt, doch so in sich gedreht, daß die Genitalien
verborgen bleiben und der Schoß des jungen Mannes wie der eines
Mädchens erscheint.«

Das Atelier Davids und andere Meisterateliers waren »homosoziale Gemeinschaften, die Homosexualität ausschlossen, ja sogar
unter Strafe stellten, aber keineswegs auf erotische Beziehungen
unter Männern verzichteten. Wie Briefe aus der David-Schule be-
legen, verwandelte sich die harte Konkurrenz um die Gunst des
Meisters oft in erotisierte, durch Liebesbekundungen verfestigte
Freundschaft.« Ein erotisch reizvolles Changieren der sexuellen
Rolle finden wir in einer anderen Ikone der Revolution. Bei Delacroix ist es eine barbusige Frau, die (männlicher als jeder Mann)
mutig die Trikolore auf der Barrikade schwingt und als Freiheits-
göttin das Volk führt.

Die deutsche Blüte der Kultur dieser Zeit zeigt noch deutlicher homophile Züge. Winckelmann erschauerte vor Glück, als er in den Vatikanischen Museen den Apoll vom Belvedere erblickte, das Muster junger männlicher Schönheit. Solch edle Einfalt und stille Größe waren kaum in einem malerisch hingestreckten weiblichen Akt zu finden. Heroischer Klassizismus dann bei Beethoven, dem Junggesellen, den es in keine bürgerliche Ehe zog, sondern zu einer unerreichbaren unsterblichen Geliebten. In seiner Oper »Fidelio«, die er immer wieder umschrieb, komponierte er sich seine Ängste vor der Frau dramatisch von der Seele, überhöhte und idealisierte sie aber zugleich. In Goethes »Faust«, diesem Charakter, mit dem sich die Deutschen gern identifizieren, ist die homoerotische Komponente noch deutlicher. Ganz unverblümt drückt Mephisto im »Faust II« seine homosexuellen Begierden aus:

Dich langer Bursch dich mag ich am liebsten leiden.
Die Pfaffenmine will dich garnicht kleiden.
So sieh mich doch ein wenig lüstern an!
Auch könntet ihr anständig-nackter gehen,
Das lange Faltenhemd ist übersittlich –
Die Racker wenden sich – von hinten anzusehen! –
Die Racker sind doch gar zu appetitlich.

»Die Anziehungskraft von Männern auf den Dichter, welcher er nur mit widerstrebender Geste nachzugeben wagte«, prägte sich immer wieder im »Faust« aus. Was zählt schon die reichlich triviale Episode mit Gretchen, die ihre Zuneigung abhängig macht von der Religiosität des Mannes und dessen pantheistische Bekenntnisse auf weiblich-dümmliche Art mißversteht (»So ähnlich sagt's der Pfarrer auch«)? Im übrigen wird die naive junge Dame bald von der Bühne abgeräumt, nachdem sie die in homoerotischen Augen abstoßende Dummheit begeht, ein Kind zu bekommen. Der wirkliche Stoff des Dramas ist die lebenslange faszinierende Männerfreundschaft zwischen Mephistopheles und Faust. Das gleichgeschlechtliche Paar besteht, ganz wie in der Antike, aus dem mit allen Wassern gewaschenen Alten und dem schönen unerfahrenen Jüngling, der vom Alten verführt wird, sich mit einem Blutpakt an diesen bindet und von ihm die Verheißung bekommt, alle Lüste dieser Erde genießen zu können.

Die berühmtesten und deutschesten Kunstwerke sind nicht ohne homoerotischen Hintergrund, dem sie ihre besondere Wirkung verdanken. Schubert, dessen »Lieder« als unübersetzbar und typisch deutsch in den romanischen Ländern verehrt werden, war mehr oder weniger offen homosexuell. In einer weiteren deutschen Ikone, dem wohl schönsten Gedicht Goethes, ist die homoerotische Note ein bißchen versteckter. In der ursprünglichen Fassung des Poems »An den Mond« (1778) (»Füllest wieder Busch und Tal...«) heißt es in der 4. Strophe:

Selig wer sich vor der Welt
Ohne Haß verschließt,
Einen Mann am Busen hält
Und mit dem genießt.

»Erst in einer späteren Fassung... ersetzt der Dichter den ›Mann‹, den er am Busen hält, durch den weniger verfänglichen Ausdruck ›Freund‹.« (K. H. Pruys)

Das spätere 19. Jahrhundert, eine Zeit des Friedens und, nach Ansicht mancher, der Verkrustung und des Stillstandes, jedenfalls eine weniger heroische und vielmehr bürgerliche Periode, war die Blütezeit der Aktmalerei. Die Modelle waren in der überwiegenden Mehrzahl weiblich. Alle Zartheit, Verführungskunst, Sensualität und Passivität war nun auf die Frauenrolle konzentriert.

Diese Periode kulminierte im Impressionismus, der von den an der Heimatkunst orientierten Nazis als Kunst der schwachen Nerven und entarteten Triebe (Friedrich Avenarius) verleumdet wurde. Schon um 1900 zeigte sich in der deutschen Kunst ein »Wandel in der typologischen Behandlung des Menschen selbst«. »Die impressionistischen Frauengestalten mit ihren opalisierenden Augen, flatternden Meerschaumkleidern oder eleganten Gesellschaftstoiletten« wurden durch »lebensstarke Weibswesen mit Mutterinstinkten« verdrängt. »Das ideologische Leitbild der Frau sank... zu einem minderwertigen, wenn auch ›heiligen‹ Gefäß des männlichen Samens herab.«

Zugleich veränderte sich das Bild des Mannes. Der »frivole Verführer, Eroberer und Lebemann« verwandelte sich in einen »familiengründenden und hausbauenden Erhalter«. Richard Nordhausen und andere Ehereformer predigten »das Prinzip der zeitweiligen Enthaltsamkeit, um die schöpferischen Potenzen des menschlichen Körpers nicht durch eine ziellose und unverbindliche Genußempfindung zu schwächen«. »An Stelle der westlichen Modefatzkerei und staubiger Geistesarbeit traten... Ideale wie Wandern, Schwimmen und Bergsteigen, aus denen sich schnell eine Ästhetik des Leibes entwickelte, die mit Schlagworten wie ›Völkerfrühling‹ oder ›nationale Wiedergeburt‹ verbrämt wurde.«

Mit dem Ersten Weltkrieg bekam der Heroismus und mit ihm der Kult des Männerbundes wieder Konjunktur, eine Tendenz, die dann in der Nazizeit kulminierte, die wie die Renaissance und die Napoleonische Zeit den Zeitgenossen übermenschliche Anstrengungen abverlangte, sie in unheimlicher Weise begeisterte und auf ihre Art wieder eine verdeckte Homoerotik feierte.

Der Weltkriegsgeneration gefiel die »mutwillige Preisgabe bürgerlicher Lebensformen«. (Hans Mommsen) Man orientierte sich neu. Der »ungehemmte Männlichkeitskult« besang keine noch so schöne Frau, sondern stilisierte die »Grenzsituation entfesselter militärischer Gewalt als orgiastisch-sexuelle Erfüllung«. So in den Schriften des »soldatischen Nationalismus«, so bei Ernst Jünger, so auch bei Ernst von Salomon, der nicht von weiblichen Formen schwärmte, sondern in merkwürdigen Potenzphantasien die sexuellen Qualitäten seines Gewehrs (der »Braut des Soldaten«) entdeckte: »Das Gewehr bäumte sich und schnellte wie ein Fisch, ich hielt es fest und zärtlich in der Hand, und klammerte seine zitternden Flanken zwischen meine Knie und jagte einen Gurt, einen zweiten auch, hintereinander durch.«

Das Lied vom guten Kameraden, auf militärischen Trauerfeiern und Soldatenbegräbnissen in Deutschland ebenso obligatorisch wie die Nationalhymne, beschwört mit einer bewegenden Melodie das emotionale Band zwischen Frontkämpfern, das an lebenswirklicher Bedeutung einem Ehebund kaum nachsteht. Die Kameradschaft wird, ebenso wie die Ehe, mythisch überhöht. Es geht um letzte, um religiöse Ziele. »Kann Dir die Hand nicht reichen, dieweil ich eben lad...« So auch Thomas Mann, der seinen Schiller bei der Betrachtung des Weibes heroisch standhaft sagen läßt: »Und ich darf nicht allzusehr dein, nie ganz in dir glücklich sein, um dessentwillen, was meine Sendung ist...« Kameradschaftsmythos und männerbündlerische Phantasien: Die »Bluts- und Treuekameradschaft im Krieg«, so Mann 1922, sei ein »besonderer Gefühlsbezirk«, in dem »reifere Männlichkeit und aufschauende Jugend« verbunden sind. »Die selbstlose Bergung des verwundeten Kameraden vom Schlachtfeld galt als Krönung der Kameradschaft.« Sie besaß weibliche Konnotationen. Wenn ihm ein Kamerad »sanft über das Haar strich, wie es die Mutter zu tun pflegte, konnte er beruhigt sterben«. Kern des Kameradschaftsmythos, »den die Wehrmachtssoldaten rituell aktualisierten«, war der »Austausch von Zärtlichkeiten im Kreis der gestandenen Männer«. Fahnenflucht galt auch deswegen als todeswürdig, weil das heilige Band der Kameradschaft gebrochen wurde.

Hitler, dem im Ersten Weltkrieg seine Kompanie, sein Regiment zur Heimat geworden war, in das er nach einer Verwundung 1916 unbedingt zurückwollte, erläuterte seine Auffassung vom Vernichtungskrieg gegen den Bolschewismus mit dem Urteil, in diesem Krieg müsse man »vom Standpunkt des soldatischen Kameradschaftsdenkens abrücken«. Der Gegner im Osten dürfe nicht als Kamerad angesehen werden.

Schon im Wilhelminischen Deutschland war »Le vice allemand«, wie die männliche Homosexualität damals auch genannt wurde, ein Problem, auch beim Heer. »Typisch männerbündlerische Verhaltensmuster« waren in »seine Organisationsstrukturen integriert«. »An wichtigen Orten – Armee, ›inner circle‹ – sind sie bestimmend.« »Die gesellschaftliche (und rechtliche) Ächtung der Homosexualität geht Hand in Hand mit einer ausgeprägten Disposition zu homoerotischen Beziehungsmustern. Die Homosexualität entfaltete sich also stärker als anderswo.« (Nicolaus Sombart)

Hitlers eigenartige sexuelle Disposition, die er öffentlich stilisierte, besaß in Deutschland ein berühmtes Vorbild. »Der jugendliche Kaiser mit seinem ›inner circle‹ repräsentierte das Männerbündlerische. Er war die zentrale Bezugsperson eines Freundeskreises ...«

»Das Coming-out der Homosexuellen war in Deutschland zum Jahrhundertbeginn besonders sichtbar, einige Jahre später unfreiwillig, als die Behauptung, daß engste Berater des Kaisers der Homosexualität nachgingen, die Gemüter beschäftigte.«

»Natürlich stand der Kaiser offiziell und manifest auf der Seite der patriarchalischen Ordnung und perhorreszierte die Homosexualität. Latent aber neigte er zweifellos dem männerbündlerischen Pol zu, wie so viele andere, und erlebte sich in der Rolle des Männerhelden – nicht des Patriarchen. Man darf vermuten, daß er das gewesen ist, was die Engländer eine ›closed queen‹ nennen.«

»Eine, die es ist, aber sich nicht traut. Eine Königin im Panzerschrank.« (N. Sombart)

Ob sich Hitler seiner homoerotischen Neigungen richtig bewußt war, ist fraglich. Er hat sie vermutlich, mindestens seit seiner Machtübernahme, mit größter Energie verdrängt. Berühmt ist seine Feststellung, es gebe Dinge, die er vor anderen, aber auch solche, die er vor sich selber verberge.

Der bekannte Reformpädagoge Gustav Wyneken, der Gründer der »Freien Schulgemeinde« zu Wickersdorf in Thüringen, die als eines der ersten Internate die Koedukation einführte, hatte eine ähnliche Sexualbiographie wie der in München agierende Politiker Hitler. So wie dieser auf eine gesellschaftlich akzeptable und der geltenden Moral entsprechende Weise Adjutanten um sich scharte, so Wyneken junge Zöglinge. »Eine sehr persönliche Beziehung zwischen Lehrern und Schülern sowie die Nacktheit (von der der stets bis zum Hals bekleidete Hitler nur in Form der Brekerschen Skulpturen, der nackten Oberkörper der Arbeitsmänner und der kurzen Lederhosen bei SS-Männern und Pimpfen sich zu schwärmen traute) gehörten in Wickersdorf zur Erziehungskultur. Jeder Lehrer hatte eine Gruppe ihm besonders anvertrauter Schüler um sich (sogenannte Pagen), die ihre Zuordnung zu diesem Lehrer selber wählen konnten.«

Doch Wyneken wurden diese Verhältnisse zum Verhängnis. Obwohl er stets darauf hinwies, daß er sich allein vom »pädagogischen Eros« habe leiten lassen, als er zwei Knaben nackt umarmt habe, daß ein derartiges Verhältnis zwischen Zögling und Lehrer nie »trivial, sentimental oder gar lediglich sinnlich werden könnte«, wurde er am 30. August 1921 vom Landgericht in Rudolfstadt/Thüringen zu einem Jahr Gefängnis verurteilt. Auf Fürsprache bekannter Persönlichkeiten des öffentlichen Lebens (Arnold Zweig, Käthe Kollwitz, Martin Buber, dem preußischen Staatsminister Konrad Haenisch) wurde ihm am 20. April 1923 die Strafe vom thüringischen Justizministerium erlassen.

Die Freikörperkultur-Bewegung brach Tabus. »Obwohl sie sich auf beide Geschlechter erstreckte, spürt man das meiste Engagement, wenn es sich um das Leitbild des nackten Jünglings handelt.« Stefan George ging so weit, den Gott der Frühe zu besingen, der sich »blank und aller hüllen ledig« an einen Baumstamm lehnt. Seine »starken ballen« und auch des »hirten brust und kniee« werden vom Dichter bewundert. In den Bildern Hugo Höppeners (Fidus) vereinigten sich homoerotische Gelüste und Nacktkultur mit Sonnenanbeterei und Germanenschwärmerei. Wilhelm Hausenstein steigerte in seinem Buch »Der nackte Mensch in der Kunst aller Zeiten« (1911) die Marées-Verehrung fast ins Religiöse. Der Dichter entdeckt das Kultische des männlichen Aktes, und die faschistische Kunst folgt diesem Trend. In Richard Ungewitters Buch »Nacktheit und Aufstieg« (1920) erfährt »die theosophische Reformidee des regelmäßigen Sonnenbadens eine merkliche Zuspitzung ins Arisch-Heldische«.

»Zu den wichtigsten Programmpunkten dieser Befreiung des Leibes gehörte die vieldiskutierte Reform der menschlichen Kleidung.« Alle körpereinzwängenden Kleidungsstücke wollte man auf den Müllhaufen der Geschichte werfen. Korsetts (»eine Erfindung der Huren«), Wespentaille, beengende Westen und steife Frackbrüste waren out.

Eine edle Nacktheit ohne jede Lüsternheit sei der rassischen Elite angemessen, meinte Ungewitter. Hinter einer verhüllenden Bekleidung ließen sich allzu leicht die »Mängel am Volkskörper« verbergen, weswegen sich Behinderte, Verbrecher, mickrige Juden und Alkoholiker vor dem Nudismus zu Recht fürchteten. War Ungewitter ein Mann, der Hitler die Ideen gab, wenn er seine sauberen jungen Spatenmänner, zwar nicht nackt, aber doch immerhin

Braune Haut und braune Gesinnung

Hugo Höppener (Fidus), der Künstler, der das berühmteste Gemälde der Freikörperkultur »Lichtgebet« schuf (oben), trat schon vor 1933 in die NSDAP ein. Er war nicht nur Alter Kämpfer sondern auch Antisemit und Homosexueller, eine unter Nudisten gar nicht so seltene kuriose Ideenverbindung. Die Nacktheit galt ihm als eine Erscheinungsform, die sich nur die Arier mit ihren edlen Körpern leisten konnten, und im Lichtgebet verehrte der hermaphroditische Mensch die Sonne in Form der Swastika.

mit entblößtem Oberkörper vor sich paradieren ließ?»Würde nicht die körperliche Schönheit heute vollkommen in den Hintergrund gedrängt durch unser laffiges Modewesen, wäre die Verführung von Hunderttausenden von Mädchen durch krummbeinige, widerwärtige Judenbankerte gar nicht möglich«, mutmaßte er in seinem Buch»Mein Kampf«.

Der Zeitgeist förderte Tabubrüche. Ist auch Hitlers schwerster Tabubruch, der Massenmord an Unschuldigen, in diesem Lichte zu sehen? Jedenfalls genehmigte sich der verklemmte Mensch absonderliche Ausflüge in einen verschämten Nudismus.

Kurze Wichs

Es entbehrte nicht des homoerotischen Reizes, als Hitler am 12. August 1942 in seinem Hauptquartier»Werwolf« den kuriosen Entschluß faßte:»Eine SS-Standarte ›Hochland‹ wird in Zukunft kurze Wichs tragen.« Der Gedanke gefiel ihm immer mehr.»Ich habe Himmler schon gesagt, zwei oder drei Standarten müssen in kurzer Wichs gehen«, schwärmte er am 17. Februar 1942 abends. Und dann gab er dem Affen Zucker.»Warum nicht, wenn das sauber gewachsene Burschen sind, eine Truppe, die bei original Hamburger Aussprache mit braunen Knien daherkommt!«

Die kurze Lederhose gehörte ebenso wie der Westman-Look zu der Phase seines Lebens, als er nach dem Krieg in München seine Vorlieben am ungeniertesten ausleben konnte. Eitel sah er darauf, daß seine unter der Hose hervorlugenden Beine schön braungebrannt waren.»Oft mußte ich drei, vier, acht Wochen in Norddeutschland bleiben, da kriegt man dann weiße Knie, zieht man die kurze Wichs an, dann sieht man für die anderen wieder unmöglich aus« (17. Februar 1942). Meist war Hitler der einzige in seiner Umgebung, der in diesem Aufzug auftrat. Nur in der Festung Landsberg sehen wir auf einer Photographie Hitler und seinen Fahrer Maurice im oberbayrischen Partner-Look.

Friedelind Wagner, Winifreds und Siegfrieds Tochter, berichtete, daß Hitler vor 1933 in Bayreuth zum Erstaunen der ganzen Familie in der Lederhose Besuch machte. Der kernige Auftritt wirkte. Nicht nur Winifred Wagner fühlte sich bald von der von Hitler ausstrahlenden »Liebeskraft« angezogen, auch ihr homosexueller Ehemann Siegfried legte »herzlich lachend, dem zwanzig Jahre jüngeren Protégé die Hände auf die Schultern und rief: ›Weißt du, du gefällst mir!‹«

Auch später, als er Kanzler war und in Uniform auftrat, schwärmte Hitler für das ungewöhnliche Kleidungsstück. »Es gibt keinen Zweifel, daß die gesündeste Kleidung, die es gibt, die kurze Wichs ist mit Halbschuhen und Wadenstrümpfen! Für mich war das Umziehen in eine lange Hose früher eine Qual! Ich bin noch bis acht, neun Grad unter Null mit der kurzen Wichs herumgegangen. Das Freiheitsgefühl, das man dabei hat, ist was Wunderbares.«

Das »Freiheitsgefühl« konnte er jedoch bald nicht mehr ungebremst ausdrücken. Wenn er gen Norden fuhr, mußte er Rücksichten auf die nüchterne Mentalität nehmen. Denn dort – so nahm er nicht ohne Grund an – habe man für diese Tracht wenig Verständnis. Er fürchtete, sich lächerlich zu machen. »Einer der schmerzlichsten Momente war es mir, wenn ich die kurze Wichs habe ablegen müssen, aber wenn ich mit einem von Coburg nördlich redete, bildete der sich ein, er brauche mich nicht ernst zu nehmen.«

Bei seinem geographie- und mentalitätsbedingten Hosenwechsel verglich er sich mit einer amerikanischen Revuetänzerin, die jedesmal in einem neuen Kostüm auftritt, eine für den männlichkeitsbetonten Kanzler eher auffällige Form der Identifikation: »Jeden Tag mußte ich mich dreimal umziehen wie ein Tillergirl.«

Schon einmal hatte er in seinem Leben das blamable Gefühl gehabt, wie eine Tänzerin dazustehen. Am 12. August 1942 berichtete er dem Admiral Krancke: »Zum ersten Mal in der Somme-Schlacht habe ich Männer der Marine-Division gesehen. Wir kamen uns ihnen gegenüber wie Schweinchen vor.« Die Minderwertigkeitskomplexe rührten auch daher, daß Hitler mitsamt seiner Kompanie sich die Mäntel hatten abschneiden müssen, »um Wickelgamaschen zu bekommen, und kamen daher wie Balletteusen. Die kamen in Uniform mit Bändchen und Gamaschen; jeden einzelnen haben wir angestaunt«.

Kurze Wichs

*Der prüde Hitler zeigte sich immer in korrekter Kleidung. Sich in der Ba-
dehose abbilden zu lassen wie Reichspräsident Ebert kam ihm nicht in
den Sinn: man bekam keinen Zentimeter seiner Haut mehr zu sehen als
nötig.*

*Eine bemerkenswerte Ausnahme bilden die Lederhosen-Porträts, die
Ende 1926 aufgenommen und nach 1933 als Postkarten veröffentlicht
wurden. Die als Frontispiz und hier oben gezeigten Aufnahmen wurden
allerdings nicht freigegeben. Der Diktator zeigt sich in der neckischen*

Pose der Selbstberührung am rechten Oberschenkel. Vermutlich wurde diese Aufnahme unterdrückt, weil sie Hitlers tiefstes Geheimnis zu sehr erahnen ließ.

Ganz ungeniert erfreut sich Hitler an den blanken Knien der angetrete-nen Hitlerjungen. Bei der Vorbeifahrt in seinem Mercedes auf dem Reichsparteitag 1936 zeigt er unverhohlen ein zufriedenes Lächeln, das er sich in Gesellschaft von Damen in dieser Form nie hatte abringen las-sen.

Noch attraktiver als Bändchen und Gamaschen waren für Hitler aber gänzlich unbekleidete Männerbeine. Sie gefielen ihm nicht nur in knackig-alpiner Form, sondern auch dann, wenn sie unter einem Kilt hervorlugten. Lobend hob er hervor: »Ein Schotte kann in London in seiner Heimattracht gehen in der besten Gesellschaft.«

Wie sehr diese kurze Lederhose der Ausdruck eines abweichenden Lebensgefühls war, zeigt die Überlegung, daß sie damals in der Stadt München ganz ungewöhnlich war. Im Winter trugen selbst die Bauern im Umland Bundhosen. Auch Hitler war die Hose aus seiner Jugendzeit nicht selbstverständlich. Als Beamtenkind ging er eher mit einer Tuchhose zur Schule und später, als er sich tatsächlich in den Alpen einen Wohnsitz errichtete, spazierte er entweder in brauner Uniform oder im Straßenanzug über die Almwiesen.

Deutsche Homosexualität

Eine homoerotische Note kommt ungeachtet seiner Tarnungsbemühungen vor allem dadurch in Hitlers Arrangements, daß er eine Gegengesellschaft zur bestehenden errichten wollte. In einem Punkt war er sich mit den Verfechtern einer Gay-Society einig: Die herrschende Gesellschaft mit ihrer falschen Moral gehört abgeschafft. Seine Unternehmungen profitierten von der Blauäugigkeit und Verführbarkeit der Jugend. In der Tat übte der SS-Kult keine geringe Faszination auf homoerotische Betrachter aus.

Zu literarischen Ehren verhalf Michel Tournier (1970) der nazistischen Homoerotik in seinem Roman »Le Roi des Aulnes«, der mit dem Prix Goncourt ausgezeichnet wurde. Dieser »Erlkönig« war in der nordischen Sage ein Monster, das zarte Knaben verführte und umbrachte. »Willst schöner Knabe nicht mir mir gehen?« (Goethe). Tournier sah in Hitler eine Verkörperung des nordischen Ogers, der in seinem ostpreußischen Bunker saß und forderte, daß ihm die Blüte der deutschen Jugend zum Opfer gebracht wurde. Die Romanhandlung schildert, wie ein junger französischer Kriegsgefangener in eine nationalpolitische Erziehungsanstalt aufgenommen und so in dieses perverse Geschehen verwickelt wird. Bewundernd beschreibt der Autor die Schönheit der makellosen nackten Oberkörper der Jünglinge, die durch den Kontrast mit den groben Koppeln noch hervorgehoben werde. »Ces torses sont d'une émouvante tendresse que souligne la grossièreté de la ceinture, du pantalon et des bottes. Pas un poil sur les poitrines blanches et meme la plupart des aisselles sont également glabres.«

In knappen Worten beschwor Tournier nicht nur den homoerotischen Reiz der opferbereiten Knaben der Napolas, sondern selbst den der Rassenlehre mit ihrem pseudowissenschaftlich getarnten merkwürdigen Interesse für Gesäßformen und Körperbehaarung und ihrer Bevorzugung der hellen Haut und der spärlichen Terminalbehaarung.

Dem Autor gelang eine treffliche homoerotische Interpretation des nationalsozialistischen Kultfilms »Hitlerjunge Quex« von Schenzinger. Der junge naive und unbefleckte Held Herbert Norkus stand einer bösen Gegenwelt gegenüber, die ihn schließlich ermordete. Dies waren die jungen Sozialisten, die viel erwachsener wirkten, deren Attribute der Tabak, der Alkohol und die Frauen waren. Die heterosexuelle, die bolschewistische Gegenwelt. »Ich finde es bemerkenswert«, heißt es in einer Zwischenbetrachtung im Text, die vorgibt, gegen Kriegsende verfaßt zu sein, »daß der Filmregisseur schon zehn Jahre vor mir zu dieser Vision der deutschen Jugend gekommen ist, einer Vision, die der offiziellen Version: hart wie Kruppstahl, zäh wie Leder, flink wie Windhunde so zuwiderläuft. Er zeichnet eine deutsche Jugend, die keineswegs vor Kraft strotzte und Eroberungslust, sondern die von vornherein einem Kinderopfer, einem Bethleheminischen Kindermord, versprochen war.«

Vor einem derartigen Opfer junger Burschen schreckte dann Hitler in der Realität nicht zurück. Schon in einer Rede an die NS-Frauenschaft auf dem Reichsparteitag in Nürnberg am 16. September 1936 hatte er wie ein Moloch einen Besitzanspruch an den Kindern angemeldet: »Wenn ich so durch Deutschland fahre, dann sehe ich in all den Millionen Kindern nichts anderes als das, was diese ganze Arbeit erst sinnvoll werden läßt. Ich sehe in ihnen die Kinder, die den Müttern genau so gehören wie im selben Augenblick auch mir.« Den von Goebbels nach der Katastrophe von Stalingrad proklamierten totalen Krieg wollte Hitler nur halbherzig verwirklichen. Aber er scheute sich nicht, deutsche Knaben in den Kampf zu schicken: Gymnasiasten und höhere Berufsschüler wurden zu Flakhelfern ausgebildet, trotz der Einwände Goebbels' und des Reichsjugendführers Axmann, und obwohl Bormann zu bedenken gab, daß »in der Weltöffentlichkeit der Eindruck entstehen müsse, Deutschland sei am Ende seiner Kräfte«. Hitler erklärte, daß die »vorgetragenen Bedenken ihn im Hinblick auf die Notwendigkeit nicht interessierten«. Er wollte das Opfer. Göring, auf den der Gedanke wohl ursprünglich zurückging, erklärte auf einer Besprechung, die in Karinhall am zweiten Weihnachtstag 1942 stattfand, daß »die Idee des Kriegshilfeeinsatzes der Jugend vom Führer stamme«.

Einen »homosexuellen oder masochistischen Ton« fand Scholdt in den Männergesängen der von Hitler begeisterten »Führer-Hymnik« des Dritten Reiches. »Laß uns aus deinem Schoße nun entsteigen, und, selber jung, von deiner Jugend zeugen« (Rothacker). Oder: »Schlag immer zu! Wir halten duldend still. Da deine strenge Hand uns formen will« (Anacker). In einer weiteren Strophe wurde Hitler mit Michelangelo verglichen. Wie der homoerotische Meister den Stein behaue, so forme Hitler aus den willigen Gefolgsleuten seine Gemeinschaft.

Thomas Mann erfreute sich an der »deutschen Homosexualität« in den Filmen der Zeit. Der im Schweizer Exil Lebende sah sich bei einer Vortragsreise in Bern am 4. Februar 1934 den Film »Abel mit der Mundharmonika« an und schwärmte in seinem Tagebuch: »Wobei mir wieder auffiel, daß die deutschen Filme mir etwas entgegenbringen, was die anderer Nationalität kaum aufweisen: die Freude an jugendlichen Körpern, namentlich männlichen in ihrer Nacktheit. Das hängt mit der deutschen ›Homosexualität‹ zusammen und fehlt unter den Reizen französischer und auch amerikanischer Produkte: das Zeigen jungmännlicher Nacktheit in kleidsamer, ja liebevoller photographischer Beleuchtung, sobald sich Gelegenheit dazu bietet.«

»Abel mit der Mundharmonika« war noch vor der Machtüber-

Die Freude am nackten männlichen Oberkörper

Thomas Mann ging am 3. Februar 1934 in Bern ins Kino und sah »Abel mit der Mundharmonika«. Er schwärmte, die deutschen Filme zeichneten sich, im Gegensatz zu denen anderer Nationalität, durch die Freude an jugendlichen Körpern aus, »namentlich männlichen in ihrer Nacktheit«. »Das hängt mit der deutschen ›Homosexualität‹ zusammen und fehlt unter den Reizen französischer und amerikanischer Produkte: Das Zeigen jungmännlicher Nacktheit in kleidsamer, ja liebevoller photographischer Beleuchtung, sobald sich Gelegenheit dazu bietet«, notierte er in sein Tagebuch.

Auch Hitler schätzte offensichtlich diesen Anblick und ließ ihn sich nicht entgehen, wenn sich Gelegenheit dazu bot. Am 29. Juni 1934, einen Tag vor dem Schlag gegen die SA und der Verhaftung Röhms, inspizierte er Männer des freiwilligen Arbeitsdienstes in Westfalen. Sittsam verbarg er seine Freude und schaute den Angetretenen, die er mit dem Hitlergruß ehrte, nicht auf die entblößte Haut, sondern tief in die Augen.

nahme der Nazis gedreht worden. Doch auch in Filmen aus der Nazizeit ergötzte sich Thomas Mann an der deutschen Homosexualität. Am 18. Februar 1936 notierte er in Küsnacht in sein Tagebuch:»Nachmittags im Apollo-Cinema: ›Traumulus‹ mit Jannings. Sehr guter Film. Der Hauptschüler vortrefflich. Nackte Knaben-Oberkörper eine Vorliebe und Besonderheit deutscher Filme.« Nackte Knaben-Oberkörper, Rassenwahn und Konzentrationslager. Thomas Mann fing die absurde Zeitatmosphäre in einer knappen Notiz ein:»Jannings rühmt sich, mehrere Leute ins Konz. Lager gebracht zu haben, weil sie ihm, mit Recht, jüdisches Blut nachgesagt haben.«

Als die Niederschlagung des »Röhm-Putsches« als »große moralische Reinigungstat aufgemacht« wurde, durchschaute Thomas Mann den Schwindel. »Es ist möglich und scheint so, daß die Kleinbürgermassen wieder auf die mit dreckiger Seelenkunde auf sie zugeschnittene Moralität hineinfallen und in Hitler aufs neue den Retter sehen... Die Anständigkeits-, Schlichtheits-, Tugend-Propaganda für die kleinen Leute. Man wirft ihnen die Homosexualität als moralischen Köder hin – als ob sie nicht wesentlich zur Bewegung, zum Kriegertum, ja zum Deutschtum gehörte.« Das Kaschieren der Homosexualität im Nationalsozialismus sei das Verleugnen einer »seiner Wesentlichkeiten«. (Tagebuch 5. August 1934)

So sah es wohl auch Gottfried Benn, als er nach Hitlers Machtergreifung Ansichten vertrat, mit denen er (allerdings vergeblich) hoffte, sich den Nazis zu empfehlen. In seinem Essay »Dorische Welt«, das er noch vor der Ermordung Röhms im Frühsommer 1934 veröffentlichte, zog er Parallelen zwischen der Weimarer Demokratie und dem »kretischen Jahrtausend«, »das Jahrtausend ohne Schlacht und ohne Mann, ... ohne Blut und Jagd und ohne Roß und Waffen... Busenhalter, feminine Treppen der Paläste mit niederen breiten Stufen, bequem für Weiberschritte...«

Mit dem Nationalsozialismus, so jubelte Benn, trete die Geschichte wieder in ein »dorisches Zeitalter«. »Dorisch ist jede Art von Antifeminismus. Dorisch ist der Mann, der die Vorräte im Haus verschließt und den Frauen verbietet, an Wettspielen zuzuschauen; welche den Alpheios überschreitet, wird vom Felsen gestürzt. Dorisch ist die Knabenliebe, damit der Held beim Manne bleibt, die Liebe der Kriegszüge, solche Paare standen wie ein Wall und fielen… Dorisch, das ist die Haut, aber die bewegte, die über Muskeln, männliches Fleisch, der Körper. Der Körper gebräunt von der Sonne, dem Öl, dem Staub, der Striegel und den kalten Bädern, luftgewöhnt, reif, schön getönt.«

Harry Graf Kessler war stolz auf die deutsche Freikörperkultur nach dem Ersten Weltkrieg:»Nacktheit, Licht, Luft, Sonne, Anbetung des Lebens, der körperlichen Vollkommenheit, der Sinne, ohne falsche Scham, ohne Prüderie.« Er führte seinen französischen Gast, den Bildhauer Maillol, zu einer Besichtigung der Hochschule für Leibesübungen im Grunewald.»… die ganze großartige Anlage im herrlichen Sonnenschein von fast nackten jungen Menschen belebt, die allerlei Sportübungen machten, im hellen Licht und der warmen würzigen Luft war der Eindruck ganz griechisch.«

Ähnlich schwärmte Hitler. In seinen Ausführungen zum Staat, den er anstrebte, stand ihm plötzlich ein nackter Jungenkörper vor Augen.»Der Junge, der in langen Röhrenhosen herumläuft, eingehüllt bis an den Hals, verliert schon in seiner Bekleidung ein Antriebsmittel für seine körperliche Ertüchtigung. Die Eitelkeit muß herangezogen werden auf einen schönen wohlgeformten Körper, den jeder mithelfen kann zu bilden.«

Am Knabensport zeigte er ein auffälliges Interesse.»Der völkische Staat«, dozierte er in»Mein Kampf«, hat»seine gesamte Erziehungsarbeit in erster Linie nicht auf das Einpumpen bloßen Wissens einzustellen, sondern auf das Heranzüchten kerngesunder Körper… Ein verfaulter Körper wird durch einen strahlenden Geist nicht im geringsten ästhetischer gemacht…«

Boxen sollten die jungen Kerle, fand Hitler, da dieser Sport»den Körper zu stählerner Geschmeidigkeit erzieht«. Auch die sadistischen Neigungen des Betrachters kommen beim Jugendboxen nicht zu kurz:»Vor allem aber, der junge, gesunde Knabe soll auch Schläge ertragen lernen«, meinte Hitler.

Diesen Sadismus, der schließlich das Opfer des ganzen Volkes forderte, ließ Hitler auch in seiner Parteitagsrede am 14. September 1935 vor 54 000 Hitlerjungen aufblitzen, in der er wieder von einem straffen, strammen, jungen Volk schwärmte: »Es gab Zeiten…, da galt als das Ideal des jungen deutschen Menschen der sogenannte bier- und trinkfeste Bursche.« Heute sei das anders. »Denn nicht darauf kommt es an, wieviel Glas Bier er zu trinken vermag, sondern wieviel Schläge er aushalten… kann.«

Fechten (»Wenn der junge Mensch sich dann herumpaukt«) gefiel ihm weniger. Es sei nicht roher, betonte er, »wenn zwei junge Menschen eine Meinungsverschiedenheit mit den Fäusten ausfechten als mit einem geschliffenen Stück Eisen«. Boxen kam eben doch den Gelüsten des Betrachters nach Brutalität viel besser entgegen; zudem traten die jungen Sportler nicht vollkommen bekleidet auf, sondern mit nacktem Oberkörper und in attraktiven Boxershorts. Für die Gesäßbekleidung der Jugend zeigte Hitler ein Interesse, das durch einen scharfen Blick gefördert wurde: »Bei den Buben finde ich zwei Sachen reizend«, gestand er am 14. Februar 1942, »ihre kurze Wichs und im Winter Skihosen.«

Auch bei seinen Soldaten schaute Hitler aufs Beinkleid. Am 12. August 1942 lobte er die neue Freizügigkeit. »Wir haben in der Wehrmacht die Kleiderordnung ja kolossal gelockert, jetzt! Pioniere, die Schwimmhosen haben! Heute ist die Kompanie nahezu eine Sportgemeinschaft. Truppe und Offiziere sind eins.«

Eine Szene mit wohlgeformten Jünglingskörpern in einem Arbeitsdienstlager in Hamburg-Bergedorf hatte sich ihm lustvoll eingeprägt: »Mein Wagen wurde umringt von einer großen Anzahl braungebrannter Jungen. Ich habe damals zu meiner Begleitung gesagt: Warum gehen unsere Filmregisseure nicht dahin und holen sich die Leute, die entsprechende Anlagen haben, da heraus?« Schon in den zwanziger Jahren sah Hitler die Aufgabe der SA darin, »der deutschen Nation 6 Millionen sportlich tadellos trainierte Körper« zu liefern.

Den spektakulärsten weltweiten Erfolg erzielte Hitlers Reich folgerichtig mit den »Spielen des schönen Scheins«, mit der Ausrichtung der Olympischen Spiele 1936. Der Erfolg wird meist der deutschen Effizienz und der geschickten Propaganda zugeschrieben, die die gesamte Bevölkerung mobilisierte. Er beruhte jedoch auch auf der fruchtbaren Verquickung zweier homoerotisch gefärbter Zeitströmungen.

Noch deutlicher als der Nationalsozialismus knüpfte die olympische Bewegung an die altgriechischen Traditionen der sich unbekleidet tummelnden Knaben und jungen Männer an. Baron Coubertin, der Begründer der Spiele der Neuzeit, hat einem »athletischen Heroismus das Wort geredet, der durch ›höchste sportliche Leistung sein Vaterland, seine Rasse und seine Fahne erhöht‹«.

Eine Geistesverwandschaft der beiden Bewegungen stellten dann die Filme der Leni Riefenstahl deutlich vor Augen. Nach den Auftragswerken, die die Reichparteitage 1934 (»Sieg des Glaubens«) und 1935 (»Triumph des Willens«) verherrlichten, drehte sie den preisgekrönten Olympia-Film 1936. »Der idealisierende Körperkult ihrer Filme prädestinierte sie nachgerade zu dem geplanten Propagandawerk.«

Zwar ist es richtig, daß sich Hitler für Sport nicht interessierte. »Ich hasse alle diese Leute, die plötzlich sportlich sich betätigen, alle Leute, die Bravourstücke machen«, ließ er seine müden Zuhörer bei seinen Monologen im Führerhauptquartier während des Rußlandfeldzuges wissen. Die Ambitionen Mussolinis als Flugpilot mißbilligte er ebenso wie die Skigelüste Furtwänglers. »Der Mann, der Hunderttausende von Frauen als Dirigent fasziniert, der will imponieren dadurch, daß er Schi fährt... Er muß einen Slalom-Lauf machen, bums, liegt er da« (20. August 1942). Auch gegen Pferde und Pferdesport hegte Hitler eine besondere Abneigung. Auf Reitunfälle bei seinen Offizieren reagierte er gereizt und zynisch. Als Gebirgsjäger im Spätsommer 1943 die Reichskriegsflagge auf dem Elbrus, dem höchsten Berg des Kaukasus, hißten, tobte er drei Tage lang über diesen Unfug.

Um so auffälliger ist, daß er dann trotzdem Spaß an der Ausrichtung der Olympischen Spiele fand. Daß er sich bei der Konstruktion des Olympiastadions einmischen werde, war zu erwarten, konnte er doch seiner Gigantomanie (Größtes Stadion der Welt) frönen. Aber auch die Wettkämpfe selbst beeindruckten den Unsportlichen dann doch. Er sei »einer der begeistertsten Besucher der Berliner Olympiade« gewesen, erinnerte sich Albert Speer, und erläuterte: »Er sah im Sport einen Teil seines Ideals einer ›hellenistischen‹ Lebensauffassung.«

Hitlers rassische Vorurteile wurden durch seine homoerotische Sicht gedämpft. »Die vielfach vorbildlichen athletischen Körper der dunklen Amerikaner«, wie sich die »Kölnische Zeitung« ausdrückte, verfehlten ihre Wirkung nicht. Hitler sah nicht nur gern deutsche Siege, er sah auch dem Superathleten Jesse Owens gern zu. Jedenfalls ist die Behauptung, Hitler habe den vierfachen Olympiasieger absichtlich wegen seiner Hautfarbe geschnitten, ein böswilliges Gerücht der amerikanischen Presse. Jesse Owens war auf Hitler nicht schlecht zu sprechen: »Als ich einmal beim Kanzler vorbeilief, stand er in seiner Loge auf, winkte mir zu, und ich winkte zurück.«

Bei einem anderen durchtrainierten schlanken Sportler vergaß Hitler ebenfalls allen Rassismus. Den Marathonlauf gewann Kitei Son, ein Mitglied der japanischen Mannschaft, der aber aus dem 1910 annektierten Mandschukuo, also aus Korea, stammte. Er war an Diskriminierung gewöhnt und deshalb ganz erstaunt, als sich der Reichskanzler in sein enges Zimmer im olympischen Dorf zwängte, um ihn mit freundlichem Händedruck und Schulterklopfen auf das herzlichste zu beglückwünschen.

Nicht nur zur Olympischen Bewegung unterhielt das Dritte Reich überraschend problemlose Beziehungen, sondern auch zu einer anderen ehrwürdigen Institution, der homoerotische Tendenzen nicht unbekannt sind: der katholischen Kirche. Wenn auch Hochhuths Anklage gegen den »Stellvertreter«, der Hitlers Judenverfolgungen tolerierte, bühnenwirksam übertrieben sein dürfte, so fällt doch auf, daß die Hitler-Bewegung von katholischen Würdenträgern zeitweilig enthusiastisch begrüßt wurde – und dies nicht nur aus antibolschewistischen Motiven.

Homoerotische Schwärmereien waren dem deutschen Gebildeten aus dem Gymnasialunterricht vertraut. Die eigentümliche Vorliebe des deutschen Bildungswesens für die Griechen (im Gegensatz zu den Römern, die den anderen europäischen Kulturnationen eher zum Vorbild wurden) führte zu einer »Tyrannei des Griechentums über den deutschen Geist«. Diese Anlehnung an ein verzerrt gesehenes Vorbild begünstigte nicht nur einen Sonderweg der deutschen Schulbildung, bescherte den deutschen Gymnasiallehrern (wie »Professor Unrat«) und Universitätsprofessoren ihre

Der Diskuswerfer des Myron

Hitler schenkte der Münchner Glyptothek eine verkleinerte Nachbildung (oben) der berühmten griechischen Skulptur, die Leni Riefenstahl als Vorbild für den Beginn ihres Olympiafilms diente. In nahtloser Überblendung verwandelt sich die antike Statue in die unbekleidete lebendige Figur des modernen Sportlers, der dann den Diskus tatsächlich wegschleudert.

Riefenstahl feierte in verführerischen Bildern den antiken, den olympischen und den faschistischen Körperkult. Ausgerechnet einer Frau gelang es, die homoerotischen Komponenten des faschistischen Männerbundes zu evozieren. Hitler verehrte Riefenstahl, manche nahmen (zu Unrecht) sogar an, sie sei seine Geliebte.

Rauschebärte (wofür die maskulinen Griechen Vorbild waren; die »verweichlichten« Römer rasierten sich), sondern brachte auch in die deutsche Erziehung eine gewisse homoerotische Note, die die schüchternen sexuellen Abweichungen Hitlers in einem vertrauten Licht erscheinen ließen.

Verdrängung

Auf die homoerotischen Tendenzen in der deutschen Landschulbewegung wies Golo Mann hin. Er verglich sogar Kurt Hahn, den Begründer des berühmten Internats in Salem, ausdrücklich mit Adolf Hitler. »Beide liebten das ästhetische Element, jeder in seinem Bereich; die Reichspartei-Tage mit ihren ungeheuren Aufmärschen, Exerzitien, ›Licht-Domen‹, Meistersinger-Ouvertüren, wie sie in jenen Filmen festgehalten sind; die festlichen Wettspiele, die uniformierten, recht eigentlich für Zuschauer geeigneten Veranstaltungen in Salem, auch wenn es keine Zuschauer gab.«

Ebenso wie angeblich Hitler ging es Kurt Hahn darum, den »moralischen Verfall, wie er ihn sah« aufzuhalten mit einer Elite, der er rigorose Sportübungen verschrieb: »Dauerlauf, soundso viele Hochsprünge, Weitsprünge, Seilsprünge, Waldläufe, nicht mehr als drei Glas Wasser am Tag.«

Eine diskrete sadistische Note fehlte auch der Erziehung in Salem nicht. Ein Dieb wurde auf eine »sportlich-grausame Weise« entlarvt, die Schüler trugen unter Aufsicht Hahns ernsthafte Boxkämpfe aus. »Wir hatten zwei Runden zu kämpfen. In der Pause sah ich mit Staunen«, berichtete Golo Mann, »daß Konrad stark aus der Nase blutete, ein Ärgernis, das mit Watte gestillt werden mußte, bevor es weiterging.«

Mädchen waren in Salem zwar zugelassen, aber doch – ähnlich wie bei den Frauen-Organisationen der NSDAP – mit einem minderen Status. »Was die Mädchen betrifft«, erinnerte sich Golo Mann, »so war ihre Rolle in Salem, solange Hahn die Leitung hatte, keine ganz glückliche, die Rolle einer Minderheit. Dafür ist bezeichnend, daß es eine eigene ›Mädchen-Helferin‹ gab, so wie etwa einen ›Helfer‹ für die externen Schüler.«

Kurt Hahn hatte »die Neigung, die in ihm war, die homoerotische, moralisch mißbilligt und mit einer unvorstellbaren Anstrengung des Willens in sich selber erstickt... Die Folge war, daß er, was er in sich zum Schweigen zwang, überall witterte, fürchtete und mit wahrhaft inquisitorischen Mitteln dagegen vorging, ungefähr so, wie solches ehemals in Jesuiten-Schulen geschah«. Für unziemliche Nähe zwischen Jungen war in Salem die Vokabel »Kleberei« üblich. »Kleberei war, wenn ein Junge dem anderen die Hand auf die Schulter legte, wenn zwei Jungen zusammen auf dem Fahrrad saßen, wenn beim Liegen (einer speziellen Ruhe-Übung) der Zwischenraum zwischen ihnen nicht weit genug war und so fort.«

Eine ins Ästhetische verdrängte Homoerotik hatte seit der Goethe-Zeit den Deutschen imponiert. »Zweifellos hat Winckelmanns Homosexualität sein Interesse an der fast sinnlichen Schönheit der griechischen Jünglinge geprägt.« Die Nacktheit war im Christentum tabuisiert, Abbildungen nackter Menschen verpönt. Erst die antikische Nacktheit im Sinne Winckelmanns wurde gesellschaftsfähig. Nicht unanständige Fleischeslust fand er in den marmornen Körpern, sondern edle Einfalt und stille Größe; außerdem wies Winckelmann darauf hin, daß individuelle Züge fehlten, so daß der Verdacht auf eine verbotene Sinnlichkeit weiter abgemildert wurde. Wilhelm von Humboldt sah schließlich im männlichen Körper das Maß aller Dinge. Die »Strenge der Form« fehle dagegen dem weiblichen Leib. Strenge der Form bedeutete nach der Auffassung Friedrich von Schlegels ein »glatter Körper, fest wie Marmor«. »Hier wird der männliche Körper vergöttert, geläutert.« In dieser deutschen homoerotischen Tradition sprach Hitler in »Mein Kampf« von der »Unsterblichkeit des griechischen Schönheitsideals«.

Bei antikisierenden Figuren mit ganz gedämpftem sexuellen Beigeschmack konnte Hitler seine »Begeisterung für maskuline Schönheit« (Mosse) ausleben. »Brekers Skulpturen und Reliefs nackter Männer spielten eine herausragende Rolle in der Selbstdarstellung des Dritten Reiches, symbolisierten seine Figuren doch heldenhafte Willensstärke und Opferbereitschaft. Adolf Hitler hielt zwei von Brekers Statuen – nackte (männliche) Figuren,

Arno Breker: Die Berufung

Breker schuf eine schöne, hehre Welt überdimensionaler, makelloser männlicher Körper, der Hitlers homoerotisch getönte Träume galten. »Die Berufung« zeigt den Moment der Umkehr, in dem sich der Krieger zum Reich des Kampfes, des Opfers und der Männerbünde bekennt. Dieses Bekenntnis forderte Hitler von allen deutschen Männern.

Breker war Hitlers Michelangelo. Dessen Stadt Florenz nahm Hitler beim Rückzug 1944 durch Führerbefehl ausdrücklich von allen Zerstörungen aus. Der steingewordene homoerotische Traum sollte überleben.

die Partei und die Armee (stille Größe: ausgestreckte Arme und gespreizte Beine) – für die schönsten Beispiele künstlerischen Schaffens in Deutschland.«»Der nackte männliche Körper avancierte zum politischen Symbol: Gerade an öffentlichen Gebäuden brachten die Nazis häufig idealisierte männliche Körper an.« Maschilitá:»Männerkörper in ihrer nackten Schönheit wurden zu faschistischen Symbolen.« Weibliche Statuen dagegen entsprachen Hitlers Geschmack überhaupt nicht. Sie wirkten nach seiner Ansicht schon deswegen weniger überzeugend, weil die Frauenkleidung nicht zeitlos sei.»Da man Frauendenkmäler auch nicht grundsätzlich in die zeitlose griechische Frauengewandung hüllen könne, bleibe kein anderer Ausweg als der der Frauenbüste«, sinnierte er am 17. Mai 1942.

Die Körperkultur der Nazis konnte auf mehr oder minder verdeckten homoerotischen Tendenzen in der deutschen Kulturgeschichte aufbauen. Zur Zeit der Napoleonischen Kriege hatte Turnvater Jahn in seiner»Deutschen Turnkunst« (1816) gefordert, der Turner müsse»keusch, rein, fähig und wahrheitsliebend sein«. Jahns turnerische Übungen sollten nicht nur gesunde Körper formen, sondern auch eine schickliche Moral zum Ausdruck bringen.»Die Turner trugen Einheitskleidung, die den Übungen angemessen war und darüber hinaus ihre körperlichen Konturen sichtbar machte.«

Der Turnvater zog mit seinen trikotbekleideten Knaben zum Grätschen, zu Liegestütz und Felgumschwung auf die Berliner Hasenheide, und es ging ihm nicht nur darum, ihre jungen Körper für den Krieg gegen Napoleon zu stählen, es ging vor allem um den Kampf des echten deutschen Mannes gegen alles Welsche, alles Verweichlichende und Verweiblichende, gegen Rokoko, gegen Rüschen, Bänder und Schleifen. Die Rhetorik und Poesie der Freiheitskriege pflegten den homoerotischen Zungenschlag, der dann in Hitlers Diktion den Deutschen durchaus vertraut vorkam.

In jeder Epoche der neueren deutschen Geschichte fand sich so eine Bewegung, die ihre Zeit mit einer gehörigen Prise Homoerotik würzte. Auch die Nazis befolgten dieses Erfolgsrezept.»Doch bedurfte es sorgfältiger Vorbereitung, bevor der männliche Kör-

Arno Breker: Skulpturen vor der Neuen Reichskanzlei

Speer baute Hitler diesen Palast, der die Welt beeindrucken sollte. *Die Galerie war länger als der Spiegelsaal von Versailles.* Einmal pro Jahr, so Hitler, werde ein Trupp Kirgisen durch die Hauptstadt geführt, um ihm einen Eindruck von der Größe und Pracht der deutschen Hauptstadt zu geben.

Hitlers Palast war auch eine Art Tempel der neuen arischen Religion, den man mit Ehrfurcht betreten sollte. Zwei überlebensgroße nackte Wächterfiguren Arno Brekers, die »Partei« (links oben, in der Großen Deutschen Kunstausstellung) und die »Wehrmacht«, sollten symbolisch an den beiden Seiten des Eingangs allen Artfremden, Unreinen den Eintritt verwehren.

per den Blicken der Öffentlichkeit dargeboten werden konnte: Er mußte haarlos, glatt und sonnengebräunt sein. Der Körper wäre somit fast transparent, mit so wenig individuellen Merkmalen wie nur möglich wäre er seiner sexuellen Konnotation beraubt. Ein solcher Körper würde zu einem abstrakten Symbol arischer Schönheit, den Sportlern in Leni Riefenstahls Film über die Olympiade 1936 nicht unähnlich.«

»Der Nationalsozialismus unternahm jede Anstrengung, um als Wächter von Anstand und Sitte zu erscheinen. Der Nudismus wurde ebenso wie die Pornographie verboten, wie auch alle Druckerzeugnisse, die anrüchig erscheinen konnten. So begrüßten die deutschen Sittlichkeitsvereine das Dritte Reich begeistert.«

Doch Hitler lenkte diese deutschen Tendenzen nicht ins Tolerante und Menschliche, sondern verkehrte sie ins Unmenschliche und Böse. Der Slogan einer permissiven Gesellschaft, make love not war, lautete für ihn: make war not love.

Nein, zu schwulen Handlungen ließ sich Hitler nicht hinreißen. Er fühlte sich davon abgestoßen und »sublimierte« seine Triebe. Doch welch schreckliche Sublimierung. Paraden, Krieg und millionenfacher Tod an Stelle der banalen, gewöhnlichen Formen der Sexualität; rastloses Arbeiten bis zur Erschöpfung mit dem einzigen Ziel von Vernichtung und Zerstörung.

Mit seiner verdrängten Sexualität entsprach Hitler ebenso dem Zeitgeist wie mit seiner eidetischen Veranlagung dem Vor-Computer-Zeitalter. Mit einem offenen Bekenntnis zur Homosexualität wie Röhm hätte er weder bei der Machtelite noch bei den Massen eine Chance gehabt. Aber auch eine zu strikte Sinnenfeindlichkeit, wie sie die katholische Kirche und die Zentrumspartei vertraten, entsprach nicht mehr der Zeit. Hitlers gebremste Frivolität war gefragt: »Sittsame Erotik« (Martin Broszat). Gegen die Softpornos wie die »Bäuerliche Venus« des Sepp Hilz oder die Gemälde des als »Reichsschamhaarmaler« verunglimpften Kunstpräsidenten Ziegler hatten die Volksgenossen nichts einzuwenden. Auch der leichte Hauch von Homosexualität, den viele Gliederungen der Partei verbreiteten, kam durchaus an. Allzu üppige Weiblichkeit wurde in grobe und schlichte Uniformen gesteckt wie bei den Arbeitsmaiden, in volkstümliche Dirndl beim Bund der Mädel, mit flachen Absätzen natürlich. Der höchste erlaubte Grad der Freizügigkeit war dem Werk Glaube und Schönheit vorbehalten. Hier durften sich die weiblichen Körper, im Turndreß Keulen schwingend und Reifen drehend, tänzerisch zeigen. Triebverzicht: Die triebenthemmten breiten Massen wurden im Nationalsozialismus an die prüden und leicht homoerotisch geprägten Sexualvorstellungen der Elite herangeführt.

4.2. Hitlers Frauenbild

Gepflegtes Haar

Hitler stemmte sich gegen den Zeitgeist, der Frauenemanzipation und Gleichberechtigung forderte. Linke Parteien hingegen unterstützten diese Tendenzen. Die Frau der neuen Generation fühle sich durch ihre Leistungen im Beruf und im Sport den Männern gleichwertig, stellte Judith Grünfeld 1929 in einer Beilage zum sozialdemokratischen »Vorwärts« fest. Auch die Mode der zwanziger Jahre verwischte die konventionellen Unterscheidungen zwischen Mann und Frau, die nun in Hosenanzug und Krawatte auftrat. Selbst in der Frisur glichen sich die Damen, nicht unbedingt zum Ergötzen der Konservativen, mit ihrem Bubikopf dem Kurzhaarschnitt der Männer an.

Doch bei den Nazis war die Männerwelt noch in Ordnung. Frauen hatten in der Politik nichts zu suchen, sie waren für die Kinder und das Heim zuständig. »Ein hübsches Kocherl (Küchenmädchen) ist mir sympathischer als eine politisierende Dame«, erklärte Hitler dezidiert am 2. September 1942. »Zwei der größten männlichen Akte der Geschichte aber heißen Staat und Ehe«, philosophierte der Partei-Ideologe Alfred Rosenberg. Staat und Volk seien das Ergebnis »des auf irgendeinen Zweck zielstrebig eingestellten Männerbundes«. Unter den alten Kämpfern gab es kaum Frauen. Die NSDAP war ursprünglich eine reine Männerangelegenheit. Speer sprach sogar von einer »traditionell frauenfeindlichen Bewegung«. Selbst Familie war nicht gefragt. »Meine entschiedensten Anhänger sollen keine Ehemänner sein«, meinte

Hitler 1923. »Kein Familienvater taugt für Straßenkämpfe.« Beim Marsch auf die Feldherrnhalle hatte man für Frauen wenig Verwendung.

Eleonore Baur, die sich »Schwester Pia« nannte, eine fanatische Anhängerin Hitlers, nahm allerdings daran teil, kümmerte sich um Verwundete und wurde als einzige Frau mit dem Blutorden dekoriert. Doch Hitler beachtete die Abenteurerin kaum, die nie eine Ausbildung als Krankenschwester erhalten hatte. Sie durfte ihn allenfalls auf Picknick-Ausflüge begleiten. Die NSDAP hatte keine weiblichen Abgeordneten im Reichstag. Einer frühen Anhängerin, der Nervenärztin Dr. Mathilde von Kemnitz, verwehrte Hitler, Reichstagsmitglied zu werden. 99 Prozent der Beratungsgegenstände seien Männerdinge, die sie nicht beurteilen könne. »1936 entschied Hitler, daß Frauen, die ein Jurastudium absolviert hatten, weder Richterinnen noch Staatsanwältinnen werden durften, und 1937 wurden Frauen von den höchsten Ämtern im öffentlichen Dienst ausgeschlossen... Nur 10 Prozent der jährlich zugelassenen 15 000 Studienanfänger durften weiblich sein«. In die SA und in die SS wurden keine Frauen aufgenommen. Die Reichsfrauenführerin Gertrud Scholtz-Klink nahm Hitler so wenig wichtig, daß sie im Januar 1938 zugab, es sei ihr bisher nicht gelungen, mit dem Führer einmal persönlich die Aufgabengebiete der Frau durchzusprechen.

Für Frauen war in der nationalsozialistischen Gesellschaft ein fester Platz vorgesehen, der die Vorherrschaft der Männer nicht antasten durfte. Der völkische Staat, so Hitler 1934 in »Mein Kampf«, sehe sein Menschheitsideal »in der trotzigen Verkörperung männlicher Kraft und in Weibern, die wieder Männer zur Welt zu bringen vermögen«. Hitler vertrat eine »auf optimales Gebären abzielende Frauenpolitik«. Die Frau sei, so Hitler im März 1932, »Geschlechts- und Arbeitsgenossin des Mannes«.

Über die Erziehung der Knaben ließ sich Hitler in seinem Buch seitenlang »mit wachsender Beredsamkeit« aus. »Über die Erziehung der Mädchen verlor er gerade zwei Sätze. Ihr Ziel, lautete die lapidare Botschaft, habe ›unverrückbar die kommende Mutter zu sein‹.«

»Nach dem Wunsch des Führers... sollen die Frauen Frauen

bleiben in ihrem Wesen und ihrem ganzen Leben, so wie er auch will, daß die Männer Männer bleiben sollen«, erläuterte die Landesführerin der Wiener NS-Frauenschaft am 13. März 1938 im Rundfunk. Krankenschwester, Kindergärtnerin und Sozialhelferin galten als »wesensgemäße« Berufe der Frau. »Wir sind bereit zu kämpfen, doch wenn wir verwundet sind, müßt ihr uns pflegen«, rief er der NS-Frauenschaft auf dem Reichsparteitag 1935 zu. Allenfalls konnten Frauen noch einen weiteren dienenden Beruf ausüben, der nach Hitlers Ansicht unmännlich war. Am 8. Februar 1939 schrieb Martin Bormann, damals stellvertretender Leiter der Parteikanzlei, an Robert Ley, den Leiter der Deutschen Arbeitsfront: »Zu Ihrer Unterrichtung teile ich Ihnen mit, daß der Führer, soweit irgend möglich, die Bedienung durch Kellner in allen Gaststätten abgeschafft wissen will. Die Tätigkeit eines Kellners ist nach Auffassung des Führers nicht die richtige Arbeit für einen Mann, sondern vielmehr die gegebene Arbeit für Frauen und Mädchen.«

Die Hitlerjugend war ursprünglich nur für Buben oder Jünglinge vorgesehen. »Von organisierten Frauen hielt Hitler nichts. 1932 marschierten auf dem Reichsjugendtag in Potsdam zum ersten Mal 10000 Hitlerjungen an Hitler und Schirach vorbei. An die Jungen schlossen sich Tausende von Mädchen an. Mädchen in Dirndlkleidern, in Rock und Bluse, in Phantasieuniformen. ›Schirach, was haben Sie mir angetan‹, sagte Hitler nach der Parade zum Jugendführer.« Im August 1927 wurde einem Zug von Frauen in selbstgeschneiderter Naziklutt verweigert, während des Nürnberger Parteitags zu defilieren.

Ähnliche Tendenzen waren damals auch in anderen Jugendbünden durchaus üblich. Hans Bühler entdeckte beim Wandervogel homoerotische Neigungen, Ablehnung der Frau und Lob des gleichgeschlechtlichen Eros. »Die deutsche Wandervogel-Bewegung war der deutlichste und reinste Ausdruck, den die Inversion im deutschen Volke gehabt hat.«

Hitler wandte sich scharf gegen jede Trennung von Schichten und Konfessionen. »Was das vergangene System an der Jugend gesündigt habe, das sei ihm durch einen Bericht über die Verhältnisse in Baden besonders vor Augen geführt worden.« Dort habe

Frauenbilder

Auf einem BDM-Werbeplakat aus dem Jahre 1933 (rechts) paraphrasierte der Graphiker Ludwig Hohlwein Eugène Delacroix' revolutionäre Ikone »Die Freiheit führt das Volk« (links). Die Gemeinsamkeiten und vor allem die Unterschiede der Darstellung werfen ein Schlaglicht auf das Frauenbild der Nazis. Sowohl Marianne auf der Barrikade wie das Nazimädel bei einem geordneten Aufmarsch halten die Fahne in der Hand; Marianne entschlossen vorwärtsstürmend, ihre deutsche Geschlechtsgenossin jedoch in einer abwartenden, passiveren Pose, nicht auf eigene Faust handelnd, sondern eher der Stimme des Führers lauschend, der den Weg vorgibt, dem man dann begeistert und diszipliniert folgen wird. Die junge deutsche Dame führt in der Linken auch keineswegs ein Gewehr mit: Flintenweiber waren den Nazis verhaßt, selbst in der Endphase des Krieges lehnte es Hitler ab, Frauen zu den Waffen zu rufen.

BUND
DEUTSCHER
MÄDEL
IN DER
HITLER
JUGEND

*Das Nazimädel wird, was Wunder, als Blondine dargestellt, es strömt
keine kriegerische Entschlossenheit aus, die andere mitreißen soll, sondern ist mit seinen leuchtenden Zähnen, dem wohlgekämmten Haar und
dem stolz erhobenen Haupt eher eine Werbung für die Volksgesundheit.
Von Barbusigkeit ist keine Rede. Hochgeschlossen und ohne jede Betonung weiblicher Rundungen zeigt sich die deutsche Frau.*

»es in den Schulen konfessionell getrennte Aborte, also solche für evangelische und solche für katholische Kinder gegeben«. Doch um so strenger sah Hitler auf eine Trennung der Rassen und auch auf eine Trennung der Geschlechter. Für die Frauen wurden jeweils völlig verschiedene Organisationen geschaffen: der Bund Deutscher Mädel (BDM), das Werk Glaube und Schönheit, die NS-Frauenschaft. Ob Hitler hier die Gebote der Schicklichkeit einhalten wollte, die er in seiner katholischen Jugend kennengelernt hatte, sei dahingestellt. In der Kirche gab es jedenfalls zu seiner Zeit eine Seite (die rechte), auf der die Männer saßen, während die Frauen auf der linken Seite Platz zu nehmen hatten.

Frauen wurden von Hitler nur sehr zögerlich und nie vollständig in den Krieg einbezogen. In Deutschland werde »keine weibliche Handgranatenwerferinnen-Abteilung gebildet und kein weibliches Scharfschützenkorps«, erklärte er kategorisch schon am 13. September 1936 auf dem Reichsparteitag. Als Goebbels ihm 1945 die Aufstellung von weiblichen Verbänden vorschlug, widersprach er zwar nicht, aber verwirklicht wurde diese Idee nie. Speer interpretierte Hitlers Zurückhaltung, Frauen zum totalen Krieg zu verpflichten, mit dessen Hang zu österreichischer Höflichkeit.

Eva Braun sprach auf dem Berghof zu Ostern 1943 den Gauleiter von Wien an: »Sie, Herr von Schirach, das ist dem Führer fei gar nicht recht, daß Sie in Wien die Dauerwelle verboten haben.« Tatsächlich wurde die Schließung der Damenfriseure, die als Sparmaßnahme im Reich verordnet worden war, auf Hitlers Befehl rückgängig gemacht. Eva hatte dem »Chef« klargemacht, daß tapfere Soldaten wenigstens Frauen mit gepflegten Haaren haben sollten.

Allzu rigorose Sparmaßnahmen, die die deutsche Bevölkerung gegen ihn aufbringen und so möglicherweise zu Unruhen und Meutereien führen konnten wie am Ende des Ersten Weltkriegs, scheute Hitler. Außerdem paßten in seinem patriarchalischen Weltbild Frauen überhaupt nicht an die Front. Sie waren von der Natur nicht dazu ausersehen, an einer heiligen Männersache wie dem Krieg unmittelbar beteiligt zu werden. Weibliche Soldaten (»Flintenweiber«) stören das homoerotisch gefärbte männliche

Selbstbild. Sollte es sich hier um eine eingefleischte deutsche Tradition handeln, um einen sexuellen Sonderweg? Jedenfalls lehnt die Bundeswehr als eine der wenigen modernen Armeen den Dienst mit der Waffe bei Frauen ab.

Wenn Hitler Ansprachen an die Deutschen hielt, dann lautete die Anrede »Deutsche Volksgenossen und Volksgenossinnen«. Vor dem Nationalclub in Hamburg sagte er am 28. Februar 1926 ganz deutlich: »Eine politische Versammlung eröffnet man nicht mit dem Gruß der Damen. Erst kommen die Männer, dann die Frauen. Am wenigsten wirkt das bei den Frauen selbst.« Zuerst die Frauen anzureden, wie dies heute bei den Rednern aller Parteien üblich ist, fiel erst General de Gaulle ein, der in französischer Courtoisie den Damen den Vortritt gab: »Françaises et Français«.

Feministinnen dürften an Hitlers Frauenbild viel auszusetzen haben. Bei einer Rede vor der NS-Frauenschaft am 8. September 1934 bemerkte er: »Das Wort von der Frauenemanzipation ist nur ein vom jüdischen Intellekt erfundenes Wort, und der Inhalt ist von demselben Geist geprägt.« Er zeigte in seinen Ansichten nicht nur die volle Ausbildung eines patriarchalen Weltbilds, sondern erweiterte dieses mit einigen typischen Merkmalen des Machismus. Dem deutschen Manne müsse man eine ganz harte Erziehung mitgeben, gleichzeitig aber eine gesunde Lebensfreude ermöglichen. Wenn der deutsche Mann als Soldat bereit sein solle, bedingungslos zu sterben, dann müsse er auch die Freiheit haben, bedingungslos zu lieben. Kampf und Liebe gehörten nun einmal zusammen. Der Spießer, der daran herumnörgele, solle froh sein, wenn er das bekomme, was übrigbleibe.

Im Juli 1939 gab es einige Aufregung um das recht freizügige Bild »Leda und der Schwan« des Malers Padua, das Hitler vor Ausstellungsbeginn im Haus der Deutschen Kunst unter den abgelehnten Werken entdeckte. Er befahl, das Gemälde auszustellen, und begründete dies damit, das ganze Bild atme eben Kraft, und es sei die Kraft des Männlichen gegenüber der sich beugenden Frau – und so solle es im Leben sein. »Eine Frau will einen Mann und keinen Hampelmann.«

Die Nürnberger Gesetze »zum Schutze des deutschen Blutes und der deutschen Ehre« bedrohten bei außerehelichem Ge-

Paul Mathias Padua: Leda mit dem Schwan

Große Deutsche Kunstausstellung. Haus der Deutschen Kunst 1939

Die Presse sollte keineswegs »das hervorragende Bild Paduas zum Anlaß für eine negative Diskussion nehmen«. Schließlich kaufte Hitler das umstrittene Gemälde für seinen Berghof.

Die Darstellung, bei der sich die schöne Frau als willenloses Opfer einer Vergewaltigung durch ein wildes Tier hingibt, entsprach dem faschistischen Frauenbild. Hitlers Frauen-Philosophie: Eine Frau will einen Mann und keinen Hampelmann!

schlechtsverkehr nicht die beteiligte Frau, sondern nur den Mann, ob Jude oder Arier, je nach den Umständen mit Gefängnis oder Zuchthaus. »Hitler hing mit dogmatischer Strenge der Überzeugung an, daß die weibliche Natur – vor allem in sexuellen Beziehungen – passiv sei, unfähig zu verantwortlichem Handeln.«

Mutig und stramm, straff und kräftig sollte der Mann nach Hitlers Auffassung sein. Als im Jahre 1938 nach dem Anschluß Österreichs ein Bataillon Kaiserjäger im Präsentierschritt, der in der herkömmlichen lässig geschmeidigen Form, mit leicht vorgebeugtem Kopf ausgeführt wurde, an Hitler vorbeimarschierte, bekundete dieser sein Mißfallen und befahl die Einführung des preußischen Parademarsches, bei dem die Beine kräftig hochgeschmissen wurden. Die verweichlichten Gesellschaftstänze, dieses »Geschnackel«, lehnte er ab. »Der Czárdas ist etwas Schönes«, schwärmte er dagegen in seinem Hauptquartier »Werwolf« am 4. September 1942, »er ist auch für den Mann ein schöner Tanz, genauso wie der Schuhplattler; während ich Gesellschaftstänze als etwas maßlos Weibliches empfinde.«

Hier befand sich Hitler in bester faschistischer Tradition. »Lando Feretti, ein überzeugter Aktivist der faschistischen Jugend- und Sportbewegung, rief sogar zum Verbot von Tanzveranstaltungen auf, ›die nichts gemeinsam haben mit hellenistischer Schönheit‹.«

Am Tanz schieden sich die Geister. »Die Tänze der Wandervögel, Reigen, Hüpfen und Volkstanz, über die die Mädchen Eingang in das Leben der Jugendgruppen fanden, sollten jeder Erotik entbehren. Heilgymnastik, Sport und Volkstanz sahen viele Zeitgenossen als gleichermaßen wirksame Mittel an, Herr über den eigenen Körper zu werden und sich sexueller Versuchungen zu erwehren… Der Volkstanz wurde als sexuelle Diätetik dem Tanz zu moderner Jazzmusik aus den USA entgegengestellt«. (U. Geuter) Neben dem Jazz galt der Tango als besonders abstoßende Blüte der Asphaltkultur, die sich in den ungesunden Städten weltweit verbreitete.

Wenn Frauen Lippenstift benutzten (was auch Eva Braun manchmal tat), pflegte Hitler sich darüber zu mokieren. Auch hohe Absätze mißfielen ihm bei Eva, worum sie sich wenig küm-

Parademarsch, Parademarsch!

Hitler genoß diese zackige Form des Männer-Auftritts, ebenso wie er den Schuhplattler als typisch männlichen Tanz schätzte. Anläßlich seines 50. Geburtstages nahm er am 20. April 1939 die Parade der Wehrmacht auf der Ost-West-Achse in Berlin ab. Anschließend rief er die höchsten Militärs zusammen und erklärte ihnen, daß er zum Krieg fest entschlossen sei.

merte. Modische Freizügigkeit bei der Frauenbekleidung lehnte Hitler kategorisch ab. Er habe, so erzählte er voller Stolz, die sich zur Diskussion meldenden Frauen aus dem marxistischen Lager stets in der Weise abgefertigt, »daß er sie durch den Hinweis auf Löcher in den Strümpfen oder durch die Behauptung, ihre Kinder seien vorlaut, lächerlich gemacht habe«.

Reminiszenzen aus der Zeit, als er vergeblich versuchte, an der Kunstakademie zu studieren, fließen wohl in seine Aversionen vor einem bestimmten Frauentyp ein. »Am schlimmsten sind die Malweiber, die gar nichts auf sich geben und nicht auf sich sehen.« Und er dozierte: »Wenn eine Frau sich schönmacht, dann wird ihr Eifer oft beflügelt von einer geheimen Freude, eine andere zu ärgern... Die Frauen haben da eine Fähigkeit, die uns Männern abgeht: der Freundin einen Kuß zu geben und sie gleichzeitig mit einer Nadel zu stechen.« Eifersucht war in Hitlers Augen eine typisch weibliche Eigenschaft. »Die mildeste Frau kann eine Bestie werden, wenn eine andere ihr den Freund oder den Mann wegnimmt... Wenn eine Frau in den Sachen des Daseins zu denken beginnt, das ist schlimm. Ah, da können sie einem auf die Nerven gehen.«

Hitlers Auffassung, die den Frauen nicht zutraute, über metaphysische Fragen mitzureden, dürfte ein Nachplappern der misogynen Ansichten Schopenhauers sein. Hitler schätzte diesen Philosophen. Er konnte lange Passagen aus dem Kopf zitieren. Schopenhauer war für Hitler ein Beispiel für die Höchstentwicklung des Menschengeschlechts. »Der Menschenaffe«, so meinte er, »unterscheidet sich vom niedrigstehenden Menschen weniger als ein solcher Mensch von einem Kopf wie beispielsweise Schopenhauer.«

Eine Paraphrase über den Gedanken Schopenhauers von der Frau als einem »Knalleffekt der Natur« scheint folgende Bemerkung zu sein: »Es gibt auch Frauen, die sind wahnsinnig auf sich aus, bis sie einen Mann haben. Erst kämpfen sie um halbe Pfunde, wenn sie ihn haben, macht ein halber Zentner nichts aus.«

Frauen waren nur unwichtige Mosaiksteine in Hitlers nationalistisch und homoerotisch gefärbten Weltbild. Von Würde oder auch nur der Eigenständigkeit der weiblichen Persönlichkeit war nicht die Rede. Selbst die Errichtung von Harems im Abendland war für Hitler keine absonderliche Idee, sofern dies nur den nationalistischen Zielen diente. Bei seinen Tischgesprächen schwadronierte er: »Nach dem Dreißigjährigen Krieg wurde weithin die Vielweiberei gestattet. Durch das illegitime Kind ist die Nation wieder in die Höhe gekommen... Ein Mädchen, das ein (lediges) Kind hat und dafür sorgt, ist für mich einer alten Jungfer überlegen.« Möglicherweise dachte Hitler bei seinen Haremsphantasien an die Lektüre seiner Wiener Jugendzeit. Da begeisterte er sich an den Aufzuchtsideen der Nordischen Bewegung und den Utopien des Lanz von Liebenfels, der Blonde und Blauäugige auf rassenhygienischer Basis züchten wollte. Willibald Hentschel, ein Gesinnungsgenosse, wollte dieses Ziel der Erneuerung der germanischen Rasse durch sein Mittgart-Programm erreichen. In ländlichen Zuchtgemeinschaften von 1000 Frauen und 100 Männern sollte die Monogamie durch eine polygyne Ordnung ersetzt werden.

Möglicherweise dachte Hitler aber nur an seine eigene Großmutter und die illegitime Geburt seines Vaters. Jedenfalls war er strikt gegen Abtreibungen. Hier gehen wahrscheinlich Relikte religiöser Vorstellungen aus dem katholisch-bäuerlichen Milieu des niederösterreichischen Waldviertels einher mit rassenbiologischen Stereotypen. »Er unterstützte es deshalb, daß Himmler 1936 die SS-Organisation ›Lebensborn e.V.‹ schuf, die gesunde ledige Mütter vor den Gefahren der Abtreibung bewahren sollte.«

Eine falsche Einschätzung der diktatorischen Sinnesfeindlichkeit im Nazi-Regime führte zu einer ganz unzutreffenden Deutung der SS-Organisation Lebensborn. Diese betrieb eher eine Art von Entbindungsheimen für ledige Mütter als Zuchtanstalten, in denen ausgesuchte Männer und Frauen zur Zeugung von reinrassigen Ariern verkuppelt wurden, und schon gar keine bordellartige Institution, wie dies eine sensationslüsterne Presse nach

Sepp Hilz: Bäuerliche Venus

Haus der Kunst 1936
Frauen wurden im Dritten Reich nicht nur als Mütter vieler blonder Kinder dargestellt, sondern auch als Objekte uneingeschränkter Verfügbarkeit für den Mann. »Klinisch reine, nordische Schönheiten bieten dem Betrachter in willenloser Ergebenheit ihre ›Bestformen‹ feil. Trotz Hervorzeigen nackter Tatsachen sind sie sterile, unerotische Geschöpfe« (Gabriele Huster). Das nackte Dirndl, das sich gerade zu Bett begibt (oben), zeigt allerdings durchaus alpinen Charme.

dem Krieg immer wieder behauptete. Es ging um Rasse und Blut und nicht um das heterosexuelle Vergnügen, das Hitler kaum schätzte. Die Welt des Bordells gehörte in seinen Augen eher zur Sphäre des jüdischen Untermenschen. Derartige Etablissements wurden von den Nazis betrieben, um ausländische Diplomaten beim Bettgeflüster zu belauschen (»Salon Kitty«) und als Belohnung für besonders arbeitsame Häftlinge in Konzentrationslagern. Ein eigenartiges knäbisches Interesse am Thema der Prostitution konnte der verklemmte Hitler allerdings nicht verbergen. Bei einem Ausflug ins Wiener Dirnenviertel im Jahr 1908, den Hitler mit seinem Freund Kubizek unternahm, konnten die jungen Männer von der Straße aus das Treiben der Frauen in ihren Zimmern wenigstens andeutungsweise wahrnehmen. Eine zog sich das Hemd aus, eine andere »machte sich an ihren Strümpfen zu schaffen und zeigte ihre nackten Beine«. Adolf wurde von diesen Bildern eher abgestoßen. Er erboste sich über »die Verführungskünste der Damen«.

Nicht weniger als dreizehn Seiten seines Buches »Mein Kampf« widmete Hitler den Themen Prostitution und Syphilis. Die Prostitution, so dozierte er, sei eine Schmach, eine »Schande der Menschheit«, und die Bekämpfung der Syphilis sei nicht nur eine von vielen, sondern die Aufgabe der Nation.

Selbst in den entscheidenden Wochen des Rußlandfeldzuges erlosch Hitlers Interesse an diesem faszinierenden Thema nicht. Am 16. Mai 1942 schimpfte er über die diplomatischen Vertreter beim Völkerbund in Genf, die ihren Lebenszweck »in der freien Liebe gesehen hätten... Ganz wie etwa beim Konzil von Konstanz anderthalbtausend ›gelüstige Fräuleins‹ zur Unterhaltung der hohen kirchlichen Würdenträger zusammengeströmt seien, hätten sich auch bei den Genfer Tagungen ganze Schwärme von Kurtisanen eingefunden.«

Tänzerinnen, so Hitler am 20. Mai 1942, hätten früher kaum siebzig bis achtzig Mark monatlich verdient. »Man habe die armen Geschöpfe so gezwungen, auf die Straße zu gehen, um existieren zu können, und das Theater sei so zu einem mit einem schönen Namen versehenen Bordell geworden.«

Hitler begrüßte, »daß sich der blutauffrischende Einfluß der SS in Berchtesgaden in anerkennenswerter Weise bemerkbar mache. Aufgrund der starken Abwanderung der guten Bevölkerungselemente dieser Gegend habe er seinerzeit beim Ausbau seines Berghofs einen Bevölkerungsmischmasch vorgefunden, dessen Auffrischung ihm dringend am Herzen gelegen habe... Er freue sich deshalb, daß gerade SS-Elite-Truppen wie die Leibstandarte ihre Verpflichtung, Kinder in die Welt zu setzen, als völkische Verpflichtung betrachteten«.

Dem Admiral Krancke machte Hitler den scherzhaften Vorschlag, den Hafenurlaub der Matrosen zu verlängern, da die üblichen drei Stunden Landgang für die völkischen Zwecke wohl etwas zu kurz bemessen seien. Seine bezeichnende Einschätzung des Sexualverkehrs wurde hier sehr deutlich: kein Hauch von Zärtlichkeit. Es klang ein wenig wie: Augen zu und durch. Weder von Vergnügen noch gar von Liebe oder Lust war die Rede. So war Hitler: Heterosexualität nur dann, wenn es unbedingt nötig war. Heinrich Mann karikierte diese im Wilhelminischen Deutschland vorkommende Geisteshaltung in seinem Roman »Der Untertan« von 1918. Der Held, Diederich Heßling, ging in die Hochzeitsnacht mit dem Gedanken an die patriotische Pflicht, dem Kaiser Soldaten zu zeugen.

Am 21. August 1942 drehten sich Hitlers Männerphantasien um die Jungfräulichkeit. »Es ist eigenartig«, sinnierte er, »Sauckel, der für die Zwangsverpflichtung der Ostarbeiter zuständige Minister, hat mir erzählt: Die Mädel, die aus dem Osten geholt werden, werden alle ärztlich untersucht. Es hat sich herausgestellt, daß 25 Prozent gänzlich unberührt sind! Das würde in Oberbayern nicht der Fall sein.« Dort habe es die bevölkerungspolitisch sehr sinnvolle Institution des (auch kirchlich geduldeten) vorehelichen Beischlafs gegeben. Von den jungen Burschen habe es geheißen: »Es geht auf die Probier!«

Hitlers knäbisches Interesse richtete sich dann auf andere frivole kirchliche Bräuche, die in den Alpenländern üblich waren: »... nicht zu vergessen die Wallfahrten, wo irgendwo übernachtet wird.« Auch hinter anderen Ritualen witterte er Anzügliches. »Die Beichte hat etwas für sich! Die Frau hat das Vergnügen, daß sie sich wieder ausleben kann, und der Pfaffe hat das Vergnügen, daß er die ganze Geschichte hört…« Die Maiandacht sei nichts anderes gewesen als eine Gelegenheit, das anschließende Fensterln zu verabreden. Und er gab sich als Frauenkenner, der auch mit den intimen Wäschedetails des weiblichen Geschlechtes vertraut war: »Sicher hat ein Bauernmädel, besonders wenn es von einem besseren Bauern gewesen ist, mindestens sechs Unterröcke gehabt, je mehr, desto besser.«

Und er wußte: »Es ist falsch, wenn man sich einbildet, daß eine unberührt besonders gesucht ist… Das Köstliche ist, wenn von der Kanzel verlesen wird, daß die christliche Jungfrau Kreszenzia in den heiligen Ehestand getreten ist, dann feixen sich unten fünf, sechs Burschen an, die die christliche Jungfrau in- und auswendig kennen.«

Nicht nur den Pfarrköchinnen galten seine einschlägigen Gedanken (die katholische Landbevölkerung begrüßte es geradezu, wenn sich die Priester mit ihnen einließen), auch über die Frauen der bei ihm akkreditierten Diplomaten machte sich Hitler am 16. August 1942 seine höchst eigenwilligen Vorstellungen, die wieder auf den Grundsatz »Ach wie so trügerisch sind Weiberherzen!« hinausliefen. »In diesem diplomatischen Korps, da waren doch Erscheinungen! Der Holländer hatte eine sehr schöne junge Frau. Er kannte nur die Sorge, auf sein Täubchen aufzupassen; sprach einer mit ihr, so wurde er immer ganz nervös, während der Rumäne da großzügig war. Der sagte sich, bei den Hunderten von Seitensprüngen kommt es auf das auch nicht an! Sie hat 16 Stunden pro Tag geschlafen und hat so jung ausgeschaut… Dann war da noch eine königliche Hoheit, ägyptische Prinzessin, die von Iran. Ein wirklich schönes Frauenzimmer. Sie nahm Malstunden und hat immer einen neuen Lehrer gehabt.«

4.3. Persönlicher Umgang mit Frauen

Distanz

Hitler unterschied sich deutlich von seinen politischen Vorbildern, den Faschisten und vor allem von seinem Freund Benito Mussolini. Gewalttätigkeit gegenüber Frauen gehörte zum Stil der Faschistenführer, und in Mussolinis privaten Äußerungen und öffentlichen Reden finden sich wiederholt Metaphern aus der Genitalsphäre. In seiner Autobiographie beschreibt der Duce Details aus seinem Umgang mit Frauen: »Ich erwischte sie auf der Treppe, warf sie in eine Ecke und machte mich über sie her.« Nicht so der nach außen korrekte Beamtensohn. Hitler gab sich Mühe, bei Frauen einen guten Eindruck zu machen. Er war im persönlichen Umgang mit Frauen meist charmant, oft etwas übertrieben höflich. In die Reichskanzlei wurden vornehmlich verheiratete Damen eingeladen. »Hitler beachtete diese Regel, um Gerüchte zu vermeiden... Diesen Frauen gegenüber benahm Hitler sich wie etwa der Absolvent einer Tanzschule beim Abschlußball. Auch hier kam eine schüchterne Emsigkeit zum Vorschein, nichts falsch zu machen...«

Wenn man ihm eine sexuelle Beziehung zu einer attraktiven Frau zutraute, so schmeichelte dies Hitlers männlicher Eitelkeit keineswegs. Er war vielmehr empört. Rudolf Diels, der erste Chef der Gestapo, berichtete eine Episode aus dem Jahre 1933. »Eines Tages ließ er mich kommen, um mir mit glühender Empörung eine Emigranten-Zeitschrift vorzuhalten, in der sich Bildreportagen befanden, auf denen er halbbekleidet, seine ›Freundin‹ Riefenstahl auf dem Schoß, ein Sektglas in der Hand, dargestellt war. Er war außer sich, obwohl die plumpe Photomontage erkennbar war.«

Sogar seine Sekretärinnen begrüßte Hitler manchmal mit Handkuß. Allerdings erwartete er von ihnen eine bedingungslose Hingabe an ihre Arbeit. Ohne Rücksicht auf ihre eigenen Pläne mußten sie ihm Tag und Nacht zur Verfügung stehen, wie er gerade Laune hatte. Meistens nachts, weil er dann die besten Ideen zu haben glaubte. Seine treue Sekretärin Christa Schroeder berichtete, wie sie oft wochenlang in ihrem Treppenzimmer warten

Eine Seefahrt, die ist lustig

Auf der KdF-Dampfern ging es hoch her. Bormann wurde in einer Kabine in flagranti mit der Ehefrau eines hohen Nazis überrascht. Doch Hitler ließ sich auf der einzigen Urlaubsreise seines Lebens Anfang April 1939 von den in Griffnähe (freilich züchtig geschlossenen) Knien der attraktiven Inga Ley nicht verführen. Eher griesgrämig, wohl über den »Fall Weiß«, seinen Angriff auf Polen, nachdenkend, zeigt er sich auf seinem Deckchair wenig flirtbereit.

mußte, bis es dem hohen Chef plötzlich einfiel, sie zu einem stundenlangen Diktat zu rufen. »Einmal wurde ich durch Funk im Zug auf dem Weg nach Hamburg aufgefordert, sofort mit dem nächsten Zug nach Berlin zurückzukommen… Auch Kuraufenthalte mußte ich mehrfach unterbrechen, oft nur wegen eines Diktates bei Hitler.« Seine Sekretärinnen hätten so gut wie keine persönliche Freiheit gehabt, stellte Frau Schroeder fest.

Den männlichen Mitarbeitern, die in seiner Gunst standen, ging es kaum anders. Hitler erwies sich als ein rücksichtslos fordernder Dienstherr: »… trotz meines hektischen Arbeitsrhythmus mußte ich ihm, wann immer er nach mir verlangte, zur Verfügung stehen… ich mußte dann alles liegen und stehen lassen und sofort ein Flugzeug auftreiben, das mich zu Hitler brachte«, erinnerte sich Albert Speer. Hitlers Ansprüche an Zuneigung und Hingabe waren, wenn man so will, bisexuell – oder unabhängig vom Geschlecht.

Der distanzierte, aber freundliche Umgang mit Frauen fiel Hitler besonders dann leicht, wenn diese beträchtlich älter waren. Hitler hatte eine ganze Reihe von mütterlichen Freundinnen, die ihm bei seiner Karriere halfen: Frau Hoffmann etwa, die Witwe eines Münchner Gymnasialprofessors, die ihn in der Kampfzeit förderte und ihn in ihrer Villa in Solln durchfütterte, oder Frau Bechstein, die Frau des Klavierfabrikanten, die ihn beim Kauf seines Ferienhauses Wachenfeld in Berchtesgaden unterstützte, ihm seinen ersten Hund nach dem Kriege schenkte und bekannte, sie hätte gern so einen Sohn wie Hitler gehabt. Besondere Förderung erfuhr Hitler aber durch Frau Elsa Bruckmann, die Frau des Münchner Verlegers, einer geborenen Prinzessin Cantaqucene aus Rumänien. Sie war »klein und graziös« und »führte einen berühmten Salon im Haus Leopoldstraße 10… Die Verlegersgattin besorgte Hitler die originalen hellen englischen Offiziersmäntel (bei der Firma van Hees), die zu einer Art Uniform für ihn wurden. Auch die Nilpferdpeitsche, die mit einem Karabinerhaken versehen als kurze Hundeleine diente, stammte von Elsa Bruckmann. In den silbernen Knopf war ›E. B.‹ graviert. Oft rieb Hitler den Silberknopf in seiner Handfläche«. Frau Bruckmann brachte Hitler den Handkuß bei, und wenn es Hummer oder Artischocken gab, bat er: »Gnädige Frau, zeigen Sie mir bitte, wie man das ißt.« Als Kind hatte die charmante Frau Pocken gehabt, deshalb war ihr Gesicht durch Narben entstellt. Aus diesem Grunde begannen ihre Einladungen erst in der Dämmerung, meist am Donnerstag um fünf Uhr abends. Dabei saß die Gastgeberin neben abgedunkelten Lampen. Hitler war der Meinung, daß ihr Verstand und ihre Liebenswürdigkeit die Narben vergessen ließen.

In Berlin verkehrte Hitler im Salon der Viktoria von Dirksen, die eine Verbindung des mächtigen Politikers mit ihrer jungen Verwandten Siegrid von Laffert wohl nicht ungerne gesehen hätte. Laut Picker hatte Graf Ciano die mögliche Kandidatin so beschrieben: »Sie hatte zwei klare Augen, ein regelmäßiges Gesicht, einen wundervollen Körper, einen reizenden Busen, zwei lange Beine, den kleinsten Mund der Welt und schminkte sich nie.« Trotz dieser Vorzüge dachte Hitler nie daran, sich näher mit ihr zu liieren. Die hübsche Frau, die einmal auf dem Titelbild der »Berliner Illustrirten« zu sehen war, heiratete später einen Diplomaten in Paris.

Wenn Frauen allzu engen Kontakt mit ihm wollten, ergriff Hitler die Flucht. Er beschwerte sich schließlich, er würde in den Salons »wie ein Affe« ausgestellt.

Attraktion

Wie ist Hitlers große Wirkung auf Frauen zu erklären? Was gefiel den Damen an diesem eigenartigen Zeitgenossen? Eine Schönheit war er nicht. Wenn er nicht gerade feierlich vor aller Augen eine Freitreppe hochmarschierte, verfiel er leicht in einen watschelnden Gang. Der schweizerische Gesandte Frölicher meinte nach einem Besuch bei Hitler zu seiner Tochter, dieser besitze ein »Clownsgesicht«. Klaus Mann nannte ihn den »häßlichsten Mann der Welt«, fühlte sich von seiner fleischigen, gemeinen, ja obszönen Nase abgestoßen und verglich ihn mit einer gefräßigen Ratte. Sein Gesicht sei eine »Beleidigung der Menschheit«, urteilte Heinrich Mann. Auch dem italienischen Geschmack entsprach Hitler nicht. D'Annunzio nannte Hitler einen »Bauernlümmel mit unfeinem Gesicht«.

Viele Zeitgenossen sahen das aber anders. Hitler hatte die Attraktion des Stars, die wir auch bei anderen populären Politikern feststellen können, eine Attraktion, die bei Tennisspielern, Opernsängern, Dirigenten aber fast noch größer ist. »Hitler war einer der ersten Rockstars«, meinte David Bowie (1976). »Die Mädchen werden heiß und schwitzig, und die Kerle wünschen, das wären sie da oben.«

Wie Hitler jubelte ein dichtgedrängtes Publikum auch Elvis Presley zu. Einige Parallelen sind deutlich. Die Stimme faszinierte bei beiden, bei Hitler rieche sie »etwas nach Hosenboden«, urteilte Kurt Tucholsky 1933, »nach Mann, unappetitlich, aber sonst geht's«. Wie der schöne Adolf trat auch Elvis im Westman-Look auf, in einer eigentümlichen martialischen Phantasie-Uniform, die ihn vom grauen Alltag abhob. Beide Entertainer betonten das Leder ihrer Stiefel und versuchten, mit ihrem leicht fettigen, in die Stirn fallenden Haar zu imponieren. »Und Elvis war zeitweilig ernsthaft gehandelter Kandidat der Republikaner für die Nominierung zur Vizepräsidentschaft. Wirklich ernsthaft der Wunsch der frühen Sechziger: Elvis for President.«

Hitlers Macht ließ die Damen dahinschmelzen. Macht sei das größte Aphrodisiakum, meinte Henry Kissinger. Eva Braun schrieb einmal an ihre Freundin, sie könne es noch gar nicht fassen, mit dem mächtigsten Mann Deutschlands näher bekannt zu sein. Auch Hitlers finanzielle Möglichkeiten imponierten, sein pompöses Auftreten, seine großen Feste, seine Mercedes-Flotte. Hitler zeigte sich mit Geschenken nicht knauserig. In Eva Brauns Testament ist eine lange Liste ihres Schmuckes, den sie allerdings kaum trug, und ihrer Pelzmäntel angeführt.

Dann aber waren es Hitlers Augen, die faszinierten. Sie hatten die Farbe von »nassen Veilchen«, wie Henriette von Schirach feststellte. Madame Titayna, die Hitler im Auftrag von »Paris Soir« am 21. Januar 1936 interviewte, war »erstaunt und überrascht vom Blau seiner Augen, die auf Photographien so aussehen, als ob sie braun wären. Ich bemerkte, daß er überhaupt ganz anders aussieht als auf Bildern, und ich ziehe die Wirklichkeit vor«. Andere Damen bewunderten seine eher schmalen, gut gegliederten »Künstlerhände«. Eugen Hadamovsky, der Leiter der Rundfunkübertragungen von Hitlers Reden, konnte diesen häufig aus der Nähe betrachten und schwärmte:»Diese unendlich feingliedrige Hand mit den starken Knoten an den Fingerknöcheln, der wunderbaren Zeichnung der Adern und einem Linienwerk auf der Innenfläche, wie ich es so reich und vielfältig noch in der Hand keines Menschen gesehen habe.«

Martin Heidegger wurde von Hitlers Händen in ungewöhnlicher Weise fasziniert. Sein Dialog mit dem Existenzphilosophen Karl Jaspers zeigt, daß auch ein Philosophie-Professor bei der Beurteilung Hitlers die strengen Gesetze der Logik außer Kraft setzen konnte.»Wie soll ein so ungebildeter Mensch wie Hitler Deutschland regieren?« fragte Jaspers entgeistert Heidegger bei dessen letztem Besuch im Juni 1933. Heidegger darauf:»Bildung ist ganz gleichgültig... sehen Sie nur seine wunderbaren Hände an!«

Hitlers Hände fielen auch dem Hohen Kommissar des Völkerbundes für die Stadt Danzig, dem Schweizer Diplomaten C. J. Burckhardt, bei seinem ersten Besuch in der Berliner Reichskanzlei am 20. September 1937 auf.»Hitler, der während der ganzen Besprechung es vermeidet, seinem Gesprächspartner in die Augen zu blicken, hebt leicht eine erstaunlich weibliche Hand und legt sie dann auf die Armlehne seines Sessels.«

Hitlers Bindung an seine Halbschwester und seine Schwester war nicht sehr eng. Er bezeichnete beide als Gänse und kümmerte sich während seines Lebens nur sporadisch um sie. Die Jüngere lebte fast ohne Verbindung zu ihrem Bruder in Wien, die Ältere holte er nur einige Jahre zur Bewirtschaftung seines Berghofs, ließ sie dann aber bald fallen. Dem ihm sympathischen Bräutigam der Älteren wollte er sogar ausreden, seine Schwester zu heiraten. Von den spärlichen Begegnungen mit seiner jüngeren Schwester ist nur eine besser belegt. Als er Österreich ins Reich heimgeholt hatte, empfing er die kleine Paula stolz in seiner Suite im Hotel Imperial in Wien, unterhielt sich mit ihr und ließ ihr zum Abschluß einen Briefumschlag mit hundert Reichsmark aushändigen. Möglicherweise bekam sie nach Hitlers Tod noch einmal einhunderttausend Mark von seinem Adjutanten überreicht.

Wahrscheinlich ist Hitlers »Tschapperl«-Bild von den Frauen

eine familiendynamische Prägung aus seinem Umgang mit seiner kleinen Schwester. Im Leben hatte er eine ganze Reihe von eher flüchtigen Bekanntschaften mit oft viel jüngeren Damen. Sie scheinen keine tieferen Gefühle in Hitler erweckt zu haben.

Vergeblich wurde Hitler von Jenny Haug, der Schwester seines ersten Chauffeurs, angeschmachtet, »die in ihrer schlanken grazilen Art wie Meißner Porzellan wirkte«. Die glühende Verehrerin wartete stundenlang in Hitlers erstem Auto, schnallte sich zum Beweis ihrer Zuneigung gelegentlich ein Schulterhalfter mit Pistole um und gab sich in ihrer Lederjacke als Hitlers Leibgardistin aus. »Und so endlos sich diese Nächte dann unter ebenso endlosen Gesprächen dehnten, ich fürchte, es waren bestimmt immer nur Morpheus' Arme, in denen die gute Jenny, ermattet von Hitlers Monologen, schließlich entschlummerte«, berichtete Putzi Hanfstaengl.

Hitlers Umgang mit Frauen scheint zuweilen sogar unproblematischer gewesen zu sein als der mit Männern, und zwar dann, wenn er sich auf einer freundschaftlich-platonischen Ebene abspielte. Henriette von Schirach war der Ansicht, Hitler hätte eher mit Frauen als mit Männern Freundschaft geschlossen. Wurde die Beziehung aber enger, so gab es Probleme. Denn als Liebhaber war Hitler eher ungeschickt. Der Frau seines Auslandspressechefs Putzi Hanfstaengl schickte er übertrieben viel Blumen und andere Geschenke. Sie vertraute ihrem Mann an, sie fühle sehr deutlich, daß Hitler impotent sei und mit den Geschenken und dem Aufwand diese Tatsache kaschieren wolle.

Frauen waren für Hitler angenehm, wenn sie als Raumschmuck, als Aufputz für Feste oder als Attraktion beim Gruppenbild auftraten. Er umgab sich bei »Künstlerfesten« gern mit Filmsternchen, fühlte sich auch in deren Gesellschaft wohl. Die Filmschauspielerin Christina Söderbaum, die am Ende der Goebbels-Filme oft den Tod in den Wellen suchte, nannte der Volksmund respektlos »Reichs-Wasserleiche«. Und Leni Riefenstahl, von der man annahm, daß sie Hitlers Geliebte sei, wurde noch anzüglicher »Reichs-Gletscherspalte« getauft, ein Hinweis sowohl auf die Erotik wie auf ihre Filme aus der hochalpinen Welt. Frauen auf dem Eis konnten Hitler gefallen. Er sah sich im Januar 1936

die Schlittschuhläuferin Sonja Heny im Münchner Prinzregenten-
stadion an. Er schwärmte auch für Tänzerinnen, besonders für die
Amerikanerin Miriam Verne, »die in ihrem graziösen eleganten
Bühnentanz ein einziger Genuß sei«, und die er zu seinen Bühnen-
festen in der Reichskanzlei einlud. Auch Marion Daniels, die in
der Scala und später in München im Gärtnerplatz-Theater in der
»Lustigen Witwe« aufgetreten war, sei eine Könnerin. »Die Tän-
zerinnen«, so meinte Hitler, der sich offensichtlich auch auf dem
Gebiet der Choreographie für kompetent hielt, »müßten in erster
Linie gefühlsmäßig musisch eingestellt sein und nicht intellek-
tuell«. Daher sei es auch verständlich, daß ausgerechnet zwei
Berlinerinnen, die Geschwister Höpfner, »den schönsten Wiener
Walzer tanzten und dabei Figuren zeigten, wie sie auf alten grie-
chischen Vasen nicht schöner sein könnten«.

Die Erwähnung der griechischen Antike in diesem Zusammenhang macht stutzig, weil als auffälliges Merkmal der Vasenmale-
rei nicht so sehr die weibliche Anmut gilt als vielmehr die unver-
hohlene Darstellung homoerotischer Szenen.

Hitlers hohe politische Stellung schränkte jedoch seine Möglichkeiten des Umgangs mit Tschapperln, Künstlerinnen und Star-
lets in ärgerlicher Weise ein. »Die Tragik bei mir«, beschwerte er
sich in seinem Tischgespräch am 5. August 1942, »nachdem ich
Staatsoberhaupt bin, bekomme ich die ehrwürdigsten Damen! Da
gehe ich lieber auf den ›Robert Ley‹ (den KdF-Dampfer) und
nehme mir eine Stenotypistin oder eine Verkäuferin aus dem Wa-
renhaus als Tischdame.«

Annäherungsversuche

Wir besitzen wenige Schilderungen von Annäherungsversuchen
Hitlers an Frauen. Die Zeitzeuginnen sind nicht die verläßlichsten,
dürften aber doch Hitlers Verhaltensmuster einigermaßen korrekt
überliefert haben. Henriette von Schirach berichtete über eine Gesellschaft in ihrem Elternhaus, zu der auch Hitler eingeladen war.
»Die Gäste verabschiedeten sich und Vater ging mit. Ich blieb
zurück. Dann ging ich schlafen, aber wenig später klingelte es.

Raus aus dem Bett und an die Tür – sicher hatte Vater etwas vergessen. Aber es war Herr Hitler. ›Ich habe meine Peitsche vergessen.‹ Ich gab sie ihm. Er stand auf dem kleinen Vorplatz auf dem roten Teppich. Herr Hitler trug einen englischen Trenchcoat und hielt seinen grauen Velourshut in der Hand. Und nun sagte er etwas, das gar nicht zu ihm paßte, und er sagte es ganz ernst. ›Wollen Sie mich nicht küssen?‹ Er sagte ›Sie‹. Was für eine Vorstellung, Herrn Hitler küssen. Ich mochte ihn gern, denn er war für meine Ideen zu haben und half mir, wenn ich bei Vater etwas erreichen wollte, z. B. Tennisstunden oder Skilaufen mit den Müller-Töchtern [Müller & Sohn, Verlag des Völkischen Beobachters]. Aber küssen? ›Nein, bitte, wirklich nicht Herr Hitler. Es ist mir unmöglich.‹ Er sagte gar nichts, klopfte mit der Peitsche auf seine Handfläche und ging ganz langsam die Stufen zur Eingangstür hinunter. Viel später kam der Vater. Wieder sprang ich an die Tür, als ich seine Schlüssel hörte. ›Vater, Herr Hitler war noch mal hier. Er hatte seine Peitsche vergessen und stell' dir vor, wie komisch, er wollte mich küssen.‹ Vater fand das gar nicht komisch. Er starrte mich an und zweifelte am Geschmack seines Führers. Da stand ich in meinem Flanellnachthemd, die Haare zu kleinen abstehenden Zöpfchen geflochten. ›Dich küssen? Einen Fratz mit einer Schweineschwänzchen-Frisur? Du bildest dir wohl Schwachheiten ein.‹ Und je länger er mich ansah, um so ärgerlicher wurde er. ›Du sprichst zu keinem Menschen darüber, verstanden? Und du vergißt das Ganze, verstanden? Und nun marsch ins Bett.‹ Das war alles.«

Hitler hatte mit der kleinen Henriette fast täglichen Umgang. Er hörte ihr beim Klavierlernen zu und spielte ihr dann die Annen-Polka vor. Als sie zwölf Jahre alt war, nahm er sie nach Bayreuth zu den Festspielen mit, okkupierte ihr gegenüber aber »nie die Vaterrolle«. »Er war ein guter Spielpartner für mich«, erinnerte sich Frau von Schirach. Sie hatte, obwohl sie Hitler sympathisch fand, das Gefühl, daß jemand, mit dem man gewissermaßen familiären Umgang hat, sexuell kaum anziehend wirkt. Hitler zeigte aber offenbar wieder diesen Mangel für das Gefühl von Inzestschranken. Für den Vater Hoffmann war die Szene eher peinlich und abstoßend, obwohl doch eine Verbindung seiner Tochter mit dem mächtigen Hitler für ihn sicher interessant gewesen wäre.

Bei anderer Gelegenheit überraschte Hitler wieder durch ein etwas eigentümliches Verhalten. Er küßte nicht, er ließ sich küssen. Seine Sekretärin Christa Schroeder berichtete, daß sie mit ihrer Kollegin Gerda Daranowski während der ganzen Nacht vom 14. zum 15. März 1939, in der Hitler mit dem tschechischen Staatspräsidenten Hacha über die Besetzung der restlichen Tschechoslowakei verhandelte, vor der Tür warten mußte. »Wir saßen da, und die Stunden vergingen. Kurz nach 4.30 Uhr morgens öffnete sich endlich die Tür. Hitler trat beschwingten Schrittes über die Schwelle, mit einem glücklichen Ausdruck in seinem Gesicht. Mitten im Raum stehenbleibend, sagte er im Überschwang eines unendlichen Glücksgefühls: ›So, Kinder, jetzt gebt mir mal da und da‹, wobei er auf seine rechte und linke Wange zeigte, ›jede einen Kuß.‹ Da er ein solches Ansinnen noch nie an uns gestellt hatte, waren wir etwas perplex, faßten uns aber schnell und kamen beherzt seinem Wunsch nach. ›Dies ist der schönste Tag in meinem Leben‹, sagte er.« An dieser Szene wird unmittelbar deutlich, daß die Politik für Hitler eine erotische, ja eine sexuelle Note besaß. Erfolge stimulierten ihn offensichtlich auch körperlich.

Ganz eigenartig war auch seine erste Begegnung mit Leni Riefenstahl. Typisch für Hitler war, daß seine Begeisterung nicht im persönlichen Umgang entflammte, sondern in einer distanzierten Situation. Er kannte sie aus dem Film »Das blaue Licht«, in dem sie eine keltische Priesterin gespielt hatte. Sie hatte eine seiner Reden gehört und ihm einen begeisterten Brief geschrieben, auf den er sofort reagierte. Die Schauspielerin wollte am nächsten Tag zu Filmaufnahmen nach Grönland fahren. Hitler besuchte sie am letzten Abend an der Nordseeküste und unternahm einen langen Strandspaziergang mit ihr. »Es war dunkel, und ich konnte auch die Männer hinter uns nicht mehr sehen. Wir gingen stumm nebeneinander. Nach einer längeren Pause blieb er stehen, sah mich lange an, legte langsam seine Arme um mich und zog mich an sich. Ich war bestürzt, denn diese Wendung der Dinge hatte ich mir nicht gewünscht. Er schaute mich erregt an. Als er merkte, wie abwehrend ich war, ließ er mich sofort los. Er wandte sich etwas von mir ab, dann sah ich, wie er die Hände hob und beschwörend sagte: ›Ich darf keine Frau lieben, bis ich nicht mein Werk vollendet habe.‹«

Zu Hitlers berühmten Worten gehört die Bemerkung, daß er sich keiner Frau zuwenden könne, seine Liebe gehöre Deutschland. Hitler nahm dies offenbar ernst. In seine Kampfzeit fiel seine kuriose öffentliche Erklärung im »Völkischen Kurier« vom 5. März 1925: »Die Leipziger Neuesten Nachrichten bringen die Meldung von meiner angeblichen Verlobung. Ich bin mit der Politik dermaßen verheiratet, daß ich nicht daran denken kann, mich auch noch zu verloben. Adolf Hitler.«

Trotzdem behielt Hitler auch späterhin eine sehr hohe Meinung von Frau Riefenstahl, die er mit einem Film über den Reichsparteitag 1934 betraute. Überdies benutzte er sie als Zuhörerin in eigenartigen Tête-à-têtes. Er hatte sich schon zu einem Ball seines Ministers Goebbels und der Frau von Dirksen angezogen, ging jedoch nicht hin und bestellte sich statt dessen Leni Riefenstahl in die Reichskanzlei: »›Ich hatte den Eindruck‹, sagte er, ›daß man mich verkuppeln wollte, das war mir unerträglich.‹ Wir setzten uns auf bequeme Sessel. Hitlers Intendant Kannenberg brachte Getränke, Obst und ließ uns allein. Hitler hielt einen einzigen Monolog. Er sprach von seiner Jugend, von seiner großen Liebe zu seiner Mutter, von Wien, von seiner großen Enttäuschung, daß er als Maler versagt habe, von seinen politischen Plänen, wie er Deutschland wieder gesund und unabhängig machen wollte… Ohne Pause kamen die Worte aus seinem Mund. Aber, das spürte ich, es war ihm angenehm, daß ihm jemand zuhörte. Es war schon spät, als er aufstand, meine Hand ergriff und sagte: ›Sie werden müde sein, ich danke Ihnen sehr, daß Sie gekommen sind.‹«

Avancen

Vielleicht war Hitler froh, daß er gegenüber den von ihm verehrten Frauen seine Männlichkeit nicht beweisen mußte. An überraschenden Avancen von weiblicher Seite fehlte es in seinem Leben nicht.

Hitlers Freund Gustl Kubizek berichtete von einer gemeinsamen Zimmersuche in Wien im Jahre 1908: »Wir begriffen beide sogleich, daß es hier für uns zu vornehm war. Aber da erschien bereits die ›Gnädige‹ in der Türe, eine vollendete Dame, nicht mehr ganz jung, aber sehr elegant.« Sie musterte die beiden Jünglinge und schlug dann vor, Adolf solle allein bei ihr einziehen. Dabei löste sich die Schnur ihres Schlafmantels; man erkannte, daß sie darunter nur ein »kleines Höschen« trug. »Adolf wurde puterrot und sagte: ›Komm Gustl!‹ Ich weiß nicht mehr, wie wir aus der Wohnung hinauskamen. Nur an das eine Wort erinnerte ich mich noch, das Adolf wütend hervorstieß, als wir endlich auf der Straße waren: ›So eine Potiphar.‹«

Die weiblichen Versuchungen hörten auch in Hitlers Münchner Zeit nicht auf. Statt der halbseidenen Wiener Gefahren lauerten auf ihn nun handfeste bayrische Verlockungen. Henriette von Schirach berichtet vom Verhalten Hitlers bei einer Schwabinger Faschingsparty im Hause des Fotografen Hoffmann. »Die Wohnung war mit Ilexsträußen geschmückt und im Türrahmen, zwischen zwei Zimmern, hing ein großer wilder Busch Misteln mit schimmernden Beeren. Dieser Mistelbusch wurde Hitler zum Verhängnis... Er war damals vierunddreißig Jahre alt, schlank und amüsierte sich über die Veränderung der vertrauten Räume, und genau unter dem Mistelbusch blieb er stehen. Nun ist es ein alter Brauch, daß man denjenigen, der unter einem Mistelbusch steht, küssen darf. Das wußte Hitler nicht. Aber Else sah es. Else war eines der schönsten Mädchen, in einem Kleid mit goldenen Fransen und den ersten Seidenstrümpfen. Zielbewußt ging sie auf den jungen Hitler zu, der sie ahnungslos betrachtete. Sie umarmte ihn und küßte ihn zärtlich auf den Mund. Die Umstehenden sahen zu... es wäre nun das Nächstliegende gewesen, wenn er das Mädchen wiedergeküßt hätte, aber das tat er nicht. Als sie von ihm abließ, sah er sie ernst an, wandte sich um und holte seinen Trenchcoat. Er nahm den schwarzen Hut und ging ohne Gruß in die Nacht hinaus.«

Als Hitler bei den Olympischen Spielen 1936 den Wettkämpfen im Schwimmstadion zuschaute, kam eine junge Dame auf ihn zu, »schlang ihm die Arme um den Hals und knallte ihm rechts und links einen Kuß auf die Backe«. Hitler machte ein angeekeltes Gesicht.

Sobald Hitler eine großbürgerliche Wohnung an der Prinzregentenstraße in München besaß, wurde der notorische Junggeselle trotz seiner Zurückhaltung immer mehr das Ziel recht eindeutigen weiblichen Vorgehens. Picker berichtete von Hitlers »Junggesellengroßzügigkeit«, die so weit ging, daß er BDM-Gruppen sofort zu Kaffee und Kuchen einlud; Künstlerinnen, die ihm gefielen, bekamen eine Einladung auf den Berghof. »Wenn Frauen allerdings hysterisch wurden, ihn mit irgendeiner Referenz oder Autogrammbitte in seiner Münchner Wohnung aufsuchten und ihn dann mit einem Blitzstriptease zu Intimitäten hinzureißen suchten, ja ein Kind von ihm empfangen wollten, ließ er sie durch seine resolute Wirtschafterin Frau Anni Winter-Brunner kurzerhand wieder rausschmeißen.«

Nach dem Kriege wurden Briefe deutscher Frauen gefunden, die dem Führer anboten, ihm ein Kind zu schenken, und um einen geeigneten Termin baten. Keine wurde erhört, obwohl die beigefügten Photos teilweise durchaus ansprechend wirkten und auch das Alter der Damen attraktiv war. Sie bekamen ausnahmslos höfliche Ablehnungsbriefe der Reichskanzlei. In besonders hartnäckigen Fällen kümmerte sich dann die Gestapo um die bereitwilligen Frauen, um sie von weiteren Belästigungen des Führers abzuhalten.

Nein, ein Schürzenjäger war Hitler wirklich nicht. Sein Auslandspressechef Putzi Hanfstaengl arrangierte im September 1933 ein Treffen unter vier Augen mit Martha Dodd, der attraktiven Tochter des amerikanischen Botschafters. Die Unverheiratete wurde neugierig, als ihr Putzi erklärte: »Hitler müßte eine Amerikanerin zur Frau haben – eine liebenswürdige Dame könnte das ganze Schicksal Europas ändern. Martha, Sie sind diese Frau.«

Falls sich Miss Dodd falsche Hoffnungen machte, so verlief das Tête-à-tête im Teesalon des Berliner Hotels »Kaiserhof« eher enttäuschend. Keinen Zentimeter trat der vierundvierzigjährige Junggeselle der flotten Amerikanerin zu nahe. »Er wirkte bescheiden, wie jemand aus dem Mittelstand, ziemlich gelangweilt und selbstbewußt – doch mit dieser seltsamen Empfindsamkeit und einer gewissen Hilflosigkeit, die für ihn einnahm«, erinnerte sie sich.

Den Annäherungsversuchen ihm näher bekannter Damen widersetzte sich Hitler standhaft. Seine Sekretärin Christa Schroeder bewunderte ihren Chef, doch seine Verbindung zu Eva Braun mißfiel ihr. Ein so bedeutender Mann sollte mindestens ein Verhältnis mit ihrer schicken Freundin Gretl Slezak, der Tochter des berühmten Heldentenors, haben. Sie arrangierte im März 1938 ein Tête-à-tête ihres Chefs mit der ehemaligen Soubrette des Münchner Gärtnerplatz-Theaters, die Hitler vor Jahren als »Wiener Madl« bewundert hatte, in ihrer Wohnung. »Gretl Slezak war nach der Beendigung des Tees im Radziwillpalais schnell in ihre Wohnung am Kurfürstendamm gefahren, um sich für den Abend umzukleiden. Sie kam dann mit zwei hohen fünfarmigen Silberleuchtern rechtzeitig vor Hitlers Ankunft zu mir, wo sie die Leuchter günstig plazierte. Sie erhoffte wohl von dem Kerzenschimmer magische Wirkung auf Hitler. Jedenfalls ließ sie alle ihre Künste spielen. Neben Hitler auf dem englischen Sofa sitzend, versuchte sie seine Hände zu streicheln. Aber Hitler wehrte sie sanft ab. ›Gretl, Sie wissen doch, das mag ich nicht.‹ Obwohl ich diskreterweise das Zimmer einige Male verlassen hatte, blieb Hitler zurückhaltend, und der Diener konnte seinen Herrn nach einigen Stunden unversehrt wieder in Empfang nehmen.«

Auch Hitlers Verhältnis zu Winifred Wagner war eher durch eine Asymmetrie der Gefühle gekennzeichnet. Zu den Gerüchten, daß der Führer die verwitwete Schwiegertochter Richard Wagners heiraten werde, bemerkte deren Tochter Friedelind auf fränkisch: »Mei Mudder mecht scho, aber der Onkel Wolf mecht halt net.«

Hitler war eher gehemmt. »Er glaubte zu wissen, daß er auf Frauen eine starke erotische Ausstrahlung habe. Doch war er auch hier voller Mißtrauen; er sei sich nie sicher, so pflegte er zu sagen, ob ihn eine Frau als ›Reichskanzler‹ oder als ›Adolf Hitler‹ bevorzuge.« Er liebte, wie Leni Riefenstahl berichtet, im Konjunktiv, als er ihr anvertraute: »Meine Gefühle sind so national, daß ich nur eine deutsche Frau lieben könnte.«

Hemmungen

Hitler hatte schon als junger Mann schlechte Zähne, die durch seine Leidenschaft für Kaffeehausbesuche mit Verzehr von Sachertorte nicht besser wurden. Als Kanzler trug er eine Oberkieferbrücke mit drei Stiftzähnen. Er litt unter einem üblen Mundgeruch. Vor jedem Essen und vor jeder Besprechung spülte er sich mit Odol den Mund.

Das nützte allerdings nicht immer. Stahlberg berichtete von einem Besuch, bei dem er den Feldmarschall von Manstein auf Hitlers Berghof begleitete.»In eine lebhafte Unterhaltung mit einem der anderen Ordonnanzoffiziere versunken, fühlte ich plötzlich eine Hand auf meiner rechten Schulter. Als ich aufsah, begegnete ich dem Gesicht des Hausherrn. Ich wollte aufstehen, doch er drückte auf meine Schulter und sagte: ›Bleiben Sie sitzen, Herr Oberleutnant. Schmeckt Ihnen der Kuchen?‹ Ich lobte den Apfelkuchen. Dann war ich froh, als er sich zum nächsten Tisch begab, denn er stank widerlich aus dem Munde.«

Der schwedische Geschäftsmann Dahlerus, der Hitler am 3. September 1939 bei Beginn des Polenfeldzuges traf, berichtete:»Er roch so schlecht aus dem Mund, daß es Selbstüberwindung kostete, nicht einen Schritt zurückzutreten.«

»Ich hätte Hitler keinen Kuß geben mögen. Er hatte ganz gelbe Zähne und roch aus dem Mund«, meinte seine Sekretärin Schroeder.

Auch unter seinen Körpergerüchen hatte Hitlers Umgebung manches Mal zu leiden. Hitler war sich dieser Umstände offenbar bewußt. Er duschte zwei- bis dreimal täglich und wusch sich besonders häufig die Hände. Dabei lobte er am 12. August 1942 die Kriegsseife: mit dieser könne er sich unbegrenzt die Hände waschen, ohne daß er rissige Haut bekäme.»Wegen dem Hundsvieh muß ich das. Mit Friedensseife geht es nicht. Woher kommt das?« Beim Baden benutzte er Fichtennadeln-Tabletten und seine Haare waren mit Dralles Birkenwasser gepflegt, wie sein Kammerdiener Krause verriet.

Hitler genierte sich, sich vor anderen auszuziehen. Wenn er mit seiner Gesellschaft in den zwanziger Jahren zum Baden an den

Chiemsee fuhr, blieb er als einziger völlig angezogen. Allenfalls ging er mit den Beinen ins Wasser, wenn andere schwammen, wobei man seine sehr weißen Füße bestaunen konnte. Es gibt kein Bild von Hitler in Sportbekleidung oder in der Unterhose. Sogar vor ärztlichen Untersuchungen scheute er sich. Bei seinem Putschversuch 1923 hatte er sich die linke Schulter ausgekugelt. Da der Unfall nie richtig verheilt war, hatte er weiterhin Beschwerden, die so weit gingen, daß die Schulter eine deutliche Steifheit zeigte. Dennoch wollte er sich nicht behandeln lassen, da er es scheute, geröntgt zu werden. Auch sein Leibarzt Morell durfte ihn nicht röntgen. Wenn er ihm eine Spritze geben oder ihn untersuchen wollte, wurde nur der dazu benötigte Körperteil entblößt. Seinen Diener wies Hitler an, unterdessen das Zimmer zu verlassen. Auch Anproben beim Schneider vermied Hitler, weil es ihm unangenehm war, dabei berührt zu werden. Er badete, rasierte und kleidete sich allein an, auch als er einen Leibdiener zur Verfügung hatte.

»Beinahe makaber deutlich fand diese Scheu aber Ausdruck bei einer Manipulation, die Menschen sich gewöhnlich lieber von anderen machen lassen, nämlich bei einem Einlauf. Als Morell einen solchen für erforderlich hielt und geben wollte, erklärte der Chef, er versuche dies lieber selbst, ging auf die Toilette, schloß diese ab und ließ den Arzt vor der Türe warten.« (E. G. Schenck)

Als er seinen Heerführer von Manstein in der Ukraine für drei Tage besuchte, wollte er nicht auf die soldatischen Latrineneinrichtungen angewiesen sein. Er brachte sein eigenes Chemieklosett mit, das von zwei Mann getragen werden mußte.

Hitlers Gehemmtheit wurde durch eine seiner typischen Gesten deutlich. Sehr oft wurde er in einer Haltung abgebildet, die uns eher bei Fußballspielern vertraut ist, die eine Kette beim Strafstoß bilden. Um von dem Ball nicht an einer besonders empfindlichen Stelle getroffen zu werden, verschränken sie die Hände vor ihrem Genital. Diese Hodenschutzgeste zeigte nun Hitler in allen möglichen Lebenslagen, bei der Besichtigung von Skulpturen im Haus der Kunst, bei Empfängen, sogar auf den Photographien, die er signiert verschenkte.

Einer Theorie zufolge hat Hitler nur einen Hoden (oder überhaupt keine) gehabt (»Monorchismus«). Sie kommt in einem sowjetischen Obduktionsbericht vor, der nach einer Autopsie der verbrannten Leichen des Ehepaars Hitlers verfaßt worden ist. Es ist allerdings fraglich, ob die verbrannten Überreste eine derartige Diagnose noch zuließen. Die zweite Quelle ist ein ungewöhnlicher Strafprozeß, den wir aus der Schilderung des Verteidigers kennen. Im Herbst 1943 wurde der Soldat Eugen Waßner wegen Wehrkraftzersetzung zum Tode verurteilt und hingerichtet. Er war ein Jugendfreund Hitlers in Leonding gewesen und hatte behauptet, bei einem kindlichen Spiel habe man einst gewettet, wer es wage, in das Maul eines Geißbocks zu urinieren. Der schriftliche Bericht des Kompanieführers an den Regimentskommandanten, der in der Strafakte lag, enthält die Äußerung des Angeklagten.»Eine Wette hat er gemacht, der Adi, daß er einem Ziegenbock ins Maul pinkeln würde. Als wir ihn ausgelacht haben, hat er gesagt, ›Kommt's mit, wir gehen auf die Wies, da ist der Ziegenbock.‹ Auf der Wies hab' ich den Ziegenbock festgehalten, zwischen meinen Beinen. Ein anderer Freund hat dem Ziegenbock mit einem Stock das Maul aufgesperrt, und der Adolf hat dem Bock ins Maul gepinkelt. Gerade als er dabei war, hat der Freund den Stock weggezogen. Der Bock hat noch zugeschnappt und dem Adolf in den Zippedeus gebissen. Geschrieen hat der Adi da aber fürchterlich und ist heulend davongelaufen.«

Der Bericht seines Dieners Linge, er habe Hitler beim Urinieren und auch sonst öfters nackt gesehen und dabei keine Anomalie festgestellt, ist mit Skepsis aufzufassen. Es ist unwahrscheinlich, daß sich der argwöhnische Hitler beim Urinieren oder im Adamskostüm beobachten ließ. Allerdings mußte sich Hitler zweimal militärischen Musterungen unterziehen, einer österreichischen und einer bayerischen. Diese mögen zwar mehr summarisch gewesen sein, aber in keinem der beiden Fälle wurde eine Genitalanomalie dokumentiert.

Bei seiner Einlieferung in das Feldlazarett Oudenaarde und anschließend in das Lazarett Pasewalk im Oktober 1918 wegen einer Erblindung durch Giftgas wurde der Unterleib möglicherweise nicht weiter untersucht. Doch bei der Granatsplitterwunde am linken Oberschenkel, die im Oktober 1916 in Beelitz auskuriert wurde, mußten die angrenzenden Körperteile schon aus medizinischen Gründen mituntersucht werden, außerdem wäre eine Genitalverletzung oder -anomalie schon wegen der Versorgungsansprüche in die Krankenakten eingegangen. Die Narbe dieser Oberschenkelwunde, wie auch eine kleinere am rechten Knie sowie solche von einer Furunkulose am hinteren Teil des Nackens beschrieben seine Ärzte in den Verhören des amerikanischen Geheimdienstes kurz nach Kriegsende. Sie hatten Hitler offenbar eingehender untersucht, und die Amerikaner notierten die Diagnose:»Sex characteristics were normally developed.«

Sexualbiographie

Hitlers Liebesleben begann in Linz mit dem pubertären Anschmachten einer fernen Geliebten. Bei einem Blumenkorso saß auf einem der Wagen die schöne Stefanie mit ihrer Mutter. Adolf war so angetan, daß er der Angebeteten einen Brief schrieb, er gehe jetzt nach Wien auf die Kunstakademie und sie möchte doch auf ihn warten; er werde wiederkommen und sie heiraten. Die Mama gab ihr den Brief, beide lachten, und Stefanie, die einige Jahre älter war als Hitler, heiratete 1908 einen Hauptmann der Schwarzen Hessen, des Linzer Traditionsregiments. Hitler ging in München gern in das Café Stefanie, und er erinnerte sich:»Gesprochen hab' ich sie nie, die Stefanie aus Linz, aber ich verdanke ihr den reinsten Traum meines Lebens.«

Noch im späteren Leben hing Hitler pubertären Phantasien nach. In seinen Tischgesprächen im Führerhauptquartier schwärmte er in der Nacht vom 25. auf den 26. Januar 1942.»Was gibt es für schöne Frauen!« Wieder dieses opernhafte Bild einer Idealfrau, die er von fern bewunderte.»Wir saßen im Ratskeller von Bremen. Kam da eine Frau herein: Da hat man wirklich geglaubt, der Olymp hat sich aufgetan. Einfach strahlend! Die Gäste haben Messer und Gabel weggelegt! Und alle Augen haben an dieser Frau gehangen.«

Und er schwärmte von einer schönen Anonymen, der er nur einen flüchtigen Moment begegnet war.»Dann später in Braunschweig! Da habe ich mir nachher die bittersten Vorwürfe gemacht! Allen meinen Herren ist es gegangen wie mir: Ein blondes Ding kam auf mich zugesprungen zum Wagen, um mir einen Blumenstrauß zu überreichen. Jeder hat sich des Vorgangs erinnert, aber keiner war auf den Gedanken gekommen, das Mädchen nach seiner Adresse zu fragen, daß ich ihm ein Dankwort hätte schreiben können. Blond und groß und wunderbar! Aber wie das so geht: Volksgedränge um und um. Und eilig war es auch, es tut mir jetzt noch leid.« Wie hätte Hitlers Umgebung auf den Gedanken kommen können, daß der Chef plötzlich derartige Gelüste entwickelte?

Und dann bestaunte der Verklemmte weibliche Schönheit gleich im Dreierpack.»Im ›Bayerischen Hof‹ war ich einmal bei einer Festlichkeit zugegen, der viele schöne Frauen im Schmuck ihrer Brillanten Glanz gaben. Da trat eine Frau herein, so schön, daß neben ihr alles verschwand, Schmuck trug sie nicht. Es war Frau Hanfstaengl. Bei Erna Hanfstaengl habe ich sie dann einmal mit Mary Stuck zusammen gesehen. Drei Frauen, eine schöner als die andere – das war ein Bild!«Aber es bleibt auch hier beim Anschmachten. Doch im Gegensatz zu den Damen in Bremen und Braunschweig hatte Hitler mit Frau Hanfstaengl später näheren Umgang. Die schöne Amerikanerin bezeugte, daß Hitler keinerlei sexuellen Kontakt zu ihr gesucht habe, sich vor einem solchen im Gegenteil gescheut hätte. Hitlers Sekretärin Christa Schroeder diagnostizierte, seine »Befriedigung habe sich nur im Kopf abgespielt«. Alles sei platonisch gewesen, seit er sich der Politik zugewandt habe.

Auch in seinem Münchner Jahr vor dem Ersten Weltkrieg scheint er seine ausgedehnte Freizeit kaum mit amourösen Abenteuern ausgefüllt zu haben. Jedenfalls läßt das die Antwort der Tochter seines Zimmervermieters, des Schneidermeisters Popp in der Schleißheimer Straße, vermuten. Ob Hitler Straßenmädchen mit auf sein Zimmer gebracht habe, wurde sie nach dem Krieg von dem britischen Journalisten Sefton Delmer gefragt. Nein, Straßenmädchen nicht – aber Bücher, gab sie zur Antwort.

Ob sich Hitler im Ersten Weltkrieg handgreiflicheren Formen der Frauenverehrung widmete, ist sehr fraglich. Nach dem Krieg tauchte ein Mann auf, der behauptete, er sei der Sohn Hitlers; seine Mutter habe ihn von dem deutschen Soldaten während des Krieges empfangen. Hitlers Sekretärin Christa Schroeder, die den Mann nach dem Kriege sah, will eine gewisse Ähnlichkeit festgestellt haben, meinte jedoch, man könne sich auch irren.

Rudolf Diels, der erste Chef der Gestapo, hatte 1933 vermutlich genauere Kenntnisse über das Privatleben des neuen Reichskanzlers, die er kurz so zusammenfaßte:»›Natürlich hat er auch nichts mit Frauen zu tun?‹ fragte mich ein kluger Psychiater, weil er dem von seinen Ideen Besessenen ein menschliches und triebhaftes normales Interesse nicht zutraute. Ich pflichtete bei.«

Es gibt keine Photographie, auf der Hitler zu sehen ist, wie er eine Frau küßt oder umarmt. Die weitestgehende heterosexuelle Aktivität, die bei Hitler exakt belegt ist, ist ein Kuß, den er Eva Braun gab, als sie erklärte, sie werde ihm in den Tod folgen.

4.4. Der Todestrieb und Eva Braun

Die Selbstmörderinnen

Hitlers Nichte Geli Raubal, die Tochter seiner verwitweten Halbschwester Angela, war als Neunzehnjährige zu ihrem »Onkel Alf« nach München gezogen und wohnte in einem Zimmer in Schwabing und dann, als Hitler an den Prinzregentenplatz zog, in seiner Wohnung. Geli war der Star der Familie. Sie war die erste der Familie, die maturiert, das Abitur gemacht hatte.

In München studierte sie zwei Semester Medizin. Dann träumte sie von einer Karriere als Opernsängerin. Ihr Onkel finanzierte Gesangsstunden. Sie dachte an eine weitere Ausbildung in Wien. Dem Onkel kamen wohl Zweifel an ihrer Begabung. Er verglich ihren Gesichtsschnitt mit dem der Sphingen am Oberen Belvedere in Wien, steinernen Zwitterwesen, die ebenso rätselhaft wie lasziv wirken und den Park des homosexuellen Prinzen Eugen von Savoyen, des zu seiner Zeit mächtigsten Mannes der Donaumonarchie, schmücken.

Geli erschoß sich am 18. September 1931 mit Hitlers Walther-

Pistole durch einen Schuß ins Herz. Hitler bestritt, es habe vorher irgendwelchen Streit gegeben. Den hatte er aber mit seinem Chauffeur Emil Maurice, der sich in Geli verliebt hatte und dessen Zuneigung von ihr erwidert wurde. Auch Hitler hatte zu Maurice, der auch in Landsberg eingesessen hatte und den er als einer der wenigen duzte und ihn »Maurizl« nannte, bis dahin ein herzliches Verhältnis: »Mit Recht konnte sich Emil Maurice in den zwanziger Jahren damit brüsten, Hitlers bester Freund zu sein. Nicht einmal das immer wieder aufkeimende und selbst in der Familie Maurice kursierende Gerücht, das der dunkelhaarige Maurizl jüdische Ahnen hatte, konnte die Freundschaft trüben. Als Chauffeur hat Maurice zwischen 1921 und 1927 Hitler ständig begleitet.« (A. M. Sigmund) Galt Hitlers Eifersucht eigentlich dem Umstand, daß sich der fesche Fahrer in eine Frau verliebt hatte? Schon bei Gustl Kubizek hatte Hitler ähnlich reagiert. Auch hier kam es zu einer brüsken Trennung. Hitler entließ seinen Chauffeur Ende 1927. Jetzt wurde Geli seine ständige Begleiterin. Von Liebe aber war keine Rede. Er fuhr auch nicht zur Beerdigung Gelis nach Wien, angeblich wegen Schwierigkeiten mit den österreichischen Behörden, tatsächlich aber wohl, weil er eine Parteiveranstaltung in Hamburg nicht absagen wollte. Der Mann, der ein Faible für Trauerfeiern und Grabmonumente hatte, hielt es nicht für notwendig, die angeblich so geliebte Geli »pietätvoll zu bestatten, eine Grabstätte anzukaufen oder einen Grabstein errichten zu lassen«.

In der Tat: Der Unterschied zwischen dem Totenkult, den Hitler den »Blutzeugen« des »Marsches auf die Feldherrnhalle« angedeihen ließ, und der Negligeance, mit der er Gelis Grab behandelte, ist frappant. Von wegen große Liebe seines Lebens! Die Blutzeugen ehrte er jedes Jahr mit aufwendigen Feiern, Gelis Grab besuchte er nur ein einziges Mal in seinem Leben, ein Jahr nach ihrem Tod. Allerdings versäumte er nicht, einen imposanten Strauß roter Rosen zu deponieren. Sein Auftritt als untröstlicher Rosenkavalier verfehlte nicht, die kleine Gesellschaft, die ihn begleitete, zu beeindrucken.

»Die propagandistische Verwertung des Selbstmordes kam später.« Die Verblichene wurde von Hitler in einer Alibi- und Schutzfunktion eingesetzt. Hitler stilisierte die tote Nichte zur unvergeßlichen Seelenliebe, deren tragischer Tod es verständlich machte, daß er sich anderen Frauen nicht mehr zuwenden konnte. »In Gelis Zimmer wurde nichts verändert, nur das Blut wurde vom Boden gewaschen. Alle Kleider mußten im Schrank bleiben... Alles was sie besaß, die Schallplatten, die Noten, die Textbücher zu allen Opern, die sie gesehen hatte, blieben an ihrem Platz. Frische Blumen wurden immer ins Zimmer gestellt. Den Zimmerschlüssel hatte Hitler bei sich.« Auch Henry Picker fiel auf Hitlers Schau-Trauern herein: »In diesem verschlossenen Raum meditierte er vor ihrer, von Professor Ferdinand Liebermann geschaffenen, lebensnahen Bronzebüste viele Stunden. Hier verbrachte er auch 1931 bis 1938 seine Weihnachtsfreizeit. Wenn er manchmal mit Trauer in den Augen und mit ihrem kleinen silbernen Hakenkreuz-Silbermedaillon in den Händen hier seinen Gedanken nachhing, durfte ihn niemand stören.«

Selbstmord gehörte zu Hitlers Lebensthematik. Bevor er 1945 Hand an sich selbst legte, war er schon 1924 nach dem Scheitern seines Putsches vor seiner Verhaftung nahe daran, sich zu erschießen. 1932 traf ihn Strassers Rücktritt wie ein Schock. Er fürchtete eine Spaltung der Partei. »Wenn die Partei einmal zerfällt, dann mache ich in drei Minuten mit der Pistole Schluß.«

Hitlers Selbstmord-Sehnsucht sei das eigentliche Band, das ihn mit dem deutschen Nationalcharakter verstricke, meinte Graf Keyserling im Sommer 1933. »Hitler, den er genau studiert habe, sei nach Handschrift und Physiognomie ein ausgesprochener Selbstmördertyp, jemand, der den Tod suche, und verkörpere damit einen Grundzug des deutschen Volkes, das immer in den Tod verliebt gewesen sei und dessen immer wiederkehrendes Grunderlebnis die Nibelungennot sei. Die Deutschen fühlten sich nur in dieser Situation ganz deutsch, sie bewunderten und wollten den zwecklosen Tod, das Selbstopfer. Und sie ahnten, daß Hitler sie wieder einer Nibelungennot, einem grandiosen Untergang entgegenführe; das faszinierte sie an ihm. Er erfülle damit ihre tiefste Sehnsucht. Franzosen und Engländer wollten siegen, die Deutschen immer nur sterben.«

Die Verkäuferin Maria (»Mizzi«) Reiter, eine Bekannte Hitlers aus Berchtesgaden, die sich Hoffnungen auf nähere Zuneigung machte, verübte 1925 einen Selbstmordversuch. Hitler schickte ihr sein Buch »Mein Kampf«, damit sie über seine eigentlichen Intentionen etwas erfahre und ihn so besser verstehen könne. Die junge Dame dürfte durch die Lektüre etwas enttäuscht gewesen sein.

Eine Enttäuschung war wohl auch die zweijährige Affäre (1925/26) Hitlers mit Ada Klein, einer Angestellten des »Völkischen Beobachters«. Einmal lud er sie zu Emil Maurice ein, der zwei Zimmer bewohnte. Emil Maurice verließ nach ihrem Kommen die Wohnung. Die Tür zum zweiten Zimmer stand offen, wo Ada ein Bett sah. »Wie sie mir sagte, ist es jedoch nie zu Intimitäten gekommen«, verriet Hitlers Sekretärin Christa Schroeder. Der höchste Ausdruck der Zuneigung, zu dem sich Hitler hinreißen ließ, bestand darin, daß er Ada »Deli« nannte und ihr einige kurze Briefe schrieb.

Von einem anderen unglücklichen Schwarm Hitlers im Jahre 1932, einem Jahr nach Geli Raubals Selbstmord, erfahren wir aus Goebbels' Tagebüchern. Der Tagebuchschreiber bezeichnete die Tochter des späteren SS-Gruppenführers Hans Weinreich als »mieses Mädchen«, beklagte Hitlers »schlechten Geschmack« und kommentierte die Affäre, die er wohl mißverstand: »Wie groß muß Hitlers Sehnsucht nach der Frau sein.«

Ein weiterer Selbstmordversuch einer seiner Münchner Bewunderinnen traf Hitler 1939. Unity Mitford, eine Tochter Lord Redesdales, hatte ihr Auto mit dem Union Jack und der Hakenkreuzfahne geschmückt und erzählte Hitler, London sei nur mit acht Flakbatterien geschützt, was im Gegensatz zu den Berichten der Deutschen Botschaft stand. Hitler glaubte der Engländerin. Ihm imponierte es, sich mit einer jungen Dame aus dem englischen Adel unterhalten zu können, und er lud sie in seine Loge bei den Olympischen Spielen ein. Es sei ganz unwahr, daß sie irgendeine Form von Liebesaffäre mit ihm hatte, berichtet Oswald Mosley, der in zweiter Ehe mit ihrer Schwester Diana verheiratet war. Als England Deutschland den Krieg erklärte, versuchte sich die unglückliche Unity zu erschießen. Sie konnte gerettet werden. Hitler ließ sie in der Klinik behandeln, besuchte sie, benachrichtigte ihren Vater und veranlaßte, daß sie während des Krieges in einem besonderen Eisenbahnabteil über die Schweiz nach Südfrankreich und von dort mit einem Schiff nach England zurückgebracht wurde. Zu Hause wurde ihr die Kugel entfernt, und sie blieb in London, wo sie kurz nach Kriegsende gestorben ist.

Auch eine vierte nähere Bekanntschaft mit einer Frau, die Hitler sehr verehrte, endete tragisch. Magda Ritschel hatte auf der Zugfahrt aus dem Internat einen der reichsten Männer Deutschlands, Günter Quandt, kennengelernt, der sie heiratete. Die Ehe wurde bald wieder geschieden, und Magda, deren Herz für Hitler schlug, heiratete dann Joseph Goebbels. Möglicherweise ahnte sie, daß es nicht möglich sein werde, mit Hitler eine Ehe zu führen, und wählte dieses Arrangement, um in seiner Nähe bleiben zu können.

Hitler war Trauzeuge bei der Hochzeit am 19. Dezember 1931. »Die prickelnde Situation, mit zwei Männern gleichzeitig liiert zu sein, hat auf Magda stets einen großen Reiz ausgeübt, und derartige doppelte Partnerschaften ziehen sich wie ein roter Faden durch ihr Leben.« Hitlers Vorgänger in ihrer Ménage à trois mit Goebbels war kurioserweise der Jude und Zionist Arlosoroff, der in Magda das brennende Interesse an Politik geweckt hatte. »Der Wetteifer um die Nähe und Gunst des Idols war auch das Band, das Magda und Goebbels zusammenhielt. Jeder war ihm auf seine Weise hörig«.

Leni Riefenstahl, freilich nicht immer die zuverlässigste Zeitzeugin, unternahm in Hitlers Gesellschaft einen Autoausflug nach Heiligendamm. Im zweiten Wagen saß sie zusammen mit Magda Goebbels. Es kam zu einem Gespräch von Frau zu Frau. »Ich liebe auch meinen Mann«, soll Magda gesagt haben, »aber meine Liebe zu Hitler ist stärker, für ihn wäre ich bereit, mein Leben zu lassen. Ich bin dem Führer verfallen. Ich hatte nur den einen Wunsch, in der Nähe Hitlers zu sein.« Aus ihrer ersten Ehe hatte sie einen Sohn, Harald, dessen Name mit H begann. Man möchte meinen, Magda hätte bei der Namensgebung ihrer späteren Kinderschar, für die sie als erste deutsche Mutter das Mutterkreuz verliehen bekam, nach einer Variation gesucht. Doch auch ihre Kinder aus der Ehe mit Goebbels bekamen Namen, die mit H begannen: H wie

Hitler. Sie hießen Helga, Holde, Hilde, Heide, Hedda und Helmut. Im April 1945 ließ Magda Goebbels ihre sechs Kinder töten und verübte dann Selbstmord. In einem Abschiedsbrief an Harald Quandt, ihren Sohn aus erster Ehe, meinte sie, dies sei nötig, »um unserem nationalsozialistischen Leben den einzig möglichen ehrenvollen Abschluß zu geben«. »Die Welt, die nach dem Führer und dem Nationalsozialismus kommt, ist nicht wert, darin zu leben.« Hitler machte ihr noch eine große letzte Freude. »Gestern hat der Führer sein goldenes Parteiabzeichen abgenommen und es mir angesteckt. Ich bin stolz und glücklich.« Und die Hitlerbegeisterte schloß ihren Brief: »Wir haben nur noch ein Ziel: Treue bis in den Tod dem Führer, und daß wir zusammen das Leben mit ihm beenden können, ist eine Gnade des Schicksals, mit der wir niemals zu rechnen wagten.«

Hitlers Versuch, seine Liste weiblicher Opfer noch zu vergrößern, scheiterte. Er bot kurz vor seinem Selbstmord der eingeflogenen Pilotin Hanna Reitsch, Trägerin des Eisernen Kreuzes Erster Klasse, eine Giftampulle mit den Worten an: »Hanna, Sie gehören zu denen, die mit mir sterben werden. Jeder von uns hat so eine Ampulle. Ich möchte nicht, daß einer von uns den Russen lebend in die Hände fällt; sie sollen auch nicht unsere Leichen finden.«

Die tapfere Frau nahm Hitlers makabres Angebot jedoch nicht an, dementierte sogar später die Aussage, die sie bei ihrer Vernehmung gemacht hatte, als sie in Gefangenschaft geriet. Jedenfalls flog sie mit ihrem Fieseler Storch in halsbrecherischem Tiefflug aus dem Berliner Belagerungsring hinaus und setzte dann, nach dem Krieg, ihre Karriere als Fliegerin fort.

Fräulein Eva

Auch die Frau, die die längste Zeit in Hitlers Leben eine Rolle spielte (1932–1945) und die er schließlich vor seinem Tode heiratete, fand ein tragisches Ende. Eva Braun war Hitler Anfang April 1945 in das eingeschlossene Berlin gefolgt, um mit ihm dort zu sterben. »Hitler bedrängte sie, wieder nach München zurückzukehren, und auch ich bot ihr einen Platz in unserem Kurier-flugzeug an. Sie lehnte jedoch hartnäckig alles ab, und jeder im Bunker wußte, warum sie gekommen war. Mit ihrer Anwesenheit zog bildlich und real ein Todesbote in den Bunker ein«, erinnerte sich Albert Speer. Als Frau Hitler nahm sie sich dann zusammen mit ihrem Mann im gleichen Raum das Leben und wurde mit Hitler gemeinsam von dem Adjutanten Günsche in einer mit Benzin getränkten Decke verbrannt.

Eva Braun war Lehrmädchen beim Photographen Hoffmann und kannte Hitler schon, als Geli noch lebte.»Sie schilderte ihn ihrer Schwester Ilse als Herrn ›von gewissem Alter mit einem komischen Bart, einen großen Filzhut in den Händen‹.« Eva machte zwei Selbstmordversuche, um Hitler an sich zu binden. Beim ersten, 1932, erkundigte sich Hitler zunächst, ob sie sich wirklich seinetwegen das Leben nehmen wollte. Als ihm das sicher war, erklärte er:»Es ist doch klar, daß ich jetzt für sie sorgen muß!« Hitlers Sekretärin Christa Schroeder und auch Henriette von Schirach, die Tochter Hoffmanns, bei der Eva Lehrmädchen war, waren überzeugt, daß Adolf Hitler und Eva Braun keinen sexuellen Kontakt hatten. So sah das auch der Photograph selbst, der das Verhältnis seines ehemaligen Lehrmädchens zu Hitler jahrelang beobachten konnte und im Auftrag Hitlers die kleine Villa in Bogenhausen für Eva kaufte. Hoffmann gab 1945 zu Protokoll:»Ich meine, Hitlers Verhältnis zu Eva Braun war immer ein platonisches.«

Ähnlich Anni Winter, die seit 1929 Hitlers Haushälterin in seiner Münchner Wohnung am Prinzregentenplatz war. Sie sagte am 6. März 1948 folgendes aus:»Eva Braun konnte alles haben und nutzte es auch aus. Sie war sehr geschwätzig und kindisch in seiner Gegenwart, manchmal auch ein bißchen unterwürfig. Wenn Hitler nicht da war und sie in München oder am Berghof war, veranstaltete sie eine Party nach der anderen. Alle ihre jungen Freunde kamen, und sie flirtete schrecklich mit ihnen. Sie machte alles, was Hitler nicht wollte, sie tanzte, trank und rauchte. Sie hatte keine Hemmungen und machte öfters Dinge, die in bezug auf die Position Hitlers nicht recht waren... Ich bin sicher, wenn der Krieg nicht gekommen wäre, hätte Hitler das Verhältnis mit ihr beendet.«

Auch Hitlers Zahnarzt Hugo Blaschke machte sich über das eigenartige Paar seine Gedanken. Er berichtete dem ihn in Nürnberg vernehmenden Robert Kempner: »In den ganzen Jahren habe ich nicht einmal gemerkt, daß er die Frau liebt. Das muß man als Mann doch merken.« Hitler habe sich, so Blaschke im Interview kurz nach Kriegsende mit der amerikanischen CIA, Eva gegenüber benommen wie ein Vater zu seiner etwas verwöhnten Tochter oder wie ein Onkel zu seiner Lieblingsnichte.

Hitlers langjähriger Adjutant Wilhelm Brückner (»Owambo«) berichtete den amerikanischen Interviewern, man könne nicht mit Sicherheit sagen, ob die Beziehung zwischen Hitler und Eva Braun intim gewesen sei, aber Hitler sei sicher von ihr abhängig gewesen. Sollte eine Beziehung bei Hitler über einen gedanklichen Austausch hinausgegangen sein, so hätte zweifellos die Frau die Initiative ergriffen. Hitlers etwas aus dem Rahmen fallendes Sexualverhalten habe man auch durch ein anderes Beispiel ersehen können. Gauleiter Wagner habe immer dann, wenn Hitler das Münchner Künstlerhaus, das dieser auf seine eigenen Kosten habe reparieren lassen, besucht habe, in letzter Minute Balletteusen, Filmsternchen und Schauspielerinnen zu improvisierten »Künstlerfesten« eingeladen. Der Führer habe Wagners Beflissenheit jedoch nicht zu schätzen gewußt. In keinem Fall sei er den lustigen Damen nähergetreten.

In seinem persönlichen Testament kennzeichnete Hitler selbst sein Verhältnis zu Eva als »viele Jahre wahrer Freundschaft«. Von Liebe war nicht die Rede. Seiner Sekretärin Christa Schroeder antwortete er auf ihre Bemerkung, zu einem so bedeutenden Mann, wie er es sei, passe eher eine Frau anderen Formates: »Sie genügt mir.«

Eva erzählte Speer einmal, daß Hitler, der damals noch nicht fünfzig Jahre alt war, zu ihr gesagt habe: »Ich werde dich bald freigeben müssen; was sollst du mit einem alten Mann.«

Hitler zeigte sich mit Eva nur in seinem engeren Kreis. Und auch vor diesem redete sie ihn immer mit »Mein Führer« an. »In ihren Tagebuchfragmenten trat er nur als anonymer ›Er‹ auf, seinen Namen erwähnte sie nie.« Emmy Göring erzählt in ihren Memoiren, sie habe versucht, Eva Braun in das Göringsche Landhaus einzuladen, das in der Nähe von Hitlers Berghof stand. Hitler habe daraufhin Göring zu sich gebeten und ihm klargemacht, er wünsche keinen näheren Kontakt zwischen den beiden Damen. Die unsichere Eva hielt sich strikt an Hitlers Weisungen. »Sie war so verschüchtert, daß sie nicht wagte, zu einem Spaziergang das Haus zu verlassen. ›Ich könnte den Görings auf dem Gang begegnen.‹«

Evas Wunsch, mit der Herzogin von Windsor, die den Berghof gemeinsam mit dem abgedankten englischen König am 22. Oktober 1937 besuchte, bekannt gemacht zu werden, schlug ihr Hitler ab. Dies sei aus protokollarischen Gründen nicht möglich. Als sie wenigstens von ihrem Zimmer im Berghof den Herzog und die Herzogin photographieren wollte, wurde sie von den SS-Wachen von ihrem Fenster verscheucht.

Ein Mann, der wegen einer Frau seine Berufung zum Herrscher aufgab – das war nicht nach Hitlers Geschmack. Anders lagen für ihn die Dinge in einem zweiten Fall von Politik-Romantik, der Hitlers Weltbild weit mehr entsprach. Als der ehemalige österreichische Bundeskanzler Kurt von Schuschnigg nach dem »Anschluß« im Gefängnis saß und die Gräfin Vera Czernin heiraten wollte, »bat Eva Adolf mit um die Bewilligung des Gesuches... Eine Frau, die ihrem Mann in allem folgt, auch in Schmach und Gefängnis, das imponierte ihr«. Henriette von Schirach glaubte, ein Motiv für Evas Selbstmord an der Seite Hitlers sei eine romantische Identifikation mit der Comtess Vetsera gewesen, die mit dem österreichischen Kronprinzen Rudolf 1889 in Mayerling in den Tod gegangen ist.

Vor Fremden wurde Eva verleugnet. Doch sehr strikt war die Geheimhaltung kaum. Als der Feldmarschall von Manstein mit seinem Adjutanten Stahlberg den Berghof besuchte, mußte eine Erklärung für die Anwesenheit der beiden Hunde Evas gefunden werden. »Aus der oberen Etage ertönte lautes Hundegebell, und schon sausten zwei Scotchterrier lauthals kläffend die lange Treppe zu uns herunter. Manstein wandte sich erstaunt an General Schmundt, ob es denn hier neuerdings keinen Schäferhund mehr gebe, und der Chefadjutant erzählte etwas verlegen, die beiden Hunde gehörten Frau Dreesen aus Godesberg.«

In Evas Paß stand »Sekretärin«, auch im Telefonbuch wurde sie so geführt. Den Berghof oder die Reichskanzlei erreichte sie meist in einem Auto, das auch andere Sekretärinnen transportierte. Wenn sie an Hitlers Tafel zugelassen war, war sie meist die Tischdame Bormanns, seines Sekretärs. Und auch dies war erst möglich, als sie ihre Schwester mit dem SS-General Fegelein, Hitlers Adjutanten, verheiratet hatte.

Speer berichtete, daß Eva »auffallend billigen Schmuck« trug, den Hitler ihr zu Weihnachten oder zu Geburtstagen schenkte: »Meist waren es kleine Halbedelsteine, bestenfalls einige hundert Mark wert und eigentlich von beleidigender Bescheidenheit.« Wie aus Evas Testament hervorging, besaß sie zur Zeit ihres Selbstmordes wertvollen Schmuck, den sie jedoch nur selten getragen hatte.

Eva Braun lebte nur etwa ein Viertel des Jahres in Hitlers Nähe, hauptsächlich auf dem Berghof in Berchtesgaden. Sie hatten getrennte Schlafräume, die durch ein Flurzimmer miteinander verbunden waren. In Hitlers Kanzlerwohnung in Berlin wurde ihr erst später, 1939, ein Zweizimmer-Appartement eingerichtet, »die Fenster einem engen Hof zu gelegen«.

Als der Krieg begann, zog Hitler in sein Führerhauptquartier, wo ihn Eva nicht besuchen durfte. Hitler begründete dies damit, daß auch die Soldaten ihre Bräute nicht in den Schützengraben mitnehmen könnten. Es war immer Hitler, der Eva von sich fernhielt – ganz gegen ihren Geschmack. Sie strebte stets nach größerer Nähe und Intimität. Dies schließt eine gängige Deutung ihrer berühmten Abschiedsworte vor ihrem zweiten Selbstmordversuch in ihrem Tagebuch: »Er braucht mich nur zu bestimmten Zwecken« als Ausdruck des Abscheus vor einer allzu fordernden männlichen Sexualität ohne seelische Bindung und bürgerliche Heirat ebenso aus wie (von manchen behauptete) abstoßende oder für Eva wenig befriedigende Sexualpraktiken.

Hitler seinerseits gestattete seiner Gefährtin hingegen jedes Jahr wochenlange Ferienreisen ins Ausland, was nicht auf ein besonderes Verlangen nach regelmäßigem sexuellen Kontakt hindeutet. Er sah Eva zu selten, als daß dieses Verhältnis einfach als eine Gelegenheit zum problemlosen Ausleben heterosexueller Bedürfnisse gedeutet werden könnte. Eva fehlte auch jeder Einfluß auf ihren Partner, der dann wohl gegeben gewesen wäre, wenn sie ihm Befriedigungen gewährt hätte, die er anderswo nicht leicht hätte bekommen können. Nein, Evas Problem, das den Selbstmordversuch auslöste, waren keine abstoßenden Zumutungen, sondern im Gegenteil Unterbeanspruchung, fehlende Beachtung. Sie fühlte sich als »einschichtiges Weiberl« und wünschte sich gegen die Einsamkeit wenigstens »ein Hunderl«. Der Tiroler Bergsteiger und Filmemacher Luis Trenker, der sich einen robusten, ungetrübten Blick auf menschliche Verhältnisse bewahrt hatte, schilderte Eva als eine »früh vergrämte, schöne Frau, die oft klagte, von Hitler vernachlässigt zu werden«.

»Eva verbrachte einen Großteil ihres Lebens mit Warten auf Hitler.« (A. M. Sigmund) Hitlers Arzt Hans Karl von Hasselbach berichtete nach dem Krieg, sie habe nie den Eindruck vermittelt, daß sie glücklich gewesen sei. Karl Brandt, ebenfalls einer seiner Ärzte, die von den amerikanischen Befragern gern als Auskunftspersonen über Hitlers Sexualität herangezogen wurden, meinte, dieser habe Evas Nähe auf dem Berghof so wenig gesucht, daß er zeitweilig, zu ihrem Ärger, seine späten Abende, an denen er monologisierte, lieber in der Gesellschaft seiner Diätassistentin, einer zurückhaltenden und bescheidenen Tirolerin, verbracht habe.

Alle Gerüchte über Hitlers sexuelle Perversitäten, die er mit Frauen angeblich ausgelebt hätte, sind unglaubwürdig. Kurz nach der Machtübernahme wurden ihm von der italienischen Presse sexuelle Exzesse angedichtet. Im Krieg kursierte dann in Berliner Filmkreisen das Gerücht, am Selbstmord der Filmschauspielerin Elisabeth Müller sei Hitler schuld. Die auffällig schöne Frau habe die Zumutung des perversen Diktators seelisch nicht verkraftet, der vor ihr verlangt habe, auf seinen nackt unter ihr liegenden Körper zu urinieren, eine Sexualpraktik, die ihm angeblich besondere Befriedigung verschaffte. Man möchte hierzu zynisch anmerken, es wäre geradezu ein Segen gewesen, wenn sich Hitlers perverse Gelüste durch derartige vergleichsweise harmlosen Techniken hätten befriedigen lassen.

Hitlers Verhältnis zu Eva Braun scheint nach Beginn des Krieges bei größerer Distanz unproblematischer geworden zu sein.

Aus dem fernen Ostpreußen telefonierte er nachts öfter mit ihr. In der Tat hatte im Laufe der Jahre das ungleiche Paar zu einer engeren Bindung gefunden. »Einmal, als Eva Braun Ski lief und etwas verspätet zur Teegesellschaft kam, zeigte Hitler sich unruhig, sah nervös auf die Uhr, deutlich besorgt, daß ihr etwas zugestoßen sein könnte.« Der schweigsame Adjutant Julius Schaub, dem Hitler seine persönlichen Unterlagen vor dem Selbstmord zum Verbrennen anvertraut hatte, äußerte sich in einer Vernehmung durch den immer wieder insistierenden Ankläger Kempner am 12. März 1947: »Er hat sie sehr gern gehabt.«

Hitler widmete Eva stolz den ersten Volksempfänger und einen Prototyp des neuen KdF-Wagens. Später schenkte er ihr ein Mercedes-Cabriolet, das auf dem Obersalzberg in der Garage stand, und sandte ihr nach dem Attentat Stauffenbergs seine zerlöcherte Hose, gewissermaßen als Souvenir, zur Aufbewahrung. Sie nahm das zerfetzte Kleidungsstück und schloß sich in ihrem Zimmer ein.

»Mein liebes Tschapperl«, schrieb er am 20. Juli 1944, »ich hoffe bald heimzukehren und mich dann in Deinen Armen ausruhen zu können.« Mit diesem Ausruhen in Evas Armen sollte nun keineswegs eine irgendwie geartete sexuelle Aktivität schamhaft umschrieben werden, was Hitler gleich im nächsten Satz sehr deutlich machte: »Ich habe ein großes Bedürfnis nach Ruhe, aber meine Pflicht gegen das deutsche Volk geht über alles andere...« Gerührt antwortete sie, wenn ihm etwas passiert wäre, so hätte sie dies nicht überstanden. »Geliebter! Du weißt, ich habe es Dir immer gesagt, daß ich sterbe, wenn Dir etwas zustößt. Vor unserer Begegnung habe ich mir geschworen, Dir überallhin zu folgen, auch in den Tod.« In ihrem letzten Brief, einen Tag vor dem Selbstmord, klagte sie: »Der arme Adolf, von allen wird er verlassen und verraten.« Sie aber blieb ihm treu. Mit Hilfe der Mercedes-Vertretung in München war es ihr gelungen, noch 1945 in das belagerte Berlin zu kommen. Sie hatte einen Wagen mit Chauffeur angefordert, und mit einem eigens zu diesem Zweck in Feldgrau umgespritzten Fahrzeug hatte sie, zur Überraschung Hitlers, ihr Ziel erreicht. »Ich bin gekommen«, begründete sie ihren Schritt, »weil ich alles Schöne in meinem Leben dem Chef verdanke.«

Als sie allerdings auf dem Heiratsdokument zum ersten Mal mit Eva Hitler unterschreiben mußte, verschrieb sie sich. Die Kopie im Bundesarchiv in Koblenz zeigt, daß sie nach ihrem Vornamen zunächst mit einem großen »B« signierte, das sie dann durchstrich und dann erst ihren neuen Namen hinschrieb. Macht der Gewohnheit – oder sträubte sich doch etwas im Unbewußten der Eva Braun gegen die Eheschließung mit diesem Mann? Hitler bezeichnete sie jedenfalls auch nach der Hochzeit gegenüber dem Adjutanten Wünsche weiterhin als »Fräulein Eva«. Sie aber wollte ihre Hochzeit in letzter Minute wenigstens zu einem kleinen gesellschaftlichen Triumph ausnutzen. Ihr Dienstmädchen wies sie in ihrer nur einen Tag dauernden Ehe an: »Du kannst mich ruhig Frau Hitler nennen!«

Ansichten über die Ehe

Hitlers Ansichten über die Ehe waren alles anderes als günstig. »Das ist das Schlimmste an der Ehe, sie schafft Rechtsansprüche. Da ist es doch viel richtiger, eine Geliebte zu haben. Die Last fällt weg und alles bleibt ein Geschenk. Das gilt natürlich nur für hervorragende Männer.«

Viele Jahre lang hatte er von einer Heirat mit Eva Braun nichts wissen wollen, da er mit dem Arrangement, das ihn in seinem engsten Kreis von Verdächtigungen schützte, zufrieden war. »Daß ein Mann wie ich noch heiraten wird, glaube ich nicht«, erklärte er in seinen Tischgesprächen. Es ging ihm nicht um den Trauschein, es ging ihm um psychische Beherrschung, Auslöschung des Willens seines Partners. »Es gibt nichts Schöneres, als sich ein junges Ding zu erziehen.« »Ein Mädel mit achtzehn, zwanzig Jahren ist biegsam wie Wachs. Einem Mann muß es möglich sein, jedem Mädchen seinen Stempel aufzudrücken. Die Frau will auch nichts anderes.« So ähnlich urteilen heute noch die Männer in patriarchalischen Gesellschaften. Ein türkisches Sprichwort lautet: Eine Frau soll man verheiraten, ehe der Verstand erwacht.

Einen fast katholischen Standpunkt nahm Hitler beim Thema Ehe und Sexualität ein und verriet damit wohl gleichzeitig sein

Problem. »Ehen, die nur auf sexueller Basis ruhen, gehen leicht auseinander… Schwer wird die Trennung, wenn eine Kameradschaft da ist und eines im anderen völlig aufgeht«. Nicht Sexualität, sondern Kameradschaft, vor allem aber Diskretion verlangte Hitler:»Daß eine Frau zur Aussage über intime Dinge gezwungen ist, das darf nicht sein.« Wie wichtig es Hitler war, daß Frauen nicht aus der Kemenate plauderten, sieht man an dem 1941 von ihm genehmigten neuen Ehrenkodex für Offiziere.»Eheliche Untreue verpflichtet den Ehemann, die Ehre seines Hauses gegenüber dem Beleidiger zu verteidigen.« Aber: »Mit der Achtung vor der Frauenehre ist es nicht vereinbar, Frauen in Fragen ihres persönlichen und privaten Lebens, ganz besonders aber ihres Ehelebens zu befragen.«

Im August 1942 hatte Hitler das Todesurteil gegen den Sexualmörder Tötke zu bestätigen. In den Akten fand er ein Verhör, in dem eine der beteiligten Frauen über Details ihres Sexuallebens ausgefragt wurde. Hitler befahl seinem Staatssekretär Lammers, einen Brief an den Justizminister Gürtner zu schreiben, daß in Zukunft derartige Verhöre, die an die schmutzigen Praktiken mancher Priester im Beichtstuhl erinnerten, verboten werden sollten. Es ist möglich, daß wir hier Hitler von seiner galanten und menschenfreundlichen Seite erleben. Es ist aber auch denkbar, daß er fürchtete, durch diese Befragungspraxis würden Frauen zur Preisgabe von Geheimnissen gezwungen, die er lieber im verborgenen lassen wollte.

4.5. Ersatzbefriedigungen

Redegewalt

Wenn Hitler aber keinen Spaß daran fand, »was Männer und Frauen miteinander tun« (Heinrich Böll), wie lebte er dann seine Triebe aus? Da er sich selbst als Ausnahmemensch ansah, gab er sich folglich auch in der Sexualität nicht mit den herkömmlichen Gebräuchen zufrieden. »Die ›Exzesse‹, zu denen er sich berufen und bereit fand, die er anstrebte und denen er schließlich auch zu furchtbarer Verwirklichung verhalf, fanden, was ihn betrifft, gleichsam ›extrakorporal‹ statt.«

Hitlers Periode erhöhter erotischer Aktivität war die Zeit von 1920 bis zum Kriegsbeginn 1939 – also knapp zwanzig Jahre. In diese Zeit fielen auch Hitlers größte Erfolge. Es war eine Zeit, in der ihm alles zu gelingen schien. Mit einer fast manischen Hochstimmung, die freilich von Perioden der Niedergeschlagenheit – insbesondere nach dem mißglückten Putsch, der Festungshaft in Landsberg und nach dem Selbstmord seiner Nichte Geli – unterbrochen wurde, ging bei Hitler auch eine erhöhte sexuelle Stimulierung einher. Den Höhepunkt seines emotionalen Rausches erlebte Hitler jedoch nicht in den Armen einer Frau, sondern in der politischen Massenrede.

Bei seinen Auftritten ließ Hitler sich und das Publikum durch schneidige Marschmusik aufputschen. Der Badenweiler Marsch, der leitmotivartig bei seinem Erscheinen intoniert wurde, sollte an sein Soldatentum erinnern, stimulierte aber auch seine Sinne. In Phasen der Depression wurde er durch das Klavierspiel von seinem späteren Auslandspressechef Putzi Hanfstaengl aufgeheitert. Die Siege der deutschen Wehrmacht wurden im Rußlandfeldzug durch Sondermeldungen bekanntgegeben, die mit einer Fanfare aus Liszts »Préludes« eingeleitet wurden, um die Zuschauer in eine rauschartige Begeisterung zu versetzen.

Hitlers Erotik spielte sich in der Ekstase der Masse ab. Die Entdeckung dieser neuen Quelle der Befriedigung, die Entdeckung seiner Redegewalt, datierte Sebastian Haffner auf den 24. Februar 1920, als Hitler seine erste große Rede vor einem Massenpublikum hielt. Man könne die Wirkung dieses Ereignisses auf Hitler nur verstehen, wenn man sich vorstelle, wie einem Mann zumute ist, »der Grund gehabt hat, sich für impotent zu halten, wenn er sich plötzlich im Stande findet, Wunder der Potenz zu vollbringen«. Putzi Hanfstaengl schwärmte geradezu: »Hitlers Bariton hatte Schmelz und Resonanz. Ihm standen Kehltöne zur Verfügung, die einem unter die Haut gingen. Seine Stimmbänder waren unverbraucht und befähigten ihn zu Nuancierungen von einzigartiger Wirkung.« Henriette von Schirach verglich Hitlers Stimme mit einem Cello.

Hitler war nicht nur der Hauptdarsteller in seiner expressiven Ein-Mann-Vorstellung, die seine Zuhörer zu ähnlichen erotischen Gefühlen stimulierte wie Opernbesucher. Wie sein großes Vorbild Richard Wagner verfaßte Hitler für seine Gesamtkunstwerke auch Musik und Libretto. Seine Gestik übte er vorher vor dem Spiegel. Während seiner Wahlkampfkampagnen vor 1933 begleitete ihn der Schauspieler Devrient. Dieser sollte ihm Techniken zur Stimmschonung (und besseren Atmung) beibringen, wobei er wohl auch schauspielerische Ratschläge erteilte. Schon beim Diktat seiner Rede geriet Hitler fast in einem Trancezustand. Er konzentrierte sich so sehr, daß er von seiner Sekretärin keine Notiz nahm.»Vor dem Diktat existierte ich für ihn nicht, und ich bezweifle, daß er mich an meinem Schreibtisch sitzen sah.«

Das Schreibmaschinenklappern brauchte Hitler als Stimulans. Er diktierte deshalb nicht ins Stenogramm.»Sobald er sich in seiner Rede mit dem Bolschewismus beschäftigte, nahm Erregung von ihm Besitz. Seine Stimme überschlug sich oft.« Das geschah auch, wenn er Churchill (den er als»Whiskysäufer« apostrophierte) oder Stalin (»Bluthund«) erwähnte.»Seine Stimme konnte in solchen Situationen bis zur höchsten Lautstärke anschwellen, sie überschlug sich quasi, und er gestikulierte dabei lebhaft mit den Händen. Röte stieg in sein Gesicht, und zornig glänzten seine Augen. Wie angewurzelt blieb er dann stehen, so als habe er den betreffenden Gegner direkt vor sich. Ich bekam während des Diktats manchmal rasendes Herzklopfen, so übertrug sich Hitlers Erregung auf mich.«

Hitlers Reden dauerten über eine Stunde. Nach einem ruhigeren, manchmal stockenden Vorspiel stimulierte Hitler die Massen. Je mehr er sich dem Höhepunkt der Rede näherte, desto stärker drang seine natürliche Stimme durch. Er begann hysterisch zu krächzen, bis er einen»Orgasmus aus Schall und Wahn erreichte«. Das Publikum war hingerissen. Auch die Frauen kreischten.»Ein Redewasserfall! Schaffhausen! Niagara! Ein fallender Strom«, beschrieben Zuhörer den Eindruck. Joachim Fest entdeckte in Hitlers Veranstaltungen einen»obszönen Kopulationscharakter«, sie seien»Ersatzhandlungen einer ins Leere laufenden Sexualität« gewesen.

»Die Zeit des persönlichen Glückes ist vorbei«, rief Hitler 1933 aus. Glück sollte fortan nur noch bei ihm als »Gemeinschaftsglück« zu finden sein. Seine Auftritte sollten derartige neue Glückserlebnisse rauschhafter Vereinigung vermitteln. »Gibt es etwas Beglückenderes als eine nationalsozialistische Versammlung, in der man sich einig fühlt, Redner und Zuhörer?«

Selbst matrimoniale Metaphern fehlten nicht, wenn Hitler sein Verhältnis zu seinen Zuhörern beschrieb. In einer Rede vor Parteigenossen in Rosenheim am 17. April 1932 erklärte er stolz: »Das wissen meine Kameraden, daß ich zu ihnen halte bis zum letzten Atemzuge, genau so wie ich weiß, daß sie zu mir gehören. Es ist ein Bund fürs Leben…«

Hitler sah sich also als lebenslanger Partner seines Publikums. Am 4. September 1932 machte er klar, wie er diese Partnerschaft auffaßte: »Ich habe der Masse meinen Willen eingeimpft, nun hat sie ihren eigenen Willen… Wir sind auf Gedeih und Verderb miteinander verbunden.«

Immer wieder fielen Beobachtern Bilder aus der erotischen Sphäre ein, wenn sie das Verhältnis Hitlers zu den Deutschen beschrieben. Der britische Journalist Sefton Delmer, gerade kein großer Freund Hitlers und Bewunderer der Deutschen, erinnerte sich nach dem Krieg an seine Zeit in Berlin: »Man kann heute sagen, was man will: Deutschland war im Jahre 1936 ein glückliches Land. Auf seinem Antlitz lag das Strahlen einer verliebten Frau. Und die Deutschen waren verliebt, verliebt in Hitler.«

Während der Redeprozedur verlor Hitler einige Pfunde, und körperlich war er völlig erschöpft und glücklich. Im Führerhauptquartier »Wolfsschanze« erinnerte er sich am 8. Juli 1942 abends nicht ohne Stolz an alte Zeiten. Das Gespräch befaßte sich mit dem etwas ungewöhnlichen Thema des Schwitzens. Hitler behauptete, Katzen spielten mit Mäusen, bevor sie sie töteten, auch deswegen, damit sie in Schweiß gebadet besser schmeckten und bekömmlicher seien. Nachdem der Feldmarschall Keitel dann auf die Methode der Hunnen hingewiesen hatte, Fleisch unter dem Sattel weichzureiten, berichtete Hitler vom eigenen Rekordschwitzen. »Bei seinen Reden in Großveranstaltungen sei er hernach klitschnaß gewesen und habe vier bis sechs Pfund an Gewicht verloren gehabt … Wenn man die Menge Flüssigkeit berücksichtige, die er zwischendurch getrunken habe, können es bis zu sieben Pfund gewesen sein. Vielleicht sei dieser Gewichtsverlust gar nicht ungesund gewesen. Ihn habe daran nur immer gestört, daß sein einziger blaugefärbter Kriegsanzug seine Leibwäsche bei jeder Versammlung blau gefärbt habe.« Hitler brauchte diese Reden offensichtlich nicht nur zu seiner körperlichen, sondern auch zu seiner geistigen Gesundheit. Sie wirkten auf ihn in ähnlicher Weise emotional stabilisierend wie der Sexualverkehr bei anderen Menschen.

Don Juan auf der Rednertribüne

Rudolf Diels verglich Hitler mit einer bekannten Bühnenfigur. »Er erschien mir wie ein Don Juan der Massen, der seine Kraft in der einen Stunde wie in einem Punkte zusammenfassen konnte, in der er sie – die Riesenversammlung umwerbend oder bedrängend – austoben ließ.«

Don Giovanni, der Held der Mozart-Oper, war ein großer Frauenverführer. Sein Diener Leporello bewunderte voller Abscheu die einfühlsamen Techniken des Weiberhelden. Bei großen Frauen hätte ein anderes Werbeverhalten zum Ziel geführt als bei zierlichen, bei Dunkelhaarigen sei Don Giovanni anders vorgegangen als bei Blondinen.

Auch für Hitler ließe sich ein Leporello-Album zusammenstellen. Seine Eroberungen bestanden nicht aus tausendunddrei einzelnen Frauen, sondern gingen bei Massenveranstaltungen mit Männern in die Millionen. Die Vielfalt der Opfer dürfte Hitler zu besonderen oratorischen Leistungen angestachelt haben: junge Leutnants, Arbeitsdienstmänner, Schüler der nationalpolitischen Erziehungsanstalten, auch Straßenbauarbeiter. Wie Don Giovanni bemühte sich Hitler bei jedem neuen Kreis von Umworbenen um den angemessenen Ton. Wenn man sich Hitlers begeisterte junge Zuhörer vorstellt, erahnt man die Reize, die auf den Redner wirkten.

Nur während seiner Kampfzeit redete er vor einem bunt zusammengewürfelten Publikum, um dessen Zustimmung er kämpfen mußte. Nach 1934 waren Hingabe und rauschender Beifall vorprogrammiert, Hitler sprach »fast nur noch auf gestellten und organisierten Kundgebungen«.

Am 23. November 1937 gönnte sich der damals Neunundvierzigjährige ein besonderes Vergnügen, das seinem leicht perversen Gefühlsleben guttat. Hitler sprach vor dem politischen Führernachwuchs der Ordensburg Sonthofen im Allgäu; seine Zuhörer waren ausschließlich bestens durchtrainierte stramme junge Männer im Alter von zwanzig Jahren. Hitler gab die üblichen Parolen aus, sprach von »Blutkampf«, der »nötigen Brutalität«. »Auf die Dauer wird die Welt nur erobert durch Tatkraft und Energie.« Und dann natürlich: »Blinder Gehorsam und absolute Autorität«. Wem diese zu schulden ist, das war ganz klar. »Über den deutschen Menschen im Diesseits verfügt die deutsche Nation durch ihre Führer.«

Zu rhetorischen Superlativen steigerte sich Hitler auf einer Massenversammlung von Straßenbauarbeitern im Berliner Theater des Volkes im Dezember 1937 aus Anlaß der Fertigstellung des 2000. Kilometers der Autobahnen. Diese seien, so rief er den begeisterten Männern zu, »das größte Werk, das zur Zeit auf dieser Erde geschaffen wird«.

Die Lust am engen Umgang mit einfachen Männern tarnte er als soziales Engagement. »Deutschlands Führer hatte zur Arbeiterschaft ein fast schwärmerisches Verhältnis. ›Diese große ungeheure Masse sei eigentlich das Volk selbst‹, erklärte Hitler einem Vertrauten und schwadronierte: ›Ich habe mit ihm als Arbeitsloser gehungert, ich lag mit ihm im Schützengraben, ich kenne es, dieses herrliche Volk.‹«

Wenn ihm bei Werksbesichtigungen eindrucksvolle Männer auffielen, geriet er ins Schwärmen. Die Krupp-Arbeiter, die er am 27. September 1937 gesehen habe, seien »wahre Herrenmenschen« gewesen, erinnerte er sich noch nach fast fünf Jahren am 20. Mai 1942. »Die gleichen Feststellungen habe er anläßlich des Stapellaufs der ›Tirpitz‹ auf der Wilhelmshavener Marinewerft machen können. Wie viele schöne, stattliche Menschen mit einer souveränen, adligen Haltung und ehrlichem Stolz im Gesicht habe er unter den Arbeitern gesehen.«

Dieses herrliche Volk, so wie es war, war aber dann doch nicht so nach Hitlers Geschmack. In einer Geheimrede vor Offizieren am 25. Januar 1939 erlaubte er einen tieferen Blick in seine homoerotischen Vorlieben, die er sonst immer tarnte. Das deutsche Volk, so gestand er, war ihm zu verweiblicht, oder, was in seinen Augen dasselbe war, rassisch nicht einwandfrei. Die »große Masse unseres Volkes«, so führte er aus, »bestehe nicht aus nordischführungsmäßig geeigneten Elementen... Alle diese Elemente stellen damit dem nordisch herrischen Element gegenüber – ich möchte sagen – ein feminines Element dar«. Diese schlechten Elemente würden nur so lange in Schach gehalten, »solange die Führungsorganisation absolut herrische und damit nordische Züge trägt...«. Hitler wand sich zwar ein wenig – aber er ließ die Katze aus dem Sack. Die nordischen, die arischen Züge, das waren in seinen Augen herrische Züge, die dem femininen Element entgegengesetzt waren. Seine ganze Rassendoktrin war auch ein verklausuliertes Plädoyer für eine homoerotische Gesellschaft.

Eigentümlich verräterische Passagen leicht homoerotischen Inhalts entschlüpften dem begeisterten Redner immer wieder. Kurz vor seiner Ernennung zum Reichskanzler sagte er auf einer Ansprache am 20. Januar 1933 im Berliner Sportpalast: »Parteigenosse, Volksgenosse, wenn du hier eintrittst, dann mußt du deinen Willen verschmelzen zu einem Willen von Millionen anderen, dann mußt du aufgehen in diesem großen Willen, du mußt Mann werden und dich deinem Führer anvertrauen!« Er forderte also ein Initiationserlebnis, ein Coming-out von den Männern, die ihm zuhörten. Dies verlangte er schließlich auch vom ganzen deutschen Volk. In immer neuen Abstimmungen sollte es demonstrieren, daß es mit ihm eines Willens war.

Für Anhänger der Psychoanalyse ist eine weitere Passage der Sportpalastrede, in der Hitler seine eigene (phallische) Rolle in der Bewegung klarmacht, eine Bestätigung ihrer Theorien. »Meine Mission ist es, als Fahnenträger der Bewegung ununterbrochen voranzugehen. So lange mich das Schicksal leben läßt, so lange werde ich diese Fahne tragen und niemals einstreichen, niemals einrollen.« Tatsächlich gelang es ihm, mit seinem stundenlangen

Armhochhalten strotzende Männlichkeit in symbolischer Form augenscheinlich zu demonstrieren.

Denn Hitler zeigte bei dieser Gelegenheit wieder seine ganz persönliche, wenn man so will, ithyphallische Geste. Als Zeichen männlicher Kraft hielt er den rechten Arm zum Gruß empor. Länger als jeder andere war er in der Lage, diese allen sichtbare männliche Ersatzstarre beizubehalten. Das Publikum zeigte sich beeindruckt.

»Massen verführt man durch das Geschlecht«, meinte Heinrich Mann. »Gleich der Straßenvenus bekam er seine ganze Schönheit erst am Rande des Mordes und mit Schaum vor dem Mund. Dann keuchten die Massen unter seinem überwältigendem Ansturm, und rückhaltlos ergaben sie sich diesem fürchterlichen Sex-Appeal.«

Hitler hätte es fertig gebracht, daß den »Faschisten einer stand«. »Endlich einmal nicht kastriert sein... im Ritual selbst zum Teil des transzendentalen Phallus zu werden, der allen Sinn stiftet«.

»Jeder hat ihn gehört, seit er über den Rundfunk verfügt. Er beginnt mit einer ungepflegten Stimme und hinterwäldlerischen Aussprache, schleppend, aber drohend... Endlich gibt er das letzte her: Dann erscheint das nackte Urwesen, die Venus entsteigt ihrer Schlammflut und stellt sich schamlos aus mit samt ihren Schäden, die offenbar den Trieb der Menge noch mehr aufpeitschen.« (H. Mann)

1937 hielt Hitler auf dem Reichsparteitag in Nürnberg eine Rede vor 20 000 begeisterten Frauen. Der rhetorische Höhepunkt dieser besonderen Veranstaltung war seine Frage: »Was habe ich euch alles gegeben?« Hitler antwortete nach kurzer Pause: »Den Mann.« Was sich in diesem Augenblick bei den Frauen vollzöge, meinte Otto Strasser, sei nur dem Orgasmus vergleichbar.

In gewisser Weise hatte Hitlers Redestil den Charakter einer Vergewaltigung. »Schickele verglich das ganze mit ›Lustmorden‹; der Redner wühle ›im Fleisch seiner Zuhörer‹, die dann dementsprechend reagierten. Für Hasenclever waren dergleichen Versammlungen nichts als kollektiv-orgiastische Ersatzbefriedigungen. Von einem Besuch im Sportpalast brachte er folgenden

Eindruck mit: ›Alle brüllten. Alle wollten sich hinschlachten lassen. Die Frauen, von ihren Männern vernachlässigt, erlebten den ersten Grad der Befriedigung. Es war ein Orgasmus ohnegleichen.‹« Es kam Hitler darauf an, dem Zuhörer seinen Willen aufzuzwingen. »Was die Masse fühlen muß«, meinte er, »ist der Triumph der eigenen Stärke«, und »die Masse wünscht den Mann mit den Kürassierstiefeln…« (womit er auf sein Vorbild Bismarck anspielte).

»Der Redner selbst aber, der die Masse vergewaltigt und schändet, hat davon gleichzeitig einen Genuß, würdig seines empfindlichen Künstlertums«, erkannte Heinrich Mann. »Er zieht sich aus bis auf die Haut vor allen Leuten – sie können nicht genug staunen über diese anstandlose Selbstenthüllung mit allem, was er eigentlich verbergen sollte.« Hitler und seine Bewegung offenbarten »zweideutige Gegenden der Menschennatur, die eine Aufhellung nur schlecht vertragen würde«.

In seinem Buch »Mein Kampf« verriet Hitler das Rezept, zu welcher Tageszeit es leichter falle, Menschen gefügig zu machen: »Morgens und selbst tagsüber scheinen die willensmäßigen Kräfte der Menschen sich noch in höherer Energie gegen den Versuch der Aufzwingung eines fremden Willens und einer fremden Meinung zu sträuben. Abends dagegen unterliegen sie leichter der beherrschenden Kraft stärkeren Willens. Denn wahrlich stellt jede solche Versammlung einen Ringkampf zweier entgegengesetzter Kräfte dar. Der überragenden Redekunst einer beherrschenden Apostelnatur wird es nun leichter gelingen, Menschen dem neuen Willen zu gewinnen, die selbst bereits eine Schwächung der Widerstandskraft in natürlichster Weise erfahren haben, als solche, die noch im Vollbesitz ihrer geistigen und willensmäßigen Spannkraft sind.« Nicht nur Hitler setzte auf Gewalt in der Sexualität, sondern der Faschismus überhaupt. »An sie, die physische und geistige Vergewaltigung, glaubt er, sie praktiziert er, sie liebt, ehrt und verherrlicht er.«

Nach Kriegsbeginn redete Hitler nur noch selten; das, was nun zu sagen sei, sagten die deutschen Soldaten mit Hilfe ihrer Waffen, meinte er. Aber seine Lieblingsreden ließ er sich nicht nehmen, die Appelle an Offiziersanwärter. Bis zum Jahre 1943 hielt

Meine jungen Kameraden!

Hitles Rede im Berliner Sportpalast vor 5000 jungen Leutnants am 18.
September 1940
Eine der letzten großen rhetorischen Anstrengungen Hitlers, in der er alle
Register seiner Überredungskunst zog, um die jungen Offiziere zu begei-
stern, die sich dann anschließend ohne Bedenken für ihn opfern sollten.
Hier herrschte nicht mehr die dumpf-erotische Bierhallen-Atmosphäre
der frühen Auftritte des Demagogen, sondern, fast noch grausamer: in
sauber ausgerichteten Reihen werden die Massen vom Redner stimuliert

er immerhin acht solcher Appelle vor blutjungen strammen Fähnrichen aus dem Heer, der Marine, der Luftwaffe und der Waffen-SS ab, die fast alle im Berliner Sportpalast stattfanden. Hitler wollte sich »selbst stärken am Anblick und an der Zuversicht dieser jungen, unerfahrenen und z. T. noch begeisterten Nachwuchsoffiziere«.

Eifersüchtig wachte er darüber, daß sich seine Zuhörer seiner Redegewalt vollständig hingaben, daß sie ihm vollständig zu Willen waren. Am 25. April 1941 rief er 9000 Offiziersanwärtern zu: »Ein Wort kenne ich nie und werde es nie kennen als Führer des Deutschen Volkes und als euer Oberster Befehlshaber, es heißt wieder Kapitulation, d. h. Ergebung in den Willen eines anderen – niemals, niemals!«

»Hier hat Hitler zweifellos mal ein wahres Wort gesprochen«, kommentierte Max Domarus. »Denn ›Ergebung in den Willen eines anderen‹ war für ihn sicherlich das Schlimmste, das es geben konnte.«

Eine Apotheose seiner sadistischen Triebbefriedigung erlebte der vom körperlichen Verfall gezeichnete Hitler am 30. Mai 1942 im Berliner Sportpalast bei einer langen Rede vor 10 000 Leutnants. »Meine jungen Kameraden«, begann er und erinnerte sich angesichts der blutjungen Leutnants an seine frühen Frustrationen bei den ihm so am Herz liegenden Beeinflussungsversuchen widerstrebener Männer. »Als ich mich als unbekannter namenloser Soldat damals entschlossen hatte, den Kampf gegen die Welt aufzunehmen und die verschiedenen Parteien aufzulösen und zu zertrümmern... da war das der Gedanke eines Mannes, den selbst die nächsten Bekannten im ersten Moment für verrückt halten konnten...« Die jungen Kerle gaben sich erst seinem Redefluß hin und gingen anschließend auf seinen Befehl ins feindliche Feuer.

Libidinöse Kriegsführung

Inzwischen hatte er eine neue Quelle erotischer Befriedigung gefunden, hinter der selbst der Rausch eines Bades in der Menge verblaßte. Hitler lenkte seine Libido ins Kriegführen ab.

Die wirklichen Schlachten mit ihren Panzern und Stukas übertrafen noch die Aufmärsche auf den Reichsparteitagen in Nürnberg. Und der Sieg in der Schlacht verschaffte ihm größere Befriedigung als der Sieg über Frauen. Die Reize militärischer Triumphe zogen ihn weit mehr an als die Reize Eva Brauns. Nun kommen die von ihm inszenierten szenischen Schauspiele in Form von gewaltigen Völkerschlachten, Panzerangriffen vor. Das Schaumoment in seiner Kriegsführung ist unübersehbar. Besonders liebte er die Sturzkampfbomber. Nach seiner Idee oder, besser, seiner Inszenierung, wurde in die Stukas eine Sirene (»Jerichotrompete« von den Fliegern genannt) eingebaut, die die Feinde, auf die sich die Flieger stürzten, in Angst und Schrecken versetzen sollte. Hitlers Kritiker meinten, über seine hysterische Freude am Effekt der Bomben habe er die Konstruktionen und Produktionen der besonders schnellen Flugzeuge versäumt, die schließlich für die Entscheidung über die Luftherrschaft wichtiger waren.

Die Seekriegsführung hingegen war für Hitler viel weniger befriedigend. Die Marineleitung ließ sich von ihm das Heft nicht aus der Hand nehmen. Beim U-Bootkrieg konnte er nicht unmittelbar in die Operationen eingreifen und einzelnen Booten den Angriff befehlen. Aber einzelne Schlachtschiffe in die Seeschlacht zu beordern, wäre nach seinem Geschmack gewesen. Die Seekriegsleitung konnte ihn davon abbringen. So versuchte er, immerhin seine Mordlust auf hoher See auszutoben. »In einem Gespräch mit dem japanischen Botschafter Oshima im Januar 1942 stellte Hitler einen Befehl in Aussicht, die Überlebenden versenkter Schiffe zu töten. Aus dem Tagebuch der Seekriegsleitung geht weiterhin hervor, daß Hitler dann im Februar 1942 den Vorschlag machte, ›den Zufuhrkrieg durch Fallenlassen jeder Rücksicht zu verschärfen‹. Diese Anregung lehnte Großadmiral Raeder ab. Bei einem Vortrag von Admiral Dönitz vor Hitler im Beisein von Raeder am 14. Mai 1942 über den U-Bootkrieg forderte Hitler erneut die Vernichtung von Rettungsbooten versenkter Dampfer. Beide Admirale konnten durch Hinweis auf die dann zu erwartenden Repressalien des Gegners eine solche völkerrechtswidrige Weisung Hitlers verhindern.« Gegen Ende des Krieges hatte die Marine für ihn jeden Reiz verloren. 1944 machte er zweimal den Vorschlag, die großen Schiffe außer Dienst zu stellen und ihre Kanonen an Land einzusetzen.

Befriedigung fand Hitler hingegen am Landkrieg. Hierbei reizte ihn besonders das Durchbrechen der feindlichen Linien durch Panzerkeile. Seine eigenartige Triebhaftigkeit traf auf eine deutsche militärische Tradition, die Bewunderung für Cannae. In dieser Schlacht (216 v. Chr.) hatte Hannibal die römische Armee durch seine Kavallerie unter Hasdrubal umfaßt und vernichtet. Dieses Vorbild übte auf den Generalstab seit Jahrzehnten einen geradezu erotischen Reiz aus. Der Schlieffen-Plan des Ersten Weltkrieges suchte Cannae zu imitieren, auch Generaloberst von Fritsch schwärmte für die taktische Leistung Hannibals, was um so erstaunlicher war, als die Punischen Kriege ja auch ein abschreckendes Beispiel dafür hätten sein sollen, daß man eine Schlacht gewinnen und den Krieg verlieren konnte. Hitler griff den Umgehungsgedanken im Polenfeldzug und dann vor allem in Frankreich (»Sichelschnitt«) und wieder in Rußland auf, die Schlacht von Wjasma und Briansk wurde geradezu als Super-Cannae bezeichnet. Seine Kavallerie waren die Panzerdivisionen. Zugleich aber pervertierte er die militärische Taktik durch völkische Obsessionen, es ging ihm bei seinen Siegen nicht um die Ausschaltung des Gegners, es ging um seine vollständige Eliminierung, Tötung, Ermordung, um damit Platz zu schaffen für das arische Blut.

Diese Manifestation geballter männlicher Potenz, die dem Gegner den eigenen Willen total aufzwang und ihn in ähnlicher Form zur völligen Hingabe nötigte wie früher die breite Menge durch die eigene Redegewalt, faszinierte Hitler. Auch die wehrlos vor ihm niedergestreckte Ukraine, die seiner Macht ausgeliefert war, erregte ihn in eigentümlicher Form.

Die gewaltsam ins feindliche Gebiet eindringenden Aktionen waren es, die Hitler begeisterten. Immer wieder beschworen ihn seine Generäle, er möge doch Abwehrschlachten schlagen. Doch Abwehr war in Hitlers Gefühl unmännlich und ohne Reiz. Die »Jodls und Keitels« bezeichnete er als »Papis, die müde und verbraucht seien und in der gegenwärtigen Notlage keine Entschlüsse großen Formats zum Vortrag brächten«. Und dann brüstete sich Hitler vor Goebbels mit seinen strategischen Leistungen in einem Bild, das jeden Psychoanalytiker entzücken muß:»Der Führer erzählt mir, daß er Wochen barbarischer Arbeit hinter sich hat. An den meisten Tagen hat er von morgens früh bis in die tiefe Nacht hinein im Kartenzimmer gestanden, so daß ihm direkt die Füße angeschwollen sind. Seine Hauptarbeit bestand darin, das Nachschub- und Transportproblem zu lösen und die sinkende Moral vor allem der führenden Männer wieder aufzurichten. Er sagte mir, er wäre sich manchmal vorgekommen wie einer, dessen hauptsächliche Arbeit darin besteht, Gummimänner, denen die Luft ausgegangen ist, wieder neu aufzublasen.«

»Einbrüche des Gegners in die Hauptkampflinie werden durch Abriegelung allein nie beseitigt werden können. Nur der Gegenstoß, wenn auch mit schwachen Kräften, hat hier Aussicht auf Erfolg«, führte er in seinem langen, etwas wirren Führerbefehl vom 8. September 1942 über »Grundsätzliche Aufgaben der Verteidigung« aus.

Die in Hitlers Augen an sich unmännliche Abwehr schien ihm nicht in einer taktisch klugen, flexiblen Form tragbar zu sein, sondern allenfalls in einer starren Form, die einen Flecken Land bis zur letzten Patrone verteidigt. Möglicherweise verbergen sich Versagensängste sexueller Art hinter dieser Auffassung Hitlers. Ein Nicht-mehr-Können, Sich-Zurückziehen wurde als Mangel an Potenz aufgefaßt. »Er ist kein Steher«, hieß es abfällig im Führerhauptquartier von einem Heerführer, der seinen Truppen den Rückzug befohlen hatte.

Leningrad war zeitweilig das Objekt seiner Begierde. Hier vermutete er den schwachen Punkt der russischen Seele. Bei der Heeresgruppe Nord führte er am 21. Juli 1941 aus, »daß mit Leningrad einer der für das russische Volk in den letzten vierundzwanzig Jahren herausgestellten Exponenten der Revolution verlorenginge«. Mit dem Fall von Leningrad könne es auch »zum völligen Zusammenbruch kommen«, wenn die Eigenart des slawischen Charakters zum Durchbruch käme: »himmelhoch jauchzend, zu Tode betrübt«. Wer Leningrad eroberte, dem ergäben sich die Russen auf Gedeih und Verderben. Bei Moskau erwartete Hitler diesen Effekt nicht, wohl aber wieder bei Stalingrad, dem er im nächsten Jahr 1942 eine ähnliche Schlüsselrolle zuschrieb. Er wurde Opfer seiner eigenen Inszenierung. Auf den Lageplänen, die er mit seinen Generälen täglich studierte, hätten die Truppenbewegungen, die zum Angriff auf das Zentrum des Sowjetreichs geführt hätten, weit weniger spektakulär ausgesehen. Doch der Graphiker Hitler begeisterte sich eben auch an den kühneren, schön geschwungenen Kurven, die seine Divisionen auf der Karte markierten, »an den weitausholenden Bewegungen starker Heeresgruppen« (Halder), die schließlich zu einer so überdehnten Frontlinie führten, die leicht durchbrochen werden konnte.

Hitler war Karten-Fetischist: Alle geographischen Einzelheiten mußten deutlich hervortreten. Die Teilnehmer an den Lagebesprechungen waren überrascht, in welchem Umfang Hitler über »Geländehindernisse und dergleichen aufgrund eingehendsten Kartenstudiums unterrichtet war«, erinnerte sich sein engster militärischer Mitarbeiter Generalfeldmarschall Keitel.

Immer hatte Hitler seine eigene besondere Beziehung zum opferbereiten einzelnen Soldaten im Auge, an dessen Hingebungsfähigkeit der Oberbefehlshaber lustvolles Gefallen fand. Vor dem Frankreichfeldzug hatte er persönlich mit der Fallschirmjägergruppe unter dem Hauptmann Koch, die in ihren schicken knappen Sprunganzügen angetreten war, den besonders gefährlichen Einsatz gegen die Bunker des belgischen Forts Eben Emael geprobt.

In seinen Tischgesprächen deutete er das emotionale Interesse an den einfachen Leuten an. »Während des Krieges hatten sie mit aufgepflanztem Bajonett gekämpft und Handgranaten geworfen. Menschen von echtem Schrot und Korn... Mit welch blindem Vertrauen sie mir folgten. Im Grund waren sie nur zu groß geratene Kinder...«

Die ultimative Befriedigung

Den Krieg hatte Hitler schon von Anfang an in erster Linie als eine günstige Gelegenheit zum Massenmord angesehen, aber doch in einer eher abstrakten Form. In seiner Denkschrift über die deutschen Kriegsziele am 9. Oktober 1939 formulierte er:»Es ist daher primär die Vernichtung der feindlichen Streitkräfte anzustreben und erst sekundär die Besetzung feindlichen Bodens…« Konkretere Mordphantasien äußerte Hitler bei der Planung des Rußlandfeldzuges.»Radikale Vorstellungen von Vernichtung und Ausmerzung des Gegners traten immer deutlicher zutage.« Am 5. Dezember 1940 ließ er sich die Operationsabsichten des Oberkommandos des Heeres vortragen und hob hervor,»die Rote Armee müsse in größeren Umfassungsoperationen zerlegt und in Paketen abgewürgt werden«. Das ist schon die Sprache des Metzgers. Hitler steigerte sich im Laufe dieses Feldzuges immer mehr in seine militärischen Destruktionsphantasien hinein.

Leningrad wollte er dem Erdboden gleichmachen. Im Oktober 1941 befahl er, daß eine Kapitulation von Moskau nicht anzunehmen sei, auch wenn sie vom Gegner angeboten würde. Die Taktik, trieb es ihn im Sommer 1941, müsse gegenüber dem Frankreichfeldzug geändert werden. Nicht die kühnen Panzerdurchbrüche seien jetzt die befriedigende Methode, sondern eine Kriegsführung, die möglichst viele Feinde töte. Dies sei in kleinräumigen Operationen eher möglich.»Führer wünscht daher«, teilte Feldmarschall Keitel dem Oberbefehlshaber der Heeresgruppe Mitte am 25. Juli 1941 mit,»daß militärische Führung sich von großen operativen Einkreisungsschlachten umstellt auf taktische Vernichtungsschlachten in kleinen Räumen, in denen gestellter Feind hundertprozentig vernichtet wird.« Hitler suchte den schnellen neuen Lustgewinn. Er zog die Truppen vom Angriff auf Moskau ab, weil sie bei einem Schwenk nach Süden leichter viele Feinde umbringen konnten.»Es ist eine der sich selten bietenden Gelegenheiten, mit hoher Sicherheit eine starke feindliche Macht vernichten zu können.«

Getrieben von seinen Mordphantasien, verlor Hitler jede operative Kriegsführung aus den Augen.»Er wollte nunmehr zu kleinen taktischen Vernichtungsschlachten übergehen«, zu einer »langsamen Zermalmung des Gegners«. »Der Russe sei, so meinte Hitler, mit operativen Erfolgen nicht zu schlagen, weil er sie einfach nicht anerkenne.« Durch die neue Art der Kriegsführung konnte der Diktator seinen Gelüsten frönen, den Krieg konnte er allerdings auf diese Weise nicht gewinnen. »Denn der Russe hat Menschen genug. Daß man mit diesem Verfahren den Augenblick erreicht, in welchem er zerbricht, und dann der Weg für Operationen wieder frei sein wird, kann ich nicht glauben«, schrieb der verzweifelte Halder in sein Kriegstagebuch.

Im Blutrausch des Rußlandfeldzugs, in dem Hitler zu seiner psychischen Befriedigungslust von der Überrumpelung des Gegners, der zur Aufgabe gezwungen wird, zu dessen Vernichtung überging, dürfte auch sein Plan zum Holocaust gefallen sein. Auch hier befriedigte nur noch der niedergestreckte leblose Gegner. Auch hier wurde der Feind »in kleinen Räumen hundertprozentig vernichtet«. Im Frühjahr 1941 dürfte Hitler mit Himmler unter vier Augen den Holocaust besprochen haben. Jedenfalls erinnerte sich seine Sekretärin Schroeder, zu dieser Zeit sei der Reichsführer SS aus Hitlers Büro gekommen, habe sich entgeistert auf einen Stuhl gesetzt und gestöhnt: »Mein Gott, mein Gott, was erwartet man von mir.«

Hitlers Lebensweg war mit Leichen gesäumt. Gleichwohl mied er letzten Endes »nicht nur den physischen, sondern auch den visuellen Kontakt mit der Gewalt«, hob Albert Speer hervor. Hitler genoß den detachierten Lustgewinn des Eidetikers. Er befriedigte sich an makabren Rechenexempeln. Der schon von den ersten Symptomen der Parkinsonschen Krankheit heimgesuchte Mann addierte in seinem Wahn unvorstellbare Totenlisten. »Rußland hat im Weltkrieg 1.5 Millionen Kriegsgefangene (nach deutschen Angaben) und 5 Millionen Tote (nach russischen Angaben) verloren. Wenn trotz der Meldungen über besonders blutige Verluste der Russen an der gesamten Ostfront nur obige Verhältniszahlen zugrunde gelegt werden, so kommt man bei einer Zahl von bisher rund 900 000 Kriegsgefangener auf rund 3 Millionen blutige Verluste nach 6 Wochen, wobei die Zahl der Verwundeten sehr niedrig angesetzt ist.«

Sexualverbrecher

Als Sexualverbrecher wurde Hitler von nicht wenigen aufmerksamen Beobachtern entlarvt. General Halder erkannte dies schon am 4. September 1938:»… dieser Geisteskranke… (steuerte) zielklar auf den Krieg los, vermutlich aus seiner sexualpathologischen Veranlagung heraus, weil er Blut zu sehen wünschte«. Hitlers»Urtrieb zum Kriege« hatte die gleiche sexualpathologische Ursache wie sein Judenhaß.»Er wollte den Krieg, und er bekam ihn allen zum Trotz. Hier war ein Triebtäter am Werk, der sein Land in den Untergang stieß.«

Die genauere Analyse bestätigt, was Golo Mann andeutete.»Er war ein Massenmörder, der Anlage, dem schlummernden Wunsch nach von Anfang an; die beispiellose Koinzidenz lag darin, daß er Energie, Schlauheit, Gabe der Organisation, Faszination der Rede genug besaß, um sich Macht genug für die Verwirklichung seiner Träume zu erwerben.«

Mit Recht stellte ihn Sebastian Haffner in eine Reihe mit den abscheulichen Sexualverbrechern seiner Epoche.»Hitler hat zahllose harmlose Menschen umbringen lassen, zu keinem moralischen oder politischen Zweck, sondern zu seiner persönlichen Befriedigung. Insofern gehört er nicht mit Alexander oder Napoleon zusammen, sondern etwa mit dem Frauenvertilger Kürten oder dem Knabenvertilger Haarmann…«

Der ehemalige Danziger Senatspräsident Hermann Rauschning, ein bekehrter Nazi, warnte später vor Hitler, allerdings mit fingierten Gesprächen, die in der geschilderten Form wohl nicht stattgefunden haben. Gleichwohl gehören sie zu den Texten, die Hitler am besten durchschauen, denn Rauschning hat einen der wesentlichen Punkte der Psychologie Hitlers aufgespürt. Er sah genau, daß Hitler seine Ideologie nur zu einem einzigen Zweck benutzte: der Eroberung, Sicherung und Steigerung der eigenen Macht. Die vielen schönen Worte von der Volksgemeinschaft, von Europas letzter Chance – alles nur bunte Luftballons. Hitler ging es nur um eins, um Adolf Hitler. Er stachelte ein ganzes Volk zu unglaublichem Opfermut und unglaublichen Verbrechen an, zu seiner persönlichen Befriedigung. Doch es war alles noch schlimmer, noch desillusionierender. Hitler stilisierte seine Begierden zu einer bisher kaum durchschauten Kunstfigur. Steigerung persönlicher Macht war es nicht allein. Als man ihm in München 1938 das Sudentenland kredenzte, wurde seine Machtbasis ausgebaut. Zufrieden war er keineswegs. Nur der Krieg konnte seine Triebe befriedigen. Seine eigenartige Schauspielkunst, das Geschraubte, Artifizielle, das Thomas Mann so glänzend durchschaute und mit dem Titel »Bruder Hitler« treffend einordnete, Hitlers tiefe Überzeugung, daß es seine historische Aufgabe sei, die Rechte einer unterdrückten Minderheit zum Durchbruch zu bringen – dies alles hat hier seine pathologische Wurzel.

4.6. Homoerotik

Wandervogel-Generation

Der 1889 geborene Hitler war ein Angehöriger der Wandervogel-Generation, oder, wenn man es etwas umfassender ausdrücken möchte, der Reformgeneration, in der neue Lebensformen, auch neue gesellschaftliche Sexualrollen durchprobiert wurden. Zwar gehörte Hitler aufgrund seiner kleinbürgerlich-bäuerlichen Herkunft aus der österreichischen Provinz nicht gerade zu den Gesellschaftsschichten, aus denen sich die Avantgarde rekrutierte. Hitlers besonderes Interesse an den Reformbewegungen ist aber deutlich spürbar, etwa bei seinem für seine Schichtzugehörigkeit eher untypischen Vegetarismus, seinem Antialkoholismus und seiner Raucherfeindschaft. Wie sehr Hitler die zeitgenössischen Reformbewegungen am Herzen lagen, bezeugte Gestapo-Chef Diels. Bei einem Besuch des Godesberger Rheinhotels Dreesen sei Hitler im Sommer 1933 viel mehr als an der Erörterung der Regierungsgeschäfte an dem Gespräch mit einer bekannten rheinischen Reformanhängerin interessiert gewesen, weswegen alles andere warten mußte. Bei der anschließenden Ausflugsfahrt auf dem Rheindampfer »Preußen« war er dann überzeugt: »Sehen Sie, ich weiß, daß es noch eine viel größere Aufgabe als die politische gibt, das ist die Reform der menschlichen Lebensweise.«

Beim Wandervogel gehörte zu dieser Reform wohl auch die Möglichkeit des Ausprobierens neuer erotischer Lebensformen. Jedenfalls war die für Hitler typische Variante der Homoerotik eine Zeiterscheinung, die damals weiter verbreitet war als in den Generationen vorher und nachher. Die um 1870 Geborenen wuchsen noch in einem festgefügten Weltbild auf, in dem die Geschlechterrollen patriarchalisch definiert waren. Die auf Hitler folgende Generation der um 1915 Geborenen zeigte hingegen schon »Unbefangenheit und innere Freiheit in den Beziehungen zum anderen Geschlecht«.

Für Hitlers Umbruch-Generation, in der besonders häufig Tagebuch geschrieben wurde, was später den Fälschern zugute kam, war es problematisch, eine gesellschaftlich stimmige Beziehung zum anderen Geschlecht aufzubauen. An Stelle der herkömmlichen Zuneigung zum weiblichen Partner, die sich in den althergebrachten Bahnen äußerte, verbreitete sich nun eine schwärmerische Verehrung unter Männern, »eine latente Homosexualisierung« der menschlichen Beziehungen. 1920 sprach man geradezu von einer »Inversions-Welle« (William Stern, ein führender Psychologe dieser Zeit, drückte sich so aus). Eine Autorin schätzte im selben Jahr, dreißig Prozent der Jungen in der Jugendbewegung neigten dem eigenen Geschlecht zu.

Barfüßige Propheten, die Nacktbaden, gegenstandslose Malerei, Reformkleider ohne Korsett und Büstenhalter, Birkenstock-Sandalen und neue Religionen predigten, fanden Gehör. Als Sozialcharakter trat der »ewige Jüngling« auf den Plan. Die Angst vor dem anderen Geschlecht trieb sonderbare Blüten, chauvinistische Reaktionen blieben nicht aus, »in der sich Verachtung der Frau mit der Verklärung der Männerliebe, das virile Ideal mit dem Antifeminismus paarten«, aber auch eine »narzißtische Abkehr von der Realität«.

Kurzum, Hitlers sexuelle Orientierung war in seiner Epoche geradezu zeittypisch. Eine Trennung von Eros und Sexus war eine ganz charakteristische Forderung dieser Generation. Der von Hitler so geschätzte Otto Weininger unterschied Liebe und Begehren als einander »völlig ausschließende, ja entgegengesetzte Zustände«. Sein Frauenbild spaltete sich auf in die Jungfrau Maria und die Dirne. Tristan und Isolde, Hitlers Idole, waren für Weininger ein Paar, das sich »wirklich auf ewig gefunden hatte«.

Hitler hatte keine Kinder. Dies ist um so bemerkenswerter, als Kinderreichtum im Dritten Reich ein wichtiges Staatsziel war. In seinen Monologen im Führerhauptquartier forderte er, daß jede deutschbewußte Familie mindestens vier Kinder haben müsse. Hitler gab keine einleuchtende Begründung für seine eigene Abstinenz. Seiner Sekretärin Schroeder erklärte er etwas fadenscheinig: »Daß ich keine Frau genommen habe, hat meinen Einfluß auf den weiblichen Bevölkerungsanteil ständig vermehrt. Ich habe mir einen Popularitätsverlust bei der deutschen Frau nicht leisten können, denn sie ist doch bei der Wahl von ausschlaggebender Bedeutung.« Hitler plapperte hier die Auffassung seines Mentors Dietrich Eckart aus den zwanziger Jahren einfach nach, ein zukünftiger Führer brauche nicht besonders intelligent zu sein, aber unbedingt ein Junggeselle – »dann kriegen wir die Weiber«. Da diese den Kandidaten wählen und nicht heiraten sollten, war diese Forderung wenig logisch, ein typisches männerbündlerisches Vorurteil; Politiker mit einer attraktiven Frau, einem intakten Familienleben, netten Kindern kommen bei der weiblichen Wählerschaft mindestens ebenso gut an wie Junggesellen. Außerdem standen seit 1938 keine Wahlen mehr an. Wer hätte es im deutschen Volk damals übelgenommen, wenn der Führer sich verheiratet hätte?

Selbst Hitlers persönlicher Adjutant Schaub war von diesem Argument nicht so recht überzeugt. Obwohl sie wenig Zeit für ihre Frauen gehabt hätten, seien die meisten Männer in der Umgebung Hitlers verheiratet gewesen. Doch Hitler habe stets gesagt: »Ich werde nie heiraten… In Details hat er sich nicht ausgelassen über die näheren Gründe. Er hat immer gesagt, er werde nie heiraten, das weiß auch Fräulein Braun.«

Über Hitlers sexuelles Verhalten machte sich seine Umgebung Gedanken, man konnte es nicht so richtig einordnen. »Hitler sah gern schöne Frauen um sich, aber eine gewisse Scheu, die Angst, sich zu blamieren, hielt ihn vor Abenteuern mit Frauen zurück. Wenn man diese Scheu als unnormal bezeichnen will, dann war er unnormal«, meinte Frau Schroeder.

Aber auch eine weniger abenteuerliche, distanzierte Form des erotischen Verhaltens war ihm offenbar fremd. Wir kennen nicht einen einzigen Liebesbrief, den er einer Frau geschrieben hätte. Frau Schroeder stellte fest:»Bei den Frauen, mit denen er sich umgab, war Erotik im Spiel, aber kein Sex.« Geli liebte er (angeblich) sehr,»hatte aber auch keine sexuelle Beziehung zu ihr... Ja, auch seine Beziehung zu Eva Braun war ein Scheinverhältnis«. Seinen Ärzten blieb nicht verborgen, daß Fräulein Eva auf ihren Patienten keinen irgendwie wahrnehmbaren erotischen Reiz ausübte. Sie führten dies aber auf sein Alter und seinen Berufsstreß zurück. Männer über fünfzig, die keine sexuellen Aktivitäten mehr zeigten, galten zu einer Zeit, die den Sex nicht in gleicher Weise wie die unsere auf ihre Fahnen geschrieben hatte, als ganz normal. Bei ärztlichen Befragungen dürfte das Thema Sex ausgeklammert worden sein.»Die damalige Tabuzone war in mancher Hinsicht höher und eine andere als die heutige, die man nicht als Maßstab für alle Zeiten setzen sollte«, meint der ärztliche Zeitzeuge Ernst Günther Schenck. Jedenfalls wäre es damals völlig undenkbar gewesen, die Kleider der Damen, die Zugang zum Staatsoberhaupt hatten, anschließend auf Spermaspuren zu untersuchen, um auf diese Weise unwiderlegbare Beweise für eine allerhöchste sexuelle Aktivität zu gewinnen.

Sein Leibarzt Morell meinte:»Hitler schätzte die Gegenwart attraktiver Frauen besonders in den Jahren seines Aufstiegs. Später kam es wegen wachsender Verantwortung und zunehmender Unsicherheit der Lage zur Libido-Abschwächung.« Hitlers Begleitarzt von Hasselbach sprach nach dem Krieg davon, daß Hitler ein »altersgemäßes Mannesleben« geführt habe,»das durch selbstübernommene psychische Belastung zunehmend verarmt sein dürfte«. Dies war wohl eine höfliche ärztliche Umschreibung für einen Zustand, den man heute eher mit dem weit respektloseren Begriff»tote Hose« kennzeichnet.

Speer kamen immer Zweifel, daß es sich bei Hitler und Eva um ein aktives Liebespaar handelte. Frauen dienten der NS-Herrschaft ganz allgemein als »Schmuck und Tarnung«.

Hitler hätte somit auf seine besondere Art die Institution der Schutz-Ehe, mit der sich zu seiner Zeit Homosexuelle erfolgreich gesellschaftlicher Diskrimination und strafrechtlicher Verfolgung entzogen, virtuos imitiert. Zwar ging er keine Ehe ein, sondern er nahm sich, noch überzeugender, eine Tarn-Geliebte, die er geschickt zum Geheimnis erklärte, in das jedoch flugs alle in seiner Umgebung, unter dem Gebot größter Verschwiegenheit natürlich, eingeweiht wurden.

Künstler seiner Epoche ahnten als erste die homoerotische Komponente seiner Persönlichkeit. Thomas Mann nannte ihn 1939 »Bruder Hitler« und »eine reichlich peinliche Verwandtschaft«. Bertolt Brecht ließ in der »Ballade vom 30. Juni« den ermordeten homosexuellen Hauptmann Röhm klagen:

Und ich baute so auf deine Liebe...
Schöner Adolf, dir das Bett zu machen
Dazu war ich Esel gut genug.
Jetzt lieg ich im Grab und du kannst lachen.
Falsch und treulos warst du, aber klug.

Heinrich Mann, der ein scharfes Auge für Homoerotik aus der Anschauung des eigenen Bruders mitbrachte, erkannte Hitlers Veranlagung. »Er hatte ganz richtig bei den reifen Frauen angefangen, die boten sich ihm als erste Stütze an. Seiner Sendung zuliebe verschmähte er sie nicht, bevorzugte freilich bei weitem die männliche Draufgängerei der Knaben. Er selbst bezauberte hauptsächlich mit weiblichen Reizen besonderer Art.«

Nicht nur Künstler bemerkten, daß Hitlers Sexualität aus dem Rahmen fiel. Der frühe Biograph Konrad Heiden erkannte, es sei »irgend etwas verkehrt mit Hitlers Sexualleben«. Der Verdacht auf Homosexualität kam Boldt, der aber dann doch ablehnte, ihn dieser zu bezichtigen. Doch habe er die Kräfte der Bewunderung genossen, der Verehrung, der freiwilligen Unterwürfigkeit, die ihm aus einer freiwilligen männlichen Gefolgschaft zuströmten. Vernon fielen die femininen Einschläge an Hitlers Körperbau auf. Der Würzburger Psychiater Schaltenbrand vermutete sogar manifeste Homosexualität. Die Ermordung Röhms und seiner näheren Umgebung habe vermutlich Tatzeugen gegolten, die zuviel wußten.

Charly Chaplin: Der Große Diktator

Chaplin persiflierte Hitler in dieser Hollywood-Produktion aus dem Jahre 1940, die das amerikanische Publikum für eine kriegerische Auseinandersetzung mit Nazi-Deutschland bereit machen sollte. Zu den Techniken, mit denen Hitler der Lächerlichkeit ausgesetzt wird, gehört auch, ihn auf der Leinwand mit schwulen Manierismen auszustatten, die Chaplin hinreißend spielt. Bis ins Groteske wird diese Charakterisierung in der Schlüsselszene des Films verzerrt: Anale Spielereien als cineastischer Höhepunkt: Der große Diktator balanciert den Globus auf seinem Hinterteil, durch lustvolle Stöße seines Gesäßes läßt er die Erdkugel mehrmals hochhüpfen.

Künstler haben Hitlers geheime Leidenschaften früher und genauer erkannt als die Wissenschaft. Thomas Mann sprach vom »Bruder Hitler« und einer peinlichen Verwandschaft. Chaplin war der erste, der Hitler in einem ganzen Film durchgängig als Schwulen darstellte.

Wenn er die schrecklichen Verbrechen Hitlers schon 1940 gekannt hätte, so Chaplin, hätte er den Film in seiner vorliegenden Form nicht machen können. Schwulenfeindlichkeit lag ihm fern. Er bediente sich lediglich wohlfeiler schauspielerischer Routinemittel, die dem Publikum vertraut waren, um Hitler auf diese Weise am Zeuge zu flicken.

Der Stabschef der SA, Ernst Röhm, bekannte sich offen zu seiner Homosexualität. Bis 1934 unterstützte und deckte ihn Hitler in voller Kenntnis seiner »unklaren Neigung«. »Sein Privatleben interessiert mich nicht«, soll er 1932 zu seinem Leibphotographen Hoffmann geäußert haben. Auch gegenüber seinem persönlichen Referenten Wagener und gegenüber Gregor Strasser, die Bedenken hatten, verteidigte er Röhm. Die SA, so meinte er, sei nun einmal »keine moralische Anstalt zur Erziehung höherer Töchter, sondern ein Verband rauher Kämpfer«. Hitler sah wohl zeitweilig, ähnlich wie Röhm, in der Homosexualität »eine Qualität, die sein Bild eines revolutionären Kämpfers komplettieren konnte«. Die Homosexualität war in der Frühzeit der NSDAP so verbreitet, daß Goebbels sogar den Grafen Helldorff verdächtigte. »Ganz passabel. Parfümiert. Römer? 175?« faßte er seinen Eindruck am 21. Juli 1931 zusammen. Als er später die weinende Schauspielerin Else Elster trösten mußte, die ein Kind von Helldorff erwartete, korrigierte er sich: »Helldorff, ein Loser. Aber ist nicht jeder echte Mann so?«

Gegen Homosexualität als solche hatte Hitler auch später wenig einzuwenden. Weder das Parteiprogramm der NSDAP vom 24. Februar 1920 noch sein Buch »Mein Kampf« nahmen dezidiert zur Behandlung des Homosexuellen-Problems Stellung. Allerdings erkannte Hitler, daß aufsehenerregende sittliche Abweichungen in den eigenen Reihen seinen politischen Zielen gefährlich werden konnten. »Unbeschreibliche Bilder wüster Homosexualität beim Wecken«, wie sie in der schlesischen SA-Führerschule geherrscht haben sollen, gingen dem prüden Hitler definitiv zu weit. Waren seine wahnwitzigen Visionen in Gefahr, so kannte Hitler keine Hemmungen. Auf Betreiben Himmlers und Görings, die dem mißtrauischen Hitler einredeten, Röhm plane einen Putsch, ließ er seinen Duzfreund erschießen und gewann so das Vertrauen der Reichswehr, die in der SA eine ernstzunehmende Konkurrenz erblickte.

In seiner Rechtfertigungsrede vor dem Reichstag am 13. Juli 1934 präzisierte Hitler, daß ihn die Homosexualität als solche nicht gestört habe, sondern nur die ihr immanente Gefährdung der Ordnung. »Hier«, erklärte er, seien »destruktive Elemente am Werk gewesen, Homosexuelle und dunkle Existenzen, die überhaupt jede innere Beziehung zu einer geregelten menschlichen Gesellschaftsordnung verloren haben«. Sie seien »unfähig zu jeder wirklichen Mitarbeit, voller Haß gegen jede Autorität«.

Doch auch nach dem Röhm-Putsch gab es im Dritten Reich keinen Holocaust für Homosexuelle. Hitler strebte keineswegs die »radikale Auslöschung aller Homosexuellen im Sinne einer Endlösung an«. Strafbar war im Dritten Reich – wie vorher in der Weimarer Republik und nachher in der Bundesrepublik der Adenauer-Zeit – nur die nachgewiesene handfeste homosexuelle Betätigung, nicht die Neigung oder Veranlagung. Homosexualität wurde also nicht in ähnlich schrecklicher Weise verfolgt wie das »Rassenmerkmal« Judentum. Nur deutsche und keine ausländischen Schwulen wurden in Konzentrationslager gesteckt. Ging ein Homosexueller eine Ehe ein, so hatte er wenig zu befürchten. Nicht die Homosexualität ließ Hitler bekämpfen, sondern »anstößigen Lebenswandel, Unmoral, Postenjägerei, Materialismus, Unterschleife, Saufexzesse, Protzen- und Prassertum«, wie dies Victor Lutze formulierte, der als SA-Stabschef die Nachfolge des liquidierten Röhm antrat.

Hitler widersetzte sich Gesetzesinitiativen, die über die üblichen Kriterien der Strafbarkeit hinausgingen. Nach Kriegsbeginn, im Dezember 1939, lehnte er es ab, homosexuelle Kontakte Heranwachsender mit Erwachsenen durch die Todesstrafe bedrohen zu lassen, da er »neben anderem nicht die Einmütigkeit und Opferbereitschaft der ganzen Bevölkerung im gegenwärtigen Zeitpunkt durch derartige Gesetze trüben wolle«.

Nur widerwillig unterzeichnete Hitler am 15. November 1941 einen Erlaß zur »Reinhaltung von SS und Polizei«, der nur für diese Einheiten den § 175 verschärfte und vorsah, daß ein SS-Mann, der mit einem anderen Mann Unzucht trieb oder sich von ihm mißbrauchen ließ, mit dem Tode bestraft werden konnte.

Minister Lammers, Chef der Reichskanzlei, verfaßte einen aufschlußreichen Aktenvermerk über Hitlers Zögern: »Der Führer hat anliegenden Erlaß unterschrieben. Gegen eine Veröffentlichung im Reichsgesetzblatt hatte der Führer Bedenken, weil hierdurch im In- und Ausland der Eindruck entstehen könnte, daß die in Rede stehenden Delikte in der SS und Polizei sehr häufig vorkämen und deshalb so drakonische Maßnahmen erforderlich seien.« Man horcht auf. Sonst war Hitler mit der Todesstrafe nicht gerade zimperlich. In diesem Zusammenhang erschien sie ihm als »drakonische Maßnahme«.

Minister Lammers kamen auf der Hand liegende juristische Bedenken. Er erhob den Einwand, »daß bei einer Strafbestimmung, insbesonders aber bei der Androhung der Todesstrafe, die in Betracht kommende Rechtsnorm dem Täter mindestens vor der Begehung der Tat bekannt gewesen sein müsse…«

Doch Hitler wollte den ihm offensichtlich wenig behagenden Himmler-Erlaß, wenn er ihn schon unterschrieb, nicht publik werden lassen. »Der Führer meinte, wir hätten ja in verschiedenen Fällen Rechtsnormen geschaffen, die nicht veröffentlicht worden seien, man könne daher den vorliegenden Fall ebenso behandeln.« Im übrigen wusch er seine Hände in Unschuld und überließ die Ausführung der ihm eher peinlichen Sache Himmler. »Der Führer erwiderte, daß es Sache des Reichsführers SS und Chefs der deutschen Polizei sein müsse, die neue Rechtsnorm den gegenwärtigen Angehörigen der SS und Polizei sowie auch den neu Eintretenden in geeigneter Weise bekanntzugeben.«

Tatsächlich war es Himmler, der schon bald nach der Machtergreifung versucht hatte, eine schärfere Linie als Hitler gegen die Homosexuellen durchzusetzen, mit eher geringem Erfolg. Selbst in den Totenkopfverbänden seiner SS, die die Konzentrationslager bewachten, wurden homophile Tendenzen deutlich, die somit nicht nur die Schauseite des Nationalsozialismus färbten, sondern auch seine dunkle Gegenwelt. Theodor Eicke, Kommandant von Dachau und von 1934 bis 1939 Inspekteur der Konzentrationslager, hielt streng auf Manneszucht. Von ihm stammte die strenge, grausame Lagerordnung der deutschen KZ. Um seine homophilen Ideale auch bei den Häftlingen durchzusetzen, die er als Bedrohung, als inneren Feind seiner persönlichen Ethik und des Vaterlandes ansah, ersann er ein ebenso drakonisches wie perverses System von Strafen. Beim »Baumhängen« wurde in einer sadistischen Riemennummer dem Delinquenten die Haut eingeschnürt und die Glieder fast ausgerenkt. Die verschärfte Prügelstrafe wurde durch einen Mithäftling verabreicht. Bei diesem abstoßenden Ritual wurde der Lagerarzt hinzugezogen, und die Häftlinge mußten strammstehend zusehen.

Eickes Jungs, wie man die Angehörigen der Totenkopfverbände nannte, waren blutjung, im Durchschnitt acht Jahre jünger als die übrige SS und zu über neunzig Prozent unverheiratet.

»Wir hielten alle an dem Ideal des großgewachsenen blonden jungen Menschen fest«, erinnerte sich Johannes Hassebroek, einer der SS-Bewacher aus Eickes Einheit, nach dem Krieg. »Erst heute erscheint das alles wie romantisches Geschwätz. Aber was wir wirklich empfanden, war doch etwas viel Tieferes.« »Jeder von uns brauchte Eicke. Irgendwas in seinem Auftreten, in seiner Haltung, seiner Wortwahl sagte uns, daß er seinerseits auch uns brauchte. Es war eine tiefe und sehr verzweigte Beziehung.«

Eickes Haushälterin wurde nach dem Krieg deutlicher. Seine Männer seien ihm lieber gewesen als Frau und Familie. Die »sehnigen Gestalten im Alter von siebzehn bis neunzehn Jahren« hätten ihm etwas gegeben, was er zu Hause nicht habe finden können. Sie hätten ihn gern gehabt, und ihre Zuneigung hätte ihm alles bedeutet.

Eicke selbst interpretierte seine homophilen Neigungen als väterliche Fürsorge. »Wenn mich meine Männer auf ihren Stuben Vater nennen, dann ist dies der schönste Ausdruck für eine Herzensgemeinschaft, wie ihn nur der Vorgesetzte findet, der stets mit seinen Männern in Fühlung bleibt…«

Eine Razzia auf Homosexuelle durch die Leibstandarte Adolf Hitler am 11. März 1935 brachte nur magere Ergebnisse. »Aufgrund eines telefonischen Anrufes sollte… noch ein Lokal in der Alten Jacobsstraße 50 durchsucht werden, in der sich vorwiegend SS- und SA-Männer, die mit homosexuell Veranlagten verkehren sollten, aufhalten sollten. Die Aktion verlief ergebnislos«, berichtete der Führer des Sturmes. Gewiß, Homosexuelle wurden im Dritten Reich verfolgt. Doch dies war mehr eine Marotte Himmlers, der durch die »Niederschlagung« der »Revolte« des homosexuellen Röhm einen entscheidenden Machtzuwachs bekommen hatte.

Himmler verfolgte nicht nur eine eigenständige Homosexuellen-, sondern auch eine eigenständige Frauenpolitik. »Die Schutzstaffel, als Männerbund entstanden und gewachsen, hat sehr rasch erkannt, daß das Leben ausgesprochener Männerbünde überall, wo sie bestimmend in das Rad der Geschichte eingreifen, doch immer zeitlich begrenzt ist. Diesem ehernen Schicksal kann kein Männerbund entgehen, auch wenn er scheinbar ewig ist.« »Himmler reorganisierte (hinter dem Rücken des Junggesellen Hitler, der ohne Nachkommen blieb) die SS von einem reinen Männerbund zu einer Sippengemeinschaft von Männern und Frauen.«

Folgerichtig drängte Himmler darauf, daß alle SS-Führer heirateten und mit den auf Rassereinheit geprüften Ehefrauen Kinder in die Welt setzten. Auch außerehelicher reinrassiger Nachwuchs war unter Umständen erwünscht. »Himmler und die Führung der SS hatten nichts dagegen, wenn ein SS-Führer neben seiner Ehefrau noch mit einer Freundin zusammenlebte. Allerdings erwarteten sie, daß diese Frau gebärfähig war, aus der Verbindung Nachwuchs hervorgehen und der Mann seine Familie nicht vernachlässigen würde.«

In Anlehnung an »germanische Sitten« wollte Himmler die »Friedel-Ehe« wieder einführen und nach gewonnenem Krieg neue Ehegesetze erlassen. Den Helden des Krieges, »den Trägern des Deutschen Kreuzes in Gold sowie Ritterkreuzträgern, sollte das Recht verliehen werden, eine zweite Ehe einzugehen«. Himmler selbst hatte eine solche Verbindung mit seiner Sekretärin geknüpft, die ihm zwei Töchter gebar. Auch NS-Größen wie Martin Bormann, Hitlers Sekretär, »lebte mit zwei Frauen. Frau Bormann, die brieflich von ihrem Ehemann über die neue Eroberung informiert wurde, beglückwünschte ihn, bat ihn aber, darauf zu achten, daß nicht beide Frauen gleichzeitig schwanger würden: ›So wirst Du immer eine Frau zu Deiner Verfügung haben.‹«

Es ging nicht um Liebe, es ging um Rasse. »1937 veröffentlichten die SS-Leithefte einen Artikel, in dem scharf kritisiert wurde, daß immer noch viele SS-Männer kleine gedrungene Frauen mit rundlichen Körperformen heirateten. Verbindungen dieser Art waren jedoch unerwünscht. ›Stark übergewichtige Frauen im heiratsfähigen Alter wirken meist auch schon erscheinungsbildlich recht ungünstig und entsprechen keineswegs unserem nordischen Schönheitsideal und damit dem Auslesegedanken der SS!‹« SS-Männer sollten nordische Frauen heiraten, auch wenn es schwerfiel. Himmler erkannte: »Es ist ganz klar, daß rassisch nicht so wertvolle Blutsteile unseres Volkes immer früher reif sind als unsere eigentliche Art. Sie sind sexuell immer ansprechender und gefügiger wie unsere Art, und danach wurde dann oft oder in sehr vielen Fällen geheiratet.«

Sexuelle Angstphantasien dürften auch das schlimmste NS-Verbrechen, den Holocaust, mit ausgelöst haben. Den Nachkommen des guten, aber langsamer reifenden Blutes mußte auf der Erde Platz geschaffen werden gegen die Konkurrenz der sexuell aktiveren Untermenschen. Homosexualität mußte in Himmlers Wahnwelt deshalb nur bei gutem Blut ausgemerzt werden, da durch sie die Nachkommenschaft im Geburtenwettlauf reduziert wurde.

In den Konzentrationslagern ließ Himmler mit geeigneten Frauen medizinische Versuche zur Bekehrung Homosexueller unternehmen. Wer den perversen Test bestand, konnte entlassen werden. Dieses ungesunde Interesse Himmlers, dessen »kleine, wohlmanikürte und beinahe femininen Hände« auffielen, legte nahe, daß sich bei ihm eine psychoanalytische Beobachtung bestätigte. Hans Blüher, der Erotik-Experte der Jugendbewegung, der seine eigene Homosexualität erkannt hatte, sie aber nicht auslebte, sah im intensiven Homosexuellen-Verfolger jemanden, der seine Veranlagung unterdrückte, sie verdrängte und auf andere projizierte, um sie bei ihnen unangefochten bekämpfen zu können.

Die Homosexuellen bildeten in den Konzentrationslagern eine eigene Gruppe, die durch einen rosa Winkel gekennzeichnet wurde. So grausam und unmenschlich die Verfolgung in einzelnen Fällen war, mit den Judenverfolgungen, dem Mord an Zigeunern und russischen Kriegsgefangenen läßt sie sich nicht vergleichen. Unter Künstlern und im Auswärtigen Amt gab es auch in der Nazi-Zeit Homosexuelle, die unbehelligt blieben.

»Der Intendant und Choreograph Hanns Niedecken-Gebhard war eine zentrale Persönlichkeit des deutschen Musiklebens und

Abb. 47.
Gesäßformen: A. der niederen,
B. der höheren Rasse.

Arische Gesäßformen

Typologien mögen nützlich sein, um eine Vielfalt von Erscheinungen grob zu ord-
nen. Nicht selten sind sie jedoch der Ausgangspunkt schlimmer Vorurteile. So vor
allem in der Hitlerschen Einteilung aller Menschen in Arier und Juden, in der sich
homoerotische, männerbündlerische Aversionen ein wissenschaftliches Mäntelchen umhängen. Am deutlichsten bei Lanz von Liebenfels, dem Herausgeber der
Zeitschrift »Ostara« (Ausschnitt oben), deren begeisterter Leser der junge Hitler
war, der wegen einer fehlenden Nummer Lanz aufsuchte.

Tanztheaters. Immer wieder zwangen ihn Anfeindungen wegen seiner Homosexualität, seine Karriere in neue Bahnen zu lenken, selbst in den angeblich so freien zwanziger Jahren.« Um so erstaunlicher war, daß er im Dritten Reich an prominenter Stelle arbeiten durfte. »Er leitete im Sommer 1934 die Reichsfestspiele und inszenierte 1935 in Halle und Göttingen. Noch im selben Jahre wurde er mit der Durchführung der offiziellen Festspiele zur Olympiade 1936 in Berlin betraut, an denen fast die gesamte deutsche Tänzerschaft teilnahm.«

Selbst als Niedecken-Gebhard 1936 von einem Kollegen als homosexuell denunziert wurde und obwohl über ihn ein umfangreiches Dossier bei der Kriminalpolizei vorlag, geschah ihm nichts. »Niedecken-Gebhard erfuhr über Mitarbeiter von den Vorwürfen... Nur wenige Wochen später heiratete er am 20. März 1936 die Bühnenbildnerin Lotte Brill und zog mit ihr zusammen in ein Haus im Grunewald. In den Zeitungen wurde das Ereignis als die ›Olympische Hochzeit‹ groß besprochen, auch im ›Völkischen Beobachter‹.«

Hans Deppe war »schwul bis auf die Knochen«, »der hat tatsächlich auch noch Propaganda-Filme für Hitler gemacht, z. B. ›Die deutsche Frau‹ oder später diese ganzen Ganghofer-Verfilmungen«. »Es gab auch Schwule, die sind dann extra in die SA gegangen. Die glaubten, dort könnten sie sich vor Angriffen schützen. In meinem Bekanntenkreis gab es vier oder fünf Volltunten, die ich in SA-Uniform herumlaufen sah«, erinnerte sich Harry Pauly.

Thomas Mann kommentierte am 21. August 1934 die Ernennung seines ehemaligen Schwiegersohns Gründgens – der mit seiner Tochter Erika von 1915 bis 1928 verheiratet war – zum Intendanten des Staatlichen Schauspielhauses am Gendarmenmarkt in Berlin. »Der Beschluß auf einer Gesellschaft bei Hitler 4 Uhr morgens gefaßt. Direktor B., der protestiert und, da nichts zu machen ist, sich auf Reisen schicken läßt mit einem Gehalt von 4000 M., während Gründgens 6000 M. bezieht. Hitlers Faible für ihn wird erotisch gedeutet.«

Männer mit unklarer sexueller Identifikation gab es selbst in den höchsten Rängen des Dritten Reiches. Der HJ-Führer Baldur von Schirach wurde von dem amerikanischen Gerichtspsychiater Gilbert im Nürnberger Kriegsverbrechergefängnis als »Homo« diagnostiziert. Der Mediziner unterrichtete den amerikanischen Richter Biddle, »daß sich unter den Angeklagten drei ›Homos‹ befänden, Frank, Schirach und Fritzsche«. Auch Hitlers Stellvertreter Heß und dem Wirtschaftsminister im ersten Kabinett Hitler, Walter Funk, wurden entsprechende Neigungen nachgesagt. Latente Homosexualität durfte sich im Dritten Reich ausleben, selbst eine offenere konnte an verstecktem Platz gezeigt werden. Auf der »Ordensburg Vogelsang« gab es im Turm einen Kultraum mit deutlichen homosexuellen Anklängen. Hitler beschrieb angeblich diese eigenartige Initiations-Kammer für den Parteinachwuchs seinem Zuhörer Rauschning. Es waren dort flaggengeschmückte Namenstafeln der »Blutzeugen der Bewegung« zu sehen und eine nackte bronzene Heldengestalt. »In meinen Ordensburgen«, meinte der Bewunderer opferbereiter Jünglinge, »wird der schöne, sich selbst gebietende Gottmensch als kultisches Bild stehen.« Dieses Kultbild sollte »die Jugend auf die kommende Stufe der menschlichen Reife vorbereiten«.

Echte Männer

Das homosexuelle Frauenstereotyp spaltet sich in entgegengesetzte Pole auf. Die Emanze, der Blaustrumpf steht auf der einen Seite, die Frau als Mutter und Gebärerin, das Heimchen am Herd auf der anderen. Hitler und mit ihm die Nazis priesen diese Ausprägung der Weiblichkeit und verachteten die andere.

Das Autostereotyp der homosexuellen Männer ist in ähnlicher Weise polar gegliedert. Sie sehen sich meist entweder als besonders feminine Männer oder aber als extrem maskuline an, die die Heteros an Männlichkeit noch übertreffen, da diese in zu engem Umgang mit Frauen allmählich verweiblicht würden. Die faschistische Homoerotik präsentierte sich in dieser äußerst maskulinen Form. »Niemals zuvor und niemals danach wurde die Maskulinität in solche Höhen gehoben wie im Faschismus.«

Dies drückte sich auch in der Frisur aus, die nicht nur der sexuellen, sondern auch der politischen Identifikation diente. Feminine Frisuren mit langen Haaren waren bei den Rechten verpönt und galten als weibisch. Ein soldatisch kurzer Schnitt (Streichholzlänge) war gefragt, manche zur besonders maskulinen Form der Homosexualität neigenden Neonazis rasieren sich sogar die Schädel. SS-Offiziere sahen es als besonders soldatisch an, sich den Hinterkopf zu scheren und nur ganz oben ein kurzgeschnittenes Büschel Haare stehen zu lassen. Der nach römischem Vorbild kurze Haarschnitt galt Hitler nicht nur als Bekenntnis zum Soldatentum, sondern auch zur Moderne. In einer Rede in München am 12. März 1926 betonte er, die Nationalsozialisten hätten überhaupt nichts zu tun »mit den alten völkischen bieder gemeinten Dingen, mit wallenden Bärten und Haupthaar. Wir haben alle die Haare kurz geschnitten«.

»Homosexualität, vor allem die ›latente‹, die über erhebliche Mengen gestauter Triebenergie verfügt, die auf aggressive Entladung drängt, ist von manchen Autoren als wesentlicher Bestandteil der Aggressionslust des soldatischen Mannes genannt worden.« Wilhelm Reich erkannte die Beziehungen zwischen Faschismus und Homosexualität. Es gebe so etwas wie einen militärisch-faschistischen Komplex. »Man konnte nun während des Krieges die Beobachtung machen, daß diejenigen, welche starke heterosexuelle Bindungen oder vollwertige Sublimierungen aufwiesen, den Krieg ablehnten; dagegen waren diejenigen die brutalsten Draufgänger, die das Weib als Klosett betrachteten und latent oder manifest homosexuell waren.«

Der SA-Führer Ernst Röhm lebte eine Landsknechtsversion der besonders maskulinen Homosexualität ganz ungeniert aus, Lawrence von Arabien vertrat eine Spielart, die in den britischen Kolonien guten Boden fand. Es ist keine Frage, daß auch Hitler eine besonders männliche Form der Homoerotik verdeckt verkörpern wollte. Thomas Mann traf wahrscheinlich Hitlers verwundbare Stelle, als er ihm ein Jahr vor Kriegsausbruch als weibischen Homo denunzierte. Der »Bursche« faszinierte ihn und stieß ihn zugleich zutiefst ab, als jemand, der »auch rein technisch und physisch nichts kann, was Männer können, kein Pferd reiten, kein Automobil oder Flugzeug lenken, nicht einmal ein Kind zeugen«.

Auch Mann tat sich mit den zuerst genannten männlichen Fähigkeiten schwer. Von Reiten und Flugzeuglenken war keine Rede, und das Auto mußte, sehr zu seinem Leidwesen, seine Frau kutschieren, die ihm viel zu schnell fuhr. Nur beim Kinderzeugen konnte er triumphieren, seine Ehe war gewissermaßen sein disziplinierter Versuch, sich vom weibischen Pol der Homosexualität zu lösen. War Hitlers Entscheidung zum Krieg, bei der er doch immer wieder schwankte, dessen entschiedene Abkehr vom weibischen Homo, die er auch nach außen damit symbolisierte, daß er fortan nur noch Uniform trug?

Er befand sich in bester deutscher Tradition.»So sprach sich die erste und langlebigste Homosexuellenzeitschrift in Deutschland, ›Der Eigene‹ (1898–1933), für eine militante Form der Maskulinität aus… So findet sich in den Liebesgeschichten, die zwischen 1929 und 1979 in deutschen Schwulenzeitschriften zu lesen sind, ein unveränderliches männliches Stereotyp. Die Seiten werden von ›schönen jungen Männern‹, blond, groß und schlank, mit scharf geschnittenen Gesichtern… bevölkert.«

Besonders entschieden wird von Homosexuellen mit zugespitzt maskulinem Selbstbild der»weibische«Schwule abgelehnt, wie er etwa von Oscar Wilde verkörpert wurde. Ablehnung bestand auf beiden Seiten. Der musische Preußenprinz Louis Ferdinand, der sich mit Erfolg der Komposition von Kammermusik widmete, wurde vom späteren Außenminister von Ribbentrop gefragt, ob er nicht mit der nationalsozialistischen Bewegung mitmarschieren wolle. Marschieren sei seine Sache nun einmal nicht, antwortete der Prinz.

Sexualität und Judenhaß

Hitlers Judenhaß stellte die Forschung vor ein fast unerklärliches Rätsel. Er basierte offensichtlich nicht auf schlechten Erfahrungen mit Juden, sondern spielte sich nur in seinem Kopf ab. Die psychoanalytischen Erklärungen, die ihn aus seiner Sexualität abzuleiten versuchten, haben, wie wir gesehen haben, nicht recht überzeugt. So suchte man in den letzten Jahrzehnten die tieferen

Ursachen ganz außerhalb Hitlers und fand als angeblichen Grund den kollektiven eliminatorischen Antisemitismus der Deutschen. Doch auch gegen dieses Erklärungsprinzip sprechen die historischen Tatsachen. Es bleibt nichts anderes übrig, als nochmals bei Hitler anzusetzen. Er ging von einem traumatischen optischen Reiz während des »Anschauungsunterrichts der Wiener Straßen« aus. »Es kam die Zeit, da ich nicht mehr wie in den ersten Tagen blind durch die mächtige Stadt wandelte, sondern mit offenen Augen außer den Bauten auch die Menschen besah. Als ich einmal so durch die innere Stadt strich, stieß ich plötzlich auf eine Erscheinung in langem Kaftan mit schwarzen Locken.« Das abstoßende Erlebnis wurde zu einem Anker im Meinungsfeld. Immer mehr unsympatische Züge werden an den Juden bemerkt. Dieser Kristallisationsprozeß schreitet so weit fort, bis schließlich den Juden alles Übel dieser Welt zugeschrieben wird.

Als nächstes fiel Hitler auf, daß es sich bei den Kaftanträgern um »keine Wasserliebhaber« handelte. Sie wirkten schlecht gewaschen. Nun klinkt er sich in ein gängiges Vorurteil ein: Juden riechen schlecht. Was auch den Schwarzen in den USA und Südländern (Knoblauchgerüche) nachgesagt wird. Ostasiaten bemerken mit Abscheu, daß Westler nach Butter stinken. Hitler glaubte Juden schon mit geschlossenen Augen zu erkennen: »Mir wurde bei dem Geruche dieser Kaftanträger manchmal übel.«

Von der körperlichen schließt er messerscharf auf eine moralische Unsauberkeit: »Überhaupt war die sittliche und sonstige Reinlichkeit dieses Volkes ein Punkt für sich.« Als nächstes folgerte er, Juden seien für alle moralischen Unsauberkeiten verantwortlich: »Gab es denn da ein Unrat, eine Schamlosigkeit in irgendeiner Form, vor allem im kulturellen Leben, an der nicht wenigstens ein Jude beteiligt gewesen wäre? Sowie man nur vorsichtig in eine solche Geschwulst hineinschnitt, fand man, wie die Made im faulenden Leibe, oft ganz geblendet vom plötzlichen Licht, ein Jüdlein.«

Schließlich identifizierte Hitler die Juden als Hetzer in der Weltpresse und Urheber der Prostitution. »Das Verhältnis des Judentums zur Prostitution und mehr noch zum Mädchenhandel selber, konnte man in Wien studieren wie wohl in keiner sonstigen westeuropäischen Stadt, südfranzösische Hafenorte vielleicht ausgenommen.«

Die Juden hatten sich den Parlamentarismus ausgedacht, um mit diesem System das deutsche Volk zu schädigen. Als Parlamentarier waren sie auch am Tod vieler tapferer Soldaten schuld. »Öffneten sich heute die Gräber der flandrischen Ebene, so würden sich aus ihnen die blutigen Ankläger erheben, Hunderttausende der besten jungen Deutschen, die durch die Gewissenlosigkeit dieser parlamentarischen Verbrecher schlecht und halb ausgebildet dem Tod in die Arme getrieben wurden; sie und Millionen von Männern, die zu den Toten hinsanken oder zu Krüppeln wurden, hat das Vaterland verloren, einzig und allein, um einigen hundert Volksbetrügern politische Schiebungen, Erpressungen oder selbst das Herunterleiern doktrinärer Theorien zu ermöglichen.« In Hitlers Augen waren die Juden Kriegsgewinnler und Drückeberger. Es gab nur »spärliche Vertreter an der Front«. »Die Kanzleien waren mit Juden besetzt. Fast jeder Jude ein Schreiber und jeder Schreiber ein Jude.«

In zwei Punkten wich Hitlers Judenbild von den gängigen ab. Im allgemeinen zeichnen sich Vorurteile durch eine geringe Stringenz aus, eine gewisse Unlogik. »Ein echter deutscher Mann mag keinen Franzen leiden, doch seine Weine trinkt er gern«, erkannte schon Goethe. SS-Leute, die Slawen als Untermenschen ansahen, ließen sich nicht davon abhalten, den Reizen der Ukrainerinnen zu verfallen. Die Bombardements der US-Air-Force verdunkelten das deutsche Amerikabild, hielten die Betroffenen aber nicht davon ab, amerikanische Musik wie Swing und Jazz gern zu hören. Bei Hitler überflutete der Judenhaß das gesamte Bewußtsein.

Die Sozialforscher wiesen nach, daß Vorurteile nur sporadisch in direktes Handeln durchschlagen. Amerikanische Hotels, die angeblich Farbige als Gäste ablehnten, durchbrachen im Test dann tatsächlich ihre Vorsätze. Bei Hitler war das anders. Schon in seiner ersten antisemitischen Äußerung, einem Brief, den er 1920 noch als Gefreiter schrieb, erklärte er, das Problem könne nicht durch Pogrome oder individuelle Haßausbrüche gelöst werden, sondern nur grundsätzlich. 1934 wurde er deutlicher. Er war es, dem die Aufgabe zugefallen war, die Welt von den Juden zu befreien, die die Schöpfung bedrohten: »Siegt der Jude mit Hilfe seines marxistischen Glaubensbekenntnisses über die Völker dieser Welt, dann wird seine Krone der Totentanz der Menschheit sein, dann wird dieser Planet wieder wie einst vor Jahrmillionen menschenleer durch den Äther ziehen.«

Außer der schier krebsartigen Ausuferung und dem extremen Radikalismus unterschied sich aber Hitlers Judenbild nicht wesentlich von dem, das der wienerische Antisemitismus zur Jahrhundertwende gezeichnet hatte und das der junge Mann sich damals angeeignet hatte, auf die herkömmliche Art, durch Diskussionen mit Gleichgesinnten, Streitgespräche und Lektüre antisemitischer Broschüren.

Dieses Zerrbild schrieb männlichen Juden eine merkwürdige Zwiespältigkeit zu. Auf der einen Seite galten sie als potenzierte Männer mit besonders ausgeprägten Trieben, geradezu als sexbesessene Raubtiere, die ohne jede gesellschaftliche Hemmung den blonden Frauen nachjagten. Dieser Pol des Stereotyps wird von Hitler mit besonderem Abscheu nachgemalt, wenn er in »Mein Kampf« von dem überall lauernden Judenlümmel phantasiert.

Auf der anderen Seite aber galt der Jude als ein verweiblichter Mann. »Die Vermischung von männlich und weiblich in den Darstellungen des jüdischen Mannes und die daraus folgende Angst, daß der Mann sowohl männlich als auch weiblich sein könnte, wird von jüdischen Religionsbräuchen noch verstärkt.« Insbesondere die Beschneidung wurde als Entmännlichung, als »Verstümmelung der Geschlechtsteile« und damit als eine Form ritueller Kastrierung gedeutet.

Nach dieser Auffassung drückte sich die degenerative Verweiblichung nicht nur in den typischen Plattfüßen, die die Juden zum Militärdienst untauglich machten, nicht nur in einem verminderten Brustumfang, sondern auch in einem weibischen aufgeregten Sprachduktus (»Mauscheln«) und in einem wieselhaften schlürfenden Gang aus, der im Gegensatz zum gemessenen männlichen Schreiten stand.

Eine wichtige Voraussetzung für das wenig männliche, wenig gesunde, ja geradezu verdächtige Aussehen der willensschwachen feminisierten Juden war, nach Ansicht mancher Wiener Mediziner, der jüdische Hang zur Onanie. »Die Masturbation verstieß gegen das Männlichkeitsideal, verhieß Feigheit, die den Todfeind der Männlichkeit darstellte, wie Richard Ungewitter, der Begründer der deutschen Nudistenbewegung, meinte.«

»Juden, die in der landläufigen Meinung von unschöner Gestalt waren, eine ausgeprägte Neigung besaßen, das Bestehende zu unterspülen, und auch als chronische Masturbanten gebranntmarkt wurden, entsprachen diesen Merkmalen des Weiblichen. Juden mußten demnach ganz einfach ein ›weibliches‹ Naturell besitzen, sie mußten ganz einfach effeminiert sein.«

In diesem Punkt folgten Hitlers Auffassungen dem von ihm so geschätzten Otto Weininger: »Männer, die kuppeln, haben immer Judentum in sich; und damit ist der Punkt der stärksten Übereinstimmung zwischen Weiblichkeit und Judentum erreicht. Der Jude ist stets lüsterner, wenn auch merkwürdigerweise, vielleicht in Zusammenhang mit seiner eigentlich antimoralischen Natur, sexuell weniger potent, und sicherlich aller großen Lust weniger fähig als der arische Mann.«

Hitlers Haß galt weniger dem betont heterosexuellen Juden – wie die Psychoanalytiker annahmen, die seinen Judenhaß aus dem Ödipuskomplex ableiteten –, sondern dem Juden mit schwankender sexueller Identifikation, dem weibischen Juden. Dies war Hitlers tiefes Problem. Er unterdrückte den weibischen, und später auch den musischen Mann in seiner Seele, er bekämpfte den »Juden« in sich selbst.

Eine Besonderheit des Wienerischen Judenstereotyps, das Hitler wortwörtlich übernahm, bestand darin, daß die jüdische Frau milde beurteilt wurde, daß überhaupt kein fest umrissenes Feindbild von ihr bestand wie von dem kaftantragenden Ostjuden. So richtete sich Hitlers Haß gegen »den Juden«, weniger gegen Jüdinnen. Dies hatte in der Judenverfolgung gewisse Konsequenzen. Die Nürnberger Gesetze sahen Jüdinnen, die Rassenschande begingen, in einem milderen Licht als männliche Juden.

Auch bei den Befreiungen von den Diskriminierungen, die in den Nürnberger Gesetzen vorgesehen waren, bevorzugte Hitler Jüdinnen. Bei Männern begnadigte er nur Halbjuden wie den Erfinder Arthur Imhausen (»Wer aus Kohle Seife oder Speisefette gewinnt, ist ein Arier«). Bei Jüdinnen war Hitler aber dazu bereit, mit sich reden zu lassen, auch wenn sie keinen Tropfen arischen Blutes hatten. Er ernannte Frau Eichler, deren verstorbener Ehemann sich für das Deutschtum im Sudetenland eingesetzt hatte, und Frau Melitte Hoffmann, die seine Bewegung vor der Machtübernahme unterstützt hatte, zu Ehren-Arierinnen. Wagner-Tenor Max Lorenz und der Filmschauspieler Paul Henckels blieben Mitglieder der Reichskulturkammer, obwohl sie mit Jüdinnen verheiratet waren. »Die jüdischen Frauen wurden arischen Frauen gleichgestellt, was den Besuch von Theatern, Hotels anging.«

Wenn bei Hitler, in dessen Gedankenwelt auffällig wenige Änderungen im Laufe der Jahrzehnte auftraten, dennoch eine Persönlichkeitsentwicklung festzustellen war, dann eine immer striktere Unterdrückung seiner Tendenz zur weibischen Spielart der Homosexualität. Immer wieder stöhnte er, eigentlich sei es seine Sehnsucht, eine musische Existenz, ein Künstlerleben zu führen. Mit dem war es dann nach Kriegsbeginn vorbei. Nur noch einmal, nach seinem größten Sieg, gestattete er sich ein Zugeständnis an den musischen Hitler in ihm, als er nach dem Frankreichfeldzug in Begleitung von Speer und Breker Paris besuchte.

Zu Beginn des Rußlandfeldzugs unterdrückte Hitler konsequent alle musischen Anwandlungen. Jetzt war er auch bereit, der Vertreibung und Ausrottung der Juden zuzustimmen, dieser Vertreter der weibischen Spielart der männlichen Homosexualität und der ungehemmten Heterosexualität. Männliche Askese war nunmehr angesagt. Anstelle der früher eher unregelmäßigen Erledigung der Geschäfte mit dazwischenliegenden Trägheitsphasen war ein umfangreiches tägliches Arbeitspensum getreten. Joachim Fest sprach von einem »Akt großer, verzweifelter Selbstdisziplin«. Der bettlägrige Hitler zwang sich im November 1944, zu den Lagebesprechungen aufzustehen. »Er quälte sich aus dem Bett hoch, saß eine Weile heftig atmend auf dem Bettrand, lehnte jede Hilfe ab, zog sich vollständig an, tastete sich an der Wand bis zum Kartentisch, setzte sich schwer auf den Stuhl, wischte sich mit der Hand den Schweiß fort, den ihn die Anstrengung auf die Stirn getrieben hatte, und ließ die Herren bitten.«

Die Mühe der Verdrängung veränderte Hitlers Charakter zu Unduldsamkeit, Bosheit und mörderischer Aggressivität. »Alles, was er in sich selbst haßte, projizierte er auf die Juden; sie allein trugen die Schuld an seinem persönlichen Mißgeschick und an dem der deutschen Nation.« In der doppelten Verdrängung, mit der Hitler nicht fertig wurde, dürfte eine unbewußte Motivation für den unerklärlichen Judenmord liegen.

»Mein Kampf«

Hitler diktierte sein erstes Buch in der Festung Landsberg. Er hatte bisher nur in Männerheimen, Kasernen und jetzt in einem Gefängnis gelebt, in Institutionen also, in denen die Homosexualität zu Hause war. Er stilisierte seine wenig ansehnliche Karriere, die hinter Gittern angekommen war, als Heldenleben. Neben dem dominanten Kampf für das Edle, Gute, Deutsche gegen das Böse, Jüdische, Marxistische – der Buchtitel stammte vom Verleger, Hitler hatte »Viereinhalb Jahre Kampf gegen Lüge, Dummheit und Feigheit« vorgesehen – klangen auch homoerotische Untertöne an: Es ging auch um einen Kampf gegen die Verweiblichung.

Hitlers gloriose »Volksgemeinschaft« war in erster Linie gar keine sozialistische Veranstaltung. Er verlangte vielmehr ein Bekenntnis zum Anderssein, zur Herausgehobenheit gegenüber anderen Völkern, ein Bekenntnis zur Treue bis in den Tod. Ihm kam es auf männliche Solidarität, auf gemeinsamen männlichen Kampf an. Der Krieg galt ihm als Vater aller Dinge. Nicht mit einer »wirtschaftsfriedlichen Eroberung« konnte man siegen, sondern nur durch das männliche Schwert. Der schändliche Jude hingegen lehne dieses »aristokratische Prinzip der Natur« ab. Hitlers Weltbild war also ein Gesamtkonzept zur Umkehr und Rettung mit leicht homoerotischen Untertönen.

Diese sind bei einem der Vorbilder Hitlers viel deutlicher. Lanz von Liebenfels war einer der Ideengeber des jungen Hitler in Wien. Zwei Broschüren der Lanzschen Schriftenreihe »Ostara«, deren eifriger Leser Hitler war, befaßten sich mit »Rasse und Weib und seine Vorliebe für den Mann der niederen Artung« (1908) und den »Gefahren des Frauenrechts und der Notwendigkeit der mannesrechtlichen Herrenmoral« (1909). Sie warnten vor dem »deutschen Weib«: »Die derbsinnlichen dunklen Männer der Niederrassen, die unter uns wohnen, haben den erotischen Geschmack unserer Weiber psychisch und physisch von Grund auf verdorben.« Lanz propagierte eine homoerotische Männergemeinschaft, den »Neutemplerorden«, auf einer Ordensburg, der Ruine Werfenstein im Nibelungengau in der Wachau, wo er regelmäßig eine Hakenkreuzfahne aufzog.

Hitler distanzierte sich zwar später von der allzu deutlichen Homosexualität der Lanzschen Clique. Deren gedankliches Grundmuster ist aber in »Mein Kampf« noch spürbar. Wortwörtlich in der berüchtigten Passage: »Der schwarzhaarige Judenjunge lauert stundenlang, satanische Freude in seinem Gesicht, auf das ahnungslose Mädchen, das er mit seinem Blut schändet und damit seinem, des Mädchens, Volk raubt.«

Die »unübersehbare Faszination des Grauens, die ihn beim Paarungstrieb übermannte«, blitzte auch in anderen Passagen des Buches immer wieder auf. Die Juden, so meinte Hitler, seien Schuld an der »Verpestung unseres Sexuallebens«, an der »Mammonisierung des Paarungstriebes«. Hitler grauste sich vor »dem erstickenden Parfum unserer modernen Erotik«, er erblickte im »Treibhaus sexueller Vorstellungen und Reize« die »Giftpflanze der rassischen Degeneration«. Sexuelle Ekelphantasien, die homosexuelle Männer gegenüber weiblichen Körpersäften hegen, befielen Hitler, wenn er an Juden dachte: »Wo immer man so einen Apostel angriff, umschloß die Hand qualliger Schleim; das quoll einem geteilt durch die Finger, um sich im nächsten schon wieder zusammenzuschließen.« Ein merkwürdiges Symbol taktilen Ekels Hitlerscher Prägung ist die schon angeführte »Made im faulenden Leibe, oft ganz geblendet vom plötzlichen Licht, ein Jüdlein«, zugleich wohl auch ein sehr bedrückendes Symbol knäbischer Impotenz.

Der amerikanische Komparatist Bram Dijkstra, der Hitlers unterdrückte Homosexualität zutreffend erkannte, interpretierte den Judenmord als »metaphorischen Gynozid«. Hitler habe die Verbindung antiweiblicher und antisemitischer Bilder in zeitgenössische deutschen Filmen von G. W. Pabst, F. W. Murnau und Fritz Lang ansehen können. Hier, und dann auch bei Hitler, sei der Jude als Urform der sexuell fordernden und männerverderbenden Frau identifiziert, mit dem weiblichen Vampir gleichgesetzt worden, dem der Mann sich nur dadurch entziehen konnte, daß er ihn umbrachte. Der heilige Georg also gewissermaßen als Markenzeichen der Todeslager.

Feministische Autorinnen gehen so weit zu behaupten, daß der Antifeminismus noch fundamentaler für die nazistische biologistische Politik war als der Rassismus. Der Nationalsozialismus sei in erster Linie ein Sexismus gewesen und erst in zweiter ein Rassismus. Darin mag ein wahrer Kern stecken. Wenn man allerdings Frauen pauschal mit Juden oder Sinti und Roma als vornehmliche Opfer des Nazismus ansehen will, so liegt eine gewisse Absurdität in dieser Behauptung. Ein Regime, das dem eher scherzhaften Vorschlag des Spötters Lichtenberg folgen wollte: »Alle neugeborenen Mädchen ertränken!«, hätte damit nur eine sehr begrenzte Zukunftsperspektive, es würde allenfalls noch eine Generation überdauern. Anders als ein eliminatorischer Antisemitismus kann sich ein eliminatorischer Antifeminismus nie ausleben, er muß sich immer tarnen und muß seine Aggression auf andere Zielgruppen verschieben. Diese Tarnungen und Verschiebungen seiner ungezügelten Emotionen sind typisch für Hitler und machten ihn so undurchschaubar und unberechenbar.

Den Sexualverkehr mit Frauen konnte jedoch Hitler beim besten Willen nicht verbieten. So errichtete er das Ersatztabu der Rassenschande. Die Angst vor Befleckung, die Sorge um Reinhaltung und Rassenhygiene trieb Hitler bis zu seinem Selbstmord um. Sein politisches Testament beschloß er mit dem Satz: »Vor allem verpflichte ich die Führung der Nation und die Gefolgschaft zur peinlichen Einhaltung der Rassengesetze und zum unbarmherzigen Widerstand gegen den Weltvergifter aller Völker, das internationale Judentum.«

Sein sonderbares Frauenbild sei Hitler auch durch die von ihm so geschätzte Kunst des Fin de siècle, durch Arnold Böcklin und Franz von Stuck nahegebracht worden. Die gesamte abendländische Kultur weise eine »gynozidale Mentalität« auf, die sich in

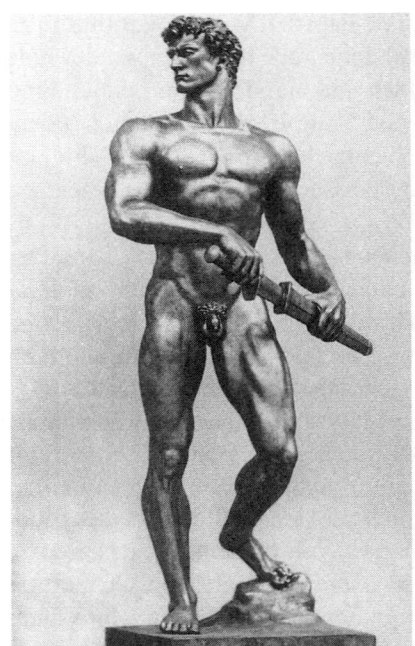

Bilderstreit

Hitler wollte in den Großen Kunstausstellungen im Haus der Deutschen Kunst seine ästhetische Traumwelt schöner Männerakte (Arno Breker: »Der Aufbruch«, oben links, und »Der Wäger«, oben rechts) der Welt des Verfalls, der heterosexuellen Versuchung, der Erotik ohne Kinderwunsch entgegenstellen. Diese wurde in der Wanderausstellung »Entartete Kunst« 1937 an den Pranger gestellt. »Und was fabrizieren sie?«, fragte Hitler in seiner Eröffnungsrede, »Mißgestaltete Krüppel und Kretins, Frauen, die nur abschreckend wirken können, Männer, die Tieren näher sind als Menschen, Kinder, die, wenn sie so leben würden, geradezu als Fluch Gottes empfunden werden müßten.« In seine Traumwelt paßte auch Kitsch mit schwulem Flair: Adolf Wamper: »Genius des Sieges« (rechts).

Übernächste Seite: Die Gemälde Max Beckmanns hingegen, der das Leben der Goldenen Zwanziger Jahre in unnachahmlicher Weise einfing, galten den Nazis als entartet und wurden aus den deutschen Sammlungen entfernt.

einer »feindseligen, mörderischen Sprache des Geschlechter-
kampfes« ausdrücke. »Die Vernichtungsöfen der nationalsozialistischen Konzentrationslager wurden in den frauenfeindlichen,
rassisch-evolutionären männlichen Phantasien der Jahrhundertwende konstruiert, bevor sie gebaut wurden«, behauptete Djkstra.
Auch in den Nürnberger Rassengesetzen klangen seine Obsessionen an. Er habe diese Gesetze eingeführt, behauptete er in
seiner Rede vor dem Reichsparteitag 1935, weil der Staat »in erster Linie die Ehe aus dem Niveau einer dauernden Rassenschande
herauszuheben habe«. Der Vollzug der Rassengesetze, bei denen
seine leicht perversen Vorstellungen Pate gestanden hatten, glitten
dann ganz deutlich ins Sexualpathologische ab. Die populärwis-
senschaftliche Zeitschrift »Deutsche Volksgesundheit« warnte die
arische Frau vor einem einzigen Beischlaf mit einem Juden. Sobald
sie das »artfremde Eiweiß« in sich aufgenommen habe, könne sie
nie wieder rassisch reine Kinder gebären, selbst wenn sie danach
einen Arier heirate. Diese absurden Reinheitstabus wurden in den
nationalsozialistischen Verhaltens-Kodex übernommen. SS-Männern und Parteigenossen wurde die Heiratsgenehmigung verweigert, wenn die Braut vorher mit einem Juden verlobt oder verheiratet war.
   Pornographische Phantasien mischten sich mit juristischer Raf-
finesse. Schon das »Greifen unter die Röcke« wurde als Rassenschande mit zwei Jahren Zuchthaus geahndet, wenn der Greifer
Jude war und die Röcke den Körper einer arischen Frau verhüll-
ten. Der Kommentar zur Rassengesetzgebung von W. Stuckart
und H. Globke aus dem Jahre 1936 sah auch »beischlafähnliche
Handlungen, z. B. gegenseitige Onanie« als strafwürdig an, ließ
aber den Beklagten ein absonderliches juristisches Schlupfloch.
Oralverkehr könne deshalb nicht belangt werden, da er von Natur
aus nicht auf eine Nachkommenschaft ziele, bei der arisches Blut
verunreinigt werde.

Innerer Klang und blonde Frauen

Der Katalog der Anschuldigungen gegen Juden in »Mein Kampf« umfaßte gängige antisemitische Klischees. Schließlich aber, eine Besonderheit an Hitlers doch eher herkömmlichem Antisemitismus, kreidete er ihnen an, sie ließen sich durch seine Reden nicht im geringsten überzeugen. Dieses Verhaltensmerkmal, die innere Zustimmung zu seinen Überzeugungskünsten und das freudige Sich-Hingeben, war schließlich die Hauptsache für Hitler, das Kriterium für die richtige Rassenzugehörigkeit. Was nützte ihm schließlich ein blonder Germane mit blauen Augen und nordischer Nase, der seinen Ideen teilnahmslos oder feindlich gegenüberstand. Rasse, so Hitler, durfte in seinem Sinne nicht mehr anthropologisch definiert werden.

Zu großen gedanklichen Kunststücken setzte Hitler in seiner Rede auf dem Reichsparteitag 1934 an. Er erkannte, daß es politisch nicht möglich war, die Führungsposten nach rassischen Merkmalen zu besetzen. Zu offensichtlich paßten er selbst und die andern hohen Funktionäre nicht in das Schema vom blonden Arier. Bei einem Streit mit dem Reichsführer SS meinte der Danziger Gauleiter Forster, wenn er so aussähe wie Himmler, würde er von Rasse überhaupt nicht reden. In seinen Tischgesprächen formulierte Hitler dann auch ganz vernünftig: »Aussehen und Veranlagung liegen oft getrennt« (27. Januar 1942). Eineinhalb Jahre zuvor, am 16. September 1940, hatte er sogar angeordnet, daß »Mischlinge« wegen Tapferkeit vor dem Feind für deutschblütig erklärt werden konnten.

Die logische Konsequenz, den Rassengedanken überhaupt oder doch wenigstens bei der Auswahl der Befähigten fallenzulassen, sah Hitler jedoch nicht. Er meinte, ohne auf den inneren Widerspruch zu achten, man müsse »von der Befähigung den Schluß auf die rassische Eignung ziehen. Die Befähigung aber war feststellbar durch die Art der Reaktion der einzelnen Menschen auf eine neu zu proklamierende Idee. Dies ist die unfehlbare Methode, die Menschen zu suchen, die man finden will. Denn jeder hört nur auf den Klang, auf den sein Innerstes abgestimmt ist«.

Goebbels, den der Volksmund wegen seines wenig arischen

Aussehens als »Schrumpf-Germanen« verspottete, stimmte in seinen Tagebüchern begeistert zu und wandte sich entschieden gegen den Unfug des »Rassen-Materialismus, der nicht auf Haltung und Gesinnung, sondern auf Wasserstoff-Blond schaut«. Arier war für Hitler nur eine Chiffre für jemanden, der in seine homoerotisch getönte Gegenwelt paßte, der sich ihm anschloß oder den er bewunderte. Der »in seiner Motivstruktur nie ergründete Urhaß gegen die Juden« (Joachim Fest) ist wohl so zu deuten, daß er diese als die eigentliche Bedrohung der schönen edlen Idealwelt ansah, von der er in seinen homoerotischen Vorstellungen träumte, zu der er sich aber nie voll bekannte. Nur die vermeintlichen Widersacher wurden klar identifiziert und mit unerbittlichem Haß verfolgt, die eigene sexuelle Utopie blieb in eigenartiger Sehnsucht weitgehend uneingestanden.

Folgerichtig erklärte Hitler (hierin Richard Wagner folgend) Jesus zu einem Arier und ersparte sich damit die Mühe, mit dem Ärgernis fertig zu werden, daß auch ein Nicht-Arier zu bedeutenden Leistungen fähig ist. Als ihm Mussolini 1938 in Rom einen römischen Porträtkopf zeigte, der angeblich Jesus darstellte, entdeckte Hitler in den Gesichtszügen typisch arische Rassenmerkmale. In seinen Tischgesprächen äußerte er, wenn Djingis Khan wirklich ein so bedeutender Mann gewesen sei, wie in der Geschichte gelehrt werde, dann sei er eben ein Arier gewesen.

Nicht nur den anthropologisch fremdrassigen Juden räumte diese überraschende Wendung der Hitlerschen »Rassenlehre« vorübergehend Chancen im Dritten Reich ein, sondern auch fremdrassigen Blondinen. Die Bevorzugung dieses Frauentyps entsprang in Hitlers Gedanken wiederum kaum anthropologischen Vorstellungen, sondern eher männerbündlerischen Stereotypen. Die kühlen blonden Frauen galten eben, verglichen mit den gefährlichen, triebhaften und dunkelhaarigen jüdischen Rasseweibern, eher als zurückhaltend und damit als Gefährtinnen der anständigen Männer eher tragbar. Mit ihnen, so glaubte er wohl, sei sein Konzept einer Partnerschaft zwischen Mann und Frau eher zu verwirklichen, das auf dem Kinderwunsch und nicht auf rauschhafter Sexualität gegründet war.

Unter bestimmten Voraussetzungen konnten somit selbst ausländische Frauen in die »arische« Männergesellschaft aufgenommen werden. In seinen Monologen machte Hitler 1942 sich ausführlichere Gedanken über sein Grundkonzept. »Beim Mittagessen erzählte der Chef, daß sein gestriger Flug nach Poltawa seine Rassenauffassungen leicht ins Wanken gebracht habe.« Im ukrainischen Poltawa »habe er nämlich so viele blauäugige blonde Frauen gesehen, daß er – wenn er an die bei Heiratsgenehmigungen vorgelegten Bilder von Norwegerinnen oder etwa gar Holländerinnen denke – am liebsten statt von Auf-Norden von der Notwendigkeit des Auf-Südens unserer europäischen Nordstaaten sprechen möchte«.

Später erklärte Hitler die blonden Frauen schlicht und einfach zu Germaninnen. »Der Führer korrigierte kurzerhand in einer Teestunde unser schulmäßiges Wissen über die Völkerwanderung und machte aus den blonden und blauäugigen Ukrainerinnen bäuerliche Nachkommen seßhaft gebliebener germanischer Stämme, deren Wiedereindeutschung nur eine Frage der Zeit sei.«

Sich mit Frauen einzulassen war in Hitlers Augen zwar schlimm, wegen der Fortpflanzung aber schlechthin unumgänglich. Wenn es denn unbedingt sein mußte, dann bitte mit blonden Frauen – oder aber mit vermännlichten Frauen. Eine psychologisch aufschlußreiche »Einbürgerung« durch den Großmut Hitlers ist aus meiner Familiengeschichte überliefert. Mein Patenonkel Max Lorenz war der Lieblingssänger Hitlers. Wie mir meine Großmutter Marie-Luise Hillebrecht anvertraute, war er homosexuell, und seine jüdische Frau hatte sich, um seinen Wünschen entgegenzukommen, die Brüste so verkleinern lassen, daß sie einer Knabenbrust glichen. Die jüdische Tante wurde, mit ausdrücklicher Genehmigung Hitlers, von Verfolgungen verschont – ein weiterer Beweis dafür, daß Hitlers Rassenauffassung weit mehr einer homophilen Angst entsprang als anthropologischen oder darwinistischen Überlegungen. Denn vor vollbusigen Jüdinnen war nach seiner Ansicht immer zu warnen. Wenn sich die arischen Männer mit derartigen Geschöpfen einlassen würden, wäre das der sichere Untergang des Volkes.

»Sowie es Mode wurde, daß einzelne Offiziere, besonders adeliger Abstammung, sich ausgerechnet mit Warenhausjüdinnen paarten, stieg für das alte Heer eine Gefahr auf, die sich bei fortschreitender gleicher Entwicklung eines Tages übel ausgewachsen hätte«, schrieb er in seinem zweiten Buch.

Vorbilder

Seinem Adjutanten Wiedemann vertraute Hitler als frisch ernannter Reichskanzler 1933 an, wenn der Zusammenbruch 1918 nicht gewesen wäre, so wäre er nicht in die Politik gegangen, sondern ein großer Künstler geworden wie Michelangelo. Diese Bemerkung könnte man als eine seiner typischen pubertären Selbstüberschätzungen abtun.

Doch Michelangelo war nicht der einzige Homosexuelle, den sich Hitler zum Vorbild nahm. Für den Bayernkönig Ludwig II. besaß er ein besonderes Faible. In einer Rede in Hohenschwangau am 12. August 1933 bezeichnete er sich als den Vollender der Absichten Ludwigs II. Seine Bauten seien »der Protest eines Genies gegen die erbärmliche parlamentarische Mittelmäßigkeit. Wir haben diesen Protest heute verwirklicht...« Sein ganz persönliches Interesse an Ludwig zeigte Hitler auch dadurch, daß er ein Autograph des Wittelsbachers erwarb. Bei Karl May ging er so weit, daß er dessen homosexuelle Idealfigur Old Shatterhand auch in der Kleidung imitierte. Während seiner Münchner Jahre trat Hitler als eine Art Westernheld auf. Seine abgehobene Kleidung und seine auffällige unsoldatische Frisur mit der in die Stirn fallenden Strähne sollten sein Außenseitertum dokumentieren. Hitler besuchte am 22. März 1912 einen Vortrag des alten Karl May in Wien, wozu er sich Schuhe leihen und einen stundenlangen Fußmarsch unternehmen mußte. Die Anstrengung lohnte sich für ihn. Er war von den Ausführungen des Vortragenden über das Menschheitsziel, das dunkle Ardistan zu verlassen und sich nach Dschinnistan vorzukämpfen und somit ein Edelmensch zu werden, ebenso begeistert wie über die Person Mays. Er schwärmte noch monatelang von dem Erlebnis.

Winnetou verzauberte sein homophiles Herz. Im späteren Leben richtete sich Hitler, so Albert Speer, an der Lektüre Karl

Mythos Winnetou

Old Shatterhand (Lex Barker) drückt Winnetou (Pierre Brice) im Film »Winnetou III« herzlich die Hand und blickt ihm tief in die Augen. Der Karl-May-Fan Hitler schätzte diese homoerotischen Phantasien. Er verschlang, sammelte und pries nicht nur Karl Mays Bücher, sondern trat in seiner Münchner Zeit sogar wie Old Shatterhand im »Westman-Look« auf. So wie May sich eine bessere Welt edler Männer im Wilden Westen zusammenphantasierte, fern vom Asphalt der verdorbenen Großstädte, so wollte Hitler ein Reich gutgebauter, kräftiger junger Männer in den fruchtbaren, von der Zivilisation noch nicht verdorbenen Weiten des Ostens errichten. Frauen spielen in schwulen Träumen eine untergeordnete Rolle. Nach kurzen Urlauben zwecks Kinderzeugung sollten die tadellosen Helden wieder in die Männerbünde des Regiments zurückkehren und am Ural die Reichsgrenze in immer neuen Kriegen verteidigen.

Mays in ähnlicher Weise auf wie andere Menschen an philosophischer Literatur oder der Bibel. Auch die Frontsoldaten sollten sich nach Hitlers Wunsch an Karl May erbauen. 1943 ließ Hitler trotz akuter Papierknappheit 300 000 Winnetou-Ausgaben als Feldlektüre drucken und an die Front verschicken. Speer berichtete, er habe Winnetou als »Musterbeispiel eines Kompanieführers« gesehen und als »Vorbild eines edlen Menschen«, an der die Jugend die richtigen Begriffe von Edelmut lernen könne.

Mit der Niederschlagung des Röhm-Putsches tilgte dann Hitler alle allzu manifesten homosexuellen Spuren aus seiner Vergangenheit.

Um so auffälliger war Hitlers eigentümliche Verehrung des Preußenkönigs Friedrich II. In seiner militärischen Umgebung war dies eine sozial akzeptierte Schwärmerei für einen Homosexuellen. In der Tat eiferte Hitler keineswegs den Tugenden des Hohenzollern nach. Er wollte nie und nimmer der erste Diener seines Staates sein. Hitlers Preußen-Tic verfiel in seiner übertriebenen Unechtheit nur deswegen nicht der allgemeinen Lächerlichkeit, weil es zwar den sich als Salontiroler gerierenden Preußen als Komödienstadltyp gibt, nicht aber den preußelnden Österreicher.

»Hitler identifizierte sich mit ihm (Friedrich II.), verglich seine Niederlagen mit dem Unglück des Siebenjährigen Krieges, seine Einsamkeit mit der Verbitterung des Königs, seine Schäferhündin Blondi mit dessem Windspiel Biche.«

Wie sein Karl-May-Kult, so prägte sich auch Hitlers Alter-Fritz-Kult in merkwürdigen Formen aus. Das Porträt des Königs hatte nach der Vermutung Friedrich Heers für Hitler die Funktion eines katholischen Andachtsbildes. Es hing in seinem Arbeitszimmer, und er nahm es mit in den Führerbunker, wo er unter ihm Selbstmord beging. Trost vor dem schrecklichen Ende spendete Goebbels (24.3.1945) seinem verbitterten Führer, indem er ihm aus Carlyles »Leben Friedrichs des Großen« vorlas.

Himmler bedachte ihn zum fünfzigsten Geburtstag mit einem Porträt des Preußenkönigs von Menzel. Rosenberg schenkte ein Jahr später einen großen Porzellankopf Friedrichs des Großen, den der Diktator »mit Tränen in den Augen entgegengenommen habe« (W. Mommsen). Überdies erfreute sich der Nichtraucher

Hitler an einer der berühmten Tabatieren des Preußenkönigs, die den Schreibtisch auf dem Berghof schmückte. Auch in der österreichischen Geschichte, mit der Hitler seit seiner Jugend vertraut war, gab es geeignete homophile Vorbilder. Prinz Eugen war wie der alte Fritz ein berühmter Heerführer, eine auch im Volk besonders populäre Figur und ein Fürst, der mit Frauen wenig im Sinn hatte. Hitler bewunderte nicht nur das prächtige Schloß Belvedere in seiner Wiener Zeit, das zeigte, daß der Savoyer-Prinz seine architektonischen Interessen teilte, sondern auch den Park mit den verführerischen zwitterhaften Sphingen, deren Lächeln er in den Gesichtszügen seiner Nichte wiederfand. Der jungen Henriette Hoffmann schenkte er neben gängigen Jugendbüchern auch »Das Leben des Prinzen Eugen«, eine eher ungewöhnliche Lektüre für einen bayrischen Teenager. Hitler ließ einen Schweren Kreuzer, den Stolz seiner Marine, nach dem Prinzen benennen, obwohl dessen Beziehung zum Seekrieg nicht gerade auf der Hand lag, und bestand darauf, der Schiffstaufe beizuwohnen. Ja, diese wurde geradezu zu einer verspäteten Feier der k.u.k. Monarchie, zu der der ungarische Reichsverweser Admiral von Horthy eingeladen wurde.

Als erstes politisches Vorbild entdeckte Hitler den Wiener Bürgermeister Karl Lueger (1897–1910), den er den »gewaltigsten deutschen Bürgermeister aller Zeiten« nannte, was insofern verwunderlich ist, als dieser als Christlich-Sozialer ein vehementer Gegner Schönerers war und ein treuer Anhänger der Habsburgischen Dynastie: Brigitte Hamann analysierte die psychologischen Hintergründe. »Nicht die Partei, sondern die überragende Persönlichkeit Lueger fesselte ihn und regte ihn zu beobachtenden Studien an.« Der »schöne Karl« war Junggeselle. Hitler imponierten nicht nur die antisemitischen, sondern auch die ehefeindlichen Attitüden des Bürgermeisters, der die Massen begeisterte. Lueger demonstrierte seinem jugendlichen Bewunderer, daß eine glänzende politische Karriere nicht nur mit einem ehelosen Lebensstil durchaus vereinbar war, sondern daß dieser geradezu eine außergewöhnliche Wirkung auf das Massenpublikum ausüben könne. Von Lueger (oder von Eckart) stammte Hitlers fixe Idee, ein Junggeselle komme bei den weiblichen Wählern besonders gut an. Schon

Lueger benutzte den eigenartigen Vorwand, nicht zu heiraten, weil eine Ehe die Wahlchancen bei den weiblichen Bewunderern schmälere. »Gehörte Lueger angeblich nur seinen Wienern, so formulierte Hitler später: ›Meine Geliebte ist Deutschland‹ und scherzte, ›daß es gar nicht auszudenken wäre, was die Frauen und Mädel in der NS-Bewegung anstellen, wenn er heirate!‹«

Schließlich schwärmte Hitler für Nietzsche. Es mag ja sein, daß eine oberflächliche Parallele zwischen der Auffassung des Philosophen von der »blonden Bestie« und faschistischen Ideen besteht. Doch auch diese blonde Bestie ist eine homophile Phantasie. Außerdem dürften Nietzsches misogyne Ansichten (»Du gehst zu Frauen? Vergiß die Peitsche nicht!«) nach Hitlers Geschmack gewesen sein. Nietzsches Schwester, die er in Weimar besuchte, bestätigte ihm sein zölibatäres Lebensgefühl. Ihr Bruder habe immer gepredigt: »Ein Held muß frei sein.« Da Hitler Schopenhauers Philosophie kaum verstanden haben dürfte, hing seine Begeisterung für diesen Philosophen möglicherweise auch mit der Frauenfeindschaft zusammen, die die beiden sonst so völlig gegensätzlichen Charaktere verband.

Hörigkeit

Hitlers Festhalten an seinem homosexuellen SA-Stabschef Ernst Röhm nützten seine politischen Gegner zu einer Kampagne, welche auf »widernatürliche Unzucht« in einer Bewegung hinwies, die sich angeblich eine sittliche Verbesserung und Höherzüchtung des deutschen Volkes zum Ziel gesetzt hatte. Die sozialdemokratische »Münchner Post« startete eine »breitangelegte Homosexuellenhatz gegen Röhm und seinen Freundeskreis in der SA«, und auch Hitler geriet in den Verdacht der Homosexualität. Es gibt aber keinerlei Beweis für einen handfesten homosexuellen Akt Hitlers.

Am weitesten, fast bis an die Grenze des offenen Bekenntnisses seiner Andersartigkeit, wagte sich Hitler vor, als er über seine Beziehungslosigkeit in seinen Monologen im Führerhauptquartier am 21. August 1943 nachdachte. Seine geheimen Ziele hatte er inzwischen der Welt offenbart. Der Vernichtungskrieg im Osten hatte begonnen, die Massenmorde waren vor den Augen der Welt nicht mehr zu verbergen. Auch der Holocaust war, zwar noch immer einigermaßen verdeckt, Tausenden von Menschen in groben Umrissen offenbar geworden. Hitler hatte nichts dagegen, daß sein halbherziges Bekennerwort von Stenographen festgehalten wurde. »Ich bin ein vollkommen unfamiliäres Wesen, ein unsippisch veranlagtes Wesen. Das liegt mir nicht.« Veranlagung – das verräterische Wort kam der Sache schon ganz nahe. Hatte man bei Röhm doch immer offiziell in Hitlers Umgebung von dessen »unklarer Veranlagung« gesprochen.

Dann zitierte Hitler, um seine ungewöhnliche, das eigentliche Problem eher umschreibende Vokabel »unsippisch« zu erläutern, noch Heinrich Heine, auch um deutlich zu machen, daß er das Verhältnis zu Frauen, zum Weibe gemeint hatte. Für ihn gelte, führte Hitler aus: »Was schert mich Weib, was schert mich Kind. Laß sie betteln gehen, wenn sie hungrig sind.«

Alexander Mitscherlich sah in dem eigentümlichen Verhältnis Hitlers zu Speer eine (nicht sexuelle) erotische Komponente. Speer meinte nach dem Krieg: »Eins ist sicher: Alle, die mit ihm lange eng zusammenarbeiteten, wurden ihm ausgesprochen hörig.«

Hitler lernte im Jahre 1934 den neunundzwanzigjährigen gutaussehenden Architekten kennen und nahm ihn »nach einigen Besprechungen zu sich in seine engere Umgebung«. Speer erinnerte sich noch 1945 genau an die Einzelheiten: Der Rock des jugendbewegten Faltbootfahrers und Natur-Idealisten, der sich an den Versen Stefan Georges begeistern konnte, war auf einer Baustelle mit Gips beschmutzt worden. Deswegen wollte er eine Einladung zum Mittagessen absagen, mit der Hitler, neben intensiven Blickkontakten, eine nähere Beziehung einzuleiten pflegte. Doch Hitler nutzte die Situation zu einer verfänglich-unverfänglichen Geste. Der leicht verwirrte Architekt wurde in Hitlers Privaträume gebracht, wo er seine Jacke ausziehen sollte und dann in Hitlers Uniformrock gesteckt wurde. Seit diesem Kleidertausch, einer die erotische Phantasie Hitlers anregenden quasi-intimen Szene, der dann in der anschließenden spießigen Mittagsrunde in der Reichs-

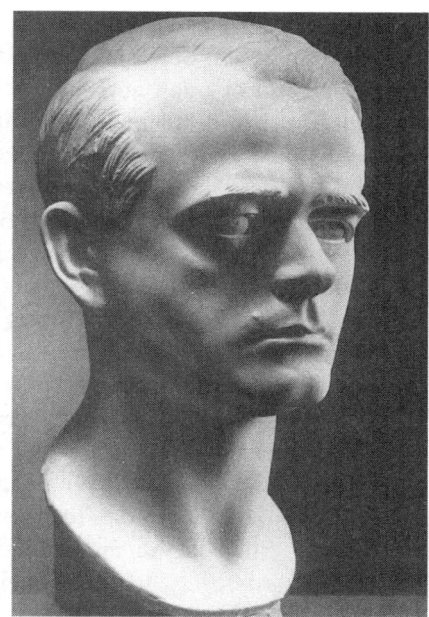

Hitlers Liebling

»Hitlers unglückliche Liebe« nannten Mitarbeiter des Rüstungsministers Albert Speer ihren Chef und bemerkten, daß beim Führer »Fröhlichkeit und glückliche Stimmung« immer dann aufkam, wenn sich der Liebling in seiner Nähe aufhielt. Erklärte der Architekt seinem Bauherren einen Plan (links), dann suchte dieser mit seiner rechten Hand schüchternen Hautkontakt mit dem attraktiven jüngeren Mann, den er entdeckt hatte und den er zeitweilig als seinen Nachfolger ansah, weil er ihn für einen »musischen Menschen« hielt. Arno Breker, der Michelangelo der Nazizeit, bekam sogar den Auftrag, die Büste des Lieblings aus dem Marmor zu hauen (rechts).

kanzlei zu neckischen Frotzeleien Anlaß gab, war das emotionale Band zwischen dem Meister und dem Lieblingsjünger geknüpft. »Dann lud er mich zu seiner Mittagstafel und beschäftigte sich sehr eingehend mit mir.« »Er hatte ›intuitiv‹ Gefallen an mir gefunden.« »Er hatte mich ›entdeckt‹.« Später verglich der Architekt sein Verhältnis zu Hitler mit dem Blutpakt zwischen Faust und Mephisto, den auch er mit Blut bezahlt habe.

Jedenfalls hob sich schon zu Beginn der Männerfreundschaft Hitlers Verhalten deutlich von den sonst in deutschen Ministerien gebräuchlichen Umgangsformen ab. Hitler benutzte eine ganz und gar archaische Form der Auseinandersetzung von Mann zu Mann, um seine Überlegenheit zu untermauern: das Drohstarren. Unverwandt blickte er seinem Gegenüber längere Zeit in die Augen. Wer seinen Blick nicht aushielt, so glaubte er, habe seine Überlegenheit anerkannt. Speer beschrieb die Technik Hitlers: »Am großen runden Tisch des Teehauses begann Hitler mich einmal zu fixieren. Statt die Augen niederzuschlagen, faßte ich das als eine Herausforderung auf. Wer weiß, welche Urinstinkte solchen Zweikampf hervorrufen, in dem sich die Gegner fest in die Augen sehen, bis einer von ihnen nachgibt. Jedenfalls war ich gewohnt, solche Fixierungen immer zu gewinnen, aber dieses Mal mußte ich, anscheinend endlos, eine fast übermenschliche Energie aufbringen, um dem immer stärker werdenen Drang, die Augen abzuwenden, nicht nachzugeben, bis plötzlich Hitler seine Augen schloß, um sich kurz danach seiner Nachbarin zuzuwenden.«

Hitler wollte seinen Liebling Speer ganz in seiner Nähe haben. Dieser baute sich ein Atelier im alpinen Stil auf dem Obersalzberg. Aber auch in Berlin sollte er möglichst hübsch und ganz nahe untergebracht werden. »Speers Büro im schönen Gebäude der Akademie der Künste am Pariser Platz, das der Erziehungsminister auf Hitlers Anordnung umgehend hatte räumen müssen, war von der Reichskanzlei nur durch die Ministergärten getrennt.« Beobachter bemerkten übereinstimmend Hitlers »Fröhlichkeit und glückliche Stimmung, wenn er sich in Speers Gesellschaft aufhielt. Er war immer beschwingt und entspannt.«

Die beiden einander zugetanen Männer fühlten eine zarte Scheu voreinander. Als ihm Hitler die Ernennungsurkunde zum Generalbaumeister von Berlin überreichte, konnte sein Verhalten »schüchtern genannt werden«, erinnerte sich Speer im Spandauer Gefängnis.

Im Sommer 1938 stellte Speer Hitler sein Modell von Berlin vor. Als der Diktator das Atelier verlassen hatte, entfuhr es seinem Mitarbeiter Hettlage:»Sie sind Hitlers unglückliche Liebe.« Bei dieser Bemerkung empfand Speer ein Glücksgefühl.

Der musische Typ

Im Herbst 1943 vertraute der damalige Generalstabschef Zeitzler Speer an:»Der Führer ist glücklich über Sie! Er sagte nämlich, er setze auf Sie die größten Hoffnungen! Nun sei nach Göring eine neue Sonne aufgegangen.«

Auch Speer war so an Hitler gebunden, daß er kaum von ihm loskam. Nach den katastrophalen militärischen Rückschlägen schrieb er 1944 seinem Führer gut begründete Denkschriften, die bewiesen, daß der Krieg verloren war. Hitler ließ ihn kommen, blickte ihn traurig an und stellte ihn zur Rede. Der alte Zauber wirkte. Darauf Speer:»Mein Führer, ich stehe bedingungslos hinter Ihnen!«

Noch nach dem Krieg packte Speer am 1. Mai, dem Todestag seines Idols, dessen silbergerahmte Photographie aus und wurde von einem Weinkrampf geschüttelt.

Speer überlegte nach dem Krieg, weshalb ihn Hitler auserkoren hatte.»Zweifellos war Hitler damals in Verlegenheit, wen er zu seinem Nachfolger auserwählen könnte: Görings Ruf war unterhöhlt, Hess hatte sich selbst ausgeschlossen, Schirach war durch die Umtriebe Bormanns gescheitert, und Bormann, Himmler und Goebbels entsprachen nicht dem ›musischen Typ‹, den Hitler sich vorstellte.«

Diese Einschätzung Hitlers ist ganz auffällig. Daß die Musen sich bei der Geburt von Himmler und Bormann offensichtlich abgewandt hatten, war nicht zu übersehen. Aber Goebbels war unter den Nazis einer der kunstsinnigsten. Er hatte Romane verfaßt, kannte sich in der Literatur aus, schrieb als einer der wenigen

Nationalsozialisten keinen miserablen Stil, hatte als der für die Filmindustrie verantwortliche Minister keine schlechte Hand besessen.

Vielleicht verstand Hitler die Bezeichnung »musischer Typ« in einem ganz spezifischen Sinn? Jedenfalls war seine emotionale Bindung an Goebbels, der einer seiner wichtigsten Helfershelfer war, selbst dann überraschend gering, wenn man Hitlers eidetische Veranlagung in Rechnung stellt. Goebbels, der sich wie kaum ein zweiter an Hitler attachierte, gelang es nie, in den inneren Kreis um Hitler aufgenommen zu werden.

Seine homoerotischen Anwandlungen, die ihn an Hitler banden, wurden in dessen Augen von der Schürzenjägerei überdeckt. Dabei waren diese sehr deutlich. 1926 vertraute er seinem Tagebuch geradezu eine Liebeserklärung an Hitler an: »Wir feiern Hitlers Geburtstag, 37 Jahre ist er alt. 37 Kerzen und Blumen brennen... Adolf Hitler, ich liebe Dich, weil Du groß und einfach zugleich bist.« Doch diese Liebe wurde nicht recht erwidert.

Der Diktator hatte eine instinktive Abneigung gegen den Frauenhelden.»Hitler hat Goebbels sehr bewundert, er hat ihn geschätzt. Aber es war keine freundschaftliche Note dabei. Hitler kannte Goebbels' Schwäche. Daß er seine Position oft ausnützte, um sich an Schauspielerinnen heranzumachen. Und das entsprach kein bißchen Hitlers Naturell«, meinte Hitlers Sekretärin Traudl Junge.

Da Goebbels aufgrund seiner Veranlagung nicht imstande war, Hitlers frauenfeindlichen Impulsen voll zu entsprechen, versuchte er dieses von Hitler gefühlte Manko durch besondere Judenfeindlichkeit zu kompensieren. Goebbels, der sich zu Hitlers Empörung mit der tschechischen Filmschauspielerin Lida Baroova eingelassen hatte, versuchte Terrain gutzumachen, indem er den Pogrom der »Reichskristallnacht« auslöste. Goebbels war als Gauleiter bestrebt, Berlin judenfrei zu machen. Höhne sah in ihm – und nicht in Himmler oder in der SS, die eine Deportationslösung befürworteten – den eigentlichen Initiator des Holocaust, der damit als schauerliches Ergebnis einer Verschiebung von vorgetäuschtem Frauenhaß zu Judenhaß zu deuten wäre.

Wie hätte Hitler sich ausdrücken sollen, wenn er einen Mann

mit homoerotischem Flair bezeichnen wollte? Vor einem ähnlich schwierigen Formulierungsproblem stand Thomas Mann. »Erscheinungsform des Künstlertums« ist die Chiffre, unter der der Nobelpreisträger seine geistige Verwandtschaft mit Hitler zugab. Ganz sicher aber entsprach Baldur von Schirach dem »musischen Typ«, den Hitler im Auge hatte. Die beiden trafen sich zum ersten Mal in Weimar, als der achtzehnjährige Schirach bei einer Hitler-Rede zum Saalschutz eingeteilt war. Es funkte sofort. Schirach verfaßte in der folgenden Nacht ein schwülstiges Hitler-Gedicht. Nachdem er das Abitur bestanden hatte, meinte Hitler: »Kommen Sie zu mir nach München, wir brauchen Leute wie Sie.« Dort legte ihm Hitler »wohlwollend die Hand auf die Schulter« und sagte: »Sie studieren bei mir.«

Schirach wurde zunächst Hitlers Reichsstudentenführer, dann sein Reichsjugendführer, und es gelang ihm, viele Kinder und Jugendliche zum Hitler-Kult zu verführen. Seine Hitler-Jugend sah er als eine »gewaltige Bewegung der Reinen und Reifenden« an. Schirach hatte ein »fast feminines Gesicht«, einen »feuchten, aspikartigen Händedruck« und wirkte »unsportlich und feist«. Gerüchte über angebliche homosexuelle Neigungen gab es schon zur Hitler-Zeit, auch über sein »weißes, mädchenhaft eingerichtetes Schlafzimmer«. »Mit Begeisterung organisierte er Kunstausstellungen, Musiklager, Konzerte, Jugendfilmstunden und Theaterfestspiele in Weimar für die Hitler-Jugend.«

Gestützt wurde die Diagnose bei Schirach durch eine Begebenheit aus seiner Jugend. 1931 war er auf die Freundin Elfriede M. des von ihm verehrten Freundes Dorndorf eifersüchtig. Um dem lieben Freund die Verwerflichkeit der aufdringlichen Frauensperson zu demonstrieren, schlief er mit ihr. »Gegenüber dem Weimarer Freundeskreis rechtfertigte sich Schirach, er habe doch nur seinem besten Freund beweisen wollen, daß dieses Mädchen seiner nicht wert sei, im Grunde hätte er für den Beischlaf dessen Dank verdient.«

Der attraktive Hitler-Jugendführer hatte sich 1940 im Frankreichfeldzug als Soldat bewährt, in Hitlers Augen ein Grund für besondere Zuneigung. Er ernannte ihn zum Gauleiter von Wien, ein Posten, zu dem nach Hitlers Auffassung die künstlerische Ader notwendig war. Doch gerade im emotionalen Kernbereich des gemeinsamen Kunstgeschmacks scheint ihn der Favorit enttäuscht zu haben. Dieser genehmigte eine Ausstellung von Expressionisten, entarteter Kunst, in Hitlers Augen also Beschmutzung, Treuebruch, Verrat. In eine ähnlich degoutante, unakzeptable Richtung dürfte nach Hitlers Empfinden auch ein Vorstoß für den (homosexuellen) Komponisten Tschaikowski gegangen sein, den Schirachs Frau Henriette unternahm.

Der von Furtwängler angeregte Versuch, Hitler durch eine Hörprobe von dem im Krieg geltenden Verbot abzubringen, die Werke von Ravel, Debussy, Tschaikowski zu spielen, scheiterte. Sie berichtete: »Hitler hörte sich die Nußknackersuite an, starrte aber auf das Grammophon wie auf einen Feind. Als das italienische Capriccio jubelnd und lockend in dem großen Raum erklang, ließ er abstellen.« Als Schirach schließlich auch noch für die Juden ein gutes Wort einlegen wollte, sich also nach Hitlers Gefühl mit den Repräsentanten der Verworfenheit schlechthin, auch der sexuellen, solidarisierte, war es aus mit der Liebe.

Ganz entsetzt war schließlich Hitler über seinen einstigen Favoriten, als dieser ihn Ende Juni 1943 bat, den Krieg zu beenden, der militärisch nicht mehr zu gewinnen sei. Seinem Adjutanten von Below vertraute er seine Empörung an: »Wie denkt er sich das? Er weiß doch genau wie ich, daß es keinen Weg mehr gibt, es sei denn, ich schieße mir eine Kugel durch den Kopf.«

Die auffällige Zuneigung Hitlers zu zwei attraktiven »musischen« Männern seiner Umgebung ist keine ephemere Besonderheit. Im Gegenteil: Für die ganze Biographie ist ein mehr oder minder festes emotionales Verhältnis zu einem Busenfreund nachweisbar. Hitler teilte mit den Umworbenen zunächst das Schlafzimmer, drang dann darauf, daß die Favoriten in seiner Nähe wohnten. Eine konstante Frauenbeziehung gab es erst seit 1933, mit deutlichem Streben nach Distanz und keinem gemeinsamen Schlafgemach.

Orpheus im Männerheim

Mit achtzehn Jahren zog Hitler nach dem Tod der Mutter nach Wien. Es gelang ihm, seinen Linzer Freund, den neun Monate älteren Tapezierer-Lehrling und Bratscher Gustl Kubizek, den er bei einer Wagner-Aufführung im Linzer Stadttheater kennengelernt hatte, dazu zu bewegen, nach Wien nachzukommen und mit ihm ein Zimmer zu teilen. Kurz nach seiner Ankunft in der Hauptstadt schrieb der junge Hitler am 18. Februar 1908 eine geradezu flehentliche Postkarte an den noch in Linz Zurückgebliebenen: »Warte schon sehnsuchtsvoll auf Nachricht von Deinem Kommen. Schreib bald und bestimmt, damit ich alles zum festlichen Empfang bereit mache. Ganz Wien wartet schon. Also komme bald. Hole Dich natürlich ab. Und: Also wie gesagt erst bleibst Du bei mir. Werden dann schon sehen...«

Man wird den Postkartengruß eines Teenagers an seinen jugendlichen Freund nicht überbewerten. Aber eines fällt doch auf. Es gibt kein ähnliches Schriftstück, das Hitlers Sehnsucht nach Nähe eines anderen ausdrücken würde, auf dessen Kommen er sich freut. Hitler hat in diesem Ton nie an Eva Braun geschrieben und auch an keine andere Frau.

Um sein Ziel zu erreichen, habe Hitler, so Gustl, die »große suggestive Kraft seiner Rede« aufwenden müssen, um die Eltern Kubizek zu überzeugen, ihren Sohn ins ferne Wien zu einem Musikstudium reisen zu lassen. Um Gustl dazu zu bewegen, mit ihm das Zimmer zu teilen, nutzte Hitler die Schwierigkeiten aus, die der nunmehrige Musikstudent Kubizek hatte, seinen Flügel unterzubringen, den er zum Üben und zu Musikstunden brauchte. Hitler überredete seine böhmische Zimmerwirtin, die Modistin Maria Zakreys, den größeren Raum der Wohnung den Untermietern zur Verfügung zu stellen und selbst mit dem Kabinett vorliebzunehmen. Daraufhin zog Gustl ein. Er sollte es bald bereuen.

Zwar war Gustl gerne bereit, sich von Adolf beeindrucken zu lassen, zwar war er auch nachgiebig und willensschwach und paßte so zu dem dominanten und durchsetzungskräftigen Adolf. Doch Hitler belästigte ihn in unerträglichem Ausmaß mit seinen unreifen Polit-Ideen. Die eigenartigen Vorträge langweilten den uninteressierten Musiker, der oft darüber einschlief. Besonders erbost war Gustl, daß Adolf so weit ging, ihn nachts aufzuwecken, um ihm seine Theorien vorzutragen. Diese Predigten, aus denen er dann später seine Massenreden entwickelte, hatten wohl schon früh für Hitler eine erotische Komponente. Er fand mit seiner Rede heraus, wieweit der Zuhörer bereit war, sich für ihn zu engagieren. Blieb er kalt, war Hitler beleidigt.

Es mag so klingen, als sei es etwas weit hergeholt, wenn man diese Zwangsrhetorik schon als eine unreife Form der Sexualität diagnostizieren will. Gustl gab nach dem Krieg an, er habe Adolfs Lektionen zur Nachtzeit eher als einen Versuch aufgefaßt, sich das am Tage Gelesene noch besser einzuprägen. Dies ist aber wegen Hitlers eidetischer Veranlagung unwahrscheinlich. Zum Einprägen brauchte Hitler keine Wiederholungen.

Dagegen läßt Hitlers deutliche körperliche Befriedigung bei seinen späteren Reden, ebenso wie sein aufdringliches nächtliches Engagement, ein sexuelles Motiv vermuten. Daß Frauen beim schönen Gesang von Tenören dahinschmelzen, ist bekannt. Aber auch die Tenöre, was weniger beachtet wird, finden großes Vergnügen an ihrer Fähigkeit, Damen dahinschmelzen zu lassen. Hier handelt es sich wohl um eine archaische Form der Triebbefriedigung, wie das antike Vorbild Orpheus zeigt, dessen Leierspiel Götter, Menschen und Tiere unwiderstehlich in seinen Bann zog.

Die Lieder, die so nachhaltiges Entzücken verursachen, brauchen vom Vortragenden nicht selbst gefertigt zu sein. Tenöre singen Altbekanntes von Verdi, Puccini und Bellini, was der Wirkung keinen Abbruch tut. Ähnlich lag es bei Hitler, der politische Tagesparolen im Stil der Boulevardpresse mit Emphase vortrug und sich an seiner Suada und der erhofften Wirkung auf seine Zuhörer berauschte. Kubizek sprach in verräterischer Weise vom »Höhepunkt der politischen Vergewaltigung«.

Zwar ging das enge Verhältnis und die Zimmergemeinschaft Gustls und Adis nach einem dreiviertel Jahr auf eigenartige Weise auseinander. Während Gustl auf Urlaub in Linz weilte, zog Adi aus der Wohnung aus, ohne eine Adresse zu hinterlassen. Gustl traf ihn erst wieder, als er Reichskanzler geworden war. Doch Gustl bekannte später: »Ich hatte nur einen Freund in meinem

Leben: Adolf.« Als Hitler 1933 Reichskanzler wurde, gratulierte Kubizek schriftlich, und in seinem Antwortbrief vom 4. August 1933 schrieb Hitler:»Ich würde sehr gerne – wenn die Zeit meiner schweren Kämpfe vorüber ist – einmal persönlich die Erinnerung an diese schönsten Jahre meines Lebens wieder wachrufen.« Hitler übernahm die Ausbildungskosten für Kubizeks Söhne, schenkte ihm am 5. Juli 1943 einen einmaligen Geldbetrag von RM 6000 und setzte ihm eine monatliche Beihilfe von RM 500 aus.

Für Frauen zeigte der junge Hitler auch damals wenig Interesse. Im Gegenteil, der Gedanke an eine körperliche Annährung ließ ihn schaudern. Selbst in seinem Zimmer sollten sie keinen Zutritt haben. Von seinem besten Freund Gustl verlangte er, daß sich dieser wie er selbst nie auf eine Liebelei einließ.»Jeder Schritt in diese Richtung hätte unweigerlich das Ende unserer Freundschaft bedeutet.« Hitler reagierte aber noch eifersüchtiger. Als Kubizek eine Klavierschülerin in dem gemeinsamen Zimmer prüfen wollte, rastete der Frauenfeind aus:»Ob unsere ohnehin durch den Flügel, dieses Monstrum, verstellte Bude nun auch zum Rendezvous für diese musikalische Weiberzucht werden sollte, fragte er mich erbost.«

Handfeste homosexuelle Neigungen habe jedoch Hitler nicht gehabt, meinte Kubizek und berichtete von einem Annäherungsversuch eines älteren reichen Homosexuellen, den der neunzehnjährige Hitler empört von sich gewiesen und erklärt habe, Homosexualität müsse »als eine widernatürliche Erscheinung mit allen Mitteln bekämpft werden«. Immerhin kam dem arglosen Kubizek angesichts Hitlers ungewöhnlichem Verhalten der einschlägige Verdacht, wie ja wohl auch dem zurückgewiesenen Verehrer, der auf einen Gleichgesinnten zu treffen hoffte.

Hitler sei im Sündenbabel Wien »wahrhaftigt ein Sonderfall« gewesen. Gustl spürte die Kälte des Eidetikers.»Über sexuelle Dinge habe er in nächtlichen Gesprächen so kühl und sachlich referiert, als stünde er völlig außerhalb dieser Dinge.«

Den Übergang von der distanzierten eidetischen Betrachtungsweise zum homosexuellen Blick verriet Hitlers Verhalten gegenüber schönen Frauen. Der neunzehnjährige Freund habe sie angesehen, »immer aber so, wie man ein schönes Bild ansieht, also ohne jeden sexuellen Hintergedanken«.

Kubizek wird dann deutlicher. Hitler habe bei Opernbesuchen die Stehplätze der vierten Galerie gemieden, da hier, im Gegensatz zum Stehparkett, auch Frauen zugelassen waren. Das Stehparkett war durch eine Schranke in einen zivilen Teil und einen anderen abgetrennt, der für Militärpersonen reserviert war. Auch über diese ärgerte sich der prüde Hitler. In seinen Monologen rügte er, sie hätten sich nicht der Musik gewidmet, sondern mit ihren Operngläsern die schönen Damen in den Logen und Rängen gemustert.

Hitlers gemeinsame Wurzel der Abneigung gegen Frauen und Juden deutete sich schon damals an. Die Stehplätze der vierten Galerie mied er auch deswegen, weil er dort nicht nur auf Frauen, sondern auch auf Judenpärchen stieß, die ihn in seinem Wagner-Genuß störten.

München leuchtete

Von deutlichen homosexuellen Neigungen war bei dem einundzwanzigjährigen Hitler auch in der Zeit, als er in einem Männerheim logierte, nichts zu erkennen. Er ging weiterhin seinen Mitinsassen durch endlose Vorträge auf die Nerven. Ein engeres Verhältnis hatte er zu Reinhold Hanisch, der Hitlers gemalte Postkarten verkaufte und mit ihm den Erlös fünfzig zu fünfzig teilte. Hanisch kommentierte Hitlers Verhalten dem anderen Geschlecht gegenüber mit dem Ausspruch: »Wie der keusche Josef.« Das Resümee des »mit allen Wassern gewaschenen Landstreichers« sei gewesen: »Hitler schätzte die weibliche Sexualität sehr wenig.«

Der weitere Verlauf des Verhältnisses zwischen den beiden Freunden gibt zu denken. Die Freundschaft kühlte ab. »Hitler schließt sich, von Hanisch wütend beobachtet, mehr und mehr einem anderen Männerheimkollegen an: Josef Neumann«, einem jüdischen Kupferputzer. »Der deutlich eifersüchtige Hanisch vermittelt den Eindruck, daß der damals einundzwanzigjährige Hitler ganz unter dem Einfluß seines jüdischen Freundes Neumann stand.«

Die Männerfreundschaft zwischen Hitler und Hanisch schlug in Haß um, der schließlich so weit ging, daß sich die beiden gegenseitig bei der Polizei anzeigten. Hitler bezichtigte Hanisch, ihn beim Verkauf eines Bildes betrogen zu haben. Der vorbestrafte Landstreicher, der unter falschem Namen lebte, wanderte ins Gefängnis. Als er wieder auf freiem Fuß war, warf er Hitler vor, unbefugt den Titel eines akademischen Malers zu verwenden. Die Polizei erschien darauf im Männerheim und beließ es bei einer Verwarnung des unbescholtenen Beamtensohns Hitler.

Hitlers Männerheim-Periode endete mit seinem Umzug nach München. Aus »politischen Gründen« habe er Österreich »in erster Linie verlassen«, heißt es in »Mein Kampf«. Das paßte allerdings nicht so recht zu seinem Reiseziel. Denn: »Nicht in das Zentrum deutscher Politik, nach Berlin, zog es ihn, sondern in die Musenstadt München.« (H.-U. Thamer) Galt nicht München als eine Gegend größerer erotischer Freizügigkeit?

Jedenfalls wurde er nicht enttäuscht. Auf sexuellem Gebiet, so erinnerte er sich am 21. August 1942 in seinem Führerhauptquartier »Werwolf«, sei München »kolossal tolerant« gewesen. Hitler kam auf seine Kosten, gutgebaute vornehme junge Herren sportelten in engen Trikots auf offener Straße. »Ich war platt, wie ich von Wien gekommen bin. Offiziere haben sich im Sportkostüm an einem Stafettenlauf durch die Stadt beteiligt. Das wäre in Wien unmöglich gewesen.«

Die noch heute in einschlägigen Kreisen weit über Bayerns Grenzen bekannte Gaststätte »Zur deutschen Eiche« in der Reichenbachstraße war 1897 eröffnet worden. Schon der Name dürfte seinem Geschmack entsprochen haben. Gewiß ließ sich Hitler nicht davon abschrecken, daß die Zeitung »Das bayerische Vaterland« beklagte, die homosexuelle Flutwelle, die 1908 von der Eulenburg-Affäre ausgegangen sei, habe jetzt auch München erreicht, und in den Kabaretts würde gewitzelt: »'s blüht manches warme Freundschaftsband auch an dem schönen Isarstrand.«

Jedenfalls bekannte Hitler, er habe »Sehnsucht« gehabt, »dorthin zu gehen, wo seit früher Jugend mich heimliche Wünsche und heimliche Liebe anzogen«. Das Land der Bayern mit der Seele suchend.

Es dürfte ihn auch die freizügige Atmosphäre Schwabings angezogen haben, in der eine sexuelle Revolution geprobt wurde. Jedenfalls nahm er sich ein Zimmer am Rande dieses Stadtteils und blieb dort auch bis zum Ersten Weltkrieg wohnen. Den Geist Schwabings verkörperte auch sein späterer Mentor Dietrich Eckart, der Peer-Gynt-Übersetzer, der nach Hitlers Worten »als der besten einer sein Leben dem Erwachen seines, unseres Volkes gewidmet hat im Dichten und im Denken und am Ende in der Tat«.

Als Hitler von Wien nach Schwabing zog, verfaßte Thomas Mann seinen »Tod in Venedig«, und Frank Wedekind war durch sein Drama »Frühlings Erwachen« bekannt geworden, das die erotischen Komplikationen eines Heranwachsenden auf der Bühne abhandelt. Hitler besuchte dieses Stück an einem Maiabend 1908 zusammen mit seinem Freund Kubizek in Wien. Es scheint ihn einigermaßen aufgewühlt zu haben, denn er machte nach der Aufführung den ungewöhnlichen Vorschlag, einen Abstecher in das alte Wiener Dirnenviertel am Spittelberg zu unternehmen: »Komm, Gustl. Einmal müssen wir uns doch den Pfuhl der Laster ansehen!« Der freie Geist Schwabings sprudelte auch in den Faschingsfesten des Kosmiker-Kreises. »George kommt mal als Caesar, mal als Dante, Schuler ist die Magna Mater, die Urmutter, Wolfskehl mimt Dionysos, später Homer.«

Hitler erlebte in Schwabing wohl mit großer innerer Befriedigung, daß seine Obsession, die Verbindung zwischen Antisemitismus und Homoerotik, gesellschaftsfähig war. Der Kosmiker Alfred Schuler ging nicht nur »Phantasien über junge Soldaten und Matrosen, Boxer und Ringer im Overall und muskelbepackte Burschen in Lederhosen« nach, sondern propagierte auch den »kosmischen Begriff der Blutleuchte«, die den Juden versagt sei.

»Ans Herz des Lebens schlich sich der Marder Jude«, dichtete er und forderte seine Anhänger auf, in sich das Urknäuel, die Swastika zu entfesseln, das Sinnbild der rassischen und religiösen Gegenrevolution. Das Hakenkreuz war für Hitler immer ein Symbol der Reinheit, und Juden wurde in den Nürnberger Gesetzen verboten, die Hakenkreuzfahne zu hissen.

In Schwabing verschoben sich nicht nur Hitlers Gedanken ins Wahnhafte. Schuler hegte 1896 den Plan, Nietzsche aus seiner

Umnachtung durch einen antiken Korybantentanz viriler, nur mit kupfernen Armbändern bekleideter Jünglinge zu retten. Schuler gehörte zum Freundeskreis der Hitler-Förderin Elsa Bruckmann, in deren Salon sich dann später die beiden Schwabing-Bewohner trafen.

Eine Verbindung homoerotischer und antisemitischer Tendenzen entzweite schließlich den Kreis. Schuler und Ludwig Klages (»Der Geist als Widersacher der Seele«) predigten einen Kult des arischen Bluterbes und forderten George auf, sich von seinem jüdischen Jünger Wolfskehl zu trennen. Mancher Gedankengang des Kreises galt als präfaschistisch, und George war es, der 1921 in seinem Gedicht »Der Dichter in der Zeit der Wirren« die Führererwartungen der Nachkriegszeit ausdrückte, eine geistige Strömung, die Hitlers Machtübernahme vorzubereiten half.

Das Ehepaar Wolfskehl lud 1906 zu einem Faschingsfest am Chinesischen Turm im Englischen Garten ein, das unter dem Motto »Tausendjähriges Reich« stand – was allerdings keine Anspielung auf irgendwelche politische Programme war, sondern nur andeuten sollte, daß Kostüme aus allen geschichtlichen Epochen willkommen waren.

Politik und Fasching lagen in Schwabing immer näher beieinander als anderswo. Hitler stilisierte sich bei seinen politischen Auftritten nicht nur als brauner Messias, er machte auch Anleihen beim Kabarett seiner Zeit. Bisweilen erinnerte sein Redestil und sein abwesender Blick an den Komiker Karl Valentin, den er sehr schätzte.

Die Kunst sei es gewesen, schrieb Hitler in »Mein Kampf«, die ihn unwiderstehlich nach München gezogen habe. »Es lag dies begründet in meinem Studium, das mich auf Schritt und Tritt ja auf diese Metropole der deutschen Kunst hinwies. Man hat nicht nur Deutschland nicht gesehen, wenn man München nicht kennt, nein, man kennt vor allem die deutsche Kunst nicht, wenn man München nicht kennt.« Allerdings verbrachte der angeblich so kunstversessene junge Hitler seine Zeit keineswegs in der Alten Pinakothek, die er nur in Verbindung mit dem Hofbräuhaus erwähnt: »Am meisten aber zog mich die wundersame Vermählung von urwüchsiger Kraft und feiner künstlerischer Stimmung, diese einzige Linie vom Hofbräuhaus zum Odeon, Oktoberfest zur Pinakothek usw. an.« Auch zum übrigen Kunstleben in München hatte Hitler kaum eine Beziehung. Es kommen also Zweifel auf an Hitlers Begründungen für seine München-Begeisterung. Sollte es wirklich der »ihm viel näherliegende Dialekt«, der ihn »besonders im Umgang mit Niederbayern an seine einstige Jugendzeit erinnern konnte«, gewesen sein, der ihm seine Münchener Zeit zur »glücklichsten und zufriedensten seines Lebens« werden ließ? München und Berlin waren die Städte in Deutschland, die Homosexuelle anzogen. Hitlers Duzfreund Ernst Röhm schwärmte von Berlin in ähnlichen Worten wie Hitler von München, als er aus seinem südamerikanischen Exil am 11. August 1929 in einem Brief an Dr. Heimsoth seine Sehnsucht ausdrückte: »Was Sie über Berlin schreiben, hat wieder alle meine Sehnsüchte nach dieser einzigen Stadt erweckt. Herrgott, ich zähle schon die Tage, wo ich dort wieder sein kann, und will hier wirklich, wenn's möglich ist, sparen, damit ich dort etwas vom Leben habe. Das Dampfbad dort ist aber doch m. A. nach der Gipfel alles menschlichen Glücks. Jedenfalls hat mir dort die Art und Weise des Verkehrs ganz besonders gefallen. An Frenzel sagen Sie besonders herzl. Gruß; auch wenn Sie meine übrigen schwarzen Bekannten – dieser Typ ist mein Ideal – im Bade oder Dampfbad wiedersehen...«.

In Berlin verbrachte Hitler seine beiden Fronturlaube im Ersten Weltkrieg und nicht in München, das er schon kannte. Noch in seinen Tischgesprächen im Jahre 1942 schwärmte er davon, wie sehr ihm Berlin damals gefallen habe.

Hitler unterschied sich allerdings in einem Punkt von seinem Duzfreund Röhm. Wie dieser war er zu politischen Rowdytum bereit, zu Aufruhr und Putsch, achtete aber darauf, die bürgerliche Wohlanständigkeit in sittlicher Hinsicht nicht im geringsten zu verletzen. Im Gegensatz zu dem unvorsichtigen Röhm war Hitler auf diesem Gebiet geradezu prüde. Wenn es ihm ein gestandenes Münchner Mannsbild angetan hatte, riskierte er nur einen Kontakt, der über körperliche Nähe und eine allenfalls schüchterne Berührung nicht hinausging. Hitler erinnerte sich noch am 11. Mai 1942 bei seinen Tischgesprächen an eine Jahre zurückliegende, etwas peinliche Begegnung, wobei Hitler die Peinlichkeit der Situation allerdings verschleiernd auf den Standesunterschied zwischen den Akteuren schob. »Beim Mittagessen erzählte der Chef von einem überlebensgroßen Münchner mit Bärenkräften. Er habe ausgeschaut wie ein waschechter Proletarier und sei im Sprengen gegnerischer Versammlungen und im Erobern des Fahnentuches der anderen ebenso routiniert gewesen wie in dem Saalschutz bei eigenen Versammlungen. Wie er von ihm dann nach der Machtübernahme einmal im Kaffeegarten des Café Heck angesprochen worden sei und ihn aufgefordert habe, für einen Moment bei ihm in seiner Arbeitskluft Platz zu nehmen, sei er nicht schlecht – ja fast wie ein Ungeheuer – angestarrt worden vom Bürgerpublikum.«

Hitler verkehrte damals nicht nur im bürgerlichen Café Heck, sondern auch im Carlton-Tearoom in der Brienner Straße, der von der gehobenen Homosexuellen-Szene bevorzugt wurde. Als Hitler aus Österreich nach München kam, setzte ein internationaler Schwulen-Tourismus gen Deutschland ein. Nach Berlin zog es W. H. Auden, Stephen Spender, Christopher Isherwood, den Maler Francis Bacon und den Schriftsteller André Gide. Noch während des Dritten Reiches trugen Hitlers homoerotische Inszenierungen zu seiner Popularität in einschlägigen Kreisen im Ausland bei.

Besonders kraß zeigt dies eine Eintragung im Tagebuch Salvador Dalís, das Johannes Gross »gewiß das obszönste Stück Prosa, das ich gelesen habe«, nannte. Dalí schrieb: »Ich war fasziniert von Hitlers weichem und fleischigem Rücken, der immer so prall in seine Uniform geschnürt war. Sooft ich begann, den Lederriemen zu malen, der sich von seinem Rücken schräg über die Schulter zog, versetzte die Weichheit dieses unter dem Waffenrock komprimierten Hitlerfleisches mich in eine schmack-, nahr- und wagnerhafte Ekstase, die mein Herz heftig schlagen ließ, eine höchst seltene Erregung, die ich nicht einmal beim Liebesakt empfand.«

Die deutsche Variante der Homoerotik traf auch in Frankreich auf Interesse. »Die Eröffnung einer Breker-Ausstellung in Paris am 14. Mai 1942 galt als wichtiges Ereignis der deutschen Besatzungszeit und wurde groß angekündigt... Der Kultusminister der

Vichy-Regierung, Abel Bonnard, bewundert die Skulpturen ebenso wie der Schriftsteller Jean Cocteau (der seinen Freund und Liebhaber Jean Marais mit einer typischen Breker-Skulptur verglich).«

Der schwedische Entdeckungsreisende Sven Hedin, ein notorischer Junggeselle, der seine jahrelangen Expeditionen immer in Begleitung eines einheimischen Assistenten unternahm, war ein alter Freund Deutschlands und ein großer Bewunderer Hitlers, der seinerseits den Asienforscher schätzte und ihn dreimal in Privataudienz empfing. Beide Herren verband das geradezu libidinöse Verhältnis zu Landkarten und die Freude am Zeichnen. Hitler ließ es sich nicht nehmen, Hedin noch am 19. Februar 1945 zum 80. Geburtstag zu gratulieren.

Wie schon bei seiner Übersiedlung nach Wien überredete Hitler wieder einen jungen Mann, mit ihm zu ziehen und mit ihm das Zimmer zu teilen. Der Auserwählte stammte wieder aus einer bürgerlichen Familie. Rudolf Häusler war zu dieser Zeit Drogerielehrling. Sein Vater war Finanzoberkommissär, also ein Kollege von Hitlers Vater. »Hitler, bald von seinem Schützling ›Adi‹ gerufen, nimmt Anteil an ›Rudis‹ Geschichte, die der seinen sehr ähnlich ist.« »Hitlers Bindung an den um vier Jahre jüngeren Häusler war eine so enge, daß sie immerhin vom 25. Mai 1913 bis 15. Februar 1914 gemeinsam in einem winzigen Untermietzimmer beim Schneidermeister Popp in München wohnten, also länger, als Hitler in Wien mit Kubizek beisammen war.«

Die enge Zweisamkeit Adis und Rudis fand ein ähnliches Ende wie das Verhältnis zu Gustl Kubizek. Rudi hielt es mit Adi nicht mehr aus. Er ging ihm auf die Nerven. Insbesondere seine nasse Aussprache bei den Polit-Vorträgen störte Häusler. »Geh, hör endlich mit dem Spucken auf! Sonst hol' ich den Schirm«, wehrte sich zunächst der Jüngere. Dann zog er aus dem gemeinsamen Zimmer aus. Brigitte Hamann, die Hitlers Wiener Zeit genauer durchleuchtet hat, meinte, Hitler sei »so etwas wie ein Vaterersatz des um vier Jahre jüngeren Häusler gewesen«. Väterliche Charakterzüge zeichneten den unsippisch Veranlagten aber kaum aus. Hitler erprobte bei Häusler seine Wirkung auf jüngere Männer, die ihm beim Aufbau seiner Machtposition in Partei und Staat später so nützlich war. Hamann vermutete, daß zwischen den beiden Zimmergenossen ein Schweigeabkommen bestanden habe. Zu dem Verdacht der Homosexualität, der sich wohl auch in ihr regte, bemerkte sie:»Häuslers Tochter kann sich dies bei ihrem Vater, der alles andere als ein Frauenverächter war, einfach nicht vorstellen. Sie weiß aber andererseits, daß er ihr so etwas auch nie gesagt hätte.« Häusler machte ab 1938 eine recht gute, aber nicht glänzende Parteikarriere.

Wenn Hitler später mit einem anderen Mann ein Doppelzimmer teilte, so nützte er dies nicht zur handfesten sexuellen Annäherung aus, sondern sah darin wieder eine Gelegenheit, lustvoll seine Weltanschauung unter vier Augen zu predigen. Der Bauer Josef Neumeier sen. aus Wieselsberg, Post Gergen bei Vilsbiburg, erinnerte sich am 4. Juli 1937 in einem Brief an den Führer:»Im Februar 1919 war ich in Reichenhall, um Erbsen zu verkaufen. Im Bahnhofshotel wollte ich übernachten. Es wurde mir mitgeteilt, daß ich allein ein Zimmer nicht bekommen könne. Das Zimmer war schon von einem Herrn belegt – es war Adolf Hitler. Zwei Stunden sprachen wir miteinander. Er erzählte mir von der Absicht, das Vaterland aus seiner Not zu befreien. Am frühen Morgen stand er schon vor mir auf, ging im Zimmer auf und ab und erörterte weiter seine Pläne in der Zukunft.«

Die nächste genauer feststellbare Männerfreundschaft schloß der zweiunddreißigjährige Hitler mit dem fünfundzwanzigjährigen Rudolf Heß, der sein Erweckungserlebnis an einem Maiabend 1920 bei einer Rede Hitlers im Münchner Sternecker-Bräu hatte. Ilse Heß, die spätere Ehefrau, war nicht wenig erstaunt. Ihr Mann sei»wie ausgewechselt gewesen, lebendig, strahlend, nicht mehr düster, nicht vergrämt«. Hitler fand sofort Gefallen an dem jungen Helfer, der sich ihm wie ein Jünger anschloß. Zumal der neue Favorit über eine Eigenschaft verfügte,»die dem monologisierenden Hitler sehr entgegenkam – er konnte zuhören«.

Bei Hitlers Putsch am 9. November 1923 marschierte Heß nicht mit in Richtung Feldherrnhalle. Er hatte statt dessen die Aufgabe übernommen, zwei bayerische Minister als Geiseln zu nehmen. Er ließ sie entkommen und rettete sich über die österreichische Grenze. Doch seine Bindung an Hitler war so stark, daß er sich der Justiz stellte. Nach seiner Verurteilung bezog er auf der Festung Landsberg das Zimmer neben seinem Meister.

Wenn Hitler deine Hand nimmt

Die Festungszeit in Landsberg kann man als die eigentliche Periode bezeichnen, in der Hitler sein perverses Coming-out erlebte. Er wurde sich unabweislich darüber klar, daß es einer körperlichen Annäherung mit nächtlichem Aufwecken nicht bedurfte, um sich der Hingabe junger Männer zu vergewissern. Hatten nicht die Kameraden des Marsches auf die Feldherrnhalle freudig ihr Leben geopfert für seine Ideen? Klebte nicht das Blut des Hutmachers Bauriedl unübersehbar an der Fahne, die vorangetragen worden war? Außerdem wandten sich die Zuhörer von seinen Ausführungen nicht mehr achselzuckend ab wie in seiner Zeit im Wiener Männerheim, sondern hingen an seinen Lippen, als würde er das Evangelium verkünden.

Jetzt waren die unglückseligen frühen Jahre endlich vorüber, in denen er mühsam auf einen widerstrebenden Schlafburschen einreden mußte, der keinen Sinn besaß für seine aufdringliche Mischung aus Erotik und politischer Suada. Es begann für Hitler die schöne Zeit der schicken Adjutanten.

Ein attraktiver Mitgefangener, der junge Rheinländer Walter Hewel, schwärmte für ihn und schloß sich ihm für den Rest des Lebens an. In einem Brief vom 9. November 1924 beschrieb er aus der Haft die homoerotische Wirkung seines großen Vorbilds: »Wenn Hitler deine Hand nimmt und in deine Augen schaut, empfindet man eine Art von elektrischem Schock und ein Gefühl von Macht, Energie und Deutschtum und allem, was stark und schön in der Welt ist.«

Hewel blieb – mit einer Unterbrechung, die ihn von 1927 bis 1930 als Pflanzerassistent auf Plantagen nach Java führte – in der engsten Umgebung Hitlers und ging mit ihm in der Reichskanzlei in den Tod. Erst ein Jahr vor seinem Selbstmord heiratete er. Der gutaussehende, allseits beliebte, 1904 geborene rheinische Fabrikantensohn war als Vertreter des Auswärtigen Amtes einer aus der

Reihe der attraktiven Adjutanten, die sich Hitler in seinem Hofstaat hielt. Hewel gehörte zu den nächsten Bekannten Hitlers, war »persona gratissima« (Speer). Seine emotionale Bindung an Hitler war offensichtlich. »Im Laufe der Zeit entwickelte er eine Art Sohn-Vater-Verhältnis zu Hitler... und wie so oft bei Vater und Sohn, so bildete sich auch zwischen Hewel und Hitler neben der loyalen Anhänglichkeit Enttäuschung, Ärger, Widerspruch, Zweifel und Verdruß.«

Der intrigante Hitler spielte den attraktiven Hewel gern gegen Ribbentrop aus. Als er Hewel ohne Wissen seines Vorgesetzten zu einem Besuch des finnischen Staatschefs Mannerheim mitgenommen hatte, fragte er nach der Rückkehr »etwas ironisch«: »Wie ihn der Außenminister beim Bericht aufgenommen habe.«

Hewel durfte sich manches herausnehmen. Am 7. Juni 1942 zog er eine Depesche des Auswärtigen Amtes aus der Rocktasche und ließ sie zu Hitler »über den Tisch segeln«. Hitler meinte, einem Staatsschef überreiche man ein solches Blatt »stets aus einem Aktendeckel«, und der müsse aus einer Ledertasche herausgeholt werden. Danach warf er das Blatt »Hewel auf dieselbe Weise zurück«.

Es gab Späßchen in Hitlers Herrenrunde. Hewel hatte von dem dünnen Bohneneintopf einen Wasserflecken auf dem Rockkragen. Goebbels interpretierte ihn als Fettflecken und bat flüsternd, Herr Hewel möchte ihm die Quelle verraten.

Auf besonderes Schmunzeln stießen immer frauenfeindliche Histörchen. Hewel machte sich über die Dümmlichkeit des anderen Geschlechts lustig. Er habe eine niedliche Amerikanerin auf der Kuppel der Peterskirche in Rom stehengelassen, »weil ihr von da oben nur auffiel, daß Roms Straßen enger und schmutziger seien als die Washingtons«.

Hitler teilte Hewels Einschätzung der weiblichen Intelligenz. Man dürfe »von einer schönen Frau – von Ausnahmen abgesehen – nicht Interesse für geistreiche Gespräche erwarten«. Frauen, so seine homoerotische Erfahrung, »hätten den brennenden Wunsch, von allen sympathischen Männern bewundert zu werden«. Dann gab sich Hitler staatsmännisch und tadelte den »sympathischen Mann« aus dem Auswärtigen Amt wohlwollend: »Damit habe er

Gruppenbild mit Führer

Hitler blühte auf, wenn sich begeisterte junge Männer um ihn drängten. Schon in seiner Kampfzeit zog ihn die beengte Atmosphäre der Bierkeller an, in der junge Anhänger ganz nahe bei ihm hockten. 1930 faszinierte er mit entschlossenem Blick eine Gruppe junger Parteigenossen im Kasino des Braunen Hauses in München.

In den ersten siegreichen Kriegsjahren fuhr er gern in die Nähe der Front und ließ sich dort genüßlich von jungen Soldaten umringen. Als er dann später, in seinem Führerhauptquartier eingeschlossen, vornehmlich von älteren Generälen umgeben war, gab es immerhin einige Lichtblicke. Junge Ritterkreuzträger wurden zur eigenhändigen Dekoration eingeflogen und neben dem Obersten Kriegsherrn beim Mittagessen plaziert.

dem deutschen Ansehen im Ausland keinen guten Dienst erwiesen. Der Deutsche müsse offenbar noch lernen, Ausländerinnen stets höflich zu behandeln.«

Landsberg erwies sich als ein erotisches Eldorado. Begierige junge Zuhörer auf Schritt und Tritt. Kein Wunder, daß Hitler in der Haftzeit aufblühte und besser aussah als je zuvor. Altbayerische Spaßkultur mit homosexuellen Untertönen herrschte auf der Festung. Die »Haberer« erschienen in Hitlers Zelle und verurteilten ihn »zur sofortigen Ausweisung aus Landsberg«. An seinem Namenstag traten »Rifkakylen« auf (die knochigen Knie nach Mekka gewandt), und »Dachauer Bauern« sangen den ergreifenden Massenchor: »Auf der Benediktenwand sitzt ein Elefant und legt sein Morgenei.« Hitler freute sich. »Jede Lustigkeit verstand er und stützte sie mit seinem verhaltenen Lächeln«, erinnerte sich respektvoll ein Mitgefangener.

Die ihn anhimmelnden Festungsgenossen stärkten Hitlers Selbstgefühl, seinen Optimismus und auch seinen unerschütterlichen Glauben an sich selbst, erinnerte er sich in seinen Tischgesprächen mit Nostalgie an seine Landsberger Zeit. Die jungen Mitgefangenen legten mit ihren schwärmerischen Berichten über ihr Idol hinter Gittern, die sie an die Anhänger außerhalb der Festungsmauern schickten, eine wichtige Grundlage für den späteren Führer-Mythos.

Oberregierungsrat Otto Leybold, der als Leiter einer Männerhaftanstalt mit den sexuellen Problemen seiner Häftlinge vertraut war, attestierte in seiner Stellungnahme zu einer Begnadigung und vorzeitigen Haftentlassung ausdrücklich, der Gefangene Hitler fühle sich »nicht zum weiblichen Geschlecht hingezogen«. Den ersten Abend nach seiner Festungshaft nützte der auf freiem Fuß befindliche im besten Mannesalter von sechsunddreißig Jahren stehende Hitler keineswegs dazu aus, die langen Monate sexueller Enthaltsamkeit in hautnaher weiblicher Gesellschaft zu vergessen, wie dies sonst bei Haftentlassenen, Seeleuten oder Fronturlaubern üblich ist. Er gab später zu, er habe – der angenehmen Umgebung seiner Mithäftlinge plötzlich beraubt – nicht gewußt, was er mit dem ersten Abend in Freiheit anfangen sollte.

Mein Hesserl, mein Rudi!

Die Festungshaft in Landsberg am Lech war die Zeit der besonders innigen Verbindung zwischen Hitler und Heß. Dieser half seinem Meister bei der Abfassung des Erstlingsbuches »Mein Kampf«. »Heß spielte dabei mehrere Rollen zugleich: als Diskussionspartner, Stichwortgeber und Testpublikum.«

Wie eng, wie emotional die Bindung der beiden Häftlinge wurde, beschrieb Heß in einem Brief an seine spätere Frau: »Hitler trug einige Seiten aus dem Manuskript ›Mein Kampf‹ vor: über die August-Begeisterung 1914, über die Kameradschaft im Schützengraben, über den Tod der Kameraden.« Die Szene in der Zelle geriet zum Rührstück. »Der Tribun hatte zuletzt immer langsamer, immer stockender gelesen«, schrieb Heß an Ilse Pröhl, »dann ließ er plötzlich das Blatt sinken, stützte seinen Kopf in seine Hand – und schluchzte. Daß es da auch mit meiner Fassung zu Ende war, brauch ich dir das zu sagen?« Gemeinsame Tränen der beiden Weltkriegsveteranen – so etwas schweißt für immer zusammen. Das Ende des Briefes. »Ich bin ihm ergeben mehr denn je, ich liebe ihn.«

Von nun an konnte sich Heß dem Bannkreis Hitlers nie wieder entziehen. Heß wurde nach der Haftentlassung Hitlers Sekretär. »Andere Parteifunktionäre spöttelten wegen seiner zurückhaltenden, devoten Art schon über ›Fräulein Heß‹.« Hitler war schon damals auf der Hut, daß kein Verdacht der Homosexualität auf ihn fiel. Privat duzten sich die Freunde. Hitler nannte seinen Liebling »Mein Rudi, mein Hesserl«, bei offiziellen Anlässen redeten sich beide mit »Sie« an. Doch Hitlers Tarnbemühungen gingen noch weiter: Heß' Verlobte verlangte nach sieben Jahren des Wartens von ihrem auf Hitler fixierten Partner mehr als »gelegentliche Bergwanderungen«. Um die unbefriedigende Situation zu beenden, wollte sie eine Stelle in Italien annehmen. Da griff Hitler ein, »der sich wohl auch um das Gerede Sorgen machte, das die vielen Junggesellen in seiner Umgebung auslösten«.

Zumal sein Sekretär nicht nur als »Fräulein Heß« apostrophiert wurde, womit eher angedeutet werden sollte, daß es damals unüblich war, einen Mann mit Sekretariatsarbeiten zu beschäftigen, sondern auch Gerüchte umgingen, »Fräulein Heß« male ihre Fußnägel mit Nagellack rot an.

Bei einem gemeinsamen Abend in seinem Lieblingsrestaurant, der Münchner »Osteria Bavaria« in der Schellingstraße, »legte Hitler plötzlich meine Hand mit der von Heß zusammen und sagte: ›Ist Ihnen nie in den Sinn gekommen, diesen Mann zu heiraten?‹«, erinnerte sich Ilse Heß, die allerdings zeit ihres Lebens nur »geteilte Liebe« von ihrem Ehemann erfahren sollte.

»Er kennt mich; das gegenseitige Vertrauen bis zum Letzten, das Verstehen ist da«, so ließ sich Heß nach seiner Entlassung aus Landsberg vernehmen. »Heß wurde Hitlers ständiger Begleiter auf Reisen, Versammlungen und Kundgebungen, er erledigte dessen Korrespondenz, führte Hitlers Terminplan...« Als die Parteizentrale im Frühjahr 1931 in das Braune Haus in der Münchner Brienner Straße umzog, lag Heß' Büro direkt neben dem Zimmer des Führers. Als großes Glück empfand es Heß am 30. Januar 1933, daß ihn Hitler »aus der Menge der wartenden Führer der Partei im Empfangsraum des Berliner Hotels ›Kaiserhof‹ herausholte, in sein Schlafzimmer führte und ihm gestand, ›daß es ein paar Mal auf des Messers Schneide gestanden habe‹«.

Nachdem Hitler Reichskanzler geworden war, kühlte sein Verhältnis zu Heß ab. Dieser litt unsäglich. Er wurde krank, neurotisch, wunderlich, konnte nicht mehr schlafen, wanderte frühmorgens mutterseelenallein durch die menschenleere Münchner Innenstadt und unternahm einsame Fahrradtouren im Englischen Garten. Heß ging ein wie eine Primel, die nicht mehr begossen wurde. Schließlich zeigte er geradezu psychotische Symptome.

Allerdings behielt er im NS-Staat noch einige besondere Funktionen. »Er durfte weiterhin mit Pathos die alljährliche Weihnachtsansprache halten«, »am 20. April dem Führer via Volksempfänger zum Geburtstag gratulieren«, den Führer auf der Sprechertribüne der Reichsparteitage ankündigen (»Es spricht der Führer!«) und (Tarnung, Ironie?) die Stiftung »Ehrenkreuz der deutschen Mutter« betreuen.

Eine gewisse Befriedigung dürfte es ihm bereitet haben, die Reichsparteitage mit einem Treuegelöbnis gegenüber Hitler eröffnen zu dürfen, erinnerte dieses Bekenntnis doch beinahe wörtlich

an ein Eheversprechen:»Unser Dank«, heißt es da,»ist das...
Gelöbnis, in guten und in... bösen Tagen zu Ihnen zu stehen,
komme, was da wolle«.

Einigermaßen unverhohlen machte Heß auf sein unglückliches
Verhältnis zu Hitler anläßlich dessen 50. Geburtstags am 20. April
1939 aufmerksam. Er schenkte seinem Führer den Originalbrief-
wechsel zwischen (dem homosexuellen) Friedrich dem Großen
und seinem Kammerdiener Fredersdorf. Dabei identifizierte er
sich mit dem armen Kammerdiener »hinsichtlich des Zugrundegerichtetseins«.

Seine Frau war ihm kein Ersatz für den Verlust des »Tribunen«.
»Es dauerte fast zehn Jahre, bis der Sohn Wolf Rüdiger gebo-
ren wurde, und Ilse Heß beklagte sich nach der Heirat bei einer
Freundin, daß sie sich ›bezüglich der ehelichen Freuden‹ wie eine
›Klosterschülerin‹ vorkomme.«

Der schreckliche Bormann, Sekretär und späterer Nachfolger
des unglücklichen Heß, dessen Kinder nach seinem Chef-Ehepaar
Rudolf und Ilse getauft waren, ließ diese umtaufen und bestellte
neue Paten. Er behauptete auch, Ilse Heß habe vor der Zeit der
Geburt ihres ersten Sohnes ein »sehr intimes Verhältnis« mit
einem der Assistenzärzte des Dr. Gerl (eines Naturheilkunde-Spe-
zialisten, dem Heß vertraute und über dessen englische Patienten
er Kontakt mit Großbritannien bekam) unterhalten. Der Assi-
stenzarzt sei als Vater des Kindes anzusehen.

Heß' mysteriöser Englandflug war der todesmutige Versuch
eines verzweifelten Mannes, die Liebe und Aufmerksamkeit Hitlers, dem er ganz verfallen war, wieder auf sich zu lenken, indem
er versuchte, dessen tiefsten Wunsch zu erfüllen, zu einem Frieden mit England zu kommen, ehe er in die Sowjetunion einfiel.

Hitler sei durch den Verlust Rudis in ähnlicher Weise betroffen
gewesen wie durch den Verlust Gelis, vermerkte Hans Frank leicht
anzüglich in seinen Memoiren.

Im Oktober 1954 erzählte Hitlers Fahrer Frau Heß, bei einer
der letzten Fahrten habe der Chef »ein wenig wehmütig, ein wenig
resigniert, ein wenig ironisch, aber mit unendlicher Zuneigung«
geäußert, es habe wenigstens einen Idealisten gegeben. Gemeint
war Rudolf Heß.»Er habe seine ›ganze Männlichkeit zusammen-

nehmen müssen, um nicht in Trauer auszubrechen‹, so kommentierte (der einsame Häftling) Heß die Tatsache, daß der Führer seinen verlorenen Sohn kurz vor dem Ende doch noch in Gnade aufgenommen hatte.«

Der zweite Mann

Hitler hatte 1922, im Jahr vor seinem Putsch, eine weitere Eroberung gemacht, »an einem Herbsttag bei einer Kundgebung auf dem Münchner Königsplatz«. Hermann Göring schilderte sein einschlägiges Erlebnis zwei Jahre später. »Vom ersten Augenblick, da ich ihn sah und hörte, war ich ihm verfallen mit Haut und Haar.«

Hitler hatte eine Schwäche für den »Dicken«. Ihm imponierten der Lebensstil und die Geldmittel, die diesem durch die Heirat mit einer vermögenden Schwedin zur Verfügung standen. Zum obersten SA-Führer wollte er entweder einen hochdekorierten U-Boot-Kapitän oder ein Flieger-As ernennen. Ein solches war Göring, der als Träger des Pour le mérite und letzter Kommandeur des Jagdgeschwaders »Manfred von Richthofen« Popularität genoß. Göring wurde beim »Marsch auf die Feldherrnhalle« durch einen Hodenschuß schwer verletzt, gewöhnte sich in einer Innsbrucker Klinik an Morphium, half Hitler durch seine Kontakte zu ehemaligen Offizieren und Geschäftsleuten bei der Machtübernahme, kam ins Kabinett und wurde schon im Dezember 1934 von Hitler im geheimen zu seinem Nachfolger bestimmt. Heß hatte damals schon ausgespielt. Er ging Hitler auf die Nerven, auch deshalb, weil er zu den Mittagessen, an denen die »Alten Kämpfer« zwanglos teilnehmen durften, seine eigene, besonders gekochte Kost mitbrachte. Von dem auf Etikette sehenden Hitler zur Rede gestellt, seine Gäste könnten nicht ihr eigenes Essen zu seinem Tisch mitbringen, wies Heß darauf hin, er nehme nur Nahrung aus biologisch-dynamischen Anbau zu sich. Hitler entgegnete barsch, auch er sei Vegetarier, und seine Diätassistentin könne entsprechende Kost für alle Ansprüche zubereiten. Heß zog es aber vor, kaum noch zu erscheinen.

Göring baute die Luftwaffe auf und betrieb eine bis zu einem gewissen Grade eigenständige Außenpolitik, die zwar auch revisionistisch war, der aber Hitlers Lebensraum-Ambitionen fehlten. Göring hatte Übergewichtsprobleme, aber kaum Hungerängste. Seine außenpolitischen Bemühungen wurden durch das Münchner Abkommen 1938 gekrönt. Er scheiterte aber bei dem Versuch, Hitler 1939 von einer Konfrontation mit Großbritannien abzuhalten.

Als Beauftragter des Vierjahresplanes und damit mächtigster Wirtschaftspolitiker scheiterte Göring ebenfalls, blieb aber bis zu seiner Entmachtung durch Speer Hitlers enger politischer Vertrauter, der sich in seiner Nähe auf dem Berghof ansiedeln durfte. Seinem Nachfolger Speer vertraute Göring an, »er sei viel enger an Hitler gebunden, viele Jahre gemeinsamer Erlebnisse und Sorgen hätten sie aneinander gekettet. Er käme nicht mehr los«. Göring, dem bei Ansprachen die Floskel »Unser heißgeliebter Führer« glatt über die Lippen ging, litt ähnlich wie Heß unter dem Gunstentzug Hitlers und verfiel in Depressionen.

Immer mehr stempelte ihn Hitler zum Sündenbock. Er warf ihm das Versagen der Luftwaffe bei der Schlacht um England vor. Sein Unmut ging so weit, daß er den Reichsmarschall wegen geschönter Verlustzahlen am 4. November 1940 telefonisch nachts aus dem Bett holen ließ.

Wie Heß mit seinem Englandflug, wollte auch Göring Hitler wieder auf sich aufmerksam machen. Sein verzweifelter Versuch, Hitlers Gunst zu gewinnen, führte in die militärische Katastrophe. Wider besseres Wissen versprach er, die Luftwaffe sei in der Lage, Hitlers wahnwitzigen Plan durchzuführen, die in Stalingrad eingeschlossene 6. Armee aus der Luft zu versorgen. Göring gelang es auf diese Weise, ein paar Tage wieder Persona grata zu werden. Doch der verspätete Honigmond währte nicht lange. Schließlich demütigte Hitler Göring immer mehr und fuhr ihn im August 1944 an: »Göring! Die Luftwaffe taugt nichts. Sie ist nicht mehr wert, ein selbständiger Wehrmachtsteil zu sein. Das ist Ihre Schuld. Sie sind faul.«

Als Hitler in den letzten Tagen vor seinem Selbstmord ein Telegramm von Göring bekam, in dem dieser fragte, ob er die Gesamtführung des Reiches übernehmen dürfe, da Hitler in Berlin eingeschlossen und vermutlich handlungsunfähig sei, verbot Hitler ihm per Funk »jeden Schritt in der von Ihnen angedeuteten Richtung« und »ordnete, vermutlich unter dem Einfluß von Bormann, Görings Inhaftierung durch die SS an«. Noch in seinen letzten Zeilen zürnte er Göring. In seinem politischen Testament vom 29. April 1945 bezichtigte er ihn der Treulosigkeit und stieß ihn aus der Partei aus.

Görings Auftreten beschrieb Carl Jacob Burckhardt, der den damaligen Generaloberst, der an einem Reitunfall laborierte, im September 1937 auf seinem Gut Karinhall besuchte: »Göring selbst lag in einem weiten Saal auf einer Ottomane, er war schon damals sehr beleibt, sein linkes Bein, dessen Beinkleid bis über das Knie hinaufgekrempelt war, gestützt und erhöht auf einem Kissen, er trug wie ein Kardinal rotseidene Strümpfe.«

Hitlers zweiter Mann zeigte deutliche feminine Züge. Er gebärdete sich zwar nicht so anpassungsfähig wie »Fräulein Heß«, kleidete sich aber in seidene Phantasie-Uniformen, trat in seiner Residenz Karinhall auch fremden Besuchern in auffälligen Morgenmänteln entgegen und trug sehr wertvollen Schmuck. Hitler, der auch hier den bösen Schein vermeiden wollte, kam Görings Heirat am 10. April 1935 mit der Schauspielerin Emmi Sonnemann durchaus gelegen. Lady Phipps, der Frau des britischen Botschafters, gestand Göring: »Ich heirate nur auf den Wunsch des Führers. Er meint, es gibt genug Junggesellen unter uns hohen Tieren in der Partei.« Hitler war nicht nur Trauzeuge, sondern ließ das Fest wie einen Staatsakt feiern. Der Korrespondent der Associated Press, Louis Lochner, schrieb am 20. April 1935: »… man hatte das Gefühl, als ob ein Kaiser heiratet.« Emmi ersetzte bei offiziellen Anlässen manchmal die fehlende Gattin an der Seite des Führers und Reichskanzlers.

Auch bei der Geburt der Göring-Tochter Edda gab es böse Gerüchte, sie stamme nicht von ihm. Der ungewöhnliche nordische Name wurde als eine Zusammenstellung der Initialen des Satzes »Ewiger Dank dem Adjutanten« gedeutet.

Hochzeit wider Willen

Hitler behielt seine eigentümliche Technik der Tarnung, die sich bei Heß und Göring bewährt hatte, auch bei einem seiner Leibdiener im Kriege bei. Hans Junge von der SS-Leibstandarte wollte dem Leben in Hitlers Nähe entkommen und bat um Versetzung an die Ostfront. Hitler lehnte dies immer wieder ab. Schließlich stimmte er dem eigenwilligen Wunsch des Dieners zu, der lieber in Rußland fallen wollte, als sich weiter in Hitlers Nähe aufzuhalten. Vorher aber sollte er Hitlers Sekretärin Traudl Humps heiraten, »die als zweiundzwanzigjährige ehemalige Ballettänzerin in Hitlers Dienste trat«. Weder Braut noch Bräutigam waren von Hitlers Idee begeistert. Junge, der ins Feld zog, gab schließlich nach »auch, weil Hitler ihm zuredete«. Die überraschte Braut erinnerte sich nach dem Krieg: »Ich wollte überhaupt nicht... Doch der Führer wollte nichts davon hören. Er hatte beschlossen, wir würden heiraten, fertig, aus! Ich weiß eigentlich gar nicht, warum...«

Der frischgebackene Ehemann wider Willen vertraute seiner Frau an, weswegen er unbedingt von Hitler wegwollte. Er könne nicht mehr zwischen eigenen Gedanken und den Gedanken Hitlers unterscheiden. »Ich muß wohin, wo ich für mich selbst denken kann.«

Eine feste bürgerliche Bindung an eine Frau störte Hitler bei seinen Adjutanten keineswegs. Im Gegenteil. Er duldete keine auffälligen Homosexuellen in seiner nächsten Umgebung. Solange die Ehefrau nicht die unbedingte Treue, Ergebenheit und ständige Verfügbarkeit des Vasallen beeinträchtigte, war sie Hitler willkommen.

Bewegung, leise hin und her

Bei der Erwiderung gleichgeschlechtlicher Zuneigung war Hitler übervorsichtig. Zwischen ihm und anderen Männern kam selten eine oberflächlich ungezwungene Atmosphäre zustande wie manchmal in seinem Umgang mit Frauen. Das Höchste an homoerotischen Gefühlen, das Hitler sich zu zeigen traute, war das Schwärmen für einen jungen Kämpfer.

Da Hitler seine Sexualität nicht offen auslebte, könnte man argumentieren, es sei völlig belanglos, ob er homoerotisch veranlagt gewesen sei oder heterosexuell. Eine behavioristische Betrachtungsweise würde argumentieren, eine nicht ausgelebte Homosexualität und eine nicht ausgelebte Heterosexualität ließen sich schlechterdings nicht unterscheiden. Doch dies ist oberflächlich gedacht. Gerade die unterdrückte Homosexualität erwies sich bei Hitler als eine seiner intensiven Triebfedern, die vieles an dem rätselhaften Tun dieses schwer faßbaren Mannes verständlicher macht.

Hitler war nicht der einzige homosexuell Veranlagte, der eine ganz erstaunliche Karriere machte. Der oft besonders spektakuläre Erfolg der Invertierten in der Weltgeschichte mag damit zusammenhängen, daß ihnen neben den männlichen auch weibliche Begabungen und Verhaltensmuster zur Verfügung stehen, die bei den Heteros weitgehend brachliegen. Alfred Adler, der Theoretiker des Minderwertigkeitskomplexes, erklärt dies so: Der Homosexuelle sei jemand, der mit weiblichen Mitteln Allüberlegenheit erreichen wolle. Besonders in der Politik zahle es sich für den »erwachsenen Feigling« aus, von klein auf an strikte Tarnung gewöhnt zu sein. Ein solcher Mensch gebe sich weniger Blößen. Die Homosexualität sei »ein Lebensplan zur Erreichung des fiktiven Ziels einer Überlegenheit«.

Seine täglichen Zusammenkünfte mit den älteren, kaum attraktiven Generälen, den »Jodls und Keitels«, waren weniger nach Hitlers Geschmack. Er schikanierte die Herren, demütigte sie (»Keitel, holen Sie mir einen Bleistift!«) und spielte sie mit gepflegtem Sadismus gegeneinander aus. Doch gab es Lichtblicke im tristen Leben des Führerhauptquartiers. Junge Stabsoffiziere wurden zu den Beratungen hinzugezogen. Dem trotz seiner schweren Verwundung strammen Oberst Graf Stauffenberg drückte Hitler fest die Hand und ließ ihn tief in seine wasserblauen Augen sehen, ehe der Attentäter seine Bombe unter dem Kartentisch zündete.

Auch junge Ritterkreuzträger wurden zur persönlichen Dekoration durch Hitler eingeflogen. Die Eroberer von Eben Emael kamen im schicken Sprunganzug. Die jungen Soldaten durften dann neben Hitler am Tisch sitzen und wurden in ein Gespräch verwickelt, im dem der Diktator sich vergewisserte, daß die Front ihm noch treu ergeben war.

Tischgeplauder mit jungen Helden, das war ganz nach Hitlers Geschmack. Den Kapitänsleutnant Prien, »der am 14. Oktober 1939 mit seinem U-Boot U 49 in die Bucht von Scapa Flow eingedrungen war und das britische Schlachtschiff ›Royal Oak‹ versenkt hatte«, zeichnete er am 17. Oktober 1939 in der Reichskanzlei mit dem Ritterkreuz aus und »begrüßte jeden einzelnen der Offiziere und Mannschaften der Besatzung durch Handschlag«. Doch damit nicht genug lud er alle anschließend zum Mittagessen in seine Wohnung ein.

Hitler ließ es sich nicht nehmen, den ersten Ritterkreuzträger aus dem Mannschaftsstand eigenhändig zu dekorieren. Picker notierte am 26. März 1942 im Führerhauptquartier »Wolfsschanze«: »Mittags aßen beim Chef sechs Ritterkreuzträger. Darunter einer, der heute seinen zwanzigsten Geburtstag feierte.«

Auf einer der letzten Filmaufnahmen, die wir von ihm besitzen, betätschelte Hitler einen vor ihm zur Ordenverleihung angetretenen noch kindlichen HJ-Jungen und zieht ihn rauh-zärtlich am Ohr. Dem Adjutanten des Generalfeldmarschalls von Manstein, Stahlberg, der mit anderem Begleitpersonal auf dem Berghof an der Kaffeetafel saß, näherte er sich von hinten, drückte dem jungen Mann, der sich sofort erheben wollte, die Hand sanft auf die Schulter und fragte: »Schmeckt Ihnen der Apfelkuchen, Herr Leutnant?«

Auch ein anderer eleganter, junger Herr hatte es ihm angetan. Reinhard Spitzy war Adjutant des späteren Außenministers von Ribbentrop, der oft tagelang bei Hitler antichambrierte, bevor er vorgelassen wurde. Den jungen Spitzy sah Hitler lieber, bat ihn ohne seinen Vorgesetzten zu sich, telefonierte mit ihm nach London: »Sind Sie's, Spitzy? Ja kommen Sie bald.«

Der junge Mann wurde um neun Uhr morgens in Hitlers Privatwohnung in die Münchner Prinzregentenstraße gebeten. Dort bekam der schlanke Spitzy jedoch keine Briefmarkensammlung gezeigt, wie man klischeehaft denken könnte. Hitler hatte interessantere Demonstrationsobjekte für einen jungen Bewunderer. »Dann zog er mich zum Zeichentisch, zeigte mir seine Bunkerpläne für den Westwall und eine Landkarte der Tschechoslowakei.«

Bei der nächsten Begegnung von Mann zu Mann wurde Hitlers Annäherung noch deutlicher. Spitzy wollte eine Engländerin heiraten und mußte deswegen aus dem Auswärtigen Dienst ausscheiden. Der Führer und Reichskanzler interessierte sich in besonderer Weise für sein Schicksal, als er sich bei ihm an Deck der »Grille«, Hitlers Aviso (Hilfsschiff), melden mußte. »Hitler sah mich lange und tief an. Er muß wohl Verständnis und Mitleid mit mir gefühlt haben. Dann packte er mich mit der linken Hand an der Uniform und bewegte mich leise hin und her, während er mich einmal von einer Seite, dann wieder von der anderen gütig anblickte. Ich gestehe, daß sich mir die Augen mit Wasser füllten. Hitler sprach kein Wort... So sah mich Hitler lange fragend und voll Sympathie an, dann fragte er plötzlich abrupt: ›Spitzy, wie spät ist es jetzt?‹ Ich antwortete: ›Elf Uhr fünfunddreißig, mein Führer‹, ward sodann mit gnädigem Handschlag freundlich entlassen und war erlöst. Ich strahlte und war hingerissen vor Dankbarkeit.«

Auf Hitlers Camouflage mit Eva Braun fiel Spitzy voll herein und verkannte die homoerotischen Impulse. Immerhin dämmerte es dem Adjutanten: »Er hatte wohl auch manche eher feminine Eigenschaften... Wie oft hatte ich erlebt, daß häßliche Frauen in Momenten des Glücks schön wurden. Nun, bei Hitler war es nicht anders.«

Himmler brauchte hinter Ribbentrop nicht zurückzustehen: Auch er konnte seinen Führer damit erfreuen, einen besonders attraktiven jungen Herrn aus guter Familie in dessen Entourage abzukommandieren, den späteren SS-General Karl (»Wölfchen«) Wolff. »Das gewinnende Äußere mag eine Rolle gespielt haben«, mutmaßte Biograph Jochen von Lang. Hitler sah den »strahlenden Siegfried« lieber als den »bezwickerten Himmler«. Dabei war unklar, zu welchen dienstlichen Aufgaben der gutaussehende Adjutant eigentlich in Hitlers Nähe geschickt worden war. Nach dem Krieg gab er an, er sei Vertreter der Waffen-SS im Führerhauptquartier gewesen. Doch die zur Zeit seiner Abkommandierung

»im Westen kämpfenden SS-Verbände waren zahlenmäßig so gering, daß sie keiner eigenen Vertretung im Hauptquartier bedurften. Es waren drei Divisionen und ein Regiment, und sie wurden nie geschlossen eingesetzt«.

Kennen Sie schon »Bohème«?

Der raffinierte Hitler erkannte, daß er die Adjutanten noch enger an sich binden konnte, wenn er ihre Frauen in das leise homoerotisch getönte Verhältnis mit einbezog. Wie ja auch Chefs, die mit ihrer attraktiven Sekretärin flirten, nicht schlecht beraten sind, deren Ehemänner freundlich zu behandeln, denn das gibt der Angelegenheit ein offizielles Gesicht. Jedenfalls sicherte sich Hitler die Treue seines Marine-Adjutanten Albrecht durch einen geschickten Schachzug für immer.

Der Oberbefehlshaber der Marine wurde bei Hitler vorstellig, Albrecht müsse sich umgehend von seiner Frau trennen. Nachbarn hätten gesehen, daß sie ein Verhältnis mit einem reichen Geschäftsmann unterhalte und daß sie, leichtbekleidet, bei lustigem Treiben beobachtet worden sei. Hitler ließ Frau Albrecht zu sich kommen und widersprach dann den strengen Marineoffizieren mit ihrem, nach seiner Auffassung, veralteten Ehrenkodex. Hitler meinte, die Frau habe eben Freunde gehabt, und das sei das gute Recht einer Frau, wenn sie gut aussehe. Die Marine-Leitung blieb hart. Doch Hitler ließ Albrecht, der zu seiner Frau stand, nicht abberufen. Er ernannte ihn zu seinem persönlichen Marine-HJ-Adjutanten. Albrecht blieb ihm bis zuletzt dankbar. Er fiel kämpfend auf den Trümmern der Reichskanzlei.

Ausgesprochen gutaussehend, schlank, groß und aus bester Familie war Hitlers Luftwaffenadjutant Nikolaus von Below, der seinem Führer von 1937 bis zum Ende 1945 zur Seite stand. Der junge Offizier mußte sich am 16. Januar 1937 bei seinem Oberbefehlshaber Göring wegen einer neuen Verwendung melden und erfuhr zu seiner Überraschung, er solle Hitlers Adjutant werden. Eine der ersten Fragen Görings war, ob Below unverheiratet sei. »Dies konnte ich bejahen, mußte aber hinzusetzen, daß ich in

Auf Tuchfühlung

Den schlanken Luftwaffen-Adjutanten Nicolaus von Below wollte Hitler acht Jahre in seiner unmittelbaren Nähe sehen. Wie ein diskreter Schatten begleitete er Hitler in tadelloser Haltung bei vielen Amtsgeschäften (oben). Alle Versuche des gutaussehenden Offiziers aus bester Familie, zurück zur Luftwaffe versetzt zu werden, lehnte Hitler beleidigt ab. Er selbst bestimme, ließ er wissen, wie lange jemand bei ihm Dienst tue.

zehn Tagen heiraten wolle. Mit dem Ausdruck des Erstaunens und Unwillens gab Göring zu erkennen, daß ihm das nicht bekannt sei.« Göring hatte Hitler offenbar nicht durchschaut. Dieser fand auch dann Gefallen an schlanken jungen Offizieren, wenn sie verheiratet waren. Das war ihm aus Gründen der Tarnung sogar ganz lieb. Als Below kurz nach Dienstantritt seinen neuen Herrn um Urlaub für seine Hochzeitsreise bat, gab dieser »mit einer gewissen Herzlichkeit, so schien es mir«, »seine Einwilligung«.

Göring bestand darauf, den neuen Adjutanten »persönlich« vorzustellen, was eigentlich Chefadjutant Hoßbach als seine Aufgabe ansah, der aber nicht zum Zuge kam. Nach der kurzen Vorstellung wurde Below zum Mittagessen eingeladen und an einen Nebentisch in Hitlers Nähe plaziert. Dabei sah ihn Hitler auffällig oft und direkt an. Der etwas erstaunte Adjutant: »Er sah offen zu mir herüber, als ob er sich mein Gesicht einprägen wollte.« Eine etwas naive Deutung des aus dem Rahmen fallenden Verhaltens Hitlers. Below konnte nicht ahnen, daß der eidetische Hitler ein längeres Studium eines Gesichtes nicht brauchte, um es sich einzuprägen, und daß diese intensiven Blickkontakte zu den wenigen Äußerungen gehörten, in denen Hitler seine verborgenen Neigungen auslebte.

Fridolin von Spann, ein 1900 geborener Freikorpskämpfer, begegnete Hitler auf einem Essen der Partei. »Auf einmal merkte ich, daß der Blick von Hitler auf mir ruht, und da schau' ich auf. Tatsächlich, er schaut mich so an. Und das war einer der seltsamsten Momente meines Lebens. Er hat nicht mißtrauisch geschaut. Aber ich hab' das Gefühl gehabt, er sucht irgendwie.« Sein Gefühl dürfte Fridolin von Spann nicht getrogen haben.

»Den Blick so lange zu ertragen, war für mich schon schwer. Aber ich habe gedacht, ich darf den Blick nicht wenden, sonst glaubt er vielleicht, ich habe etwas zu verbergen. Und dann geschieht nun etwas, das müssen Psychologen beurteilen. Der Blick, der zunächst ganz auf mich gerichtet war, ging auf einmal durch mich hindurch in ganz unbekannte Ferne. Das ist so sonderbar gewesen. Und der lange Blick, den er mir geschenkt hat, hat mich vollkommen überzeugt, daß er ein Mann mit ehrlichen Absichten war. Er war eine wunderbare Erscheinung.« Bei Fridolin von

Männer-Blick

Hitler genoß nicht nur die physische Nähe junger Männer, die er gern in seiner unmittelbaren Umgebung fühlte, er suchte zu ihnen auch intensiven Blickkontakt. Hier sehen wir, wie er derartige Blicke auf einer Versammlung mit Parteifreunden austauscht. Wie es einem jungen Mann zumute war, der von Hitler fixiert wurde, erfahren wir aus dem Munde eines jungen Freikorpskämpfers, der Hitler auf einem Essen der Partei begegnete: »Auf einmal merkte ich, daß der Blick von Hitler auf mir ruhte, und da schaute ich auf... Und das war einer der seltsamsten Momente meines Lebens... Der Blick, der zunächst ganz auf mich gerichtet war, ging auf einmal durch mich hindurch in ganz unbekannte Ferne. Das ist so sonderbar gewesen...«

Spann blieb es bei diesem bedeutungsvollen Blick. Die Affäre von Below entwickelte sich jedoch weiter.

Nach einigen Monaten kam man sich menschlich näher. Im Frühsommer stand ein Opernbesuch des Gastspiels der Mailänder Scala ins Haus, keine Veranstaltung, zu der sich andere Adjutanten besonders drängten. Opernfreund Below meldete sich als Begleiter. »Hitler gab sofort seine Zustimmung und hielt nicht mit seiner Verwunderung darüber zurück, daß ein Soldat in seiner persönlichen Umgebung Interesse für Musik zeigte.« Er fragte, »ob ich ›Bohème‹ schon kenne?«

Im Sommer vertiefte sich dann die vom gemeinsamen Musikinteresse getragene Zuneigung des Führers zu seinem Adjutanten, der lediglich wegen zweier Unterschriften auf Ernennungsurkunden nach Bayreuth eingeflogen wurde. Hitler empfing ihn in der Wohnhalle des Hauses »Wahnfried« kurz vor Tisch und machte jetzt tiefen Eindruck auf den Offizier. »Er war so entspannt wie vor vier Wochen in der Deutschen Oper. Zum ersten Mal spürte ich, wie er eigene Energie auf seine Umgebung übertrug, seine Heiterkeit, seine Zuneigung, jede Stimmung.« Was lag näher, Zuneigung und Stimmung noch weiter auszunutzen und den schlanken Adjutanten am Abend einzuladen? »Nach der letzten Unterschrift schlug Hitler mir vor, in Bayreuth zu bleiben und mit den Parsifal anzusehen.«

Die seelische Bindung hielt bis zu Hitlers Selbstmord. Below bezeichnete sie als ein »wechselseitiges Vertrauensverhältnis, das mich lange gegen die Nachtseiten seiner Herrschaft blind machte«. Auch Hitler hielt an seinem Adjutanten fest. »Nicht nur einmal habe ich versucht, wieder zur Truppe zurückkehren zu können; Hitler gab mich nicht frei… Meine während des Westfeldzugs wiederholte Bitte beschied Hitler ausgesprochen ungehalten mit dem Hinweis, er bestimme, wie lange ich bei ihm Dienst tue.«

Diese Fixierung Hitlers auf Below war um so auffälliger, weil dieser, darin Wolff durchaus vergleichbar, kein rechtes Aufgabengebiet besaß. Die Herren saßen mehr oder minder lang herum, bis es Hitler plötzlich in den Sinn kam, sie in seine Nähe zu rufen. Klar war nur, so beschrieb Below seine Dienststellung, daß »ich

413

Schau mir in die Augen, Kleiner!

Hitler im intensiven Augenkontakt mit seinem Marine-Adjutanten Karl Jesco von Puttkamer, der ihm vor der offenen Tür des Mercedes Meldung macht. Heeresadjutant Gerhard Engel schaut interessiert vom Hintersitz zu. Besondere militärische Funktionen hatte das halbe Dutzend strammer junger Ordonnanz-Offiziere im Hauptquartier nicht, das Hitler stets um sich hielt. Die attraktiven jungen Männer waren nur dazu ausgewählt worden, Hitler zur persönlichen Verfügung zu stehen.

als militärischer Adjutant nur Hitler ganz allein unterstellt war«. Die Probleme der Luftwaffe aber konnte Hitler ohne Schwierigkeiten direkt mit Göring regeln, der im Gegensatz zu Ribbentrop und teilweise Himmler nie Schwierigkeiten damit hatte, Zutritt zu Hitler zu erlangen. Außerdem war schon bei Belows Dienstantritt klar, daß Görings Chefadjutant Bodenschatz »nach wie vor sein persönlicher Verbindungs-Offizier zu Hitler« blieb und Belows schwer definierbaren Aufgabenbereich nicht berührte.

Die Luftwaffe hatte einen weiteren eleganten Offizier aufzubieten, der das Herz Hitlers besonders erfreute. Hans Jeschonnek wurde schon mit neununddreißig Jahren am 1. Februar 1939 zum Chef des Generalstabs der Luftwaffe ernannt. Hitler »war von der Jugendfrische Jeschonneks begeistert. Ihm gefiel die ausgesprochen soldatische Erscheinung des jungen Offiziers. Auf Jeschonnek wirkte Hitler ›wie ein geheimnisvoller Magnet‹.« Als die Luftwaffe 1942 an allen Fronten ins Hintertreffen geriet und Jeschonnek erkennen mußte, daß er das Vertrauen Hitlers und Görings verloren hatte, nahm er sich am 19. August 1943 das Leben.

Auch mit dem Marine-Adjutanten Karl Jesco von Puttkamer hielt sich Hitler einen weiteren großen blonden und gutaussehenden Offizier in seiner unmittelbaren Nähe.

Chefadjutant Rudolf Schmundt war von 1937 bis 1944 ein treuer Diener seines Herrn. Er wurde Opfer seines Berufes, da er an der Verletzung starb, die er durch die Bombe Stauffenbergs erlitten hatte. Er war der typische Adjutant, der diesen Posten schon vorher im 9. Preußischen Infanterieregiment, dem Potsdamer Traditionsregiment der Garde, innegehabt hatte. Hitler besuchte den Schwerverletzten im Lazarett. Im Führerhauptquartier nannte man ihn wegen seiner Blauäugigkeit und seines naiven Verhältnisses zu Hitler den »Jünger Johannes«.

Nicht nur gutgebaute Adjutanten befriedigten Hitlers Vorlieben, die niederen Chargen des Hofstaats standen in dieser Beziehung den Offizieren kaum nach. Anton Joachimsthaler erkannte Hitlers latente Komponente einer homosexuellen Veranlagung, »wie unter anderem seine Vorliebe für sehr große, schlanke, möglichst blonde Adjutanten, Ordonnanzen, Diener und ›nordisch‹ aussehende Menschen in seiner Umgebung beweist«.

Die Leibstandarte

Eine zahlreiche Schar gutgebauter, vollkommen gesunder junger Männer tat stets in unmittelbarer Nähe Hitlers Dienst. Seine Ordonnanzen suchte er einmal im Jahr aus der »Leibstandarte« aus. Wenn er die strammen, meist blonden Bediensteten um sich hatte, fühlte er sich in seinem Element. Das Staatsoberhaupt inspiziert den Spind eines SS-Mannes der Leibstandarte, der in »Rührt-Euch«-Stellung dieses entwürdigende Ritual über sich ergehen lassen muß (oben). Hitler läßt sich den Spind nicht nur zeigen, er greift selbst zu und öffnet die Spindtür.

Hitler nimmt das Geburtstagsgeschenk der Leibstandarte zum 20. April 1944 entgegen, eine Spende zum Winterhilfswerk, die ihm von seiner Ordonnanz, dem Ritterkreuzträger Max Wünsche überreicht wird. Wünsche hatte ein Jahr später den Auftrag, Hitlers Leiche und die seiner eben angetrauten Frau Eva zu verbrennen. Himmler, der Reichsführer SS, hält sich diskret im Hintergrund, sichtlich stolz, dem Führer die tadellos gebauten jungen Männer präsentieren zu können.

Selbst das Doktorspielen mit seinen SS-Dienern bereitete dem eigenartigen Mann offensichtlich Spaß. Sein HNO-Arzt Dr. Giesing berichtete den ihn nach dem Krieg verhörenden CIA-Agenten, nach einer Ohrenuntersuchung anläßlich des Stauffenberg-Attentats habe sich der Diktator das ärztliche Untersuchungsgerät geben lassen, seinen Diener Linge herbeizitiert und nun seinerseits eigenhändig dessen Ohr untersucht, wobei er nach einigen Fehlversuchen stolz berichtete, er habe das Trommelfell zu sehen bekommen. Die ungewöhnliche Forschungstätigkeit habe Hitler so sehr gefallen, daß er am Abend seine Untersuchungen auf die Ohren zweier weiterer Diener (Arndt und Folls) ausgedehnt habe.

Am 17. Dezember 1935 machte sich Hitler selbst ein kleines Weihnachtsgeschenk und besichtigte die Kaserne der Leibstandarte in Berlin Lichterfelde. Es gefiel ihm dort so gut, daß er mehrere Stunden blieb. Bei einer Rede kam er dann ins Schwärmen. Es könne »nichts Schöneres geben als eine solche Auslese, wie die Leibstandarte sie darstellte«.

Wann immer sich dies einrichten ließ, suchte er die physische Nähe der wohlgebauten SS-Junker. Am 19. April 1939 ließ er sich einen ganzen Jahrgang der SS-Junkerschule Braunschweig in der Reichskanzlei einzeln vorstellen »und verpflichtete sie durch Handschlag«. »Seit 1933 hatte er regelmäßig am 9. November die Verpflichtung der SS-Rekruten für die bewaffneten SS-Formationen in ähnlicher Weise vorgenommen. Mittlerweile waren diese so zahlreich geworden, daß er nur die Nachwuchsoffiziere noch persönlich verpflichten konnte.«

Bei Truppenbesichtigungen hatte er jedoch manchmal das Glück, »jeden einzelnen Mann zu prüfen«. Jedenfalls gelang ihm dies am 17. April 1939 bei einer Inspektion in Österreich.

Am schönsten aber war es doch in Jungmänner-Quartieren. Nach seiner viertägigen Kreuzfahrt auf dem KdF-Flaggschiff »Robert Ley« (angeblich der einzigen Urlaubsreise seines Lebens) wollte er nach den Stunden auf den Liegestühlen neben der attraktiven Frau Ley doch noch etwas unternehmen, das ganz nach seinem Geschmack war. Kaum war er von Bord gegangen, besuchte er im Hamburger Hafen noch die »schwimmende Jugendherberge Hein Godewind« und unterhielt sich dort mit den Herbergsgästen.

»Hitlers Diener und Ordonnanzen kamen aus der SS-Leibstandarte Adolf Hitler, wo sie von Sepp Dietrich, dem Kommandeur der LAH, für den Dienst bei Hitler ausgewählt worden waren. Sie mußten gut aussehen, möglichst groß, blond und blauäugig sowie gewandt und intelligent sein«, beschrieb Hitlers Sekretärin Christa Schroeder den ungewöhnlichen Auslesevorgang, der nicht von der beruflichen Qualifikation ausging, sondern von einem bestimmten männlichen Typus. Schließlich wurden doch Kellner und andere Bedienstete für Hitlers Haushalt gesucht und keine Anwärter für einen Schönheitswettbewerb. Doch damit nicht genug: »Aus den von Sepp Dietrich dann vorgestellten SS-Männern suchte sich Hitler diejenigen aus, die ihm am symphatischsten waren.« Diese wurden dann auf eine Dienerschule in Pasing geschickt, damit sie zu ihrem körperlichen Training auch noch die Kenntnisse erwerben konnten, die sie eigentlich für ihren Dienst brauchten.

Wollte sich Hitler in seiner äußerst gebremsten Form geheime Wünsche auf dem Berghof erfüllen und dort, dem homophilen Lanz von Liebenfels gleich, den er in seiner Jugend bewundert hatte, sein Ostara, sein »Reich der Blonden« errichten und wenigstens in der Phantasie jene Freuden ausprobieren, die der von ihm bewunderte Ludwig II. auf seinen Berg-Refugien mit seinen Leibdienern und Stallburschen auslebte?

Homoerotische Tendenzen waren dem deutschen Offizierskorps ebensowenig fremd wie den anderen modernen Armeen. Sie wurden jedoch entweder streng unterdrückt oder naiv ignoriert. So wohl auch bei General von Fritsch, dem Oberbefehlshaber des Heeres, der zu Unrecht des gesetzwidrigen Umgangs mit einem männlichen Prostituierten bezichtigt wurde – eine ganz böswillige Intrige, bei der die SS und wohl auch Göring die Hände im Spiel hatten. Zu denken gibt jedoch, daß der mit seiner älteren Schwester lebende Junggeselle in aller Naivität regelmäßig aus Wohltätigkeitsgründen einen armen Hitlerjungen an seinen Tisch geladen und ihm angeblich aus pädagogischen Erwägungen das blanke Hinterteil versohlt hatte.

Nicht an der Hosennaht

Hitler verschränkte seine Hände gern vor dem Unterbauch. In der Kampfzeit mag dies der lässige Ausdruck seiner Machtstellung gewesen sein. Als Gefreiter hatte er im Umgang mit Vorgesetzten stets die Hände an die Hosennaht legen müssen. Als Staatsoberhaupt zeigte er sich dann in dieser Pose vor dem Eiffelturm und bei den Reichsparteitagen (links), auch mit Marinesoldaten und bei der Hochzeit seines SS-Adjutanten Fegelein mit der Schwester Eva Brauns (rechts). War es auch eine Geste sexueller Befangenheit, seiner Schüchternheit? In seinen letzten Jahren wollte er wohl vor allem seinen zitternden linken Arm mit seiner rechten Hand festhalten.

Nach seiner Ablösung als Oberbefehlshaber des Heeres wollte ihn eine Bekannte, Margot von Schutzbar-Milchling, heiraten. Doch der eingefleischte Junggeselle lehnte ab. »Ich bin durch die Ereignisse des letzten Jahres in meinem inneren Gleichgewicht gestört«, begründete er seine Absage. Der Gedanke an Hitler ließ ihn nicht los. »Ich komme immer noch nicht darüber hinweg, daß der Mann, für den ich persönlich vier Jahre gearbeitet habe, und gerade dieser Mann mich verraten und im Stich gelassen hat.« Von Fritsch fiel im Polenfeldzug bei einem Feuerüberfall am 22. September 1939 auf sein Regiment, das ihm Hitler als Trost verliehen hatte. Er dürfte den Tod gesucht haben.

Die Reichsparteitage, Ausdruck deutscher Mannbarkeit

Eine, wenn man so will, homoerotische Note besaßen viele Inszenierungen Hitlers schon dadurch, daß junge gutgewachsene Männer in großer Zahl auf engem Raum anwesend waren. Auch daß diese Männer sich oft allen möglichen Exerzier- und Sportübungen widmeten, wie sie in ähnlicher Form im homoerotisch geprägten alten Griechenland üblich waren, gab dem Dritten Reich einen besonderen Flair.

Shirer beschrieb eine der typischen Szenen, die sich auf dem Reichsparteitag 1934 abspielte: »50 000 junge Männer in dunkelgrünen Uniformen – die vorderste Reihe mit nacktem Oberkörper – standen mit blitzenden Spaten, in denen sich die Morgensonne spiegelte, vor ihrem Führer auf der Zeppelinwiese stramm und lauschten, wie er ihren Dienst am Vaterland pries.«

Sein Gefallen an wohlgestalteten Knaben verkündete der Diktator in aller Öffentlichkeit. Mit viel Pathos in seinem wohltönendem Bariton erklärte er, wie die deutschen Jugendlichen nach seinen Vorstellungen auszusehen hätten: »Schlank und rank, flink wie Windhunde, zäh wie Leder und hart wie Kruppstahl.« In diesem Wunschbild verquickten sich homoerotische mit soldatischen Idealen in der für Hitler typischen Form.

Große Triumphe feierte Hitler auf den Reichsparteitagen, auf denen er manchmal eine ganze Woche lang jeden Tag zu einer anderen Gliederung der Partei sprach. In den Wochen vorher reduzierte der eitle Diktator nach dem Zeugnis seiner Sekretärin Christa Schroeder sein Gewicht, um bei seinen Auftritten schön schlank zu erscheinen.

Hier herrschte nicht mehr die schlecht gelüftete, verschwitzte und nach Bier riechende Atmosphäre einer drittklassigen Absteige wie bei den Auftritten in den Bierkellern und Hinterzimmern der Gaststätten. Nun zeigte sich der Führer entrückt, geläutert, sublimiert. Auf dem Reichsparteitagsgelände wurde für ihn eine alles überragende Kanzel, eine Art überdimensionaler Altar, gebaut. Walter Benjamin beschrieb den »Herrenblick« der Faschisten von dieser erhöhten Plattform. Neue Reize, ungeahnte Verführungen: »... nicht mehr als Unterwerfung der Frauen inszeniert das öffentliche Ritual die Unterwerfung der Natur... sondern als Unterwerfung der Masse, der Männermasse«.

Hitler, der sonst ungern Termine einhielt, unterzog sich den Strapazen der Reichsparteitage, die ihn über eine ganze Woche festlegten, mit auffälliger Begeisterung. Waren es doch Feste, in denen sich in »kultischer Verarbeitung« eine »vorrangig männliche Gesellschaft« als eine Gemeinschaft von Kriegern repräsentierte. Soldatische Kampfspiele und Mutproben wurden von jungen Männern vorgeführt. Das war ganz nach Hitlers Geschmack. Stundenlang konnte er diesen Übungen der Hitlerjugend, des Arbeitsdienstes und des Militärs zusehen.

Frauen störten die Atmosphäre kaum. »Die marginale öffentliche Bedeutung der Frau für den NS-Staat spiegelt sich in ihrer geringen Präsenz bei der das ganze Volk stellvertretend mit einbeziehenden Parteitagsveranstaltungen wieder.« Die wenigen Arbeitsmaiden und BDM-Mädel, die 1937 zum ersten Mal zugelassen wurden, waren zu ertragen, zumal sie so auftraten, wie sich die Männerbund-Gesellschaft Frauen vorstellte: »In weißen Kleidern und bunten Leibchen... springen sie nun... Hand in Hand, Herz und Auge erfreuend, auf die grüne Rasenfläche... In Gruppen aufgeteilt zeigen sie verschiedene Drehtänze.«

Während der Nürnberger Festwoche hatte auch die NS-Frauenschaft ihre eigene Tagung, der Hitler manchmal fernblieb. 1934 quälte er sich dort eine kurze Rede ab, in der er versuchte, seine

Widerstände gegen die Gleichberechtigung von Frauen zu begründen: »Das Wort von der Frauen-Emanzipation ist ein nur vom jüdischen Intellekt erfundenes Wort, und der Inhalt ist von demselben Geist geprägt.« Emanzen waren in seinen Augen eine Gefahr für die Männerwelt. »Wir empfinden es als nicht richtig, wenn das Weib in die Welt des Mannes, in sein Hauptgebiet eindringt, sondern wir empfinden es als natürlich, wenn diese beiden Welten geschieden bleiben.« Der französischen Journalistin Madame Titayna erläuterte er 1936: »Ich gebe den Frauen die gleichen Rechte wie Männern, aber ich glaube nicht, daß sie ihnen ähnlich sind.«

1936 hielt er wieder vor der Frauenschaft eine kurze Rede, in der er erklärte: »Die Gleichberechtigung der Frau bestehe darin, daß sie in der ihr von der Natur bestimmten Lebensgebieten jene Hochschätzung erfährt, die ihr zukommt.« »Außerdem versicherte er, er werde niemals im Falle eines Krieges, ›auch nur eine Frau an die Front schicken‹, bzw. er würde sich schämen, wenn er es tun würde.« »Wenn in marxistischen Ländern heute Frauenbataillone aufgestellt würden, dann könne er nur sagen: ›Das wird bei uns niemals geschehen!‹«

Schließlich identifizierte er sich in dieser Rede mit dem begehrlichen weiblichen Blick auf Männer, der auch ihm nicht fremd war. Er sei davon überzeugt, daß die tadellosen jungen Spatenmänner, die schon ihm das Herz höher schlagen ließen, auch ähnliche Gefühle bei den Frauen erregen müßten.

»Die Gegenleistung, die der Nationalsozialismus der Frau für ihre Arbeit schenkt, besteht darin, daß er wieder Männer erzieht, wirkliche Männer, die anständig sind, die gerade stehen, die tapfer sind, die ehrliebend sind. Ich glaube, wenn unsere gesunden unverdorbenen Frauen in diesen Tagen den Marschkolonnen zugesehen haben, diesen strammen und tadellosen jungen Spatenmännern, so müssen sie sich sagen: Was wächst für ein gesundes herrliches Geschlecht heran! Das ist auch eine Leistung, die der Nationalsozialismus in seiner Einstellung zur Frau für die deutsche Frau vollbringt.«

Leni Riefenstahl zeigte in ihrem Film »Triumph des Willens« über den Reichsparteitag 1934 Hitler als Liebesobjekt begeisterter NS-Frauengruppen, die mit verzückten Augen auf ihn zulaufen. Dies gehörte zum Ziel des Films, der Hitler als mythische Figur präsentierte. Doch die Filmemacherin erkannte die Psychologie des eigenartigen Menschen.»Hitler, so die Bildregie, wird von den Frauen geliebt, während er selbst durch die häufige Geste der vor dem Geschlecht gefalteten Hände den Eindruck eines den geschlechtlichen (d. h. niederen!) Trieben abgewandten Asketen erweckt.«

Hitler wurde für diese wenigen, eher widerwillig ertragenen Auftritte mit Damen durch Veranstaltungen anderen Zuschnitts reichlich entschädigt.»Das Gesicht des Führers strahlte in Glück und Freude«, jubelte der offizielle Bericht vom Appell der Hitlerjugend in der Hauptkampfbahn des Stadions am 10. September 1938. Hitler bestätigte in seiner Ansprache diesen Eindruck, indem er den Jungen zurief:»Ich bin so stolz und glücklich, wenn ich euch sehe.«

Am 7. September bot der Tag des Arbeitsdienstes ein besonderes Schmankerl für den interessierten Zuschauer.»Nun ziehen die Männer der Arbeitsdienstschulen mit bloßem Oberkörper« vorbei. Auch das Arbeitsdienstlied, das die defilierenden Kolonnen sangen, dürfte in seiner Aufforderung, sich von Frauen nicht von den männlichen Zielen ablenken zu lassen, Hitlers Stimmung entsprochen haben:

Links und rechts und links und rechts
Schaut manch liebes Mädel aus dem Haus heraus!
Wir, wir, wir marschieren geradeaus.

In seiner begeisterten Ansprache sprudelte es aus dem enthusiasmierten Hitler heraus:»Ihr seid ein Fleisch und Blut gewordener Ausdruck dieser deutschen Mannbarkeit... Braun gebrannt und gestählt – das ist des deutschen Volkes heutige Jugend! Wir sind stolz auf euch! Ganz Deutschland liebt euch!«

Besonderen Spaß hatte Hitler schließlich an den NS-Kampfspielen am 8. September, dem Tag der Gemeinschaft auf der Zeppelinwiese, die»eine Symphonie von Jugend, Musik, Kraft und Schönheit der männlichen Körper« vorführten. Die Gruppe der

Volk in Kraft und Schönheit

Tadellose junge Spatenmänner

Das Paradieren des Arbeitsdienstes mit nackten Oberkörper und blitzen-
dem Spaten oder langen Baumstämmen war eine Besonderheit der Nazi-
herrschaft, die vielen Ausländern auffiel. Hitler erfreute sich auf den
Nürnberger Reichsparteitagen an diesen Auftritten ebenso wie an den
Sport- und Geländeübungen der gutgebauten jungen Soldaten und Hit-
lerjungen. Er selbst bemühte sich auch, ein schönes optisches Bild zu bie-
ten. Vor den Reichsparteitagen nahm er regelmäßig ab, um schlanker zu
wirken.

Wenn die deutschen Frauen die ansprechenden nackten Oberkörper der tadellosen jungen Spatenmänner zu sehen bekamen, war Hitler überzeugt, würden sie
sich nicht mehr Juden hingeben und wenn diese noch so modisch gekleidet da-
herkämen. Er rief den braungebrannten Burschen zu: »Ihr seid ein Fleisch und
Blut gewordener Ausdruck dieser deutschen Mannbarkeit...!«

SA zeigte Partnerübungen, der Arbeitsdienst demonstrierte seine charakteristischen »Baumstammübungen«, und Luftwaffe, Heer, Marine, SS und Polizei, die in einer Ecke zu einem Block zusammengefügt auftraten, zeigten Gymnastik mit dem Medizinball. (Yvonne Karow) Die HJ führte Boxübungen vor, und »viel Mut verlangende Lagerspiele«, etwa »Fuchsprellen«, »Steifer Mann« und »Lebendes Karussell«. »Vor den letzten Gemeinschaftsübungen legen die Übenden mit einem Ruck ihre schweren Handgeräte nieder, und es zeigt sich auch hier wieder der Sekundengehorsam, daß es sich anhört wie ein Schuß.«

Was Wunder, daß Hitler am Ende der Reichsparteitage deprimiert war. »… der Dienstag in Nürnberg«, gestand er seinen Zuhörern im Führerhauptquartier am 24. Mai 1942, »das ist für mich etwas Trauriges, wie wenn vom Christbaum der Schmuck entfernt wird.«

Alte Kameraden

Zu seiner männlichen Umgebung verhielt sich Hitler meist freundlich. Wenn es gut ins Bild paßte, heuchelte der gefühlskalte Mensch auch gern Anteilnahme. Er sorgte sich dann um den mit einem Klumpfuß behafteten Joseph Goebbels. Dieser schrieb am 22. Juni 1926 in sein Tagebuch: »Hitler bringt mich noch zur Bahn. Er ist rührend wie ein Vater. Ich habe ihn sehr gern. Von allen Männern am liebsten, weil er so gütig ist.« Am 25. Juli 1926 kamen sich die beiden Revolutionäre menschlich noch näher: »Den Nachmittag sitzen wir in seinem Zimmer und palavern. Er verhätschelt mich wie ein Kind.« Der Abschied am 31. Juli 1926 gestaltete sich wie bei einer umschwärmten Freundin: »Hitler gibt mir einen Blumenstrauß mit, rote, rote Rosen.« Erwin Rommel, der spätere Feldmarschall, der Hitlers Kommandozug »Amerika« im Polenfeldzug befehligte, notierte nach einem Gespräch am 19. September 1939: »Er ist außerordentlich freundlich zu mir.« Auch über eine angenehme und komfortable Unterbringung seines Protégés machte sich der Diktator Gedanken. Hitler stimmte während des Afrika-Feldzuges freudig dem Plan zu, Rommel solle sein Hauptquartier im legendären Shepard's, dem besten Hotel Kairos, aufschlagen und von dort über Ägypten herrschen, falls es ihm gelänge, die Stadt zu erobern.

Feldmarschall Kesselring berichtete, wie ihm Hitler bei seiner Rückfahrt zur Truppe den eigenen Chauffeur zur Verfügung stellte und diesem vorsorglich genaue Instruktionen mit auf den Weg gab, vorsichtig zu fahren. Hitlers Fürsorge für Furtwängler ging so weit, daß er anordnete, für den berühmten Dirigenten einen eigenen Bunker zum Schutz vor den alliierten Bomben zu bauen.

Besonders gut meinte es Hitler auch mit seinem Architekten Giesler. Stolz berichtete dieser in seinen Memoiren, daß er mit Hitler dessen vegetarischen Grießbrei einnahm und vom Diktator durch eine besonders fürsorgliche Geste ausgezeichnet wurde. Hitler kippte ihm eigenhändig jede Menge gemahlenes Schokoladenpulver auf seinen Brei.

Seine Kriegskameraden lud er noch als Reichskanzler propagandawirksam ein, hatte aber sonst keinen Kontakt mehr mit ihnen. Immerhin bemühte er sich um ihr berufliches Fortkommen. Balthasar Brandmayr, der Maurer in Bruckmühl war, erhielt ab dem 5. Januar 1934 eine Anstellung im Bürodienst und im Juli 1937 eine Unterstützung von 5000 Reichsmark. Dem Ignaz Westerkirchner, der 1928 mit seiner Familie nach Amerika ausgewandert war, bezahlte Hitler Mitte 1933 die Rückreise und empfing ihn in der Reichskanzlei. Dabei erinnerten sich die ehemaligen Kriegskameraden in aller Fröhlichkeit, wie sie 1917 auf einem französischen Bauernhof gemeinsam in einem Schweinetrog übernachtet hatten.

Als Vorgesetzter war der Führer und Reichskanzler meist beliebt: »Verständnisvoll, teilnehmend und mitleidend« sei er gewesen, beschrieb ihn sein Luftwaffen-Adjutant von Below sicher zu wohlwollend. Ein gewisses Mitgefühl gegenüber dem einfachen Soldaten heuchelte Hitler auch noch gegen Ende des Krieges. Damals sollten deutsche Kamikaze-Flieger (sogenannte Selbstopfer-Männer) eingesetzt werden, die sich mit einer bemannten V 1 auf die fliegenden Festungen der Alliierten stürzen sollten. Der Fliegergeneral Werner Baumbach erkundete Hitlers Willen. Dieser wollte sein väterlich-fürsorgliches Image aufpolieren und nicht als Soldaten-Mörder dastehen. Er lehnte ab: Der deutsche Soldat müsse wenigstens eine Chance des Überlebens haben.

Die deutschen Truppen, die Narvik im Norwegenfeldzug eroberten, wurden vom General Sepp Dietrich geführt, einem Mitstreiter aus Hitlers Münchner »Kampfzeit«. Als es nicht möglich war, die Truppen mit ausreichendem Nachschub zu versorgen, wollte Hitler den Befehl geben, sie sollten sich in das neutrale Schweden absetzen.

Schon im Polenfeldzug fieberte Hitler mit und zeigte besonderes Interesse an den Leistungen Dietrichs und der Leibstandarte. Er folgte deren Vormarsch mittels einer großen Landkarte, auf der die jeweilige Position der Einheit, die seinen Namen trug, durch ein Fähnchen gekennzeichnet war, das schlicht die Aufschrift »Sepp« trug.

Auch gegenüber seinen Putschgenossen, den »alten Kämpfern«, die am Marsch auf die Feldherrnhalle teilgenommen hatten, bewies er eine gewisse oberflächliche Dankbarkeit. Ihnen wurden allerdings kaum Kompetenzen eingeräumt, sie wurden auch nicht Hitlers enge Freunde, aber sie hatten freien Zutritt zu seiner Mittagstafel und konnten bisweilen persönliche Anliegen vorbringen.

Großzügig zeigte sich Hitler gegenüber verbündeten und befreundeten Politikern, die er für seine Pläne brauchte. Da er große Freude an Mercedes-Autos hatte, wählte er als Staatsgeschenke oft diese Wagen. Die Segnung aus Untertürkheim bekamen der Feldmarschall Mannerheim in Finnland, Generalissimus Franco in Spanien, der Naziführer Quisling in Norwegen und der Marschall Antonescu in Rumänien.

Den Idolen seiner Jugend hielt er die Treue. Als gegen Richard Strauss im Jahre 1944 Repressalien geplant waren, griff er ein. »Der Führer will nicht, daß Richard Strauss Unbill angetan wird«, notierte Goebbels in sein Tagebuch.

In der Ausstellung »Entartete Kunst« hingen auch Bilder Franz Marcs am Pranger, der im Krieg gefallen war. Dessen Regimentskameraden protestierten, und Hitler ließ die Werke aus der Schandausstellung entfernen.

In der Parteiarbeit ließ Hitler »Fälle von nachsichtiger Kamera-

430

derie« zu. Als der Oberste SA-Führer Pfeffer von Salomon der Unterschlagung bezichtigt wurde, fragte Hitler lakonisch, ob man glaube, »daß er sich wegen einer solchen Lappalie von einem treuen Kampfgefährten, der täglich sein Leben einsetze, trennen würde«. Doch wenn Hitlers Interessen wirklich tangiert wurden, war Schluß mit jeder Sentimentalität. In den Tagen der Münchner Räterepublik war er zum Soldatenrat gewählt worden, kam aber vor dem militärischen Untersuchungsausschuß ungeschoren davon, weil er bereit war, einige Kameraden zu denunzieren. Auch mit der Solidarität mit dem todesmutigen Pfeffer war es nicht weit her. »Als Pfeffer aus organisatorischen und politischen Gründen nicht mehr tragbar war, wurde er zum Rücktritt gezwungen.« (Hermann Weiß)

Ohne mit der Wimper zu zucken, entließ Hitler auf der Stelle seinen Kammerdiener Krause, als er herausfand, daß ihm dieser statt des gewohnten Fachinger Mineralwassers, das nicht mit in den Kommandozug im Polenfeldzug mitgenommen worden war, stillschweigend einheimisches Quellwasser serviert hatte.

Nicht besser ging es Hitlers langjährigem Chefadjutanten Wilhelm Brückner, der 1940 plötzlich entlassen wurde, weil er sich bei einer Streitigkeit um die gutaussehenden Ordonnanzen, die »ein weißes Dinnerjacket mit Kragenspiegel und schwarzer Hose trugen«, zwischen Hitlers Hausintendanten Kannenberg und dem Adjutanten Wünsche zu diesem hielt. Hitler entließ »Brückner auf der Stelle, und Adjutant Wünsche wurde sofort an die Front versetzt«.

Ganz eigenartig ist, daß Hitler noch vier Jahre zuvor der Verlobten seines langjährigen Chefadjutanten (Spitzname »Owambo«), der Künstlerin Sofie Stork, die Hitlers Ofenkacheln und Eva Brauns Porzellan bemalt hatte, »nach der Auflösung ihrer Verlobung durch Brückner 1936 eine beachtliche Geldzuwendung (40 000 RM)« zahlte.

»Als Hitler-Adjutant Darges dabei versagte, auf Befehl des ›Führers‹ eine Stubenfliege zu fangen, wurde er unverzüglich an die Front versetzt.«

Bei Treuebrüchen in seinem Hofstaat zeigte er sein wahres Gesicht. Scharf ging er gegen die Diener Sander und Wiebezeck vor, die ihn bestohlen hatten. Sie wurden im Jahre 1940 auf Hitlers persönlichen Befehl ins Konzentrationslager Dachau überführt. Hitler war in diesem Falle besonders verärgert, weil sogar »Anzüge gestohlen worden seien. Die Diener hätten aus materieller Not nicht zu stehlen brauchen, denn sie seien sehr hoch bezahlt worden...«

In ein Konzentrationslager wurden auch Karl Heinz Pietsch und Alfred Leitgen, die Adjutanten seines Stellvertreters Heß, eingeliefert, weil sie von dessen Absichten, nach England zu fliegen, gewußt hätten, ohne dies zu melden.

Kein Erbarmen kannte Hitler auch gegenüber seinem Duzfreund Ernst Röhm, dessen Neigungen Hitler nicht störten. »In dem Augenblick, in dem er als innenpolitischer Machtfaktor gefährlich werden konnte oder zumindest Irritationen hervorrufen konnte, andererseits seinen historischen Auftrag als SA-Organisator erfüllt hatte und ersetzbar geworden war, wurde er auf persönlichen Befehl Hitlers ermordet.«

Hitlers Nibelungentreue stand vornehmlich auf dem Papier. Auch mit Gauleitern machte er kurzen Prozeß, wenn sie seine Kreise störten. So wurde der Gauleiter von Schlesien, Helmut Brückner, im Zusammenhang mit den Ereignissen vom 30. Juni 1934 abgesetzt. Seinem Nachfolger Josef Wagner ging es nicht besser. »Wegen dessen offen ausgesprochener Ablehnung der SS und seines Bekenntnisses zum katholischen Glauben« entfernte ihn Hitler aus »allen seinen Ämtern; nach langer Gestapohaft wurde er wenige Tage vor Kriegsende ermordet«.

Gern machte sich Hitler über Untergebene lustig. Er erzählte mit Vorliebe, daß sich sein Ostminister Rosenberg wegen einer Unpäßlichkeit habe entschuldigen lassen, und fügte maliziös hinzu, der Arme habe sich auf dem Bahnsteig aus Versehen den eigenen Koffer auf den Fuß gestellt und auf diese ungewöhnliche Weise verletzt.

In das schallende Gelächter seiner Gäste stimmte Hitler beim Ansehen einer Wochenschau ein, die seinen Besuch in Finnland im Frühjahr 1942 dokumentierte. »Ein schwankendes Brett führte über den breiten Graben, der die Autostraße von dem Bahngleis mit Marschall Mannerheims Befehlswagen trennte. Hitler schritt als erster mit ruhiger gelassener Würde hinüber und kam drüben ebenso ohne Schwierigkeiten an wie der ihm folgende Jubilar und finnische Freiheitsheld.« Das Gelächter brach beim Auftritt Keitels los. Als dieser »die Mitte des Brettes erreicht hatte und dieses unter seinem beachtlichen Gewicht zu schwanken begann«, fing er an »wie ein Seiltänzer zu balancieren« und nahm schließlich die letzten Schritte »im Galopp«.

Besondere Freude machte es Hitler, als ihm das Ungeschick eines Bankpräsidenten erzählt wurde, der in einem Anfall geistiger Umnachtung Geldscheine auf offener Straße verteilte. Auch die Streiche, die sein Minister Goebbels seinem Untergebenen spielte, dem Ministerialdirektor Hadamovsky, freuten Hitler ungemein. Dem Armen wurde anhand einer falschen Zeitung suggeriert, daß er zum »Reichsintendanten« ernannt worden sei. Anschließend durfte er in ein falsches Mikrophon sprechen.

Einen noch herzloseren Streich spielte Hitler seinem Hausintendanten Kannenberg. Er ließ dem Angestellten im Winter 1939 einen Stellungsbefehl zur Nebeltruppe zuschicken. »Kannenberg geriet darüber in Panik und strich zum Ergötzen Hitlers, der uns immer wieder feixend darauf aufmerksam machte, um ihn herum. Nach Tagen nahm Kannenberg allen Mut zusammen und wurde bei Hitler vorstellig, ob da nichts zu machen sei. Aber Hitler trieb den Scherz noch etwas weiter. Nein, er könne keine Ausnahme zulassen, in diesem Staat gebe es keine Günstlingswirtschaft... Kannenberg traten fast die Tränen in die Augen.« Schließlich zerriß Hitler vor den Augen des »befreiten und verblüfften Hausintendanten den Gestellungsbefehl«.

Auch vor »practical jokes« schreckte Hitler nicht zurück. Als er seinem Auslandspressechef Putzi Hanfstaengl einen Denkzettel verpassen wollte, ließ er ihn angeblich in wichtiger Mission zu Franco nach Spanien in ein Bombenflugzeug verfrachten. Dort wurde dem Verdutzten bedeutet, er müsse hinter den feindlichen Linien mit dem Fallschirm abspringen. Der Schlotternde wurde aber dann auf einer Wiese abgesetzt. In Wirklichkeit hatte der Bomber auf seinem Flug Deutschland nicht verlassen und landete in der Nähe von Berlin. Dort stand eine verdeckte Kamera, die das Opfer zur Belustigung Hitlers filmen sollte. Hanfstaengl, der die makabre Inszenierung für ein Komplott Himmlers hielt, nahm den nächsten Zug in die Schweiz, und so verlor Hitler seinen Auslandspressechef.

Man mag diese Episoden als unreife Späßchen unter Männern abtun. Für die Betroffenen waren sie es nicht. Sie wußten ja, zu welchen Grausamkeiten Hitler fähig war. Privater (offener) und öffentlicher (versteckter) Sadismus folgten dem gleichen Strickmuster. Die Machtmittel des Staates wurden als Folterwerkzeuge zur persönlichen Lustbefriedigung eingesetzt. Hitler kostete die Möglichkeiten voll aus, die ihm die Diktatur bot: Funktionslust. Im Fall Kannenberg entlarvte er seine eigenen Pathosformeln (»In diesem Staat gibt es keine Günstlingswirtschaft«) als durchsichtige Rhetorik. Er wußte, das dies nicht stimmte. Er zögerte nicht, Ausnahmen anzuordnen, wann immer es ihm paßte. Gerade den Umstand, daß er unumschränkter Herr über Leben und Tod war, genoß er außerordentlich. Erst als er erfahren mußte, daß es mit diesem Lustgewinn vorbei war, hatte das Leben für ihn den Sinn verloren. Als ihm die Truppen nicht mehr gehorchten, als selbst die treue SS auf seine sinnlosen Befehle nicht mehr reagierte, war die bisher unerschöpfliche Quelle sexueller Befriedigung ein für alle Mal versiegt.

Jetzt ließ er alle Masken fallen. Wenn er selbst untergehe, dann hätten auch die Deutschen den Untergang verdient, die Feinde hätten sich als die Besseren und Stärkeren erwiesen. Die Strategie der verbrannten Erde sollte nun auch auf deutsches Gebiet angewendet werden. Es störte ihn nicht, daß damit die Überlebenden aller Existenzchancen beraubt wurden. Es kam ihm auch nicht in den Sinn, seinem Volk, dem er angeblich sein ganzes Leben gewidmet hatte, den letzten Dienst zu erweisen und beizeiten abzutreten.

Ganz im Gegenteil: Gegen die Attentäter des 20. Juli 1944, die ihn beseitigen wollten, ging er mit einer Brutalität vor, die ihresgleichen suchte. Nicht nur die Täter selbst wurden gnadenlos verfolgt, sondern auch Frauen und Kinder, ganze Familien sollten ausgerottet werden. Ebenso wie die Juden hatten die Sippen der Attentäter in seinen Augen das Recht verwirkt, weiter auf dieser Erde zu leben.

Die von den Häschern gefaßten Opfer wurden nicht nur gefoltert, um auf die Spur der Mittäter zu kommen; Hitler befahl auch eine besonders schmachvolle und grausame Form der Exekution. »Die Hinrichtung durch Erhängen ist in jedem Falle grausam, man erinnert sich an die entsetzlichen Bilder von den Nürnberger Prozessen nach dem Krieg. In Plötzensee aber machte man es auf Hitlers Anordnung besonders bestialisch… Die Verurteilten wurden einzeln mit dem Seil an Haken gehängt, die an einer quer durch den Raum gehenden Schiene an der Decke befestigt waren… Der Tod konnte langsam und qualvoll sein, selbst wenn dies nicht beabsichtigt gewesen sein sollte. Jedoch wird glaubwürdig von zwei Augenzeugen berichtet, daß zunächst angeordnet war, das Sterben der Opfer hinzuziehen. Wenn der Gefangene nach dem Festmachen des Seiles am Haken von den Gehilfen des Scharfrichters hochgehoben und mit Wucht fallengelassen wird, hat er Aussicht, sich das Genick zu brechen oder wenigstens das Bewußtsein zu verlieren, wird er aber behutsam hingehängt oder ein kleiner Schemel unter ihm behutsam weggeschoben, so wird er nur allmählich erwürgt. Vielsagend ist in diesem Zusammenhang die Vorschrift,… die Verurteilten zwanzig Minuten lang hängen zu lassen… Nach jeder Erhängung wurde ein Vorhang vor den zuletzt Erhängten gezogen, ehe der nächste Verurteilte hereingeholt wurde… Die Guillotine stand noch im Hinrichtungsraum, der Scharfrichter und seine Gehilfen stärkten sich mit Schnaps, und Tonbildaufnahmen hielten das Sterben der nackten Verurteilten, denen man nach dem Aufhängen die Hosen auszog, für Hitler fest«. (Peter Hoffmann)

Am vorletzten Tag seines Lebens ließ Hitler, der zunächst nur gegen politische Gegner, dann gegen Juden, Polen und Russen wütete, schließlich auch noch seinen eigenen Schwager erschießen. Der SS-General Fegelein war von Himmler als Verbindungsmann ins Führerhauptquartier abkommandiert worden. Obwohl er stattlich und elegant aussah und mit dem Ritterkreuz dekoriert war, gefiel der Reiteroffizier Hitler eigenartigerweise überhaupt nicht.

Schon seine leicht klirrenden Sporen, die ganz vorschriftsmäßig zur Uniform der SS-Reiterregimenter gehörten, gingen Hitler, der

Pferde nicht ausstehen konnte, auf die Nerven. Bei einer der ersten Konferenzen fuhr er den Sporenträger an:»Fegelein, reiten Sie mal ins Nebenzimmer und holen Sie mir eine Akte!« Dafür gefiel der Reiteroffizier Eva Braun um so besser. Auf deren Betreiben heiratete der schlecht beleumundete Karrierist deren kleine Schwester, wohl auch deswegen, weil ihm die Stellung als Hitlers Schwager durchaus in seine Karriereplanung paßte. Zu seiner eben angetrauten jungen Frau benahm er sich wenig zärtlich, wie Bormann seiner Frau berichtete. Wenn man Hitlers Sekretärin Schroeder glauben will, hatte er dagegen ein über die familiäre Zuneigung gehendes Interesse an Eva Braun, die ihrerseits mit ihrem Schwager in den letzten Tagen im Bunker ganz ungeniert tanzte und flirtete.

Als Fegelein das Ende des Dritten Reiches und der Macht seines Schwagers deutlich kommen sah, setzte er sich ab, wurde aber von Hitlers Schergen, dem stellvertretenden Kommandanten seines Begleitkommandos Högl, in seiner Berliner Wohnung in der Bleibtreustraße 4 verhaftet. Zur Zeit der Festnahme war er betrunken und in Begleitung einer rothaarigen jungen Dame. Högl stellte einen Koffer mit Schmuck und Devisen sowie eine Aktentasche mit Geheimunterlagen sicher.

Fegelein wurde, nachdem er in den Bunker zurückgebracht worden war, am 28. April 1945 auf Hitlers Befehl erschossen. Vergeblich bat Eva um das Leben ihres Schwagers. Sie hielt Hitler vor, ihre kleine Schwester sei schwanger und der Entschluß zum Selbstmord Hitlers stehe doch längst fest. Hitler ließ sich nicht erweichen.

Högl erzählte Hitlers Fahrer Kempka, der Inhalt der Aktentasche habe den Tatbestand des Hoch- und Landesverrates erfüllt. Sie enthielt Dokumente, aus denen zweifelsfrei hervorging, daß Himmler Verhandlungen mit dem Grafen Bernadotte mit dem Ziel geführt hatte, Hitler abzusetzen und mit den Westalliierten Frieden zu schließen. Es wäre Fegeleins Pflicht gewesen, dies Hitler unverzüglich zu melden.

Ob Hitler bei seinem Erschießungsbefehl aus Staatsraison handelte, ob er sich über Fegeleins Vertrauensbruch ärgerte oder ob er seine Machtstellung ausnützte, um noch niedrigere Motive der

Eifersucht zu befriedigen, sei dahingestellt. Jedenfalls hatte er wohl allen Grund, eifersüchtig zu sein. Nach dem Zeugnis seiner Sekretärin Junge soll Fegelein Eva Braun am 26. April 1945 in der Nacht angerufen haben: »Eva erzählte mir enttäuscht und erschüttert, daß Hermann Fegelein sie noch in der vergangenen Nacht von seiner Privatwohnung angerufen habe: ›Eva, du mußt den Führer verlassen. Sei nicht so dumm, jetzt geht es um Leben und Tod!‹«

Ermorden lassen wollte Hitler auch einen seiner Ärzte, Dr. Karl Brandt, der zu seinem engeren Kreis gehörte und den er durch Brandts Verlobte Anni Rehborn schon 1925 kennengelernt hatte. Die Siegerin bei der deutschen Meisterschaft 1924 im 100-Meter-Rückenschwimmen war auf dem Titelbild der »Berliner Illustrirten« Hitlers Fahrer Maurice in der Landsberger Haft aufgefallen. Die schöne Schwimmerin, der Maurice bei einem Treffen in München nicht gefiel, wurde jedoch von dessen Chef Hitler auf den Berghof eingeladen und traf dort mit ihrem nunmehrigen Verlobten Brandt ein, den sie kennengelernt hatte, als er nach einem mißglückten Turmsprung ihr Gesicht operierte. Der Chirurg konnte sich in Oberbayern bei einem schweren Autounfall des Chefadjutanten Brückner sofort bewähren, so daß Hitler den »jungen sympathischen Arzt fragte, ob er nicht bereit wäre, Begleitarzt in seinem Stab zu werden«. Hitler war bei der Hochzeit Annis mit Karl Trauzeuge und ernannte diesen 1942 zum Generalkommissar des Führers für das Sanitäts- und Gesundheitswesen.

Der Chirurg wagte es, zusammen mit einem zweiten Arzt Hitlers, Dr. von Hasselbach, im Juli 1944 vor den Behandlungsmethoden des Leibarztes Dr. Morell zu warnen, die mit ihren täglichen Spritzen dem Führer schaden würden. Brandt wurde umgehend seiner Stellung enthoben und, als er seine Familie und seine Mitarbeiter Anfang 1945 in den Westen und Süden des schrumpfenden Großdeutschen Reiches geschickt hatte, damit sie nicht in sowjetische Hände fielen, auf Befehl Hitlers von der Gestapo verhaftet und von einem Standgericht zum Tode verurteilt.

Brandt hatte jedoch zunächst Glück. Er wurde nicht exekutiert und nach Hitlers Tod auf Befehl Speers auf freien Fuß gesetzt. Er war aber nur kurze Zeit frei. Nach dem Einmarsch der Alliierten

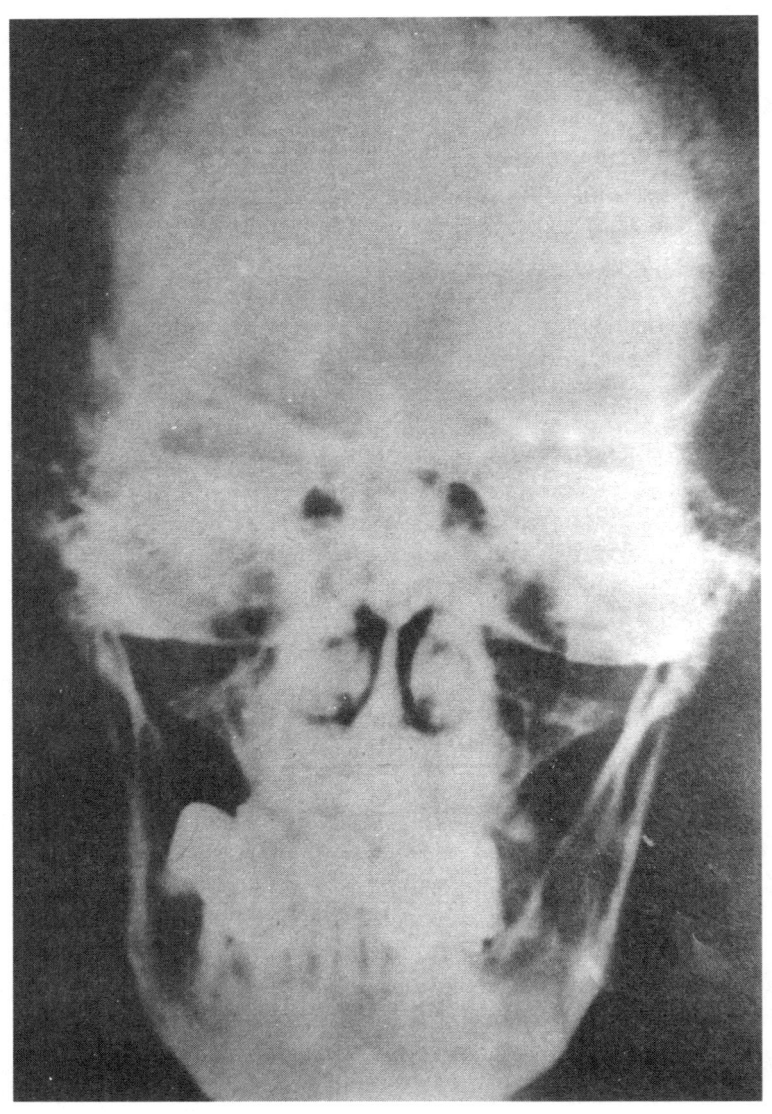

Röntgenaufnahme von Hitlers Schädel

Der Anblick des Menschenschädels flößte auf den Fahnen der Korsaren und der Freikorps Schrecken ein. Die SS, der Orden unter dem Totenkopf, übernahm das makabre Symbol, unter dem dann unvorstellbare Brutalitäten begangen wurden. Das Enblem wurde so zum Schrecken Europas.

wurde er von einem amerikanischen Militärgericht wegen medizinischen Versuchen an KZ-Häftlingen zum Tode verurteilt und im Alter von vierundvierzig Jahren durch den Strang hingerichtet. Die ebenfalls von den Amerikanern festgenommene Sekretärin Hitlers Christa Schroeder traf Karl Brandt in einem Internierungslager, wo sich beide über den Charakter Hitlers unterhielten. Das Urteil des Arztes lautete:»Er war ein Teufel.«

Hitler raffte sich in den letzten Monaten seines Lebens noch zu einem weiteren Höhepunkt sadistischer Niedertracht auf. Wie todesmutig und verlustreich die Panzerdivisionen der Waffen-SS gekämpft hatten, war ihm klar. In seinem Brief an Mussolini vom 25. Februar 1943 schrieb er:»Überhaupt, Duce, darf ich Ihnen nur eines versichern: Die Anforderungen, die an den deutschen Soldaten gestellt werden, sind unermeßlich. Ich will Ihnen nur als Beispiel eine meiner SS-Divisionen in ihrem Schicksalslauf vorführen. Die SS-Totenkopfdivision trat zu Beginn des Ostfeldzuges im Juni 1941 an in einer Stärke von rund 20 000 Mann. In ununterbrochenem Kampf rückte sie bis südlich von Leningrad vor und wurde dann endlich in die Gegend des Ilmensees gezogen, um dort eine sehr schwere Front abzustützen. Trotz zahlreicher Ergänzungsmannschaften wurde die Division unter blutigen Verlusten immer mehr aufgerieben, sie hat dann den Winter 1941 auf 42 im Kessel von Demjansk mit anderen Infanteriedivisionen, von einer ungeheuren russischen Übermacht eingeschlossen, gehalten und endlich mitgeholfen, wieder die Verbindung zu anderen deutschen Verbänden herzustellen. Als dieser schmale Brückenschlag gelungen war, zählte die Division noch etwa 370 Mann an Gefechtsstärke. Sie sollte nun endlich abgelöst werden. Da der Brückenschlag aber nicht genügend breit war, mußte durch weitere Angriffe eine erhöhte Sicherheit der Verbindung hergestellt werden. Trotzdem bereits der Ablösungsbefehl vorlag, bekam dieser traurige Rest der Division den Befehl, wieder zum Angriff anzutreten und auch diesen letzten Kampf mitzumachen. Das Häuflein beteiligte sich daraufhin abermals in vorbildlicher Haltung erfolgreich an diesen Kämpfen und wurde dann endlich mit einer Gefechtsstärke von rund 170 Mann abgelöst. Die Division wurde daraufhin wieder aufgefüllt und kämpft schon wieder im Osten.«

Kein einziges Wort des Mitleids fand Hitler anläßlich des tausendfachen Opfers dieser todesmutigen jungen Männer.

Als in der Endphase des Krieges die Totenkopfdivision zusammen mit anderen SS-Divisionen am Südabschnitt der Ostfront vor der übermächtigen Roten Armee zurückwich, funkte Hitler an Sepp Dietrich, dem früheren Kommandant seiner Leibstandarte und jetzigen Oberbefehlshaber der sechsten SS-Panzerarmee: »Führer ist der Meinung, daß die Truppen nicht so gekämpft haben, wie die Lage es erforderte, und befiehlt, daß den SS-Divisionen ›Adolf Hitler‹, ›Das Reich‹, ›Totenkopf‹ und ›Hohenstaufen‹ die Ärmelstreifen abgenommen werden.«

»Als Dietrich die Nachricht empfing, bestellte er seine Divisionskommandeure zu sich, warf das Telegramm auf den Tisch und rief aus: ›Das ist der Lohn für all das, was ihr in den vergangenen fünf Jahren getan habt.‹ Er kabelte zurück, eher würde er sich erschießen, als den Befehl auszuführen.«

So wenig wie Hitler in das landläufige Bild des Homosexuellen paßt, so wenig ist er auf den ersten Blick als sadistischer Charakter zu erkennen. Nie ergötzte er sich an Exekutionen oder Folterungen. Hätte er sich offen zum Sadismus bekannt, unter seiner Herrschaft hätte es wahrlich reichlich Gelegenheit gegeben, diesen Lüsten zu frönen.

Wie bei seiner Homoerotik blieb Hitler auch beim Ausleben seines Sadismus gebremst, gehemmt, undurchsichtig. Seine eidetische Veranlagung, sein Sinn für Tarnung, Verstellung und öffentliche Wirkung ließen nur einen kalten Sadismus zu. Dieser wirkte sich um so schrecklicher aus. Ein offener Sadismus wird durch eine begrenzte Anzahl von Untaten, nach einer genügenden Menge von Opfern befriedigt. Hitlers kalter Sadismus war unersättlich. Die Attentäter des 20. Juli 1944 wurden auf besonders grausame Weise gehenkt, aber Hitler reichte der kurze Blick auf die Photos von der Hinrichtung. Den blutrünstigen Film, der im Führerhauptquartier für Aufsehen sorgte, brauchte er sich nicht anzusehen. Bei seinem Herzenswunsch, die Juden zu eliminieren, genügte der kurze Blick auf die Mordstatistik, um seine Lust zu befriedigen.

Wäre den Deutschen, wäre der ganzen Welt unendliches Leid

erspart worden, wenn sich Hitler zu seiner Veranlagung offen bekannt hätte? Möglicherweise hätte ihn ein »Coming-out« von seinen schlimmsten Vernichtungsphantasien befreien können. Auf jeden Fall ist es beruhigend zu wissen, daß es heutzutage, unter einer aufgeklärteren Gesetzgebung, für einen Mann nicht mehr gesellschaftlich unmöglich ist, sich zu Triebregungen zu bekennen, die von der Mehrheit der Männer nicht geteilt werden.

Anhang

ANMERKUNGEN

Wörtliche Zitate Hitlers, die seinen Tischgesprächen, Monologen im Führerhauptquartier oder dem Kriegstagebuch der Wehrmacht entnommen worden sind, werden meist durch die Angabe des Datums belegt, solche aus dem Buch »Mein Kampf« durch Angabe des Kapitels. Zitate aus Hitlers Reden, die meist nach Max Domarus (1965) zitiert wurden, werden mit dem Datum belegt, an dem sie gehalten wurden. Wörtliche Zitate Goebbels' aus den Tagebüchern werden ebenfalls durch die Datumsangabe belegt. Häufig wird aus den Taschenbuch-Editionen der Standardwerke zitiert. Standardliteratur wird nur mit dem Namen des Verfassers oder Herausgebers angeführt. Die Buchtitel können dem anschließenden Verzeichnis entnommen werden.

1. Einleitung

S. 13
Mehr als..., Eisenhower... R. J. Evans. Im Schatten Hitlers? 1991; 14.
R. H. Abzug. Inside the vicious heart. 1985. U. Herbert. Fremdarbeiter. 1985
Die Befreiung von Auschwitz hingegen war, so befremdlich dies heutzutage klingen mag, seinerzeit kein außerordentliches Medienereignis. »Seit auch die US-Truppen in Europa kämpften, konzentrierte sich das Interesse der amerikanischen Öffentlichkeit... ganz auf die aktuelle Frontberichterstattung« (Norbert Frei. Vierteljahresschr. f. Zeitgeschichte 3, 1987; 387). »Warum die sowjetische Regierung selbst mit Meldungen über die Befreiung von Auschwitz äußerst zurückhaltend umging, ist noch ungeklärt« (Cornelia Brink. Ikonen der Vernichtung, 1998; 25). Jedenfalls erregte damals die Befreiung des weniger bedeutenden Ohrdrufs, eines Nebenlagers Buchenwalds, die Weltöffentlichkeit weit mehr. Auschwitz wurde erst später zum Symbol für den Holocaust schlechthin und das Datum seiner Befreiung Anlaß für einen nationalen Gedenktag.

S. 14
Man kann... E. Jäckel. Die Entschlußbildung als historisches Problem. In
E. Jäckel u. J. Rohwer (eds.) Der Mord an den Juden im Zweiten Weltkrieg. 1985; 14
ganz normale Männer... C. R. Browning. Ordinary men. Reserve Police
battalion 101 and the final solution in Poland. 1992.
Peter Longerich (1998) bezweifelt, daß es sich bei den Angehörigen der
Reserve-Polizeibataillone um durchschnittliche Deutsche gehandelt
habe, da sich vor allem Männer zur Polizei meldeten, die den nationalsozialistischen Ideen nicht fernstanden.
deutsche Eisenbahner... R. Hilberg. Sonderzüge nach Auschwitz. 1981
die Frauen... G. Schwarz. Die Frau an seiner Seite. Ehefrauen in der SS-
Sippengemeinschaft. 1997
die Verwaltungsjuristen... J. Walk (ed.). Das Sonderrecht für die Juden
im NS-Staat. 2. A. 1996

Auswärtiges Amt... H.-J. Döscher. Das Auswärtige Amt im Dritten
Reich. 1987
Anthropologen und Mediziner... G. Aly u. S. Heim. Vordenker der Vernichtung. 1991
Bram Dijkstra (Das Böse ist eine Frau. Männliche Gewaltphantasien und
die Angst vor der weiblichen Sexualität. 1999; 550f.) zog den Kreis noch
viel weiter.»Viele Argumente hätte Hitler auch fast wörtlich den Werken
von Lothrop Stoddard, Madison Grant, Henry Pratt Fairchild, David
Starr Jordan, Henry Fairfield Osborn und zahllosen anderen Autoren entnehmen können, die in den zwanziger Jahren zu den Größen des amerikanischen Establishments gezählt wurden. Ihre Schriften wurden häufig
von europäischen Wissenschaftlern zitiert. Diesen Quellen hätte Hitler
auch entnommen, daß Eugenik (und nicht wie in der deutschen Übersetzung:»Gentechnik«) der»Schlüssel zur Ausrottung der ›Untauglichen‹
sei«.
Die Deutschen... J. Habermas in:»Historikerstreit« 1987; 247. Kleine
politische Schriften VI. 1987; 140

S. 15
Winston Churchill und Franklin Roosevelt... R. Breitman. Staatsgeheim-
nisse. Die Verbrechen der Nazis – von den Alliierten toleriert. 1999; 123,
128. Die unterlassene Hilfeleistung stelle sich als Fleck im Zeugnis der
Alliierten dar, meinte auch Gerhard L. Weinberg (The Allies and the
Holocaust. In: M. Berenbaum u. A. J. Peck (eds.). The Holocaust and Hi-
story. 1998; 489), zumal den Warschauer Aufständischen der polnischen
Untergrundarmee, die sich ebenfalls in Reichweite der alliierten Flieger
befanden, Hilfe aus der Luft zuteil wurde.
Ganz nach ideologischen Vorgaben verteilte die DDR-Geschichtsschrei-

bung die Schuld. Neben Hitler traf es die faschistischen deutschen Imperialisten und Militaristen, Konzern- und Bankherren, Junker, Rüstungsindustriellen, Großagrarier, den preußischen Kadavergehorsam (eine etwas unhistorische Zusammenstellung, da das Wort von Ignatius von Loyola stammte, und das protestantische Offizierskorps zu den Jesuiten kaum Neigung zeigte). Ihren Teil der Schuld, so die KPD am 11. Juni 1945, trugen auch die zehn Millionen Deutsche bei, die 1932 bei freien Wahlen für Hitler stimmten, schließlich jene Millionen, die ihm folgten, als er ihnen einen gutgedeckten Mittags- und Abendbrottisch auf Kosten anderer Völker durch Krieg und Raub versprach. G. Hass. Zum Bild der Wehrmacht in der Geschichtsschreibung der DDR. In: R.-D. Müller u. H. E. Volkmann (eds.). Die Wehrmacht. Mythos und Realität. 1999; 1109

Auch ein Verleger war schuld. Julius Lehmann, ein früher Sympathisant der Nazis, hatte das in seinem Münchner Verlagshaus 1921 erschienene Standardwerk E. Baur, E. Fischer u. F. Lenz, Grundriß der menschlichen Erblichkeitslehre und Rassenhygiene seinem Bekannten Hitler nach Landsberg geschickt, wo es im Kopf des Häftlings schier unermeßliches Unheil anrichtete, in die rassistische Argumentation von »Mein Kampf« einfloß und als wissenschaftliches Feigenblatt für die schrecklichen Nürnberger Gesetze diente. (B. Müller-Hill. Human Genetics and the Mass Murder of Jews, Gypsies, and Others. In: M. Berenbaum u. A. J. Peck 1998; 104)

Die meisten Bewohner... J. Friedrich. Das Gesetz des Krieges. 1995; 781
Die gesamte Staatengemeinschaft... M. N. Penkower. The Jews were expendable: Free world diplomacy and the Holocaust. 1982

S. 16
Es gibt keine Vendée mehr..., General Sherman... J. Friedrich. Das Gesetz des Krieges. 1995; 781

S. 17
Die ethische Sphäre... F. Meinecke. Die Idee der Staatsraison. 1957; 39
Stalin habe... H. Picker 1989; 447
Wenn sich... J. Fest. Fremdheit und Nähe. 1996; 121

S. 18
Es bedurfte allerdings... T. Segev. Soldaten des Bösen. 1992; 182; 186

S. 19
In der Demozid-Statistik... G. Heinsohn. Lexikon der Völkermorde. 1998; 56
Im Archipel Gulag wurde ein hoher Prozentsatz von Todesopfern mit böswilliger Absicht oder doch mit phlegmatischer Gleichgültigkeit hingenommen. Die Zustände waren gerade deswegen oft unvorstellbar men-

schenverachtend. Margarete Buber-Neumann, eine in die Sowjetunion geflohene deutsche Kommunistin, die zunächst dort in ein Lager gesteckt, infolge des Hitler-Stalin-Paktes dann an die Nazis ausgeliefert und nach Ravensbrück gebracht wurde, empfand das deutsche Frauenlager als erträglicher. Schon die straffere Ordnung und ein sauberer, streng gepflegter Eingang stachen gegen die trostlosen russischen Verhältnisse geradezu wohltuend ab. Gerade Ravensbrück wurde allerdings später durch barbarische Menschenversuche und besondere Brutalität des weiblichen Bewachungspersonals berüchtigt.

Golo Mann reiste bei Kriegsausbruch 1939 aus der Schweiz nach Frankreich, um sich dort freiwillig bei der tschechischen Brigade zum Kampf gegen Hitler-Deutschland zu melden, wurde jedoch an der Grenze festgenommen und irrtümlich in ein Internierungslager gesteckt, zusammen mit deutschen Nazis, aber auch deutschen Widerstandskämpfern, von denen einige in Dachau gesessen hatten. Auch diese beklagten sich, die französischen Zustände seien eigentlich noch unerträglicher. Dachau gehörte allerdings unter den deutschen KZs zu der »milderen« Gruppe 1, in der die »besserungsfähigen« Schutzhäftlinge untergebracht wurden. Abgestufter Terror: In die schlimmste Gruppe 3 gehörte nur das Lager Mauthausen mit seinen berüchtigten Steinbrüchen.

Die eigentlichen Todeslager wie Majdanek und Sobibor dienten nur dem Morden und wurden deshalb nicht in eine der drei Gruppen eingereiht. Sie gelten als das typische Merkmal des deutschen Systems. Im sowjetischen fehlten sie aber nicht vollkommen. In Katyn fielen sämtliche polnische Offiziere den Genickschüssen zum Opfer. In Weißrußland gab es zudem das sowjetisches Todeslager Kuropaty (Brod), in dem in regelmäßigen Tagesschichten von den Spezialtruppen des Innenministeriums die Opfer zwar nicht durch Gas, aber immerhin auch einigermaßen effizient mit Hilfe herkömmlicher Erschießungen gemordet wurden. (Heinsohn 1998; 230) »stringenten Willen zum Töten«... V. Knigge. »Die große Vereinfachung macht dumm.« In: H. Möller (ed.). Der rote Holocaust und die Deutschen. 1999; 208

Welches Kind ist böser... J. Piaget. Das moralische Urteil beim Kinde. 1954. L. Kohlberg. Zur kognitiven Entwicklung des Kindes. 1974

S. 21
N. Tinbergen. The study of instinct. 1965
K. Lorenz. Das sogenannte Böse. 1963
Die Forschung widmete sich... Jane Caplan. Die Goldhagen-Rezeption in den USA. In: J. Heil u. R. Erb (eds.). Geschichtswissenschaft und Öffentlichkeit. 1998; 107
Wenn alle schuldig sind... Hannah Arendt in einem Brief an Hans Magnus Enzensberger 1964. Merkur April 1965

S. 22
Wer geschichtliche Abläufe... K. D. Bracher. Zeitgeschichtliche Kontroversen. 1976; 63
Die Tyrannen der früheren Epochen... Eine erste beeindruckende Probe der Leistungsfähigkeit des Wehrmachts-Nachrichtenverbindungswesen lieferte dessen Chef, Oberst Erich Fellgiebel, als dieser Ende August 1939, kurz vor dem Einmarsch der Wehrmacht in Polen, die Armeen in letzter Minute noch anhalten konnte, obwohl der Marschbefehl schon gegeben worden war. Im Krieg beobachtete Hitler seine Generäle, wie sie ihr Instrument virtuos beherrschten. Die staunende Betrachtung verleitete ihn zu dem Fehlschluß, auch er sei imstande, auf diesem technischen Wunderwerk zu spielen, das seinem Kontrolleur Siege am laufenden Band bescherte. Als er am 19. Dezember 1941 den Oberbefehl über das Heer übernahm, verstieg er sich gegenüber seinem Generalstabschef Halder zu der Behauptung:»Das bißchen Operationsführung kann jeder machen.« Die tadellos funktionierende Nachrichtentechnik benutzte er fortan, in die Operationen bis auf Regimentsebene einzugreifen. Im fernen Kaukasus wollte er im einzelnen bestimmen, wie über die Straße nach Tuapse am besten anzugreifen sei.
Als ihm die Telegraphen nicht mehr reichten, bediente er sich eines neuen High-Tech-Kommunikationsmediums. Seine stets flugbereite, viermotorige Focke-Wulf Condor diente dazu, seine Adjutanten zu einzelnen Truppenführern an die Front zu schicken, um diesen seine Durchhaltebefehle zu erläutern und ihnen somit größeren Nachdruck zu verleihen.

S. 23
Zum Wesen... Gitta Sereny. Am Abgrund (1979) 1985; 160
Es hat mir jahrelang... E. Jäckel in: E. Jäckel u. J. Rohwer (eds.). Der Mord an den Juden im Zweiten Weltkrieg. 1985; 234
Schwacher Diktator... H. Mommsen. Der Nationalsozialismus und die deutsche Gesellschaft. 1991. Der Nationalsozialismus. Meyers Enzyklopädisches Wörterbuch. 1976; 785–790
Kopfnicken... J. Broszat in: E. Jäckel u. J. Rohwer (eds.). Der Mord an den Juden im Zweiten Weltkrieg. 1985; 211
Tatsächlich tat er mehr... P. Longerich. Politik der Vernichtung. 1998; 483 ff.

S. 24
Wenn ihm der Einzug... H. A. Turner. Hitlers Weg zur Macht. 1996
No Hitler, no Holocaust... Milton Himmelfarb. Commentary. März 1984; 37 ff.
Der Krieg... M. Messerschmidt. Außenpolitik und Kriegsvorbereitung. In: W. Deist (ed.). Ursachen und Voraussetzungen des Zweiten Weltkriegs. 1995; 22

Golo Mann. Deutsche Geschichte des 19. und 20. Jahrhunderts. (1958) 1992; 896
Hitlers Bedeutung unterstreicht auch die Bemerkung Eberhard Jäckels, daß im Falle Hitlers der Tyrannenmord den Krieg mit der Sowjetunion und den Holocaust mit an Sicherheit grenzender Wahrscheinlichkeit verhindert hätte.
Kein anderer hat... J. Fest. Hitler. Eine Biographie. 1973; 17, 22

S. 25
S. Haffner. Anmerkungen zu Hitler. 1978
A. Bullock. Hitler. Eine Studie über Tyrannei. 1971
W. Maser. Adolf Hitler. Legende – Mythos – Wirklichkeit. 1971
Eine ähnliche Zweiteilung... J. Dülffer. Deutsche Geschichte 1931–1945. 1992; 220
R. Zitelmann. Hitler. Selbstverständnis eines Revolutionärs. 1987

S. 26
M. Domarus. Einführung zu: Hitler. Reden und Proklamationen 1932–1945. 4. A. 1988; 33
Hitler sei nur... L. Gruchmann. Totaler Krieg. 1991; 268
Imanuel Geiss. Studien über Geschichte und Geschichtswissenschaft. 1972; 35
Ron Rosenbaum. Die Hitler-Debatte. Auf der Suche nach dem Ursprung des Bösen. 1999; 584
H. R. Trevor-Roper... R. Rosenbaum. 1999; 127, 252

S. 27
Gegen halb zwölf Uhr... H. A. Turner. 1996; 208

S. 28
Hitler hingegen wählte... W. Deist in: W. Deist (ed.). Ursachen und Voraussetzungen des Zweiten Weltkriegs. 1995; 472
Nunmehr aber sei... B.-J. Wendt. Großdeutschland. Außenpolitik und Kriegsvorbereitung des Hitler-Regimes. 1987; 154

S. 29
Bei den Übergriffen... E. Syring. Das nationalsozialistische Deutschland 1933–1945. 1997; 37 f.
Die Meldungen aus dem Reich... H. Boberach (ed.). Meldungen aus dem Reich. Die geheimen Lageberichte des Sicherheitsdienstes der SS 1938–1944. Herrsching 1984–85
In den Köpfen... D. Hartwig in: G. R. Ueberschär (ed.). Hitlers militärische Elite, Bd. 1. 1998
Scheißkerle... G. Hümmelchen in: Ueberschär (ed.). 1998

Die in den letzten Kriegsmonaten... S. A. Stouffer. The American Soldier. Studies in social psychology of World War II. 4 Bde. 1949f. R. E. Merton u. P. F. Lazarsfeld. Continuities in Social Research. Studies in the scope and method of »The American Soldier«. 1950. E. A. Shils, M. Janowitz. Cohesion and desintegration in the Wehrmacht in World War II. Public Opinion Quarterly 12. 1948; 280

S. 30
H. Heiber (ed.). Der ganz normale Wahn unterm Hakenkreuz. 1996; 215
Er heuchelte... M. Domarus. 1988; 406
Dem amerikanischen Journalisten... M. Domarus. 1988; 558

S. 31
Einige erkundigten sich... J. Schelvis. Vernichtungslager Sobibor. 1998; 85
B. Dahlerus. Der letzte Versuch. London-Berlin. Sommer 1989. 2. A. 1981
Dabei wußten die Engländer... J. Dülffer. 1973
Ich würde ja... A. Dallin. Deutsche Herrschaft in Rußland 1941–1945. (198) 1981; 114

S. 32
G. L. Weinberg. Rollen- und Selbstverständnis des Offizierskorps der Wehrmacht im NS-Staat. In: R.-D. Müller u. H.-E. Volkmann (eds.). Die Wehrmacht. 1999; 67
Gregory Bateson (Steps to an ecology of mind. 1972) sah allerdings im Verhalten der Alliierten beim Vertrag von Versailles den entscheidenden Wendepunkt. Ihr Wortbruch gegenüber dem nunmehr wehrlosen Deutschland habe das Muster des internationalen Verhaltens grundlegend zum Schlechteren und Hinterhältigen verändert.
Er ließ sich... R. Breitman. Der Architekt der »Endlösung«. 1996; 41
C. J. Burckhardt. Meine Danziger Mission. 1960; 267 ff.
H. Rauschning. Gespräche mit Hitler. 1988; 276
N. von Below. Als Hitlers Adjutant 1937–1945. 1980

S. 34
Ohne kausale Bedeutung... P. Longerich. 1998
Nackte Häßlichkeit... A. Bullock. 1967
B. Hamann. Hitlers Wien. Lehrjahre eines Diktators. 1995

S. 35
Hitler verfaßte... M. Broszat. Die Machtergreifung. Der Aufstieg der NSDAP und die Zerstörung der Weimarer Republik. 1984; 210
Das persönlichste Schreiben... J. Fest. 1979; 710

K. Pätzold u. M. Weißbecker. Adolf Hitler. Eine politische Biographie. 1995; 109

S. 36
Es fehlten einige der schärfsten Bemerkungen... R. Breitman. Staatsgeheimnisse. 1999; 39
H. Schacht. Abrechnung mit Hitler. 1948; 32
Er lachte nur... J. Fest. 1976; 709
Ich habe die Sehnsucht... S. Goshen in: E. Jäckel u. J. Rohwer (eds.). 1985; 238
Ob Hitler tatsächlich... N. Frei. Der Führerstaat. Nationalsozialistische Herrschaft 1931–1945. 1987; 31

S. 37
Mischung von Entschlossenheit... B. J. Wendt. 1987; 147

S. 38
K. D. Erdmann. Deutschland unter der Herrschaft des Nationalsozialismus 1933–1939. 1980
Golo Mann. Zeiten und Figuren. Schriften aus vier Jahrzehnten. 1979; 413

S. 39
Außerdem durfte er... W. Maser. Der Sturm auf die Republik – Frühgeschichte der NSDAP. 1994; 282

S. 40
A. Bullock. 1989; 354
in diesen frühen Lebensjahren... I. Kershaw. 1992; 53
vielen blieb verborgen... A. Speer. 1975; 40
seinem Gesicht... A. Bullock. 1989; 354
fast krächzenden Ton... A. Speer. 1975; 98

S. 42
K. Chr. Führer. Anspruch und Realität. Die nationalsozialistische Wohnungspolitik 1933–1945. Vierteljahress. f. Zeitgeschichte. 1997; 255
Es zeigte sich... H. Mommsen. 1955
Die Bunker waren unzweckmäßig... W. Dreßen. 1997; 806
F. Halder. Hitler als Feldherr. 1949

S. 43
Aber auch die verspätete Ausstrahlung... L. Gruchmann. 1991; 33
Für diesen Krieg... M. Rauh. Geschichte des Zweiten Weltkriegs. I. Voraussetzungen. 1991; 281; 276

Die U-Bootwaffe war für den Kampf... Williamson Murray. Betrachtungen zur deutschen Strategie im Zweiten Weltkrieg. In: R.-D. Müller u. H.-E. Volkmann (eds.). 1999; 316, Fußnote 27

S. 44
K.-H. Frieser. Blitzkrieg-Legende. Der Westfeldzug 1940. 1995
Williamson Murray. 1999; 318
Trinkspruch auf die Erfolge... W. Murray. 1999; 316
Wissenschaft ist Hitler... M. Grüttner. Wissenschaft. In: W. Benz, H. Graml, H. Weiß (eds.). Enzyklopädie des Nationalsozialismus. 1997; 149f., 137
Dieses gigantische Unternehmen... H. Schustereit. Vabanque. Hitlers Angriff auf die Sowjetunion 1941 als Versuch, durch den Sieg im Osten den Westen zu bezwingen. 1988; 38

S. 45
Ähnlich wie er... M. Rauh. Geschichte des Zweiten Weltkriegs. 2. 1995; 408ff.
Die deutschen Knobelbecher... J. von Schwerin. Bewährung, Bedrängnis und Verhalten der Fronttruppe. Ein Bericht aus eigenem Erleben am Beispiel des Ostfeldzugs. In: A. Poeppel, W.-K. Prinz v. Preußen, K.-G. v. Hase (eds.). Die Soldaten der Wehrmacht. 1998; 164
Nach militärischer Rationalität... M. Rauh. Geschichte des Zweiten Weltkriegs. 3. 1998; 284

S. 46
Leute wie Hitler... M. Rauh. 1998; 283
Es setzte wieder einmal... M. Rauh. 1998; 349
Dem schier allmächtigen Führer... Chr. M. Merki. Die nationalsozialistische Tabakpolitik. VfZ. 46, 1998; 19ff.

S. 48
Albert Speer meinte Anfang Juni 1945... Ulrich Schlie (ed.). Albert Speer. »Alles, was ich weiß.« Aus unbekannten Geheimdienstprotokollen im Sommer 1945. 1999; 75

S. 49
E. Jäckel. Das deutsche Jahrhundert. 1996; 180
A. Heuß. Versagen und Verhängnis. Vom Ruin deutscher Geschichte und ihres Verständnisses. 1984; 104
F. Meinecke 1930. In: Politische Schriften und Reden (ed. G. Kotowski) 2. A. 1966

S. 50
G. Ritter. Denkschrift. W. Schulze. Deutsche Geschichtswissenschaft nach 1945. 1993; 215, 79, 78
»In ihrer Kompliziertheit...« K. D. Bracher. 1983; 155
Gerüchte und Behauptungen über Hitlers... W. Maser. 1994; 410

S. 51
Dem Herrenreiter, so Alan Bullock... R. Rosenbaum. 1999; 267ff.
Schon sein Buch... W. Ruge. Das Ende von Weimar. Monopolkapitalismus und Hitler. 1983
Pätzold u. Weißbecker. 1995; 589; 142

S. 52
ohne die NSDAP... M. Rauh. 1991; 196
G. Mann. Erinnerungen und Gedanken. Eine Jugend in Deutschland. 1986; 554f.

S. 53
Selbst dem Verband... W. Benz. Realität und Illusion. Die deutschen Juden und der Nationalsozialismus. In: Herrschaft und Gesellschaft im nationalsozialistischen Staat. 1990; 122ff.

S. 54
S. Courtois et al. Das Schwarzbuch des Kommunismus. 1998

S. 56
593000 Menschen... G. Heinsohn. Lexikon der Völkermorde. 1998.
A. Demandt. Vandalismus. Gewalt gegen Kultur. 1997
Alle Tage muß mein Dirndl... I. Kershaw. 1980; 62

S. 57
M. McLuhan. Understanding media. 1964
R. K. Merton. Invasion from Mars. 1938

S. 58
In einem 1938/39... Mira Beham. Kriegstrommeln. Medienkrieg und Politik. 1998; 57
Zigarettenpackungen... J. Dülffer a. a. O. 1992; 98

S. 60
W. Lange-Eichbaum. Genie, Irrsinn und Ruhm. 3. A. 1961
O. Bumke. Was war Hitler? Rheinischer Merkur. 40. 3. Oktober 1952

S. 61
R. Langer. Das Adolf Hitler Psychogramm. 1972
E. Fromm. Anatomie der menschlichen Destruktivität. 1977; 366 ff., 452

S. 62
A. Bullock. Hitler und Stalin. Parallele Leben. 1989; 505
Grausamkeit deutscher Märchen... B. Bettelheim. Kinder brauchen Märchen. 1980
E. Fromm. Märchen, Mythen, Träume. 1980
W. Laiblin (ed.). Märchenforschung und Tiefenpsychologie. 1969
Es führt auch kein gerader... C.-H. Mallet. Kopf ab. Gewalt im Märchen. 1985
So ein religiöser Duktus... G. Knopp. Hitler. Eine Bilanz. 1995; 180
Diesen übernahm Hitler... W. M. Johnston. The Austrian Mind. An intelluctual and social history 1848–1938. (1972) 1983
Friedrich Heer. Der Kampf um die österreichische Identität. 1981; 159 ff.

S. 63
E. Voegelin. (1938) Die politischen Religionen. (ed. P. J. Opitz) 1993
Erst die Verbindung... M. Broszat. 1969; 41

S. 64
Hermann Hesse... G. Scholdt. 1993; 175
S. Friedländer 1985; 48 f.
M. Weber. Wirtschaft und Gesellschaft 1925. Gesammelte Aufsätze zur Religionssoziologie 1. 1947

S. 65
Als beim Wahlkampf... K. D. Erdmann. 1996; 193, 186
H. Graml. Reichskristallnacht. 1988; 38, 20
H. Strohm. Die Gnosis und der Nationalsozialismus. 1997
K. Vondung. Die Apokalypse des Nationalsozialismus. In: M. Ley u.
H. Schoeps (eds.). Nationalsozialismus als politische Religion
K. Vondung. Die Apokalypse in Deutschland. 1977

S. 66
J. Köhler. Wagners Hitler. Der Prophet und sein Vollstrecker. 1997
Kaiser Wilhelm II. ...J. C. G. Röhl. Kaiser, Hof und Staat. 1987. Wilhelm
II. Die Jugend des Kaisers 1859–1888. 1993

S. 67
R. Breitmann. 1996; 259

S. 68
In der Landsberger Haft... J. Köhler. 1997; 286f., 296

S. 69
Reichskanzler gestattet grundsätzlich nicht... B. u. H. Heiber. Die Rückseite des Hakenkreuzes. 1993; 131

S. 70
Als Hitler gefragt wurde... Henriette von Schirach. Frauen um Hitler. 1983; 205
Und Mussolini gegenüber äußerte er... J. Fest. 1994; 173

S. 71
Es wird darauf aufmerksam gemacht... B. u. H. Heiber. 1993; 266

S. 72
Sein Haß war... A. Speer. 1975; 48

S. 74
E. Fromm. Anatomie. 1977; 407
Wenn das Geschwisterpaar Siegmund und Sieglinde... Christina von Braun. Antisemitische Stereotype und Sexualphantasien. In: Die Macht der Bilder. Ausstellungskatalog Jüdisches Museum Wien. 1995; 180ff.
Th. W. Adorno. Versuch über Wagner. 1974; 29

S. 75
Ich habe mir oft die Frage vorgelegt... A. Speer. 1969; 107

S. 78
Dieser Hund... F. Sauerbruch. Das war mein Leben. 1951
O. Dietrich. Zwölf Jahre mit Hitler. 1955; 225

S. 79
A. Speer. 1969

S. 80
R. Girard. Das Heilige und die Gewalt. 1992; 318
Der jahrhundertealte... J. Fest. 1996; 184

S. 81
Ellen Gibbels. Hitlers Parkinson-Syndrom. Nervenarzt. 1988. 59; 521
J. Recktenwald. Woran hat Hitler gelitten? 1963
E. Gibbels. Hitlers Parkinson-Krankheit. Zur Frage eines hirnorganischen Psychosyndroms. 1990

A. Barbeau. Parkinson's Disease: clinial features and etiopathology. In: P. J. Vinken et al. (eds.). Handbook clinical Neurology 5. 1986

S. 84
Die nicht örtlich begrenzte... W. Scheid. Lehrbuch der Neurologie. 1986
Gibbels. 1990; 1
Im März/April 1945 empfand... P. E. Schramm VIII; 170
Seine Gestalt war jetzt stark... U. Völklein (ed.). Hitlers Tod. Die letzten Tage im Führerbunker. 1998; 86

S. 85
Neuere Untersuchungen... C. J. Todes u. A. Lees. The pre-morbid personality of patients with Parkinson's disease. J. Neurol. Neurosurgery 48. 1985. Lees u. Smith. 1983
E. von Manstein. Verlorene Siege. 1955; 317
Eine störrische Art... U. Schlie. 1999; 44
In frappierendem Gegensatz... P. E. Schramm. Kriegstagebuch VIII; 1702
von Manstein. 1955; 306 ff.

S. 87
Von seinem Leibarzt... E. Gibbels. 1990; 80

S. 88
Botschafter Hewel... E. G. Schenck. Als Arzt in Hitlers Reichskanzlei. 1985; 156
Hitler entwickelte... E. Syring. Walter Hewel – Ribbentrops Mann beim »Führer«. In: R. M. Smelser u.a. (eds.). Die braune Elite 2. 1993; 160
Wie sich Baldur von Schirach... J. von Lang. Der Hitler-Junge. Baldur von Schirach, der Mann, der Deutschlands Jugend erzog. (1988) 1991; 377

S. 89
Und wäre meine ganze linke Seite... A. Joachimsthaler. Hitlers Ende. Legenden und Dokumente. 1995; 126
Das Schicksal... Lagebesprechungen von der Invasion bis zum 23. Mai 1945
Er kämpfte... E. Gibbels. 1990; 52
Presseschef Dietrich... E. Gibbels. 1990; 52

S. 90
Inkarnation... J. Fest. 1993; 17
ideelle Gleichung... G. Scholdt. Autoren über Hitler. 1993; 599

2. Kapitel

S. 93
E. R. Jaensch. Über die subjektiven Anschauungsbilder. Ber. VII. Kongr. exp. Psychol. Marburg 1921
Überblicke über die Gedächtnisforschung, die jedoch meist inzidentielle und implizite Lernvorgänge in ökologischen Situationen vernachlässigt: J. A. Robinson (ed.) Autobiographical memory. 1986. S. J. Schmidt (ed.). Gedächtnis. Probleme und Perspektiven der interdisziplinären Gedächtnisforschung. 1991. B. Albert und K.-H. Stapf (eds.). Gedächtnis. 1996
O. Kroh. Subjektive Anschauungsbilder bei Jugendlichen. 1922
V. Urbantschitsch. Über subjektive Anschauungsbilder. 1907
Die visuelle Empfindung... G. Sperling. Negative after-image without prior positive image, Science 131. 1960

S. 95
ebenso beschreibbar wie die Wahrnehmung selbst... U. Neisser. Kognitive Psychologie. 1974; 189
Ich staunte immer..., Es konnte geschehen... B. Hamann. Hitlers Wien. 1996; 100
A. Rosenberg 1995; 324
E. R. Jaensch. Die Eidetik und ihre typologische Forschungsmethode. 1927; 33.

S. 96
K. J. von Puttkamer. Die unheimliche See. Hitler und die Kriegsmarine. 1952; 11
mit seinen Detailkenntnissen... E. Kuby. Verrat auf deutsch. 1987; 80
Die Armierung... W. Bross. 1950; 190
Gerhard Engel: H. von Kotze (ed.). Heeresadjutant bei Hitler. Aufzeichnungen des Majors Engel. 1974
A. Speer. 1969; 245

S. 97
dank seines stupenden Gedächtnisses... P. E. Schramm VIII; 1710
Offiziere, die Hitler zu melden hatten... P. E. Schramm. 1963; 67
Die Luftwaffe hatte zur Besichtigung... A. Speer. 1969; 250
A. Speer 1969; 249 f.

S. 98
Zu Beginn seiner Kanzlerschaft... M. Domarus. 1988; 491
In endloser Folge... M. Domarus. 1988; 1375

S. 99
P. Schmidt. Als Statist auf diplomatischer Bühne. 1923–1945. 1949; 489
Der statistische Hitler ... M. Domarus. 1988; 1427
F. Halder. Kriegstagebuch. 1940; 22
A. Speer. 1969; 244

S. 100
Der Vorschlag, die nicht mehr ausreichende ... W. Bölcke. 1960
Ich brauche nicht mit dem Lafettenschwanz ... Lagebesprechungen beim
Führer von der Invasion bis zum 23. März 1945. In: P. E. Schramm. 1963

S. 101
E. R. Jaensch. 1927; 31 ff.
Christa Schroeder. Er war mein Chef. 1985
Es gab kaum einen Autotyp ... Heinrich Hoffmann. Hitler, wie ich ihn sah.
1974; 160

S. 102
Wir sind für die zweite Offensive ... P. E. Schramm VI; 50
Am 29. Juni 1932, im Konzertsaal ... J. Köhler. 1997; 471
H. Picker. 1965

S. 103
A. Speer. 1969; 89, 93
Wie groß ist dieser Saal? ... A. Speer. 1969; 129
Fast sämtliche Außenmaße ... A. Joachimsthaler. 1992; 36

S. 104
Bei einer Besprechung ... Vermerk M. Bormanns am 2.10.1940 IMT
XXXIX; 425 ff.
Selten ließ Hitler eine Gelegenheit ... L. Kettenacker. 1983; 277
Schon in einer seiner ersten Reden ... R. H. Phelps. Hitler als Parteiredner. VfZ 11. 1963; 247 ff.

S. 105
Hans Mommsen. 1985; 195
Noch in den siebziger Jahren ... E. Syring. 1994; 59

S. 106
Seine an sich vorhandene rasche Auffassungsgabe ... M. Rauh. 1991;
212 f.
Entscheidungen, auch über sehr wichtige Dinge ... F. Wiedemann. Der
Mann, der Feldherr werden wollte. 1964; 69

A. Speer. 1969; 316
Chr. Schroeder. 1985; 72f.

S. 107
Dem Adjutanten Günsche... E. Gibbels. 1990; 16
Ich konnte mir nicht vorstellen... E. Deuerlein. Hitler. Eine politische
Biographie. 1969; 127
Er war imstande... O. Dietrich. 1955; 165
E. Hanfstaengl. Zwischen Weißem und Braunem Haus. 1970
Hitler habe sehr aufgeregt reagiert... B. Hamann. 1996; 95

S. 108
O. Mosley 1968; 367
Dazu rief er... A. Speer. 1995; 199

S. 109
Bei der abschließenden namentlichen Abstimmung... R. Morsey. Das
Zentrum zwischen den Fronten. In: Th. Eschenburg et al. Der Weg ins
Dritte Reich. 1983; 98f.
dem Meckern der Ziegen..., Hitler stieg... G. Knopp. 1995; 147; 117

S. 110
A. Speer. 1996
Chr. Schroeder. 1985; 81f.
Als dieser den Raum verlassen hatte... D. Irving. 1989; 222
Ich kann die von Ihnen vertretene Politik... A. Dallin. Deutsche Herr-
schaft in Rußland 1941–1945. 1958; 174f.

S. 111
Im Januar 1940... Thomas Mann. Tagebücher. 31.1.1940
ein bei Fritsch vorhandenes... F. Hoßbach. Zwischen Wehrmacht und
Hitler 1934–1938. 1949; 112
Unter den Generalen des Heeres ... F. Hoßbach. 1949; 45

S. 112
Das lehnte Rundstedt ab... D. Vogel in G. R. Ueberschär (ed.). 1998;
215, 227, 230
Der Zögling des preußischen Kadettenkorps... H. Höhne. Der Orden
unter dem Totenkopf. 1967; 409, 443

S. 113
Im Polenfeldzug beschwerte sich... F. Chr. Stahl. Generaloberst Johannes
Blaskowitz. In: G. R. Ueberschär (ed.). Hitlers militärische Elite I. 1998; 23
Weil der Engländer... M. Domarus. 1988; 39

S. 114
Ich habe bei dem Besuch Schuschniggs... M. Domarus. 1998; 787

S. 116
Wenn Sie heute in die amerikanische Union kommen... E. Syring. 1994;
100 ff.

S. 117
widerwärtige italienische Typ... Heim. 1980; 246
A. Krebs. Tendenzen und Gestalten der NSDAP. 1959; 127
L. Schwerin von Krosigk. 1945
Hitler behauptete wiederholt... P. E. Schramm. 1963
offenkundig ekelte Hitler... R. Hilberg. Täter, Opfer, Zuschauer. 1992;
20
Arnold Zweig. 1980; 79

S. 118
B. Hamann. 1996; 165, 163, 118
In wenigen Jahren... Zwei weitergehende Ansätze, die Hitlers Verhalten
durch Einflüsse seines Gedächtnisses zu erklären versuchen, sollen nicht
weiter verfolgt, aber immerhin kurz angeführt werden.
Carl Gustav Jung fand in den Halluzinationen der Schizophrenen, in den
Sagen und Märchen vieler Völker, in Träumen und Phantasien stets wie-
derkehrende archetypische Bilder, die nach seiner Überzeugung dem kollektiven Unbewußten entsprangen, einem allen Menschen in unzähliger
Generationsfolge eingeprägten Ur-Gedächtnis. Die helle Figur des siegreichen blonden germanischen Kämpfers, die Hitler zeitlebens vor-
schwebte, obwohl er sie in seiner unmittelbaren Umgebung eher selten zu
Gesicht bekam, stammte wohl überhaupt nicht aus persönlicher Erfahrung, sondern eben aus dem kollektiven Unbewußten. Es handelt sich um
den in vielen Sagen bei ganz unterschiedlichen Völkern auftretenden
Helden-Archetyp.
Hitlers Judenbild trug Züge der Teufelsfigur, die ebenfalls aus dem kollektiven Unbewußten stammt, oder, als Schatten oder Hintergänger, verdrängte Anteile des eigenen Wesens verrät.
Friedrich Heer sah Hitlers »wütenden Tschechenhaß« als den Ausdruck
eines »bäuerlichen Gedächtnisses«, in das er durch seine Vorfahren ein-
gebunden war, die sich als zinspflichtige Kleinbauern des niederösterreichischen Stifts Zwettl noch nach Generationen an die schrecklichen
Hussiten-Einfälle im Frühjahr 1422 und an spätere Bedrohungen und
Brandschatzungen tschechischer Eindringlinge in den folgenden Jahrhunderten kollektiv erinnerten.
Auch Hitlers konstitutionelle Unaufrichtigkeit wurde von Heer als kollektive Prägung und Gedächtnis-Leistung gedeutet.»Der Österreicher hat

461

eine verdeckte Seele: Er deckt sich nicht auf, er sagt nicht, was er wirklich denkt, glaubt, fühlt über die ersten und die letzten Dinge in Gott, Staat, in seiner eigenen Seele.« Das Gespaltene und Zerrissene (man wisse nie, wie man mit Österreichern dran sei, bemängelten deutsche Gäste) hänge mit der kollektiven Erinnerung an eine jahrhundertealte habsburgische Unterdrückungerfahrung zusammen, mit einer »Erbschaft der Situation des Geheimnisprotestantismus im 17. und 18. Jahrhundert«. Sollten auch in Hitlers Untaten altösterreichische Reminiszenzen hineingespielt haben? Er wollte die Juden mit Kähnen die Donau hinunter über das Schwarze Meer in die Pripjet-Sümpfe transportieren lassen. Dieser Deportationsweg besaß Tradition. Schon Maria Theresia ließ ihre protestantischen Untertanen, die sich der Gegenreformation widersetzten, in Kähne verfrachten und donauabwärts nach Siebenbürgen bringen. Waren Hitlers Ideen von der Judendeportation eine ideele Wiederbelebung der uralten, schon in dem Alten Testament und bei Homer belegten Politik der Verdrängung, der Aussiedlung und Verschleppung von Völkern, die in der österreichischen Literatur (Grillparzer. Ein Bruderzwist in Habsburg. 2. Aufzug) einen zu Herzen gehenden poetischen Widerhall gefunden hat?

Und zwanzigtausend wandern flüchtig aus?

Mit Weib und Kind?

Die Nächte sind schon kühl.

Selbst die Forderung nach Konzentrationslagern, deren Einrichtung Hitler angeblich den Briten abgeschaut hat, steht, so Heer, in schlechter alldeutscher Tradition. Schönerer stellte im Abgeordnetenhaus am 18. Mai 1887 den Antrag, Strafkolonien in Bosnien und der Herzegowina zu errichten, in die »Presselügner und Ehrabschneider« eingeliefert werden sollten.

S. 120
Das Ganze kommt mir... G. Scholdt. 1993; 349

S. 121
A. Speer. 1969
E. R. Jaensch. Über Eidetik und typologische Forschungsmethode Z. Psychol. 102. 1927; 35 ff.
H. R. Trevor-Roper ist überzeugt... R. Rosenbaum 1999; 242 ff.
A. Speer. Spandauer Tagebücher. 1975; 133

S. 123
A. R. Lurija. Ein kleines Büchlein über ein großes Gedächtnis. Der Verstand eines Mnemonisten. (russ. 1968) 1992; 151
Jedes Geräusch, jeder Blick... O. Sacks Vorwort zu A. Lurija. 1992; 14 f.
Man hat mich immer kalter Nefesch... A. Lurija. 1992; 244

S. 127
Ein einziges Mal... S. Friedländer. 1985; 47
A. Bullock. 1989

S. 128
R. Diels. Lucifer ante portas. 1950; 76
Am 1. Juli 1934 fuhr ich... O. Gritschneder. Der Führer hat Sie zum Tode
verurteilt. Hitlers»Röhm-Putsch«-Morde vor Gericht. 1993; 25

S. 129
Diese Schweine haben mir... O. Gritschneder. 1993; 143
als wäre nichts geschehen... J. Köhler. 1997; 330
urteilte Albert Speer... U. Schlie. 1999; 29
Dazu sind die Leute auch da... D. Irving. Hitlers Krieg. Die Siege
1939–1942. 1983; 105
Ich habe sechs SS-Divisionen... H. Picker. 1998; 80

S. 130
Am 23. Januar 1943... I. Fetscher. Joseph Goebbels im Berliner Sportpa-
last 1943.»Wollt ihr den totalen Krieg?« 1998; 37
Was ist schon das Leben... H. Picker. 1989; 27, 32
A. Stahlberg. Die verdammte Pflicht. 1987; 278

S. 131
A. Speer. 1969; 259
A. Speer. 1969; 301
A. Speer. 1969; 312.
Er besuchte keine einzige... I. Kershaw. 1992; 210f.

S. 132
A. Speer. 1981; 422
Es ist Krieg... H. von Schirach. 1983; 249
Sie wollen wohl weichwerden... R. Breitman. 1996; 219f.
Hoffentlich stürzt er ins Meer... M. Overesch. 1983; 175
G. Engel. 1974

S. 133
L. Riefenstahl. 1987
S. Hedin. Ohne Auftrag in Berlin. 1949; 53
An ihm prallte alles... P. E. Schramm. 1961–65 VIII; 1714
E. Fromm. 1977; 465, 457

S. 134
A. Speer. 1969

Seine Mitarbeiter behandelte er mehr oder weniger wesenlos... U. Schlie.
1999; 25
H. Guderian. Erinnerungen eines Soldaten. 1951
F. Hoßbach. 1949; 22f.
L. Jodl. 1958

S. 135
E. von Manstein. Verlorene Siege. 1955; 314f.
J. Streicher. IMT XII; 340

S. 136
Hier mischten sich wohl... Irgendwie erinnern Hitlers makabre Vorlieben
auch an die Freude der italienischen Mafia-Bosse an aufwendigen Beer-
digungen, die in Sizilien mit goldverzierten Totenwagen, die von zwölf
Rappen gezogen werden, in den USA mit einer Flotte schwarzer Cadil-
lacs begangen werden.

S. 138
Gespenstischer Höhepunkt... N. Frei. 1987; 1021
um bei den mit Hakenkreuzfahnen... M. Domarus. 1988; 55
Hitler setzte jedoch durch... M. Domarus. 1988; 768

S. 139
Kurzer stummer Zwiesprache... M. Domarus. 1988; 1417
vor Ergriffenheit mehrfach unterbrechen... M. Overesch. 1982; 245
Hitler schritt durch den Mittelgang... M. Domarus. 1988; 1883

S. 140
Armer, armer Adolf... A. Bullock. 1989; 778f.
Noch mit achtzehn... A. Lurija. 1992; 244

S. 141
In seinen Ansprachen... M. Domarus. 1988; 6

S. 142
S. Haffner. 1978

S. 143
E. v. Manstein. 1965; 579f.
Abhängigkeit von der Disposition des Publikums... M. Broszat. 1969; 41

S. 144
Schon in seiner Wiener Zeit..., A. Kubizek. Adolf Hitler, Mein Jugendfreund. 1953

Der Führer bemerkte… B. u. H. Heiber (eds.). Die Rückseite des Hakenkreuzes. 1993; 203
A. Speer. 1975; 503

S. 145
Ein grüner Hund… J. von Lang. Der Hitler-Junge. 1991; 330
E. Nolte. Streitpunkte. Heutige und künftige Kontroversen um den Nationalsozialismus. 1993; 85, 400 f.

S. 146
Kenntlich sind sie dadurch… Richtlinien für das Verhalten der Truppe in Rußland vom Armeeoberkommando 17 vom 4.6.1941. H.-A. Jacobsen. 1967; 187
architektonisch schöne Auffassung… B. u. H. Heiber. 1993; 83
R. Kempner. 1969

S. 147
Rosenberg… H.-G. Seraphim. 1956; 149
O. Strasser 1948; 90

S. 149
H. Schacht. 1953; 47
A. Lurija. 1992; 241
Sein gesamtes politisches Leben… H. A. Turner. 1996; 53

S. 150
K. Lüdecke. I knew Hitler. 1938; 13 f.
B. Fromm. Als Hitler mir die Hand küßte. 1993; 48 f.
J. Goebbels. Michael. Ein deutsches Schicksal in Tagebuchblättern. 1936; 103

S. 151
Du gabst uns Deine Hand und einen Blick… G. Knopp. 1998; 91 f., 96
Als er Hitler zum ersten Mal sah… D. G. Marwell. Des »Führers« Klavierspieler. In: R. Smelser, E. Syring u. R. Zitelmann. Die braune Elite II. 1993; 141
Otto Wagener. Hitler aus nächster Nähe. Aufzeichnungen eines Vertrauten, 1929–1932. Ed. H. A. Turner. 1978; 445
Solange ich in seiner Nähe weilte… K.-H. Janßen und F. Tobias. Der Sturz der Generäle. 1994; 34
R. Diels. 1950; 59

S. 152
... alle anderen nur sehr arme Würstchen... S. Neitzel. Der Bedeutungs-
wandel der Kriegsmarine im Zweiten Weltkrieg. Das militärische und politische Gewicht im Vergleich. In: R.-D. Müller u. H.-E. Volkmann (eds.).
Die Wehrmacht. 1999; 261
W. Kempowski. Haben Sie Hitler gesehen? 1974; 34
Golo Mann. 1986; 382; 512

S. 153
K. Hierl. 1954; 159f.
Er ist in der Tat... B. Sösemann.»Ein tieferer geschichtlicher Sinn aus
dem Wahnsinn«. In: Th. Nipperdey et al. (eds.). Weltbürgerkrieg der
Ideologen. Festschr. E. Nolte. 1993; 156
Der Danziger Gauleiter... M. Domarus. 1988; 52

S. 154
Ich werde hier mit Höhensonne... A. Stahlberg. 1987; 337
Louis Ferdinand Prinz von Preußen. Im Strom der Geschichte. 1983; 214
O. Mosley. 1968; 365

S. 155
Selbst mit Schamanismus... H. J. Eitner. Der Führer – Hitlers Persönlichkeit und Charakter. 1974

S. 156
Die Fähigkeiten der Geisterbeschwörung... Mircea Eliade. Schamanis-
mus und archaische Ekstasetechnik. (1956). 1979
Für diejenigen... H. A. Taylor. 1996
A. François-Ponçet. Als Botschafter in Berlin. 2. A. 1949. Schlußkapitel:
Hitler, der Besessene
Ulrich Timm. »In jener Stunde begann es« – Präkognition, Zufall oder
Vorsehung bei Adolf Hitler. Z. f. Parapsychol. u. Grenzgebiete Psychol.
1985; 142ff.

S. 157
H. Düker. Hat Jaenschs Lehre von der Eidetik noch Bedeutung? Psychol.
Beiträge 8. 1965; 257
E. R. Jaensch. 1921
W. Traxel. Kritische Untersuchungen zur Eidetik. Arch. ges. Psychol. 114

S. 158
H. Nickel. Eidetische Phänomene: Faktum oder Artefakt? In: L. Tent
(ed.). Erkennen, Wollen, Handeln. Festschr. H. Düker 80. Geburtstag.
1981; 190

L. W. Doob. Eidetic images. J. Psychol. 63
R. N. Haber. Eidetic images. Scientific American. 1969
R. N. Haber. How we remember, what we see. Scientific American. 1972
weil seine Schilderungen trotzdem naturgetreu sind... B. Hamann. Hitlers Wien. 1996; 547

S. 159
Der NSDAP eignete von Anfang an... M. Broszat. 1969; 35
Die symbolische Führerautorität... I. Kershaw. 1994; 124
Sein vornehmlich propagandistisches Verständnis... Hans Mommsen. 1994; 124
Das Bild eines schnellen... O. Bartov. From Blitzkrieg to total war. Controversial links between image and reality. In: I. Kershaw u. M. Lewin (eds.). Stalinism and Nazism. Dictatorships in comparison. 1997; 78, 160
Eigentlich habe ich die E-Stelle Rechlin... A. Kube. 1986; 332

S. 161
primär Prestigeerwägungen... B. Wegner. Vom Lebensraum zum Todesraum. Deutschlands Kriegsführung zwischen Moskau und Stalingrad. In: J. Förster. Stalingrad. Ereignis, Wirkung, Symbol. 1992; 34
H. von Kotze u. H. Krausnick. 1966; 84 f.
Diese Elitetruppe war... M. Broszat. 1966; 346

S. 162
E. Nolte. Die Krise des liberalen Systems und die faschistischen Bewegungen. 1968
A. Speer. 1969; 311
Als während der... O. Dietrich. 1955; 41
Dieser wurde dann tatsächlich... R. Hilberg. 1992; 41

S. 163
Leute, die bloß... H. Picker. 1989; 112
Eines Abends ging Hitler ins Kino... R. Olden. 1936; 45

S. 164
O. Abetz. 1951; 111
Es handelte sich um den... R. Breitman. 1996; 61

S. 165
Auch hatte die ganze... R. Breitman. 1996; 58

S. 166
G. Scholdt. 1993; 299 f.
Wer Hitler lediglich... J. Köhler. 1997; 101 f.

S. 167
K. Heiden 1936; 24
Dieser Kern von Hitlers Existenz... J. Köhler. 1997; 384
A. Speer. 1969; 233
»Meistersinger-Staat«... J. Köhler. 1997; 347

S. 168
Als Vorlage für Hitlers Entwurf... J. Köhler. 1997; 331f., 359
Die Farmer sind so verelendet... H. Heiber. 1962
O. Wagener. 1978
Eine neulich gezeigte Wochenschau... Koeppen-Vermerke 19.9.1941

S. 169
Deutschland ist... Meyer. 1976; 251f.
Bastelstube von Peenemünde... G. Engel. 1974; 19.12.1942
Nach einer... A. Speer. 1969; 377
Erst nachdem Hitler... I. Kershaw. 1992; 223
Als am 12. Juni 1944... A. Speer. 1969; 336

S. 170
K. Vondung. 1997; 44
J. Fest. 1996; 120
halb versteckt geführten Kampf... J. Petersen. Hitler – Mussolini. Die
Entstehung der Achse Berlin – Rom 1933–1936. 1973

S. 171
Von Bekundungen der Opposition... B.-J. Wendt. 1987; 72
Für ihn bestand da kein Unterschied... W. de Boor. Hitler. Eine krimi-
nalpsychologische Studie. 1985; 187
Das war eben das... G. Knopp. 1998; 97

S. 172
Man fragte sich, »wie weit...« J. von Lang. 1990; 47
M. Messerschmidt. Außenpolitik und Kriegsvorbereitung. In: W. Deist et
al. (eds.). 1995; 645ff.

S. 173
genialisches Improvisationstalent... U. von Hehl 1996; 66
H. von Schirach 1975; 208

S. 174
R. Diels. 1950; 69

S. 175
Hitler redete nur davon... U. Völklein (ed.). Hitlers Tod. Die letzten Tage im Führerbunker. 1998; 34. Zusammenfassung der Aussagen des Dieners Heinz Linge und des Adjutanten Otto Günsche durch den sowjetischen Vernehmungsoffizier Paparow aus dem Sommer 1948
Schon der Kauf eines Lotterieloses... H.-U. Thamer. Verführung und Gewalt. Deutschland 1933–1945. (1986)

S. 176
M. Messerschmidt 1950; 69
U. Adam. Judenpolitik im Dritten Reich. 1972
Geriet Hitler in Wut... A. Bullock. 1967; 358f.

S. 177
P. Schmidt 1949; 297
Über ein ähnliches Verhalten... A. Tyrell 1969; 255

S. 178
S. Delmer. Trail sinister. 1962; 154, 148

S. 179
J. Fest. Fremdheit und Nähe. Von der Gegenwart des Gewesenen. 1996; 110

S. 180
A. Speer. 1975; 336f.

S. 182
Schirach hatte für seine Hitlerjugend... G. Knopp. 1998; 120, 90, 117
M. Broszat. 1969; 39
Komposthaufen bürgerlichen Denkens... H. Buchheim. Das Dritte Reich. Grundlagen u. politische Entwicklung. 6. A. 1967; 235

S. 183
Diese These war so originell wieder nicht... A. Ritschl. 1992; 247, 255
Die Überzeugung, daß... J. Hermand. 1995; 58ff.

S. 184
Die Idee der Volksgemeinschaft... W. Wette. Ideologien, Propaganda und Innenpolitik als Voraussetzungen der Kriegspolitik des Dritten Reiches. In: W. Deist et al. (eds.). Ursachen und Voraussetzungen des Zweiten Weltkrieges. 1995; 179
Die Arbeitsbeschaffungsmaßnahmen... W. Wette. 1995; 179
Man übernahm die rote Farbe... M. Broszat. 1969; 35

S. 185
R. Höß. Kommandant in Auschwitz. 1981; 139
Sie haben selbst den Antisemitismus... B. Fromm. 1993; 151

S. 188
Die Entwicklung des »Völkischen Beobachters«... P. Weidisch. Ausstellungskatalog: München, Hauptstadt der Bewegung. 1993; 139
V. Klemperer. Lingua tertii imperii. 1960
1931 sah Udet... G. Hümmelchen in G. R. Ueberschär (ed.). 1998; 259f.

S. 189
M. Nolan. Work, gender and everyday life: reflections on continuity, normality and agency in twentieth-century Germany. In: I. Kershaw u. M. Lewin (eds.). Stalinism and Nazism. Dictatorship in comparison. 1997; 328. Ähnlich G. Aly und S. Heim. Vordenker der Vernichtung. 1993; 491, 300. Auschwitz sei nicht nur als Bruch mit der westlichen Zivilisation aufzufassen, sondern auch als »eine ihr innewohnende Möglichkeit«. Einer der Anstöße zum Holocaust sei ein Gutachten des Rechnungshofes des Deutschen Reiches vom Januar 1941 gewesen, das ergab, die Ghettos würden selbst dann jede weitere Woche Millionen an Reichsmark verschlingen, wenn die Eingesperrten lediglich Hungerrationen erhielten. Die auf den während des Krieges... H. Auerbach in W. Benz (ed.). Legenden, Lügen, Vorurteile. 1992; 185f.
J. Fest 1973; 399ff.

S. 190
Ich gehe zurück auf die Zeit... E. Klee. 1989
Er folgte bei dieser Methode... M. Domarus. 1988; 49
M. Domarus. 1988; 544

S. 191
aus katholischen Todesanzeigen... F. Heer. 1981; 420
E. Jäckel. 1981; 127
M. Broszat. 1984; 84f, 94

S. 193
Steinbruch beliebig verwertbar... F. L. Kroll. Geschichte und Politik im Weltbild Hitlers. VfZ 44. 1996; 327
Reiseleben von Gau zu Gau... M. Steinert. Hitler. 1994; 497

S. 194
Als Blutfahne wurde... Hilmar Hoffmann. »Und die Fahne führt uns in die Ewigkeit«. Propaganda im NS-Film. 1988; 33
alle historischen Verluste... J. Goebbels. Tagebücher 1998; 1477

S. 195
P. Devrient... W. Maser (ed.). Mein Schüler H. Das Tagebuch seines Lehrers Paul Devrient. 1975
Der Lebensraum ist wichtig... Lagebesprechung Januar 1944

S. 196
Kästner... G. Scholdt. 1993; 349
In einer sachlich ausgerichteten... H. Holt. 1964; 262

S. 197
Sein Dogmatismus half ihm instinktiv... I. Kershaw. 1992; 50

S. 198
H. Rauschning. 1940
Er habe nur Erfolge... M. Domarus. 1988; 63, 966, 976
Otto Strasser. Hitler und ich. (1940) 1948; 69
Ich hoffe, daß... A. Krebs. 1959; 139
M. Domarus. 1962; 63, 1008
H. Schacht. 1953; 352

S. 199
Er wünsche ein... Ernst Hanisch. Gau der guten Nerven. 1997; 14
Denn immer wieder waren... Joachim Radkau. Das Zeitalter der Nervosität. Deutschland zwischen Bismarck und Hitler. 1998; 395 ff., 60 ff., 40

S. 200
Er war ein Kerl... M. Funke. 1989; 301

S. 201
E. R. Jaensch. 1921

S. 202
H. Weinrich. Lethe. Kunst und Kritik des Vergessens. 1997; 23 f.

S. 203
Am 6. November 1933... M. Overesch. 1982; 97
Doch bereitet diese Begabung... H. Weinrich. 1997; 136 f.

S. 204
Im Detail oft treffsicher... M. Messerschmidt. 1995; 755
Die uns bei Hitler... H. Mommsen. 1991; 94

S. 205
Peter Rassow... Winfried Schulze. 1993; 74, 64

S. 206
Er hatte seine Karriere... Gisèle Freund. 1979; 130

S. 207
Golo Mann. 1986; 142
Katia Mann. Meine ungeschriebenen Memoiren. 1974; 90

S. 208
Ein Vogel... Katia Mann. 1974; 72
Katia Mann. 1974; 90

S. 209
Thomas Mann zeigte... Die Darstellung folgt dem Psychogramm Hermann Kurzkes. Thomas Mann. Das Leben als Kunstwerk. 1999.
Thomas Manns Tagebuchaufzeichnungen... Marianne Krüll. Im Netz der Zauberer. Eine andere Geschichte der Familie Mann. 1995; 204

3. Kapitel

S. 212
Wert und Bedeutung des Buches... M. Domarus. 1988; 21
der monologischen Buchkultur der Deutschen... F. Heer. 1981; 88 ff.
Sein fanatischer Kampf... Hans Mommsen. 1987; 184

S. 213
psychologische Ausbeutung von Angst... J. Friedrich. 1995; 774

S. 214
Die Marschierer ließen... D. C. Large. Hitlers München. 1998; 234

S. 215
Ein schlecht getarnter Bandit... I. Kershaw. 1998; 602
Ideologischen Krams... J. Fest. 1996; 112
Die von der HJ inszenierte..., Diese Eliteauslese vermochte... M. Broszat. 1989; 104, 106

S. 216
Es waren Raubmorde... R. M. W. Kempner Vorwort zu J. Walk. Das Sonderrecht der Juden im Dritten Reich. 1996; IX

S. 218
Für Kinder unter zehn Jahren... J. Schelvis. Vernichtungslager Sobibor. 1998

Gewehre, Peitschen und Fäuste... St. E. Aschheim. Archetypen und der deutsch-jüdische Dialog. In: J. Heil u. R. Erb (eds.). Geschichtswissenschaft und Öffentlichkeit. 1998; 186

D. J. Goldhagen. Hitlers willige Vollstrecker. 1996

Der Holocaust war zudem ein übles europäisches Gemeinschaftsunternehmen... In allen von der Wehrmacht besetzten Ländern gab es Kollaboration, auch bei der Judenhatz und beim Holocaust, allerdings in durchaus verschiedenem Umfang. Fast vorbildlich verhielten sich die Dänen, die ihren jüdischen Mitbürgern halfen, sich mit Booten über die Meerenge in das nahe Schweden zu retten, wo sie vor den Schergen sicher waren. Ein deutscher Diplomat hatte die Deportationspläne kurz vor dem Abtransport dänischen Freunden verraten. Auch in Italien verliefen die antisemitischen Verbrechen verhältnismäßig glimpflich. Zwar wurden von den Faschisten bis zum Sommer 1944 Tausende von Opfern gejagt und in das zentrale Sammellager in Fossoli di Capri (Modena) getrieben, aber die von der italienischen Armee besetzten Gebiete auf dem Balkan und in Südfrankreich erwiesen sich geradezu als Rettungsinseln, auf die sich Juden aus den angrenzenden Regionen, in denen sie erbarmungslos ermordet wurden, flüchten konnten. Die Italiener schützten die »Ebrei« aus einer Reihe von Gründen. Einmal gab es keinen besonders aggressiven Antisemitismus, weil man die sephardischen Juden als verwandte mediterrane Rasse empfand und ein nennenswerter Zuzug von besitzlosen Ostjuden nicht vorkam. Neben einer edlen Humanität bestand zudem das Bestreben, die Abneigung gegen die Deutschen auszudrücken, und, je mehr sich das Kriegsglück wendete, durch Judenfreundschaft sich auf die Seite der Sieger zu schlagen.

In Frankreich und in den Niederlanden, die nach dem Krieg glauben machen wollten, das gesamte Volk sei sich im Widerstand gegen die Nazis einig gewesen, ging in vielen Fällen die Kooperation der Polizei beim Zusammentreiben der Juden über das unbedingt Nötige hinaus, auch hier gab es also, wenn man so will, willige Vollstrecker.

Extremen Mordeifer zeigten die Ustascha in Kroatien, Marschall Antonescu in Rumänien und, gleich nach dem Einmarsch der Wehrmacht rechtsgerichtete Milizen im Baltikum, die ihren Haß gegen die eben vertriebene grausame Okkupationsmacht Sowjet-Rußland an den Juden austobten, die sie als Komplizen ihrer Unterdrücker ansahen. Hierin wurden sie von den deutschen Besatzungsbehörden bestärkt, und so war es der SS und der Polizei ein leichtes, sie zu Pogromen anzustiften. In Kaunas (Litauen) beobachtete ein deutscher Oberst, wie bedauernswerte Juden auf offener Straße in einer Art Volksfest mit dem Knüppel erschlagen wurden. »Als das letzte Opfer ermordet war, bestieg der Mörder den aus Leichen gebildeten Hügel, um dann auf einer Ziehharmonika die litauische Nationalhymne zu spielen. Die Umstehenden stimmten bald ein und empfanden dies offenbar als einen erhebenden Moment.« (K. Stang. 1999; 858)

Das 2. Bataillon der Litauischen Schutzmannschaften tat sich – unter deutschem Kommando – auch später in Weißrußland durch unbeschreibliche Brutaliät bei Massakern an Juden und Partisanen hervor. Der rumänische Diktator Antonescu war ein enger Vertrauter Hitlers, der ihn bei seinen Deutschlandbesuchen im Jahre 1941 schon früh ins Vertrauen zog und ihm sowohl seine Pläne zum Überfall auf die Sowjetunion als auch die zum Holocaust verriet. Die rumänischen Streitkräfte veranstalteten dann in der Anfangsphase des Ostfeldzugs aus eigener Initiative schreckliche Massaker an Juden in Transnistrien, Bessarabien und der westlichen Ukraine. Bei dem an fortgeschrittener Syphilis leidenden Kavallerieoffizier Antonescu ist neben dem traditionellen Antisemitismus auch ein persönliches Motiv für das Wüten zu vermuten. Juden waren in seinem Weltbild ebenso wie jene verkommenen Frauen, bei denen er sich angesteckt hatte, verdorben, korrupt, unrein, in ihrer Gier am Niedergang seines edlen Vaterlandes schuld, so daß eine»Reinigung des Bodens«, wie seine Verbrechen offiziell bezeichnet wurden, ihm als patriotische Tat vorkam. Bei Antonescu dürfte also eine Motivation tatsächlich vorgelegen haben, die Simon Wiesenthal, wohl zu Unrecht, bei Hitler vermutete. Die Masse der in Rumänien selbst beheimateten Juden lieferte Antonescu allerdings in der Endphase des Krieges nicht an Eichmann aus, so daß diese, im Gegensatz zu den ungarischen Juden, den Krieg meistens überlebten.

Eine besonders tragische Form der Kollaboration ist bei den Wachen des Vernichtungslagers Sobibor überliefert, Kriegsgefangenen aus den Reihen der Roten Armee, die sich als Hilfswillige (»Hiwis«) den Deutschen zur Verfügung gestellt hatten und als»Ukrainer« galten, obwohl sie nicht alle aus diesem Teil der Sowjetunion stammten. Bei einem Ausbruchsversuch gelang es einem Trupp sowjetischer Soldaten zusammen mit einigen jüdischen Funktionshäftlingen, die eine Zeitlang zu Lagerarbeiten herangezogen wurden, ehe sie dann, wie alle anderen, vergast werden sollten, einige Wachen im Lager zu überrumpeln, ihnen die Waffen abzunehmen, das Waffenmagazin zu erobern und so das Lagertor zu durchbrechen. Die Russen riefen ihren Kameraden zu, die auf den Wachtürmen Dienst schoben, sie sollten sich dem Ausbruch anschließen und mit ihnen gemeinsam in den Wäldern verschwinden. Diese aber blieben der einmal übernommenen schrecklichen Aufgabe treu und verfeuerten ihre zehn Schuß Munition – mehr wurde ihnen von der SS aus Sicherheitsgründen, schließlich handelte es sich um sowjetische Untermenschen, nicht zugestanden – auf die Ausbrecher und richteten auf dem deckungslosen Schußfeld vor dem Lager ein Blutbad an.

F. W. Seidler. Die Kollaboration 1939–1945. 1995. M. Michaelis. The Holocaust in Italy: areas of inquiry. In: M. Berenbaum u. A. J. Peck (eds.). The Holocaust and History. a. a. O. 1998; 284. G. Meershoer. The Amsterdam Police and the persecution of Jews. J. Ancel. Antonescu and the

Jews. a. a. O. 1998; 463. R. I. Brahan. The Holocaust in Hungary. a. a. O. 1998; 421
K. Stang. Hilfspolizisten und Soldaten. Das 2./12. litauische Schutzmannschaftsbataillon in Kaunas und Weißrußland. In: R.-D. Müller und H.-E. Volkmann (eds.). Die Wehrmacht. Mythos und Realität. 1999

S. 220
Nur in Ausnahmefällen... W. Dreßen. Kriegsgerichtsbarkeitsbefehl. In: W. Benz, H. Graml, H. Weiß (eds.). Enzyklopädie des Nationalsozialismus. 1997; 556
Die menschlichen Motivationen... A. H. Maslow. Motivation and personality. 1954
die germanische Mutter... R. Binion. ... daß ihr mich gefunden habt. 1978
Hitlers »Stillkomplex«... H.-U. Thamer. 1998; 87

S. 222
Seine Landsberger Festungszeit... E. G. Schenck. Patient Hitler. 1989
In Erinnerung an seine Hungerjahre... H. Picker. 1989; 443

S. 223
Die kleinste deutsche Frau..., eine restlos verunglückte Leber-Eier-Flammeri-Geschichte... H. Picker. 1989; 238, 273
Als Beispiel führte er das Pferd... Chr. Schroeder. 1985; 180f.

S. 225
Der archaische Kampf ums tägliche Brot... R.-D. Müller in: W. Michalka. 1989

S. 226
Bereits 1922 war er davon überzeugt gewesen... R.-D. Müller. Die Konsequenzen der »Volksgemeinschaft«: Ernährung, Ausbeutung und Vernichtung. In: W. Michalka. 1989; 243

S. 227
die Qualität eines weltgeschichtlichen Prinzips... F.-L. Kroll. Utopie als Ideologie. Geschichtsdenken und politisches Handeln im Dritten Reich. 1998; 62f.
In einer langen Reichstagsrede... M. Domarus. 1988; 584

S. 228
Gewinn von Lebensmitteln ... B.-J. Wendt. 1995; 447
Wir kommen ohne Plan nicht aus... R. Zitelmann. Zur Begründung des

»Lebensraum«-Motivs in Hitlers Weltanschauung. In: W. Michalka. 1989; 551 ff.
Meine Herren, ich muß Sie bitten... IMT XXIX; 502

S. 229
Nur durch den Zugriff... R.-D. Müller. 1989; 244 f.
Führer wünscht, daß..., Der Führer klagt... W. Bölcke. 1960
Deutschland mußte nämlich kapitulieren... B. Stegemann. 1979; 17
Mein Kampf. 1932; 277

S. 230
Es gab Butter, Brot, Bier... H. Mogharedh-Abed. Rassenhygiene/Eugenik. Ideologische Prädisposition und Handlungsmotivation zum Genozid. In: W. Michalka (ed.). 1989; 800
Verpflegung im Führerheim ausgezeichnet... G. Schoenberner. Zeugen sagen aus. Berichte und Dokumente über die Judenverfolgung im »Dritten Reich«. 1998; 268
Die Nahrungsverteilung... R.-D. Müller. 1989; 243
Auf der Erntedankkundgebung am 4. Okt. 1942... M. Domarus. 1988; 1925

S. 231
Verpflegt werden sollten... J. Osterloh. »Hier handelt es sich um die Vernichtung einer Weltanschauung...« Die Wehrmacht und die Behandlung der sowjetischen Gefangenen in Deutschland. In: R.-D. Müller u. H.-E. Volkmann (eds.). Die Wehrmacht. 1999; 792
rassistische Ernährungshierarchie... Chr. Dieckmann. Der Krieg und die Ermordung der litauischen Juden. In: U. Herbert (ed.). Nationalsozialistische Vernichtungspolitik 1939–1945. 1998; 318 f.
Verpflegung der Rotspanier... W. Bölcke. 1960
Das Regime kontrolliert in der Regel... St. Courtois. Das Schwarzbuch des Kommunismus. 1998; 21

S. 232
Der Zusammenbruch im Nachschub... R. G. Reuth. Fußnote zu den Goebbels-Tagebüchern. 1992; 1690

S. 233
Hungerpolitik unglaublichen Ausmaßes... Ch. Dieckmann 1998; 310
Nichtarbeitende Kriegsgefangene... R. Peter. General der Infanterie Georg Thomas. In: G. R. Ueberschär (ed.). 1998, 256

S. 234
sah er das Reich... E. Klink. 1991; 281

Zwar waren Antisemitismus... Chr. Gerlach. Deutsche Wirtschaftspolitik und der Mord an den Juden in Weißrußland 1941–1943. In: U. Herbert (ed.). 1998; 289
Im Herbst 1941 erkannte er nämlich... Chr. Gerlach. Krieg, Ernährung, Völkermord. 1998

S. 235
Ich möchte auch noch... G. Schoenberner. 1998; 284
P. Longerich. 1998; 477
Auch die Euthanasie... H. Faulstich. 1998

4. Kapitel

S. 237
M. Mead. Sex and temperament in primitive societies. 1935
M. Mead. Male and female. 1949
E. Shorter. Die Geburt der modernen Familie. (1975) 1977
U. Benz (ed.). Frauen im Nationalsozialismus. Dokumente und Zeugnisse. 1993; 57
M. H. Kater. Frauen in der NS-Bewegung. VfZ. 31. 1983; 202 ff.

S. 239
Der in neue Gefühlsbereiche... G. Misch. Geschichte der Autobiographie. 1952 ff.
Der besondere erotische Geschmack der Florentiner... M. Rocke. Forbidden friendship. Homosexuality and male culture in Renaissance Florence. 1996; 3

S. 240
Talented and formidable women... G. Craig. The Germans. 1982; 150
Die romantische Freundschaft... H. P. Hermann. Machtphantasie Deutschland. Nationalismus, Männlichkeit und Fremdenhaß im Vaterlandsdiskurs deutscher Schriftsteller des 18. Jahrhunderts. 1996; 161 ff.
Bei der preußisch-deutschen Nationsbildung... Ute Frevert. Das jakobinische Modell: Allgemeine Wehrpflicht und Nationsbildung in Preußen-Deutschland. Das Militär als »Schule der Männlichkeit«. Erwartungen, Angebote, Erfahrungen im 19. Jh. In: Ute Frevert (ed.). Militär und Gesellschaft im 19. u. 20. Jh. 1997; 17 ff., 167

S. 244
Patroklos' extrem ausgestellte Hüfte..., David zeigte den sterbenden...
homosoziale Gemeinschaften... Beate Söntgen. FAZ 9.3.1998

S. 245
Beethoven... E. u. R. Sterba. Ludwig van Beethoven und sein Neffe.
Tragödie eines Genies. 1964
Die Anziehungskraft... K. H. Pruys. Die Liebkosungen des Tigers. Eine
erotische Goethe-Biographie. 1997; 178

S. 246
Erst in einer späteren Fassung... K. H. Pruys. 1997; 81
Wandel in der typologischen Behandlung..., Die impressionistischen
Frauengestalten..., Das ideologische Leitbild... der frivole Verführer...,
An Stelle der westlichen... R. Hamann u. J. Hermand. Stilkunst um 1900.
(1959) 1977; 156ff.

S. 247
mutwillig Preisgabe... Das Gewehr bäumte sich... Hans Mommsen.
Militär und zivile Militarisierung in Deutschland. In: Ute Frevert (ed.).
Militär u. Gesellschaft im 19. u. 20 Jh. 1997; 271

S. 248
Die selbstlose Bergung des verwundeten Kameraden... Th. Kühne. Grup-
penkohäsion und Kameradschaftsmythos in der Wehrmacht. In: R.-D.
Müller u. H.-E. Volkmann (eds.). Die Wehrmacht. 1999; 539
Typisch männerbündlerische Verhaltensmuster..., Die gesellschaftliche..., Der jugendliche Kaiser... N. Sombart. Die deutschen Männer und
ihre Feinde. Carl Schmitt – ein deutsches Schicksal zwischen Männerbund und Matriarchatsmythos. 1997; 52f.

S. 249
Das Coming-out der Homosexuellen... U. Geuter. Homosexualität in der
deutschen Jugendbewegung. Jugendfreundschaft und Sexualität im Dis-
kurs von Jugendbewegung, Psychoanalyse und Jugendpsychologie am Beginn des 20. Jahrhunderts. 1994; 19
Natürlich stand der Kaiser... N. Sombart. 1997; 53
Eine sehr persönliche Beziehung..., trivial, sentimental... U. Geuter.
1994; 198

S. 250
Obwohl sie sich auf beide..., die theosophische Reformidee... R. Hamann u. J. Hermand. 1977; 164

S. 253
herzlich lachend... J. Köhler. 1997; 265

S. 258
Er wollte das Opfer... B. R. Kroener. »Nun, Volk, steh auf...!« Staling-
rad und der totale Krieg. In: J. Förster. Stalingrad. 1992; 157f.
G. Scholdt. 1993; 102

S. 262
Mein Wagen wurde umringt... Heim. 13. März 1944
der deutschen Nation... E. Syring. 1944; 227

S. 263
athletischen Heroismus..., Der idealisierende... H. Höhne. Gebt mir vier
Jahre Zeit. Hitler und die Anfänge des Dritten Reiches. 1996; 438, 440
einer der begeistersten Besucher... U. Schlie (ed.). 1999; 58

S. 264
Als ich einmal beim Kanzler... H. Höhne. 1996; 447
E. M. Butler. 1935
S. L. Marchand. 1996

S. 266
Golo Mann. 1986; 132ff., 128

S. 267
Zweifellos hat Winckelmanns Homosexualität... Hier wird der männliche Körper... G. L. Mosse. Das Bild des Mannes. Zur Konstruktion der
modernen Männlichkeit. 1997; 48, 104, 46
Brekers Skulpturen... G. L. Mosse. 1997; 225, 221

S. 269f.
Männerkörper..., Die Turner trugen..., Doch bedurfte es..., Der Nationalsozialismus... G. L. Mosse. 1997; 210, 62, 224, 228

S. 273
Judith Grünfeld in: P. Longerich (ed.). Die Erste Republik. 1992; 235
Meine entschiedendsten Anhänger... E. Hanfstaengl. 1970; 97

S. 274
Eleonore Baur... H.-G. Richardi. Hitler und seine Hintermänner. Neue
Fakten zur Frühgeschichte der NSDAP. 1991
1936 entschied Hitler... U. Frevert. Frauen. In: W. Benz et al. (eds.). Ezy-
klopädie des Nationalsozialismus. 1997; 230

Die Reichsfrauenführerin... J. Stephenson. Gertrud Scholtz-Klink – Die NS-Musterfrau. In: S. Smelser et al. (eds.). Die braune Elite II. 1993; 227
auf optimales Gebären... J. Dülffer. 1992; 228
mit wachsender Beredsamkeit... U. Frevert. 1997; 220f.
Nach dem Wunsch des Führers... Klampfer. 1998; 343

S. 275
Zu Ihrer Unterrichtung... G. u. H. Heiber. 1993; 208
Von organisierten Frauen hielt Hitler nichts... H. von Schirach. 1987; 8
Die deutsche Wandervogel-Bewegung... U. Geuter. 1994; 71
Was das vergangene System... H. Picker. 1989; 367

S. 278
Sie, Herr von Schirach, das ist... B. von Schirach. 1967; 289

S. 279
Der Spießer... H. Picker. 1989; 235
Eine Frau will einen Mann... G. Engel. 1974; 51

S. 281
Lando Feretti... G. L. Mosse. 1997; 209
Die Tänze der Wandervögel... U. Geuter. 1994; 25, 213

S. 283
Daß er sie durch den Hinweis..., Am schlimmsten sind die Malweiber...,
Es gibt auch Frauen... H. Picker. 1989; 205f., 117

S. 284
In ländlichen Zuchtgemeinschaften... P. Weingart, J. Kroll u. K. Bagertz.
Rasse, Blut und Gene. 1992; 34
Er unterstützte... H. Picker. 1989; 288

S. 286
Bei einem Ausflug... B. Hamann. 1996; 522
Hitler begrüßte, daß sich der... H. Picker. 1989; 235

S. 289
Ich erwischte sie auf der Treppe... Jonathan Steinberg. Deutsche, Italiener und Juden. Der italienische Widerstand gegen den Holocaust. 1992; 234
Hitler beachtete diese Regel... A. Speer. 1969; 144
R. Diels. 1950; 78f.

S. 291
Einmal wurde ich durch Funk..., trotz meines hektischen... G. Sereny.
1995; 145
Besondere Förderung... H. von Schirach. 1983; 30

S. 292
Sie hatte zwei klare Augen... H. Picker. 1989; 91 f.
häßlichste Mann der Welt... Beleidigung der Menschheit... G. Scholdt.
1993; 199, 201

S. 293
Hitler war einer der ersten Rockstars... G. Scholdt. 1993; 339
Und Elvis war zeitweilig... K. Theweleit. Buch der Könige. Recording angels' mysteries. 1994; 223
erstaunt überrascht vom Blau... M. Domarus. 1988; 565

S. 294
Wie soll ein ungebildeter... R. Safranski. Ein Meister aus Deutschland.
Heidegger und seine Zeit. 1997; 264
C. J. Burckhardt. 1960; 97

S. 295
die in ihrer schlanken grazilen Art... H. Picker. 1989; 142

S. 296
Er schwärmte auch für Tänzerinnen... Hans-Ulrich Thamer (Verführung
und Gewalt. 1998; 516) erwähnte in einer Bildunterschrift, Hitler habe
in seiner Münchner Privatwohnung am Prinzregentenplatz »in einer besonderen Urkundenmappe Photos von Frauen, für die er schwärmte –
meist Filmschauspielerinnen, Tänzerinnen und Sportlerinnen« – ver-
wahrt. Unter den so Angeschmachteten hätten sich Grete Theimer, »für
Hitler das ›Weaner Tschapperl‹« und die Kunsttänzerinnen Inge und Lola
Eppe befunden. Dagegen sei der offiziell propagierte »zopfgeschmückte
Frauentyp« offensichtlich nicht Hitlers Sache gewesen.
Die Gäste verabschiedeten sich... H. von Schirach. 1987; 244 f.

S. 298
Wir saßen da und die Stunden... Chr. Schroeder. 1985
Es war dunkel... L. Riefenstahl. Memoiren 1902–1945. 1990; 160

S. 299
Ich hatte den Eindruck... L. Riefenstahl. 1990; 214
Wir begriffen sogleich... B. Hamann. 1996; 514

S. 300
Die Wohnung war mit Ilexsträußen... H. von Schirach. 1983; 247 f.
schlang ihm die Arme um den Hals... L. Schwerin von Krosigk. Memoiren. 1977; 173

S. 301
H. Picker. 1989; 9
Nach dem Kriege wurden... H. Ulshöfer (ed.). Liebesbriefe an Adolf Hitler – Briefe in den Tod. 1994
Er wirkte bescheiden... J. Toland. 1983; 435

S. 302
Gretl Slezak war nach... Chr. Schroeder. 1983; 160 f.
Mei Mudder mecht scho... Friedelind Wagner. Nacht über Bayreuth. Die Geschichte der Enkelin Richard Wagners. 1994
Er glaubte zu wissen... A. Speer. 1969; 106

S. 303
Vor jedem Essen und vor jeder Besprechung... H. Picker. 1989; 25
A. Stahlberg. 1987; 362
M. Dahlerus. 1988
Ich hätte Hitler keinen Kuß... A. Joachimsthaler. 1995; 461

S. 304
Seinen Diener wies Hitler an..., Beinahe makaber deutlich... E. G. Schenck. 1989; 216, 217

S. 305
Eine Wette hat er gemacht, der Adi... D. Güstrow. Tödlicher Alltag. Strafverteidiger im Dritten Reich. 1984; 112, 120

S. 306
Gesprochen habe ich sie nie... H. von Schirach. 1983; 25

S. 308
R. Diels. 1950; 60

S. 309
Mit Recht konnte sich Emil Maurice... Anna Maria Sigmund. Die Frauen der Nazis. 1998; 138, 142
pietätvoll zu bestatten..., Die propagandistische Verwertung... A. M. Sigmund. 1998; 154, 156
Allerdings versäumte er nicht... A. Frauenfeld. 1962

S. 310
In Gelis Zimmer... H. von Schirach. 1987; 68
H. Picker. 1989; 26
Wenn die Partei... J. Goebbels. Vom Kaiserhof zur Reichskanzlei. 1934; 217f.
Hitler, den ich genau... Harry Graf Kessler. Tagebücher. 6. Juli 1933

S. 311
Wie sie mir sagte... Chr. Schroeder. 1985; 157f.
O. Mosley. 1968; 368

S. 312
Die prickelnde Situation... Der Wetteifer... A. M. Sigmund. 1998; 83f.
Ich liebe meinen Mann... L. Riefenstahl. 1987; 201

S. 313
Hanna, Sie gehören zu denen... A. Bullock. 1989; 779
Hitler bedrängte sie... A. Speer. 1969; 468

S. 314
N. E. Gun. Eva Braun-Hitler. 1968
Sie schilderte ihn ihrer Schwester... R. Wistrich. Wer war wer im Dritten Reich? Ein biographisches Lexikon. Anhänger, Mitläufer, Gegner aus Politik, Wirtschaft und Militär, Kunst und Wissenschaft. 1990; 40
Es ist doch klar... Heinrich Hoffmann. Hitler, wie ich ihn sah. 1974
Ich meine, Hitlers Verhältnis... A. Joachimsthaler. 1995; 447
Eva Braun... Musmanno Papers

S. 315
In den ganzen Jahren... R. Kempner. 1984; 55
A. Speer. 1969; 117f.
In ihren Tagebuchfragmenten... V. E. Pilgrim. Sie können ruhig Frau Hitler zu mir sagen... 1994; 101

S. 316
Sie war so verschüchtert... A. Speer. 1969; 106
bat Eva Adolf... V.E. Pilgrim. 1994; 98
Aus der oberen Etage... A. Stahlberg. 1987; 324

S. 317
auffallend billigen Schmuck... A. Speer. 1969; 107
die Fenster zu einem engen Hof... A. Speer. 1969; 114

S. 318
Der Tiroler Bergsteiger... W. Maser. 1992; 327
Eva verbrachte einen Großteil... E. M. Sigmund. 1998; 166
Kurz nach der Machtübernahme... R. Diels. 1950

S. 319
Einmal, als Eva Braun Ski lief... A. Speer. 1969; 106
Ich bin gekommen... Chr. Schroeder. 1985; 168

S. 320
Hitler bezeichnete... A. Joachimsthaler. 1995
Das ist das Schlimmste... H. Picker. 1989; 89

S. 321
Ehen, die nur auf sexueller Basis... H. Picker. 1989; 124
Daß eine Frau..., Eheliche Untreue... H. Picker. 1989; 68
Hitler befahl... D. Irving. 1978; 106
Die Exzesse... E. G. Schenck. 1989; 25

S. 322
S. Haffner. 1978; 22f.

S. 323
Sobald er sich in seiner Rede... Chr. Schroeder. 1985; 78f.
Orgasmus aus Schall und Wahn... W. Shirer. 1989; 81
Ein Redewasserfall... D. Griesewelle. Propaganda der Friedlosigkeit.
Eine Studie zu Hitlers Rhetorik, 1920–1933. 1972; 122

S. 324
Man kann heute sagen, was man will... S. Delmer. 1962; 288
Bei seinen Reden in Großveranstaltungen... H. Picker. 1989; 432

S. 325
R. Diels. 1950

S. 326
fast nur noch auf gestellten... M. Domarus. 1988; 773
Deutschlands Führer hatte... H. Höhne. 1996; 350

S. 327
Meine Mission ist es... H. A. Turner. Hitlers Weg zur Macht. Der Januar
1933. 1996; 104

S. 328
Massen verführt man... Heinrich Mann. 1938; 88
Endlich einmal nicht kastriert... K. Theweleit. 1980; 448
Otto Strasser. 1940; 68
Schickele verglich... G. Scholdt. 1993; 347

S. 329
An sie, die physische und geistige... Thomas Mann. 1973; 104 ff.

S. 331
selbst stärken am Anblick... M. Domarus. 1988; 1447, 1039
Hier hat Hitler... M. Domarus. 1988; 1695

S. 332
In einem Gespräch... H. Schmoeckel. Völkerrecht und Fairneß im See-
krieg. Einhaltungen und Verstöße. In: D. H. Poeppel, W.-K. Prinz v.
Preußen u. K.-G. v. Hase (eds.). Die Soldaten der Wehrmacht. 1998; 350

S. 333
Die Jodls und Keitels... J. Goebbels. Tagebücher. 28. März 1945

S. 334
Der Führer erzählt mir... J. Goebbels. Tagebücher. 20. Jan. 1942
daß mit Leningrad... P. E. Schramm. 1961–1965 II, 1030

S. 336
Radikale Vorstellungen... G. R. Ueberschär. 1991; 40
Es ist eine der sich selten... P. E. Schramm. 1961–1965 II, 1067
Er wollte nunmehr... M. Rauh. 1995; 428 ff.
Mein Gott, mein Gott... G. Sereny. 1995; 290
Nicht nur den physischen... G. Sereny. 1995; 144

S. 338
dieser Geisteskranke... H. Groscurth. Tagebücher eines Abwehroffiziers
1938–1940. 1970; 190
Urtrieb zum Kriege... Er wollte den Krieg... E. Jäckel. Das deutsche Jahr-
hundert. Eine historische Bilanz. 1996; 207, 193
Er war ein Massenmörder... Golo Mann. 1979
Hitler hat zahllose... S. Haffner. 1978
H. Rauschning. Gespräche mit Hitler (1939). 1988

S. 339
Sehen Sie, ich weiß... R. Diels. 1950; 83 f.

S. 340
Die um 1870 Geborenen..., Unbefangenheit und innere Freiheit... Charlotte Bühler. Drei Generationen im Jugendtagebuch. 1934
E. Busse-Wilson. Der Charakter des Antisemitismus. Freideutsche Jugend 7. 1921; 164 ff.
W. Stern. Die »Inversions«-Welle. Eine zeitgeschichtliche Betrachtung zur Jugendpsychologie. Z. päd. Psychol. 21
H. Blüher. Die deutsche Wandervogelbewegung als erotisches Phänomen. 1912
in der sich Verachtung... U. Geuter. 1994; 303, 297
völlig ausschließende, ja entgegengesetzte... W. Weininger. Geschlecht und Charakter. 1903; 317 f., 323

S. 341
Daß ich keine Frau genommen... Chr. Schroeder. 1985
Ich werde nie heiraten... R. Kempner. 1964; 278
Hitler sah gern schöne Frauen..., Bei den Frauen..., hatte aber auch...
Chr. Schroeder. 1985; 363, 152, 153, 156

S. 342
Die damalige Tabuzone... E. G. Schenck. 1989; 130
Hitler schätzte..., altersgemäßes Mannesleben... E. L. Schenck. 1989; 25, 130
Schmuck und Tarnung... V. E. Pilgrim. 1994

S. 343
K. Heiden. Adolf Hitler. Das Zeitalter der Verantwortungslosigkeit. Eine Biographie. 1936

S. 345
Sein Privatleben..., keine moralische Anstalt..., eine Qualität... B. Jellonek. Homosexuelle unterm Hakenkreuz. 1990; 58, 61, 86
Weder das Parteiprogramm... B. Jellonek. 1990; 51

S. 346
destruktive Elemente... H. Höhne. 1996; 279
radikale Auslöschung... B. Jellonek. 1990; 36
anstößiger Lebenswandel..., neben anderen nicht... B. Jellonek. 1990; 105, 117
Der Führer hat anliegenden... H. Heiber. 1996; 163

S. 348
Wir hielten alle an dem Ideal... T. Segev. Die Soldaten des Bösen. Zur Geschichte der KZ-Kommandanten. 1992; 146

Aufgrund eines telefonischen Anrufes... G. Grau (ed.). Homosexualität in der NS-Zeit. Dokumente einer Diskriminierung und Verfolgung. 1993; 83

S. 349
Die Schutzstaffel, als Männerbund..., Himmler reorganisierte..., Himmler und die Führung... G. Schwarz. Eine Frau an seiner Seite. Ehefrauen in der »SS-Sippengemeinschaft«. 1997; 18, 89ff., 69
Friedel-Ehe... G. Schwarz. 1997; 91

S. 350
kleine, wohlmanikürte und beinahe... H. Höhne. Der Orden unter dem Totenkopf. 1967; 32
Hans Blüher, der Erotik-Experte... U. Geuter. 1994; 90f.
Der Intendant und Choreograph... A. Sternweiler u. H. G. Hanessen. Goodbye to Berlin. 100 Jahre Schwulenbewegung. Katalog. Akademie der Künste. Berlin 1997

S. 352
Hans Deppe war... H. Pauly. 1987; 79f.

S. 353
daß sich unter den Angeklagten... Telford Taylor. Die Nürnberger Prozesse. Hintergründe, Analysen und Erkenntnisse aus heutiger Sicht. 1995; 631
H. Rauschning. 1973; 127
Niemals zuvor... G. Mosse. 1997; 203

S. 354
Homosexualität, vor allem die latente... K. Theweleit. Männerphantasien. 1980; 61
W. Reich. Massenpsychologie des Faschismus. Zur Sexualökonomie der politischen Reaktion und zur proletarischen Sexualpolitik. (1933) 1979

S. 355
So sprach sich die erste und langlebigste... G. Mosse. 1997; 195

S. 358
Die Vermischung von männlich und weiblich... S. Heschel. Sind Juden Männer? Können Frauen jüdisch sein? Die gesellschaftliche Definition des männlichen/weiblichen Körpers. In: S. L. Gilman et al. (eds.). Der schejne Jid. Das Bild des »jüdischen Körpers« in Mythos und Ritual. 1998; 86
Sybille Nikolow. Der soziale und biologische Körper der Juden. a.a.O. 1998; 45ff.

Verstümmelung der Geschlechtsteile... S. L. Gilman. »Die Rasse ist nicht
schön«. »Nein, wir Juden sind keine hübsche Rasse!« Der schöne und der
häßliche Jude. In: S. L. Gilman et al. (eds.). 1995; 168 ff.

S. 359
Die Masturbation... K. Hödl. Die Pathologisierung des jüdischen Körpers. Antisemitismus, Geschlecht und Medizin im Fin de siècle. 1997;
166
O. Weininger. 1903; 423

S. 360
Wer aus Kohle..., die jüdischen Frauen... John M. Steiner u. Jobst Fhr.
von Cornberg. VfZ 16. 1998; 143
Akt großer, verzweifelter Selbstdisziplin... J. Fest. 1973; 917
Er quälte sich aus dem Bett hoch... E. G. Schenck. 1989; 396

S. 361
Alles, was er in sich selbst haßte... M. Steinert. 1994; 195

S. 362
Die derbsinnlichen... G. Hamann. 1996; 314
unübersehbare Faszination des Grauens... J. Köhler. 1997; 302 ff.
Wo immer man... A. Hitler. Mein Kampf. 1932. 302 ff.
Metaphorischer Gynozid... B. Dijkstra. Das Böse ist eine Frau. Männliche Gewaltphantasien und die Angst vor der weiblichen Sexualität. 1999;
517 ff.

S. 367
beischlafähnliche Handlungen... M. Ley. 1997; 82, 102, 80

S. 368
Bei einem Streit... P. Hüttenberger. Die Gauleiter. Studie zum Wandel des
Machtgefüges in der NSDAP. 1969; 181

S. 370
Der Führer korrigierte... J. von Lang. 1991; 220

S. 371
F. Wiedemann. Der Mann, der Feldherr werden wollte. 1964; 60
Hitler besuchte am 22. März 1912 einen Vortrag... B. Hamann. 1996;
544

S. 373
Speer berichtete... A. Speer. Erinnerungen. 1969; 523 f.

488

Hitler identifizierte sich... H. von Schirach. Der Preis der Herrlichkeit. 1975; 239

S. 374
Nicht die Partei, sondern... B. Hamann. 1996; 394; 538

S. 375
breitangelegte Homosexuellenhatz... B. Jellonek. 1990; 62

S. 376
Alexander Mitscherlich..., Eins ist sicher... G. Sereny. 1995; 137, 168

S. 378
Dann lud er mich zu seiner Mittagstafel... A. Speer. 1969; 491
Am großen runden Tisch... A. Speer. 1969; 114
Speers Büro..., Sie sind Hitlers unglückliche Liebe... G. Sereny. 1995; 176, 190

S. 379
Der Führer ist glücklich... A. Speer. 1969; 289

S. 380
Hitler hat Goebbels sehr bewundert... G. Knopp. 1996; 49
H. Höhne 1967; 298

S. 381
Kommen Sie mit mir nach München... G. Knopp. 1998; 92f.
Gegenüber dem Weimarer Freundeskreis... J. von Lang. Der Hitler-Junge. 1991; 48

S. 382
Hitler hörte... H. von Schirach. 1975; 212
Wie denkt er sich das?... N. von Below. 1980; 340

S. 383
Warte schon sehnsuchtsvoll... B. Hamann. 1996; 63
Zwar war Gustl... I. Kershaw. Hitler. 1889–1936: Hybris. 1998; 21

S. 384
Höhepunkt der politischen Vergewaltigung... B. Hamann. 1996; 83

S. 385
Ich würde sehr gerne..., Ich hatte mir... B. Hamann. 1996; 78, 82
Hitler übernahm... B. u. H. Heiber. 1993; 101

Jeder Schritt..., Ob unsere ohnehin..., als eine widernatürliche... B. Hamann. 1996; 515

S. 386
Wie der keusche Joseph..., B. Hamann. 1996; 516
Hitler schließt sich..., Der deutlich... B. Hamann. 1996; 237, 241

S. 387
Nicht in das Zentrum... H.-U. Thamer. 1998; 82
's blüht manch warmes Freundschaftsband... D. Large. 1998; 21 f.

S. 388
Komm, Gustl... B. Hamann. 1996; 522
Phantasien über junge Soldaten..., Ans Herz des Lebens... D. Large. 1998; 30 ff.

S. 389
von seinem jüdischen Jünger... D. Large. 1998; 67

S. 390
Was Sie über Berlin schreiben... H. Klotz (ed.) Der Fall Röhm. 1932

S. 391
gewiß das obszönste... Johannes Gross. FAZ-Magazin. 18.8.1989
Die Eröffnung der Breker-Ausstellung... G. Mosse. 1997; 226

S. 392
Hitler, bald von seinem Schützling..., Hitlers Bindung an... B. Hamann. 1996; 566, 274
So etwas wie ein Vaterersatz..., Häuslers Tochter..., Häusler machte... B. Hamann. 1996; 274, 515 f., 274

S. 393
Im Februar 1919 war ich in Reichenhall... G. u. H. Heiber. 1993; 37
Wie ausgewechselt..., die dem monologisierenden Hitler... G. Knopp. 1996; 208

S. 394
Wenn Hitler deine Hand nimmt... D. Irving. 1978; 22

S. 395
Im Laufe der Zeit... E. Syring. 1993; 150 ff.
Wie ihn der Außenminister..., über den Tisch segeln..., stets aus einem Aktendeckel... H. Picker. 1989; 365, 357, 167

Es gab Späßchen..., Damit habe er dem deutschen Ansehen... H. Picker. 1989; 10.4.1942

S. 398
Die »Haberer«... Jede Lustigkeit verstand er... H. Kallenbach. Mit Adolf Hitler auf der Festung Landsberg. 1935; 112
Die jungen Mitgefangenen..., Hitler fühlte sich nicht zum weiblichen Geschlecht..., Er gab später zu... I. Kershaw. 1998; 221 ff., 235, 239

S. 399
Heß spielte dabei mehrere... G. Knopp. 1996; 214
Hitler trug einige..., Der Tribun hatte zuletzt..., Ich bin ihm ergeben... G. Knopp. 1996; 214
Andere Parteifunktionäre..., Mein Rudi, mein Hesserl... der sich wohl..., gelegentliche Bergwanderungen... G. Knopp. 1996; 216

S. 400
Fräulein Heß male... R. F. Schmidt. Rudolf Heß. »Botengang eines Toren«. Der Flug nach Großbritannien vom 10. Mai 1941. 1997; 56
legte Hitler plötzlich... G. Knopp. 1996; 217
Er kennt mich..., Heß wurde Hitlers... R. F. Schmidt. 1997; 55, 57
aus der Menge der wartenden Führer..., Er durfte weiterhin... R. F. Schmidt. 1997; 59, 85

S. 401
Unser Dank... Yvonne Karow. Deutsches Opfer. Kultische Selbstauslöschung auf den Reichsparteitagen der NSDAP. 1998; 171
Hinsichtlich des Zugrundegerichtetseins..., Es dauerte fast zehn Jahre... R. F. Schmidt. 1997; 89, 56
sehr intimes Verhältnis..., ein wenig wehmütig... R. F. Schmidt. 1997; 201 f., 292

S. 402
an einem Herbsttag... G. Knopp. 1998; 82
Göring wurde beim... A. Kube. Pour le mérite und Hakenkreuz. Hermann Göring im Dritten Reich. 1986; 72

S. 403
Sein Unmut ging so weit... A. Kube. 1986; 335

S. 404
Göring selbst lag in einer... C. J. Burckhardt. 1960; 105
Ich heirate nur auf den Wunsch..., Man hatte das Gefühl... Anna Maria Sigmund. 1998; 53 ff.

S. 405
die als zweiundzwanzigjährige ehemalige... Ich wollte überhaupt nicht...
Ich mußte wohin, wo ich... G. Sereny. 1995; 291

S. 406
ein Lebensplan zur Erreichung des... U. Geuter. 1994; 247

S. 407
der am 14. Oktober 1939 mit... M. Domarus. 1988; 1401
Mittags aßen beim Chef... H. Picker. 1989; 26. März 1942
Schmeckt Ihnn der Apfelkuchen... A. Stahlberg. 1988
Sind Sie's, Spitzy?... Dann zog er mich... R. Spitzy. 1986; 297 f.

S. 408
Hitler sah mich kurz und tief an..., Er hatte wohl auch manche... R.
Spitzy. 1986; 241
Das gewinnende Äußere..., strahlender Siegfried... im Westen kämpfen-
den... wäre ich Unternehmer... in der Gunst des Führers... J. von Lang.
1985; 131, 155, 134

S. 409
Der Oberbefehlshaber der Marine... G. Engel. 1974; 54
Dies konnte ich bejahen..., Er sah ganz offen zu mir herüber... N. von
Below. 1950; 17 ff.

S. 411
Auf einmal merkte ich... L. Rees. Die Nazis. Eine Warnung der Geschichte. 1997; 40

S. 415
war von der Jugendfrische... G. Hümmelchen. Generaloberst Hans Je-
schonnek. In: G. R. Ueberschär (ed.). 1998; 98
Im Führerhauptquartier... R. Stumpf. General der Infanterie Rudolf
Schmundt. In: G. R. Ueberschär (ed.). Hitlers militärische Elite. Bd. 2.
Vom Kriegsbeginn bis zum Weltkriegsende. 1998; 229
Wie unter anderem seine Vorliebe... A. Joachimsthaler. 1995; 446

S. 418
Nichts Schöneres geben als solche Auslese..., seit 1933 hatte er regelmäßig... nach seiner viertägigen Kreuzfahrt... M. Domarus. 1988; 560,
1144, 1128

S. 419
Hitlers Diener und Ordonnanzen... Chr. Schroeder. 1985; 46

S. 422
Ich bin durch die Ereignisse... H. Mühleisen. Generaloberst Werner Freiherr von Fritsch. In: G. R. Ueberschär (ed.). Hitlers militärische Elite
Bd. 1. 1998; 65
50 000 junge Männer... W. Shirer. 1989

S. 423
nicht mehr als Unterwerfung der Frauen..., in weißen Kleidern... K. Theweleit. 1980; 453
kultischer Verarbeitung..., vorrangig männliche Gesellschaft..., die marginale öffentliche... Yvonne Karow. 1998; 81 ff., 341

S. 424
Ich gebe den Frauen..., 1936 hielt er wieder... M. Domarus. 1988; 567,
531 ff.

S. 425
Hitler, so die Bildregie... Y. Karow. 1998; 165
Besonderen Spaß... Y. Karow. 1998; 24

S. 429
Balthasar Brandmayr, der Maurer... A. Joachimsthaler. 1992; 144 ff.
Verständnisvoll, teilnehmend und mitleidend... N. von Below. 1980; 417
schlicht die Aufschrift»Sepp« trug... J. J. Weingarten. Joseph»Sepp« Die-
trich. Hitlers Volksgeneral. In: R. Smelser u. E. Syring. Die militärische
Elite des Dritten Reiches. 1995; 118

S. 430
Fälle von nachsichtiger Kameraderie... Hermann Weiß. Der»schwache
Diktator« Hitler und der Führerstaat. In: W. Benz, H. Buchheim u. H.
Mommsen. Der Nationalsozialismus. Studien zu Ideologie und Herr-
schaft. Festschr. H. Graml. 1993; 71

S. 431
ein weißes Dinnerjacket..., nach Auflösung der Verlobung... Chr.
Schroeder. 1985; 58, 320
Als Hitler-Adjutant Darges... G. Knopp. 1995; 152

S. 432
Anzüge gestohlen worden seien... B. u. H. Heiber. 1993; 85
Wegen dessen ausgesprochener... Hermann Weiß. 1993; 72 f.
Ein schwankendes Brett... H. Picker. 1989; 357

S. 433
Besondere Freude... A. Speer. 1969
Einen noch herzloseren Streich... A. Speer. 1975; 265

S. 435
Die Hinrichtung durch Erhängen... Peter Hoffmann. Widerstand, Staatsstreich, Attentat. Der Kampf der Opposition gegen Hitler. 1985; 649f.

S. 436
Als Fegelein das Ende..., Eva erzählte mir enttäuscht und erschüttert...
A. Joachimsthaler. 1995; 464

S. 437
den jungen sympatischen Arzt fragte... Chr. Schroeder. 1985; 174

S. 440
Führer ist der Meinung... A. Bullock. 1989; 769

WICHTIGE LITERATUR

Bibliographien

Scholdt, G. 1993 Autoren über Hitler
Schreiber, G. 1983 Hitler-Interpretationen 1923–33. 2. A. 1988 ergänzt 1984–1987
Ruck, M. 1995 Bibliographie zum Nationalsozialismus

Hitlers Schriften, Reden, Konferenzen, Gespräche, Aufzeichnungen, Briefe, Monologe und Zeichnungen

Hitler, A. 1932 Mein Kampf (zuerst Bd. 1 1925, Bd. 2 1927)
Hammer, H. 1956 Die deutschen Ausgaben von Hitlers »Mein Kampf«. VfZ 4
Weinberg, G. L. (ed.) 1961 Hitlers Zweites Buch
Jochmann, W. (ed.) Adolf Hitler. Monologe im Führerhauptquartier 1941–1944. 1980 Die Aufzeichnungen Heinrich Heims.
Hitler, A. 1981 Politisches Testament. Die Bormann-Diktate vom Februar und April 1945
Boelcke, Willi A. (ed.) 1969 Deutschlands Rüstung im Zweiten Weltkrieg. Hitlers Konferenzen mit Albert Speer 1942–1945
Domarus, M. (ed.) 1965 Hitler. Reden und Proklamationen 1932–1945. 2 Bde. 4.A. 4 Bde. 1988
Halder, Fr. 1962–1964 Kriegstagebuch. Ed. H.-A. Jacobsen. 3 Bd.
Heiber, H. (ed.) 1963 Lagebesprechungen im Führerhauptquartier. Protokollfragmente aus Hitlers militärischen Konferenzen 1942–1945.
Hillgruber, A. (ed.) 1967–70 Staatsmänner und Diplomaten bei Hitler. Vertrauliche Aufzeichnungen und Unterredungen mit Vertretern des Auslandes 1939–1944
Hitler e Mussolini 1946 Lettere e documenti
Hubatsch, W. (ed.) 1983 Hitlers Weisungen für die Kriegsführung 1939–1945. Dokumente des Oberkommandos der Wehrmacht

Institut für Zeitgeschichte (ed.) 1992 ff. Hitler, Adolf. Reden, Schriften, Anordnungen. Februar 1925 bis Januar 1933

Jäckel, E. u. Kuhn, A. (ed.) 1980 Hitler. Sämtliche Aufzeichnungen 1905–1824

Koeppen, Fr. W. Aufzeichnungen des SA-Standartenführers Fr. Werner Koeppen. IfZ. Fa 514

Kotze, H. v. u. Krausnick, H. (eds.) 1966 Es spricht der Führer. 7 exemplarische Hitler-Reden

Moll, M. (ed.) 1996 Führer-Erlasse 1939–1945

Picker, H. 1989 Hitlers Tischgespräche im Führerhauptquartier 1941–1942. Neuausgabe

Price, B. 1983 Adolf Hitler als Maler und Zeichner. (Viele Fälschungen)

Rauschning, H. 1940 Gespräche mit Hitler

vgl. auch:

Schieder, Th. 1972 Hermann Rauschnings Gespräche mit Hitler als Geschichtsquelle

Schramm, P. E. (ed.) 1961–1965 Kriegstagebuch des Oberkommandos der Wehrmacht (Wehrmachtsführungsstab) 1940–1945

Übersichten

Bracher, K. D. 1993 Die deutsche Diktatur

Bracher, K. D. Funke, M. u. Jacobsen, H.-A. (eds.) 1983 Nationalsozialistische Diktatur. Eine Bilanz

Broszat, M. 1978 Der Staat Hitlers. 7. A.

Broszat, M. u. Möller, H. 1983 Das Dritte Reich. Herrschaftsstruktur und Geschichte

Dülffer, J. 1992 Deutsche Geschichte 1933–1945

Erdmann, K. D. 1980 Deutschland unter der Herrschaft des Nationalsozialismus 1933–1939

Erdmann, K. D. 1980 Der Zweite Weltkrieg

Frei, N. 1993 Der Führerstaat. 3. A.

Hehl, U. von 1996 Nationalsozialistische Herrschaft

Herbst, L. 1996 Das nationalsozialistische Deutschland 1933–1945

Hildebrand, K. 1991 Das Dritte Reich. 4. A.

Kershaw, I. 1988 Der NS-Staat

Militärgeschichtliches Forschungsamt (ed.) 1979 ff. Das Deutsche Reich und der Zweite Weltkrieg

Mommsen, H. 1971 Nationalsozialismus. In: Sowjetsystem und demokratische Gesellschaft

Rauh, M. 1991 ff. Geschichte des Zeiten Weltkriegs. 3 Bde.

Syring, E. 1997 Das nationalsozialistische Deutschland

Thamer, H. U. 1986 Verführung und Gewalt. Deutschland 1933–1945

Weinberg, G. L. 1995 Eine Welt in Waffen. Die globale Geschichte des Zweiten Weltkriegs
Wendt, B. J. 1995 Deutschland 1933–1945. Das »Dritte Reich«

Chroniken

Broszat, M., Frei, N. (eds.) 1989 Das Dritte Reich im Überblick
Overesch, M. Saal (eds.) 1982 Das III. Reich 1933–1939
Overesch, M. (ed.) 1983 Das III. Reich 1939–1945

Hitlers Weltanschauung, Pläne, Ziele

Bärsch, C.-E. 1998 Die politische Religion des Nationalsozialismus
Hillgruber, A. 1982 Hitlers Strategie, Politik und Kriegsführung 1940–1941. 2. A.
Heer, Fr. 1968 Der Glaube des Adolf Hitler
Hermand, J. 1988 Der alte Traum vom neuen Reich. Völkische Utopien und Nationalsozialismus
Jäckel, E. 1969 Hitlers Weltanschauung
Jäckel, E. 1986 Hitlers Herrschaft. Vollzug einer Weltanschauung
Köhler, J. 1997 Wagners Hitler. Der Prophet und sein Vollstrecker
Ley, M. 1993 Genozid und Heilserwartung. Zum nationalsozialistischen Mord am europäischen Judentum
Ley, M. u. Schoeps, J. H. (eds.) 1997 Der Nationalsozialismus als politische Religion
Syring, E. 1994 Hitler. Seine politische Utopie
Thies, J. 1980 Architekt der Weltherrschaft. Die »Endziele« Hitlers
Voegelin, E. 1938 Die politischen Religionen
Vondung, K. 1988 Apokalypse in Deutschland
Wippermann, W. 1989 Der konsequente Wahn. Ideologie und Politik Adolf Hitlers
Zitelmann, R. 1987 Hitler. Selbstverständnis eines Revolutionärs

Befragungen, Gerichtsprotokolle

Bross, W. 1950 Gespräche mit Hermann Göring
Dam, H. van u. Giordano, R. 1962 KZ-Verbrechen vor deutschen Gerichten
Friedrich, J. 1995 Das Gesicht des Krieges. Das deutsche Heer in Rußland 1941 bis 1945. Der Prozeß gegen das Oberkommando der Wehrmacht
Galante, P. u. Silianoff, E. 1989 Voices from the Bunker

Gilbert, G. H. 1962 Nürnberger Tagebuch
Internationales Militärtribunal 1947–1949 Der Prozeß gegen die Haupt-
kriegsverbrecher vor dem Internationalen Militärgerichtshof in Nürn-
berg. (IMT) 42 Bde.
Kelley, D. M. 1947 22 Männer um Hitler
Kempner, R. W. W. 1964 SS im Kreuzverhör
Kempner, R. M. W. 1969 Das Dritte Reich im Kreuzverhör
Musmanno, M. A. 1950 In zehn Tagen kommt der Tod. Augenzeugen
über das Ende Hitlers
Sereny, G. 1995 Das Ringen mit der Wahrheit. Albert Speer und das deut-
sche Trauma
Taylor, T. 1994 Die Nürnberger Prozesse

Dokumentensammlungen

Boberach, H. (ed.) 1968 Meldungen aus dem Reich. Auswahl aus den ge-
heimen Lageberichten des SD der SS 1933–1944
Hofer, W. 1982 Der Nationalsozialismus. Dokumente 1933–1945
Hürten, H. (ed.) 1995 Weimarer Republik und Drittes Reich 1918–1945.
Deutsche Geschichte in Quellen und Darstellungen. Bd. 9
Kühnl, R. (ed.) 1975 Der deutsche Faschismus in Quellen und Doku-
menten
Michalka, W. (ed.) 1985 Das Dritte Reich. Dokumente zur Innen- und
Außenpolitik. 2 Bde.
Jacobsen, H.-A., Jochmann, W. 1959–1966 Ausgewählte Dokumente zur
Geschichte des Nationalsozialismus. 5 Bde.
Sopade 1980 Deutschland-Berichte der Sozialdemokratischen Partei
Deutschlands (Sopade) 1934–1940

Ausstellungskataloge

Behnken, K. (Red.) 1987 Inszenierung der Macht: ästhetische Faszina-
tion im Faschismus. Neue Gesellschaft für Bildende Kunst im Kunst-
quartier Ackerstraße. Berlin-Kreuzberg
Czech, H. (Austellungsgestaltg.) 1998 Wien 1938. Historisches Museum
der Stadt Wien
Herz, R. 1994 Hoffmann und Hitler. Münchner Stadtmuseum
Schütz, B. (Projektleitg.) 1994 München – »Hauptstadt der Bewegung«.
Münchner Stadtmuseum
Schuster, P.-K. (ed.) 1987 Die »Kunststadt« München 1937. Haus der
Kunst. München
Tabor, J. (ed.) 1994 Kunst und Diktatur. 2 Bde. Künstlerhaus Wien

Biographische Ansätze

Bullock, A. 1967 Hitler. Eine Studie über Tyrannei
Bullock, A. 1991 Hitler und Stalin. Parallele Leben
Carr, W. 1980 Adolf Hitler. Persönlichkeit und politisches Handeln
Deuerlein, E. 1969 Hitler. Eine politische Biographie
Fest, J. C. 1973 Hitler. Eine Biographie
Haffner, S. 1978 Anmerkungen zu Hitler
Hamann, B. 1996 Hitlers Wien. Lehrjahre eines Diktators
Heiber, H. 1960 Adolf Hitler. Eine Biographie
Heiden, K. 1936/37 Adolf Hitler. Eine Biographie. 2 Bde.
Irving, D. 1989 Der Führer und Reichskanzler. Adolf Hitler 1933–1945
Jetzinger, Fr. 1956 Hitlers Jugend
Joachimsthaler, A. 1989 Korrektur einer Biographie. Adolf Hitler 1908–1920
Joachimsthaler, A. 1995 Hitlers Ende. Legenden und Dokumente
Jones, J. S. 1980 Hitlers Weg begann in Wien. 1907–1913
Kershaw, I. 1998 Hitler. 1889–1936: Hybris
Knopp, G. 1995 Hitler. Eine Bilanz
Maser, W. 1971 Adolf Hitler. Legende, Mythos, Wirklichkeit
Pätzold, K. u. Weißbecker, M. 1995 Adolf Hitler. Eine politische Biographie
Smith, B. F. 1967 Adolf Hitler. His Family, Childhood and Youth
Steinert, M. 1994 Hitler
Toland, J. 1977 Adolf Hitler
Zitelmann, R. 1989 Adolf Hitler. Eine politische Biographie

Psychologische (auch psychoanalytische) und medizinische (auch neurologische und psychiatrische) Diagnosen

Adorno, T. W., Frenkel-Brunswik, E. Levinson, D. T. u. Sandford, R. N. 1950 The authoritarian personality
Allport, G. W. 1954 The nature of prejudice
Binion, R. 1976 Hitler among the Germans
de Boor, W. 1985 Hitler. Eine kriminalpsychologische Studie
Eitner, H. J. 1981 Der Führer – Hitlers Persönlichkeit und Charakter
Fromm, E. 1974 Anatomie der menschlichen Destruktivität
Gibbels, E. 1988 Hitlers Parkinson-Syndrom. Nervenarzt 59
Gibbels, E. 1990 Hitlers Parkinsonsche Krankheit. Zur Frage eines organischen Psychosyndroms
Irving, D. 1983 Die geheimen Tagebücher des Dr. Morell – Leibarzt Adolf Hitlers
Lange-Eichbaum, W. 1961 Genie, Irrsinn und Ruhm. Eine Pathographie des Genies. 5. A. Bearb. von Wolfram Kurth

Langer, W. Ch. 1972 Das Adolf-Hitler-Psychogramm. Verfaßt 1943 für
die psychologische Kriegsführung der USA
Schenck, E. G. 1989 Patient Hitler. Eine medizinische Biographie
Stierlin, H. 1975 Adolf Hitler. Familienperspektiven
Theweleit, K. 1977 Männerphantasien. 2 Bde.
Waite, R. G. L. 1977 The psychopathic God Adolf Hitler

Kurzbiographien Drittes Reich

Fest, J. C. 1964 Das Gesicht des Dritten Reiches. Profile einer totalitären
Herrschaft
Knopp, G. et al 1996 Hitlers Helfer
1998 Hitlers Helfer. Täter und Vollstrecker
1998 Hitlers Krieger
Smelser, R., Zitelmann, R. (eds.) 1989 Die braune Elite
Smelser, R., Syring, E. (eds.) 1995 Die Militärelite des Dritten Reiches
Smelser, R., Syring, E., Zitelmann, R. (eds.) 1993 Die braune Elite II
Ueberschär, G. R. (ed.) 1998 Hitlers militärische Elite
Weiß, H. (ed.) 1998 Biographisches Lexikon zum Dritten Reich
Wistrich, R. 1993 Wer war wer im Dritten Reich. 3. A.

Memoiren

Abetz, O. 1951 Das offene Problem. Ein Rückblick auf zwei Jahrzehnte
deutscher Frankreichpolitik
Alfieri, D. 1948 Due dittatori in fronte
Below, N. von 1980 Als Hitlers Adjutant
Boldt, G. 1964 Die letzten Tage der Reichskanzlei
Brandmayer, B. 1940 Mit Hitler Meldegänger 1914–1918
Breker, A. 1972 Im Strahlungsfeld der Erlebnisse
Burckhardt, C. J. 1960 Meine Danziger Mission
Ciano, G. 1946 Tagebücher 1939–1943
1949 Tagebücher 1937–1938
Coulondre, R. 1950 Von Moskau nach Berlin 1931–1938
Dahlerus, B. 1973 Der letzte Versuch. London – Berlin Sommer 1939.
2. A.
Diels, R. 1950 Lucifer ante portas
Dietrich, O. 1955 12 Jahre mit Hitler
Dirksen, H. von 1950 Moskau, Tokio, London
Dönitz, K. 1958 10 Jahre und 20 Tage
Eckart, D. 1925 Der Bolschewismus von Moses bis Lenin
Engel, G. 1974 Heeresadjutant bei Hitler. (ed. H. von Kotze)

François-Ponçet, A. 1947 Als Botschafter in Berlin 1931–1938
Frank, H. 1953 Im Angesicht des Galgens
Fromm, Bella 1993 Als Hitler mir die Hand küßte
Goebbels, J. 1934 Vom Kaiserhof zur Reichskanzlei
   1993–1996 Tagebücher 1941–1945. 1998 ff. Tagebücher 1923–1941
Göring, Emmy 1967 An der Seite meines Mannes. Begebenheiten und Bekenntnisse.
Groscurth, H. 1970 Tagebücher eines Abwehroffiziers 1938–1940. (eds.
   H. Krausnick u. H. Deutsch)
Guderian, H. 1979 Erinnerungen eines Soldaten. 11. A.
Güstrow, D. 1981 Tödlicher Alltag. Strafverteidiger im Dritten Reich
Halder, F. 1962–1964 Kriegstagebuch. 3 Bde. (ed. H.-A. Jacobsen)
Hanfstaengl, E. 1970 Zwischen Weißem und Braunem Haus
Hassell, U. von 1988 Tagebücher (ed. F. Hiller von Gaertringen)
Henderson, N. 1940 Failure of a mission
Heß, R. 1987 Briefe 1908–1933 (ed. W. R. Heß)
Hierl, K. 1954 Im Dienst für Deutschland 1918–1945
Höß, R. 1958 Kommandant in Auschwitz (ed. M. Broszat)
Hoffmann, Heinrich 1974 Hitler, wie ich ihn sah
Hoßbach, F. 1949 Zwischen Wehrmacht und Hitler
Jodl, Louise 1958 Jenseits des Eides
Jordan, R. 1971 Erlebt und erlitten
Kehrl, H. 1973 Krisenmanager im Dritten Reich (ed. E. Viefhaus)
Kempner, R. M. W. 1983 Ankläger einer Epoche
Keitel, W. 1961 Verbrecher oder Offizier? (ed. W. Görlitz)
Kesselring, A. 1953 Soldat bis zum letzten Tag
Kessler, H. Graf 1962 Gesichter und Zeiten
Kessler, H. Graf 1962 Tagebücher 1919–1937 (ed. W. Pfeiffer-Belli)
Kordt, E. 1950 Nicht aus den Akten
Krebs, A. 1959 Tendenzen und Gestalten der NSDAP
Kubizek, A. 1953 Adolf Hitler. Mein Jugendfreund
Leeb, W. von 1976 Tagebuchaufzeichnungen und Lagebeurteilungen aus
   zwei Weltkriegen
Linge, H. 1980 Bis zum Untergang. 2. A.
Lipski, J. 1968 Diplomat in Berlin 1933–1939 (ed. W. Jedrzejewiecz)
Louis Ferdinand Prinz von Preußen 1983 Im Strom der Geschichte
Ludendorff, E. 1951–1955 Vom Feldherrn zum Weltrevolutionär und
   Wegbereiter deutscher Volksschöpfung. 3 Bde.
Manstein, E. von 1964 Verlorene Siege
Mayr, K. 1941 I was Hitler's Boss. Current History Nov. 1941
Meißner, O. 1950 Staatssekretär unter Ebert, Hindenburg, Hitler
Mosley, Sir. O. 1970 My life
Müller, K.-A. von 1954 Mars und Venus
   1966 Im Wandel einer Welt

Nadolny, R. 1951 Mein Beitrag
Papen, F. von 1952 Der Wahrheit eine Gasse
Raeder, E. 1956–57 Mein Leben. 2 Bde.
Rahn, R. 1949 Ruheloses Leben
Reitsch, Hanna 1951 Fliegen, mein Leben
Ribbentrop, J. von 1953 Zwischen London und Moskau
Röhm, E. 1934 Die Geschichte eines Hochverräters. 7. A.
Riefenstahl, L. 1987 Memoiren 1902–1945
Rosenberg, A. 1955 Letzte Aufzeichnungen
    1964 Politisches Tagebuch 1934–35 und 1939–40 (ed. H.-G. Seraphim)
Sauerbruch, F. 1951 Das war mein Leben
Schacht, H. 1953 76 Jahre meines Lebens
Schellenberg, W. 1959 Aufzeichnungen
Schirach, Henriette von 1987 Der Preis der Herrlichkeit
Schirach, B. von 1967 Ich glaubte an Hitler
Schmidt, P. 1949 Statist auf dipolomatischer Bühne 1923–1945
Schroeder, Christa 1985 Er war mein Chef. (ed. W. Joachimsthaler 4. A.)
Schwerin von Krosigk, L. Graf 1951 Es geschah in Deutschland
Shirer, W. 1986 Das Jahrzehnt des Unheils
Sonnleithner, F. Edler von 1989 Als Diplomat im Führerhauptquartier
Speer, A. 1969 Erinnerungen
    1975 Spandauer Tagebücher
Spitzy, R. 1986 So haben wir das Reich verspielt
Stahlberg, A. 1988 Die verdammte Pflicht
Starhemberg, E. R. 1971 Memoiren
Strasser, O. 1940 Hitler und ich
Thyssen, F. 1941 I paid Hitler
Trenker, L. 1967 Alles gut gegangen
Wagener, O. 1978 Hitler aus nächster Nähe 1929–1932 (ed. H. A. Turner jr.)
Wahl, K. 1973 Patriot oder Verbrecher. 2. A.
Warlimont, W. 1962 Im Hauptquartier der deutschen Wehrmacht 1939–1945
Weizsäcker, E.von 1950 Erinnerungen
    1974 Die Weizsäcker-Papiere 1933–1950 (ed. L. E. Hill)
Wiedemann, F. 1964 Der Mann, der Feldherr werden wollte
Ziegler, H. S. 1964 Hitler aus dem Erleben dargestellt

PERSONENREGISTER

Abetz, Otto 164
Adam, Wilhelm 176
Adler, Alfred 62, 406
Adorno, Theodor W. 74
Albrecht, Alwin, Broder 409
Antonescu, Michail 195, 430
Arendt, Hannah 21
Arndt, Karl 418
Auden, W.H. 391
Avenarius, Friedrich 246
Axmann, Artur 84, 258

Bacon, Francis 391
Baroova, Lida 380
Bartov, O. 160
Bauer, Clemens 205
Baumbach, Werner 429
Baur, Eleonore 274
Baur, Hans 203
Beck, Ludwig 200
Below, Nicolaus von 33 f., 70, 382,
    409, 411, 413, 429
Benjamin, Walter 423
Benn, Gottfried 120, 260
Bethmann-Hollweg, Theobald von
    199
Bismarck, Otto von 139, 199, 329
Blaschke, Hugo 148, 315
Blaskowitz, Johannes 113
Blomberg, Werner von 33, 151
Blüher, Hans 350
Böcklin, Arnold 363
Bodenschatz, Karl 415
Boldt, Gerhard 343
Böll, Heinrich 321
Bonnard, Abel 392
Borges, Jorge Luis 203
Bormann, Martin 71, 78, 120 f., 258,
    275, 317, 379, 401, 404, 436, 439
Bowie, David 293
Bracher, Karl Dietrich 22, 50

Brandmayr, Balthasar 429
Brandt, Karl 60, 224, 318, 437, 439
Brauchitsch, Walther von 112
Braun, Christina von 74
Braun, Eva 302, 308, 313 ff.,
Braun, Eva 73, 79, 134, 140, 157,
    278, 281, 293, 302, 308, 313 ff.,
    332, 341 f., 383, 408, 431, 436 f.
Braun, Wernher von 169
Brecht, Bertolt 51, 210, 220, 343
Bredow, Ferdinand von 30
Breitman, Richard 67
Brill, Lotte 352
Broszat, Martin 23, 37, 170, 182,
    191, 215, 272
Bruckmann, Elsa 291, 389
Brückner, Helmut 432
Brückner, Wilhelm 315, 431, 437
Brüning, Heinrich 52
Buber, Martin 250
Buhle, Walter 100
Bühler, Hans 275
Bullock, Alan 25, 34, 40, 51, 62,
    127, 215
Burckardt, Carl Jacob 32, 194, 294,
    404

Canaris, Wilhelm 132
Chamberlain, Houston Stewart 66 f.,
    72
Chamberlian, Neville 15, 111, 113 f.
Chiang Kaishek 19
Chiemlewski, Karl 18
Churchill, Winston 15, 56, 113, 323
Ciano, Galeazzo 98, 292
Cicero 202
Cocteau, Jean 392
Coubertin, Pierre Baron de 263
Courtois, S. 54
Craig, Gorden 240
Czernin, Vera Gräfin 316

Pröhl, Ilse 399
Pruys, K.-H. 246
Puttkamer, Karl-Jesko von 96, 415

Quandt, Günter 312
Quandt, Harald 313
Quisling, Vidkun 430

Radkau, Joachim 199
Raeder, Erich 332
Rassow, Peter 205
Rath, Ernst von 34, 139, 219
Rathenau, Walter 185, 199
Raubal, Geli 73, 308 ff., 414, 322, 342
Rauh, Manfred 46
Rauschning, Hermann 33, 198, 338, 353
Reagan, Ronald 20, 58
Rehborn, Anni 437
Reich, Wilhelm 354
Reichenau, Walter von 114
Reinhardt, Fritz 217
Reiter, Maria 310
Reitsch, Hanna 84, 139 f., 154, 313
Remer, Otto Ernst 200
Ribbentrop, Joachim von 88, 134, 152, 355, 395, 407 f., 415
Riefenstahl, Leni 58, 133, 263, 272, 289, 295, 298 f., 302, 312, 424
Ritschel, Magda 312
Ritter, Gerhard 50, 205
Röhm, Ernst 30, 128, 166, 214, 272, 343, 345 f., 348, 354, 375 f., 390, 432
Rommel, Erwin 154 f., 428 f.
Roosevelt, Franklin D. 15, 196
Rosenbaum, Ron 26
Rosenberg, Alfred 95, 110, 148, 215, 273, 373, 432
Rothemund, Heinrich 15
Röver, Carl 139
Rundstedt, Gerd von 111 f.

Saint-Pierre, Bernardin de 202
Salomon, Ernst von 247
Sauerbruch, Ferdinand 78
Schacht, Hjalmar 36, 51, 149, 152, 183, 198
Schaub, Julius 37, 319
Scheid, W. 84
Schenck, Ernst Günther 304, 342
Scherescheweskij (Journalist) 123, 140, 143, 146, 148 f., 203
Schicklgruber, Maria Anna 68, 73
Schiller, Friedrich 16, 240

Schindler, Oskar 219
Schirach, Baldur von 88, 104, 144, 150 f., 171, 181 f., 244, 275, 278, 353, 379, 381
Schirach, Henriette von 87, 132, 173, 293, 295 ff., 300, 314, 316, 322, 382
Schlegel, Friedrich 240, 267
Schlegel, Johann Elias 241
Schlegelberger, Franz 162
Schleicher, Kurt von 30, 122, 184
Schmidt, Paul 177
Schmitt, Carl 49
Schmundt, Rudolf 228, 316, 415
Scholtz-Klink, Gertrud 274
Schopenhauer, Arthur 283, 375
Schreck, Julius 138
Schroeder, Christa 101, 106, 110, 223, 289, 291, 298, 302 f., 307 f., 311, 314 f., 337, 341 f., 419, 423, 436, 439
Schuler, Alfred 388 f.
Schultz, I. H. 156
Schumacher, Kurt 214
Schuschnigg, Kurt von 114, 176, 316
Schutzbar-Milchling, Margot von 422
Schwerin von Krosigk, Lutz 117, 205
Seeckt, Hans von 138
Seidel, Ina 120
Seidlitz, Gertrud von 50
Sigmund, A.M. 309, 318
Simon, John 177, 195
Slezak, Gretl 302
Sobieski, Johann 196
Söderbaum, Christina 295
Sombart, Nicolaus 248 f.
Son, Kitei 264
Sonnemann, Emmi 404
Spann, Fridolin von 411, 413
Speer, Albert 23, 46, 48, 61, 75, 79, 85, 96, 98 ff., 103 f., 106, 110, 121 f., 131 f., 134, 144, 149, 162, 167, 180, 185, 206, 224, 229, 231, 263, 273, 278, 291, 314 f., 317, 337, 342, 360, 371, 373, 376, 378 f., 395, 403, 437
Spender, Stephen 391
Sperrle, Hugo 29, 114
Spielberg, Steven 219
Spitzy, Reinhard 407 f.
Stalin, Joseph 17, 19, 27, 51, 114 f., 126, 231, 323
Stark, Johannes 44

SACHREGISTER

510

BILDNACHWEIS

Archiv für Kunst und Geschichte:
S. 186, 251, 268, 271, 276
Artothek: S. 366
Bayerische Staatsbibliothek:
S. 10, 76 ol, 76 or, 76 u, 77,
124, 125, 137, 146 r, 254, 255,
282, 290, 330, 396, 397, 410,
412, 414, 416, 417, 420, 421 u
Bildarchiv Foto Marburg: S. 242
Bildarchiv Preussischer Kultur-
besitz: S. 280
Bundesarchiv: S. 95, 146 l, 438
Cinetext: S. 372
Dokumentationsarchiv des
Österreichischen Widerstandes:
S. 426, 427
Roy Export Company Establish-
ment: S. 344

Frentz, Hanns-Peter: S. 82 u
Glypothek, München: S. 265
Hohlwein/VG Bild-Kunst, Bonn
1999: S. 277
Hulton Getty Picture Collection:
S. 376 r
Sammlung Joachimsthaler:
S. 421 o
Friedrich Wilhelm Murnau
Stiftung: S. 243
Süddeutscher Bilderdienst:
S. 187, 259
Thieme Verlag: S. 82 o, 83 l
Ullstein Bilderdienst: S. 83 r
Zentralinstitut für Kunstge-
schichte, München:
S. 270, 285, 364, 365,
377 l